DICTIONNAIRE UNIVERSEL

DE

LA NOBLESSE DE FRANCE.

Ire. SÉRIE.

Cet Ouvrage se trouve aussi :

Chez ARTHUS-BERTRAND, libraire, rue Hautefeuille,
à Paris.

DICTIONNAIRE UNIVERSEL

DE

LA NOBLESSE DE FRANCE.

CET Ouvrage contient un article analysé sur toutes les Familles nobles du Royaume, mentionnées dans le P. Anselme, l'Armorial-Général de MM. d'Hozier; le Dictionnaire de la Noblesse, publié, avec privilége du Roi, par M. de la Chesnaye-des-Bois; le Tableau historique de la Noblesse, par M. de Waroquier; les Généalogies des Mazures de l'Ile-Barbe, par le Laboureur; les Généalogies d'André du Chesne ; les Nobiliaires de Chorier, de l'abbé Robert de Briançon, de Pithon-Curt, Meynier, dom Pelletier, Guichenon, Artefeuil, Louvet, le marquis d'Aubais, Blanchard, Palliot, Wlson de la Colombière , et dans les recherches officielles de Bretagne, Champagne, Normandie, Bourgogne, Picardie, Limosin, Guienne, etc., enfin de toutes les provinces de France.

On trouvera, en outre, dans ce volume, la Nomenclature de tous les Gentilshommes qui ont fait leurs Preuves au Cabinet des Ordres du Roi, pour les *Honneurs de la Cour*; l'état officiel des Nobles du Royaume qui ont assisté aux Assemblées de divers Bailliages et Sénéchaussées ; la Chronologie des Duchés et Comtés-Pairies, avec les noms des Dignitaires éteints ou existants ; les Ducs héréditaires à brevets et les Ducs, Comtes et Barons créés avec institution de Majorats ; la Nomenclature alphabétique des Chanoines-Comtes de Lyon, depuis l'an 1000 jusqu'en 1788 ; les divers Chapitres nobles du Royaume, et les preuves qu'il fallait faire pour y être admis, etc., etc.

PAR M. DE COURCELLES,

ANCIEN MAGISTRAT , CHEVALIER DE PLUSIEURS ORDRES , ET SUCCESSEUR DE M. DE SAINT-ALLAIS.

TOME PREMIER.
A — L.

A PARIS,

AU BUREAU GÉNÉRAL DE LA NOBLESSE DE FRANCE, RUE S.-HONORÉ , N°. 290, PRÈS L'ÉGLISE S.-ROCH.

1820.

PRÉFACE.

M. DE SAINT-ALLAIS, Directeur-Propriétaire du *Bureau général de la Noblesse de France*, après avoir consacré à la Noblesse vingt-cinq ans de travaux et offert successivement au Public plus de cinquante volumes qui l'ont placé au premier rang parmi les Historiens et Généalogistes, avait espéré pouvoir encore offrir à la Noblesse un Ouvrage d'autant plus utile qu'il serait entièrement complet, *le Dictionnaire universel de la Noblesse*. Mais il avait à peine rédigé la moitié du premier volume de cet Ouvrage, que la faiblesse de sa vue l'a réduit à l'impossibilité de le continuer. Il m'a cédé son Établissement; et, aidé de ses conseils et de ses lumières, livré depuis long-tems à l'étude du Droit public et de l'Histoire, je me lance, non sans effroi, dans la carrière qu'il a parcourue d'une manière si distinguée.

On a, jusqu'à présent, imprimé sur la Noblesse

d'énormes in-folio qui ne contiennent qu'une très faible partie des Maisons nobles du Royaume ; de sorte qu'après avoir dépensé des sommes considérables, on n'a pas encore obtenu le résultat qu'on désirait. Un Recueil complet des Familles nobles est donc l'objet le plus utile et le plus indispensable qu'il soit possible de publier, après une révolution qui a privé la plupart des Bibliothèques publiques et particulières des Ouvrages de ce genre.

Le Dictionnaire universel de la Noblesse de France présente, dans une analyse sagement raisonnée, ce qu'il importe de connaître sur l'état des Familles nobles et sur leurs Armoiries : c'est un Répertoire, utile sur l'état de tous, et non un Recueil privé, établi pour quelques Familles seulement. Il ne faut pas dissimuler à la Noblesse, qu'il est de toute impossibilité qu'on forme jamais un corps d'Ouvrage qui contienne les Généalogies de toutes les Familles du Royaume, et cela se concevra facilement, lorsqu'on saura qu'il n'y aurait pas moins de 90,000 Généalogies, de Familles vivantes ou éteintes à traiter, et qu'en accordant seulement huit pages à chaque Famille, il faudrait 720,000 pages, ce qui formerait une collection de 1440 volumes. Maintenant, pour composer un Ouvrage de cette nature, en établissant deux volumes seulement par année, ce qui est encore beaucoup pour un auteur qui voudrait faire l'examen des titres, il faudrait peut-être sept à huit cents ans pour voir la fin de la collection, et par conséquent une patience infinie de la part de la génération présente et de celles à venir, pour attendre ce complément. Il est donc constant que c'est leurrer le Public, l'abuser, que de lui promettre des Ouvrages de ce genre, pour lesquels il dépense beaucoup d'argent, et qu'il n'a jamais que fort incomplets.

Il fallait, dans le propre intérêt de la Noblesse et dans celui de la vérité, adopter un système plus circonscrit, et ce but sera rempli par le *Dictionnaire universel*, puisqu'il réunira en douze volumes in-8°, ou six séries, toutes les Familles de France dont les noms sont épars dans plus de 800 volumes de tout format, tels que l'Histoire des Grands-Officiers de la Couronne, par le P. Anselme, l'Armorial général de MM. d'Hozier, l'ancien Dictionnaire de la Noblesse, le Nobiliaire universel de France, etc., etc., enfin dans tous les Nobiliaires, Recherches manuscrites ou imprimées des Intendants et Commissaires du Roi, ou dans les Histoires générales ou particulières de nos anciennes Provinces.

Cependant, comme il importe quelquefois à des Familles de produire leurs généalogies en entier, il m'a paru possible de les satisfaire, sans pour cela que le Public fût grevé par l'augmentation du nombre de pages ou de volumes qu'occasione l'insertion de ces Généalogies. Chaque volume de l'Ouvrage étant de 500 pages, ainsi que M. de Saint-Allais l'avait annoncé originairement dans son prospectus, j'augmenterai le nombre de ces pages, à raison des Généalogies produites, sans augmenter le prix et le nombre des volumes. De cette manière, le Public ne sera point lézé d'un certain nombre de Généalogies ; il en jouira, au contraire, sans payer aucun surcroît, les parties intéressées devant seules m'indemniser de ces frais extraordinaires d'impression.

Indépendamment d'un article pour chacune des Maisons nobles qui existent ou ont existé en France, le *Dictionnaire universel de la Noblesse* contiendra les rôles des bans et arrières-bans. Ce sont autant de pièces authentiques qui constatent à la fois l'ancienneté et la noblesse militaire d'un grand nombre de Familles. On y comprendra, en outre, les Catalogues des Gentilshommes appelés aux Assemblées de Bailliages et Sénéchaussées, lors de la convocation des États - Généraux de 1789. Cette Collection importante sera d'autant plus précieuse qu'elle est, en quelque sorte, le dernier acte officiel consommé par la Noblesse avec le Gouvernement, et qui constitue aujourd'hui son véritable état. Enfin, pour donner à ce *Dictionnaire* tout l'intérêt dont il est susceptible, j'y ai inséré des Notices succinctes sur les Honneurs de la Cour accordés à certaines Familles, sur les dignités ou titres dont quelques-unes ont été ou sont encore décorées, sur l'origine et les caractères de la Noblesse, sur les Maintenues ou Dérogeances, sur l'Institution des

Majorats, sur l'Art héraldique et sur les divers Éléments dont il se compose, etc., etc.

Les Familles, à l'égard désquelles des erreurs ou omissions involontaires de ma part, soit sur leur origine, soit sur leurs armoiries, auraient pu se glisser dans une série du *Dictionnaire*, sont invitées à m'adresser leurs réclamations : je ferai dans la série suivante les rectifications nécessaires. Mais pour prévenir les erreurs ou omissions, j'engage les Familles à entrer à l'avance en communication avec moi et à m'envoyer leurs notes. Elles peuvent le faire avec d'autant plus de facilité, qu'il n'en coûte rien pour l'insertion des articles renfermés dans un cadre de huit à dix lignes. Tout objet de ce genre qui se traite à *prix d'argent*, doit être suspect aux yeux d'un Public éclairé; et j'ai pensé que pour écrire avec dignité et liberté, il était nécessaire d'abjurer tout intérêt pécuniaire. Les Familles qui désireront que leur article soit plus étendu, me couvriront seulement, ainsi que je l'ai dit plus haut, des frais extraordinaires d'impression, dont le tarif est toujours assez connu pour ne pas laisser croire à un bénéfice particulier en faveur de l'Auteur.

Pour suivre l'ordre alphabétique, indispensable dans un Dictionnaire, et cependant pour éviter de soumettre l'impression des premières lettres à celles des suivantes, ce qui entraîne des lenteurs qui déplaisent

souvent au Public, l'Ouvrage paraîtra par séries de deux
volumes. Chaque série fournira les lettres A jusqu'à Z,
et les articles non mentionnés dans la première série le
seront dans la seconde ; ceux qui ne le seront ni dans
la première, ni dans la deuxième, se trouveront dans la
troisième, et ainsi de suite. L'Ouvrage se composera
ainsi de *six séries*, ou douze volumes ; mais on ne sera
tenu de souscrire que pour la série à laquelle on por-
tera quelqu'intérêt.

. La série contiendra environ huit mille articles, et
par conséquent les douze volumes formeront le Recueil
complet de toutes les Familles éteintes et existantes.
A peu de frais, on pourra donc connaître l'origine et les
armoiries de toutes les Familles du Royaume.

Le prix de chaque volume est, pour les Souscripteurs, de 7 francs 50 centimes, et comme on est tenu
de souscrire pour une série, composée de 2 volumes,
cela fait 15 francs qu'il faut payer d'avance ; bien entendu que l'article des Souscripteurs sera mentionné
dans la série pour laquelle ils auront souscrit.

Le prix de chaque volume pour les non Souscripteurs sera de 9 francs ; et, dans l'un et l'autre cas,
s'il faut envoyer l'Ouvrage, *franc de port*, dans les
départements, on ajoutera, aux divers prix désignés
ci-dessus, 1 franc 50 centimes par volume.

« Chaque volume contiendra une planche héraldique, « gravée en taille-douce, pour servir à l'intelligence des armoiries. »

Mon Cabinet, l'un des plus précieux de l'Europe, renferme les Manuscrits des célèbres Bénédictins de la Congrégation de Saint-Maur, relatifs à l'Art de vérifier les Dates depuis la Naissance de Jésus-Christ, dont M. de Saint-Allais vient de donner une nouvelle édition. Cette édition, en 5 volumes in-4°. et en 18 in-8°., devient ma propriété, et l'on en trouvera chez moi des exemplaires dans l'un et l'autre format.

Je suis aussi propriétaire des Registres manuscrits de M. Berthier, ancien premier commis du Cabinet des Ordres du Roi. Ils contiennent les rapports officiels, pour les preuves de Cour, faits au Roi jusqu'en 1788, sur l'origine et l'état des Familles du Royaume, par MM. de Clérambault, de Beaujon, Chérin et Berthier, Généalogistes des mêmes Ordres; et tous écrits de la propre main de M. Berthier.

Je possède plus de 400,000 titres originaux sur les diverses Familles nobles de France, provenants du Cabinet de M. Fabre, ancien avocat au Parlement de Paris, qui en avait acquis une grande partie lors de l'incendie de la Chambre des Comptes, et qui avait obtenu du Roi un privilége, en 1785, pour publier un Ouvrage sur la Noblesse. Tous les papiers de M. de la Chesnaye-des-Bois, auteur de l'ancien Dictionnaire de la Noblesse, en 15 volumes in-4°, sont aussi en ma possession, ainsi qu'une partie de ceux de l'infortuné comte de Waroquier.

Enfin j'ai réuni, sur chaque Famille, tous les originaux ou documents historiques nécessaires pour fixer mon jugement et établir mon travail.

LE CHEV. DE COURCELLES.

DICTIONNAIRE UNIVERSEL

DE

LA NOBLESSE DE FRANCE.

A

D'ABBANS, maison d'ancienne chevalerie de Franche-Comté, qui tirait son nom d'un château situé dans le bailliage de Quingey, à trois lieues de Besançon. Elle était une des quatre maisons qui avaient droit de sépulture dans l'église de Saint-Etienne, de cette ville. Elle est connue, par filiation, depuis Etienne d'Abbans, qui vivait en 1084, et s'est éteinte un peu avant l'an 1377. La terre d'Abbans, après être passée successivement dans plusieurs familles, a été possédée en dernier lieu par la maison de Jouffroy. *D'argent, à la croix de gueules, accompagnée aux deux premiers cantons de deux roses du même.*

D'ABLAING, maison d'ancienne chevalerie du Cambrésis, connue depuis le douzième siècle, et éteinte depuis plus de trois cent cinquante ans. *D'argent, à trois lionceaux de sinople; à la bordure engrêlée de gueules.*

D'ABLAING, barons de Giesenbourg, aux Pays-Bas, famille connue depuis Pierre d'Ablaing, vivant en 1590, *Ecartelé, aux 1 et 4 de gueules, au lion d'or; aux 2 et 3 d'azur, au chevron d'argent, accompagné de trois croissants d'or.*

D'ABOVILLE, famille très-ancienne en Picardie,

I. 1.

en Lorraine et en Normandie, originaire de cette dernière province, où elle est connue depuis le milieu du quatorzième siècle.

Elle a produit des généraux d'artillerie, des officiers supérieurs, des commandeurs et des chevaliers de Saint-Louis et de la Légion d'Honneur. La branche aînée de cette famille, établie en l'Ile-de-France, jouit du titre légal de comte et de la dignité de pair.

De sinople, au château crénelé d'argent, maçonné ouvert, et ajouré de sable. La branche établie en Normandie porte le *château girouetté d'argent.*

D'ABZAC, illustre et ancienne maison de chevalerie de la province de Périgord, qui tire son nom d'un château situé à trois lieues de Périgueux. L'existence de cette maison est connue depuis l'an 1158, et sa filiation est prouvée depuis l'an 1287. Elle a fourni vingt-quatre branches ou rameaux, dont la plupart sont éteints depuis plusieurs siècles. Elle a constamment suivi la carrière des armes, et a donné plusieurs généraux et une foule d'officiers supérieurs distingués par leur dévouement et leur mérite. Elle compte aussi dans la prélature un archevêque de Narbonne. Elle a joui des honneurs de la cour, en 1781, en vertu de preuves faites au cabinet des ordres du Roi. La baronnie de la Douze, en Périgord, fut érigée en marquisat par lettres du mois de novembre 1615, registrées en parlement de Bordeaux; et l'an 1591, la baronnie de Lastours, la première du Limosin, est entrée, par mariage, dans cette maison, qui a eu en outre des possessions nombreuses et considérables. Depuis l'an 1394, en vertu de conventions matrimoniales, elle écartèle *aux 1. et 4 d'or, à la fasce de gueules, accompagnée de six fleurs de lys d'azur,* qui est de BONIFACE; *aux 2 et 3 de gueules à la fasce d'or,* qui est de WALS; *sur le tout d'argent, à la bande d'azur, chargée d'un besant d'or; à la bordure d'azur, chargée de neuf besants d'or,* qui est d'ABZAC.

D'AGIS DE SAINT-DENIS, très-ancienne famille de Normandie, connue dans cette province avant l'an 1400. Le titre de baron, qu'elle a porté dans les actes et brevets depuis nombre d'années, lui a été confirmé par lettres-patentes du 28 février 1810. *De gueules, à trois besants d'argent.*

D'AGNEL-BOURBON, famille ancienne de Provence. *D'hermine, à la fasce de gueules, chargée de trois fleurs de lys d'or.*

D'AGUERRE DE COURS, en Champagne, famille ancienne, originaire de Guienne, qui établit sa filiation en Champagne, par titres remontés à Martin d'Aguerre, seigneur de Cours, capitaine de Beaulieu, en Argonne, le 22 février 1539. *D'or, à trois pies au naturel.*

D'AIGUILLON (duc). *Voyez* DU PLESSIS-RICHELIEU.

D'AILLEBOUST ou DAILLEBOUST, de Cerry, en Tourraine, famille qui a pour auteur Pierre Dailleboust, médecin ordinaire du roi François Ier, mort le 21 août 1531. Cette famille a subsisté pendant plus d'un siècle en Canada. *De gueules, au chevron d'or, accompagné de trois étoiles du même.*

DES AIX. *Voyez* DUBUYSSON.

D'ALBERT DE LAVAL DE LA BARTHE, en Agenois, noblesse d'origine chevaleresque de Guienne, qui établit sa filiation depuis noble Bernard d'Albert, damoiseau, seigneur de Laval, de Saint-Agnan, et autres lieux aux environs de Villeneuve-d'Agen. Elle a donné des chevaliers de l'ordre du Roi, et un lieutenant général de ses armées. Cette maison, également distinguée par son ancienneté, ses alliances et ses services militaires, sera mentionnée avec plus d'étendue dans la prochaine série de cet ouvrage. *Écartelé, aux n et 4 échiquetés d'or et d'azur, qui est d'ALBERT; aux 2 et 3 d'or, à la croix de gueules, cantonnée de seize alérions d'azur, et chargée de cinq coquilles d'argent, qui est de* MONTMORENCY-LAVAL. *Couronne de marquis.*

ALEXANDRE, comte de Montri, à Paris. Par lettres-patentes du 27 octobre 1819, le Roi, en considération de la noblesse du sieur Alexandre de Neufermeil, ancien maître des requêtes ordinaire de l'hôtel, et des services rendus par sa famille depuis plus de deux siècles, tant dans la magistrature que dans l'armée, lui accorde le titre de *comte*, sous la dénomination particulière de comte de Montri; ledit titre de comte transmissible à sa descendance directe, naturelle et légitime. *D'or, au loup assis et contourné de sable, lampassé et allumé de gueules; au chef du même, chargé de trois quintefeuilles d'argent.* Couronne de comte.

D'ALEYRAC. *Voyez* SALVAIRE.

D'ALLIEZ, barons de Caussade, seigneurs de la Tour, en Quercy et en Dauphiné; famille dont Chorier fait mention depuis Renaud d'Alliez, jugé major de Quercy, en 1524; puis capitoul de la ville de Toulouse en 1539, 1546 et 1557. Il était alors docteur-avocat en la cour, et la charge de capitoul était attributive de noblesse. *Ecartelé, aux 1 et 4 de gueules, au levrier d'argent, colleté d'or; aux 2 et 3 d'argent, à la bande d'azur, chargée de trois étoiles d'or.*

ALLIGRET D'ULLY, en Champagne.

I. Simon *Alligret*, était physicien de Jean, duc de Berry et d'Anjou. Il est compris, avec cette qualité, dans un rôle de quelques officiers domestiques de son hôtel, depuis le 26 mai 1401 jusqu'au 13 juin 1402. Il était encore médecin de ce prince en 1413. Il eut pour fils :

II. Henri *Alligret*, greffier criminel en la cour du parlement de Paris en 1458, 1460 et 1475. Il fut père de :

III. Jean *Alligret*, sieur de Clichy et du Plessis-Chalin, lieutenant civil de Paris; marié avec Guillemette Lhuillier, fille de Philippe Lhuillier, avocat général au parlement de Paris, et de Henriette Hennequin. Il en eut quatre fils et trois filles, entr'autres :

IV. Olivier *Alligret*, seigneur de Clichy et de Charantonneau, avocat du roi en la cour de parlement de Paris. C'est par lui que commence la production de cette famille, faite pardevant M. de Caumartin, intendant de Champagne. *D'azur, à trois aigrettes d'argent.*

D'ALLONVILLE, barons et comtes d'Allonville, maison d'ancienne chevalerie, qui tire son nom de la terre d'Allonville, en Beauce, à deux lieues de Chartres. Sous le règne de Louis XI, elle se divisa en trois branches, savoir : celle d'*Oisonville*, qui subsiste; celle de *Louville*, éteinte en 1732; celle de *Reclainville*, qui existe en Beauce. Toutes ces branches ont constamment suivi le parti des armes. On compte de cette maison un grand-maître des eaux et forêts de France, des capitaines de compagnies d'hommes d'armes des ordonnances, des chevaliers de l'ordre, des chambellans et gentils-hommes de nos Rois, des gouverneurs de places, des maréchaux de camp, et d'autres officiers distingués; cette famille a obtenu les honneurs de la cour, en 1787 et 1788, en vertu de preuves faites au cabinet des ordres du Roi. *D'argent, à deux fasces de sable.*

D'ALOIGNY, marquis de la Groye, par érection du mois de janvier 1661, barons de Craon, première baronnie du Maine, maison d'ancienne chevalerie du Poitou, répandue dans le Berry et le Périgord; et qui paraît avoir pris son nom du château et de la seigneurie d'Aloigny; relevants de la vicomté de Châtellerault. Elle est, par ses alliances, ses possessions et son ancienneté une des plus illustres maisons de la province dont elle est originaire, et a joui des honneurs de la cour, en 1787, en vertu de preuves faites au cabinet des ordres du Roi. Elle a donné un grand nombre de personnages de marque, entr'autres un maréchal de France, un chevalier de l'ordre du Saint-Esprit et un capitaine des gardes. *De gueules, à cinq fleurs de lys d'argent.* La branche de Rochefort portait : *De gueules, à trois fleurs de lys d'argent.*

ALTESSE, subst. fém. Les plus grands potentats, même les rois de France de la première et de la seconde race, se donnaient souvent le titre de *celsitude* ou *altesse*, en parlant d'eux-mêmes. Saint Bernard, du tems de la troisième race, le donne aussi à un évêque de Langres. Les rois de Castille, d'Aragon et de Portugal, ont pris le titre d'altesse jusqu'au seizième siècle. Charles-Quint le prit jusqu'à ce qu'il fût élu empereur; et on continua de donner ce titre au roi de Portugal, jusqu'à ce que Philippe II, roi d'Espagne, s'emparât du Portugal, après la mort du roi-cardinal Henri. Lorsque la couronne impériale et celle d'Espagne furent entrées dans la maison d'Autriche, tous les princes de cette maison, tant de la branche d'Allemagne que de celle d'Espagne, prirent le titre d'*altesse*. On donna aussi ce titre aux princes Philibert et Thomas de Savoie, à cause qu'ils étaient fils de l'infante Catherine d'Autriche, cousine-germaine du roi d'Espagne Philippe III, et il passa même à don Juan d'Autriche, fils naturel de Philippe IV, auquel l'empereur donna le titre d'*altesse*, après qu'il se fut mis à la tête des affaires d'Espagne. En l'année 1677, les grands d'Espagne consentirent aussi de lui donner ce titre, pourvu qu'il leur promît de leur donner celui d'excellence. A l'égard de la France, il n'y avait d'abord que les frères des rois qui prissent le nom d'*altesse*; et on ne donnait aucun titre aux princes du sang royal, qu'on traitait seulement de *vous*, à l'exception que le nonce du pape et l'ambassadeur de Venise leur donnaient celui d'*excellence*. Cela dura de cette manière jusqu'à ce que le prince de Condé fût à Rome en 1662, et qu'il demanda d'être traité d'*altesse*. Le pape y consentit, le fit couvrir à l'audience qu'il lui donna, le fit asseoir au consistoire, au-dessus du dernier cardinal-diacre. Tous les princes du sang prirent ensuite le titre d'altesse. Ce titre est aussi passé à des enfants naturels des rois.

Lorsque les rois quittèrent le nom d'*altesse* pour prendre celui de majesté, les princes souverains, qui ne sont point têtes couronnées, prirent la qualité d'altesse. Les plénipotentiaires du roi à Munster, écrivant une lettre circulaire à tous les princes d'Allemagne, leur donnèrent ce titre; et le roi a voulu que ses ministres le donnassent, non-seulement aux princes souverains séculiers, mais aussi aux ecclésiastiques qui ne sont princes que par élection; en sorte que ses ambassadeurs traitassent les électeurs ecclésiastiques d'*altesse* électorale, et les autres évêques souverains d'Allemagne, d'*altesse*. Ce fut le roi Louis XIII qui, en 1637, fit donner le premier, par ses ministres, le titre d'*altesse* aux princes d'Orange, auxquels on ne donnait, auparavant que celui d'*excellence*. Néanmoins, comme le roi ne donne le titre d'*altesse* à personne, MM. d'Avaux, de Servien et de la Tuilerie, ne voulurent point que dans le traité fait en 1644 avec les Etats-Généraux, un des députés prît la qualité de conseiller de son *altesse* le prince d'Orange, parce que le roi parlait dans cet acte. Cromwel ayant usurpé l'autorité souveraine en Angleterre, en 1649, sans toute-

fois prendre le titre de roi, se fit donner le titre
d'*altesse*.

On ne donne pas ce titre à tous les princes souverains
d'Italie. La république de Venise ne donnait que l'excellence au duc de Parme ; et on donnait seulement le
titre d'*altesse* aux princes de Massa, de la Mirandole, etc.
Le connétable Colonne et le duc de Bracciano étaient
convenus entr'eux de se traiter mutuellement d'*altesse*,
et de se donner l'un à l'autre, quand ils s'écriraient,
la qualité de sérénissime. Quand ces princes souverains
d'Italie prirent le titre d'*altesse*, leurs cadets prirent
d'abord celui d'excellence ; mais dans la suite tous les
princes cadets des maisons souveraines d'Allemagne et
d'Italie ont pris l'*altesse* : en sorte que le pape donna
ce titre au duc de Neubourg ; et le roi voulut que ses
ambassadeurs à Rome le donnassent à ce prince, au
duc de Brunswick, évêque d'Osnabruck, et aux princes
cadets de la maison de Médicis. Cependant le prince de
Neubourg ne put obtenir ce titre du vice-roi de Naples,
à cause que ce duc avait une principauté dans le
royaume de Naples. On ne voulut point aussi le donner
à l'évêque d'Osnabruck ; et les grands d'Espagne refu-
sèrent de le donner aux princes cadets des maisons de
Savoie et de Médicis.

ALTESSE ROYALE. L'usage de ce titre a commencé en 1633, lorsque le cardinal infant passa par
l'Italie pour aller aux Pays-Bas : car se voyant sur le
point d'être environné d'une multitude d'*altesses*, avec
lesquelles il était chagrin d'être confondu, il fit en
sorte que le duc de Savoie convînt de le traiter d'*altesse
royale*, et de n'en recevoir que l'*altesse*. Gaston de
France, duc d'Orléans, qui était alors à Bruxelles,
ne voulant pas souffrir qu'il y eût de distinction entre
ce cardinal et lui, puisqu'ils étaient tous deux fils et
frères de rois, prit aussitôt la même qualité. Les fils et
petits-fils des rois de France, en Angleterre et dans le
dans le nord, ont aussi pris ce titre. C'est ainsi que l'a
porté Philippe de France, duc d'Orléans, et frère
unique du roi Louis XIV, et c'est ainsi que le porta
son fils unique Philippe, duc d'Orléans, petit-fils du
roi Louis XIII. Les princes de la maison de Condé et
celle de Conty ne reçoivent que le titre d'*altesse séré-*

nissime. Le prince palatin Charles-Gustave, ayant été désigné successeur de la couronne de Suède, obtint que M. Chanut, ambassadeur de France près de la reine Christine, lui donnât ce titre, et le prince d'Orange l'a aussi pris comme petit-fils de Charles Ier., roi d'Angleterre, du côté de sa mère. Lorsque le maréchal duc de Gramont alla l'an 1659 en Espagne, pour demander l'infante en mariage pour le roi, il voulut savoir du roi d'Espagne s'il agréerait qu'il donnât le titre d'*altesse royale*, au prince son fils et aux princesses ses filles ; mais ce roi témoigna qu'il n'approuvait pas l'usage de ce mot, qu'il traita de nouveau et d'inusité, et il voulut que ce ministre ne donnât aux princes et aux infantes que le seul nom d'*altesse*. Louis XIV ne voulait pas non plus qu'on donnât ce titre à monseigneur le dauphin, à cause du grand nombre de princes qui le prenaient. Cependant comme le tour de la phrase italienne veut que l'on donne quelque titre en cette langue, et qu'après celui de majesté, il n'y en a point de plus relevé que celui d'*altesse royale*, il agréa que les cardinaux, en écrivant à ce prince, le traitassent de sérénissime *altesse royale*. Le duc de Savoie, en vertu de sa qualité de roi de Chypre, a aussi pris le titre d'*altesse royale*, aussi bien que le duc de Lorraine, en vertu d'un diplôme de l'empereur Léopold, du mois d'octobre 1700, enregistré dans toutes les chancelleries des princes de l'empire. Le grand-duc de Toscane se l'est aussi fait accorder par l'empereur Joseph, prétendant que son titre de grand-duc lui donnait les mêmes droits qu'aux ducs de Savoie et de Lorraine.

Depuis quelques années, plusieurs souverains d'Allemagne, tels que le grand-duc de Baden et quelques autres, prennent le titre d'*altesse royale* ; les électeurs d'empire d'Allemagne, se faisaient appeler *altesse électorale* ; et l'on donne généralement le titre d'*altesse sérénessime* à tous ceux qui jouissent de la qualité et des honneurs des princes, soit en France, soit dans les pays étrangers.

D'AMALRIC, maison des plus anciennes de Provence, et des plus illustres, connue, selon Maynier, depuis l'an 993. Une charte de l'évêché de Marseille de l'an 1219, qualifie Raoux d'Amalric, *damoiseau*. Bertrand d'Amalric, archevêque d'Arles en 1281, institua Jean d'Amalric, son frére son héritier, qu'il qualifie aussi de damoiseau. *D'azur, au pin d'argent ombragé de sinoples, le fût chargé d'une croix de Malte d'or, émaillée de sinople, accompagné en chef de deux étoiles d'or, et en pointe d'un cerf du même.* L'abbé Robert de Briançon, dans son état de la noblesse de Provence, dit tom. I, pag. 281, que les anciennes armes de cette maison étaient, *de gueules, à trois bandes d'or*, et qu'il ne sait pas pourquoi les Amalric, qui étaient à Signe, les ont changées; cette dernière branche a été maintenue dans son ancienne extraction par les commissaires départis en Provence le 20 octobre 1678.

D'AMANDRES, en Franche-Comté, famille connue depuis Jean d'Amandres, écuyer; vivant en 1500. Elle a été reçue à Saint-Georges, et dans les chapitres nobles. Il ne faut pas la confondre avec l'ancienne maison de Mandres qui est éteinte. *D'azur, à la fasce d'or.*

D'AMBLY, marquis d'Ambly par érection de 1768, en Champagne, maison d'ancienne chevalerie, qui paraît tirer son nom de la terre et seigneurie d'Ambly sur Bar en Champagne, dans l'élection de Rethel, et à cinq lieues de cette ville. Elle est connue par filiation depuis l'an 1236, et a obtenu les honneurs de la cour, en 1787 et 1788, en vertu de preuves faites au cabinet des ordres du roi : elle a donné plusieurs généraux, des gouverneurs de place et nombre d'officiers supérieurs. *D'argent, à trois lionceaux de sable, lampassés de gueules.*

D'AMBRUGEAC, *voyez* VALLON.

D'AMEDOR DE MOLANS, en Franche-Comté, comtes d'Amedor, par érection de 1713, famille qui a pour auteur Louis d'Amedor, trésorier à Vesoul, l'an 1550, et dont était Augustine Madelaine-Félicité-Désirée d'Amedor de Molans, reçue chanoinesse-comtesse de Saint-Martin-de-Salles, en Beaujolais, en 1782. *De gueules, à la croix patriarcale d'or, cantonnée de quatre trèfles du même.*

AMELOT, marquis de Monregard, par érection du mois d'août 1651, et de Gournay, par érection du 26

I.   2

avril 1693 ; comtes de Servon, en Brie, par lettres du mois de décembre 1681, toutes registrées. Famille illustrée dans la magistrature, et anoblie par lettres du roi Henri III, du 7 décembre 1580, dans la personne de Jean Amelot, conseiller aux conseils d'état et privé, maître des requêtes de l'hôtel du roi, en considération de ses services. On remarque parmi ses descendants nombre de magistrats célèbres. Dans la prélature, cette famille compte un archevêque de Tours, et dans les armes, plusieurs officiers supérieurs. *D'azur, à trois cœurs d'or ; surmontés d'un soleil du même.*

D'AMOREZAN DE PRESSIGNY, en l'Ile-de-France : Louis d'Amorezan, intendant en Hainaut, fut anobli le 15 janvier 1675. *D'azur à la fasce ondée d'or.*

D'AMPHERNET ou D'ANFERNET, marquis et vicomtes d'Amphernet de Pont-Bellanger, barons de Montchauvet, en Normandie, maison d'origine chevaleresque de cette province, qui a fait au cabinet des ordres du roi, les preuves pour les honneurs de la cour, dont elle a joui en 1784 et 1786 ; elle remonte par filiation à Guillaume d'Anfernet, chevalier, trésorier des guerres en 1383. *De sable, à l'aigle éployée au vol, abaissé d'argent, becquée et membrée d'or.*

D'ANDIGNÉ, maison d'origine chevaleresque de la province d'Anjou, où elle est connue depuis le douzième siècle, et qui a produit des officiers généraux très-distingués ; elle a obtenu les honneurs de la cour en 1771 et 1787, sur preuves faites au cabinet des ordres du roi. Elle a possedé le marquisat de Vézins, et la terre de Sainte-Gemme a été érigée en sa faveur en comté, en 1747. Elle compte aussi plusieurs prélats recommandables, entr'autres, de nos jours, un évêque de Nantes. Louis-Marie-Auguste-Fortuné, comte d'Andigné, a été élevé à la pairie par ordonnance du roi, du 17 août 1815. *D'argent, à trois aiglettes au vol abaissé de gueules, becquées et membrées d'azur.* Devise : *Aquila non capit muscas.*

D'ANDIRAN. *Voyez* CAUBIOS.

ANDRÉ DE KERLIDEC, en Bretagne, famille noble, originaire de Provence. Elle compte plusieurs officiers supérieurs et des chevaliers de l'ordre royal et militaire de Saint-Louis. *De gueules, à la fasce d'or, accompagnée en chef de deux merlettes d'argent, et en pointe de deux étoiles du même.*

D'ANDRÉE DE RENOARD, barons de Pilles, maison d'ancienne chevalerie, originaire d'Ivrée en Piémont, où elle florissait dès l'an 1200, et fixée au comtat Venaissin depuis le commencement du quinzième siècle. Elle a donné plusieurs personnages distingués dans la diplomatie et dans la carrière des armes. *Parti, au 1 d'azur, à la croix de Saint-André d'argent, accompagnée en chef d'une fleur de lys d'or, et en pointe d'un stocco ou épée du même ; au 2 d'azur, au château à trois tours d'argent, maçonné de sable, accompagné en chef d'un croissant d'or. Devise : je crois pour être utile*

D'ANGENNES, marquis de Rambouillet, seigneurs de Maintenon, barons de Meslay, comtes de la Rochepot, au Maine, en l'Ile de France et en Normandie, illustre et ancienne maison éteinte, connue dès avant le quinzième siècle. Elle a produit plusieurs généraux, des chevaliers du Saint-Esprit, et plusieurs ambassadeurs en diverses cours de l'Europe. *De sable, au sautoir d'argent.*

D'ANGENOUST, en Champagne. La Roque, dans son Traité de la Noblesse, chap. des nobles par le ventre, rapporte un arrêt du parlement, du 27 avril 1627, par lequel la tutelle de Marie Angenoust, petite fille de Christophe Angenoust, marchand, qui se disait noble champenois d'origine, a été donnée au bailli de Troyes, juge et noble, à l'exclusion du prévôt. Cette famille est connue, depuis l'an 1400, dans le parlement de Paris. De la branche de Champagne était Jacques Angenoust, dont la veuve, Marguerite de Marisy, fut condamnée à l'amende au nom de son mari, et mise au rôle des tailles, attendu que Denis Angenoust n'a jamais pris la qualité d'écuyer, et que d'ailleurs ce Denis était fils naturel d'un autre Denis Angenoust, bailli de Nogent. *D'azur, à deux épées d'argent, garnies d'or, passées en sautoir.*

ANISSON DU PERRON, famille noble originaire

du Dauphiné, établie à Lyon, puis à Paris. *Voyez le Dictionnaire véridique, tom. I, pag. 22 et suivantes.* D'argent, au vol abaissé de sable, au chef d'azur, chargé d'une croisette d'or accostée de deux coquilles du même. L'écu timbré d'une couronne de comte, et supporté par deux lions.

ANOBLI, subst. masc. On appelle ainsi le roturier, le plébéien, qui, par leurs vertus ou leurs talents, ont su attirer les regards et la reconnaissance du prince qui les élève par des lettres-patentes, au rang de la noblesse.

Le besoin d'argent a souvent porté nos rois à faire des anoblis, moyennant finance. Cette noblesse est bien moins considérée que la précédente, et cependant l'une et l'autre ont toujours été confondues dans une espèce de mépris ou de délaissement, affectés par la noblesse d'origine chevaleresque, qui a constamment et bien à tort, sans doute, tenu les *anoblis* bien au-dessous d'elle.

Le gouvernement ancien avait eu l'extrême impolitique d'autoriser cette ligne de démarcation, en privant des *honneurs de la cour* et des entrées dans certains chapitres nobles, les familles *unoblies;* cette espèce de réprobation a fait un tort infini à la noblesse par la jalousie qu'elle inspirait, à ceux qui en étaient frappés, et qui cherchèrent tous les moyens imaginables, de sceller leur anoblissement, en se faisant *enter* sur d'anciennes maisons. (*Voyez* ANNOBLISSEMENT *et* HONNEURS DE LA COUR.)

L'*anobli* acquérait la *noblesse*, mais non pas la *race;* la noblesse le distingue d'abord du peuple, et elle n'est parfaite qu'à la quatrième génération, où commence la noblesse de race.

ANOBLISSEMENT, subst. masc., grâce et concession du prince, par laquelle on est *anobli.* Les rois de France voulant récompenser la fidélité de quelques-uns de leurs sujets, et les services qu'ils avaient rendus à l'état, résolurent de les admettre dans le corps illustre de la noblesse, et créèrent à cet effet des lettres d'*anoblissement.*

Philippe-le-Hardi fut le premier qui en accorda; elles sont datées de 1270, et délivrées en faveur de

Raoul, l'orfévre, qui était l'argentier du roi. On n'a-
vait pas cru jusqu'alors, dit Sainte-Foy, qu'un prince
pût faire un noble d'un roturier. Tous nos rois jusqu'à
Charles V, mirent la plus grande réserve dans la déli-
vrance des lettres d'*anoblissement*; mais ce monarque,
loin de suivre ce système, accorda les priviléges de
la *noblesse* à beaucoup d'individus et d'un seul trait, à
à tous les *bourgeois de Paris*, en 1371, avec faculté de
prendre des armoiries. Ces priviléges leur furent confirmés depuis par plusieurs rois; mais Henri III les res-
treignit aux seuls prévôts des marchands et aux échevins.

Dans la suite, le besoin d'argent porta à vendre les
lettres d'*anoblissement*; et Jean, duc de Normandie, fils
aîné de Philippe de Valois, et son lieutenant, se trouvant au camp d'Aiguillon, en Guienne, accorda, le
19 avril 1346, le pouvoir d'anoblir, à des commissaires
envoyés dans le *Languedoc*.

Philippe de Valois avait lui-même, par ordonnance
du 13 mars 1339, donné un semblable pouvoir à la
chambre des comptes, mais pour un tems limité; puis,
par d'autres lettres, datées de Moncel-lès-Pont-Sainte-
Maxence, le 10 avril 1350, il prolonge ledit pouvoir;
et Jean-le-Bon, par ordonnance du 26 février 1361,
accorda, à des commissaires délégués dans les provinces,
le pouvoir d'anoblir.

Charles V, par un mandement délivré le 21 juillet
1368, ordonne que les *lettres d'ANOBLISSEMENT* soient
passées par les gens des comptes, qui fixeront la finance
à payer par les impétrants. Voilà donc la noblesse mise
à prix d'argent, et un tarif établi pour l'obtenir.

Mais on poussa la chose plus loin; le fisc, toujours
avide d'espèces, alla jusqu'à contraindre des gens riches
à recevoir des lettres d'*anoblissement*. « Nous en voyons,
» dit la Roque, qui ont été faits nobles par force, par
» édits, ayant été choisis comme riches et aisés pour
» accepter ce privilége moyennant finance. De ce nombre
» a été un gros marchand du pays d'Auge, qui fut obligé
» d'accepter ce privilége, et de payer mille écus de
» finance, l'an 1577. J'en ai vu les contraintes entre
» les mains de son fils. »

Après que des gens avaient payé pour les lettres de
noblesse, on les menaçait encore d'annuler leurs *ano-*

blissements, s'ils ne payaient nouvelle finance ; et de là, toutes les taxes et les recherches qu'on a si souvent ordonnées sur le corps de la noblesse.

Pour remédier à ce désordre, Henri IV, Louis XIII et Louis XIV, révoquèrent successivement, par des édits ou déclarations de 1598, janvier 1634, novembre 1640, juin 1643, août 1647, août et septembre 1664, janvier 1667, août 1715, les *anoblissements* accordés *moyennant finance ou autrement*, depuis les époques fixées dans ces même édits ou déclarations : toutefois ce dernier prince se réserva de donner le droit de confirmation à ceux qui, pour des services signalés dans les armées et dans d'autres emplois importants, avaient été anoblis. Il est à remarquer que, lors de la recherche de 1666, tous les anoblis du règne de Henri IV furent maintenus, malgré son édit de 1598 : on ne supposait pas que ce prince eût pu décerner sans motif un titre aussi glorieux, qui n'aurait jamais dû être que le prix de la vertu, ou la récompense de services rendus. Louis XV, par un édit du mois d'avril 1771, enregistré au parlement le 26 juillet de la même année, confirma tous les *anoblissements* accordés depuis le 1er janvier 1715, à condition qu'il serait payé, par chaque impétrant, une taxe *de six mille livres et les deux sous pour livre.*

Ainsi les *anoblissements*, au lieu d'avoir été une source salutaire pour ce corps aussi antique que respectable, et *en qui consiste*, comme le disait Henri III, *la principale force de la couronne*, n'ont été très-souvent qu'un moyen abusif, d'autant plus préjudiciable à l'état, que la noblesse jouissait alors de priviléges pécuniaires très-considérables.

Les derniers édits portant création de lettres de noblesse moyennant finance, sont des mois de janvier 1568, juin 1576, mars 1696, mai 1702, et décembre 1711.

Quant aux recherches ordonnées contre les usurpateurs de la noblesse, elles furent confiées à des *traitants*, hommes pour la plupart cupides et rapaces, qui inquiétèrent le corps entier de la noblesse, pour avoir un prétexte plus plausible d'en obtenir de l'argent ; de sorte que dans cette confusion et ce bouleversement, on a vu, d'une part, d'anciens gentilshommes *TAXÉS* ; et de

l'autre, des particuliers non nobles *mais riches*, MAIN-
TENUS *dans les titres et priviléges de noblesse qu'ils avaient
osé usurper.*

Pour faire cesser ce scandale public, le roi, par un
arrêt de son conseil du 1ᵉʳ. juin 1665, fit surseoir à la
recherche de la noblesse, sous peine de trois mille
livres d'amende contre les contrevenants. Mais les
choses étaient portées à un tel point, qu'il pouvait devenir dangereux de trop prolonger cette surséance, qui,
en effet, fut levée l'année suivante par le fameux arrêt
du conseil du 22 mars 1666. La recherche ordonnée
par ce dernier acte de la puissance royale fut, à l'*ins-
tigation de Colbert*, la plus rigoureuse de toutes : les
intendants et commissaires départis dans les provinces
en furent exclusivement chargés, avec pouvoir de juger
définitivement, en laissant toutefois aux condamnés la
faculté de se pourvoir au conseil d'état, dans les six
mois de la signification des jugements de condamnation.
Cette recherche, suspendue en 1674 à cause des guerres,
fut reprise en 1696 avec moins de sévérité, et cesa entièrement en 1727. Bien avant ces recherches générales,
c'est-à-dire, dans les quinzième et seizième siècles, il
y avait eu en Bretagne, en Artois, et dans plusieurs
autres provinces de France, des réformations de la noblesse.

Pendant le cours des recherches, les commissaires se
trouvèrent arrêtés à l'égard des gentilshommes dont les
anciens titres ou les titres primordiaux de noblesse
étaient adirés ou n'existaient plus ; il fut décidé, par
arrêt du conseil du 19 mars 1667, que ceux qui avaient
porté les titres de chevalier et d'écuyer, depuis 1560,
avec possession de fiefs, emplois et services, et sans
aucune trace de roture avant ladite année 1560, seraient
nobles de race, et, comme tels, maintenus. Quant à
ceux dont les titres n'étaient accompagnés ni de fiefs ni
de services, les commissaires exigèrent de leur part une
preuve de deux cents ans de qualifications ; ce qui, par
conséquent, faisait remonter la preuve à 1467, et toujours sans aucune trace de roture antérieure à cette dernière époque. Mais la déclaration du roi du 16 janvier
1714, enregistrée à la cour des aides le 30 du même
mois, limita la preuve à cent années, à compter du
30 janvier 1614.

. On a prétendu que cette preuve centenaire avait donné lieu à de nombreux abus.

Des différentes sortes d'Anoblissements.

ANOBLISSEMENT *par inféodation ou de franc fief.* La noblesse *inféodée* fut établie par saint Louis. Beaucoup de seigneurs, pour suffire aux dépenses des croisades, firent des emprunts considérables, par suite desquels ils furent forcés, pour se libérer, de vendre une portion de leurs *terres nobles* aux personnes *qui n'étaient pas nobles*. Il y a une ordonnance de saint Louis, de l'année 1254, qui accorde un délai aux croisés pour payer leurs dettes.

Ce monarque, en rendant les non nobles capables de posséder des fiefs moyennant une taxe ou finance qu'on appela depuis *droit de franc-fief*, et les élevant ainsi au rang de la noblesse, crut devoir retirer du moins quelque avantage de leur ambition. La noblesse s'acquérait par la possession d'un fief à tierce foi, c'est-à-dire qu'un *non noble* acquérant un fief, ses descendants étaient considérés comme nobles au *troisième hommage* du fief, et partageaient noblement ce fief à la troisième génération (ordonnance de 1270); mais ce n'a été que sous Philippe le Bel qu'on a réellement commencé à percevoir ce droit.

C'est par cette institution, dont l'objet avait été, dans le principe, de soutenir le corps de la noblesse, mais qui dégénéra plus tard en abus, ainsi que les *anoblissements* par lettres dont il a été tant parlé, que tant de familles sont sorties de la roture, surtout depuis la fameuse charte de Louis XI, du mois de novembre 1470, contenant réglements pour les *francs-fiefs* en Normandie, et *anoblissement* général de tous ceux qui y possédaient des fiefs. En Provence, les roturiers possédant fiefs étaient compris au rang des nobles. *Voy.* Maynier, page 43. La profession des armes et la possession des fiefs ont donc anobli pendant très-long-tems, sous Louis XIII, tous les hommes d'armes, c'est-à-dire, que tous ceux qui composaient les compagnies d'ordonnance, étaient nobles, lorsqu'ils n'exerçaient aucun autre emploi. Quiconque acquérait un fief noble et *le desservait par service compétent*, c'est-à-dire lorsqu'il suivait son seigneur à la guerre, était réputé noble ; ainsi donc alors, on s'anoblissait soi-même, comme dit le président Hérault (sous la date do 1600) ; on n'avait besoin ni de lettres du prince, ni de posséder des offices pour obtenir la noblesse. Cet usage se soutient jusque sous le règne d'Henri III, qui supprima la noblesse acquise par les fiefs (1579) et de Henri IV qui supprima la noblesse acquise par les armes. Ces réformes étaient très-nécessaires, car si ces manières d'obtenir la noblesse avaient duré plus long-tems, tous les roturiers pouvaient devenir nobles en moins d'un siècle.

ANOBLISSEMENT *par les armes, ou noblesse militaire.* Dix années consécutives de service militaire suffisaient, dans le seizième siècle, pour faire jouir les non-nobles des exemptions réservées aux nobles, ainsi que le porte un arrêt de la cour des aides de Paris, rendu le 17 juillet 1583, sur l'édit de Henri III, du mois de mars de la la même année. Mais les discordes intestines donnèrent lieu à une infinité d'usurpations de la qualité de noble : parmi le très-grand nombre d'individus de toute sorte de professions qui avaient accidentellement pris les armes pendant les troubles, il y en a eu beaucoup qui se jetèrent dans l'armée, et notamment dans les compagnies d'ordonnance, où l'on ne recevait habituellement que des gentilshommes, afin de se procurer, après un service souvent de très-courte durée, des certificats à la faveur desquels ils jouissaient de ces privilèges ou exemptions.

Henri IV, voulant réprimer un abus aussi préjudiciable aux intérêts de ses peuples, dont il était réellement le père, délara, par l'article 27 de son édit du mois de mars 1600, que ceux-là seuls qui justifieraient de vingt années de service militaire, soit dans le grade de capitaine, soit dans celui de lieutenant ou d'enseigne, jouiraient des exemptions des nobles, tant qu'ils resteraient sous les drapeaux ; et qu'après ces vingt années ils pourraient, par lettres vérifiées à la cour des aides, être dispensés du service militaire, et jouir des mêmes exemptions leur vie durant ; en signe de reconnaissance de leur vertu et de leur mérite. Cette noblesse personnelle devenait héréditaire dans la descendance de ceux

qui, de père en fils, et pendant trois générations consécutives, avaient porté les armes; c'est ce qui résulte
des dispositions de l'article 25 du même édit.

Ainsi c'était un principe consacré par une jurisprudence constante, que, pour mériter le titre de noble,
il fallait vivre noblement, et *être issu d'un père* et *d'un
aïeul* qui eussent fait *profession des armes* ou exercé des
charges honorables. Mais ce principe même ne put ré-
sister à la cupidité des *traitants* : ils obtinrent, à force
d'importunités, divers arrêts qui *détruisirent* totalement
cet ancien et salutaire usage, qui n'agrégeait au corps
de la noblesse que des hommes réellement dignes d'en
faire partie par leurs vertus, leurs lumières et leurs belles
actions.

La noblesse graduelle ainsi détruite fut solennelle-
ment rétablie au milieu du seizième siècle, mais en faveur de l'armée seulement. Louis XV, voulant récompenser un grand nombre de glorieux exploits dont il avait
été témoin pendant la guerre, créa, à cet effet, une noblesse militaire, par édit du mois de novembre 1750 (1).

En voici les principales dispositions :

Art. II. Tous officiers-généraux non nobles, actuellement au service, seront et demeureront anoblis avec
toute leur postérité née et à naître en légitime mariage.

III. Veut sa majesté, qu'à l'avenir le grade d'officier-
général confère la noblesse de droit à ceux qui y par-
viendront, à toute leur postérité légitime, lors née et à
naître, et jouiront lesdits officiers-généraux de tous les
droits de la noblesse, à compter du jour et de la date
de leurs lettres et brevets.

IV. Tout officier non noble, d'un grade inférieur à
celui de maréchal-de-camp, qui aura été créé chevalier
de l'ordre royal et militaire de Saint-Louis, et qui se
retirera après trente ans de services non interrompus,
dont il aura passé vingt dans la commission de capitaine,
jouira, sa vie durant, de l'exemption de la taille.

V. L'officier dont le père aura été exempt de la taille,
en exécution de l'article précédent, s'il veut jouir de la

---

(1) M. de Saint-Allais, ayant trouvé dans les nombreux maté-
riaux qui composent son cabinet cet édit original, signé de
Louis XV, s'est empressé d'en faire hommage à sa majesté
Louis XVIII.

même exemption, en quittant le service du roi, sera obligé de remplir auparavant toutes les conditions prescrites par l'article IV.

VI. Sa majesté réduit les vingt années de commission de capitaine, ci-dessus exigées, à dix-huit ans, pour ceux qui auront eu la commission de lieutenant-colonel ; à seize, pour ceux qui auront eu celle de colonel ; et quatorze, pour ceux qui auront eu le grade de brigadier.

VII. Pour que les officiers non nobles qui auront accompli leur tems de service puissent justifier qu'ils ont acquis l'exemption de la taille, accordée par les articles IV et V, veut sa majesté que le secrétaire d'état chargé du département de la guerre, leur donne un certificat, portant qu'ils l'ont servie le tems prescrit par les article IV et VI, en tel corps et dans tel grade.

VIII. Les officiers devenus capitaines et chevaliers de l'ordre de Saint-Louis, que leurs blessures mettront hors d'état de continuer leurs services, demeureront dispensés de droit du tems qui en restera lors à courir ; veut en ce cas, sa majesté que le certificat mentionné en l'article précédent spécifie la qualité des blessures desdits officiers, les occasions de guerre dans lesquelles ils les ont reçues, et la nécessité dans laquelle ils se trouvent de se retirer.

IX. Ceux qui mourront au service du roi, après être parvenus au grade de capitaine, mais sans avoir rempli les autres conditions imposées par les articles IV et VI, seront censés les avoir accomplies ; et s'ils laissent des fils légitimes qui soient au service de sa majesté, ou qui s'y destinent, il leur sera donné par le secrétaire d'état chargé du département de la guerre, un certificat, portant que leur père la servait au jour de sa mort, dans tel corps et dans tel grade.

X. Tout officier né en légitime mariage, dont le père et l'aïeul auront acquis l'exemption de la taille, en exécution des articles ci-dessus, sera noble de droit, après toutefois qu'il aura été par sa majesté créé chevalier de l'ordre de Saint-Louis, qu'il l'aura servie le tems ci-dessus prescrit, ou qu'il aura profité de la dispense accordée par l'article VIII. Veut sa majesté, pour le mettre en état de justifier de ses services personnels, qu'il lui soit délivré un certificat, tel qu'il est ordonné par les articles VII et VIII, selon qu'il se sera trouvé dans quelqu'un des cas prévus par ces articles, et qu'en conséquence il jouisse de tous les droits de la noblesse, du jour daté dans ledit certificat.

XI. La noblesse acquise en vertu de l'article précédent, passera de droit aux enfants légitimes de ceux qui y seront parvenus, même à ceux qui seront nés avant que leurs pères soient devenus nobles; et si l'officier qui remplit ce troisième degré meurt dans le cas prévu par l'article IX, il aura acquis la noblesse : veut sa majesté, pour en assurer la preuve, qu'il soit délivré à ses enfants légitimes un certificat, tel qu'il est mentionné audit article IX.

XII. Dans tous les cas où les officiers de sa majesté seront obligés de faire les preuves de noblesse acquise en vertu du présent édit, outre les actes de célébration et contrats de mariage, extraits baptistaires et mortuaires, et autres titres nécessaires pour établir une filiation légitime, ils seront tenus de représenter les commissions des grades des officiers qui auront rempli les trois degrés ci-dessus établis, leurs provisions de chevaliers de l'ordre de Saint-Louis et les certificats à eux délivrés, en exécution des articles VII et VIII, IX, X et XI, selon que lesdits officiers auront rempli les conditions auxquelles sa majesté a attaché l'exemption de la taille et de la noblesse, ou selon qu'ils auront été dispensés desdites conditions, par blessures ou par mort, conformément aux dispositions du présent état.

XIII. Les officiers non nobles, actuellement au service de sa majesté, jouiront du bénéfice du présent édit, à mesure que le tems de leurs services prescrit par les articles IV, VI et VIII sera accompli, quand même ce tems aurait commencé à courir avant la publication dudit édit.

XIV. N'entend néanmoins sa majesté par l'article précédent, accorder auxdits officiers d'autre avantage rétroactif que le droit de remplir le premier degré. Défend à ses cours et toutes juridictions qui ont droit d'en connaître, de les admettre à la preuve des services de leurs pères et aïeux, retirés ou morts au service avant la publication dudit édit.

Commissaires ordinaires provinciaux des guerres. Sa majesté veut qu'ils fassent souche de noblesse, lorsqu'eux et leurs enfants, successivement, et sans interruption, auront possédé et exercé lesdits offices pendant vingt années, en sorte que comptant les services du père, et ceux des enfants, ensemble se trouveront vingt années de service entre eux. Edit du roi du mois de mars 1704, confirmé au mois d'octobre 1709, et portant sur les cent trente commissaires des guerres alors en charge ou qui exerceront par la suite. Les deux syndics dudit ordre, par déclaration du 5 mai 1711, jouissent des mêmes priviléges.

ANOBLISSEMENTS *municipaux ou noblesse de cloche.* Des lettres d'*anoblissement* furent aussi accordées aux officiers municipaux de certaines villes de France; cette noblesse se nommait *noblesse de cloche*, parce que les officiers municipaux s'assemblaient communément au son de la cloche; elle fut conférée par nos rois à douze villes, dont les services et la fidélité méritaient d'être récompensés; en voici le tableau :

Tableau chronologique des Anoblissements *accordés aux Officiers municipaux de douze villes de France.*

Par

Charles V..	En 1371, tous les bourgeois de Paris avaient le droit de porter des armoiries; mais ce privilége a été ensuite restreint aux prévôt et échevins de la ville.	
	8 janvier 1372.	La Rochelle.
	Décembre *idem.* . . .	Poitiers.
	. . . . 1373 . . .	Angoulème.
	. . . .	S.-Jean-d'Angély.
Jean, fils de France. . .	6 juillet 1414	Niort.
Charles VII.	Avril 1444	Saint-Maixent.
Louis XI. .	Février 1461.	Tours.
	Novembre *idem.* . . .	Niort.
	11 Février 1474	Angers.
François Ier.	. . . . 1539 .	Péronne.
François II.	. . . . 1559 . .	Nantes.
Louis XIV. .	Arrêt du Conseil-d'État du Roi, du 14 mai 1667, qui rappelle l'*anoblissement* antérieurement accordé aux maires et aux échevins de	Cognac. Abbeville.

La ville de *Lyon* jouissait aussi de grands priviléges municipaux accordés par nos rois. Charles VIII, en maintenant les anciens priviléges des habitans de Lyon par des lettres-patentes de l'an 1495, anoblit, par les mêmes lettres, les douze officiers municipaux de cette ville, connus sous les dénominations de *consuls* ou *conseillers-échevins*. Ce privilége de noblesse transmissible leur fut confirmé par des lettres de Henri II, du mois de septembre 1550 et du mois d'octobre 1554; de François II, du mois d'octobre 1559; de Charles IX, du mois d'avril 1570; de Henri IV, du mois de novembre 1602 et du mois de mars 1609; de Louis XIII, du mois de juin 1618 et du mois de mars 1638, avec faculté de faire, eux, leurs successeurs et postérité, le commerce en gros; de Louis XIV, du mois de décembre 1643, etc.

On évalue à deux mille six cents environ le nombre des élections au consulat de cette ville, depuis le douzième siècle jusqu'en 1789; mais comme ces élections se sont renouvelées assez souvent sur les mêmes têtes, il n'a guère été nommé que deux mille individus dans cet intervalle aux charges consulaires de Lyon. Au reste, il suffit de jeter les yeux sur la liste de ses conseils ou conseillers, pour se convaincre que beaucoup d'anciens gentilshommes en ont exercé les fonctions, surtout avant l'année 1594. Cette assertion se trouve, au surplus, pleinement justifiée par les lettres mêmes de Charles VIII, données au mois de décembre 1495. « Iceux conseillers, y est-il dit, présents et à venir, » *s'ils n'ESTOIENT nés et extraits de noble lignée*, avons « anoblis et anoblissons par ces présentes, et du titre » et privilége de noblesse, eux et leur postérité née » et à naistre en loyal mariage, avons décoré et décorons, etc. »

Toulouse avait des *capitouls*; anciennement ces magistrats civils et militaires, formaient, sous les premiers comtes de Toulouse, avant 1271, époque de la réunion de ce comté à la couronne, plutôt le conseil de ces princes qu'un corps municipal. Depuis, ces magistrats ont eu la police et le gouvernement de la ville.

Dans ces premiers temps, et comme à Paris, les priviléges de la noblesse dont jouissaient les habitans de

Toulouse, se confondaient avec ceux des capitouls, essentiellement les premiers citoyens de cette ville.

Par des lettres du 23 janvier 1273, Philippe-le-Hardi accorda aux consuls ou capitouls et aux citoyens de Toulouse la faculté de posséder des fiefs de chevalier. Le même prince, par d'autres lettres du 19 octobre 1283, confirma les anciennes coutumes de cette ville, sauf quelque réserve; Philippe-le-Bel, par lettres du 23 janvier 1297 (1298 *n. st.*), déclara que les habitants de Toulouse pouvaient, en vertu de leurs coutumes, tenir des biens nobles sans payer finance. D'autres lettres de Louis-Hutin, du 1er. avril 1315, de Philippe de Valois, du mois de septembre 1328, et du roi Jean, des mois de juin et d'octobre 1354, confirmèrent les capitouls et les habitants de cette ville dans leurs anciens priviléges. Charles VII, encore dauphin et régent du royaume, déclara, par lettres du mois de mars 1419 (1420 *n. st.*), que les capitouls de familles *non nobles*, attendu leur qualité, pourraient, sans payer le droit de franc-fief, posséder toutes sortes de fiefs, de quelque nature qu'ils fussent, et même les fiefs et arrière-fiefs tenus du roi avec justice et par foi et hommage. Parvenu à la couronne en 1422, ce prince, par d'autres lettres du 11 décembre de la même année, mais qui paraissent n'avoir été publiées à Toulouse que le 17 novembre 1427, confirma ce qu'il avait fait précédemment en faveur de ceux des capitouls qui n'étaient pas *nobles*; car *une foule d'anciens gentilshommes* ont exercé cette importante charge. Dans la suite, ces officiers ayant été inquiétés sur la jouissance de leurs antiques prérogatives, franchises ou libertés, par d'indiscrets préposés aux recherches, Louis XI, par lettres patentes du 24 mars 1471, accorda à la ville de Toulouse, capitale de tout le Languedoc, le privilége d'anoblir ses capitouls, au nombre de huit : ainsi c'était moins un ANOBLISSE-MENT qu'une confirmation du privilège de noblesse. Dès 1461, le même prince, par d'autres lettres du mois d'octobre de la même année, avait confirmé les statuts, coutumes et franchises de cette ville, d'après la demande que les capitouls et les habitants lui en avaient faite lors de son avènement à la couronne.

Bourges avait un échevinage qui jouissait de grands priviléges; on voit par une charte de Louis VII, dit *le Jeune*, de l'an 1172, et une autre de Louis VIII, de 1224, que la ville de Bourges était autrefois administrée par quatre prud'hommes ou gouverneurs élus par les bourgeois Ces officiers conservèrent pendant plus de trois siècles le gouvernement de la ville ; mais leur mauvaise administration dans les derniers tems, et une sédition qui eut lieu au sujet de leur élection, déterminèrent Louis XI à confier, par lettres du 27 mai 1474, le gouvernement et la police de la ville à un maire et douze échevins nommés par le roi. Ce prince, par d'autres lettres du mois de juin suivant, accorda à ces officiers le privilége *de noblesse*, en considération des bons services et de la fidélité des habitants de cette ville. Ces lettres ont été confirmées par d'autres lettres des rois Charles VIII, de l'an 1491 ; Louis XII, de l'an 1498 ; François Ier., des années 1515 et 1538 ; Henri II, de l'an 1547 ; François II, de l'an 1559 ; Henri III, de l'an 1574 ; Henri IV, de l'an 1594 ; Louis XIII, des années 1615 et 1634 ; de Louis XIV, du mois d'octobre 1651 et du mois de mai 1674, etc.

Les citoyens de la ville de Bourges, qui étaient libres dès leur première origine, sont qualifiés et appelés *barons* dans les lettres de Louis le Jeune, de 1145. Charles VII, en les maintenant dans leurs anciens priviléges, leur permit, par lettres du 5 mai 1437, d'acquérir et de posséder des biens nobles sans être tenus de payer, à raison de cette faculté, le droit de franc-fief ni aucune autre finance. Il suit de là que les principaux habitans de cette ancienne capitale du Berri jouissaient des priviléges affectés à la noblesse bien avant l'*anoblissement* du maire et des échevins : ces échevins avaient été réduits à quatre par les lettres-patentes de Charles VIII, du mois d'avril 1491 (1492 n. st.), qui prescrivaient une nouvelle forme pour l'élection de ces officiers, et réglaient leur autorité et leur juridiction. Enfin les annales municipales de Bourges offrent également une infinité de noms aussi anciens que recommandables.

- *Perpignan* possédait un corps consulaire ; et les habitants de cette ville, dont Louis XIII se rendit maître en 1642, avaient, de tems immémorial, c'est-à-dire, bien avant l'année 1291, le privilége de pouvoir, tous les ans, anoblir quelques-uns d'entre eux : on les nommait alors *citoyens nobles*.

Une sentence arbitrale, rendue le 18 août 1449, par la reine Marie, épouse et lieutenante-générale d'Alphonse IV, roi d'Aragon, contenant réglement pour la police du corps de ville de Perpignan, porte, article 14, « que dorénavant nul ne pourra s'intituler ni
» être tenu pour citoyen noble, s'il n'est fils de citoyen
» noble, ou s'il n'est approuvé pour être citoyen noble;
» laquelle approbation devra se faire, à l'avenir, par
» cinq consuls et par ceux qui auront été premiers
» consuls, ou par les plus anciens des ex-consuls se-
» conds, au nombre de neuf; lesquels quatorze ou dix
» d'entr'eux devront être d'avis conforme pour ladite
» approbation, laquelle ne pourra se faire que le jour
» de Saint-Cyr, 16 juin. Ceux qui seront ainsi ap-
» prouvés, seront inscrits pour citoyens nobles au livre
» de la matricule; et après avoir prêté le serment or-
» dinaire des conseillers de ville, ils seront tenus pour
» conseillers de main-majeure ou premier état; décla-
» rant que nul, quoique fils de citoyen noble, ne
» pourra entrer au conseil de ville, jusqu'à ce qu'il
» soit inscrit audit livre avec la discussion susdite »

Ces cinq consuls qui formaient le corps de ville, et qui étaient tirés annuellement des différents corps, donnaient leurs audiences sous un dais, en qualité de ducs de Vernet. On choisissait alternativement les premier et deuxième consuls parmi les gentilshommes et parmi les citoyens nobles : les avocats avaient un droit égal à celui des citoyens nobles pour le consulat. Les troisième et quatrième consuls étaient pris dans les notaires et les *mercaders*, et le cinquième dans diverses autres corporations.

La noblesse des citoyens immatriculés de cette ville a été confirmée par plusieurs souverains, et entr'autres, par Ferdinand V, en 1519; Philippe II, en 1585; Philippe III, en 1599; Louis XIV, roi de France, en 1660, et par deux arrêts du conseil d'état du roi, des 13 septembre 1702, et 22 décembre 1785 : ce dernier arrêt les a assujétis au paiement du droit de marc d'or de noblesse.

ANOBLISSEMENT *par les charges ou noblesse civile.* Il y

I. 4

avait des charges dans les parlements et les diverses cours souveraines, qui anoblissaient ceux qui en étaient pourvus; cependant, dans l'origine du parlement de Paris, il était de rigueur qu'il entrât des *nobles* parmi ses officiers, car une lettre de Charles VI, datée de l'an 1400, s'exprime ainsi :

« Parmi ceux qu'on élira pour remplir les places des officiers du parlement, qui vaqueront, il y sera pris et mis de nobles personnes qui seront à ce suffisantes ».

L'édit du roi, du mois de juillet 1644, registré le 19 août 1649, porte *anoblissement* pour les officiers de son parlement de Paris, en ces termes :

« Les présidents, conseillers, avocat et procureur-général, le greffier en chef et les quatre notaires et secrétaires du parlement de Paris, pourvus desdits offices, et qui le seraient par la suite, sont déclarés nobles, et tenus pour tels par sa majesté, qui veut que lesdits officiers, leurs veuves en viduité et leur postérité et lignée, tant mâle que femelle, née et à naître, jouissent de toutes les prérogatives et prééminences accordées au nobles, barons et gentilhommes du royaume, pourvu que lesdits officiers eussent servi pendant vingt années, ou qu'ils fussent décédés revêtus de leurs offices, quoiqu'ils ne fussent point issus de noble et ancienne race ».

Le greffier en chef criminel et le premier huissier de la cour de parlement, jouissaient de la noblesse transmissible, de même que les officiers de cette cour, par déclaration du roi du 2 janvier 1691.

Parlement de Dombes. La noblesse au premier degré était accordée aux officiers de cette cour, par déclaration du mois d'avril 1571 et de mars 1604, confirmée en novembre 1694.

Parlement de Grenoble. « Les officiers du parlement, chambre des comptes, cour des aides et bureau des finances de la généralité de Grenoble, qui ont eu ou qui auront servi vingt ans en iceux, acquerront titre de noblesse à eux et à leurs enfants, sans préjudice de la réalité des tailles ».

Edit du 24 octobre 1639, confirmé par une déclaration du roi du 10 avril 1706.

Parlement de Metz. Édit du roi du mois de septembre

1658. «Le roi déclare que les présidents, conseillers, avocats et procureur-général, et le greffier en chef de la cour de parlement de Metz, présentement pourvus desdits offices, et qui le seront ci-après, seront nobles, et tenus pour tels ; qu'ils jouiront, eux et leurs veuves demeurant en viduité, leur postérité et lignée, tant mâle que femelle, née et à naître, des mêmes droits, priviléges, franchises et immunités, rangs, séances et prééminences, que les autres nobles de race, barons, gentilshommes de son royaume ; qu'ils seront capables de parvenir à tous honneurs, charges et dignités, pourvu que lesdits officiers aient servi vingt années, ou qu'ils décèdent revêtus desdits offices, nonobstant qu'ils ne soient issus de noble et ancienne race ».

Parlement de Besançon. La noblesse transmissible est attribuée aux officiers du parlement de Besançon, par édit du 11 mars, 1694, confirmé en 1698, 1704 et 1706.

Parlement de Dôle. Les officiers de cette cour ont été confirmés dans le privilége de la noblesse, par édits du 21 février 1654, et du mois de novembre 1655.

Parlement de Flandre. La noblesse héréditaire au premier degré est attribuée aux présidents, conseillers, avocats et procureurs-généraux du parlement de Flandre, par édit du mois de décembre 1713, confirmé le 10 janvier 1755.

Parlements du royaume. Edit du roi du mois d'octobre 1704. « Le roi ayant remarqué qu'un des avantages qui décore le plus les charges des officiers des cours supérieures du royaume, *est la noblesse qui a été attachée de tout tems*, lorsque le père et le fils sont morts, revêtus desdites charges, ou qu'ils les ont exercées pendant vingt années, accorde aux officiers de *chacune des cours de parlement, chambre des comptes, cour des aides, conseils supérieurs, et bureaux des finances du royaume*, quatre dispenses d'un degré de service, pour pouvoir acquérir la noblesse et la transmettre à leur postérité ; au moyen de quoi, après avoir servi vingt années dans leurs offices, ou étant décédés revêtus d'iceux, eux, leurs veuves demeurant en viduité, et leurs enfants nés et à naître en loyal mariage, seront nobles, et jouiront de tous les mêmes droits, priviléges, etc., dont jouissent les autres nobles de race du royaume, comme si leur père et leur aïeul étaient décédés revêtus de pareils offices, en prenant par chacun desdits officiers 300 livres effectives d'augmentation de gages au dernier 20, sur les quittances du garde du trésor royal ».

Chambres des comptes de Paris. Edit du mois de janvier 1645, registré le 6 juin 1658. « Les présidents, maîtres ordinaires, correcteurs et auditeurs, avocats et procureurs-généraux, et le greffier en chef de la chambre des comptes de Paris, sont déclarés nobles, et tenus pour tels par sa majesté, qui veut qu'eux et leurs veuves en viduité, leur postérité et lignée, tant mâle que femelle, née et à naître, jouissent des priviléges de la noblesse, comme les nobles de race, barons et gentilshommes du royaume, pourvu que lesdits officiers eussent servi vingt ans, ou qu'ils fussent décédés revêtus de leurs offices, nonobstant qu'ils ne fussent point issus de noble race ». Cet édit fut confirmé en 1704 et 1714.

Chambre des comptes de Grenoble. Voyez ce qui est dit à l'article de ce parlement, plus haut.

Chambre des comptes de Nantes. La noblesse est acquise par l'exercice des charges de procureur-général, présidents, maîtres auditeurs et correcteurs en cette chambre, par édit du mois d'août 1669, et la noblesse est accordée aux auditeurs en ladite chambre des comptes et à leurs descendants, par édits du mois de décembre 1692.

Cour des comptes de Montpellier. Edit du mois de novembre 1690, qui confirme la noblesse accordée à cette cour, à l'instar des chambres des comptes et cour des aides de Paris.

Chambre des comptes de Dôle. La noblesse au premier degré est confirmée aux officiers de cette chambre, par édit du mois d'août 1706.

Chambre des comptes de Blois. Les officiers de cette chambre sont confirmés dans leur noblesse, par lettres du mois de février 1715; mais le privilége de la noblesse héréditaire leur est retiré par édit de juillet 1775.

Cour des aides de Paris. La noblesse au premier degré, était confirmée aux officiers de cette cour, par édit de

1659; elle est révoquée, et lesdits officiers remis à la noblesse graduelle (1), par édit de juillet 1669. Mais de nouveaux offices ayant été créés en 1691, les pourvus de ces offices et leurs descendants furent déclarés nobles, pourvu qu'ils exerçassent vingt années, ou qu'ils mourussent dans leurs charges.

Cour des aides de Bordeaux. La noblesse au deuxième degré est attribuée aux officiers de cette cour, par édit du mois de décembre 1629, à l'instar de la cour des aides de Paris et aux mêmes privilèges.

Cour des aides de Grenoble. La noblesse est acquise aux officiers de cette cour et à leur postérité lorsqu'ils auront exercé vingt années, ou que leur aïeul et leur père auront possédé lesdites charges. Edit du 24 octobre 1639.

Cour des aides de Rouen. La noblesse est atribuée aux officiers de cette cour, ainsi qu'aux deux notaires-secrétaires qui y exercent. Lettres-patentes du 11 mars 1653.

Grand conseil. La noblesse au premier degré est attribuée au président, aux conseillers et autres officiers de cette cour, par déclaration du mois d'août 1717, pourvu qu'ils aient exercé lesdits offices pendant vingt ans, ou qu'ils meurent en les possédant.

Conseil privé. La noblesse au premier degré est attribuée aux quatre secrétaires des finances et greffiers de ce conseil, par édit du 18 juillet 1784.

Conseil de Dombes. La noblesse au premier degré est accordée aux officiers de ce conseil en 1571, puis confirmée en novembre 1694.

Conseil supérieur de Douay. La noblesse transmissible est conférée aux présidents, conseillers, avocats et procureurs-généraux de cette cour, dans le cas où le père et le fils auraient successivement rempli un desdits offices, chacun pendant vingt ans, ou seraient morts dans l'exercice desdits offices, avant les vingt ans révolus. Edit du 5 mai 1772.

---

(1) La noblesse graduelle est celle qui ne se consomme qu'à la deuxième génération.

Requêtes du Palais. La noblesse au premier degré est attribuée à l'avocat du roi, aux requêtes du palais, par déclaration du 2 janvier 1691.

Bureau des finances et Chambre du domaine à Paris. La noblesse au premier degré est attribuée aux présidents, trésoriers-généraux de France et chambre du domaine, aux avocats et procureurs du roi audit bureau, et au greffier en chef, et à leurs enfants et descendants, pourvu que lesdits officiers exercent pendant vingt ans, ou qu'ils décèdent dans leurs charges. Edit du mois d'avril 1705, confirmé en septembre 1720.

Bureau des finances dans les autres généralités. Les officiers de ces bureaux jouissaient de la noblesse, ainsi que leurs descendants, en vertu de l'édit du mois d'avril 1771; les trésoriers de France, les avocats et procureurs du roi, les greffiers en chef aux bureaux des finances, près des généralités et provinces du royaume, les conseillers-secrétaires-audienciers, les gardes des sceaux, et autres dans les chancelleries près des cours et conseils supérieurs, seront anoblis par ledit édit.

Cour des monnaies de Paris. Le premier président, les présidents, conseillers, avocats et procureurs-généraux de la cour des monnaies à Paris, et leurs descendants, sont déclarés nobles, pourvu que lesdits officiers aient exercé leurs charges pendant vingt ans, ou qu'ils décèdent en étant revêtus.

Châtelet de Paris. Les lieutenants-généraux, civil, de police et criminel, et les lieutenants particuliers, les conseillers, avocats et procureurs du roi au Châtelet de Paris, jouiront de la noblesse, eux et leurs descendants, pourvu que lesdits magistrats exercent pendant vingt années, ou qu'ils décèdent dans leurs charges. Edit d'août 1768.

ANOBLISSEMENT *des secrétaires du roi.* Voyez SECRE-TAIRES DU ROI.

ANOBLISSEMENT *des trésoriers de France.* Voyez TRÉSO-RIERS DE FRANCE.

ANOBLISSEMENT *des docteurs régents ou noblesse comitive.* Les docteurs-régents et professeurs en droit, acquéraient aussi la noblesse à leurs familles après vingt ans d'exercice, ainsi qu'il résulte de plusieurs lettres-patentes de nos rois, et plus particulièrement de celles que Henri VI accorda au mois de septembre 1607, à Claude Froment, professeur en droit à Valence en Dauphiné ; et c'est ce qu'on appelle *noblesse comitive*.

ANOBLISSEMENT *par le ventre de la mère*. Les guerres civiles entre les fils de Louis le Débonnaire, furent très-sanglantes. On prétend qu'à la seule bataille de Fontenoy, en 841, il y eut près de cent mille Français tués, et qu'il y périt plus des deux tiers de la noblesse de Champagne ; que Charles le Chauve, pour réparer en quelque sorte cette perte, accorda aux filles nobles de cette province, qui épouseraient des roturiers, le privilége *d'anoblir leurs maris*. Ceux-là sont tenus nobles, dit l'ancienne coutume de Champagne et de Brie, qui sont *issus* de père *ou de mère* noble.

Cette noblesse utérine de Champagne a été confirmée par une foule de jugements et arrêts, dont les derniers sont de Noël 1599 ; 11 janvier 1608 ; 7 septembre 1622 ; 7 septembre 1627 ; 14 mars 1633 ; 18 août 1673. Il y eût, en 1668, procès intenté au conseil, de la part du proposé à la recherche des faux nobles contre les nobles de Champagne, que l'on prétendait ne tirer leur noblesse que du côté maternel ; mais le procès ne fut pas jugé, le conseil ayant imposé silence au proposé, mais elle avait été attaquée dès 1566 ; le procureur du roi, en la cour des aides de Paris, prétendit que cette coutume avait été tolérée par nécessité, et pour remplir le pays de noblesse ; que la cause étant cessée, l'effet devait aussi cesser.

Il y a eu d'autres exemples de noblesse *utérine* ; celle des descendants mâles et femelles de d'Eudes le Maire ; d'Alain Chartier ; de N.... Compain ; d'Anne Musnier, femme de Gérard de Langres, etc.

L'exemple le plus fameux d'une noblesse utérine reconnue en France, est celui des personnes qui descendent par les femmes de quelqu'un des frères de la Pucelle d'Orléans. Elle se nommait Jeanne d'Ars ou d'Arc. Charles VII, en reconnaissance des services qu'elle avait rendus à la France par sa valeur, par des lettres du mois de décembre 1429, l'anoblit avec Jacques d'Ars ou d'Arc, et Isabelle Romée, ses père et mère ; Jacquemin, et

Jean d'Ars, et Pierre Perrel ses frères, ensemble leur lignage, leur parenté et leur postérité, née et à naître en ligne masculine et féminine; Charles VII changea aussi leur nom en celui de du Lys.

On a mis en doute si l'intention de Charles VII avait été que la postérité féminine des frères de la Pucelle d'Orléans eût la prérogative de transmettre la noblesse à ses descendants, parce que c'est un style ordinaire dans ces sortes de chartes, d'anoblir les descendants mâles et femelles de ceux auxquels la noblesse est accordée ; mais non pas d'anoblir les descendants des filles, à moins qu'elles ne contractent des alliances nobles. La Roque, dans son Traité de la Noblesse, rapporte vingt exemples de semblables anoblissements faits par Philippe de Valois, par le roi Jean, par Charles V, Charles VI, Charles VII et Louis XI, en vertu desquels personne n'a prétendu que les filles eussent le privilége de communiquer la noblesse à leurs descendants ; il n'y a que les parents de la Pucelle d'Orléans qui aient prétendu avoir ce privilége.

Il fut néanmoins interprété par une déclaration de Henri II, du 26 mars 1555, par laquelle il est dit qu'il s'étend et se perpétue seulement en faveur de ceux qui seraient descendus du père et des frères de la Pucelle en ligne masculine et non féminine, que les seuls mâles seront censés nobles, et non les descendants des filles, si elles ne sont mariées à des gentilhommes. Ce même privilége fut encore aboli par l'édit de Henri IV, de l'an 1598. Sur le fait des anoblissements, créés depuis 1578, l'édit de Louis XIII, du mois de juin 1614, article 10, porte que les filles et les femmes, descendues des frères de la Pucelle d'Orléans, n'anobliront plus leurs maris à l'avenir. Les déclarations de 1634 et de 1635, portent la même chose ; ainsi, suivant l'édit de 1614, les descendants de la Pucelle d'Orléans, par les filles nées avant cet édit, sont maintenus dans leur possession de noblesse, mais ce prétendu privilége a été aboli à compter de cet édit.

Il y a dans d'autres pays quelques exemples de semblables priviléges ; des lettres du mois de février 1699, accordées dans une souveraineté voisine de la France, donnaient aux filles du sieur de.......... le droit d'anoblir leurs maris ; mais je ne sais s'il y a eu occasion de faire valoir ce privilége.

Juste-Lipse, dit qu'à Louvain il y a sept familles principales, et nobles, qui ont droit de transférer la noblesse par *les femmes*, de sorte que si un roturier épouse une fille de l'une de ces familles, les enfants qui naissent d'eux sont tenus pour nobles, et leurs descendants pour gentilshommes.

La coutume de *Barrois*, fondée probablement sur de semblables motifs, avait introduit le même privilége ; mais avec cette condition, que les enfants, pour *reprendre la noblesse du côté de leur mère*, étaient obligés de renoncer, au profit du fisc, à la succession du père : encore fallait-il que le prince confirmât cette reprise par lettres-patentes, conformément aux anciennes lois de Lorraine, et à l'arrêt du conseil rendu par Louis XIV.

Meynier, historien de la noblesse de Provence, dit : « Que les enfants d'une mère noble et d'un père roturier, quittent le nom du père, prennent celui de la » mère avec ses armes, et continuent ainsi la posté- » rité ; que c'est ainsi que la noblesse de Provence, la » plus ancienne, se trouve usurpée, en noms et armes, » par des familles, dans lesquelles les illustres maisons » ont fait passer leurs filles avec peu de dot ».

D'AOUST, en Artois, marquis de Sin, par érection de 1718, et de Jumelles, par autre érection de 1739, famille originaire de la ville d'Abbeville, et qui, quoiqu'admise dans les chapitres de Nivelle, de Maubeuge et de Liége, tire sa noblesse de Jacques d'Aoust, demeurant à Abbeville, anobli par lettres du roi Charles VII, datées du château de Montils, au mois de février 1454. Cette famille subsiste en Artois. *D'azur, à trois gerbes d'or.*

AQUIN, en Dauphiné. Aimon Aquini vivait l'an 1485, et Sébastien Aquin, célèbre avocat au parlement de Dauphiné, l'an 1556. De lui naquit Jean Aquin *légitimé* par lettres de l'an 1567, et père de Jacques Aquin, qui a continué la lignée. *D'azur, à quatre piles renversées d'argent, appointées vers le chef en chevron.*

D'AQUIN DE CHATEAURENARD, en l'Isle-de-France, famille qui remonte à Henri d'Aquin, médecin du roi, anobli en 1669, père d'Antoine d'Aquin, *pre-*

I. 5

mier *médecin du roi*, et de Luc d'Aquin, évêque de
Saint-Paul-Trois-Châteaux, qui fut transféré sur le siége
épiscopal de Fréjus, en 1680. Son avarice et sa mauvaise administration lui ayant fait beaucoup d'ennemis,
il résigna son évêché à Louis d'Aquin, son neveu. Mais
le regret de cette démission le porta à vouloir s'opposer
à son sacre qui eut lieu malgré lui dans l'église de Sor-
bonne, le 16 juin 1697. Louis d'Aquin passa au siége de
Seez, en 1698. Ce prélat mourut victime de sa charité
pour son troupeau, qu'il avait intrépidemment défendu
pendant une maladie contagieuse. *Bardé de gueules et
d'or ; au chef d'azur, chargé d'un lion léopardé d'or.*

· D'ARBAUD DE JOUQUES, marquis de Jouques
et de Mison, barons d'Ongles, etc., baron d'Arbaud
de Jouques, par brevet du mois d'août 1810, noblesse d'origine chevaleresque de Provence, connue par
filiation depuis Barthelemy d'Arbaud, chancelier du
roi Robert, comte de Provence, vivant en 1324.
Cette famille s'est particulièrement distinguée dans la
carrière militaire où elle compte des lieutenants généraux des armées navales, des commandants de vaisseaux,
et plusieurs officiers supérieurs d'infanterie et cavalerie.
*D'azur, au chevron d'argent, au chef d'or, chargé d'une
étoile de gueules.*

· D'ARGENNES DE MONTMIREL, en Normandie.
Cette famille a été anoblie l'an 1471. *D'azur, à la croix
d'or, cantonnée de quatre aiglettes du même.*

ARGIOT DE LA FERRIÈRE, autrefois Agins vel
Agio, ensuite Argies. Famille d'ancienne chevalerie,
connue dès le neuvième siècle, et répandue à diverses
époques en Picardie, d'où elle est originaire, en Poitou, en Touraine, en Languedoc, en Roussillon, et
dans le royaume de Naples, où fut s'établir Hugues
Agins, IIe. du nom, à la suite de Guischard, héritier
du duché de Normandie, exclu de cet apanage, par
Guillaume le Conquérant. Cette famille est toute militaire ; les mâles qui en ont fait ou qui en font encore
partie, depuis la création de l'ordre de Saint-Louis, en
ont été tous décorés, à l'exception d'un seul ancien
colonel d'infanterie, retiré de l'armée avant vingt-cinq
années de service. *De gueules, à la bande d'argent
chargée de trois flèches de sable.* Devise, *Pro regi meo
sanguis meus.*

D'ARLOT. Famille noble du Périgord, qui joint à l'avantage des alliances, celui de s'être distinguée par ses services et sa fidélité aux rois de France. Elle a possédé plusieurs seigneuries considérables, telles que la baronnie de la Coussière, et les terres de Frugie, de Firbeix, de la Valouze, de Romain, la Valade, Cumont, la Roque, Saint-Saud, etc., et a formé quatre principales branches, *dites* des seigneurs de Frugie, de Cumont, de la Roque et de Firbeix; auxquelles il faut ajouter celle de Saint-Saud, sortie de la branche de la Roque. Jean d'Arlot, vivant en 1558 et 1573, et marié à Jeanne Dumas, est la tige commune de toutes ces branches. Il fut père d'Antoine et de Jacques d'Arlot, mariés l'un et l'autre avec des demoiselles Chapelle-de-Jumilhac. *D'azur, à trois étoiles d'argent, rangées en fasce, accompagnées en chef d'un croissant de même, et en pointe, d'une grappe de raisin, aussi d'argent*.

D'ARMAILLÉ, *voyez* DE LA FORÊT D'ARMAILLÉ.

ARMES ou ARMOIRIES, subst. fém. plur. Les *Armoiries* sont des marques d'honneur et de noblesse, composées de certaines couleurs et de certaines figures représentées dans des écussons, sur des bannières ou sur des cottes d'armes, pour distinguer les familles, ou accordées par le souverain en récompense de quelque exploit militaire, ou de quelque service considérable rendu à l'état.

Les auteurs anciens et modernes ne s'accordent point sur l'origine des *Armoiries*; quelques-uns la fixent au tems des tournois et des croisades; d'autres, qui ont confondu les emblêmes avec les *Armoiries*, la font remonter au déluge. Néanmoins l'usage des *Armoiries* ne fut guère pratiqué qu'au dixième ou onzième siècle; les tombeaux des princes, des seigneurs et des gentils-hommes faits avant ce tems-là ne portent aucune empreinte, aucun vestige d'*Armoiries*; les plus anciens n'ont que des croix et des inscriptions gothiques, avec la représentation de ceux qui y sont enterrés. Clément IV, qui mourut en 1268, est le premier de tous les papes qui ait des armoiries sur son tombeau, à Viterbe; et s'il y a quelques tombeaux qui paraissent plus anciens que le dixième siècle, et qui aient des *Armoi-*

ries, on reconnaîtra, en les examinant avec attention, qu'ils ont été refaits, et que les *armoiries* en sont apocryphes.

Les sceaux et les monnaies sont encore une preuve de cette vérité : on n'y voit point d'*Armes* que depuis le onzième siècle. Louis-le-Jeune, qui régnait l'an 1150, est le premier des rois de France qui ait eu un contre-scel d'une fleur de lys, et il choisit cet emblême par allusion à son nom de *Loys*, ou bien parce qu'on le nommait *Ludovicus florus*. Le plus ancien sceau des comtes de Flandre est celui de Robert-le-Frison, attaché à un acte de l'an 1072, et aucun auteur, au-dessus du onzième siècle, n'a fait mention de l'art du blason. Il faut donc considérer comme fables tout ce qu'ont dit certains auteurs, qui prétendent que les *Armoiries* sont aussi anciennes que le monde, et qui en donnent gratuitement aux enfants de Caïn, de Seth et de Jacob ; aux Grecs, aux Perses et aux Romains.

L'opinion la plus raisonnable est celle qui fixe l'origine des *Armoiries* à l'époque des tournois, c'est-à-dire vers le onzième siècle. Les chevaliers qui assistaient à ces sortes d'assemblées étant armés de toutes pièces, c'est-à-dire, couverts de fer et d'acier, prenaient diverses couleurs et divers signes pour se reconnaître, et les portaient sur leurs boucliers et cottes-d'armes ; ainsi, le soleil, les étoiles, les lions, les aigles, et autres pièces qui se voient dans les *Armoiries*, représentent ce que les chevaliers prenaient pour leurs devises, se faisant appeler les *Chevaliers du Soleil, du Lion, de l'Aigle*, etc. Mais ces signes n'étaient alors que des emblêmes de distinction et de fantaisie ; les croisades ensuite en firent des marques d'honneur, et les rendirent héréditaires dans les familles.

On distingue huit espèces différentes d'*Armoiries*.

1º Celles de *domaine* et de *possession*, qui sont celles que la plupart des princes et souverains portent, comme les rois de la Grande-Bretagne, qui joignent ensemble les armes d'Angleterre, d'Écosse et d'Irlande ; et ceux d'Espagne, qui portent à la fois les armes de Castille, de Léon et d'Aragon.

2º Celles de *dignités*. Elles sont intérieures ou extérieures. Les premières sont celles qu'un personnage est engagé de porter, comme marque de la dignité dont il est revêtu. C'est ainsi que l'empereur porte l'aigle impériale. Les secondes sont toutes les marques placées hors de l'écu, qui désignent la dignité de la personne. Telles sont la tiare et les clefs, pour le pape ; le chapeau rouge, pour les cardinaux ; le chapeau vert avec la croix, pour les archevêques ; le chapeau vert avec la mitre et la crosse, pour les évêques ; les bâtons de maréchaux de France ; les ancres des amiraux, etc., sont des *Armoiries* extérieures de dignités.

3° Celles de *concession*. Ces *Armes* contiennent quelques pièces des *Armoiries* des souverains, ou même leurs *Armoiries* entières, accordées à certaines personnes pour les honorer ou récompenser leurs services.

4° Celles de *patronage*. Telles sont les *armes* de plusieurs villes, qui portent en chef celles de leur souverain.

5° Les *armes* de *prétention*, qui sont des marques du droit que l'on prétend avoir sur certains fiefs, terres ou royaumes. C'est ainsi que les rois de Sardaigne portent les *Armoiries* de Chypre, de Jérusalem, de Saxe et de Westphalie, etc.

6° Celles de *substitution*. Elles ôtent la connaissance d'une famille, puisque la substitution de biens et d'armes, faite à une personne ou à une famille l'oblige de quitter son nom et ses armes, et de prendre ceux du substituant, soit par héritage, soit par alliance.

7° Celles de *famille*, qui servent à distinguer une maison d'une autre. Il y en a de huit sortes : 1° les *parlantes*, celles qui font allusion au nom de la famille; 2° les *arbitraires*, qui sont celles que quelques gens qui ont fait fortune s'attribuent sans les avoir méritées, et l'on en trouve beaucoup, mais elles ne servent guères à distinguer ces familles obscures que pour faire rire de leur fol orgueil ; 3° les *vraies*, qui sont composées suivant les rois héraldiques, et suivant l'usage de la nation ; 4° les *fausses*, celles qui sont contre les principes de l'art, qui n'admet point couleur sur couleur, ni métal sur métal. Mais elles sont légitimes, lorsque la violation des règles émane du souverain, qui en use ainsi pour perpétuer le souvenir de quelque action mémorable; alors on les nomme armes à *enquère*, c'est-à-dire, qui donne occasion de s'enquérir, de demander *pourquoi elles sont ainsi*; 5° les *pures* et *pleines*, où il n'entre aucune brisure, et qui sont celles que les aînés des maisons portent, telles que leurs ancêtres les ont toujours portées; 6° les *brisées*, celles que les cadets ont augmentées de quelques pièces ou brisures, pour être distingués de leurs aînés; 7° les *chargées*, qui sont celles où l'on a ajouté quelques pièces en récompense de quelque belle action; 8° les *diffamées* ou *déchargées*, celles dont on a retranché quelques pièce ou partie, pour punition de celui qui les porte, sans préjudice pour sa lignée.

8°. Et celles de *communautés*, comme les *Armes* des chapitres, des universités, et des corps des marchands et artisans; mais ces dernières sont plutôt des sceaux que de véritables *Armoiries*.

L'exemple de quelques familles ditinguées a fait croire assez vulgairement que les armes les plus chargées sont les signes d'une noblesse plus grande et plus illustre, et c'est à tort que cette opinion a prévalu; souvent les maisons les plus nobles et les plus anciennes portent les *armoiries* les plus simples, les moins compliquées; par exemple, la maison de Narbonne-Lara porte : plein de gueules; celle de Crussol, duc d'Uzès, en Vivarais : fascé d'or et de sinople; celle de Chabot, prince de Léon, en Poitou : d'or, à trois chabots de gueules; celles de Damas, en Forez : d'or, à la croix ancrée de gueules; celles de Durfort, ducs de Duras, en Guienne : d'argent, à la bande d'azur.

Il faut observer que toute personne qui a des *Armoiries n'est pas noble par ce fait*; car il y a eu des époques où on en délivrait, pour de l'argent, à qui en voulait, et même à qui n'en voulait pas, surtout en 1696. A cette époque, les *traitants* en délivraient pour 20 livres, et avaient soin d'en envoyer non-seulement au mari, mais encore à la femme, afin d'avoir 40 liv., pour laquelle somme ils faisaient assigner, en cas de non paiement.

Les *Armoiries* se composent de *métaux*, *couleurs* et *fourrures*, qu'on nomme *émaux*.

Les *métaux*, au nombre de deux, sont :

1º L'*Or*, ou *jaune* ; dans la gravure, on le représente par un nombre infini de petits points :

2º L'*Argent*, qu'on représente tout blanc.

Les *couleurs*, au nombre de cinq, sont :

1º L'*Azur*, ou *bleu* ; on le représente dans la gravure par des lignes horizontales, c'est-à-dire, par des lignes tirées du flanc droit au flanc gauche ;

2º Le *Gueules*, ou *rouge* ; on le représente par des lignes perpendiculaires, c'est-à-dire, tirées du haut en bas ;

3º Le *Sinople*, ou *vert* ; il est représenté dans la gravure par des lignes diagonales, c'est-à-dire, tirées de l'angle droit à l'angle gauche ;

4º Le *Sable*, ou *noir* ; on le représente par des lignes horizontales et perpendiculaires, croisées les unes sur les autres ;

5º Le *Pourpre*, ou *violet* ; il est représenté en gravure par des lignes diagonales de gauche à droite.

Les *fourrures*, au nombre de deux, sont :

1º Le *Vair* ; c'est un fond d'azur, chargé de petites pièces d'argent, en forme de cloches renversées ; il y a quatre cloches d'argent renversées à la première et troisième tire (rang), et trois et deux demies à la deuxième et quatrième tire. Le *Contre-Vair* se forme en opposant les cloches les unes aux autres par leurs bases ;

2º L'*Hermine* ; on le représente par l'argent, chargé de mouchetures de sable. Le *Contre-Hermine* est au contraire représenté par un champ de sable, semé de mouchetures d'argent.

On ajoute la couleur de *carnation* pour les parties du corps humain, telles que le visage, les mains et les pieds ; et la couleur *naturelle*, pour les animaux, arbres, plantes et fruits, lorsqu'ils paraissent comme la nature les produit.

Les pièces qui tiennent le premier rang dans les *armoiries*, sont les *pièces honorables*, ainsi nommées parce qu'elles ont été les premières en usage. Ces pièces sont au nombre de neuf :

Le Chef,	La Croix,	Le Sautoir,
La Fasce,	La Bande,	La Barre,
Le Pal,	Le Chevron,	Le Pairle.

Les autres pièces qui dérivent de ces premières, sont le *Fascé*, le *Palé*, le *Bandé*, le *Chevronné*, le *Bureté*, le *Vergeté*, le *Coticé*, les *Points-Equipolés*, l'*Echiqueté*, le *Losangé*, le *Parti*, le *Coupé*, le *Tranché*, le *Taillé* et l'*Ecartelé*.

Toutes ces pièces purement héraldiques ont été réglées par les hérauts d'armes, dès l'origine des *Armoiries*.

Quelques auteurs ont encore ajouté aux neuf pièces honorables, le *Franc-Canton*, la *Bordure*, l'*Orle*, la *Champagne*, l'*Ecusson* et le *Giron*. Il sera parlé plus particulièrement de toutes ces pièces, chacune en l'ordre alphabétique.

Les pièces dites honorables et celles qui en sont composées ayant été les premières marques de distinction qui signalèrent la chevalerie et la naissance du blason, tous les auteurs qui ont écrit sur cette matière, leur assignent le premier rang parmi les pièces de l'écu. Mais on doit bien se garder d'en tirer une induction défavorable pour tous les autres meubles qui composent les *armoiries*. On aura plus d'une fois l'occasion de citer des maisons considérables qui n'ont point dans leurs *armes* de ces prétendues pièces honorables, et qui n'en ont pas moins d'ancienneté et d'illustration. Toutes les pièces en général sont honorables pour ceux qui ont le droit de les porter, puisqu'elles sont les hiéroglyphes des actions éclatantes de leurs ancêtres.

Un arrêt rendu le 13 août 1663, fait défense à tout noble de décorer ses *armes* de couronnes de baron, comte ou marquis, s'il n'y est autorisé en vertu de lettres-patentes dûment enregistrées à la cour.

ARMYNOT du CHATELET, en Bourgogne et en Champagne, originaire de Bretagne. Cette famille remonte à Louis Armynot, échanson d'Anne, duchesse de Bretagne, depuis reine de France : Claude et Thibaut Armynot, petit-fils et arrière-petit-fils de Louis, furent baillis d'épée de Langres, depuis 1578, jusqu'à la mort du dernier, qui se noya dans la rivière de Seine, lors de la rupture du pont de Neuilly, sous Henri IV. Cette famille a été admise dans la chambre de la noblesse des états de Bourgogne, en 1653. Elle a assisté également aux assemblées de la noblesse des baillages de Dijon, de

Bar-sur-Seine, de Chaumont en Bassigny, et de Langres, pour la nomination des députés aux Etats-Généraux de 1789. Le nom d'Armynot vient de deux mots latins, *armis notus*, qui désignent une origine militaire, et font supposer une antiquité des plus reculées. Ces deux mots forment la devise des armes de cette famille, qui porte *d'argent à trois mouchetures de sable.*

D'AROD, marquis de Montmelas, en Lyonnais et en Beaujolais. Cette famille est d'ancienne chevalerie ; elle est connue depuis Girin Arod, damoiseau, vivant au milieu du treizième siècle, dont le fils, Pierre Arod, damoiseau, fit son testament l'an 1313. De cette famille était un brigadier des armées du roi, mort 1815. *D'or, à la fasce échiquetée d'argent et de gueules.*

AROUET DE VOLTAIRE, famille anoblie par charges ; François Arouet, ancien notaire à Paris, puis trésorier de la chambre des comptes, épousa Marguerite d'Aumart, d'une famille noble de Poitou ; c'est de ce mariage qu'est né, le 20 février 1694, François-Marie Arouet de Voltaire, le plus vaste et le plus brillant génie du siècle dernier. *D'azur, à trois flammes d'or.*

ARRIÈRE-BAN, subs. masc. ; c'est la convocation que le Roi faisait de sa noblesse, pour aller à la guerre, tant de ses vassaux que des vassaux de ses vassaux. Depuis plusieurs siècles ces deux mots *Ban et Arrière-Ban* ont été joints ensemble pour signifier la convocation des hommes *fieffés* au service du Roi. Les uns se rendaient à l'*Arrière-Ban* avec l'équipage de chevaliers, les autres avec celui d'écuyers ou d'archers, selon la qualité du fief. Cette milice était bonne du tems de Louis XI ; sous Louis XII et François Ier, elle dégénéra ; l'*Arrière-Ban* déchut sous Henri II. On n'en a point convoqué depuis 1674, qu'il fut assemblé sur la Meuse, sous le commandement du marquis de Rochefort. Anciennement le *Ban* et l'*Arrière-Ban* différaient en ceci que les barons et autres vassaux du Roi formaient le *Ban*, et les hommes *coutumiers* de ces vassaux l'*Arrière-Ban* ; que le Roi convoquait le *Ban*, et les barons et autres seigneurs l'*Arrière-Ban*.

ARRIÈRE-FIEF, subst. masc. C'était un fief qui dé-

I. 6

pendait d'un autre fief. *Voyez* FIEF. Les *Arrières-Fiefs* commencèrent au tems où les comtes et les ducs rendirent leurs gouvernemens héréditaires. Ils distribuèrent alors à leurs officiers certaines parties du domaine royal, qui étaient dans leurs provinces, et ils leur permirent d'en gratifier de quelques portions les soldats qui avaient servi sous eux.

D'ARTAIZE-ROQUEFEUIL, maison d'origine chevaleresque, distinguée par ses alliances et ses services militaires, et dont plusieurs branches se sont établies en Picardie, en Champagne et en Rethelois : elle tire son nom de la terre et seigneurie d'*Artaize*, située à deux lieues et demie de Sedan et de Mouzon, en Champagne, où cette maison est connue avec possession de fiefs depuis le milieu du quinzième siècle. La noblesse de cette famille est bien antérieure à cette époque, puisque dèslors la terre de son nom, aux environs de laquelle elle a possédé, depuis, plusieurs autres propriétés, était passée en des mains étrangères ; mais elle a de commun avec un grand nombre d'autres maisons de noms et d'armes, de ne pouvoir remonter jusqu'au berceau de son origine, attendu la perte ou destruction de ses titres originaux, antérieurs au quinzième siècle, occasionée par les troubles civils et les guerres entre la France, l'Espagne et le duc de Bourgogne. D'après ceux qu'elle a pu recueillir et conserver, et qu'elle a produits à la cour des aides en 1628, elle établit littéralement une filiation suivie depuis Guillaume I d'Artaize, qui suit.

I. Guillaume D'ARTAIZE, 1er. du nom, écuyer, homme d'armes des ordonnances du roi, est rappelé avec ces qualités dans une enquête rapportée sur le degré suivant du 10 septembre 1548, où il est dit en outre qu'il comparut aux ban et arrière-ban de la noblesse de Champagne. Il avait épousé, vers l'an 1490, Barthélemie *de Villiers*, des seigneurs de Chevrières, en Rethelois, laquelle était décédée, ainsi que son mari, en 1548. On leur connaît un fils, Nicolas, qui suit.

II. Nicolas D'ARTAIZE, écuyer, seigneur de Richecourt (1), demeurait à Flaba, dans l'intendance de Metz,

—— (1) *Richecourt*, seigneurie en Picardie, diocèse et élection de Laon, intendance de Soissons, à trois lieues nord-ouest de Laon. On y compte quinze feux.

et sur la frontière de Champagne, lorsqu'il fit faire l'enquête du 10 septembre 1548, par le juge de la prévôté de Mézières; enquête où sont rappelés comme défunts son père et sa mère, et où il a la qualité d'écuyer, seigneur de Richecourt. Il était marié, avant le 22 avril 1541, avec Marguerite *de Cugnon*, fille d'Antoine de Cugnon, écuyer, seigneur du Haulmetz et de Vauzelles, en Rethelois, et de Jeanne de Pavant. Marguerite de Cugnon partagea avec ses frères et sœurs le 26 mai 1549; acte dans lequel Nicolas d'Artaize, son mari, a la qualité d'écuyer. Ils sont nommés dans un acte de souffrance du mois de février 1555, et dans l'inventaire des meubles et effets de leur communauté de biens, du 9 août de la même année. Ils eurent entr'autres enfants:

III. Guillaume D'ARTAIZE, IIe. du nom, écuyer, seigneur d'Aulnoy (1), en Laonnais, et de Morgny, en Thierache (2), qui était mineur le 3 décembre 1551; il obtint, le 11 août 1570, une sentence de la souveraineté de Raucourt-lès-Sedan, contre les habitants de ladite souveraineté, par laquelle sentence Guillaume d'Artaize fut déchargé de la cotisation, attendu sa qualité de noble et d'écuyer; fit une déclaration, le 13 novembre 1580, pour éviter tout procès entre les enfants de son premier mariage avec Bonne *de Vaucher*, au sujet du fief de la Motte (3), et ceux du second mariage dudit Guillaume d'Artaize avec Françoise *des Ardens*. Cette dernière transigea, le 31 décembre 1595, avec les enfants du premier lit de son mari, en qualité de tutrice des enfants du second. Il avait rendu deux hommages, les 15 janvier et 24 février 1580, et est rappelé comme fils de Nicolas d'Artaize et de Marguerite de Cugnon dans un acte du 22 mars 1599. Les enfants de sa première femme ne nous sont point connus. Ceux qu'il eut de la seconde, qui vivait encore en 1611, sont:

(1) *Aulnoy*, dans le Laonnais, en l'élection de Soissons, au gouvernement général de l'Ile de France, à trois quart de lieue de Laon. On y compte quarante-quatre feux.

(2) *Morgny*, seigneurie située près de Rozoy-sur-Serre, département de l'Aisne.

(3) *La Motte*, seigneurie en Champagne, à une lieue nord-ouest de Bar-sur-Aube. On y compte cinquante-six feux.

1°. Thomas, dont l'article suit;

2°. Jean d'Artaize, écuyer, vivant en 1628;

3°. Adolphe d'Artaize, écuyer, décédé avant le 5 avril 1628, époque où vivait Marguerite *d'Origny*, sa veuve;   *

4°. Claude-Adolphe d'Artaize, écuyer, vivant en 1628;

5°. Marguerite d'Artaize, mariée, avant le 26 septembre 1611, avec Alexandre *de Piat*, écuyer, qui, conjointement avec Thomas d'Artaize, seigneur de Morgny, son beau-frère, fit un acte de présentation, le 18 juillet 1635, au bailli de Vermandois, à Laon, sur l'ordre qu'ils avaient reçu de servir à l'arrière-ban, sous le commandement de M. le duc de Chaulnes.

IV. Thomas D'ARTAIZE, écuyer, seigneur de Morgny, épousa, par contrat du 7 août 1604, Guillemette *de Vaux*, avec laquelle il est nommé dans une sentence du bailliage de Rethel, rendue, à leur profit, le 18 mai 1605. Il fit, conjointement avec Françoise des Ardens, sa mère, une obligation, le 26 septembre 1611, au profit d'Alexandre de Piat et de Marguerite d'Artaize, son épouse; transigea conjointement avec sa femme, le 14 novembre 1614, avec les autres enfants d'Adrien de Vaux, son beau-père; obtint, tant sur sa requête qu'à celle de Marguerite d'Origny, sa belle-sœur, veuve d'Adolphe d'Artaize, écuyer, un arrêt du 5 août 1628, touchant l'homologation d'un jugement rendu sur le fait de leur noblesse, le 1er. avril 1599; par les commissaires nommés pour le régalement des tailles en la généralité de Soissons; fit, avec ses frères et Jean et Thomas d'Artaize, ses oncles, la production de leurs titres originaux à la cour des aides, le 14 novembre 1628; production où il est dit qu'ils auraient pu prouver leur généalogie depuis plus de trois cents ans, si leurs titres n'avaient été perdus ou détruits pendant les guerres entre la France, l'Espagne et le duc de Bourgogne, et durant les derniers troubles et guerres civiles; fut maintenu dans la noblesse, ainsi que tous les autres membres de sa famille précités, par arrêt de la cour des aides du 29 janvier 1630; prêta foi et hommage au sieur d'Ambly, à cause d'une terre qu'il possédait dans la mouvance de la seigneurie des Ayvelles, le 3 septembre 1637, et ne vivait plus le 10 février 1651. Il eut entr'autres enfants, de Guillemette de Vaux, qui le prédécéda :

1.º. Charles, dont l'article suit ;

2º. Catherine d'Artaize, morte avant le 10 février 1651, époque où ses enfants mineurs étaient sous la tutelle de son mari, Charles *de Castres*, seigneur de Vaux, fils de Nicolas de Castres, seigneur de Vaux, et de Nicole de Serpes d'Escordal. Il vivait encore le 23 novembre 1663 ;

3º. Marie-Susanne d'Artaize, mariée, avant le 10 février 1651, avec Renaut *d'Argy*, chevalier, seigneur d'Houdrecy et d'Armonville, co-seigneur de Morgny, gouverneur de la ville et prévôté de Warcq ; fils de Jean d'Argy, écuyer, seigneur de Houdrecy, et de Marguerite d'Arras. Il est rappelé comme défunt dans le contrat de mariage de Jeanne d'Argy, leur fille, avec Pierre de Verrières, seigneur d'Armonville, ancien capitaine au régiment de Saint-Etienne, passé le 26 juin 1651, et Marie-Susanne d'Artaize, sa veuve, vivait encore le 23 novembre 1663.

V. Charles D'ARTAIZE, Ier. du nom, chevalier, seigneur de Morgny, de Vaux-lès-Rubigny (1) et autres lieux, partagea la succession de son père, le 10 février 1651, avec Marie d'Artaize, sa sœur, et Charles de Castres, seigneur de Vaux, son beau-frère ; transigea sur partage avec les mêmes les 15 et 19 du même mois ; épousa, par contrat du 10 juin de la même année 1651, Jacqueline *d'Alendhuy*, fille de messire Christophe d'Alendhuy, chevalier, seigneur de la Grange, du Champ et d'Herbigny. Il sont nommés dans une sentence du bailliage de Rumigny, rendue en leur faveur le 11 juillet 1652, dans deux actes du 7 mars et du dernier juin 1653, et dans un acte de partage du 29 novembre 1663. Charles d'Artaize fut tué au service du roi Louis XIV, au siége de Charleroy, avec son parent Philippe-Fran-

_____

(1) *Vaux-la-Douce*, seigneurie en Champagne, dans la généralité de Châlons, diocèse de Langres. On y compte huit feux ou environ trente-six habitants.

cois d'Artaize, seigneur de Noyelles (1). Jacqueline
d'Alendhuy, sa veuve, obtint un jugement de M. Do-
rieu, intendant en Soissonnais, le 4 juin 1669, qui la
maintient ainsi que ses enfants dans les priviléges et
prérogatives de la noblesse, sur la production qu'elle fit
de celle de son mari, remontée par titres originaux à
l'an 1541. Dans ce jugement est rapporté l'acte du désistement du préposé à la recherche. Elle fit faire l'inventaire des biens délaissés par son mari le 13 juin 1669,
et il est dit dans cet acte qu'elle a la garde noble de ses
enfants mineurs. Elle rendit hommage au duc de Mazarin, le 13 octobre 1680, par raison du fief de la Motte,
et vivait encore le 15 février 1692. Elle eut entr'autres
enfants :

1°. Charles II, dont l'article suit ;

2°. Pierre d'Artaize, écuyer, à qui son frère Charles
d'Artaize céda et transporta tous les droits qu'il
pouvait prétendre sur la seigneurie de Morgny, et
les droits utiles que lui avait cédés Jacqueline d'A-
lend'huy, leur mère, veuve de Charles d'Artaize,
Ier. du nom, chevalier, seigneur de Morgny. Cet
acte de vente et transport est du 15 février 1692.
On ne connaît point la postérité de Pierre d'Artaize ;

3°. Henriette-Bénigne d'Artaize, mariée, par contrat du 30 août 1696, avec M. *Coquebert.*

VI. Charles D'ARTAIZE, IIe. du nom, chevalier,
seigneur de Morgny, Vaux-lès-Rubigny, de la Maison-
Rouge (2), d'Herbigny (3) et autres lieux, co-seigneur

---

(1) *Noyelles-sur-Authie*, en Picardie. au diocèse d'Amiens,
sur la rive droite de l'Authie à deux lieues de Montreuil. On
compte onze feux dans ce village, qui dépendait de la paroisse
de Nampont.

(2) *La Maison-Rouge*, terre et seigneurie dans la Brie-
Champenoise, au diocèse de Sens, à deux lieues de Provins.
On y compte cinquante-cinq feux.

(3) *Herbigny*, paroisse et terre seigneuriale, en Champagne,
au diocèse et élection de Reims, intendance de Châlons. On y
compte cinquante-deux feux.

de Balay (1), épousa, par contrat du 16 décembre 1691, Madelaine *de Ligny*, fille de messire Claude de Ligny, chevalier, seigneur de Vaux, d'une illustre et ancienne maison de chevalerie du Soissonnais, et de dame Madelaine de Phélippe ; son épouse ; il assista au contrat de mariage de Henriette-Bénigne d'Artaize, sa sœur, avec M. Coquébert, le 30 août 1696. En sa qualité de co-seigneur de Balay, il fut l'un des six gentilshommes qui délivrèrent un certificat à Aymé-François, marquis de Balay, seigneur de Marignat, chevalier de Saint-Louis, gouverneur de la ville de Lons-le-Saulnier, touchant l'ancienneté de sa noblesse, et attestant son origine de la province de Champagne, où est située la terre de Balay, que ledit Charles d'Artaize possédait en partie. Il a eu de son mariage, entr'autres enfants, Robert d'Artaize, qui suit :

VII. Robert D'ARTAIZE, chevalier, seigneur de Vaux, Morgny, la Maison-Rouge, d'Herbigny, d'Alend'huy (2), etc., naquit le 6 avril 1695. Il épousa, par contrat du 19 novembre 1721, Susanne *de Marcheville*, fille de messire Louis de Marcheville, chevalier, seigneur de Séraumont, de Neufmaison, et autres lieux, d'une très-ancienne maison de Champagne. Robert d'Artaize eut entr'autres enfants :

VIII. Louis - Alexandre - Thérèse, qualifié comte D'ARTAIZE, chevalier, seigneur de Balay, Baulx (3), d'Alendhuy, de Sausseuil (4) et autres lieux, maréchal

---

(1) *Balay*, seigneurie en Champagne, qui a donné son nom à une maison d'ancienne chevalerie de cette province, établie depuis plusieurs siècles en Bourgogne. Elle est située au diocèse de Reims, intendance de Châlons, élection de Rethel. On y compte soixante feux.

(2) *Alendhuy*, seigneurie en Champagne, diocèse et élection de Reims, à une petite distance de la rive droite de l'Aisne, à une demi-lieue d'Attigny. On y compte quatre-vingt-seize feux.

(3) *Saulx-lès-Rethel*, village et seigneurie en Champagne, au diocèse de Reims, sur la rive gauche de l'Aisne, vis-à-vis de Rethel. On y compte trente-quatre feux.

(4) *Sausseuil*, en Champagne, diocèse de Reims, élection de Rethel, à une lieue nord-ouest d'Attigny. On y compte trente-quatre feux.

des camps et armées du roi, chevalier de l'ordre royal et militaire de Saint-Louis, décéda à Rethel, en 1797. Il a reçu le titre de comte dans plusieurs brevets de la cour, en 1774. Il avait épousé, 1°. Julie *de Montendre*, dont il a eu une fille, mentionnée ci-après; 2°. Marie-Françoise *de Roquefeuil*, d'une illustre et ancienne maison de chevalerie du Rouergue, alliée aux maisons de Bourgogne, d'Albret-Navarre, d'Armagnac, de Rohan de la Trémoille, de Turenne, etc., etc. Elle était fille unique du comte de Roquefeuil, chevalier des ordres du roi, brigadier de ses armées, etc., etc. Le comte d'Artaize a eu pour enfants:

Du premier lit:

1°. Julie d'Artaize, mariée à M. le baron *Agis de Saint-Denis*, capitaine de dragons, d'une ancienne famille de Normandie;

Du second lit:

2°. Alexandre-Pierre-Charles-Susanne, dont l'article suit;

3°. Alexandre-Pierre-Jules d'Artaize, admis dans l'ordre de Malte, par bref de minorité, le 18 avril 1779; élève de l'école militaire de Rebais, en 1785; émigra en 1791; fut officier au régiment d'Orléans, infanterie, et périt en 1797, capitaine d'artillerie légère, au service d'Angleterre.

IX. Alexandre-Pierre-Charles-Susanne, comte D'ARTAIZE-ROQUEFEUIL, chevalier des ordres militaires de Saint-Louis, d'Avis de Portugal, et de l'ordre de Saint-Jean de Jérusalem, dit de Malte, ancien officier supérieur de cavalerie, en retraite, a également émigré en 1790, officier de cavalerie, aide-de-camp du général comte d'Esterhazy; après avoir fait la campagne de 1792, à l'armée des princes, sous les ordres de M. le duc de Lorges, il servit en qualité d'officier, successivement dans les corps de Vioménil, Juningham et Dillon; passa de ce dernier régiment capitaine de troupes légères au service de Portugal, en 1797. En 1802, il repassa capitaine et chef d'escadron, propriétaire, dans un des régiments des chasseurs à cheval de la garde du prince-régent du Brésil. Il rentra en France en 1809; mais il n'y a retrouvé aucun débris de son ancienne fortune. Il a épousé Françoise - Caroline *Galland d'Upigny*, d'une maison originaire de Paris, fille de Charles-Antoine Galland, chevalier, propriétaire de la vicomté d'Upigny, enregistrée aux états de Namur; émigré pendant la révolution, ancien commissaire des guerres, capitaine au régiment de Piémont, infanterie, chevalier de l'ordre royal et militaire de Saint-Louis, décédé en 1809.

Armes : De gueules, à trois fasces d'or, accompagnées en chef d'une molette d'éperon du même; au franc-canton de France mal-ordonné. Couronne de comte. Supports : deux lions.

BLASON DES ALLIANCES DE LA MAISON D'ARTAIZE-ROQUEFEUIL.

Agis : De gueules, à trois besants d'argent.

D'Alendhuy : D'azur, à trois aiguières d'argent.

Des Ardens : De gueules, au chevron d'or, accompagné en chef de trois besants rangés d'argent, et en pointe d'une fleur de lis d'or.

D'Argy : D'or, au lion de sable, lampassé et armé de gueules.

De Castres : D'azur, à trois étoiles rangées d'argent, surmontées d'un croissant du même.

Coquebert : De gueules, à trois coqs d'or.

De Cugnon : De sable, à trois étriers d'argent.

Galland : D'azur, au chevron d'or, accompagné de trois glands du même.

De Ligny : De gueules, à la fasce d'or; au chef échiqueté d'argent et d'azur de trois tires.

De Marcheville : D'azur, à cinq besants d'argent, 2, 2 et 1.

De Montendre : De gueules, semé de tierce-feuilles d'or; au lion du même, brochant sur le tout.

D'Origny : D'argent, à la croix de sable, chargée d'une losange du champ.

De Piat : De gueules, au lion d'argent, armé et lampassé d'or.

De Roquefeuil : D'azur, à la cordelière d'or, passée en sautoir.

De Vaucher : D'azur, au chevron d'or, accompagné de trois étoiles du même.

De Vaux : D'argent, à trois fasces de gueules.

De Villiers : D'azur, semé de fleurs de lis d'or.

ARTOIS. Dans la province de ce nom. Il suffisait, autrefois, d'être noble et d'avoir une terre à clocher, comme en bien d'autres états des Pays-Bas, pour avoir entrée, séance, et voix aux états d'Artois.

Mais cette pratique occasionait bien des embarras, et il a été pourvu depuis de l'autorisation du roi.

Depuis le réglement, il fallait être noble de quatre générations de cent ans au moins, et être seigneur de paroisse ou d'église succursale, pour avoir entrée aux états.

La noblesse une fois acquise, ne périssait jamais en Artois, ni par dérogeance, ni autrement, que par un jugement souverain qui, pour peine d'un crime grave, aurait dégradé de noblesse, le coupable et ses descendants.

Cette noblesse une fois acquise, ne faisait que dormir pendant la durée des actes de dérogeance, sans que celui qui était en position, ou nécessité de pratiquer des actes de dérogeance, soit astreint à faire une déclaration, ni en justice, ni sur aucun registre public, pour soutenir le droit de sa naissance.

Cette province était, en fait de la prérogative de noblesse, semblable à bien d'autres provinces circonvoisines, même à des royaumes et à des pays étrangers.

La simple cessation des actes de dérogeance, et le retour à la vie noble, formait en Artois, par le fait même, le recouvrement de l'usage et des prérogatives de la noblesse, sans qu'il soit besoin d'avoir recours à aucunes lettres.

La qualité du sang noble y était conservée avec tant de soin, que même le bâtard d'un noble y était noble, ainsi que ses descendants ; il n'y avait que la différence d'une barre qu'il était obligé de mettre, suivant les usages, dans les armoiries de son père, qu'il avait le droit de prendre comme les autres enfants légitimes, encore y était-il d'usage qu'après les cent années révolues, on ne pouvait empêcher ses descendants de supprimer la barre.

Liste des 121 Gentilshommes présents aux États d'Artois en 1414.

Les Seigneurs de

Wavrin,

Neufville,

Noyelles,

Auxi,

Fosseux,

Beaufort,

Ront,

Douvrin,

Royon,

Nédonchel,

Morbecque,

Cohen;

Vignacourt,

Regnauville,

Habarcq,

Licques,

Hellefaut,

Nortkelme,

Viefville (de la),

Bryas,

Caïeu,

Warluzel,

Bailleul,

Bas-Bernard,

Humbercourt,

Ongnies,

Rebecque,

Contes,

Waencourt,

Tramecourt,

Azincourt,

Thiembronne,

Humières,

Heuchin,

Guillaume de Bonnières,

Pierre de Créqui,

Jean de Boncourt,

Le Bègue de Mailli,

Jean de Coupigni,

Godefroi de Pronville,

Le Châtelain de Lens,

Georges La Personne,

Piérart de Poix,

Jean d'Allewaigne,

Alleaume de Longpré,

Hues d'Ollehain,

Le Brun de Cunchi,

Baudouin d'Eps,

Colard Desplancques,

Robert Doresmeaux,

Jacques de Beaufort,

Jean de Belleforière,

Bertrand de Louvers,

Lancelot de Grandsart,

Renaud de Mailli,

Baudouin du Bos,

Pierre de Beutin,

Aleaume de Sainte Alde-
gonde,

David d'Averhoult;

Jean de Béthencourt,

Lancelot de Licques,

Robert de Liencourt,

Robert de Vignacourt,

Guillaume de Bethencourt,

Jean de Waroquier,

Jean de Tannay,

Henri de Sailli,

Robert d'Oçoche,
Jean de Ranchicourt,
Lamoral de Lannoi,
Simon de Vignacourt,
Jean de Cohen,
Jacques d'Auxi,
Agneux de Nedonchel,
Aleaume de Buleux,
Gilles de Berlettes,
Jean de Flechin,
Guillaume de Robodenghe,
Pierre de Mamez,
Roland du Mont,
Jean de la Plancqué,
Simon de Moncheaux,
Elias d'Aix,
Jean de Markais,
Galoïs de Doffines,
Louis de Créqui,
Guillaume de Divion,
Jean de Creseeques,
Oudard de Renti,
Folcque de Rebecques,
Bertrand d'Ongnies,
Colard de Hauteclocque,
Jean de Wissocq,
Guillaume de Waudren-
ghein,

Robinet des Bournonville,
Jean de Petit-Rieux,
Pierre de S.-Aldegonde,
Renaut de Salperwick,
Michel de Contes,
Baudouin d'Héricourt,
Nicolas de Wissocq,
Mile de Lion,
Jean de Tramecourt,
Arnoul du Wez,
Jean d'Houchin,
Jean de Carnin,
Renaut de Tramecourt,
Baudouin de Bristel,
Louis de Waencourt,
Baudouin de Hauteclocque,
Guillaume d'Azincourt,
Jean d'Humières,
Pierre de Nedonchel,
Agneux de Canteleu,
Philippe de Markais,
Jean de Rullecourt,
Le Borgne de Habarcq,
Païen de Caïeu,
Testart d'Averhoult,
Guillaume de Poix,
Andrieu de Bernieules,

Liste des Gentilshommes convoqués à l'Assemblée de 1747, selon l'ordre de leur admission.

De Coupigny, comte d'He-
nu, député ordinaire.
Le prince d'Isenghein, maréchal de France, chef
de la maison de Gand,

De Bethune, marquis d'Hes-
dignœul.
D'Houchin, marquis de
Longastre.
Le comte de Gomiecourt.

De Servins d'Héricourt.

De Cunchi Fleury.

De Flechin, marquis de Wamin.

De Bryas, marquis de Royon.

De Pronville.

Le Cocq, comte de Dieval.

Le comte de Marnix.

De Croix, marquis d'Heuchin.

Le marquis de l'Estendant.

Le comte de Belleforière.

Le Josne Contay, marquis de la Ferté.

De Berghes, prince de Raches.

Le marquis de Wignacourt.

De Salpervick, marquis de Grigny.

De Beaulaincourt, comte de Marle.

De Coupigny de le Bargue.

De Tournay d'Assignies, comte d'Oisy.

Du Chastel, comte de Pétrieux.

De Croix de Malannoy.

De Wasservas, baron de Marche.

De Bernard.

Le marquis d'Estrades.

Le marquis de Ghistelles-Saint-Floris.

Le comte de Beaufort.

De Gargan.

De Saisseval.

Dion.

Du Pire, baron d'Hinge.

De Croezer.

De Cardevacque.

D'Antin.

De Bryas d'Avondance.

Du Carieul de Fiefs.

De Berroült.

De Blocquel, baron de Wismes.

De Briois de Poix.

De Villers au Tertre.

Le comte de Crequy Canaple.

Doresmieulx.

De Nelle.

Le comte de Bethune.

De Lannoy, comte de Beaurepaire.

D'Ostrel, baron de Flers.

De Landas, comte de Louvignies.

De Cardevacque, marquis d'Havrincourt.

De Briois d'Hulluch, député à la cour.

Le comte de La Tour.

De France, baron de Vaulx.

De Nédonchel, vicomte de Stape.

Le comte de Duglas.

De Tenremonde, comte d'Estrées.

Le comte de Sainte-Aldegonde.

Le comte de Guines.

De Tramecourt.

De Baynast.

De Venant.

Le comte de Kessel.

Testar.

De Raulin.

D'Aoust, marquis de Jumelles.

Le marquis de Croy.

De Lens, comte de Blandecques.

Le comte de Bryas.

De Contes de Bucamp.

D'Hauteclocque.

De Coupigny de Fouc-
quière.

De Belvalet d'Humeroeul.

Du Carieul d'Escoivres.

Le Prévost, marquis de
Saint-Julien.

Le comte d'Aumale.

Le comte de Monchy.

Le marquis d'Assignies.

Le Liepvre.

De Gosson.

De Hamel.

Le comte de Maulde..

Le marquis de Sailly.

D'Assignies, baron de
Bailleul, sire de Bertoult.

De la Porte.

De Raincheval.

De la Houssoy.

De Sandelin, comte de
Fruges.

Le Rique.

De Bournel, marquis de
Mouchy-Cayeu.

De Mailly-Couronnel.

Le marquis de Beaufort.

De Partz, marquis de Pressy.

De Vitry.

Le comte de Thiennes.

De Baecquehem du Liez.

De Preud'homme d'Ailly,
marquis de Verquigneul.

Le comte de Ghistelles.

De Crény.

Il y avait encore bien d'autres gentilshommes qui
avaient les degrés et les qualités requises pour être convoqués aux assemblées des états d'Artois, et qui n'y
venaient pas, soit parce qu'ils n'avaient pas fait leurs
diligences pour être mis dans la liste des nobles à con-
voquer, soit parce que ceux de leurs noms et familles
qui étaient régulièrement convoqués étaient morts, et
qu'ils ne s'étaient pas encore fait reconnaître pour être
du corps des nobles qui entraient aux états, soit enfin
qu'ils n'avaient pas atteint l'âge compétent pour y
prendre séance.

J'ai cru utile de mentionner ici les noms des gentilshommes de la province d'Artois, qui ont signalé leur
courage à la fatale bataille d'Azincourt, et de payer
ainsi un juste tribut d'éloges à leur intrépidité.

*Liste des principaux Gentilshommes Artésiens (et d'autres
provinces) tués à la bataille d'Azincourt, le 25 octobre 1415.*

Baudouin d'Ailli.

Charles d'Albert.

Le duc d'Alençon.

N.... *d'Aligre.*

Hugues d'Amboise.

Antoine d'Ambrine.

N.... d'Andelot.

Du Bois d'Annequin.

N.... d'Applincourt, père.

Jacques d'Applincourt, fils.

N.... d'Asse.

Arnoul d'Audregnies.

N.... d'Offemont, père.

N.... d'Offemont, fils.

N.... d'Aumont.

Philippe d'Auxi, père.

N.... d'Auxi, fils.

N.... de Longueval.

Alain frère de Philippe d'Auxi.

N.... d'Azincourt.

Martel de Bacqueville, père.

N.... de Bacqueville, fils.

N.... de Bacqueville, fils.

Jean de Bailleul.

Edouard, duc de Bar.

Robert, comte de Marle.

N...., comte de Beauffremont.

Antoine de Beaufort.

N.... de Beaumont.

Louis le Beaussart.

Pierre de Beauvoir.

N.... de la Bellière.

Bertrand du Belloi.

N.... de Bétancourt.

Colart de Béthune-Desplanques.

Jean de Béthune-Mareuil.

N.... de Beuil.

N.... de Beuvrière, père.

Gumart de Beuvrière, fils.

N.... de Blainville.

N...., comte de Blamont.

Henri de Boissi.

Louis de Bourbon.

Vitard de Bours.

N.... de Bousincourt.

Charles de Boutri.

N.... de la Bove.

Antoine, duc de Brabant.

N...., comte de Braine.

N...., duc de Bretagne.

N.... de Brimeu.

Le Bègue de Caïeu.

N.... de Caïeu.

N.... de Cerni.

N...., comte de Châlons.

Robert de Châlus.

N.... de Chambois.

Hector de Chartres.

N.... de Chartres, son frère.

N.... de Chartres, frère des deux précédents.

Michel du Chatellier.

N.... du Chatellier, son frère.

Jacques de Châtillon, amiral de France.

Gaspard de Châtillon.

Hugues de Châtillon, son frère.

N.... de Coetquen.

Arnoul de Corbie.

Lancelot de Couci.

N.... de Courci.

N.... de Crâmailles.

Amauri de Craon, seigneur de Brolai.

Antoine de Craon, seigneur de Beau-Verger.

Simon de Craon, seigneur de Clarsi.

Jean de Craon, seigneur de Montbazon.

L'Estendart, seigneur de Créqui.

Renaud de Créqui, seigneur de Contes.

Philippe de Créqui.

N..., seigneur de Crèvecœur

N...., seigneur de Croï.
Jean de Croï.
Dampierre (l'amiral).
De Darchérer. •
De Domart (le vicomte).
Jean de Dreux.
Germain de Dreux.
Jacques d'Enghien, seigneur de Fagnolles.
Alemand d'Escaussines.
Jean d'Econovelde.
Fauquembergue (le comte de).
Thibaut de Fay.
Raoul de Ferrières.
De Fiefs, père.
De Fiefs, fils.
Colard de Fiennes.
Raoul de Flandre.
Floridas.
De Folleville.
Boutillier, duc d'Aquitaine.
Enguérand de Fontaines, père.
Enguérand, fils.
Jean de Fontaines.
Colard de Fosseux.
Philippe de Fosseux.
De Fressencourt.
De Galigni.
De Gamaches.
De Garancières.
Louis de Ghistelles.
Maillet de Gournai.
N.... de Gournai, son frère.
De Grammont (le comte).
De Grand-Pré (le comte).
Jean de Grez.
Renaud de Griboval.
Gilbert de Griboval d'Auxi.
Roland de Gruthuse.
Guichard, dauphin d'Auvergne.

Jacques de Ham.
De la Hamayde.
Robert de Hames.
Carnel de Hamgard.
Jean de Hangest et d'Avenescourt.
Robert d'Harcourt, seigneur de Beaumesnil.
D'Harcourt en Cambresis.
Simon de Havré.
De la Haye.
Jacques de Helli ou d'Heilli, maréchal de Guïenne.
Jean de Hennin.
N.... d'Herlin.
N.... de Heuquevil.
De la Heuze.
N.... d'Honscote.
De Horne (le seigneur).
Mathieu d'Humières.
Jean d'Humières, son frère.
N.... d'Inchi.
N.... d'Ivri.
Charles d'Ivri, son frère.
N.... de Jumont.
Engelbert de Kestergat.
Henri de la Lande.
Jean de Lannoi d'Aumont.
N.... de Lannoi d'Aumont, son frère.
Philippe de Lens.
Henri de Lens, son frère.
N.... de Lédekerque.
N.... de Ligne.
Raoul de Longueil.
Jean de Lulli.
N... de Lulli, son frère.
Colard de Mailli, père.
Louis de Mailli, fils.
Jean de Malestroit.
Pierre Malet.
N.... de Mamez.

N.... de Mangny.

N.... de Marquette.

Louvet de Mazinghen.

Jean, dit le *Jeune*, seigneur de Moliens.

Simon de Moncheaux.

Charles de Montagu, vidame de Laon.

Bertrand de Montauban.

Raisse de Montcavrel.

Montejan.

Jean de Montenai.

N.... *de Montholon*.

Robert de Montigni.

Charles de Montigni, son frère.

De Montmorenci (le comte).

Jean Morel.

Simonet de Morvilliers.

N.... de Mouhy.

Raoul de Nesle.

N.... de Neuville, père.

N.... de Neuville, fils.

Châtelain de Lens.

Philippe, comte de Nevers.

Le Borgne de Noailles.

Pierre de Noyelles–lez–Lens.

Lancelot de Noyelles-lez-Lens, son frère.

Henri d'Ornai.

Philippe de Poitiers.

Roger de Poix.

Colard de la Porte, seigneur de Bélincourt.

N.... de Pottes.

N...., de Poucques.

Godefroi de Prouville.

Jacques, Sr. de Préaulx, grand – chambellan de France.

N... de Quiévrain.

Georges de Quiévrain, son frère.

Quercetan du Quesnoi.

David de Rambures, grand maître des arbalétriers de France.

N... de Regnauville.

Oudart de Renti.

N... de Renti, son frère.

N... de Renti, frère des deux précédents.

Perceval de Richebourg.

De la Rivière de Tibouville.

N.... de la Roche-Guyon.

N.... de la Roche-Guyon, son frère.

Des Roches.

N.... de Ront.

Pierre de Rosimbos, grand écuyer du duc de Bourgogne.

N.... de Rosimbos, son frère.

N...., fils du bailli de Rouen.

Roissart de Rougefay.

De Roussi (le comte).

Lancelot de Rubempré.

N.... de Saint-Brice.

N.... de Saint-Crespin.

N.... de Sainte-Beuve.

N.... de Saint-Gilles, sénéchal de Hainaut.

N.... de Saint-Héren.

N.... de Saint-Pierre.

N.... de Saint-Simon.

N.... de Saint-Simon, son frère.

De Salms (le comte).

N.... de Saures.

Briffaut de Saures, son frère.

Guillaume de Saveuse.

Alain de Vendôme.

De Tancarville (le comte).

N.... de Verneuil.

N.... de Tencques.

De Vieux-Pont.

N.... de Thiennes.

N.... de Wellenes.

N.... de Torci.

Guillaume de Villers.

Ponchon de la Tour.

Renaud de Villers, son frère.

De Tremblai (le vicomte).

Georges de la Trémoille.

N.... de Wavrans.

Jean de Valcourt.

Robert de Wavrin, père, sénéchal de Flandre.

Robinet de Vaucourt.

Ferri, comte de Vaude-demont.

N.... de Wavrin, fils.

Guillaume de Vaudripont.

Jean de Werchin, séné-chal.

D'ASNIÈRES, marquis d'Asnières-la-Châtaigneraie, par érection de 1776, barons de Palluau, maison d'ancienne chevalerie de Saintonge, qui tire son nom d'une terre située dans la paroisse de Belluire qu'elle a possédée jusqu'au commencement du dix - septième siècle. Elle est connue depuis Gombaud d'Asnières, chevalier, auquel Renaud, siré de Pons, fit la concession, l'an 1235, d'un fief appelé Sarminière. Cette famille a donné un général et plusieurs officiers supérieurs. Elle a obtenu les honneurs de la cour en 1782, en vertu de preuves faites au cabinet des ordres du roi. *D'argent, à trois croissants de gueules; cimier : une mellusine; supports : deux centaures.*

D'ASSAS DE MONTDARDIER, maison d'ancienne chevalerie du Languedoc, qui paraît tirer son nom d'une terre située à une petite distance de la rive gauche de la rivière de Lez, à deux lieues de Montpellier. Elle est connue par titres depuis l'an 1232, et par filiation depuis l'an 1389. Le chevalier d'Assas, capitaine au régiment d'Auvergne, a immortalisé le nom de sa famille à l'action de Clostercamp, le 16 octobre 1760. Etant près d'un bois pendant la nuit, il y entra seul pour le fouiller. A peine eut-il avancé quelques pas, qu'il se sentit environné d'une troupe d'ennemis qui lui mirent la baïonnette sur la poitrine, en menaçant de le tuer s'il disait un mot. Mais loin d'hésiter, d'Assas s'écrie : *A moi, Auvergne, ce sont les ennemis !* A ces mots, il tombe percé de coups. Pour récompenser ce dévoue-

ment héroïque, Louis XVI accorda, par lettres du mois
d'octobre 1777, une pension perpétuelle de mille francs
aux aînés de cette famille, garantie par la loi du 22 août
1790. Sous le gouvernement impérial une colonne a été
élevée sur le lieu où d'Assas succomba. *D'or, au chevron
d'azur accompagné en chef de deux pins de sinople, et en
pointe d'un croissant du second émail, au chef du même,
chargé de trois étoiles du champ.*

AUBELOT, en Normandie, famille connue depuis
la fin du quinzième siècle, sous le nom D'ESCRA-
METOT. *Voyez* le tome 1er. du *Dictionnaire Véridique.*

DE L'AUBÉPIN, maison d'ancienne chevalerie du
Berri, éteinte depuis plusieurs siècles, et qu'on ne
doit pas confondre avec celle de l'Aubépine, qui va
suivre. *D'azur, au sautoir d'or, cantonné de quatre
billettes du même.*

DE L'AUBÉPINE, marquis de Verderonne, en
Beauce, par lettres du mois d'octobre 1650, registrées
au parlement le 4 septembre 1657, et à la chambre des
comptes le 2 août 1658; marquis de Dampierre, par
lettres du mois d'octobre 1649, marquis de Château-
neuf-sur-Cher, etc., famille ancienne, originaire de
Beauce, anoblie dans la personne de Simon de l'Aubépine, prévôt et maire de la ville de Chartres, par
lettres-patentes du roi Charles V, données au château
de Melun le 16 octobre 1374. Cette famille a joui des
honneurs de la cour en 1768, ayant produit un garde-
des-sceaux, des ministres et secrétaires-d'état, des
ambassadeurs, des lieutenants-généraux des armées,
des commandeurs et chevaliers des ordres du roi. *De
gueules, à trois quinte-feuilles d'argent.* Voy. LA THAU-
MASSIÈRE, histoire de Berri, pag. 841.

D'AUBERJON DE MURINAIS, maison d'origine
chevaleresque du Dauphiné, connue depuis Auberjon,
dit de Maille, qualifié chevalier dans le récit de la
bataille de Varey, en Dauphiné, donnée entre le dauphin Guigues et le comte de Savoie, l'an 1325. *D'or,
à la bande d'azur, chargée de trois hauberts ou cottes
d'armes d'argent.* Devise : *Maille à maille se fait
l'auberjon.*

AUBERT DU PETIT THOUARS, DE RASSAY, en Poitou, en Touraine et en Languedoc. Cette famille, distinguée par de nombreux services militaires, a été anoblie en 1711 dans la personne de Georges Aubert, sieur de Saint-Georges, confirmé dans cet anoblissement, par arrêt du 29 juillet 1714. *D'azur, à la cotte de maille d'or.*

AUBERT DE RESIE, en Franche-Comté. Famille anoblie le 12 octobre 1630. *D'azur, au lion d'or, moucheté de sable, et couronné d'argent.*

D'AUBUISSON, marquis d'Aubuisson. Famille d'origine, chevaresque de la province de Languedoc, qui a donné plusieurs officiers distingués décorés de l'ordre royal et militaire de Saint-Louis, et un évêque de Barcelonne. *Écartelé aux 1 et 4 d'or, à l'aigle de sable fondante sur un buisson de sinople, et accompagnée en chef de deux croisettes ancrées de gueules,* qui est d'AUBUISSON; *aux 2 et 3 de 8 points d'or, équipolés à 7 de vair; à la bordure componée de Castille et de Léon de 8 pièces,* qui est de VELASCO. *Couronne ducale.* Supports : *deux lions.* Devise : *L'honneur est mon seul guide.*

D'AUCOUR, *voyez* GODARD.

D'AUDIFFRET, famille d'origine chevaleresque de la vallée de Barcelonnette, dans les états de Savoie, qui s'est rendue recommandable par ses services; elle a produit un général des armées du roi Réné, un autre général des armées de l'empereur Otton, des officiers supérieurs, des commandants de place, etc. La branche établie en Sardaigne, jouit du titre légal de comte de Mortigliengo, par érection, de sa majesté sarde. La branche établie en Provence, a le titre de comte dans des brevets et commissions depuis 1740. *D'or, au chevron d'azur, chargé de cinq étoiles du champ, et accompagné en pointe d'un faucon posé sur un rocher de sable, la tête contournée et la pate dextre levée; à la bordure denticulée du dernier émail de seize pièces.*

D'AUMONT, maison d'origine chevaleresque, l'une des plus anciennes et des plus illustres du royaume. L'abbaye de Ressons, de l'ordre des Prémontrés, au diocèse de Rouen, reconnaît les seigneurs de cette mai-

son pour ses fondateurs, et elle est connue dès l'an 1150.
Les sires d'Aumont y avaient leur sépulture au douzième siècle. Jean Ier., sire d'Aumont, accompagna
Saint-Louis au voyage de la Terre-Sainte ; et son fils,
Jean II, sire d'Aumont, fut père de Jean III, sire
d'Aumont, *sergent d'armes du roi*, charge alors des plus
considérables de la cour. Certains écrivains de mauvaise
foi et de mauvais esprit, ont voulu inférer de là que la
maison d'Aumont devait son origine à un sergent d'armes, qu'ils ont comparé aux huissiers à verge du parlement de Paris. Cette erreur est d'autant plus grossière,
1° quant à l'origine, qu'on voit que le sergent d'armes
est qualifié *sire* d'Aumont, bien avant son entrée dans
cette cour, et que son père et son aïeul, fondateurs de
l'abbaye de Ressons, portent dans tous les actes la qualité de *sire* ou de *chevalier*, ce qui prouve que le sergent
d'armes était lui-même d'origine chevaleresque, et ne
devait rien à son office ; 2° quant au titre et aux fonctions de sergent d'armes, on voit dans toutes nos anciennes histoires qu'ils étaient fort honorables. Philippe-
Auguste institua les sergents d'armes pour la *garde de
sa personne* ; ils étaient *gentilshommes*, et en 1214 ils
combattirent vaillamment à la bataille de *Bouvines* ; ils
firent vœu, en cas de victoire, de faire bâtir une église
en l'honneur de sainte Catherine ; et saint Louis, à
leur prière, fonda l'église de Sainte-Catherine-du-Val-
des-Écoliers, près Chaumont en Bassigny, qui fut possédée par les chanoines réguliers de Sainte-Geneviève.
Ainsi, à l'époque où Jean III, sire d'Aumont, exerçait cet emploi, il était, comme je l'ai dit plus haut,
un des plus honorables du royaume ; et si dans la suite
des tems l'office de sergent a dégénéré, on ne peut et
on ne doit en induire rien de défavorable à l'occasion
de la maison d'Aumont ; d'ailleurs, cette maison n'é-
tait pas la seule qui, à cette époque, dans l'ordre de la
haute noblesse, comptait des *sergents* ; car on trouve
dans un registre de la chancellerie, dressé du tems de
Guy Baudet, *pro parte primâ*, qu'il y avait des *seigneurs
de la plus haute marque* qui étaient *sergents à cheval du
Châtelet de Paris*. Voici la manière dont il en est parlé
dans les lettres données en cette ville, l'an 1340, au
mois d'août : « Jean d'Espernay, Jean de Dannery,
» Jean de Grez, et autres *seigneurs* champenois, étaient

» tous *sergents* à cheval, etc., etc. » Il est donc prouvé, d'une manière avérée, que les emplois ou offices de sergent, et surtout de sergent d'armes du roi, n'étaient remplis alors que par des seigneurs très-distingués, et ceux qui en étaient revêtus n'avaient d'autres juges que le roi et le connétable.

Dans ce tems, l'office de *roi d'armes* était encore un des plus considérables du royaume ; et du Cange, dans son *Glossaire*, dit : « Que le jour de sa réception, les » valets-de-chambre du roi devaient le revêtir d'habits » royaux, comme le roi lui-même. Le connétable et » les maréchaux de France devaient l'aller prendre pour » le mener à la messe du roi, accompagnés de plusieurs » chevaliers et écuyers ». De nos jours cet office est également tombé en désuétude, et certes le connétable et les maréchaux de France ne composeraient pas le cortége du roi d'armes ; c'est ce qui prouve qu'il ne faut juger les choses qu'en se repportant aux époques où elles ont eu lieu, et sans avoir égard à la dénomination.

Si je mets dans cet ouvrage la plus grande sévérité pour indiquer les origines des maisons à qui l'on peut reprocher des usurpations, je mettrai aussi la plus grande justice à rétablir la vérité à l'égard de celles qu'un esprit de passion aurait voulu présenter au public sous des rapports faux, ou des applications insolites.

Cette maison a produit des maréchaux de France, un garde de l'oriflamme, plusieurs officiers-généraux, des ambassadeurs, des chevaliers des ordres du roi, etc., etc.

Le *marquisat* d'Isle fut érigé en *duché-pairie*, sous le nom d'*Aumont*, en faveur d'Antoine d'Aumont de Rochebaron, maréchal de France, avec dérogation à la fixation du nombre des pairs, en novembre 1665, dont l'enregistrement et la première réception en lit de justice est du 2 décembre de la même année. Le titre de duc héréditaire de Villequier a été concédé, par brevet du mois de janvier 1759, à Louis-Alexandre-Céleste d'Aumont. Cette maison, en 1814, est rentrée dans la dignité de *duc et pair de France*.

Armes : d'argent, au chevron de gueules, accompagné de 7 merlettes du même ; 4 en chef, 2 et 2, et 3 en pointe mal ordonnées.

D'AURELLE, D'AUREILLE, D'AURELH, l'une des

plus anciennes et des plus illustres maisons des provinces
de Rouergue et d'Auvergne, qui a fait ses preuves de cour
le 14 septembre 1789. Cette famille est représentée de
nos jours par :

1º Jean-Simon Narcisse, vicomte d'Aurelle, né le
30 août 1775, ancien capitaine de cavalerie, chevalier
de l'ordre royal et militaire de Saint-Louis, marié à
mademoiselle Louise de Montmorin-Saint-Herem,
arrière petite fille du gouverneur de Fontainebleau ; il
a été autorisé, par ordonnance du Roi, du 16 octobre
1816, à substituer à son nom celui de Montmorin-
Saint-Herem. De son mariage sont issus :

1º Calixte, né le 5 février 1810 ;
2º Auguste-Henri, né le 30 janvier 1818 ;
3º Marie–Zoé-Antoinette, née le 8 septembre
1808 ;
4º Nathalie, née le 16 septembre 1819 ;

2º Eugène d'Aurelle, fils de Gabriel-Antoine d'Aurelle et de *N. Berger du Jonois* ;

3º Jean-Gaspard d'Aurelle.

Armes : d'azur, au lion d'or, armé et lampassé de
gueules, accompagné de deux étoiles, et d'un croissant,
le tout d'or.

AUTET. *Voyez* BARBEROT.

AUTIÉ DE VILLEMONTÉE, marquis de Montaiguil-
lon par érection de 1649 en Bourbonnais, maison d'origine
chevaleresque, de la province d'Auvergne, où elle florissait dès l'an 1088. La branche aînée prit, en 1376,
le nom de *Chazeron.* Cette maison a produit des chevaliers de l'ordre du roi, des chambellans de S. M., des
gouverneurs de places, des présidents et des conseillers
d'état, des capitaines de cinquante et de cent hommes
d'armes, des maréchaux-de-camp des armées du roi.
Elle a obtenu les honneurs de la cour en 1788, en vertu
de preuves faites au cabinet des ordres du roi. *D'azur,
au chef denché d'or chargé d'un lion léopardé de sable
lampassé et armé de gueules.* Couronne de comte.
Supports : *deux lions : Nec dura, nec asperu ter-
rent.*

D'AVARAY (duc d'). *Voyez* BESIADE.

D'AVERDOING , famille d'ancienne chevalerie ; originaire de Flandre. Alix d'Averdoing , vivait en 1196 , avec Jean , sire de Bazentin et de Montauban , son mari. *D'argent , au lion de sinople.*

D'AVICE DU HOTTOT , en Normandie. Gilles Avice, auteur, de cette famille, fut anobli en 1597. *D'azur, à l'épée d'argent, garnie d'or, accompagnée de trois pommes de pin du même.*

AVOCAT. Il y a une déclaration du roi , du 13 mars 1543, qui porte que les juges et les avocats ne dérogent point à la noblesse; et un arrêt de la cour des aides de Paris , du 12 juin 1619, qui permet à Jean le Meunier, avocat, de prendre en tous actes la qualité de *noble, sur le fondement de la profession d'avocat* qu'il exerçait avec honneur. Tous les avocats du parlement de Dauphiné prenaient la qualité de nobles. Autrefois ils prenaient tous le titre d'avocats consistoriaux , et jouissaient aussi tous des priviléges de la noblesse ; le nombre des consistoriaux était fixé à quarante. Le syndic et les anciens les désignent, et les gens du roi du parlement les agréent. Sans jouir de la noblesse transmissible, comme autrefois ils avaient les priviléges de la noblesse personnelle , tels que le titre de noble ; l'exemption de franc-fief. Ils faisaient la foi et hommage à la chambre des comptes , comme les nobles du Dauphiné , et jouissaient comme eux du droit de chasse, même sans avoir de fief : ce qui doit s'entendre pour les lieux où la chasse était libre.

L'ordre des avocats dont Pithon était l'ornement , avait été le berceau des l'Hôpital, des de Thou, des Séguier, des Lamoignon, des Montholon, des Bignon, des Talon, des Chauvelin et de tant d'autres magistrats célèbres , dont les noms honorent encore les fastes de la monarchie : aussi Bouteiller, en parlant des avocats , dit : « ils doivent et peuvent porter d'or comme les » chevaliers ; ils sont en droit écrit appelés chevaliers » de lois, et ne rapportent point le gain qu'ils font, » non plus que les chevaliers ; car tous sont censés » d'une condition en *chevalerie* et en *avocacerie*. On ne » peut, dans nos mœurs, révoquer en doute que les » avocats n'aient été jugés dignes de recevoir la cheva-» lerie. »

Une déclaration du 4 mars 1705, porte que les juges
et les avocats ne dérogent point à la noblesse.

D'AVOINE, en Normandie. Alain, Pierre, Michel
et Robert d'Avoine, frères, furent confirmés, en 1517,
par lettres registrées le 28 août 1518, dans la noblesse
concédée à Pierre d'Avoine, leur père; au mois d'août
1469. *D'argent, à quatre burelles de sable, la seconde
chargée de cinq besants d'or.*

D'AVOINE DE LA JAILLE-NOILLET, en Bretagne, famille qui remonte à André d'Avoine, de la
ville de Vitré, annobli, par le roi Charles VII, le 16
novembre 1460. *De gueules, au léopard d'argent.*

D'AVOINE DE MANDEVILLE, en Normandie,
noblesse d'ancienne extraction. *De gueules à trois gerbes
d'avoine d'or.*

D'AVOINE DE SAINT-MARTIN, en Normandie.
Lors de la recherche faite en 1666, cette famille a fait
preuve de quatre degrés de noblesse. *De gueules, à la
fasce d'or, surmontée d'une aigle, éployée du même.*

DES AYVELLES, en Champagne, maison d'origine
chevaleresque, qui tire son nom de la terre des Ayvelles, en Ardennes, dans l'élection de Mézières. Elle
est connue, par filiation, depuis Charles des Ayvelles,
écuyer, seigneur de la Tour-du-Terrier, qui, le 11 juin
1487, rendit foi et hommage à Jean Cauchon, écuyer,
seigneur du Terrier, en partie. *D'argent, au sautoir
de gueules, cantonné de quatre molettes d'éperon de
sable.*

B.

BABIN DE LIGNAC, noblesse ancienne, originaire
de la Marche, où elle est connue depuis la fin du douzième siècle, et qui s'est répandue successivement dans
les provinces de Saintonge, d'Angoumois, de haut et
bas Poitou, et de Berry. Elle a donné plusieurs officiers
supérieurs. *D'argent, à quatre burelles d'azur; à trois chevrons d'argent, brochants sur le tout.*

BACHELU, en Franche-Comté, famille anoblie par une charge de conseiller à la chambre des comptes de Dôle, en 1760, et dont est le baron Bachelu, maréchal-de-camp, officier de la légion d'honneur. *Écartelé, au 1 contre écartelé denché d'argent et de gueules ; aux 2 et trois coupés, au 1 d'argent, au chevron de gueules, accompagné de trois mains du même ; au 2 de gueules, à trois feuilles d'argent ; au 4 coupé ; le 1 écartelé d'argent et de gueules ; le second, fascé d'or et d'azur, de quatre pièces.*

BAIL DE LIGNIERES, DE WACOURT, D'ORCAN, noblesse municipale du bailliage d'Abbeville, dont était Marie-Anne Bail, épouse, par contrat du 24 septembre 1682, de Jean-Charles de la Fontaine Solare, chevalier, seigneur de la Boissière, lieutenant du roi à Dieppe. *D'azur, à trois poissons d'or.*

BAILLIVY, maison d'ancienne noblesse, originaire des Évêchés, admise aux états de Lorraine et Barrois en 1626. Nicolas de Baillivy fut lieutenant des mousquetaires de la garde de Charles IV, duc de Lorraine et gouverneur de Longwy. Son fils, François de Baillivy, lieutenant-colonel du régiment du Han. Ignace de Baillivy-Mérigny fut lieutenant-colonel du régiment de cavalerie de Rosen ; et son frère, Nicolas-François II du nom, capitaine au même régiment. Leurs enfants ont aussi suivi avec distinction la carrière des armes. Charles-Marie-Dieudonné de Baillivy-Mérigny, commandeur de Malte, fut reçu dans cet ordre chevalier de justice et de minorité le 13 août 1752. *De gueules, au chevron d'or, accompagné en chef de deux étoiles de même, et en pointe d'un triangle aussi d'or.*

DE BAINE, maison d'ancienne chevalerie de la province de Normandie, qui a pris, depuis le commencement du treizième siècle, le nom de l'ESTENDART. *Voyez* ce nom dans la première série Dictionnaire véridique.

DE BALINCOURT. *Voyez* TESTU.

BALTAZARD DE TOUTENOYS, famille anoblie par charges au seizième siècle. *De gueules, à l'arbre d'or, soutenu d'un croissant du même, et accosté de deux lions d'argent.*

BAN, *voyez* ARRIÈRE-BAN.

BANCENEL, en Franche-Comté, famille qui a pour auteur Richard Bancenel, fils de Guichard Bancenel, annobli en 1408. Ses descendants dérogèrent sans doute, puisque Jacques Bancenel, dont il fut le quatrième aïeul, impétra des lettres de noblesse, qui lui furent accordées par les archiducs le 28 janvier 1609. *D'azur, à la tête de léopard d'or, accompagnée de trois quintefeuilles du même.*

DE BAR DE LA ROUGEMAISON, en Champagne, famille originaire d'Ecosse. Claude de Bar, sieur de la Rougemaison et de Velie en partie, produisit, en 1668, devant M. de Caumartin, intendant en Champagne, les titres justificatifs de sa noblesse, et a été déclaré noble sur ces mêmes titres, remontés par filiation à François de Bar, son trisaïeul, écuyer, sieur de la Forte-Maison, garde des sceaux de la prévôté d'Epernay, en 1532, 1538 et 1543. Le même sieur de Velie ayant été depuis réassigné sur dérogeance nouvellement découverte, cet intendant a ordonné que le jugement de maintenue de noblesse rendu en sa faveur soit rapporté, avec défense de s'en aider jusqu'à ce qu'il ait plu au Roi de le relever desdites dérogeances. *D'argent, au chevron brisé de gueules, accompagné de trois hures de sanglier de sable.*

DE BAR DE SAINT-MARTIN, en Champagne, famille d'ancienne bourgeoisie de Châlons, qui lors de la recherche a fait une production remontée à Nicolas de Bar, échevin de Châlons, lequel avait pour père et aïeul Jean et autre Jean de Bar, nommés dans une enquête faite le 8 juillet 1496, devant le commissaire du bailli de Troyes, par laquelle il conste que ces derniers étaient réputés nobles, s'étant trouvés à la bataille d'Azincourt, en 1415. On ne voit nulle part que cette production ait été admise par cet intendant. *D'argent, à la fusée de sable, accompagnée en chef de trois losanges de gueules.*

DE BARBEROT D'AUTET ET DE VELLEXON, en

Franche-Comté. Cette famille, originaire du land-graviat d'Alsace, est fixée à Gray depuis l'an 1500, qu'Antoine de Barberot, secrétaire de l'empereur Maximilien, vint s'y établir. Elle a été maintenue dans sa noblesse par ordonnance du 12 février 1698. Elle a donné plusieurs officiers de marque et des chevaliers de Saint-Louis. *D'azur, à l'aigle d'or de profil, becquée et membrée de sable, empiétant une bisse mouchetée d'or et de gueules en fasce, languée du dernier émail, tortillée en forme de caducée.* Couronne de comte. Supports : *2 aigles.*

DE BARBEYRAC, marquis de Saint-Maurice, par érection de 1753, maison ancienne du haut Languedoc, qui tire son nom de la terre et seigneurie de Barbeyrac, près de Carcassonne. Elle est connue depuis Bérenger de Barbeyrac, qui, l'an 1066, assista comme témoin à l'acte d'union de l'abbaye de Saint-Gilles à celle de Cluny; et elle établit sa filiation depuis Jacques de Barbeyrac, vivant en 1372. Cette famille a des services militaires et de bonnes alliances. *De gueules, au cheval gai d'argent; au chef cousu d'azur, chargé d'un croissant d'argent, accosté de deux étoiles d'or.* Couronne de marquis. Supports : *deux lions.*

BARON, nom de dignité affecté à une terre érigée en baronnie, ou concédé par lettres-patentes du prince. Anciennement, on entendait en France par barons, tous les vasseaux qui relevaient immédiatement du roi; ainsi, ce mot comprenait les ducs, les marquis, comtes et autres seigneurs titrés et qualifiés, comme on le peut voir dans Aimoin et dans quelques-unes de nos vieilles chroniques, où le roi haranguant les seigneurs de sa cour, ou de son armée, les appelle mes barons; mais maintenant on emploie ce terme dans une acception beaucoup moins générale, puisqu'il ne signifie que le degré de la noblesse, qui est immédiatement au-dessous des ducs, des marquis, des comtes et des vicomtes; quoiqu'il y ait en France et en Allemagne d'anciens barons qui ne voudraient pas le céder à des nobles illustrés de ces divers degrés de noblesse. Nos auteurs font aussi mention des barons de Bourges et d'Orléans, titres accordés à quelques-uns des principaux bourgeois de ces villes, comme à ceux de Londres, mais qui n'emportaient point avec eux de caractère de noblesse, et donnaiént seulement à ces citoyens quelques prérogatives, comme de n'être pas tenus de répondre en justice sur certaines choses, hors de l'enceinte des murs de leur ville. Les trois premiers barons de France, dans la noblesse, étaient ceux de Bourbon, de Conty, de Beaujeu ; mais ces baronnies ont été depuis réunies à la couronne. Dans le clergé, il y avait des évêques, des abbés et des prieurs barons ; soit qu'anciennement les rois leur aient accordé ce titre, soit qu'ils possédassent par leurs libéralités des baronnies, ou qu'ils les tinssent en fief de la couronne. Le chef de la maison de Montmorency prend le titre de premier baron de France, et de premier baron chrétien.

Le titre de baron est aujourd'hui concédé par le roi, en vertu de lettres-patentes, pour lesquelles il faut le pourvoir pardevant la commission du sceau des titres ; les droits du sceau sont de trois mille francs, et de cent cinquante francs pour le référendaire. *Voyez* MAJORAT, TITRES.

Quant au renouvellement de ce titre, obtenu sous l'ancien gouvernement, ou avant la révolution, les droits du sceau se bornent à cinquante francs, et ceux du référendaire à vingt francs.

Nomenclature des personnes qui ont obtenu des lettres-patentes, portant institution de majorats *attachés au titre de* baron, *et qui en ont formé les* dotations *avec leurs propres biens.*

Messieurs,

Antoine-Ignace *Anthoine*, baron *de Saint-Joseph*, 10 septembre 1808.

Marie – Joseph – Auguste – Emmanuel – Dieudonné *de Lascases*, 28 janvier 1809.

Antoine-Jean-Mathieu *Seguier*, idem.

Nicolas-Félix *Desportes*, idem.

Daniel *Roger*, 10 février 1809.

Emmanuel-Jean-Baptiste *Freteau*, 25 mars 1809.

André-Jean-Simon *Nougarède de Fayet*, 1er. avril 1809.

Jacques-Pierre-Prothade *d'Astorg*, 28 mai 1809.

Jean-Louis *Girod*, idem.

Bernard-Charles-Louis-Victor *de Lostanges-Beduer*, idem.

Charles-Gustave *Montguyon-Hardouin*, idem.

Frédéric-Christophe *d'Houdetot*, 18 juin 1809.

Guillaume *Thabaud*, baron *de Surins*, 18 juin 1809 et 1er. mai 1812.

Pierre-Charles *Bonnefoy*, 18 juin 1809.

Jean-Victor *Tesnier de Brémesnil*, idem.

Louis-Marie-Antoine *Destouff-Milet-Mureau*, idem.

Joseph-Marie-Ferdinand *dal Pozzo*, 5 août 1809.

Auguste-Antoine-Joseph *Prouveur*, chevalier *de Pont*, idem.

Jean-Louis-Simon *Rollet*, idem.

Transmission de son titre de baron en faveur de Jean-Baptiste-Nicolas *Lemercier*, son neveu.

Pierre-Jean *Deurbroucq*, 20 août 1809.

Eugène *Jobard-Dumesnil*, idem.

Pierre-Charles-Martin *Chassiron*, 29 septembre 1809.

Louis-Henry *Janzé*, idem.

Barthélemi-François *Rolland de Chambaudoin*, idem.

Jean *Malet*, idem.

Raimond-Aimeri-Philippe-Joseph *de Montesquiou-Fézensac*, idem.

Charles-Emmanuel *Micou d'Umons*, 12 novembre 1809.

Gabriel-Joseph *de Froment-Castille*, 9 décembre 1809.

Jean-Baptiste-Maximilien *Villot de Fréville*, 19 décembre 1809.

Jean-Baptiste-Marie *Roslin d'Ivry*, idem.

Christophe-Olympe *Nervo*, 9 janvier 1810.

Charles-François-Guillaume *de Chanaleilles*, idem.

Jacques *de Maleville*, 31 janvier 1810.

Jean-Simon *Campy*, idem.

Jean-Baptiste-Gabriel *Pavée de Vendeuvre*, 14 février 1810.

Maximilien-Ghislain *de Louverval*, 9 mars 1810.

Achille-Charles-Stanislas-Emile *le Tonnellier de Breteuil*, idem.

Jean-Baptiste-François *Moreau d'Olibon*, idem.

Jean-Claude *Chovet de la Chance*, 25 mars 1810.

Jacques-Marguerite *Pilotte de la Barollière*, idem.

Jean-Baptiste-Martin *de la Bastide*, idem.

Jean-Antoine-Pierre *Mévolhond*, idem.

Pierre-Lézin-Urbain *Boreau de la Bénardière*, 14 avril 1810.

Antoine *Mellet de Bonas*, idem.

Louis-François *Merlin d'Estreux*, idem.

Louis-Marie *Duhamel*, idem.

Edmond-Joachim *Guerard*, idem.

Nicolas-David-Amant-Constant *Mauduit de Sémervile*, 26 avril 1810.

François-Cyprien-Antoine *Lieude de Sepmanville*, 26 avril 1810.

Joseph-Xavier *Delfau de Pontalba*, 3 mai 1810.

Marie-Anne-Jean-Alexandre-Paschal *Dubreil*, idem.

Salomon-Louis *Roger*, 17 mai 1810.

Thomas-Charles-Gaston *Boissel de Monville*, 4 juin 1810.

François-Gérôme *Ledéan*, 11 juin 1810.

Louis-Julién *de Roujoux*, idem.

Philippe-Louis-Edmond-Sébastien *Lovera de Maria*, idem.

Jean-Abraham-André *Poupart de Neuflize*, 23 juin 1810.

Pierre-George *de Meulenaere*, 3 août 1810.

Pierre-Marie *Muguet de Varange*, 2 septembre 1810.

Bonaventure-François *Gauthier de Charnacé*, 27 septembre 1810.

Pierre *Cailu*, 6 octobre 1810.

Ambroise-Louis *Luvenant*, chevalier *de Toukerb*, idem.

Antoine-Louis *Rouillé d'Orfeuil*, idem.

Jacques-Florent *Robillard*, 22 octobre 1810.

Nicolas *Graillet de Beine*, idem.

Alexandre-Dominique *le Painturier de Gueroille*, 30 octobre 1810.

Jacques-Antoine *de Révéroni-Saint-Cyr*, idem.

Joseph-Ignace *Mathieu de Mauvières*, 2 novembre 1810.

César-Louis *Baulny*, idem.

Gilles-Toussaint *Hocquart*, 21 novembre 1810.

Louis-Philippe-Joseph *Girod de Vienney*, baron *de Trémont*, 16 décembre 1810.

Jean *Lesparda*, idem.

François-Jean *Chaubry de la Roche*, baron *de Tron-cenord*, idem.

Louis-Joseph *Poissonnier de Prulay*, idem.

François *Martin*, idem.

François-Louis *de Harff*, idem.

Jean-François-Laurent-Amédée *Marbotin de Conte-neuil*, idem.

Joseph-Etienne-Timoléon *d'Hargenvillier*, idem.

Claude-Eléonore *Leconte-Desgraviers*, 23 décembre 1810.

Marie-Frédéric-Louis-Melchior *Chartier de Coussay*, idem.

Anne-Marie-Louis *de Vougny de Boquestant*, idem.

Jean-Marie *Salaun de Kertanguy*, 4 janvier 1811.

Henri-Émile-Charles-Louis-Michel *Raoux-Raousset-Boulbon*, 19 janvier 1811.

Alphonse *Droullin de Ménilglaise*, idem.

Pierre-Marie *Maurille de Villebois*, idem.

Philippe-Claude *Arthuys*, 29 janvier 1811.

Louis-Charles *Touchain de la Lustière*, 13 février 1811.

Jacques-Marie *Chapelain de Brosseron*, 23 février 1811.

Guillaume-Gilbert *Bonnevie de Pogniat*, 13 mars 1811.

Jacques-François-Anne-Michel *de Kerhorre*, idem.

Henri-Guillaume-Louis *de Cotzhausen*, 17 mars 1811.

Clément *de Lustrac*, idem.

Antoine-Joseph-Gilbert-Nicolas *Deschamps de la Vareinne*, idem.

Jacques *Barthez*, baron *de Montfort*, idem.

Louis-Pierre *Agis de Saint-Denis*, 10 avril 1811.

Antoine-Etienne-Lazare *Barthélemi de Saizieu*, 13 avril 1811.

Augustin-Jean-Baptiste-Louis-Marie *de Chazelles-Lunac*, idem.

Noël-Urbain *André*, baron *de la Fresnaye*, idem.

Antoine *Lemaire-Darion*, 26 avril 1811.

Jean-Jacques *Lenormant-Flaghac*, 2 mai 1811.

Anne-Claude *Rousseau de Chamoy*, 9 mai 1811.

Paul-Bernard *Bröhon*, idem.

Simon-François *Gay de Vernon*, 16 mai 1811.

Jean-Louis-Joseph *Leroy de Livet*, idem.

Claude *Durud*, baron *d'Angles*, idem.

François-Vincent *Guyot de Chenizot*, idem.

François-Victor-Jean *Lesperut*, 25 mai 1811.

Louis-Joseph *Du Hamel*, 3 juin 1811.

Daniel-Jean-Charles *Bourrée de Corberon*, idem.

Jean-Louis-Bonaventure *Kenny*, 13 juin 1811.

Guillaume-Michel-Jérôme *Meiffren-Laugier*, baron de *Chartrouse*, idem.

Maurice-Jean-Jacques *d'Escorbiac*, idem.

François *Passama-Labusquière*, idem.

Anne-Joachim-François *de Melun*, 20 juin 1811.

Jacques-René-Marie *Aymé*, baron *de la Chevrelière*, 27 juin 1811.

Pierre-François *Colliquet*, 13 juillet 1811.

Guillaume-Jean *Favard*, baron *de l'Anglade*, 25 juillet 1811.

Edmond-Charles-Guillaume *Cardon*, baron *de Montigny*, 24 août 1811.

François-Joseph *Beyts*, 23 octobre 1811.

Pierre-Jean-Alexandre *Tascher*, idem.

Jean *de Bastard*, baron *d'Estang*, 19 janvier 1812.

Guillaume-Michel *Chabrol de Tournoëlle*, baron de *Tournoëlle*, 2 avril 1812.

Alexandre-Louis *de Clermont-Tonnerre*, idem.

Dominique-Vivant *Denon*, 5 août 1812.

Philippe-Antoine-Joseph *Depret*, 25 mars 1813.

Guillaume *Mallet de Chalmassy*, idem.

Alexandre-Joseph-Séraphin *d'Haubersart*, idem.

Pierre-Thomas *Rambaud*, baron *de la Sablière*, idem.

Louis-Alexandre *Himbert de Flégny*, 8 avril 1813.

Denis *Geinier des Périchons*, idem.

Nicolas *Ardoino*, idem.

Joseph-Charles-André *d'Arbaud-Jouques*, 16 mai 1813.

Armand-Louis *De la Pierre de Fremeur*, idem.

Joseph-Pierre *Vialetes de Mortarieu*, 19 juin 1813.

François-Ursin *Durand de Pisieux*, idem.

Jacques-Joseph *Boussairolles*, idem.

Thomas-Marie-Catherine *de Masclary*, idem.

Louis-Joseph *Ithier de Champos*, idem.

François *Maublanc de Chiseuil*, idem.

François-Timoléon *de Chassepôt de Pissy*, idem.

Charles-Philippe *Bajot de Conantre*, idem.

Etienne-Guillaume *Picot-Bazus*, idem.

Jean-Luc-Guillaume *De Mons de Dunes*, baron *de la Tour de Mons*, 19 juin 1813.

I.   19.

Jean-Pierre *Duston-Villereglan*, idem.

Joseph *de Casamajor d'Oneix*, idem.

Denis *Durosier de Magnieux de Vertpré*, baron de *Beauvoir*, idem.

Gabriel-Louis *Terrasson de Senevas*, idem.

Antoine - Alexis - Joseph *Lesergeant de Monnecove*, idem.

Maurice-Gabriel-Joseph *Riquet de Caraman*, 3 juillet 1813.

Thomas-Jean-Baptiste *Boréa d'Olmo*, idem.

Alexandre-Louis-Gabriel *de Gomer*, idem.

Léon *de Perthuis*, idem.

Robert-François *Demorell*, 14 août 1813.

Amable-Pierre-Hippolyte-Joseph *de Maures de Malartic*, idem.

Philibert - François - Jean - Baptiste - Joseph *Vander Haeghen-Mussain*, idem.

Albert-Joseph *Rouvroy*, 11 septembre 1813.

André-Paul *Sain-Rousset*, baron de *Vauxonne*, 2 octobre 1813.

Pierre-Mathias-Joseph *Wartelle*, baron d'*Herlincourt*, 2 octobre 1813.

Louis-Aspais *Amiot*, 21 février 1814.

Philippe-Christophe *Hallez*, idem.

Béatrix-Charles-Magdelon *de Fayolle de Mellet*, 26 février 1814.

Charles *Regnaud*, idem.

Charles-Bernard *Chapais de Marivaux*, 22 mars 1814.

Louis-François *Luglien de Fourment*, 29 mars 1817.

Antoine-François *Poncet du Maupas*, 19 avril 1817.

Pierre-Charles *Hémart*, idem.

François - Ferdinand - Henry - Joseph *Maloteau de Guerne*, 10 mai 1817.

Florentin *Sellière*, 2 août 1817.

Réné-Marc-Marie-Anne *de Montalembert*, 14 février 1818.

André-Jean-Baptiste *Fayau*, 21 février 1818.

Jean-Baptiste-Jacques *Rolland*, 7 mars 1818.

Pierre-Auguste *Fournier de Boisayrault*, 14 mai 1818.

DE BARONCELLI-JAVON, maison ancienne et distinguée, originaire de Florence, où elle est connue depuis le treizième siècle, et fixée au comtat Venaissin peu après l'an 1470, Elle a donné des consuls, des ambassadeurs et des prieurs de la liberté à Florence. En France, elle a eu un chevalier de l'ordre de Saint-Michel. *Bandé d'argent et de gueules.*

DE BARRÈRE, en Bretagne. S. M. Louis XVIII, pour reconnaître et récompenser les longs services et le dévouement de M. de Barrère, président du tribunal de commerce de Morlaix, issu d'une ancienne famille de négociants, lui a conféré des lettres de noblesse, le 1er. février 1817. *D'azur, au lévrier d'argent, colleté et bouclé d'or; assis sur une terrasse de sinople, la pate dextre levée, regardant une étoile d'argent au premier canton; au chef échiqueté d'or et de gueules de trois tires.* L'écu timbré d'un casque taré de profil, orné de ses lambrequins.

DES BARRES, famille des plus anciennes et des plus illustres du royaume, qui a fourni un maréchal de France, des gentilshommes de la maison du Roi; et contracté des alliances avec les maisons les plus considérables, même avec la famille royale, par deux mariages dans la maison de Dreux.

L'histoire de France atteste les services de cette famille. On y trouve Jean des Barres, son auteur, noyé à la défense de Pont-d'Epte, sous Philippe-Auguste, en 1180; Guillaume des Barres, chef de la cavalerie sous Philippe-Auguste, et qualifié *le plus renommé chevalier* qui fut alors en France. Il fit de grands exploits à la Terre-Sainte, en 1196, et en rapporta une sainte épine de la couronne de Notre Seigneur, qui était encore en grande vénération de notre tems au bourg de Saint-Martin, qui appartenait à cette famille. Il avait épousé Isabeau de Pacy, fille de Pierre II, issu de l'illustre maison de Châtillon, et fut père du célèbre maréchal de France Jean des Barres, dont le descendant Denis des Barres, seigneur de Saint-Martin, gentilhomme ordinaire de la maison du Roi, gouverneur pour Sa Majesté des villes de Saulieu, Dourdans, Mantes et Meulan, en 1589, 1594, a continué la lignée de cette famille, et fut père de Claude des Barres, chevalier, seigneur de Saint-Martin et de Brechainville, gentilhomme de la maison du Roi, en 1618, et *commissaire de son artillerie.* Il mourut vers 1632, et fut père de Claude des Barres, chevalier, comte des Barres, ba-

ron de Marat, seigneur de Saint-Martin, Dommarien
et Brechainville, lequel épousa en premières noces, le
1ᵉʳ juillet 1675, Marguerite Gouffier, fille de Louis
Gouffier, duc de Rouanais, comte de Maulevrier, pair
de France, et de Claude Éléonore de Lorraine-Elbeuf.
Ses descendants existent de nos jours à Coiffy, près
Langres.

.. *Armes* : D'azur, au chevron d'or, accompagné de
trois coquilles du même, deux en chef, une en pointe.
Supports : Deux sauvages.

BARRÈS, ancienne baronnie du Vivarais, au diocèse de Viviers, dans le Languedoc, contiguë à d'autres terres du même nom, dont la réunion forme une
contrée considérable de cette province (1). Blonde de
Barrès, baronne de Barrès, qui fut mariée, vers l'an
1386, à Bertrand de Taulignan, IVᵉ. du nom, lui
porta en dot cette baronnie. Depuis cette époque, les
Taulignan ont toujours pris le titre de barons de Barrès,
et ont ajouté à leur écu les armes de cette maison,
qui étaient d'*argent, à deux fasces de gueules*. (Histoire
de la noblesse du Comtat-Venaissin, par Pithon-Curt,
tom. I, pp. 107 et 478 et t. III, p. 368.) La maison
de Barrès possédait aussi d'autres terres de son nom,
en Dauphiné et en Gévaudan ; cette dernière passa
de même dans la maison de Taulignan, comme on le
voit à la page 165, tom. I du même ouvrage. d'Aubais en fait aussi mention au chapitre intitulé, *Mélanges, chartes, titres*, etc., et fait connaître Bernard et
Pierre de Barrès, seigneurs de Barrès, au diocèse de
Mende, qui furent du nombre des seigneurs composant
l'assemblée convoquée à Montpellier, dans le couvent
des frères Mineurs, le 25 juillet 1303, au sujet du différent du pape Boniface VIII avec Philippe le Bel.

_____

(1) Ces terres sont Saint-Martin de Barrès, Saint-Pierre-
Laroche ou de Barry, en Barrès, Saint-Vincent de Barrès,
Saint-Bauzeli, en Barrès, etc., que les géographes et les historiens écrivent indifféremment *Barres, Barre, Barrès et Barrez*,
notamment d'Aubais et Pithon-Curt, dans leurs nomenclatures
des lieux, paroisses, terres nobles, et ailleurs. Les titres de famille offrent aussi par fois cette variété ; mais nous suivons ici
l'usage général qui a consacré *Barrès*, conformément à l'ancienne prononciation du midi de la France, où l'on faisait
sentir fortement les lettres finales des mots.

On distingue parmi les personnages connus de cette ancienne maison du Vivarais, Genton de Barrès qui fit le voyage de la Terre-Sainte, en 1096, avec plusieurs autres seigneurs du voisinage qui prirent la croix après le concile de Clermont (1095), sous la bannière de Raimond de Saint-Gilles, comte de Toulouse (Pithon-Curt, tom. IV, pag. 8, où les noms de ces seigneurs sont rapportés); Baudouin de Barrès et Emiline de Sains, sa femme, qui sont mentionnés dans un titre du mois d'avril 1231 (*Trésor généalogique*, par dom Caffiaux, bénédictin de la congrégation de Saint-Maur, page 596); messire Bertrand de Barrès et Bertrand de Barrès, son fils, Béatrix de Barrès, femme de Guillaume de Cadoëne, chevalier, et Aigline de Barrès, femme de Bertrand de Cadoëne, damoiseau, fils dudit Guillaume de Cadoëne, mentionnés dans des titres originaux des années 1283 et 1290, produits au cabinet des ordres du roi, par M. le marquis de Gabriac, dont le nom est Cadoëne, pour ses preuves de la cour, autre Pierre de Barrès, qui épousa, vers l'an 1340, Eléonore d'Adhémar, dame de Méouillon, qui, étant veuve, se remaria à Pierre de la Chaux, qu'elle obligea, ainsi que ses enfants, à porter le nom de Méouillon. (Pithon-Curt, tom. IV, pag. 47.)

L'identité de nom, de province et d'armoiries (les émaux étant les mêmes), pouvait, en quelque sorte, confirmer l'opinion que la maison de Barrès du Molard, rapportée ci-après, est une branche puînée de cette ancienne maison du Vivarais, dont l'héritière de la branche aînée a porté les biens dans la maison de Taulignan, vers l'an 1380, car on sait que les branches puînées des grandes maisons ajoutaient quelques meubles à leurs écus ou en changeaient la disposition des pièces, pour se distinguer de la branche principale. C'est ainsi qu'au lieu de deux fasces les puînés de la maison de Barrès en auront ajouté une et les auront portées en barres; d'autres puînés de ceux-ci y auront ajouté le croissant et les trois étoiles pour se distinguer de ces derniers. On sait de plus que la terre du Molard, possédée dès le quatorzième siècle jusqu'à nos jours par cette branche de la maison de Barrès, est un fief des baronnies du Pouzin et de Saint-Pierre de Barry, en Barrès, réunies anciennement par les comtes de Valentinois et passées ensuite au domaine de la couronne. Mais ce n'est pas seulement sur de pareilles inductions, toutes fortes qu'elles sont, que nous donnons à ces maisons une origine commune. Les titres authentiques que nous avons sous les yeux la démontrent évidemment. (*Voyez l'article suivant.*)

DE BARRÈS DU MOLARD, en Vivarais, au diocèse de Viviers, dans le Languedoc, maison d'origine chevaleresque, dont la filiation non interrompue, a été prouvée, à diverses époques, depuis Guillaume de Barrès, écuyer, seigneur du Molard, né en 1436, qui épousa Gabrielle de Merles, le 6 mars 1486; mais on peut remonter ses preuves filiatives à une époque plus reculée. On voit, en effet, par le contrat de mariage dudit Guillaume et par des reconnaissances féodales que nous avons sous les yeux, qu'il était fils de noble Bernard de Barrès du Pouzin qui reçut les reconnaissances des années 1417 et 1439, l'une, conjointement avec noble Pons de Barrès, son père, l'autre, au nom de Marie de Charrier, sa mère; et que Pons de Barrès était fils de Pierre de Barrès, damoiseau et petit-fils de Guillaume de Barrès, l'ancien, chevalier, qui passèrent l'assencement de l'année 1341.

Bernard de Barrès que nous venons de citer, cousin de Blonde, baronne de Barrès, fut présent avec Antoine de Massillargues, Antoine Adhémard, Guillaume de Piolenc, Thomas Alberti et Antoine d'Albignac, à la transaction passée le 29 août 1435, devant Pierre Carmes, notaire de Viviers, entre Louis de Peyre, baron de Pierrefort et de Castries et Louis de Taulignan, baron de Barrès, fils d'Aimar II et petit-fils de Bertrand IV, et de Blonde de Barrès, mentionnés dans l'article précédent. (*Histoire de la noblesse du comtat Venaissin*, par Pithon-Curt, tom. III, pag. 369.)

Preuves: Hommages au roi en la généralité des finances de l'intendance de Languedoc, en 1672 et 1679, rendus par noble Alexandre de Barrès, écuyer, seigneur du Molard, et Phélise de Chabaud-Charrier, sa mère; ordonnance des commissaires départis par ordre du roi, par Me. d'Aguesseau, intendant du Languedoc, du 21 novembre 1683; arrêt du parlement de Toulouse, du 23 mai 1750; procès-verbal de M. Chérin, généalogiste des ordres du roi, des preuves faites par cette maison au cabinet de l'ordre du Saint-Esprit, au mois d'octobre 1789; arrêt du conseil d'état, le roi y étant, du 18 avril 1790; procès-verbaux des assemblées de la noblesse du Vivarais, en 1788 et 1789.

Services : Elle a produit un maréchal de camp, des officiers supérieurs, capitaines, gouverneurs de place, chevaliers de Saint-Louis, et a fourni des gentilshommes aux ban et arrière-ban de la noblesse du Languedoc, en 1637, 1639, 1694 et 1696.

Titres : Celui de vicomte héréditaire, conféré par décision royale du 6 décembre 1814 et lettres patentes du 4 novembre 1815, à Jean-Scipion-Fleury de Barrès du Molard, ancien élève du roi à l'école militaire de Sorrèze, actuellement chef de bataillon d'artillerie au régiment de Valence, fils légitime de feu François-Scipion-Laurent de Barrès, chevalier, seigneur du Molard, maréchal des camps et armées du Roi, et de dame Marie-Anne-Joseph Tardy de Montravel-La Brossy.

Armes : d'argent à trois barres de gueules, accompagnées en chef d'un croissant du même, et cotoyées en pointe de trois étoiles, aussi de gueules. Couronne de comte (maintenant de vicomte.)

Cet article avait été porté à l'M de la première série du Dictionnaire Véridique, t. II, p. 237; nous l'avons rétabli ici, en lui donnant les développements nécessaires pour montrer avec évidence l'origine commune de la maison de Barrès du Molard, avec la maison de Barrès qui précède. (*Voyez* BARRÈS, baronnie.)

DE BARRÈS; d'autres familles de ce nom, en Languedoc et ailleurs, ont l'opinion qu'elles sortent de l'ancienne maison de chevalerie qui précède; mais nous n'avons rencontré jusqu'ici aucune preuve qui puisse confirmer cette opinion. On trouve Pierre de Barrès, capitoul de Toulouse en 1551, et Fulcrand de Barrès, évêque d'Agde en 1629; mais à ces époques-là la maison de Barrès du Vivarais était protestante, et ce n'est qu'en 1683 qu'elle a abjuré cette religion devant Daniel de Cosnac, évêque de Valence (*Gallia Christiana*, tom. VI, in-fol., p. 700 et autres; *Nobiliaire universel de France*, tom. V, p. 160, et tom. VI, p. 148.)

DE LA BARRIÈRE, en Anjou. Joachim de la Barrière, chevalier, seigneur de la Barrière, épousa, le 2 mai 1502, Jeanne de Champagné de la Motteferchaut. *De gueules, à une barrière de tournoi d'or.*

BARROIS ou LE BARROIS, en Normandie. Guillaume Barrois, lieutenant du sieur de Cusson, capitaine
de cent arquebusiers à cheval, fut anobli par le roi
Henri IV, au camp devant Dieppe, en 1589, pour services rendus à ce prince. Ses descendants furent maintenus dans leur noblesse par jugement de l'année 1668,
lors de la recherche. Cette famille s'est divisée en deux
branches. De l'une d'elles, sont issus M. le baron le
Barrois d'Orgeval, et M. le baron Barrois de Lemmery. *D'argent, au lion de sable lampassé et armé de
gueules; au chef d'azur, chargé de trois couronnes triomphales d'or.*

DE LA BARTHE-GISCARO, en Languedoc. Peu de
maisons dans le royaume peuvent le disputer en splendeur et en antiquité à la maison de la Barthe. Elle est
issue en ligne directe au sentiment de plusieurs historiens, des anciens comtes souverains d'Aragon, qui le
devinrent ensuite d'Aure et des quatre Vallées. Ses immenses possessions et le rang qu'elle tient parmi les
barons et la haute noblesse dès son berceau, ne sont pas
au-dessous de cette origine. Arnaud II, troisième comte
d'Aure et de Magnoac, vivant en 975, eut pour second
fils Auriol-Manse, premier vicomte de la Barthe, seigneur des quatre Vallées, de Nestez et de Barrousse,
qui vivait en 1020. C'est depuis ce seigneur, que tous
les généalogistes donnent l'histoire et la filiation de
la maison de la Barthe. Elle a formé plusieurs branches,
1°. les comtes d'Aure et de Magnoac, éteints en 1398;
2°. les comtes d'Arné, et seigneurs de Montcorneil,
éteints en 1580; 3°. les seigneurs de l'Artigolle, éteints
après l'an 1667; 4°. les seigneurs de Giscaro, existants;
5°. les seigneurs de Montignac, existants en 1667; 6°. les
seigneurs de Valentine, subsistants en 1770; 7°. les
seigneurs de Caseaux et de Gimont, vicomtes de la
Barthe, existants en 1770; 8°. les seigneurs de Thermes, éteints en 1562; 9°. les seigneurs de la Maguère,
éteints vers 1745; 10°. les seigneurs de Lasségan, barons de la Mazère, existants en 1770. Cette maison a
donné un maréchal de France et plusieurs généraux, des
gouverneurs et sénéchaux de provinces, et des chevaliers de l'ordre du roi. *Ecartelé, aux 1 et 4 d'or à quatre
pals de gueules,* qui est de LA BARTHE; *aux 2 et 3 d'azur,
à trois fumées d'or, mouvantes du bas de l'écu, et se terminant en pointes arrondies,* qui est DE FUMEL.

BARTON, vicomtes de Montbas, famille ancienne de la Marche, qui a donné un lieutenant-général des armées du roi, et plusieurs officiers de marque. *D'azur, au cerf d'or en repos, au chef échiqueté d'or et de gueules.*

DE BATZ, barons de Trenquelléon, de Mirepoix, de Gajean, etc., en Albret, famille d'origine chevaleres-que du Condomois, qui tire son extraction du pays de Béarn, et prouve une filiation non interrompue, de-puis noble Raymond de Batz, écuyer, vivant le 1er. juillet 1490. La famille de Batz a produit plusieurs officiers distingués, entr'autres un chef d'escadre des armées navales. *Parti, au 1er. de gueules au Saint-Michel de carnation, habillé d'argent à la romaine, perçant d'une lance d'or un dragon au naturel; au 2 d'azur, au lion d'or, posé sur un rocher de cinq coupeaux d'argent.*

DE BAUDRY. Louis de Baudry, écuyer, seigneur d'Oignon, et en partie de Villers-le-Bel, eut pour fille Jeanne de Baudry, dame d'Oignon, qu'elle porta en mariage, par contrat du 28 janvier 1479, à Pierre de La Fontaine, écuyer, seigneur de Berthinval, capi-taine de Crepy, en Valois. *De sable, à trois mains d'or.*

DE BAUPTE, en Normandie, famille anoblie en 1653. *D'azur, au pal d'or, chargé d'une flèche ou dard de gueules, la pointe en bas.*

DE BAYLENS, marquis de Poyanne, maison d'an-cienne chevalerie, qui tire son nom d'un château situé dans les landes de Bordeaux, et réunit à cet avantage qui constate la pureté de son origine, celui d'avoir constamment suivi la carrière des armes. Elle compte un grand nombre d'officiers supérieurs, des sénéchaux des Landes, des gouverneurs de places, un lieutenant général des armées, commandeur de l'ordre royal et militaire de Saint-Louis. *Ecartelé, aux 1 et 4 d'or, au levrier de gueules, colleté d'argent ; aux 2 et 3 d'azur, à trois canettes d'argent.*

DE BAYNAST, en Picardie, maison issue d'ancienne chevalerie, qui tire son nom de la terre seigneuriale de Baynast, au diocèse d'Amiens, à cinq quarts de lieue sud-sud-ouest d'Abbeville, où l'on compte cinquante-trois feux. Elle est connue par titres depuis la fin du treizième siècle, et joint à l'avantage d'avoir constamment suivi la carrière des armes, celui d'avoir contracté des alliances avec les familles les plus distinguées de Picardie, d'Artois, de Ponthieu, de Thiérache et de Bretagne.

I. Willaume DE BAYNAST, écuyer, est mentionné dans le dénombrement de la seigneurie de Picquigny, servi au mois de janvier 1302 à l'évêque d'Amiens, comme tenant un fief du châtelain de Hangest, vassal de la demoiselle de Muret, qui elle-même était vassalle du seigneur de Picquigny. Willaume eut pour fils :

    1°. Gosselin de Baynast, dont on ignore la lignée ;
    2°. Pierre, dont l'article suit.

II. Pierre DE BAYNAST, Ier. du nom, écuyer, fut, ainsi que Gosselin, son frère aîné, du nombre des nobles du Vimeu qui comparurent à la semonce faite à Oisemont, le 9 septembre 1337. Il fut père de :

III. Jacques DE BAYNAST, Ier. du nom, écuyer, qui était connu à Abbeville l'an 1370. Il eut deux fils :

    1°. Léon, dont l'article suit ;
    2°. Jean de Baynast, *dit* Brunel, vivant en 1404.

IV. Léon DE BAYNAST, Ier. du nom, surnommé Lyonnel, écuyer, vivait à Abbeville, en 1406. Il fut père de :

    1°. Jacques II, dont l'article suit ;
    2°. Henri, *dit* Henriot de Baynast, connu par des titres de 1412 et 1414 ;
    3°. Pierre de Baynast, vivant en 1413.

V. Jacques DE BAYNAST, IIe. du nom, mentionné avec Henri, son frère, dans un titre de l'an 1414, mourut dans un âge avancé, après l'an 1460. Il eut pour fils :

VI. Robert DE BAYNAST, écuyer, seigneur des Mazures, vivant le 1er. mars 1470. Il avait épousé Jeanne *Antiquet*, avec laquelle il est rappelé dans une sentence du 2 juin 1513, rapportée au degré suivant. Leurs enfants furent :

    1°. Jean Ier., dont l'article suit ;
    2°. Robert de Baynast, qui étudiait en l'université

de Paris, l'an 1513. Il fut père d'Augustin de Baynast, seigneur du Becherel, qui épousa, vers 1570, Marie *de Wavrin*, fille de Gilles de Wavrin, seigneur de Maisières et de Gozancourt, et de Marie de Ricamez. On ignore leur postérité.

VII. Jean DE BAYNAST, Ier. du nom, écuyer, seigneur des Mazures, obtint, conjointement avec Robert, son frère, une sentence du châtelet de Paris, le 2 juin 1513, où sont rappelés leurs père et mère. Il épousa Jeanne *le Prévost*, avec laquelle il vivait en 1523. Elle existait encore le 1er. décembre 1575. Leurs enfants furent :

1°. Léon II, dont l'article suit ;

2°. Jean de Baynast, le Jeune, seigneur de Terraménil (1) vivant en 1523 et 1559 ;

3°. Jacques de Baynast, seigneur de Bencheu, épousa Jacqueline *de Croix*, fille de Guillaume de Croix. Il en eut, entr'autres enfants,

    Anne de Baynast, mariée, vers l'an 1560, avec Jean de la Broye, IIIe du nom, seigneur d'Estienbourg et de Gondecourt, fils de Gautier de la Broye, conseiller assesseur en la gouvernance de Lille, et de Françoise d'Ollehain, dame de Gondecourt ;

4°. Claire de Baynast, mariée avec Bernard d'Aust, écuyer, seigneur de Wardieu, morte avant le 26 avril 1523.

VIII. Léon DE BAYNAST, IIe. du nom, écuyer, seigneur des Mazures et de Honnegœul, ratifia, conjointement avec Jean le Jeune, son frère, le 26 avril 1523, la donation de deux fiefs au profit de feue Claire de Baynast, leur sœur, par noble Jean de Baynast, seigneur des Mazures, et Jeanne Prévost, leurs père et mère, en la mariant avec Bernard d'Aust, écuyer, sieur de Wardieu, tuteur de Marie d'Aust. Léon de Baynast fit son testament le 14 février 1548, dans lequel il nomme sa femme, marguerite de *Malfiancé*. Ils étaient mariés avant le 19 octobre 1530, époque où Bernard d'Aust, écuyer, seigneur de Wardieu, comme porteur de procu-

_____

(1) *Terraménil*, terre et seigneurie située près de Dourlens, en Picardie.

ration de Jean de Malfiancé, écuyer, sieur de Frenech, fit donation à ladite Marguerite de Malfiancé, épouse de Lyon de Baynast, de six journaux de terre mouvants du seigneur de Morlencourt. Ils firent un testament mutuel le 16 juillet 1558, et Léon de Baynast vivait encore le 20 mars 1559. Ses enfants furent :

1°. Jean II, dont l'article suit ;
2°. Jacques de Baynast, auteur de la branche des seigneurs *de Pommera*, rapportée en son rang.

IX. Jean DE BAYNAST, IIᵉ. du nom, écuyer, seigneur des Mazures de Herleville (1), d'Hovigneux et de Forest (2), chevalier de l'ordre du roi, transigea, le 20 mars 1559, avec Léon de Baynast, son père, Jean de Baynast, seigneurs de Terraménil, d'une part, et Augustin de Baynast, son cousin-germain. S'étant distingué particulièrement devant la ville d'Ardres, contre les troupes de Charles-Quint, le roi Henri II, pour le récompenser, lui permit de chasser au vol dans ses seigneuries avec un faucon. C'est depuis cette époque que la maison de Baynast porte un faucon en cimier dans ses armes. Jean de Baynast, chevalier de l'ordre du roi, est mentionné dans les coutumes de Mont-Didier de l'an 1567 ; il donna une procuration à Marie *le Prévost*, sa femme, le 1ᵉʳ. décembre 1575. Ils firent leur testament mutuel le 5 novembre 1579, où ils nomment leurs enfants, savoir :

1°. Flour de Baynast ;
2°. François de Baynast, qui continue la lignée.

X. François DE BAYNAST, Iᵉʳ. du nom, chevalier, seigneur de Sept-Fontaines (3), de Frelinghen (4) et au-

---

(1) *Herleville* et les *Mazures*, en Picardie, diocèse d'Amiens, à deux lieues et demie ouest-sud-ouest de Péronne. On y compte quatre-vingt-cinq feux.

(2) *Forest*, en Picardie, au diocèse d'Amiens, élection de Dourlens, doyenné de Rue, à deux lieues nord-nord-ouest d'Abbeville, tout près de la forêt de Crécy. On y compte vingt-sept feux.

(3) *Sept-Fontaines*, village et château dans le Boulonnais, proche de la ville d'Ardres, à quarante-sept lieues de Paris.

(4) *Frelinghen*, seigneurie dans le Boulonnais, intendance d'Amiens, à une demi-lieue sud-sud-ouest d'Ardres. On n'y compte que neuf feux.

tres lieux , épousa , par contrat du 18 novembre 1590 ,
Jeanne *Bourdel*, fille de Jean Bourdel, écuyer, seigneur
de la Bonnerie , et d'Antoinette Quegnery. Leurs enfants furent :

1º. François II, dont l'article suit ;

2º. Philippe de Baynast , auteur de la branche des
seigneurs de Senleques , rapportée ci-après ;

3º. Antoine de Baynast , tige des seigneurs de Fafemont et de Pucelart, rapportés en leur rang ;

4º. Bertrand de Baynast, ⎫
5º. Françoise de Baynast, ⎬ vivants
6º. Hélène de Baynast , ⎭ le 20 août 1624.

XI. François DE BAYNAST , IIe. du nom , chevalier ;
seigneur de Sept-Fontaines et de Forest, était , en
1616, cornette de la compagnie de chevau-légers du
seigneur de Créqui. Il est nommé le premier des enfants
de François de Baynast, Ier. du nom, et de Jeanne
Bourdel , dans l'acte d'une donation que ledit François Ier. fit à ses enfants le 20 août 1624. François II
épousa Antoinette *le Bel*, fille d'Antoine le Bel, seigneur du Lys, l'un des cent gentilshommes de la maison
du roi et de Marguerite Martin. De ce mariage sont
issus :

1º Claude-Charles, dont dont l'article suit ;

2º Antoinette de Baynast , mariée par contrat du
8 août 1653, avec Charles *de Bucy*, chevalier ,
seigneur de Selonne, de Montaut, fils d'Elie de
Bucy, chevalier, seigneur des mêmes lieux , et
d'Anne de Berghes de Fournicourt. Elle était
veuve de lui le 28 août 1666, époque où elle
fut maintenue dans sa noblesse, avec Charles
et François de Bucy, ses enfants mineurs, par
M. de Colbert, commissaire départi en la généralité d'Amiens;

3º Christine de Baynast de Sept-Fontaines , morte
avant le 8 août 1653, épouse d'Antoine *Favier*,
écuyer, seigneur de Grandbeausne, fils de Jacques
Favier , écuyer, seigneur du même lieu , et
d'Anne de Baynast de Pommera.

4º Françoise de Baynast de Sept-Fontaines , morte
avant l'an 1699, épouse de Philippe-Charles-
Barthelemy *de Recourt*, marquis de Licques,

baron de Boninghen et de Rodelinghe, capitaine de cuirassiers, gentilhomme de la chambre
de l'électeur de Cologne, fils de Philippe de
Recourt, baron de Licques, grand bailli des bois
du Hainaut, capitaine d'une compagnie de cent
arquebusiers à cheval, et de Louise de Crunin-
ghen, sa seconde femme.

— XII. Claude-Charles DE BAYNAST, chevalier, seigneur
de Sept-Fontaines, de la Motte-Buleux (1), de Vergy
(2) et de Calaminois, maître des eaux et forêts du
comté de Ponthieu, épousa Anne-Charlotte *de Bethisy*,
fille de Charles de Bethisy, chevalier, seigneur de
Maizières, gentilhomme ordinaire de la chambre du
roi, et d'Anne Perdrier, et sœur d'Eugène-Marie de
Bethisy, marquis de Maizières, lieutenant-général des
armées du roi, et de Marie-Françoise-de-Paule de
Bethisy, épouse de Charles-Antoine de Levis, comte
de Charlus, lieutenant-général en Bourbonnais; de
ce mariage est issu :

XIII. Charles - François marquis DE BAYNAST, chevalier, seigneur de Sept-Fontaines, en Thiérache,
lieutenant des carabiniers du roi, puis capitaine dans
le même régiment, par commission du 24 mai 1723,
chevalier de l'ordre royal et militaire de Saint-Louis,
avait épousé, par contrat du 16 février 1712, Benoîte-
Thérèse *Acary*, fille de Louis Acary, écuyer, seigneur
de Manenghen, et de Marie-Austreberte de le Warde ;
de ce mariage sont issus :

1° Alexandre-Honoré, dont l'article suit ;
2° Marie-Joseph-Austreberte de Baynast de Sept-
Fontaines, née le 6 janvier 1714, reçue à Saint-
Cyr le 4 juillet 1725.

XIV. Alexandre-Honoré, marquis DE BAYNAST, chevalier, seigneur de Sept-Fontaines, en Thiérache,
lieutenant, puis capitaine des carabiniers du roi, par

(1) *La Motte Buleux*, terre et seigneurie en Picardie, au
bailliage d'Abbeville, entre la Somme et l'Authie, élection
de Dourlens. On on y compte soixante-quatorze feux.
(2) *Vergy*, seigneurie en Picardie, située près d'Oisemont.

commission du . chevalier de l'ordre royal et militaire de Saint-Louis, par brevet du 29 février 1744, épousa, par contrat du 8 avril 1753, Louise-Jeanne de *Trecesson*, fille de Jean-François marquis de Trecesson, chevalier, baron de Château-Merlin, seigneur châtelain des châtellenies de Creignel et autres lieux, seigneur de Lavau, en Gâtinais, capitaine au régiment d'Agenois, et de Marie-Edmonde Jeanne Du Deffand, dame des terres et seigneuries de Bressy, la Ronsardiere et autres lieux.

Nota. Depuis le seizième siècle, cette branche aînée a constamment le titre de *marquis* dans les actes publics, les brevets militaires et commissions de nos rois.

Seigneurs de Senleques.

XI. Philippe DE BAYNAST, écuyer, seigneur de Senleques (1), second fils de François de Baynast, Ier. du nom, seigneur de Sept-Fontaines, et de Jeanne Bourdel, est nommé dans la donation que fit ledit François de Baynast, à tous ses enfants, le 20 août 1624. Il épousa, par contrat du 27 mai 1638, Marguerite *de Camoisson*, qui testa le 16 septembre 1677, fille de Louis de Camoisson, écuyer, seigneur de Pitefaux, Ambleteuse, de la Tour de Pernes, vicomte d'Oupehen, etc., et de Jacqueline de Saint-Martin. De ce mariage sont issus :

1º. Bertrand, dont l'article suit;

2º. Louise de Baynast, légataire de sa mère, en 1677, mariée, par contrat du 20 mai 1680, avec Louis *d'Escault*, écuyer, seigneur de la Carnoye, fils de Jean d'Escault, seigneur de la Carnoye, et de Marguerite de Conteval;

3º. Antoinette de Baynast, légataire de sa mère, en 1677.

XII. Bertrand DE BAYNAST, écuyer, seigneur de Senleques, né en 1546, épousa, par contrat du 18 mars 1679, où son père est rappelé comme défunt, Anne *Vasseur*, fille de Jean Vasseur, et de Louis Bocquet.

_____

(1) *Senleques*, seigneurie dans le Boulonnais, sur les confins de l'Artois, à quatre lieues et demie de Boulogne, et à deux lieues de Faüquemberg. On y compte cinquante feux.

Il fut maintenu dans sa noblesse par M. Bignon, intendant en Picardie, du 17 février 1702. Il avait alors cinq
enfants, savoir :

    1°. Bertrand de Baynast, né en 1682 ;
    2°. Louis de Baynast, né en 1684 ;
    3°. Jacques de Baynast, né en 1686 ;
    4°. Oudart de Baynast, né en 1693 ;
    5°. Théodore de Baynast, né en 1695.

Seigneurs de Fafemont et de Pucelart.

XI. Antoine DE BAYNAST, chevalier, seigneur de
Fafemont, de Pucelart et autres lieux, donataire de
François de Baynast, premier du nom, son père, le
20 août 1624, épousa, vers l'an 1640, Françoise de
Conteval, avec laquelle il assista au contrat de mariage de Louise de Baynast, sa nièce, avec Louis d'Escault, le 20 mai 1680. Ils firent, le 12 novembre de la
même année, une donation à leurs enfants, savoir :

    1°. Bertrand de Baynast, chevalier, seigneur de
      Pucelart, né en 1642, marié, par contrat du
      1er octobre 1693, où il a la qualité de major d'in-
      fanterie, avec Madelaine *de la Pasture*, fille de
      feu messire Claude de la Pasture, chevalier, sei-
      gneur et baron de Courset, et de dame Françoise
      le Fournier. Il en eut une fille :

      Marie-Honoré-Louise de Baynast.

    2°. Antoine, dont l'article suit ;
    3°. Regnault de Baynast ;
    4°. Honoré de Baynast ;
    5°. Françoise de Baynast.

XII. Antoine DE BAYNAST, IIe. du nom, chevalier,
seigneur de Fafemont, épousa, avant le 22 janvier
1697, Catherine *de Gédouin*, fille de François Gédouin, sieur de Carnetin et de Françoise le Bel ; il fut
maintenu dans sa noblesse, conjointement avec Bertrand de Baynast, son frère aîné, par jugement de
M. Bignon, intendant en Picardie, du 18 février 1702.
Ses enfants furent :

    1°. Nicolas de Baynast, né en 1693 ;
    2°. Françoise de Baynast, née en 1694.

Seigneurs de Pommera.

IX. Jacques DE BAYNAST, IIIe. du nom, écuyer, seigneur de Pommera (1) et de Thiepval (2), second fils de Jean, IIe. du nom, seigneur des Mazures, et de Marguerite de Malfiancé, fut légataire de ses père et mère, le 16 juillet 1558. Il épousa, par contrat du 9 novembre 1563, où il a la qualité d'homme d'armes des ordonnances du roi, sous la charge du seigneur de Hennes, Marie *de Lannoy*, veuve en premières noces d'Antoine Bacheler, et en secondes noces, d'Antoine le Mercier, écuyer, sieur de Sains, et fille de Claude de Lannoy, écuyer, seigneur de de Raumont, et d'Antoinette de l'Estrée du Bouy. Jacques de Baynast est mentionné dans la coutume de Montreuil de l'an 1567. Il acquit la terre de Dommart sur la Luce (3), de François de Béthune, chevalier, seigneur et baron de Rosny, par acte du 13 septembre 1574. Ses enfants furent :

1°. Antoine, dont l'article suit ;
2°. Antoinette de Baynast, mariée, par contrat du 23 août 1589, avec Baudrain *de Verduzan*, écuyer, seigneur de Coulombel, en Gascogne, fils de François de Verduzan, écuyer, seigneur du même lieu, capitaine d'une compagnie d'hommes de pied à Calais, puis à Ardres, et de Marie de Calonne, sa première femme. Ils assistèrent au contrat de mariage d'Anne de Baynast, qui suit ;
3°. Anne de Baynast, mariée, par contrat du 17 janvier 1592, à Jacques *Fayier*, écuyer, seigneur

---

(1) *Pommera*, terre et seigneurie en Picardie, dans l'élection de Dourlens.

(2) *Thiepval*, village situé dans le département du Pas-de-Calais, ci-devant généralité d'Amiens, élection de Péronne. On y compte cinquante-trois feux.

(3) *Dommart*, en Picardie, intendance d'Amiens, élection de Dourlens, sur la route de Montreuil, à trois lieues sud-ouest de Dourlens et à quatre lieues et demie d'Amiens. On y compte deux cent treize feux.

de Grandbeausne, et du Boulay, gentilhomme ordinaire de la chambre du roi, conseiller-d'état, fils de Jacques Favier, seigneur de Grandbeausne, et d'Anne de Caussien de Manneville.

X. Antoine DE BAYNAST, écuyer, seigneur de Pommera, de Thiepval et de Dommart sur la Luce, homme d'armes de la compagnie de M. d'Humières, marquis d'Encre, a cette qualité dans le contrat de son mariage du 21 juin 1587, avec Marie *de Malbec*, fille de feu Gilbert de Malbec, chevalier, seigneur de Brie, et de dame Madelaine de Bazancourt ; Antoine de Baynast avait fait, le 30 décembre 1580, le relief de sa terre de Dommart. Par brevet du 18 septembre 1595, le roi Henri IV lui fit don des droits de lods et vente de la terre de Courcelles, en considération de ses services. Il eut pour fils :

XI. Albert DE BAYNAST, premier du nom, chevalier, seigneur de Pommera, de Quevauvilliers (1), de Dommart et de Bellay (2), qui les 2 et 3 mai 1614, fit deux reliefs, dans lesquels son père est rappelé comme défunt. Il est dit aussi fils de feu Marie de Malbec, dite de Brie, dans une sentence d'émancipation du 10 juillet 1620. Le 1er août 1631, il eut commission du Roi pour lever une compagnie de cent hommes de pied, et servit dans le régiment de Pecquigny. Il est rappelé comme défunt dans le contrat de mariage d'Albert II, son fils, qui va suivre, du 12 octobre 1672. Il avait épousé, par contrat du 6 janvier 1628, Florence *de Milly*, fille de Pierre de Milly, écuyer, seigneur de Havencourt.

XII. Albert DE BAYNAST, deuxième du nom, chevalier, seigneur de Pommera, de Dommart, et autres lieux, capitaine au régiment de Bouillon, infanterie, né en

---

(1) *Quevauvilliers*, bourg en Picardie, en l'élection d'Amiens, et à trois petites lieues de cette ville, sur la route de Poix. On y compte deux cent vingt-six feux.

(2) *Bellay*, paroisse située dans le Boulonnais, intendance d'Amiens, proche la forêt de Boulogne, et à deux lieues est-nord-est de la ville de ce nom. On y compte quarante-deux feux.

1649, marié, par contrat du 12 octobre 1672, avec Marie de *Lignière*, fille de Philippe de Lignière, écuyer, secrétaire du Roi, et de feue Marie de Foy. De ce mariage sont issus :

1°. Albert-Philippe de Baynast de Pommera, chevalier, seigneur de Dommart, né en 1674, cornette au régiment d'Esclainvilliers, maintenu avec sa mère dans sa noblesse, par M. Bignon, intendant en Picardie, du 20 juin 1699.

2°. Marie-Anne de Baynast, née en 1676.

3°. Christine de Baynast, née en 1678.

4°. Albertine de Baynast, née en 1679.

Armes : D'or, au chevron abaissé de gueules, surmonté de trois fasces du même. Couronne de marquis. *Cimier* : *un faucon*

BLASON DES ARMOIRIES DES PRINCIPALES ALLIANCES DE LA MAISON DE BAYNAST.

Acary : D'or, à l'aigle éployée de sable.

D'*Aust* : De sable, à trois gerbes d'or, liées de gueules.

Le Bel : De sinople, à la fasce d'argent.

De *Béthisy* : D'azur, frété d'or.

De la *Broye* : D'argent, à la croix de gueules, chargée de cinq coquilles du champ.

De *Bucy* : D'argent, à dix billettes de gueules.

De *Camoisson* : D'or, à la croix ancrée de gueules.

De *Croix* : D'argent, à la croix d'azur.

D'*Escault* : D'argent, au lion de sable, lampassé et armé de gueules, portant au cou une chaîne d'or, à laquelle est attaché un écusson de gueules.

Favier : De gueules, à trois concombres d'argent.

Gédouin : D'azur, au croissant d'argent, accosté en chef de deux épis de blé d'or, et en pointe d'un besant d'argent ; au chef d'or, chargé d'une rose de gueules.

De *Genevières* : D'or, au chevron d'azur, accompagné de trois hures de sanglier de sable.

De *Lannoy* : D'argent, à deux bandes d'azur.

Malbec : D'argent, au cerf d'or.

Malfiancé : D'argent, à deux chevrons de gueules.

De Milly : De gueules, au chef denché d'argent.

De la Pasture : De sable, à la bande d'argent, chargée de six losanges d'or.

Le Prevost : D'argent, au lion de gueules ; à la bordure du même.

Dé Recourt : Ecartelé, aux 1 et 4 contre-écartelés d'or et de sable, qui est de LENS ; aux 2 et 3 de gueules, à trois bandes de vair ; au chef d'or, qui est DE RECOURT.

De Trecesson : De gueules, à trois chevrons d'hermine.

De Vassart : De gueules, au chevron d'or, accompagné de trois fleurs de lys d'argent.

De Verduzan : De gueules, à deux besants d'argent.

De Wavrin : D'azur, à l'écusson d'argent.

BEAUDRAND DE PRADEL ET DE LA ROUE, famille ancienne du Lyonnais, connue par filiation depuis Gonnet de Beaudrand, damoiseau qui testa le 7 mai 1445. *Ecartelé, aux 1 et 4 coupés d'azur, au lion léopardé d'or, et d'or à l'écusson d'azur*, qui est de PRADEL; *aux 2 et 3 d'azur, à la bande d'or, accompagnée de trois étoiles et d'un croissant du même en orle qui est de* BEAUDRAND : couronne de marquis, supports : *deux lions.*

DE BEAUFORT DE CANILLAC. Le premier nom de cette ancienne maison de chevalerie est *Roger* ou *Rosiers*, terre située dans le Bas-Limosin. Elle a pris le nom de Beaufort d'une terre en Anjou, qui fut donnée à Guillaume II, seigneur de Rosiers, par le roi Philippe de Valois, à la recommandation du pape Clément VI. Cette maison alliée aux plus illustres et aux plus considérables du royaume, a donné deux papes, sous les noms de Clément VI et de Grégoire XI, un cardinal, un archevêque de Rouen, puis de Narbonne. Elle s'éteignit dans la personne de Jacques de Beaufort, marquis de Canillac, vicomte de la Motte et de Valernes qui n'ayant pas eu d'enfants de Jacqueline de Créquy, sa femme, donna tous ses biens à Jacques *de Montboissier*, son neveu, fils de Jean, seigneur de Montboissier, et d'Isabeau de Beaufort, sa sœur, à la charge de porter le nom et les armes de Beaufort. *D'argent, à la bande d'azur, accompagnée de six roses de gueules.*

DE BEAUFORT DE MONTBOISSIER, marquis de Canillac, comtes de Beaufort et d'Alais, vicomtes de la Motte, de Pont-du-Château, etc. La maison de Montboissier substituée, l'an 1511, à maison de Beaufort, comme on vient de le dire, a pris son nom d'une ancienne baronnie d'Auvergne. Elle a pour auteur Hugues-Maurice, surnommé le *Décousu*, seigneur de Montboissier, qui vivait en 966. Cette maison a donné un chevalier et un commandeur des ordres du roi, quatre lieutenants-généraux et un brigadier des armées, un archevêque de Lyon en 1153, et plusieurs autres personnages de marque. *Écartelé, aux 1 et 4 d'argent, à la bande d'azur, accompagnée de six roses de gueules*, qui est de ROGER DE BEAUFORT; *aux 2 et 3 d'azur, au lévrier rampant d'argent, armé et colleté de gueules, à la bordure crénelée d'or*, qui est de CANILLAC; *sur le tout d'or, semé de croisettes de sable; au lion du même*, qui est de MONTBOISSIER.

DE BEAUPRÉ. *Voyez* CHOISEUL.

DE BEAUREPAIRE, maison ancienne de Normandie, dont le nom primitif est Gauthier. Elle est connue filiativement depuis Salmon *Gauthier*, écuyer, qui vivait en 1236. Il fut le quatrième aïeul de Jean Gauthier I, seigneur de Pierrefitte, qui le 6 septembre 1497, épousa, à la charge de prendre le nom et les armes de sa femme, ainsi que ses descendants Jacqueline *de Beaurepaire*, fille d'Ambroise de Beaurepaire, chevalier seigneur de Beaurepaire et de Joué du Bois, gouverneur du Mont-Saint-Michel. Cette famille a de belles alliances, et s'est distinguée dans la carrière des armes. *De sable, à trois gerbes d'argent.*

DE BEAUROIRE, maison d'ancienne chevalerie, de la province de Périgord, connue depuis Bernard de Beauroire, qui fit une donation à l'abbaye de Dalon, en Limousin, en 1179, et dont le fils, nommé Guillaume, prenait la qualité de chevalier en 1194. Elle remonte, par filiation suivie, à Raimond de Beauroire qui passa un acte en 1299, et était déjà marié, en 1303, à une dame nommée Marie Capol (ou Chapol), fille de Hugues Capol, chevalier d'Ayen. Les seigneurs de Beauroire ont ajouté pendant long-tems à leur nom, celui de la Peyre, provenant d'un fief qui leur fut donné, vers l'an 1300, par la vicomtesse de Limoges.

Cette maison qui n'est pas moins distinguée par ses services militaires et ses alliances, que par son ancienneté, subsiste encore dans la branche de Vilhac.

DE BEAUVOIR DU ROURE. *Voyez* GRIMOARD.

DE BEAUVOIS. *Voyez* THIEFFRIES.

DE BEC-DE-LIÈVRE, maison originaire de Bretagne, qui a passé à la réformation, comme noble d'ancienne extraction : elle est une des plus illustres de cette province. Elle a fourni des magistrats célèbres et des officiers généraux très-distingués ; elle a donné aussi un évêque à Nismes, recommandable par sa haute piété et ses vertus. La terre de Bouëxic, en Bretagne, fut érigée en vicomté, l'an 1637, au mois de février, en faveur de Jean de Bec-de-Lièvre ; et des lettres patentes en bonne forme, du mois de février 1717, enregistrées en la chambre des comptes de Bretagne, établissent le marquisat de Bec-de-Lièvre, près Guérande, sur plusieurs terres qui appartiennent encore à cette famille. *De sable, à deux croix tréflées et fichées d'argent, accompagnées en pointe d'une coquille du même.* Devise. *Hoc tegmine tutus.*

BECQUET DE MEGILLE, en Flandre, famille originaire d'Angleterre, dont était saint Thomas, archevêque de Cantorbéry, chancelier d'Angleterre, qui souffrit le martyre le 28 décembre 1170, ainsi qu'il appert des lettres patentes de Jacques II, roi d'Angleterre, du 8 octobre 1699, et d'autres de Louis XV, roi de France, du mois de septembre 1718. *Écartelé, aux 1 et 4 d'argent, à trois corneilles de sable, becquées et membrées de gueules, et en cœur une croisette patée et fichée de sable pour brisure ; aux 2 et 3 d'azur, à trois tours d'or, ébréchées à dextre.*

BECQUIN D'ANGERVILLE, famille de robe de Picardie, dont était François Becquin, sieur d'Angerville, conseiller au présidial d'Abbeville, époux de Geneviève Le Blond du Plouech, et père de Marie-

Geneviève Becquin ; mariée, par contrat du 10 juin 1705, à Nicolas-Antoine de Grouchés, chevalier, seigneur de Chepy. *D'azur, à trois têtes d'aigle arrachées d'or, tenant chacune un hameçon sortant du bec d'argent.*

DE BELLAIN, famille d'origine chevaleresque du Hainaut, éteinte depuis plusiers siècles. *De gueules, à trois chevrons d'hermine.*

DE BELLY. Claude de Belly, bourgeois de Lyon, fut échevin de cette ville en 1684. *Coupé, au 1 de gueules, à la couronne d'or; au 2 d'argent, à un mont de trois coupeaux de sinople.*

DE BÉLOT DE FERREUX, en Champagne, famille ancienne, originaire de Piémont. Pierre de Bélot, gentilhomme piémontais, seigneur des terres de Bélot et du Verger en Piémont, passa en France l'an 1534, et fut nommé commissaire des guerres par François Ier, qui lui confia la police de son armée. Cette famille a donné plusieurs officiers supérieurs décorés de l'ordre royal et militaire de Saint-Louis. Par lettres-patentes du mois de juin 1600, Louis XIII conféra le titre héréditaire de *marquis* à Claude de Bélot, maître des requêtes, avec la charge héréditaire de grand-bailli du palais de Paris. *D'azur, au chevron d'argent, accompagné en chef de deux étoiles d'or, et en pointe, d'un buste de licorne du même. Couronne de marquis. Supports : deux lions.*

BENOIST DE LA PRUNARÈDE, titrés marquis et comtes de la Prunarède, noblesse d'origine chevaleresque de la province de Languedoc, où elle a possédé, pendant plusieurs siècles, le territoire où est situé l'abbaye d'Aniane ; ce qui sert, ainsi que la devise conservée dans cette maison, à appuyer la tradition que le célèbre Saint-Benoît d'Aniane pouvait avoir une origine commune avec cette famille. Elle a donné un grand nombre de gouverneurs de places, de capitaines et d'officiers distingués, la plupart décorés de l'ordre royal et militaire de Saint-Louis. *D'azur, à trois bandes d'or. Devise : Voca me cum benedictis.*

DE BÉON D'ARMENTIEU, comtes de Béon, maison d'ancienne chevalerie, une des plus illustres et des plus considérables·de Bigorre, qui tire son nom d'une terre située en Béarn, au diocèse d'Oléron, dans la vallée d'Ossau. Elle est connue depuis Arnaud-Guillaume, seigneur de Béon, que Raymond-Roger, comte de Foix, qualifie son oncle dans un acte de l'année 1204. Cette maison a donné plusieurs généraux, un chevalier du Saint-Esprit, mort avant sa réception, et des officiers de marque. Elle s'est divisée en quatre principales branches, dont une s'est établie en Saintonge. *D'or, à deux vaches de gueules, accornées, colletées et clarinées d'azur.*

DE **BÉRENGER** DE **CALADON**, noblesse d'ancienne chevalerie du Languedoc, qui a donné des officiers distingués, dont plusieurs chevaliers de Saint-Louis. *D'azur, à l'aigle d'argent, membrée d'or, accostée en pointe de deux bassets affrontés du même, posés chacun sur une motte de sinople.*

DE **BERNARD** DE **CALONNE** en Artois, famille originaire du Cambresis, que Carpentier, historien de ce pays, dit issue de la maison de Baralle, sur l'interprétation de ces mots du Tournoi d'Anchin, de l'an 1096 : *Johannes à Barala, Michaël dictus Bernardus filius ejus.* Il cite ensuite un autre Michel Bernard, chevalier, seigneur de Buhancourt, vivant en 1175, avec ses enfants, Michel, Anselme, Alexandre, Jean, Simon et Pierre Bernard. Un Anselme Bernard était, en 1231, gouverneur de Bohain. Watier Bernard, chevalier, vivait en 1228. Il mentionne en outre des Michel, des Anselme, des Jean, des Arnould, qualifiés chevaliers en 1261, 1270, 1306, 1308, 1320 et 1336. Michel Bernard, grand-prévôt de Cambray l'an 1335, épousa Avide de Hordain, dont il eut Michel, Jean, Arnould, Pierre, Watier et Hugues Bernard. Quoi qu'il en soit, cette famille distinguée par ses alliances et par ses services, n'établit sa filiation que depuis Arnould de Bernard, écuyer, seigneur de Quelme, de Boudigny, Florent, etc., qui épousa Marie-Jacqueline de Vacque, dont il eut Michel de Bernard, qui a continué la lignée. Claude-Alexandre de Bernard de Calonne, contrôleur-général des finances, ministre-d'état, grand-trésorier, commandeur des ordres du roi, était de cette maison. *De gueules, à l'épée d'argent, garnie d'or, la* pointe en bas, accostée de deux étoiles, à six rais du même.

BERNARD. Michel Bernard fut anobli par le roi au mois de janvier 1411.

BERNARD DE DOMPSURE DE PELAGEY, en Franche-Comté, famille anoblie en 1816. *D'azur, au chevron d'or, accompagné en chef de deux étoiles d'argent, et en pointe du croissant du même.*

DE BERNARD DE TALODE, DU GRAIL et DE LA VILLETTE, noblesse d'origine chevaleresque de la province d'Auvergne, établie en Vivarais et en Franche-Comté, également distinguée par ses alliances et ses services militaires. Elle est connue depuis l'an 1273, que vivait Raimond de Bernard, chevalier dont il est fait mention dans le Nobiliaire, manuscrit d'Auvergne de D. Coll. Elle a été maintenue dans sa noblesse par deux arrêts, l'un de 1666, par M. de Fortia, intendant d'Auvergne, et l'autre, de la cour des aides et finances de Montpellier, du 22 février 1774. *D'azur, à trois têtes de lion d'or, arrachées.* Supports : *deux lions.* Couronne de comté.

DE BERNON, barons du Puitumer, en Poitou, famille ancienne originaire de Bourgogne, qui a donné un grand nombre d'officiers distingués tant dans la marine que dans l'infanterie et la cavalerie, la plupart décorés de l'ordre royal et militaire de Saint-Louis. *D'azur, au lion d'or, lampassé et armé de gueules.*

DE BESIADE, ducs d'Avaray, par érection de 1799, famille distinguée du Béarn, qui a donné plusieurs lieutenants généraux des armées du roi et des chevaliers du Saint-Esprit. Elle a joui des honneurs de la cour de 1754 à 1782. Claude-Antoine de Besiade, marquis d'Avaray, lieutenant général, a été nommé pair de France en 1815, maître de la garde-robe du roi, en 1816, et duc d'Avaray. *D'azur, à la fasce d'or, chargée de deux étoiles de gueules et accompagnée en pointe d'une coquille du second émail ; à l'écusson de France, brochant sur le tout.* Devise, *Vicit iter durum pietas.* Concession royale du 1er. juillet 1795.

I. 13

DE BÉTHUNE, maison d'ancienne chevalerie des plus illustres du royaume, issue de Robert Ier, surnommé Faisseux; *par la grâce de Dieu*, sire de Béthune, de Richebourg et de Carency, avoué, ou protecteur de l'abbaye de Saint-Waast d'Arras, né vers l'an 970; il était, selon du Chesne, petit-fils d'Adalelme, dernier des anciens comtes souverains d'Artois. Une branche fondée par Conon de Béthune, seigneur de Bergues, l'un des chefs qui conquirent l'empire d'Orient en 1203, y devint souveraine. Conon fut gouverneur de Constantinople, et seigneur d'Andrinople, dont Baudouin, son fils, se qualifie roi. Après la mort de Pierre de Courtenay, empereur de Constantinople, Conon de Béthune fut nommé régent de l'empire. La maison de Béthune subsiste en deux branches principales; 1º Celle de Béthune-Chabris; 2º celle de Béthune-Hesdigneul, dont est sortie la branche de Béthune Saint – Venant, qui, depuis 1808, est en possession de la baronnie de Sully, et a été formée, vers l'an 1035, par Baudouin de Béthune, sire de Carency, second fils de Robert Ier, dit Faisseux, sire de Béthune. Cette maison a donné un régent du royaume d'Ecosse, un maréchal de France, deux grands maîtres de l'artillerie, des ambassadeurs en diverses cours de l'Europe, nombre de lieutenants-généraux de terre et de mer, des maréchaux de camp, des chevaliers des ordres du roi, des commandeurs de Saint-Louis, des gouverneurs de Provinces, des conseillers d'état d'épée, un cardinal, un évêque du Puy, deux évêques de Verdun et de Cambrai, princes du Saint-Empire, un archevêque de Bordeaux, et deux archevêques de Glascow, en Ecosse; elle a joui des honneurs de la cour depuis 1752 jusqu'en 1788, sur preuves faites au cabinet des ordres du roi.

Titres. Branche aînée. Erection de la baronnie de *Sully*, en duché pairie, avec dérogation à la clause de réunion à la couronne, au mois de février 1606. Succession en ligne collatérale, les 24 décembre 1710, et 2 février 1729.

Erection de la terre de Nogent le Rotrou, au Perche, en duché pairie, au mois de juin 1652, sous le nom de *Béthune - Orval*, en faveur de François de Béthune, comte, puis duc d'Orval, pair de France, comte de

Muret, chevalier des ordres du roi, lieutenant-général de ses armées. Ayant négligé de faire enregistrer ses lettres au parlement, cette dignité n'a pas passé à ses successeurs.

Erection de la seigneurie de *Charost*, et autres en duché pairie, sous la dénomination de Béthune Charost, au mois de mars 1690. Lettres enregistrées le 9 août suivant, en faveur de Louis-Armand de Béthune Charost, marquis, puis duc de Béthune-Charost, lieutenant-général des provinces conquises, chevalier des ordres du roi, etc.

Boisbelle, en Berri, petite ville, avec titre de souveraineté, connue depuis sous le nom d'Henrichemont, du nom de Henri IV, qui en confirma les priviléges par lettres-patentes du mois d'avril 1598, en faveur de Maximilien de Béthune, marquis de Rosny, si célèbre par ses lumières, et son attachement à son prince.

Rosny, terre considérable près de Mantes, avec titre de baronnie, avait été érigée en marquisat, en faveur du même Maximilien de Béthune, par lettres du mois d'août 1601, registrées le 20 du même mois.

Selles, en Berri, seigneurie qui fut érigée en comté par lettres de janvier 1621, registrées le 19 juillet 1636, en faveur de Philippe de Béthune, baron de Selles (1).

Seconde branche. Le titre de *prince héréditaire* a été conféré, par l'empereur d'Allemagne, à Eugène-François-Léon, prince de Béthune, marquis d'Hesdigneul, chambellan de l'empereur d'Allemagne, lieutenant-général des armées du roi de France, grand'croix de l'ordre chapitral de Limbourg, chevalier du Lion-Blanc palatin, etc., par diplôme du 6 septembre 1781.

Cette branche a possédé nombre de terres titrées; savoir; Hesdigneul, Nielles, Noyelles, Waudripont, Lierres, Berneville, Lens, et la baronnie de Sully.

Armes : branche aînée, d'argent, à la fasce de gueules.

Branche de Béthune Hesdigneul : d'argent, à la fasce de gueules, accompagnée en chef à d'extre, d'un écusson du même, à la bande d'or, accompagnée de six

_____

(1) La branche aînée de la maison de Béthune a en outre possédé plus de vingt terres titrées.

billettes du même, qui est de *Saveuse*, en mémoire d'une alliance contractée avec cette maison en 1187.

DE BEZANNES, en Champagne. Cette famille est d'ancienne bourgeoisie de la ville de Reims. Philippe de Bezannes, le premier connu de ce nom, est qualifié bourgeois de Reims, sur son épitaphe, dans l'église des Cordeliers de cette ville, où sa mort est marquée au dernier novembre 1392. Philippe de Bezannes était échevin et prévôt de l'échevinage de Reims, en 1484. *D'azur, semé de besants d'or ; au lion d'argent bruchant sur le tout.*

DE BIDERAN, en Périgord. Cette famille, qui est noble et ancienne, paraît tirer son origine de la châtellenie d'Estissac ; elle remonte sa filiation à Garcie Arnaud de Bideran, écuyer ou homme d'armes, à qui Amauri Fergan, seigneur d'Estissac, donna sa procuration par acte du penultième d'avril 1409. Il fut père de Malrigon de Bideran, capitaine de Bergerac, seigneur de Roussille, etc., qui se rendit célèbre dans le tems des guerres anglaises, sous le règne de Charles VII. Il s'empara, en 1444, du château de Biron, et ne le rendit qu'en vertu d'un traité conclu, en 1450, avec Jean de Bretagne, comte de Penthièvre et de Périgord, lieutenant du Roi en Guienne.

Cette famille subsiste encore, et porte pour armes : *De gueules, à un château pavillonné de cinq pièces d'argent, girouetté du même, et maçonné de sable.*

DE BIENCOURT, marquis de Biencourt, maison d'ancienne chevalerie de la province de Picardie, qui tire son nom de la terre et vicomté de Biencourt, en Ponthieu. L'opinion la plus commune la fait descendre d'un cadet des sires de la Ferté-Saint-Riquier, issus eux-mêmes des comtes de Ponthieu de la première race. La maison de Biencourt a joui des honneurs de la cour le 3 novembre 1785, en vertu de preuves. Elle a donné un grand nombre d'officiers distingués, des chevaliers de l'ordre de Saint-Michel, des maîtres d'hôtel de nos rois, un capitaine de cent lances des ordonnances, deux écuyers commandant la grande écurie, etc. *De sable, au lion d'argent, lampassé, armé et couronné d'or.*

DE LA BINTINAYE, maison d'ancienne chevalerie

de Bretagne, qui tire son nom d'une terre située dans la paroisse de Toussaint de Rennes, et joint à cette avantage celui d'avoir eu de tems immémorial le gouvernement noble et avantageux, c'est-à-dire le partage noble suivant l'ordonnance du duc Geoffroy, et la reconnaissance de son état dans les plus anciennes réformations. Elle établit sa filiation depuis l'an 1405, et a obtenu les honneurs de la cour en 1785, en vertu de preuves faites au cabinet des ordres du Roi. Cette famille a donné des officiers d'un mérite très-distingué, entr'autres Agathon-Réné, chevalier de la Bentinaye, lieutenant de vaisseau, qui se distingua avec une telle valeur dans le combat de la frégate *la Surveillante* contre la frégate anglaise *le Quebec*, en 1779, où il a eu un bras emporté, que le Roi lui accorda la croix de Saint-Louis, quoique âgé seulement de vingt-un ans, et que l'année suivante les Etats de Bretagne lui ont donné l'entrée, séance et voix délibérative en leurs assemblées dans l'ordre de la noblesse. *D'argent, à trois bandes de gueules; à la fasce du même, brochante sur le tout.*

DE BIODOS, comtes de Casteja, en basse Navarre et en Guienne. Très-ancienne famille, dont la filiation est littéralement prouvée depuis noble Georges de Biodos, marié, en 1481, avec Catherine de Barrante, dame de Peyroux. Cette maison a donné plusieurs officiers supérieurs, deux maréchaux de camp, un commandeur de Saint-Louis, etc. *Ecartelé, aux 1 et 4 de d'or, au lion de gueules; aux 2 et 3 d'argent, à trois merlettes de sable.*

DE BISSY, *Voyez* THIARD.

DE BLACAS, maison d'ancienne chevalerie de Provence, où elle florissait dès le commencement du douzième siècle. Blacas de Blacas, seigneur d'Aulps (1), surnommé *le Grand-Guerrier*, était compté parmi l'un des sept preux de Provence. Il mourut l'an 1235. Il s'acquit une telle célébrité dans les armes que Sordel, jeune

---

(1) Cette seigneurie était possédée par cette maison dès avant l'an 1178. Elle avait des armoiries particulières, savoir : *De gueules, à la fleur de lys d'or.*

poëte provençal, convie, par ses vers, les princes de l'Europe à venir manger du cœur de Blacas le grand guerrier, pour être animé de sa bravoure et de sa valeur.

Cette maison subsiste en deux branches. Le comte de Blacas d'Aulps, chef de la première, grand-maître de la garde-robe du Roi, et précédemment ministre de la maison de S. M., a été nommé pair de France le 17 août 1815.

La seconde branche, dite de *Blacas-Carros*, a été formée l'an 1180, par Guigues de Blacas, frère de Blacas de Blacas, seigneur d'Aulps, dont on a précédemment parlé. Ces deux branches ont donné un nombre prodigieux de chevaliers de Saint-Jean de Jérusalem. La seule branche de Carros en compte seize, tant chevaliers que commandeurs. *D'argent, à la comète à seize rais de gueules.* Devise : *Vaillance.*

DE BLANCHARD, famille d'ancienne noblesse, représentée aujourd'hui par messire Joseph-Charles de Blanchard, chevalier de Séville, colonel de cavalerie, chevalier de l'ordre royal et militaire de Saint-Louis, appelé à Caen, lors de la convocation des états généraux, comme membre de la noblesse, en 1789 ; et émigra en 1791 ; rentré en France en 1801. Célibataire.

Josephine-Caroline-Thomassine-Françoise de Blanchard, nièce du précédent, née du mariage de messire Jacques-Alexandre-Louis de Blanchard du Rozel, colonel de cavalerie, chevalier de Saint-Louis et de la Légion-d'Honneur, ancien sous-lieutenant des gardes du corps du roi, et de Marie-Françoise de Bras-de-Fer, fille de messire Louis-François de Bras-de-Fer, chevalier de Saint-Louis, ancien chevau-leger de la garde du roi, a épousé, en 1812, Armand-Louis-Marie Letellier de Blanchard, ancien gendarme de la garde du roi, lieutenant de gendarmerie et chevalier de la Légion-d'Honneur ; lequel, sur la demande de messire Jacques-Alexandre-Louis de Blanchard du Rozel, son beau père, et en récompense de ses longs services, a obtenu du roi, par ordonnance du 4 septembre 1816, et jugement du tribunal de Mortain ; département de la Manche, en date du 6 novembre 1817, d'ajouter au nom de *Letellier*, celui de *Blanchard*, et par lettres patentes du roi, en date du 17ᵉ jour d'août, l'an de grace 1816, S. M. accordé au sieur Armand-Louis-Marie Letellier de Blanchard, le titre de chevalier et les armes de la famille de Blanchard.

Il est issu de ce mariage :

1º Charles-Antoine-François Letellier de Blanchard;

2º Xavier-Louis-François Letellier de Blanchard;

Armes. D'azur, à trois croissants d'argent.

DE BLANCHEFORT, marquis de Blanchefort, barons d'Asnois et de Saligny, illustre et ancienne maison, qui a pris son nom d'un château considérable en Limosin, bâti l'an 1125, par Archambaud IV, vicomte de Comborn, et devint l'apanage d'Assalit de Comborn, le plus jeune de ses petits-fils, dont la postérité en a retenu le nom. Cette grande maison est éteinte. Elle a donné un grand-maître de l'ordre de St.-Jean-de-Jérusalem, à Rhodes, en 1512, un évêque de Senlis, en 1503, et deux maréchaux de France de la branche des seigneurs de Saint-Janvrin, qui ayant été substitués aux nom et armes de Créquy, en héritant de tous les biens de la branche aînée de cette illustre maison, l'an 1543, devinrent ducs de Lesdiguières et de Créquy, princes de Poix, et s'éteignirent dans la personne de François-Joseph, marquis de Créquy, lieutenant-général des armées du roi, tué à Luzzara, le 13 août 1702. *D'or, à deux lions léopardés de gueules.*

DE BLIN DE BOURDON, famille ancienne de Picardie, qui a donné des officiers distingués ; la plupart chevaliers de Saint-Louis ; par lettres patentes du 17 janvier 1817, S. M. Louis XVIII a maintenu et confirmé dans le titre de *vicomte*, Marc-Louis-Alexandre vicomte de Blin de Bourdon, maire, de la ville d'Amiens, colonel, chef d'état-major des gardes nationales du département de la Somme, titre, portent lesdites lettres patentes, que ses descendants possédaient depuis et compris son trisaïeul. *D'argent, à trois trèfles de sable, surmontés de trois merlettes du même.* L'écu timbré d'une couronne de vicomte. Supports : *deux lévriers.*

DE BLONDEL DE BEAUREGARD, barons de Quinchy et d'Oudenhove, en Flandre, par érections du 20 septembre 1585, et du 20 décembre 1675, maison d'ancienne chevalerie d'Artois, où elle florissait dès l'an 1096. Elle paraît être issue des seigneurs de Gonnelieu, dont elle a conservé le cri et les armes, et cette extraction se trouve établie dans un titre du tournoi d'Anchin de l'an 1096. Elle a donné des généraux et des gouverneurs de place. *De sable, à la bande d'or.*

DU BOC, Pierre-François du Boc fut conseiller du roi et de la ville de Paris en 1745. *D'argent, au chevron d'azur, accompagné en chef de deux croissants de gueules, et en pointe de cinq arbres terrassés de sinople, celui du milieu supérieur.*

DE BOCK, ancienne famille noble, originaire de Franconie, établie en France au dix-septième siècle. Par lettres patentes du 1er septembre 1789, le titre de baron a été conféré aux aînés de cette famille. *De gueules, au bouc sautant d'argent.* L'écu timbré d'un casque taré de front, orné de ses lambrequins, et sommé d'une couronne de baron. Cimier : un panache d'argent, mouvant d'un vol de gueules. Devise : *qui scit mori nihil timet.*

DE BŒUSIN. Famille de robe d'Abbeville, dont était noble homme Adrien de Bœusin, licencié ès lois, seigneur et premier conseiller d'Abbeville, dont la fille, Isabeau de Bœusin, épousa, par contrat du 2 mars 1562, Jean Gaude, écuyer, seigneur de Saint-Ellier, licencié ès lois, fils de Jean Gaude, seigneur des mêmes lieux, et de Marie des Groiseliers. *D'azur, au chevron, accompagné de trois trèfles, soutenus chacun d'un croissant, le tout d'or; au chef du même, chargé de trois croisettes ancrées de gueules.*

BOHIER. Barons de Saint-Cirgues, seigneurs de Saint-Martin, d'Orfeuille, en Auvergne, en Touraine, en Champagne et en Normandie. Cette famille est d'ancienne bourgeoisie de la ville d'Issoire, où elle est connue depuis l'an 1280, que vivait Robert Bohier, depuis lequel elle établit sa filiation. Austremoine Boyer, seigneur de Sivrac, son arrière-petit-fils, fut secrétaire des rois Charles VII et Louis IX, et fut anobli par le roi Charles VIII, au mois de janvier 1490. On compte parmi ses descendants, un cardinal, archevêque de Bourges, un évêque de Saint-Malo et un évêque d'Agde. *D'or, au lion d'azur ; au chef de gueules.*

DU BOIS DE CHAMBELLÉ, en Anjou ; Robin du Bois, seigneur du Bois de Chambellé, et frère de Jean du Bois, chevalier, seigneur du Bois, vivait en 1440. *D'or, à la croix de sable, chargée d'une croisette d'argent.*

BOISROT DE LA COUR, en Berri ; famille originaire de Lorraine. Elle a pour auteur Louis Boisrot, seigneur des Combes, frère d'Etienne Boisrot, seigneur des Chaumes, échevin de Bourges, en 1546. Cette famille a donné plusieurs officiers distingués dans la cavalerie et l'infanterie. Elle a obtenu le titre de *baron* le 3 mars 1815. *D'azur, au chevron d'or, accompagné de trois étoiles du même, les deux en chef, sommées de deux oiseaux affrontés d'argent.*

DE BOISSEUL, comte de Boisseul ; maison d'ancienne chevalerie du Limosin, qui tire son nom d'une terre située en cette province, sur les confins du Périgord. Elle est connue depuis Pierre et Giraud de Boisseul, frères, qui, l'an 1181, firent une donation à l'abbaye de Dalon, au diocèse de Limoges. La filiation est établie depuis Guï de Boisseul, chevalier, vivant en 1239. Cette maison a des alliances illustres et des services militaires. Elle a donné un maréchal de camp et plusieurs officiers de marque, et a obtenu les honneurs de la cour, sur preuves, en 1784. *D'argent, à la bande de sable, chargée de trois losanges d'argent ; à la bordure de sable, semée de larmes d'argent et de gueules.*

DE BONNAY, en Berry et en Bourbonnais, maison d'ancienne chevalerie, connue par titres depuis l'an 1147, qui tire son nom de la terre de Bonnay, en Berry, sur les confins du Bourbonnais. Elle est décorée, depuis 1815, de *la pairie* et du titre de *marquis. D'azur, au chef d'or, au lion de gueules, lampassé, armé et couronné d'argent, brochant sur le tout.*

DE BONNAY, famille ancienne de Bourgogne, où elle est connue depuis le milieu du douzième siècle.

D'argent, à trois hures de sanglier de sable, défendues du champ.

DE BONNECHOSE, en Normandie. Cette famille remonte à Jean de Bonnechose 1ᵉʳ du nom, vivant en 1200, mais n'ayant aucune qualification. Jean II, son arrière petit-fils, seigneur d'Hienville, fut déclaré roturier, et imposé à la taille, avec autre Jean de Bonnechose, son frère, seigneur de la Cornilière, en 1463, par Remond Montfaut, commissaire du roi Jean II. Mais, ignorant ce jugement de 1463, les commissaires du Roi l'exemptèrent, en 1471, du droit de francs fiefs, déclarant que ses prédécesseurs avaient fait le service ès guerres comme les autres nobles. En effet, le père de ces deux Jean, Collin de Bonnechose, est qualifié écuyer dans six actes des années 1391, 1392, 1402 et 1403. Leurs descendants ont formé sept branches, qui toutes ont été maintenues dans leur noblesse. *D'argent, à trois bustes de sauvages de carnation.*

DE BORDES DU CHATELET, barons de Lormey, en Bresse. Le véritable nom de cette famille est *Gros-Jean.* Guichenon dit positivement que Georges-Claude et Jean de Bordes, frères, vivants en 1592, originaires de Cerdon, sont les premiers nobles de cette famille.

D'Hozier, dans la généalogie qu'il en donne, les fait fils de Claude Gros-Jean et de Claude Bordes, sa femme; mais il ne fait pas mention de l'annoblissement accordé, en 1592, par Charles Emmanuel, duc de Savoie, à Claude Gros-Jean de Bordes, fils de Claude, substitué aux noms et armes de Bordes, par Perceval Bordes, son beau-père, aux termes de son testament du 5 juin 1557. *Coupé, au 1 d'or, au cheval issant de gueules; au 2 de sinople, à la molette d'éperon à huit rais d'or.*

DE BOSREDON, en Auvergne, famille qui prouve une filiation suivie depuis noble homme Jean Mathelin de Bosredon, écuyer, baron du Puy-Saint-Gulmier, qui, le 7 janvier 1601, épousa Marguerite le Groing de Châlus. Il en eut François-Bertrand de Bosredon, chevalier, seigneur du Puy-Saint-Gulmier, marié, par contrat du 29 septembre 1671, avec Léonarde Bouliot, dont il avait eu quatre fils naturels, qu'ils légitimèrent par leur mariage, savoir : Jean, Gabriel, Jean le jeune et Gabrielle de Bosredon. *Écartelé, aux 1 et 4 d'azur, au lion d'argent, lampassé et armé de gueules ; aux 2 et 3 vairés d'argent et de sinople de quatre tires.*

DE BOSSOREILLE, en Anjou, famille originaire des montagnes d'Auvergne. Pierre-Martin de Bossoreille, écuyer, seigneur de Ribon, vivant en 1738, fut conseiller-secrétaire du Roi près le parlement de Besançon. Le chef de cette famille a assisté à la convocation de la noblesse d'Anjou, pour la nomination des députés aux États-Généraux en 1789. *De gueules, au chevron d'argent, accompagné en chef de deux croissants, et en pointe d'une croisette patée, le tout du même.* Couronne de comte. Supports : Deux lions, celui à senestre en barroque.

DU BOUCHET, René du Bouchet, seigneur de la Haye de Torcé, de Méral, de Pengenay, chevalier de l'ordre du roi, épousa, le 30 janvier 1600, Anne Chenu, veuve de Jean des Hommeaux, seigneur de la Perrochère. *D'hermine, papelonné de gueules.*

BOUDET, maison d'ancienne chevalerie de Normandie, connue depuis le quatorzième siècle sous le nom de *Croville. Voyez* ce nom dans la première série du Dictionnaire véridique.

DU BOUEXIC DE PINIEUX, DE LA DRIENNAYE, DE GUICHEN, en Bretagne. Cette famille s'est divisée en plusieurs branches, dont deux ont été anoblies ; savoir les seigneurs de la Chapelle et de Pinieux, en 1595 ; et les seigneurs de la Driennaye, de Chateaublanc, etc., en 1636. L'amiral comte de Guichen était de la dernière branche de cette famille. *D'argent, à trois pins de sinople.*

DE LA BOUGATRIÈRE. *Voyez* COURTE.

DE BOUILLÉ ou BOULIER DU CHARIOL (1), noblesse d'ancienne chevalerie des provinces du Maine et

_____

(1) Les titres anciens dénomment aussi cette maison avec les variations suivantes ; savoir : *Bouilletz, Boyliers, Boulhier,* conformément au latin qui est *Bolherii, Bollherii* et *Boulherii.*

de l'Auvergne. On en trouve des traces dans cette dernière province dès le dixième siècle. Cette maison a produit un grand nombre de personnages distingués dans
les armes et dans le clergé. Elle a donné, outre un grand
nombre d'officiers supérieurs, des lieutenants-généraux,
un chef d'escadre, des gouverneurs et commandants de
provinces, des capitaines de cent hommes d'armes, des
conseillers d'état, des chambellans de nos Rois, des
commandeurs de Saint-Jean de Jérusalem, à Rhodes
et à Malte; des chevaliers de l'ordre du Roi sous François Ier, et du Saint-Esprit sous Henri III, Henri IV et
Louis XIV; un évêque d'Autun, premier aumônier du
Roi; des comtes de Brioude et de Lyon, etc. Elle a
obtenu les honneurs de la cour en 1763, 1775, 1785
et 1786, sur preuves faites au cabinet des ordres du
Roi.

　　Après l'affaire de Nanci, en 1790, le Roi manifesta
le désir de donner le bâton de maréchal de France à
François-Claude-Amour, marquis de Bouillé, alors
général en chef de l'armée de Meuse, Sarre et Moselle;
mais ce général, par des motifs de délicatesse dignes de
son noble caractère, ne voulut point accepter une grâce
que les factieux auraient pu considérer alors comme un
prix qu'il mettait à son dévouement envers un souverain qu'il servit avec tant d'affection et de désintéres-
sement.

　　Jean-Baptiste de Bouillé, ancien aumônier de la reine
Marie-Antoinette d'Autriche, et aujourd'hui de S. A. R.
MADAME, duchesse d'Angoulême, a été nommé à l'évê-
ché de Poitiers. *Écartelé, aux 1 et 4 d'argent, à la fasce
de gueules, frétée d'or et accostée de deux burèles du se-
cond émail,* qui est DE BOUILLÉ; *aux 2 et 3 de gueules,
à la croix ancrée d'argent,* qui est DU CHARIOL. Tenants:
Deux maures enchaînés. Cimier: *Un Maure issant.* Devise:
Tout par labeur; à vero bello christi. Cri de guerre: *Le
Chariol.*

DE BOULBON. *Voyez* ORAISON.

DE BOURGOING, sieur du Vernay, de Vau-
clec, etc., en Nivernais, famille anoblie par charges,
et connue dès le quinzième siècle. *D'azur, à la croix
ancrée d'or.*

DE BOURRIENNE. *Voyez* FAUVELET.

BOUTET DE MARANVILLE, en Champagne, cette famille a pour auteur Cyr Boutet, fils naturel de François Boutet, écuyer, co-seigneur de Censy et de Jeanne Courtaut, légitimé et anobli par lettres du roi Henry IV, du mois de juillet 1596, registrées en la chambre des comptes de Dijon, le 10 mai 1597. *D'azur, au chevron d'or, accompagné en chef de deux étoiles, et en pointe d'un croissant, le tout du même.*

DE BOYER DE CHOISY, famille originaire d'Auvergne, transplantée en Provence, puis en Normandie, maintenue dans sa noblesse, le 12 janvier 1668, sur ses preuves remontées à Jean de Boyer, premier du nom, écuyer, seigneur de Choisy, commissaire des guerres en 1556, marié, le 14 juillet 1551, avec Jeanne de la Marre. On ne doit pas confondre cette famille, comme on a fait dans le tome 1er du Dictionnaire véridique, avec une maison du même nom, d'ancienne chevalerie d'Auvergne, dont étaient Pierre Boyer, chevalier en 1285, autre Pierre, chevalier, co-seigneur de Moissac-le-Chatel, en 1303, et Robert Boyer, écuyer, seigneur de Donnezac et de Verdernac, près de Saint-Flour, en 1353. La famille de Boyer de Choisy a constamment suivi le parti des armes, et particulièrement dans le corps du génie. *D'azur, au chevron d'argent, accompagné de trois lys au naturel.*

BOYER D'EGUILLES, D'ARGENS ET DE BANDOL, en Provence. Cette famille originaire d'Ollioules, remonte à Etienne Boyer, surnommé le Capitaine, connu par ses exploits militaires durant la Ligue, anobli le 16 janvier 1514, moyennant cent écus d'or. Cette famille a donné des magistrats et des officiers distingués. Le marquis d'Argens, chambellan du roi de Prusse, connu par ses nombreux écrits philosophiques, mort le 11 janvier 1771, était de cette famille. *D'azur, à l'étoile d'or, chargé d'un écusson d'azur surchargé d'une fleur de lys d'or, au chef d'argent.*

BOYER DE FONTCOLOMBE, famille originaire de la ville d'Aix, dont la noblesse remonte à Honoré Boyer, procureur du pays en 1726, reçu secrétaire du roi, le 11 septembre 1741. *D'azur, à la trangle d'or, sommée d'un bœuf, et accompagnée en chef de trois étoiles, et en pointe d'un cœur, le tout du même.*

BOYER DE TREBILLANE., en Provence. Cette famille tire sa noblesse de l'office de secrétaire du roi, exercé en 1711 par Claude Boyer. *D'azur, au bœuf d'or, surmonté de trois étoiles d'argent.*

DE BRANCAS, ducs de Villars-Brancas, par érection de 1627, pairs de France au mois de juillet 1652, ducs de Brancas-Careste le 16 février 1785, ducs de Lauragais par brevet du mois de janvier 1755, grands d'Espagne de la première classe en 1730, princes de Nizaro, dans l'Archipel, etc., noblesse illustre et chevaleresque, originaire du royaume de Naples, où elle a formé jusqu'à trente-deux branches; elle est issue de Marin Brancassio, chevalier napolitain qui offrit, en 1187, au roi Guillaume le Bon, d'aller servir à l'expédition de la Terre-Sainte, publiée par le pape, avec huit hommes d'armes et quinze de pied, quoiqu'il ne dût le service militaire qu'avec quatre hommes seulement, à cause du fief qu'il avait acquis de Faulcon de Tullia. Une branche de cette puissante maison s'établit au comtat Vénaissin, vers la fin du quatorzième siècle; elle y a soutenu l'éclat de son origine par de grandes illustrations. Elle compte des maréchaux de l'église romaine, des chanceliers de Sicile, un amiral de France, des chevaliers des ordres du roi et de la Toison-d'or, des commandeurs de Saint-Louis, des lieutenants-généraux des armées; des gouverneurs de provinces, des ambassadeurs, des conseillers d'état d'épée, quatre cardinaux, un archevêque de Tarente. *D'azur, au pal d'argent, chargé de trois tours de gueules, et accosté de quatre jambes de lion d'or, affrontées en bandes et en barres mouvantes des flancs de l'écu.*

Les seigneurs de Villosc, éteints, portaient *un écu chargé d'une fasce accompagnée de quatre pates de lion.*

BRANDIN D'ALERAC, en Bretagne. Cette famille a obtenu des lettres de noblesse en 1607. *D'argent, au lion de sable, ayant la queue nouée, lampassé, armé et couronné de gueules.*

DE BRANDIN DE SAINT-LAURENS, en Normandie. Cette famille a pour auteur Jean-Brandin, qui, avec Jeanne, sa femme, fut anobli au mois de juin 1397. *D'azur, à la flamme d'argent, accompagnée de trois molettes d'éperon du même.*

DE BRANDT DE GALAMETZ, en Artois. Cette famille, qui subsiste aux environs d'Arras, est originaire de la ville de Saint-Omer, et a pour auteur Jean Brandt, greffier de cette ville, anobli par lettres du roi Philippe II, du 7 février 1587, registrées à Lille. *D'azur, à trois flammes d'or.*

BRANT DE DORINES, aux Pays-Bas. Cette famille a pour auteur Jean, dit *Brant*, sire d'Ayseaux, fils naturel de Jean III, duc de Lothier et de Brabant, ainsi qu'il conste d'un acte dépêché au conseil privé de Bruxelles, le 10 avril 1656. *De sable, au lion d'or, lampassé et armé de gueules ; à la cotice d'argent chargée de trois lionceaux de gueules, brochante sur le tout.*

DE BRASSAC. *Voyez* PERRIN DE BRASSAC.

DE BRAVARD D'EYSSAC, maison d'ancienne chevalerie d'Auvergne, connue depuis Etienne de Bravard, écuyer, vivant en 1293, probablement père de Jean et de Robert de Bravard, co-seigneurs d'Eyssac en 1327. *D'azur, au chevron d'or, accompagné de trois billettes du même.*

BRAYER, en Soissonnais. Cette famille a pour auteur Gaspard Brayer, conseiller et médecin ordinaire du roi, anobli tant en considération des longs et recommandables services par lui rendus au roi et au public, dans sa profession, qu'à la recommandation du comte de Soissons. Ces lettres sont datées de Paris, au mois de mars 1623, et elles furent registrées à la cour des aides, le 27 novembre suivant. *D'argent, au chevron de gueules, accompagné en chef de trois étoiles mal ordonnées d'azur, et en pointe d'une pensée au naturel.*

DE BRÉCY, (GAUTHIER). Postérieurement à la publication de la première série du Dictionnaire véridique, série dans laquelle nous avons présenté, pag. 81, deuxième volume, tous les détails sur cette famille, le Roi, par ordonnance du 7 septembre 1819, et sur le rapport du grand chancelier de l'ordre royal de la Légion-d'Honneur, a autorisé Gauthier de Brécy, lecteur de son cabinet, à accepter et porter le titre et la croix de chevalier de l'ordre royal et militaire de Saint-Maurice et de Saint-Lazare, que S. M. le roi de Sardaigne, beau-frère de S. M. Louis XVIII, a bien voulu lui accorder en considération et récompense de ses services et de son dévouement au trône des Bourbons, en 1793, au siége de Toulon, siége dans le cours duquel les troupes piémontaises étaient comme les troupes napolitaines au service de l'armée royale.

C'est pour les mêmes services que nous avons mentionné, dans la première série, la concession qui a été précédemment faite, à Gauthier de Brécy, par S. M. le roi de Naples, du titre et de la décoration de chevalier de son ordre royal Constantin, ou Constantinien des Deux-Siciles.

En rapportant dans la première série les armoiries de cette famille, nous avons oublié de dire qu'elles sont consignées à la page 87 du grand armorial de la ville de Paris.

DE BREHIER en Bretagne. Les armes de cette famille, qu'on ne voit pas avoir été maintenue, lors de la réformation de 1666, sont : *d'argent, à trois olives de sinople.*

BREHIER D'ARQUEVILLE, en Normandie, famille noble et ancienne de Normandie, dont était Charles Brehier d'Arqueville, reçu chevalier de Saint-Jean de Jérusalem en 1604. *D'or, à trois merlettes de sable.*

DE BREMOY, en Bretagne, famille originaire de Normandie, anoblie pour services militaires, par lettres du mois de novembre 1677, registrées en la chambre des comptes de la province de Normandie, le 4 août 1716, et aux aides et finances le même jour, accordées à François de Bremoy, sous-brigadier des chevau-légers, chevalier de Saint-Louis. Depuis François, tous les membres de cette famille ont été décorés du même ordre. Elle a donné un brigadier des armées, et plusieurs officiers sur terre et sur mer. *D'azur, à l'épée d'or, accompagnée de trois couronnes triomphales du même.*

DE BRÉON, terre et seigneurie en Anjou, dans l'élection de Baugé, où l'on compte deux cent cinquante-sept feux, qui a donné son nom à une maison d'ancienne chevalerie, qui s'est fondue sur la fin du dix-septième siècle, dans la maison de *Lancrau*, qui en porte le nom. *Voyez* LANCRAU. *D'argent, à la fasce contre-fleurdélysée de gueules.*

BRETAGNE. La noblesse de cette province s'est constamment maintenue dans son ancienneté; elle est redevable de cette faveur à une ordonnance, rendue en 1185, par le comte Geoffroi, fils de Henri II, roi d'Angleterre, et connue sous le nom d'*assise du comte Geoffroi*. Ce prince était devenu duc de Bretagne, par son mariage avec Constance, héritière de cette souveraineté, et voyant que les partages égaux qui se faisaient entre les enfants des barons, des bannerets et des autres seigneurs et nobles de son duché, avaient tellement diminué les grandes terres, qu'à peine restait-il aux aînés de quoi soutenir l'éclat de leur naissance, il ordonna qu'à l'avenir les fils aînés des barons et des chevaliers recueilleraient en entier tous les biens de la succession de leur père et mère, et qu'ils ne donneraient aux cadets que des partages à *veages*, pour les entretenir selon leur condition, et par l'avis de leurs parents communs.

La forme de ces partages fut depuis réformée et réglée à un tiers des biens de la succession des père et mère, pour tous les cadets; les deux autres tiers demeurèrent à l'aîné.

Jean V, duc de Bretagne, fit commencer, en 1427, la réformation de la noblesse; Pierre II la fit continuer et il ordonna, en outre, que les roturiers ne pourraient acheter aucuns fiefs ou terres nobles, et il imposa double taxe à ceux qui en avaient acquis alors.

La province de Bretagne ayant été ensuite réunie à la France, on fit encore de nouvelles réformations de la noblesse avec celle des fiefs nobles, possédés par des roturiers, sous le nom de *francs fiefs*. Ce fut Henri III, roi de France, qui, en 1580, régla la coutume de Bretagne pour les partages nobles.

En 1668, Louis XIV ordonna une recherche générale de la noblesse, dans son royaume, et en chargea les intendants de provinces; mais celle de Bretagne fut confiée à une chambre royale établie à Rennes, et composée de présidents et de conseillers choisis des deux semestres du parlement; c'est assurément la plus exacte et la plus sévère du royaume. Cependant, j'ai sous les yeux une lettre de Monsieur le président Robien, à M. de Clairambault, qui l'informe qu'un nommé *Du Lièvre*, commis à un des greffes du parlement de Bretagne, a falsifié quelques minutes d'arrêts de noblesse; et un *post-scriptum*, mis de la main de M. de Clairambault, dit qu'il y a une infinité d'altérations de ce genre, qui lui ont fait soupçonner plusieurs de ces jugements de maintenue; mais, ces délits sont postérieurs, et la gloire et la réputation des magistrats qui ont procédé à la réformation de 1668, ne peuvent nullement en souffrir.

Pour être admis aux états de Bretagne, il fallait avoir l'âge de vingt-cinq ans accomplis, et faire preuve d'au moins cent ans de noblesse (Déclaration du 26 juin 1736.)

Les nobles de la province de BRETAGNE, à l'égard de la profession des arts, dérogeaient de priviléges qui leur étaient particuliers. La noblesse y dormait, dit d'Argentré, mais ne s'y éteignait pas. En effet, suivant les articles 51 et 52 de la coutume de Bretagne, la noblesse ne pouvait se perdre dans cette province par *prescription*, par *dérogeance*, ni même par *désistement*. Quelque longue qu'ait été la dérogeance, son seul effet était de suspendre ou d'assoupir, dans ceux qui en faisaient usage, les droits et les priviléges de la noblesse, en l'assujétissant aux impositions roturières, pendant la durée de la dérogeance. Cette suspension leur était purement personnelle, et ne pouvait nuire au droit acquis à leurs descendants, qui n'étaient pas même obligés d'obtenir des lettres de réhabilitation. Cependant, dans la suite, lorsqu'une famille était dans le cas de dérogeance, elle ne pouvait rentrer dans son premier état qu'en vertu de lettres du prince : c'est ce qu'on nommait lettres de relief ou de réhabilitation.

Il y avait deux moyens de prouver sa noblesse en Bretagne : le premier se tirait des anciennes réformations de la noblesse de cette province, réformations faites dans les quinzième et seizième siècles ; le second, du gouvernement noble fait cent ans auparavant pour prouver la souche certaine de sa noblesse.

L'édit du mois de mars 1553, pour la création du parlement de Bretagne, établit trente-deux conseillers, savoir : seize originaires bretons, occupant les charges dites *originaires*, pour lesquelles il fallait faire des preuves de noblesse ; et seize non-originaires, appelées *angevines* ou *françaises*, lesquelles n'astreignaient point aux preuves.

Un édit du mois de septembre 1677, porte anoblissement de plusieurs personnes en Bretagne, avec faculté de partager selon l'assise du comte Geoffroy, pourvu toutefois que lesdits anoblis, et leur postérité, vécussent noblement, et à condition qu'ils contribueront au ban et arrière-ban pour les fiefs à eux appartenants, comme les autres nobles du royaume.

Nomenclature des gentilshommes bretons qui s'associèrent le 25 avril 1379, pour soutenir le parti de leur duc.

Le sire de Montfort ; de Lohéac ; Charles de Dinan, sieur de Montafilan ; Jean, sieur de Beaumanoir ; Pierre Tournemine, sieur de la Hunaudaye ; Olivier, sieur de Montauban ; Rollan, vicomte de Coëtmen, Olivier de Launay, sieur de Pluscalec ; Alain, sieur du Périer ; Eon, sieur de Quéranrays, Geoffroy de Dinan ; Geoffroy de Quérimel ; Robert de Guitté ; Eustache de la Houssaye ; Olivier de Vauclerc ; Etienne Gouyon ; Eon Tenongon ; Eon de Pleumaugat : Jean de la Soraye ; Rolland de Quersaliou ; Pierre de Largentaye ; Henri de Plédren ; Elix de Mutilien ; Jean Ferron ; Olivier Ferron ; Geoffroy Ferron ; Guillaume le Moine ; Allain de Beaubois ; Robin de Lanvalay ; Guillaume de Couaitregan ; Geoffroy de Chef du Bois ; Briand de Montfort, Olivier du Boisjean ; Jean de Plorec ; Olivier Thomelin, chevaliers. Geoffroy de Pargas ; Rolland de Quergorlay ; Berthelot d'Angoulvent ; Henri de Boisjean, Jean de Trezviguidy : Simon Richard ; Philippe d'Ouquelenco, écuyers, pour eux et leurs alliés d'une part, et Allain de Malestroit, Robert de la Motte, seigneur de Boczac; Jean Raguenel, vicomte de Dinan; Jean de Malestroit; Amaury de Fontenay; Réné de Beloczac; Gohier de Champaigné; Geoffroy Ruffier; Guillaume de Chévigné; Guillaume d'Omaigné; Georges de Saint-Gilles; Robin de Baulon; Allain de Montbourcher; Gui de Sévigné; Gui Dougué, Jean du Plessis; Guillaume Mahé, chevaliers:

Réné Botherel; Bertrand de Montbourcher; Georges Chesnel; Pierre Trégué; Jean de Saint-Pern; Robert de Mélesse; Jean de la Motte; Thibaut Douguern; Bonnables de Champaigné; Jean Le Véer; Pierre le Veyer; écuyers pour eux et leurs alliés d'autre part.

Autre association des nobles et des bourgeois pour la garde de la ville de Rennes.

Les *nobles*, Allain de Malestroit; messire Robert de la Motte, seigneur de Boczac; Jean de Malestroit; messire Réné de Boczac; messire Gohier de Champaigné; messire Geoffroy Ruffier; messire Guillaume de Chéveigné; messire Guillaume de Domaigné; messire Guillaume Mahé; messire Georges de Saint-Gilles; messire Jean du Plessis; messire Allain de Montboucher; messire Robin de Baulon; et messire Guy du Gué, chevalier.

Louis de Malestroit; Renault Boterel; Bertrand de Montbourcher, Simon de Montbourcher; Robert de Mélesse; Jean Raguenel; Jean de la Motte; Thibault du Guern; Jean de Saint-Pern; Guillaume de la Maignanne; Guillaume Gicquel; Raoul de Montgermont; Allain du Plessis; Perrin du Plessis; Pierre de Tréguéné; Bonnabes de Champaigné; Briand de Benazé; Guillaume de Channé; Jean de la Roche; Jean Hastes; Jean le Véer; Perrot le Véer; Jean de la Touche; Guillaume de Chasteauletard; Guyon de Préauvé; Jean Glé; Perrot de Beaucé; Payen d'Espinay; Bertrand de Saint-Pern; Raoulet de Montgermont de la Bauldière; Jamet de Corcé; Jean de Lourme; Guillaume de Lourme; Robin de Lourme; Robin de Buris; Jean de Partenay, Jean de Bobril; Robin Mandart; Jean Le Coq; Robert de Tixve; Macé Levesque; Pierre Botherel; Allain de Bourgon; Pierre Orcant; Bertrand de la Motte; Thibaut de la Bouexiere; Thibaut de

Champagné ; Robin Louaïsel ; Jean de la Rivière ; Nicolas Lothodé ; Raoul de la Motte ; Geoffroy Piedevaché ; Raoul de Saint-Aubin, Hardouin des Vignes ; Guillaume Troschart ; Thomas des Boschaux ; Allain Chovan ; Pierre du Fresne ; Perrot de Sénédavy ; Geoffroi de Beaucé ; Olivier des Bochéaux ; Fouquet Hastelou ; Georges Chesnel ; Jean Duhoux de Penhoët ; Olivier le Voyer ; Jean de Brenenc ; Georget Audiger ; Thomas de Bintin ; Jean de la Vallette ; Briand Lobel ; Rolland de Chavaines ; Olivier de Saint-Pern ; Perrin du Tronchay ; Guillaume de Laillé ; Jean de Courein ; Jean Des Bocheaux ; Jean Botherel ; Olivier de Langan ; Samson de Chenesgué ; Raoul de Litré ; Jean Garel ; Olivier de Litré ; Collin Genest ; Philippot le Chat ; Perrin de Langan ; Guillaume Brun ; Guillaume du Rocher ; Pierre de Bruc ; Olivier de la Motte ; Guillaume de Glamet ; Olivier Bruslárt ; Jamet de la Touche ; Raoul Rolland ; Perrot Seneschal ; Guillaume de Guénour ; Perrot Moaisen ; Eon de Baulon ; Jean Bardoul ; Allain de Champaigné ; Macé Hates ; Jean de Beac ; Guyon le Jambu ; Olivier du Boishamon, Geoffroy Aguillon ; Jean de Neufville ; Bonnabés le Voyer ; Bertrand Mahé ; Jean Bozdent ; André de la Barre ; Jean Mahuion ; Michel Crespin ; Guillaume de la Bisaye ; Perrot le Coc ; Robin le Bourdonnaye, Geoffroy de Chenné ; Guillaume Henry ; Jean Nyel ; Olivier Botherel ; Phélippot Brochart ; Raoulet des Hayes ; Jean de Launay ; Guillaume Rabaud ; Geoffroy de Chévégné ; Perrot de Carcé ; Georget Cornillet ; Olivier de la Hercedoyère ; Jean Aguillon ; Perrot Orcant ; Berthelot de la Piguelaye ; Guillaume de Bintin ; écuyers, etc.

Et pour les bourgeois comparurent : Jamet Treslacohuë ; Jean de Beaumont ; Jean de la Haye ; Perrin Mercier, et plusieurs autres.

Combat des Trente.

Dans les siècles de la chevalerie, la Bretagne a été souvent le théâtre de ces combats sanglants où la valeur seule enchaînait la victoire, et auxquels il n'eût fallu qu'un plus grand nombre de combattants pour passer à la postérité. L'histoire a dû baisser son voile sur ces nombreux défis et ces luttes meurtrières où des compatriotes, des parents mêmes s'entretuaient pour faire étalage d'une inutile valeur ; mais elle a consacré le souvenir de plusieurs beaux faits d'armes de ce genre, parce qu'ils appartiennent essentiellement à la gloire nationale. Parmi ces nombreux cartels, celui dont la Bretagne s'est le plus glorifiée est le *combat des Trente*, ainsi nommé dans l'histoire parce qu'il eut lieu entre trente Bretons contre trente Anglais. Pour venger la mort d'Ageworth, leur lieutenant-général en Bretagne, les Anglais dévastaient toutes les contrées, et n'épargnaient ni les marchands ni les laboureurs. Le maréchal de Beaumanoir voulut arrêter des vexations si contraires à la trève qui avait été publiée en Bretagne par ordre du roi d'Angleterre ; il commandait alors dans Josselin, pour Charles de Blois, dont il avait toujours suivi le parti. Ne pouvant sortir de cette place sans s'exposer à quelqu'insulte, il envoya demander un sauf-conduit à Richard Bembro, chevalier anglais et capitaine de Ploermel. Bembro avait été compagnon d'armes de Thomas d'Ageworth, et portait fort impatiemment la mort de son ancien ami ; cependant il permit à Beaumanoir de le venir trouver : Beaumanoir lui reprocha vivement toutes les violences qu'il exerçait sur les chemins et dans les campagnes ; Bembro ne demeura pas sans réponse, mais la querelle s'étant échauffée peu à peu, l'un des deux proposa un combat de trente contre trente, qui fut accepté par l'autre ; le rendez-vous fut donné au chêne de mi-voie, qui était à moitié chemin de Josselin à Ploërmel, et le jour fut marqué au 27 de mars qui était le quatrième dimanche de carême, l'an 1351. Beaumanoir étant retourné à Josselin, annonça cette nouvelle aux gentilshommes bretons qui y étaient en garnison. Plusieurs lui firent offre de service, mais il ne put les satisfaire tous, parce que le nombre des champions était fixé. Il choisit neuf chevaliers et vingt-un écuyers. Les chevaliers furent le sire de Tinteniac, Gui de Rochefort, Yves Charruel, Robin Raguenel, Huon de Saint-Yvon, Caro de Bodegat, Olivier Arrel, Geoffroy du Bois et Jean Rousselet. Les autres furent Guillaume de Montauban, Alain de Tinteniac, Tristan de Pestivien, Alain de Kérenrais, Olivier de Kérenrais, son oncle, Louis Goyon Geoffroy de la Roche, Guyon de Pontblanc, Geoffroy de Beaucorps, Maurice du Parc, Jean de Sérent, les deux Fontenai, Geoffroi Poulard, Maurice et Geslin de Tronguidi, Guillaume de la Lande, Olivier de Monteville, Simon Richard, Guillaume de la Marche et Geoffroi Mellon.

Bembro ne put trouver dans sa garnison assez d'Anglais sur lesquels il put compter pour faire le nombre de trente, dans une action aussi importante pour la gloire de sa nation; il n'eut que vingt Anglais dans sa troupe, les autres étaient Allemands et Bretons. Les Anglais et Allemands furent: Robert Knole, Croquart, Hervé de Lexualen, Jean Plésanton, Richart le Gaillart, Hugues son frère, Jannequin Taillart, Repefort, Richard de Lande, Thomelin Billefort, Hucheton Clamaban, Gautier Lallemand, Jannequin de Guennechoup, Hannequin Hérouard, Jannequin le Maréchal, Thomelin Huleton, Hüe de Caverlé, Robinet Mélipars, Yfrai ou Isannai, Valentin, Jean Roussel, Dagorne et un soldat nommé Hulbitée, homme de grande taille, puissant et fort. On ignore le nom des trois autres. Les Bretons de ce parti étaient Perrin de Camelon, Guillemin le Gaillart, Raoul Prévot, et Dardaine.

Ils s'armèrent tous de pied en cap, et se rendirent au lieu marqué, le quatrième dimanche de carême; Bembro entra le premier dans le champ de bataille, et y rangea sa troupe; Beaumanoir fit la même chose de son côté. L'un et l'autre firent une courte harangue militaire à leurs gens, pour les exhorter à soutenir, avec leur valeur ordinaire, l'honneur de la nation. Bembro ajouta qu'il y avait une prophétie de Merlin, qui promettait ce jour-là une victoire aux Anglais; mais il en est de ces prophéties prétendues comme de toutes celles qui n'ont pas Dieu pour auteur; on y trouve ce qu'on veut. Tous les combattants étant prêts à donner, Bembro fit signe à Beaumanoir pour lui parler en particulier; Beaumanoir s'étant avancé, Bembro lui représenta qu'ils s'étaient engagés un peu légèrement; qu'un combat de cette nature ne devait point se donner sans la permission des princes dont ils dépendaient, et qu'il convenait de le différer jusqu'à ce qu'on l'eût obtenue; Beaumanoir répondit qu'il s'y prenait un peu tard pour rompre une partie si bien liée; que la noblesse bretonne s'étant rendue sur le champ de bataille,

ne s'en retournerait point sans savoir qui avait plus
belle amie (1) ; qu'il consentait cependant de prendre
là-dessus l'avis de ses compagnons d'armes ; il leur en
parla aussitôt ; tous lui répondirent par la bouche de
Charruel, qu'il était tems de voir qui d'entr'eux avait
meilleur corps, et que si l'on se séparait sans combattre, ce serait apprêter à rire à tous les assistans,
qui étaient en grand nombre, et faire une tache inef-
façable à leur réputation. Beaumanoir ayant rapporté
cette réponse à Bembro, l'Anglais insista sur ce que les
combats particuliers n'avançaient point les affaires des
princes et qu'ils y perdaient toujours plus qu'ils n'y
gagnaient, parce que quelque honneur que leurs sujets
s'acquissent, il leur en coûtait de vaillans hommes dont
la perte était difficile à réparer ; Beaumanoir répondit
que la considération des princes ne devait pas retarder
un combat dont on était convenu ; qu'il n'avait pas
avec lui les seigneurs de Laval, de Montfort et de
Lohéac ; mais qu'il avait des hommes qui voulaient
absolument mesurer leurs forces avec les Anglais.

Après ce pourparler, on ne pensa plus qu'à bien attaquer et à se bien défendre ; dès que le signal fut
donné, les combattans en vinrent aux mains, et se
chargèrent d'une manière si terrible, que tous les
assistans en furent saisis d'étonnement. Ils étaient
rangés sur deux lignes, et chaque combattant avait
affaire à celui qui lui était opposé. Leurs armes étaient
inégales, chacun ayant eu la liberté de choisir celles qui
lui convenaient le mieux. Billefort frappait d'un maillet
pesant vingt-cinq livres et Hucheton d'un fauchard
crochu et tranchant des deux côtés, et ainsi des autres.
L'avantage fut d'abord pour les Anglais, qui tuèrent
Mellon et Poulard. Pestivien fut blessé d'un marteau ;
Rousselet et Bodegat furent abattus à coups de mail :
ces deux derniers furent faits prisonniers avec Charruel.
Beaumanoir, animé par cette perte, redoubla ses coups,
et les autres suivirent son exemple ; les Anglais ne leur
cédaient ni en forces ni en courage ; les deux partis
épuisés de fatigue, se retirèrent de concert pour prendre
haleine et pour se rafraîchir.

---

(1) Les combats singuliers des anciens chevaliers se faisaient toujours à l'honneur des dames qu'ils servaient.

Dans cet intervalle, Beaumanoir exhorta les siens à ne pas s'étonner de la perte de cinq hommes. Geoffroi de la Roche lui dit que s'il était chevalier, il combattrait plus courageusement. Pour le satisfaire, Beaumanoir le fit chevalier sur-le-champ, et lui rappela les hauts faits d'armes de ses ancêtres, surtout ceux de Budes de la Roche, son père, qui s'était si distingué dans les guerres contre les Sarrazins d'Orient, que sa réputation volait par toute l'Europe et dans tout l'Orient.

Les combattants ayant pris quelques rafraîchissements, retournèrent au combat avec la même vigueur qu'auparavant. Bembro s'élança d'abord sur Beaumanoir, le saisit au corps et le somma de se rendre ; mais dans ce moment Alain de Kérenrais, porta à Bembro un coup de lance dans le visage, et le renversa par terre ; Geoffroi Dubois le choisit au défaut de la cuirasse, et lui passa son épée au travers du corps. La mort du chef étonna les membres. Mais Croquart prenant la parole leur dit : Compagnons, laissons-là les prophéties de Merlin, et ne comptons que sur nos armes et notre courage : Serrez-vous, tenez ferme, et combattez comme moi. Les Anglais se serrèrent, et le combat devint plus furieux qu'il n'avait encore été.

Cependant les trois prisonniers bretons, quoique blessés, profitèrent du désordre, qu'avait causé la mort de Bembro, s'échappèrent et allèrent rejoindre les leurs pour combattre encore. Croquart, Billefort, Caverlé, et Cnole, tenaient ferme, malgré la mort de Dagorne et de deux Allemands. Beaumanoir fut blessé dans ce moment ; la perte de son sang et la fatigue du combat lui causant une grande altération il demanda à boire ; Geoffroi du Bois l'ayant entendu lui répondit : Beaumanoir, bois ton sang, et ta soif se passera ; cette réponse lui fit honte, il rentra au combat, et fit un nouvel effort pour se faire jour à travers des rangs ennemis, mais ce fut inutilement. Enfin Guillaume de Montauban monta à cheval, prit sa lance et feignit de s'éloigner de sa troupe ; Beaumanoir l'ayant apperçu lui cria : faux et mauvais écuyer, où vas tu, pourquoi nous abandonnes-tu ? il sera reproché à toi et à ta race à jamais. Montauban, sans s'étonner, lui dit : Ouvres-bien de ta part, Beaumanoir, et je ferai tout devoir de mon côté. A peine eut-il prononcé ces paroles, qu'il poussa son cheval, vers les An-

glais, les rompit et en renversa huit en allant, et en re-
venant ; les Bretons profitèrent de ce désordre, et péné-
trèrent dans les rangs éclaircis, où ils firent un terrible
carnage. Une bonne partie des Anglais fut tuée ; Cuole,
Caverlé, Billefort, Croquart et quelques autres furent
faits prisonniers et conduits au château de Josselin. Tinteniac du côté des Bretons, et Croquart du côté des Anglais, remportèrent le prix de la valeur. Telle fut l'issue
de la célèbre bataille des 3o, si glorieuse à la nation bretonne : mais qui ne décida rien pour les affaires des deux
prétendants à la possession du duché de Bretagne. *Hist.
de Bretagne*, par D. Morice, t. I, pp. 28o, 281 et 283.

*Nomenclature des Bannerets, Chevaliers, et autres Seigneurs
Bretons*, appelés aux *Parlements généraux* des années
·1451 et 1455, *sous Pierre* II, *duc de Bretagne.*

Acigné ; de Basoges ; de Beaufort ; de Baumanoir,
de Beaumont ; de Beloczac ; de Betton ; de Beufves ; de
Bleheban ; du Bois de la Motte ; du Bois de la Roche ;
de Broon ; de Campzillon ; de Châteauneuf ; du Châtel ;
du Châtelier d'Ereac ; de Château-Giron ; de Châtillon ;
de Clisson ; de Coëffret ; de Coësmes ; de Coëtmen ; de
Coëtquen ; de Coëtivy ; de Combour ; de Donges et
Rochefort ; de l'Espine - Gaudin : du Faouët ; le
vicomte du Fou ; de la Feillée ; de Fresnay ; du Gué ;
du Guémadeuc ; de Guéméné Guincamp ; de la Guerche ; de Quergorlay ; de Guinen ; de la Houssais ; de
la Hunaudais ; du Juch, de Kaër ; de Kaerimerech ; de
Kermoavan ; de Kérouseré ; de Kéranrais ; de Lesnen ;
de Lestournouarn ; de Lohéac ; du Loroux Botreaux ; de
la Marzellière, de Martigné ; de Matignon ; de Maure ;
de Montauban ; de Montrélaix ; de la Motte Saint-Gilles ;
de Moulac ; de la Muce ; de Nevet ; d'Oudon ; du Pallets ;
de Penhoët ; de Pestivien ; de Ploeuc ; du Perrier ; du
Plessis Ballusson ; de Polmic ; le vicomte de Pommerit ;
du Pont-l'Abbé ; de Plusquallec ; de la Rabaudière ; de la
Roche-Cervière ; de la Roche-Mont-Boucher ; de la Roche
Rousse ; de Rosmadec ; de Rostrenen ; de Rougé ; de
Saffré ; de Saint-Brice ; de Saint-Per ou Pillet ; de
Tiovarlain ; de Tizé ; de Tréal ; de Trémédern ; de Tré-
vécar ; du Vauclerc ; de Vieille Vigne ; du Vieux Châtel ;
d'Usel.

DE BRIDIEU, en Touraine, très-ancienne famille, originaire de la Marche, qui portait primitivement le nom de *Jacmeton*. Elle est distinguée par ses alliances et par ses services militaires. Elle remonte, par filiation, à Pierre Jacmeton, Ier. du nom, écuyer, seigneur de Bridieu et de la Montardé, vivant le 26 juillet 1446. Il était issu, par plusieurs degrés, de Renaud de Bridieu, chevalier, qualifié *monseigneur* dans les lettres de plaintes de la comtesse de la Marche, adressées à Thibaud de Neuwy, sénéchal du Poitou, l'an 126... Cette famille a produit plusieurs officiers distingués, entre autres, un lieutenant-général des armées du roi, connu par la belle défense qu'il fit dans la ville de Guise, où il soutint, contre les Espagnols, vingt-quatre jours de tranchée ouverte, en 1650, et en conservant cette ville, la clef du royaume, il préserva la France d'une invasion. *D'azur, à la mâcle d'or, cramponnée doublement en la partie inférieure, accompagnée de trois étoiles du même.*

BRIENNE LE CHATEL, en Champagne, diocèse de Troyes, parlement de Paris, intendance de Châlons, élection de Bar-sur-Aube, à 6 lieues de Troyes, et à 11 de Châlons. On y compte 285 feux.

La seigneurie de Brienne, est un ancien comté qui était possédé, en 990, par Engilbert I, sixième aïeul de Gauthier III, comte de Brienne, roi de Sicile et duc de la Pouille, du chef de sa femme Marie, sœur de Guillaume III., et dont le fils Gauthier IV, dit le Grand, huitième comte de Brienne, est mort en 1251.

Gauthier VI, douzième comte de Brienne et duc d'Athènes, du chef de son aïeule, Isabeau de la Roche, était aussi connétable de France, et fut tué en 1356; il eut pour héritière sa sœur Isabeau, alliée à Wauthier IV, sire d'Enghien, et, par elle, treizième comte de Brienne. Il eut pour petit-fils, André, dix-septième comte de Brienne, dont la sœur Marguerite hérita de Brienne, d'Enghien et de Conversans; elle épousa 1° Jacques de Saint-Séverin, et 2° Jean de Luxembourg, comte de Ligny, dix-neuvième comte de Brienne, mort en 1438; celui-ci est le sixième aïeul de Charles II, de Luxembourg, vingt-cinquième comte de Brienne, mort le 23 septembre 1605; il eut pour héritière, sa sœur, Louise de Luxembourg, alliée à Bernard de Béon, seigneur du Massès., dont la fille, Louise de Béon-Luxembourg, épousa Henri-Auguste de Loménie, secrétaire-d'état, fils d'Antoine de Loménie, aussi secrétaire-d'état, qui acquit le comté de Brienne en 1623. *Voyez* LOMÉNIE.

Des anciens comtes de Brienne, sont sortis les comtes d'Eu et de Guines, dont Jean de Brienne, qui fut roi de Jérusalem, et empereur de Constantinople en 1231. Cette branche s'éteignit par la mort de Raoul II, de Brienne, comte d'Eu et de Guines, connétable de France, décapité à Paris, le 19 novembre 1350 ; les vicomtes de Beaumont., au Maine, éteints en 1364 ; les seigneurs de Rameru, éteints après l'an 1278 ; les comtes de Bar-sur-Seine, fondés par Milon de Brienne, Ier. du nom, fils de Gauthier I, et d'Eustache, comtesse de Bar-sur-Seine, éteints l'an 1219, et les seigneurs de Conflans, dont les descendants se sont perpétués jusqu'à nos jours. *Voyez* CONFLANS.

Armes.: Comtes de Brienne, de Rameru et de Conflans, etc. *D'azur, semé de billettes d'or ; au lion du même, brochant.*

Rois de Jérusalem, comtes d'Eu et de Guines. *Ecartelé, aux 1 et 4 de Brienne ; aux 2 et 3 de Champagne, qui est d'azur, à la bande d'argent, accostée de deux cotices contre-potencées de treize pièces d'or ; sur le tout de* JÉRU-SALEM, *qui est d'argent, à la croix potencée d'or, cantonnée de 4 croisettes du même.*

Vicomtes de Beaumont, au Maine. *D'azur, semé de fleurs de lys d'or, au lion du même, brochant.*

DE LA BRIFFE, seigneurs de Ponsan, marquis de Ferrières, barons d'Arcy-sur-Aube, comtes d'Amilly, marquis et comtes de la Briffe ; maison ancienne et distinguée par ses alliances, ses possessions et ses services militaires ; originaire du vicomté de Fezenzaguet, en Armagnac, où sont situés la terre et le château de la Briffe. Elle est connue depuis Arnaud-Aner, damoiseau, seigneur de la Briffe, vivant en 1294 ; et établit sa filiation depuis Aner de la Briffe, chevalier, vivant en 1392 et 1401. Le comte de la Briffe a obtenu les honneurs de la cour le 23 mars 1789, en vertu de preuves faites au cabinet des ordres du roi. *D'argent, au lion de gueules ; à la bordure d'argent, chargée de six merlettes de sable.*

DE BRIOIS, seigneurs d'Angres, de Poix, de la Mairie, de Neulette et d'Hulluch, très-ancienne famille de l'Artois, qui établit sa filiation depuis Jackemin de Briois, écuyer, qui, l'an 1254, combattit sous le seigneur de Licques à la prise et au sac d'Oisy. Elle a donné un écuyer du roi Charles VIII, des chevaliers de l'ordre du roi, et plusieurs officiers supérieurs décorés de l'ordre royal et militaire de Saint-Louis. Maximilien-Philippe de Briois, chevalier, seigneur de Sailly, de la Pugnanderie et autres lieux, fut créé *chevalier*, lui et sa postérité, par lettres du roi Louis XIV, du mois de mars 1671. *De gueules, à trois gerbes d'or ; à la bordure du même, chargée de huit tourteaux de champ.*

DE BRION, maison d'ancienne chevalerie d'Auvergne, éteinte depuis plusieurs siècles. Elle est connue, par titres, depuis Pons de Brion, chevalier, qui vivait l'an 1078, avec Rhetalde de Châteauneuf–Randon, sa femme. Arnaud de Brion (et non pas Bréon), seigneur de Mardoigne, fut un des seigneurs qui se croisèrent l'an 1102, sous Guillaume VII, comte d'Auvergne. Dauphine de Bréon, fille d'Ithier, seigneur de Mardoigne, épousa, l'an 1302, Bertrand II, seigneur de Saint-Nectaire, Maurin de Brion, chevalier, vivant en 1229, et Ozelet de Brion, en 1317. *D'azur, semé de trèfles, aliàs de billettes d'or ; au lion du même, brochant sur le tout.*

DE BRION, *Voyez* LAIZER.

BRISSON DE BASOCHES, de Lorme, en Picardie; famille du parlement de Paris, anoblie par la magistrature et par les offices de secrétaire du roi, au milieu du seizième siècle. *D'azur, à trois fusées accolées d'argent.*

BROCARD, en Bourgogne. Cette famille descend de Claude Brocard, correcteur en la chambre des comptes de Dijon, dont la fille, Gabrielle Brocard, épousa, en 1558, Pierre Rémond, 1er du nom, co-seigneur de de Breviande, homme d'armes de la compagnie du seigneur de Praslin, et bailli de Chaource. *D'azur, au chevron d'argent, accompagné de trois brocards d'or.*

BROHON (Paul-Bernard), fils de Paul-Jacques-Réné, ancien capitaine de canonniers, fut créé baron, par décret impérial du 9 mai 1811 ; a obtenu de nouvelles lettres-patentes de S. M. Louis XVIII, le 17 février 1815, a formé un majorat avec titre héréditaire. *Coupé, au 1 d'or, au chevron alaisé d'azur ; au 2 d'azur, au pélican d'argent, becqué d'or, sa piété d'argent ;* l'écu timbré d'une couronne de baron.

DE LA BROUE DE GANDELON, en Quercy: famille qui tire sa noblesse des charges du parlement de Toulouse, sur la fin du seizième siècle. *Écartelé, aux 1 et 4 d'or, à trois corbeaux de sable, becqués et membrés de gueules,* qui est DE LA BROUE : *aux 2 et 3 de sable, à la tour d'or, surmontée d'une cordelière du même.*

DE LA BROUE DE VAREILLES ; cette famille est connue en Poitou depuis le commencement du seizième siècle. Elle a des services et de bonnes alliances. *D'azur, au chevron d'or, accompagné en chef de deux coquilles d'argent, et en pointe d'une main du même.*

DE LA BROUSSE, marquis de Verteillac, en Périgord, famille anoblie pour services militaires par lettres du mois d'octobre 1644, registrées en la chambre des comptes de Paris en 1645, et à la cour des aides de Guienne et à l'élection de Périgueux en 1646, confirmées par d'autres lettres de l'année 1671, et par un arrêt du conseil de l'année 1672. Cette famille s'est rendue recommandable dans la carrière des armes, et a donné plusieurs généraux et officiers de marque ; elle a contracté des alliances distinguées. *D'or, au chêne terrassé de sinople, fruité de douze glands d'or ; au chef d'azur, chargé de trois étoiles d'or.*

DE BROVES. *Voyez* RAFELIS.

DE BRUC, seigneur de Livernière, de Signy, marquis de la Rablière, marquis de la Guerche par érection du mois de février 1682 ; comtes de Bruc de Montplaisir, marquis de Malestroit de Bruc, maison d'ancienne chevalerie de Bretagne, qui a pris son nom de la chatellenie de Bruc en la paroisse de Guémené-Penfaut, dans l'évêché de Nantes, dont relevaient plusieurs fiefs et seigneuries nobles, seigneurie qui s'est perpétuée dans cette maison jusqu'à nos jours, et dont la possession remonte à près de 8 siècles. Un seigneur de Bruc servit sous Fergant, duc de Bretagne, qui suivit Guillaume le bâtard à la conquête de l'Angleterre, l'an 1066. M. Dorion, dans son poëme de la *bataille d'Hastings* (1) *ou l'Angleterre conquise* le nomme parmi les seigneurs bretons qui contribuèrent le plus par leur intrépidité au succès de cette journée mémorable. La maison de Bruc prouve sa généalogie depuis Guethenoc de Bruc, seigneur de Bruc, qui vivait en 1200. Elle a constamment suivi le parti des armes; a donné des chevaliers et écuyers bannerets, des capitaines d'hommes d'armes, un vice-chancellier de Bretagne en 1404, ambassadeur à Rome et en Angleterre; plusieurs personnages en grande considération à la cour des ducs; un grand nombre de capitaines et d'officiers supérieurs au service des rois de France, un général de division; un lieutenant-général grand' croix de Saint-Louis en 1693, un maréchal-de-camp; des chevaliers de Malte et de Saint-Louis, etc. Dans la prélature, cette maison compte un évêque de Dol en 1268, un évêque de Tréguier en 1427 transferé à Dol en 1431, et un évêque de Saint-Brieux après l'an 1439. *D'argent, à la rose de gueules boutonnée d'or.* Tenants : *deux anges.* Cimier : *la Sainte Vierge.* Devise : *Flos florum virgo maria in te confido.*

DE BRUEYS, en Languedoc, maison d'origine chevaleresque, prouvant une ascendance filiative, depuis Pierre de Brueys, vivant en 1350, époux de Bertrande du Caylar. Elle a produit des officiers supérieurs de terre et de mer, et un contre-amiral célèbre, qui périt glorieusement au combat d'Aboukir en 1797. *D'or, au lion de gueules, lampassé et armé de sable, entravé dans une cotice d'azur, bordée d'argent, ensorte qu'il l'embrasse dans ses deux pates de devant, et qu'elle broche sur les deux de derrière.*

_____

(1) In-8°. Paris, 1836, pp. 57 et 160.

DE BRYAS ou BRIAS, en Artois, marquis de
Molenghem par lettres du 20 juin 1645, comtes de
Bryas, par lettres du 30 mai 1649, maison d'ancienne
chevalerie qui tire son nom de la seigneurie de Bryas,
faisant partie du comté de St.-Pol, au diocèse d'Arras. Elle florissait dès l'an 1199. L'aîné de cette maison
était premier pair de Liége; elle a produit des généraux au service d'Espagne avant la réunion de l'Artois
à la couronne, et depuis cette réunion elle a donné
nombre d'officiers supérieurs distingués par leur dévouement au service des rois de France. Dans la prélature, elle compte un évêque de Saint-Omer, sacré
archevêque et duc de Cambray en 1675. *D'or, à la
fasce de sable, accompagnée en chef de trois cormorants du
même, becqués et membrés de gueules.*

DE BUATH, aux Pays-Bas. Guillemette de Buath
épousa, vers l'an 1490, Jacquemart Rosel, d'une famille connue depuis l'an 1065. *De gueules, à six mouchetures d'argent.*

DE BUCELLI, barons de Salendrenque, seigneurs
de Mausson et de Saint Hilaire, en Languedoc, famille
originaire de Florence, qui s'est éteinte vers le milieu
du seizième siècle dans la maison de la Fare. *D'or, au
bufle rampant de sable, accolé d'une chaîne d'or, où pend
un écusson de gueules à la croix d'or.*

DE BUDOS, vicomtes, puis marquis de Portes par
érections de l'an 1585 et de l'an 1613, maison d'an-
cienne chevalerie de Guienne, issue, selon André du
Chêne et Baluze, de l'illustre maison de Guilhem de
Clermont Lodève, qui florissait dès la fin du douzième
siècle. Cette maison s'est illustrée dans la carrière des
armes. Elle a donné deux chevaliers de l'ordre du Saint-
Esprit, un vice-amiral de France, un évêque d'Agde.
Elle s'est éteinte vers la fin du dix-septième siècle.
D'azur, à trois bandes d'or.

BUOR DE LAVOY, maison des plus anciennes et
des mieux alliées du Poitou, que la tradition fait
originaire d'Ecosse. Elle établit sa filiation en France
depuis Guillaume Buor, seigneur de la Lande, qui
l'an 1270 accompagna le roi Saint-Louis dans sa dernière
croisade; à l'avantage de l'ancienneté elle joint celui

d'avoir constamment suivi la carrière militaire où elle a donné des chevaliers, des écuyers, des hommes d'armes, des gouverneurs de places, nombre d'officiers de tous grades, un brigadier des armées navales, un capitaine de vaisseau, et plusieurs autres officiers de marine. Du nombre de ces officiers, décorés pour la plupart de l'ordre royal et militaire de Saint-Louis, plusieurs ont succombé pour la cause royale dans la guerre sanglante de la Vendée ; l'un d'eux, Louis-Alexandre Buor de Lavoÿ, a servi à la funeste expédition de Quiberon. Il a été fait chef d'escadron et chevalier de Saint-Louis en 1814. *D'argent, à trois coquilles de gueules : au franc canton d'azur.*

DE BUROSSE. Famille ancienne, originé de Bearn. *Ecartelé aux 1 et 4 d'azur à la couronne d'argent ; aux 2 et 3 d'azur, à trois besants d'or.*

BUSON DE CHAMPDIVERS, en Franche-Comté, famille qui tire sa noblesse des anciennes charges municipales de la ville libre et impériale de Besançon. Elle a été reçue à Malte en 1713, et à Saint-Georges en 1764. *Parti de gueules et d'argent, à quintefeuilles de l'un en l'autre.*

DE BUSSEUL, comtés de Busseul, barons de Saint-Sernin, illustre et ancienne maison de chevalerie de la province de Bourgogne, qui tire son nom d'une terre située dans le Charolais. Elle est connue depuis Hugues de Busseul qui souscrivit une donation faite à l'abbaye de Clugny en 1030. Elle a occupé des charges considérables à la cour des ducs de Bourgogne, est admise au chapitre de Lyon depuis plus de cinq cents ans et dans l'ordre de Malte depuis plus de quatre cents. Le vicomte de Busseul, lieutenant général des armées du roi, commandeur de Saint-Louis, est le chef actuel de cette ancienne maison. *Fascé d'or et de sable.*

C.

DE CABIRON, barons de Saint-Etienne et de Sainte-Croix, famille d'origine chevaleresque du Languedoc, qui prouve sa filiation depuis Simon de Cabiron, chevalier, seigneur d'Aulzon, qui vivait en 1350. Elle a formé de belles alliances et a constamment suivi la carrière des armes. *D'or, au pin de sinople fruité d'or ; au chef d'azur, chargé de trois fleurs de lys d'argent.* Tenants : Deux anges. Devise : *Virtus et Honor.*

CADET-GENTILHOMME, subst. masc. Le *Cadet-gentilhomme* servait dans les troupes du roi, sans prendre de paie, pour apprendre le métier de la guerre, et se rendre digne dans la suite des emplois militaires. Aucun *Cadet-gentilhomme* n'était admis qu'il n'eût l'âge de quinze à seize ans ; au-dessus de vingt ans on ne les recevait plus. Il fallait faire preuve de noblesse. L'art. 3 de l'ordonnance du 10 août 1781, admet au nombre des *Cadets-gentilshommes* dans les troupes des colonies, les *gentilshommes* ou *fils d'officiers* décorés de la croix de Saint-Louis, tués ou morts de leurs blessures au service. L'âge est de quinze à vingt ans révolus.

CADETS DES MAISONS NOBLES. Les *Cadets* ou puînés des *maisons nobles* doivent briser leurs armoiries ; l'art. 5 de l'édit du roi du 8 décembre 1699, concernant la noblesse de Flandre, de Hainaut et d'Artois, ordonne aux *Cadets* des maisons, de porter des brisures dans leurs armoiries, sous peine de 50 florins d'amende.

DE **CAHAIGNES** DE **FIERVILLE**, en Normandie, famille anoblie en 1593, et maintenue lors de la recherche en 1666. *D'azur, au chevron d'or, accompagné en chef de deux roses d'argent, et en pointe de trois mains rangées, tenant chacune une épée, le tout du même.*

DE **CAILLEBOT** DE LA **SALLE**, noblesse ancienne de Normandie. Réné de Caillebot, écuyer, seigneur du Mesnil-Thomas, vivait en 1454 ; mais l'ascendance de cette famille remonte plus haut. Elle a donné trois chevaliers des ordres du roi, dont l'un maître de la garde-robe ; deux lieutenants-généraux et un maréchal de camp ; des gouverneurs de provinces et plusieurs officiers supérieurs, ainsi qu'un évêque de Tournay. Elle a obtenu les honneurs de la cour en 1784 et 1788, en vertu de preuves faites au cabinet des ordres du roi. La terre et seigneurie de Champsonnel, en Normandie, fut érigée en marquisat, sous la dénomination *de la*

Salle, par lettres du mois de juillet 1673, registrées le 19 décembre suivant, en faveur de Louis de Caillebot, lieutenant-général des armées du roi. Le titre de ce marquisat fût transféré sur la terre de Montpinçon, par lettres du mois de juillet 1730, registrées à la chambre des comptes de Rouen le 16 janvier 1732. *D'or, à six annelets de gueules.*

DE CALONNE, maison d'ancienne chevalerie d'Artois, qui tirait son nom de la terre de Calonne, sur la Lys, au diocèse de Saint-Omer, à deux lieues nord de Béthune, et où l'on comptait cent trente-deux feux. Les seigneurs du Bois, de Reux, de Montifault et de Lentretun étaient de cette maison, connue depuis Pierre, seigneur de Calonne, qui, avec Jossine de Vandeville, sa femme, fit don de six mercaudées de terre à l'abbaye de Saint-Aubert, l'an 1101. Cette famille subsistait à la fin du seizième siècle dans la personne de Charles-Antoine, baron de Calonne, général de l'artillerie du roi d'Espagne et commandeur de Carthagène. *D'hermine, au léopard de gueules.*

DE CALONNE, seigneurs d'Avesnes, famille ancienne de Picardie, qui, par l'analogie de ses armoiries, paraît être une branche des seigneurs de Calonne, sur la Lys. Elle a justifié de sa filiation lors de la recherche, depuis Jean de Calonne, écuyer, seigneur d'Avesnes, vivant le 8 février 1548. Un autre Jean de Calonne (ce nom s'écrivait aussi *Caloïgne*), capitaine de l'abbaye de Lisques, est mentionné avec trois écuyers de sa compagnie dans le compte de l'extraordinaire des guerres de l'an 1412. *D'argent, au lion léopardé de gueules mis en chef.*

DE CALONNE, barons de Courtebonne, première baronnie du comté de Guines, marquis de Courtebonne, par érection du mois de juin 1671, comtes de Calonne, etc.; maison d'origine chevaleresque, qui a pris son nom de la terre de Calonne, en Artois, à deux lieues un quart sud-ouest de Béthune, et où l'on compte trente-sept feux. Elle est connue depuis Jean de Calonne, surnommé *Buit*, écuyer, gouverneur du fort d'Alquin et de l'abbaye de Lisques, en Boulonnais, qui servit les rois Charles V et Charles VI, avec plusieurs écuyers de sa compagnie, depuis 1374 jusqu'en 1415, et elle établit sa filiation depuis Baudoin ou Boit de Calonne, écuyer, capitaine du château de Saint-Omer, qui servait à la défense de Gravelines et des frontières de Flandres, avec huit écuyers, l'an 1386. Cette maison a fait, au cabinet des ordres du roi, les preuves pour les honneurs de la cour, dont elle a joui en 1769. Elle a constamment suivi la carrière des armes dans des grades supérieurs ; a donné plusieurs généraux, des commandeurs de Malte, des gouverneurs de places, des chevaliers de l'ordre royal et militaire de Saint-Louis. Une branche de cette famille, connue sous la dénomination de seigneurs de Coquerel, subsiste en Picardie. *D'argent, à l'aigle de sable, becquée et membrée de gueules.*

DE CALONNE. *Voyez* BERNARD DE CALONNE.

DE CAMARET, famille originaire du bourg de Caromb, au diocèse de Carpentras, et fixée à Pernes, au comtat Venaissin. Elle paraît dans l'ordre de la noblesse depuis le milieu du seizième siècle, et compte, de nos jours, un évêque de Fréjus. *De gueules, au chevron d'or, accompagné de trois croissants du même.*

DE CANILLAC, maison d'ancienne chevalerie, originaire de Languedoc, qui tirait son nom de la terre de Canillac, au diocèse de Mende, en Gévaudan. Elle est connue depuis Deusdet, Gaucelin, Pierre et Bernard de Canillac, qui, avec Belissende, leur mère, consentirent une donation faite, en 1058, à l'abbaye de Saint-Victor de Marseille, par Hugues, Roger et Foulques de Bonnefoy, tous trois seigneurs dans le Gévaudan. Deusdet de Canillac était, en 1060, doyen de Saint-Martin de la Canourgue, au diocèse de Mende, et vivait encore en 1075. Cette illustre et ancienne maison s'est fondue, au milieu du quatorzième siècle, dans la maison de Roger de Beaufort, par le mariage de Guerine, fille unique de Marquis, seigneur de Canillac, et d'Alixent de Poitiers, avec Guillaume II, seigneur de Beaufort et de Rosiers, auquel elle porta la terre de Canillac. *D'azur, au levrier rampant d'argent, armé et colleté de gueules ; à la bordure crenelée d'or.*

DE CANILLAC, seigneurs de Lavort, de la Tronchère, du Fau, en Auvergne. Jacques-Thimoléon de Beaufort de Montboissier, marquis de Canillac ; eut un fils naturel , Jean Thimoléon (père d'Abraham et de Jacques-Joseph de Canillac, seigneur de Floreaud), lequel , en récompense de ses services , obtint des lettres de légitimation en 1642 , et d'autres d'anoblissement au mois de mai 1658 , confirmées par d'autres du mois de novembre 1667. *D'azur , au levrier rampant d'argent , armé et colleté de gueules , surmonté d'un croissant d'argent ; à la bordure crénelée d'or.*

DE CANONVILLE, marquis de Raffetot , maison d'ancienne chevalerie de Normandie , qui a pris son nom de la terre de Canonville, au pays de Caux, et florissait dès le milieu du onzième siècle. Un seigneur de cette maison accompagna Guillaume le Bâtard , à la conquête de l'Angleterre, l'an 1066. Cette famille a donné un grand nombre de personnages distingués à la cour, dans les conseils et dans les armées de nos rois. *De gueules , à trois molettes d'éperon d'or.*

DE CARBONEL , en Languedoc, famille anoblie en 1774 , par le capitoulat de la ville de Toulouse , en la personne de noble Jean-Pierre de Carbonel , avocat au parlement. *D'azur , à trois chevrons d'or ; au chef cousu de gueules , chargé d'un croissant d'argent , accosté de deux étoiles d'or.*

DE CARBONNEL D'HERY, en Auvergne. Cette maison, dont le nom s'écrit aussi *Charbonnel* dans les quatorzième et quinzième siècles , est d'ancienne chevalerie d'Auvergne, et elle a donné huit ou dix comtes de Brioude depuis Antoine de Carbonnel , qui y fut reçu vers 1366. Elle a été maintenue dans sa noblesse par M. de Fortia, intendant en Auvergne , lors de la recherche, en 1666. *De gueules , à trois panaches d'or.*

DE CARDON (1), barons de Sandrans, en Lyonnais, famille très-ancienne, qui tire son nom de la ville de Cardonne , en Espagne , laquelle avait le titre de duché. Les seigneurs de Cardonne se nommaient originairement Folch – Major, de Cardonna – Aragon ; ils contractèrent des alliances avec la famille royale d'A-

---

(1) Cet article doit rectifier celui qui se trouve au tome Ier, page 131 du Dictionnaire Véridique.

ragon, et avec les principales maisons de l'Europe.
Cette maison, qui florissait dès avant l'an 1040, s'est
divisée en un grand nombre de rameaux, qui, s'étant
répandus dans diverses contrées du Continent, laissèrent fondre le principal héritage dans les maisons
d'Aragon, de Beaumont et Monte-Major. Parmi les
illustres personnages qu'a produits cette famille, on
distingue Jacques de Cardonne, de la maison de Folch,
élevé au cardinalat, l'an 1461, par le pape Pie II; il
fut aussi évêque d'Urgel; Henri de Cardonne, cardinal
et archevêque de Montréal, fils du duc de Cardonne,
fut nommé vice-roi de Sicile par l'empereur Charles-
Quint, et mourut en 1530. La branche de Cardon,
établie en Lyonnais, a donné plusieurs personnages célèbres, des officiers dans les armées de nos rois, un
chevalier de l'ordre de Saint-Michel, prévôt général de
l'ancien gouvernement des provinces du Lyonnais,
Forez et Beaujolais. Horace Cardon (Folch-Cardoni),
fut le premier de cette maison qui s'établit en Lyonnais, où il illustra son nom. Il était encore au berceau
lorsque son père, Joseph Folch de Cardonna-Aragon,
l'amena d'Italie, où sa branche était établie, depuis
plusieurs siècles, en France. Il fut seigneur de la Roche,
et défendit, à la tête de cent hommes, la porte d'Ainay à Lyon. Ce fait est articulé dans des lettres-patentes
du roi Henri IV, du 8 décembre 1605, que le père
Colonia déclare avoir entre ses mains (1). Ces lettres
font mention des ancêtres dudit Horace Cardon, et de
leur extraction de l'illustre maison de Cardonne, en
Espagne. Horace Cardon, mort à Lyon le 21 juin 1641,
se rendit recommandable par sa magnificence. Il employa un million à la décoration des églises, au soula-
gement des pauvres, à la commodité et à l'avantage du
public. Les grands et magnifiques greniers de la Charité, le beau puits de la grande rue de l'Hôpital, le
grand collège, le magnifique chœur des pénitents du
Gonfalon, le monastère de Blie, les églises et les maisons des pères Cordeliers et de Saint-Joseph, de la
place Louis-le-Grand, et nombre d'autres lieux publics
où l'on voit ses armoiries, sont des monuments de sa

---

(1) Histoire Littéraire de la ville de Lyon, tome II, chapitre XIII, page 612.

généreuse piété. *D'or, à trois fleurs de cardon au naturel,* Supports : *Deux licornes.* Couronne de baron,

DE CARDON DE VIDAMPIERRE. *Voyez* VIDAMPIERRE.

CARR ou CARRE DE LUZANÇAY ET DE CARREVILLE, en Bretagne, famille noble et ancienne, originaire d'Angleterre, et divisée en plusieurs branches ; les unes existent en Angleterre et en Ecosse, et les autres sont fixées en France depuis plusieurs siècles. Les branches établies dans la Grande-Bretagne, y sont connues sous le nom de Carr, Carre, Karr, Kerr, Karry, Carrey et Carrew ; elles reconnaissent toutes pour auteurs les Carr ou Kerr, les mêmes qui reconnaissent aussi pour les leurs les Carr ou Kerr, ducs de Boxburgh-Cesford. La maison de Carr a donné un grand trésorier d'Ecosse et d'Angleterre, plusieurs chevaliers des ordres royaux de la Jarretière et de Saint-Georges, des grands écuyers d'Angleterre, des gouverneurs de provinces et de places militaires, des généraux de terre et de mer, des lords députés, etc. La branche de Luzançay a été maintenue dans son ancienne extraction, l'an 1698 et en 1708, et a fait ses preuves devant M. Chérin, généalogiste des ordres du roi, le 7 mai 1782 pour le service militaire. Elle a donné plusieurs officiers de cavalerie, d'infanterie et de marine, et notamment un commandant de vaisseaux, et plusieurs chevaliers de l'ordre royal et militaire de Saint-Louis. *D'azur, au chevron d'argent, chargé de trois molettes d'éperon de gueules ; au franc canton d'or, chargé d'un lion de gueules.* Cimier : un soleil d'or, avec la devise *Nusquam devius.* Quelques-uns ont pris aussi pour devise : *Nullibi solidius.* Supports : *Deux lions d'or.*

Ces armoiries ont été enregistrées, à l'armorial et nobiliaire général de France, en 1698, d'après l'ordonnance, à ce sujet, de messieurs les commissaires généraux du conseil, sur le fait de la noblesse et des armoiries. On les trouve aussi inscrits dans le Promptuaire armorial général de Jean Boissseau, imprimé, in-folio, à Paris en 1658.

DE CASTEJA. *Voyez* BIODOS.

DU CASTELLET. *Voyez* MONIER.

DE CASTERAS (1), seigneurs de la Rivière, comtes de Casteras de la Rivière, marquis de Casteras-Seignan, seigneur de Villemartin, barons de Sournia, seigneurs de Serviers, en Bigorre, en Languedoc et en Auvergne, maison d'ancienne chevalerie de la province de Languedoc, qui paraît originaire d'Aragon. Elle établit sa filiation, non interrompue depuis Wilhem de Casteras, chevalier qui vivait en 1175. Elle a donné quatre comtes de Lyon, des officiers généraux, des colonels de régiments de leur nom, des chevaliers de Saint-Louis, des gentilshommes ordinaires de nos rois, des écuyers de Henri IV, des gouverneurs de places, entr'autres de la ville de Paris, et de Saix en Bresse ; des brigadiers des armées du roi, des capitaines et gouverneurs du château royal de Blois, un capitaine de cent hommes d'armes en 1624, etc. Une branche de cette maison, séparée depuis long-tems de la souche commune, subsiste en Suisse avec distinction. Elle a donné plusieurs lieutenants-généraux des armées du roi. La maison de Casteras a obtenu les honneurs de la cour sur les preuves qu'elle a faites de son ancienne extraction au cabinet du Saint-Esprit ; et M. le baron de Sournia, en vertu de ces preuves, a été présenté au roi le 20 mai 1775, etc. La maison de Casteras a fourni à l'ordre de Saint-Jean de Jérusalem, *dit* de Malte, plusieurs chevaliers et commandeurs depuis l'an 1646.

ARMES :

Branche de la Rivière. *Ecartelé, aux 1 et 4 de gueules, à la tour d'argent, maçonnée, ouverte et ajourée de sable ; au 2 d'azur, à trois massues d'or renversées ; au 3 d'or, à trois tourteaux de gueules.* Couronne de marquis.

Branches de Seignan, de Villemartin et de Sournia. *Ecartelé, aux 1 et 4 comme ci dessus ; aux 2 et 3 d'or, à trois massues de gueules.* Couronne de comte.

Branche de Serviers. *Ecartelé, aux 1 et 4 comme ci-dessus ; aux 2 et 3 d'azur, à trois massues d'or.*

Devise de la maison : *Si consistant adversum me castra non timebit cor meum.*

---

(1) Ce nom s'est aussi écrit *Casterats, Castelras* et *Castellas.* La branche de Serviers, établie en Auvergne, a conservé cette dernière orthographe.

LE CAT D'HERVILLY, en Picardie. Cette famille compte parmi ses ascendants Thomas le Cat, anobli avec Marguerite, sa femme, au mois de novembre 1395. La branche de le Cat d'Hervilly n'étant point issue de l'anobli, on ignore par quelles charges elle a pu acquérir le privilége de la noblesse. Arthus le Cat ayant épousé, l'an 1501, Jeanne d'Hervilly, dame d'Hervilly, héritière de l'ancienne maison de ce nom, ses descendants quittèrent le nom et les armes (1) de *le Cat*, pour prendre ceux d'Hervilly, qu'ils ont portés jusqu'à nos jours. Le comte d'Hervilly, officier-général tué à l'affaire de Quiberon, était de cette famille. *De sable, semé de fleurs de lys d'or.*

DE CAUBIOS, barons d'Andiran (2), maison d'ancienne chevalerie du Bearn, qui tire son nom d'une terre située au diocèse de Lescar, sur l'Ourson, à deux lieues et demie de Morlas, terre qu'elle a possédée jusqu'à la fin du dix-septième siécle, qu'elle fut portée par l'héritière de la branche aînée dans la maison de Fanget. La maison de Caubios compte, depuis la première croisade, une longue série de services militaires. Elle a donné de grands senéchaux, des capitaines d'hommes d'armes, de bandes et de chevau-légers, un lieutenant de roi du Languedoc, gouverneur de Carcassonne; un gentilhomme de la chambre du roi Charles VII, et dans les dix-sept et dix-huitième siècles, un grand nombre d'officiers, dont plusieurs furent décorés de l'ordre de Saint-Louis; le dernier colonel du régiment de Piémont. On peut consulter sur cette maison également distinguée par son ancienneté et ses belles alliances, Marca, Essais historiques sur le Bearn; Faget de Baur, Le cartulaire de Lescar; Montluc, de Thou, Guerres d'Ecosse; Brantôme, Siège de Metz-Chanac (Saillies), Bertrand de Salignac de la Mothe Fenelon, Ditto, Olhagaray et divers mémoires du tems. *Ecartelé, aux 1 et 4 d'azur, au cerf*

_____

(1) Elles étaient : *De gueules, à la tour d'argent.*
(2) Baronnie qui se relevait directement du duché de Guienne : cette baronnie appartenait à la maison d'Albret. Par une suite d'alliances successives elle est entrée dans la maison de Caubios en 1560.

passant d'or (1), qui est de CAUBIOS *aux 2 et 3 contre écartelés d'or, à quatre vergettes de gueules* qui est de FOIX, en mémoire de l'alliance, contractée l'an 1380 par Odet de Caubios avec Annielle de Foix de Castelbon, sœur de Mathieu de Foix, vicomte de Castelbon, cousin et héritier de Phœbus, comte de Foix, prince de Béarn.

DE CAUMONT. *Voyez* SEYTRES.

DE CHABANS, en Périgord, maison de la plus ancienne chevalerie, qui prétend descendre d'un cadet des comtes de Poitiers, issus des ducs d'Aquitaine : elle a cela de commun avec la plupart des maisons dont l'ancienneté fait ignorer l'origine. Ce qui est certain et incontestable, c'est qu'elle est connue par le cartulaire de l'abbaye de Chancelade, depuis le milieu du douzième siècle, et que lors de la recherche de 1666, elle produisit devant l'intendant de Guienne, ses titres de noblesse, depuis et compris l'an 1257, et prouva 13 degrés, formant l'espace de 400 ans. Cette maison a produit un panetier de France, sous Charles VI, en 1407, plusieurs gentilshommes ordinaires de la chambre de nos rois ; et un grand nombre d'officiers de tous grades. Elle était déjà partagée, en 1250, en deux branches principales : la première habitait un château bâti sur la Mothe d'Agonac, à côté de ceux des seigneurs de Flamenc, de Montardit et de Chamberlhac. Ces quatre châteaux formaient un rempart à celui de l'évêque de Périgueux, et avaient été construits pour le défendre. Cette branche s'est subdivisée avant le milieu du quinzième siècle, en deux autres branches : de la première descendent les seigneurs de la Chapelle-Faucher, de Richemont, de Lavignac, de Chazerac, des Houlmes, etc. ; la seconde, connue sous le nom de Siorac, Saint-André ou Epeluche, a formé les rameaux du Maine, du Couret, etc. *D'azur, au lion d'argent, lampassé, armé et couronné d'or ; accompagné de douze besants du même émail en orle.*

_____

(1) Les Baudean de Parabère, en mémoire d'une alliance avec la maison de Caubios, portaient leurs armes dans le chef de leur écu. Voy. l'*Histoire des Grands-Officiers de la Couronne*, tome IX, Catalogue des Chevaliers du Saint-Esprit.

DE CHABREFY. *Voyez* VALLETEAU.

DE CHABRILLANT. *Voyez* MORETON.

DE CHAMBARLHAC ou CHAMBARLHIAC, barons de Chambarlhac, de Monregard, de l'Aubépain, maison d'ancienne chevalerie, qui tire son nom de la terre et baronnie de Chambarlhac, dans le Haut-Vivarais, en la généralité de Montpellier, où l'on compte 272 feux. Elle est connue depuis Raymond de Chambarlhac, chevalier, qui fut présent à la fondation de la chartreuse de Bonnefoy, faite, le 24 juillet 1179, par Raymond, comte de Toulouse. Pierre de Chambarlhac, chanoine de la cathédrale du Puy, eut l'honneur, en 1394, de loger pendant trois jours le roi Charles VI. Les preuves filiatives de cette maison remontent à l'an 1326. Cette maison a constamment suivi la carrière des armes dans les bans et arrière-bans de la noblesse. Elle compte deux lieutenants-généraux des armées du roi, dont l'un du corps royal de génie, chevaliers de l'ordre royal et militaire de Saint-Louis, et commandants de la Légion-d'Honneur.

Armes. D'azur, au chevron d'or, accompagné de trois colombes d'argent, becquées et membrées de gueules.

La branche de Chambarlhac de l'Aubepain porte : écartelé, aux 1 et 4 d'azur, au chevron d'or, accompagné de trois colombes d'argent, becquées et membrées de gueules, qui est de CHAMBARLHAC, au 2 d'or à l'aubépain, terrassé de sinople, qui est de l'AUBEPAIN, au 3 de sinople, à un camp de trois tentes d'argent, celle du milieu supérieure. Ce dernier quartier sont des armes de récompense militaire.

CHAMBELLAN, seigneurs de Fougeray, de la Garenne. Ancienne famille de marchands de la ville de Bourges, dont était Jacquette Chambellan, veuve de Philippe Pelourdé, bourgeois de Bourges, et remariée avant le 29 avril 1396, à Jean ou Jeannin de Bar, valet de chambre de Jean de France, duc de Berry. *Parti d'or et d'azur, à la bande de gueules, brochante sur le tout. Cimier : une autruche issante. Tenants : deux hommes, armés de pied en cap. Devise : colloquia prava parva.*

DE CHAMBRAY, barons de la Roche-Turpin, de de Ponsay et d'Auffay, marquis, comtes et vicomtes de Chambray, en Normandie et en Vendômois ; maison d'ancienne chevalerie de Normandie, qui tire son nom d'un château situé sur la rivière d'Yton, possédé, depuis six siècles, par les seigneurs de ce nom, issus, dès le douzième siècle, des seigneurs de la Ferté-Fresnel, qui ont conservé, sur les seigneurs de Chambray, le droit d'aînesse ou de parage par lignage, usité dans la Normandie, du tems de l'ancienne coutume, jusqu'en 1528. Cette maison a joui des honneurs de la cour, en 1737 et 1782, en vertu des preuves qu'elle a faites au cabinet des ordres du roi. Elle prouve sa filiation depuis Richard, IIe du nom, chevalier, baron de la Ferté-Fresnel, qui vivait au douzième siècle, et eut pour fils, Simon, chevalier, seigneur de Chambray ; terre qu'il eut en apanage, et dont le nom a passé à ses descendants. Cette maison, dont la noblesse est toute militaire, a donné des chevaliers, des chambellans de nos rois, et des gentilshommes ordinaires de la chambre, des commandeurs de bans de la noblesse de Normandie, un ambassadeur, en 1499, pour ratifier la paix d'Etaples ; des chevaliers de l'ordre de Saint-Michel, avant l'institution de celui du Saint-Esprit ; des capitaines de cent et de cinquante hommes d'armes des ordonnances ; trois maréchaux de camp, des officiers supérieurs tant sur terre que dans la marine ; un grand'croix, vice-amiral de l'ordre de Malte ; plusieurs chevaliers de Saint-Louis et de la Légion-d'Honneur. *D'hermine, à trois tourteaux de gueules.* Devise : *Regit nidum majoribus alis.*

DE CHAMILLART, comtes de la Suze, par érection de 1720, marquis de Cany, etc. ; maison distinguée par ses alliances et ses illustrations, issue de Pierre Chamillart, avocat au parlement de Paris, marié avec Perrette Poupardin, père de Guy, avocat-général du grand-conseil, maître des requêtes en 1661, intendant à Caen ; et ce dernier, père de Michel Chamillart, secrétaire-d'état de la guerre, et contrôleur-général des finances, dont le fils, Michel de Chamillart, IIe du nom, marquis de Cany, fut grand-maréchal-des-logis de la maison du roi, et fut père de Louis-Michel de

Chamillart, comte de la Suze, grand-maréchal-des-logis de la maison du roi, lieutenant-général de ses armées en 1748, gouverneur du Mont-Dauphin en 1764, père de Louis-François de Chamillart, marquis de la Suze, pair de France le 17 août 1815, grand-maréchal-des-logis, lieutenant-général des armées du roi. *Écartelé, aux 1 et 4 d'azur, au levrier passant d'argent, colleté de gueules; au chef d'or, chargé de trois molettes d'éperon de sable*, qui est de CHAMILLART; *aux 2 et 3 d'or, à trois fasces nébulées de gueules*, qui est de MAILLÉ.

CHAMPAGNE (province de). Les gentilshommes la province de Champagne étaient en droit de porter les titres et les marques de leur condition originaire, quoique la misère les eût contraints de professer les arts mécaniques. (Maynier, page 25.) *Voyez* DÉROGEANCE et ANOBLISSEMENT, page 16, LANGRES, CHATEAU-THIERRY, REIMS, TROYES.

DE CHAMPAGNE, barons de Mathefelon, de Du-retal, de Tucé et de Luré, premiers barons d'Anjou et du Maine; marquis de la Suze, par érection du mois de février 1566; marquis de Villaines, par érection de 1587, et de la Rochefontaine, par lettres du mois de mai 1594; illustre et ancienne maison de chevalerie, issue d'Hubert, sire d'Arnay, que le Laboureur, dans ses additions aux mémoires de Castelnau, dit puîné des anciens comtes du Maine. Il vivait en 980. La branche aînée ayant hérité des biens de la maison de Mathefelon, en prit le nom et les armes jusqu'en 1396, époque de son extinction. La maison de Champagne a produit des capitaines de cent-lances, de cent et de cinquante hommes d'armes, des grands-sénéchaux, des lieutenants-généraux, des gouverneurs de provinces, des lieutenants-généraux des armées du roi, dont l'un fut général de la république de Berne; des grands-maréchaux de Sicile, des chevaliers de l'ordre du Crois-sant, de l'ordre du roi, avant l'institution de celui du Saint-Esprit; des chevaliers des ordres, des chambel-lans et conseillers de nos rois, des conseillers d'état d'épée, des ambassadeurs extraordinaires en diverses cours de l'Europe; un évêque d'Angers en 1324, etc. Elle a joui des honneurs de la cour, en 1749 et 1765, etc., en vertu de preuves faites au cabinet des ordres du roi.

De sablé, fretté d'argent ; au chef du même, chargé d'un lion issant de gueules.

DE CHAMPAGNÉ, titrés marquis, comtes et vicomtes de Champagné, seigneurs de la Motte-Ferchaut, de Moyré, de Folville, de la Pommeraye, de la Roche-Giffart, en Bretagne et en Anjou ; maison d'ancienne chevalerie, qui tire son nom de la châtellenie de Champagné, en Bretagne. Elle est connue, dans cette province, depuis Maino de Champagné, qui fut témoin d'une donation faite, en 1050, par Geoffroy, de la dîme de Montbourcher, à l'abbaye de Saint-Georges de Rennes.

Cette maison jouissait du droit de menée, chez les ducs de Bretagne, droit qu'avait un seigneur d'assister aux plaids généraux où présidait le souverain sur les affaires de l'état ; ce qui y donnait séance avec les barons qui occupaient alors, auprès de leurs ducs, le même rang qu'ont aujourd'hui les pairs de France. La filiation établie par titres, jusqu'à nos jours, remonte à Gohier de Champagné, écuyer, seigneur de la Montagne, qui vivait en 1266. Cette maison a produit des chevaliers bannerets, des généraux et officiers supérieurs, des gouverneurs de places, des chevaliers de l'ordre du roi, des capitaines de vaisseaux, des chevaliers de Saint-Louis, etc. Elle a obtenu les honneurs de la cour, le 2 avril 1775, en vertu de preuves faites au cabinet des ordres du roi.

Armes : L'écu en bannière, *d'hermine, au chef de gueules.*

La branche de Champagné-Giffart, porte parti de GIFFART, qui est *d'argent, à la croix de gueules, chargée de cinq coquilles d'or, et cantonnée de quatre lionceaux couronnés de gueules.*

DE CHAMPCENETZ ET DE RICHEBOURG (Quentin) ; famille très-ancienne, originaire de Bretagne, et transplantée en Touraine, depuis trois cents ans, province dans laquelle elle a fait plusieurs fondations pieuses, et dans laquelle elle a possédé plusieurs fiefs. Elle a fourni des gouverneurs des Tuileries, du Louvre et de Meudon ; un lieutenant-général des armées du roi, et des chevaliers de Saint-Louis. Elle a joui des

honneurs de la cour, le 24 juin 1787. La terre de
Champœnetz a été érigée en *marquisat*, en sa faveur, au
mois de novembre 1686. Cette maison a également
fourni des chevaliers de Malte. Elle porte pour armes :
D'azur, à trois pommes de pin d'or.

DE CHAMPSAVOY. *Voyez* GRIGNART.

CHANALEILLES (1), maison d'origine chevaleresque, des plus anciennes et des plus illustres du Vivarais. Elle tire son nom de la seigneurie de Chanaleilles, dans le Velai, et remonte filiativement à Guillaume, qui vivait en 1228. Elle a formé les branches
de Castrevielle, du Villard et de la Saumés. Cette famille a fourni des chevaliers bannerets, des capitaines
d'hommes d'armes, des lieutenants de roi de province,
et sénéchaux de noblesse, des officiers de terre et de mer.
En 1422, Pierre de Chanaleilles aida, comme seigneur
banneret, le dauphin, depuis Charles VII, pendant
que ce jeune prince était retiré au pays du Velay. Après
être monté sur le trône, ce monarque remercia Pierre
de Chanaleilles, par une lettre clause, des services qu'il
lui avait rendus, et le reçut chevalier.

Ce même Pierre de Chanaleilles fut le premier bailli
d'épée qu'aient eu nos rois au Vivarais et Valentinois
réunis. Cette maison a joui des honneurs de la cour en
1785, en vertu des preuves faites au cabinet des ordres du
roi ; elle avait, en 1327, un chevalier de la milice du
Temple, et a fourni, depuis, plusieurs chevaliers de
Malte.

Dès le commencement du quatorzième siècle, les seigneurs de la maison de Chanaleilles se qualifiaient,
dans leurs actes, de nobles et puissants. Les branches
existantes de cette maison ont les titres de *marquis*,
de *comte*, *vicomte* et *baron*, dans les actes publics, commissions de nos rois, et dans les preuves faites aux états
de Languedoc, et le titre de marquis a été confirmé
par lettres-patentes du 31 mai 1817. *D'or, à trois lévriers
de sable, colletés d'argent, l'un sur l'autre.*

_____

(1) Les titres anciens de cette maison varient l'orthographe
du nom, en *Chanalelhes*, *Chanalelis* et *Chananeilles*.

CHAPITRES NOBLES. Parmi les chapitres des églises cathédrales ou collégiales, et des abbayes ou prieurés, il y en avait où l'on ne pouvait être admis sans fournir les preuves de noblesse ordonnées par leurs constitutions particulières : J'en établis ici la nomenclature.

Chapitres nobles d'hommes.

Ainay (Saint-Martin d'), au diocèse de Lyon; il fallait cent ans de noblesse paternelle ;

Aix (Saint-Sauveur d'), en Provence; il fallait faire preuve de naissance noble.

Amboise (Notre-Dame et Saint-Florentin d'), au diocèse de Tours : il fallait faire preuve d'ancienne noblesse ;

Bar (Saint-Maxe de), au diocèse de Toul; trois degrés de noblesse paternelle, non compris le présent.

Beaume-les-Messieurs (Saint-Pierre), au diocèse de Besançon; seize quartiers de noblesse, huit paternels et huit maternels ;

Besançon (Saint-Jean-l'Evangéliste et Saint-Etienne de); seize quartiers de noblesse, huit paternels et huit maternels ;

Brioude (Saint-Julien de), au diocèse de Saint-Flour ; seize quartiers de noblesse, huit paternels et huit maternels ;

Gigny (Saint-Louis de), au diocèse de Saint-Claude ; il fallait prouver quatre quartiers sans les alliances du côté paternel, et quatre du côté maternel, avec les mêmes alliances ;

Lescar (Notre-Dame de), en Béarn; il fallait faire preuve de naissance noble.

Lure et Murbach, en Franche-Comté et en Alsace, réunis ; seize quatiers de noblesse, huit paternels et huit maternels.

Lyon (Saint-Jean de); il fallait prouver huit degrés de noblesse, quatre paternels et quatre maternels, en remontant à l'an 1400 la ligne paternelle, sans anoblissement connu.

Mâcon (Saint-Pierre de); il fallait faire preuve de quatre degrés, tant paternels que maternels.

Metz (Saint-Etienne de), il fallait prouver trois degrés de noblesse paternelle.

Nancy (Notre–Dame de), il fallait prouver quatre degrés.

Saint-Claude (Saint-Pierre de), en Franche-Comté ; seize quartiers de noblesse, huit paternels et huit maternels.

Saint-Diez, en Lorraine, trois degrés de noblesse paternelle.

Saint-Pierre et Saint-Chef de Vienne. Il fallait faire preuve de neuf degrés du côté paternel et du côté maternel.

Saint-Victor de Marseille, il fallait faire preuve de cent cinquante ans de noblesse.

Savigny, au diocèse de Lyon, il fallait faire preuve de quatre degrés de noblesse paternelle.

Strasbourg (Notre-Dame de), il fallait faire preuve de huit degrés de haute noblesse; c'était le premier chapitre de France, et on n'y admettait anciennement que des princes et comtes de l'empire.

Toul (Saint-Etienne de), trois degrés paternels.

Chapitres nobles de femmes.

Alix, au diocèse de Lyon. Il fallait prouver huit degrés paternels, sans anoblissement, et trois degrés maternels.

Andlaw, au diocèse de Strasbourg; seize quartiers, huit paternels et huit maternels, d'ancienne chevalerie.

Argentière (l'), ou Notre-Dame-de-Coyse, au diocèse de Lyon; huit degrés paternels et trois maternels.

Avesne, au diocèse d'Arras; comme à Andlaw.

Baume-les-Dames, au diocèse de Besançon, *idem*.

Beaulieu (hôpital de), ordre de Malte, langue de Provence ; huit quartiers comme les chevaliers de Malte.

Blesle, en Auvergne ; quatre degrés de noblesse.

Bourbourg, au diocèse de Saint-Omer; il fallait faire preuve de noblesse depuis l'an 1400.

Bouxières-aux-Dames (Notre–Dame de), diocèse de Nancy; preuve d'ancienne chevalerie.

Château-Châlons, au diocèse de Besançon ; il fallait faire preuve de seize quartiers, huit paternels et huit maternels.

Denain (Saint-Remfroye de), au diocèse d'Arras ; il fallait faire preuve de seize quartiers de noblesse militaire.

Epinal, au diocèse de Saint-Diez ; la première était de deux cents ans de noblesse chevalesque des deux côtés.

Estrun, au diocèse d'Arras ; huit quartiers.

La Veine, au diocèse de Clermont, en Auvergne ; il fallait faire preuve de noblesse paternelle depuis l'an 1400.

Leigneux, au diocèse de Lyon ; il fallait faire preuve de cinq degrés de noblesse paternelle.

Lons-le-Saunier, au diocèse de Besançon ; il fallait prouver huit quartiers paternels et huit maternels.

Loutre, au diocèse de Trèves ; naissance noble.

Maubeuge, au diocèse de Cambrai ; il fallait faire preuve de huit générations de noblesse chevaleresque et militaire.

Migette, au diocèse de Besançon ; seize quartiers.

Montfleury, au diocèse de Grenoble ; il fallait prouver quatre degrés de noblesse paternelle.

Montigny, au diocèse de Besançon ; il fallait faire preuve de huit quartiers paternels et quatre maternels.

Neuville, en Bresse ; neuf degrés paternels.

Otthmarsheim, diocèse de Bâle ; seize quartiers de noblesse chevaleresque, huit paternels et huit maternels.

Poulangy, au diocèse de Langres ; neuf degrés paternels et trois maternels, la présentée non comprise.

Poussay, au diocèse de Toul ; seize quartiers.

Remiremont (Saint-Pierre de), au diocèse de Saint-Diez ; il fallait prouver deux cents ans de noblesse chevaleresque.

Ronceray (Notre-Damé de), au diocèse d'Angers ; la preuve était de huit quartiers, quatre paternels et quatre maternels.

Saint-Louis de Metz ; il fallait faire preuve de noblesse paternelle, jusqu'à l'an 1400.

Saint-Marc de Martel (hôpital-prieuré de), ordre de Malte, langue de Provence ; huit quartiers.

Saint-Martin-de-Salles, en Beaujolais; il fallait prouver huit degrés paternels et trois maternels.

DE CHARBONNEL, en latin, *Charbonnelii*, et quelquefois *Carbonnellus*, *Carbonnelli*, comtes de Charbonnel du Bets et de Charbonnel-Jussac, barons de Saussac et des états du Velay, maison d'ancienne chevalerie du Languedoc, qui a pris son nom d'un fief situé en Vivarais, qui s'appelle aujourd'hui Prost. Pierre de Charbonnel fut présent, l'an 1020, à une donation faite par Bernard, seigneur d'Anduze, et par ses fils, à la cathédrale de Nismes. Pons de Charbonnel est nommé, dans un accord fait, vers l'an 1029, entre les abbés d'Aniane et de Saint-Guilhem, touchant la construction d'un pont sur l'Hérault. Guy de Charbonnel, l'un des auteurs de cette maison, fut à la première croisade, l'an 1096, et s'y distingua particulièrement en faisant prisonnier un chef des Maures. C'est ce qu'on apprend d'un vieux livre latin, ayant pour titre de *Origine signorum*, où il est dit que ce chevalier, en mémoire de ce fait d'armes, mit dans son écu un croissant accompagné de trois molettes d'éperon. Pons de Charbonnel fut présent à une donation faite l'an 1197, à l'hôpital du Saint-Esprit de Montpellier, par Bertrand de Montlaur, et son épouse Marie de Fabriciis. Bertrand de Charbonnel, damoiseau, se plaignit, en 1267, de ce que les consuls de Lavaur voulaient l'obliger à payer le fouage, alléguant pour son refus qu'il était noble et fils de chevalier, et qu'il n'était d'usage qu'on mit les nobles à la taille ou pour toute autre chose. La maison de Charbonnel établit sa filiation depuis Pierre de Charbonnel, chevalier, seigneur de Charbonnel en Vivarais, vivant en 1273. Cette noblesse est toute militaire. Elle a donné un chevalier de Saint-Jean de Jérusalem, au milieu du quinzième siècle, et neuf comtes Brioude, depuis l'an 1443 jusqu'en 1541. *D'azur, au croissant d'argent, accompagné de trois molettes d'éperon d'or.*

DE CHARNACÉ. *Voyez* GIRARD.

DE CHARRIER-MOISSARD, en Languedoc, famille déjà mentionnée dans le tome VIII, page 343, du Nobiliaire et dans la première série du *Dictionnaire véridique*; mais nous croyons devoir ajouter à ce que nous avons dit, les pièces suivantes :

Nous, Antoine-Marie d'Hozier de Sérigny, chevalier, juge d'armes de la noblesse de France, et en cette qualité, commissaire du roi, pour certifier à sa majesté, la noblesse des élèves des écoles royales militaires, chevalier, grand-croix honoraire de l'ordre royal des saints Maurice et Lazare de Sardaigne,

Certifions au roi que Jean-Baptiste La Croix de Charrier de Moissard, né le 14 décembre 1765, fils de feu *noble* Pierre de Charrier de Moissard, *co-seigneur direct de la ville de Bagnols*, en Languedoc et de feue dame Rosalie-Elisabeth de la Fargue, sa femme, *a la noblesse requise*, pour être admis au nombre des gentilshommes que sa majesté fait élever dans les écoles royales militaires : en foi de quoi, nous avons signé ce présent certificat et l'avons fait contre-signer par notre secrétaire qui y a apposé le sceau de nos armes.

A Paris, le douzième jour du mois d'avril de l'an 1778.

Signé, D'HOZIER DE SÉRIGNY.

Par M. le juge d'armes de la noblesse de France,

Signé, DUPLESSIS.

Pour copie conforme à l'original qui nous a été exhibé et de suite retiré par M. le marquis de Charrier-Moissard, à Bagnols, le 22 octobre 1819.

Lettre du même à M. de Charrier-Moissard, lieutenant au régiment royal des Vaisseaux, à Bagnols, en Languedoc.

La nomination, Monsieur, que le roi a faite pour ses écoles militaires, le 31 octobre de l'année dernière, ayant été portée jusqu'au nombre de 114 (il y a eu depuis un supplément de 8), je n'ai pu que successivement procéder (en ma qualité de commissaire du roi en cette partie) à la vérification des productions. J'ai fait l'examen de la vôtre dans les premiers jours d'avril, *et l'ayant trouvée en règle*, j'ai délivré, le 12 du même mois, *mon certificat de noblesse* à M. votre frère, et l'ai envoyé le 20 à monseigneur le prince de Montbarey, secrétaire-d'état au département de la guerre. J'en joins ici un duplicat que je vous prie d'accepter. Vous voudrez bien m'en accuser la réception.

J'ai l'honneur d'être, avec des sentiments respectueux,

Monsieur,

Votre très-humble et très-obéissant serviteur,

Signé D'HOZIER DE SÉRIGNY.

DE CHASSAREL, famille noble et ancienne du Périgord, dont la filiation suivie remonte à Jean de Chassarel, qualifié noble homme, seigneur de Solélie, (ou Souleille), marié avant l'an 1476, à demoiselle Agnès de Saint-Astier; la plus jeune des filles de Forton de Saint-Astier, seigneur des Bories, et de Jacquette Corbel. Jean de Chassarel avait probablement pour aïeul, Étienne de Chassarel, vivant en 1430, dont les oncles et les frères occupaient, les uns, des places honorables à la cour des papes à Avignon, et les autres étaient chanoines et dignitaires des deux chapitres de Périgueux. Cette famille a formé les branches de Grézignac, de Jailhac, de Roger, de Cavaillé en Agénois. *Coupé, au 1 de gueules, au levrier d'argent; au 2 d'argent, au cerf de gueules.*

CHASTEAU ou CHATEAU, famille noble originaire de Saint-Aunis, et établie en Guienne, et dont était :

I. Jean-Marie-René *de Chasteau*, écuyer, ancien officier d'infanterie, qui avait épousé Catherine du Myrat de laquelle il laissa :

1º Jean-Baptiste-Luc, dont l'article suivra ;
2º N.... de Chasteau, mort à l'Ile-de-France ;
3º Edme Jean-Baptiste de Chasteau, ecclésiastique, mort à Paris ;
4º Marie-Françoise de Chasteau, mariée à don Hugo de Pédesclaux, consul d'Espagne à Bordeaux ;
5º Claire-Honorine de Chasteau, mariée à M. Antoine Duclaux, ancien capitaine de cavalerie.

II. Jean-Baptiste-Luc *de Chasteau*, écuyer, a émigré

en 1790; a servi dans l'armée des princes, et est mort à Londres; il avait épousé Françoise de Barret, d'origine irlandaise, de laquelle il a eu :

III. Edme-Thérèse-Jean-Baptiste *de Chasteau*, écuyer, né à Bordeaux, le 9 juin 1787, lieutenant de cavalerie, ancien secrétaire des légations de France, en Wurtèmberg, Piémont, Saxe, et maintenant près le grand duc de Toscane; il a épousé, en 1819, Mathilde-Louise-Charlotte, comtesse de Maltzan, fille de son excellence M. le comte de Maltzan, grand trésorier héréditaire de Silésie, comte d'empire, major au service du roi de Prusse, et dynaste en Silésie, chevalier de l'ordre de Saint-Jean de Jérusalem, et de l'aigle rouge de Prusse; et de Antoinette-Wilhelmine-Caroline-Catherine, comtesse de Hoim.

Armes de la maison de Chasteau : D'or, au château de gueules, ouvert et ajourné d'argent; au chef d'azur, chargé d'un chevron du troisième émail.

Armes de la maison de Maltzan : Mi-parti, au 1 d'azur, à deux lièvres d'or issants du parti; au 2 d'or, à la grappe de raison de pourpre, accompagnée de deux feuilles de pampre de sinople, le tout mouvant de la partition. Couronne de comte.

CHATEAU-THIERRY, ville avec titre de duché-pairie, dans la ci-devant province de Brie Champenoise, généralité de Soissons. C'est la patrie du célèbre Jean La Fontaine. La tradition du pays porte que ce fut Thierry, l'un de nos rois de la première race, qui donna son nom au château de la ville de Château-Thierry, dont la première érection en duché-pairie est de l'an 1410.

État des Gentilshommes convoqués à l'Assemblée de la Noblesse du bailliage de Château-Thierry, lors de la convocation des États-Généraux, en 1789.

Oberlin Mittersbach,
Dumoulin;
De Pompry,
De Maison-Rouge,
Tavenot;

De l'Esguisé d'Aigremont, père,
Le comte de Férasca,
Sarrebource de Pont-le-Roy,

De Chambrenau de Saint-Sauveur,

Le vicomte de Saint-Val-lier,

Le Gendre,

Le vicomte d'Aumale,

Dumoulin,

De Villongue,

Des Courtils,

Marquets,

Le comte de Vassan,

Pasquier de Boisrouvraye,

Le baron de Graimberg de Belleau, élu député,

Philippes de Moucheton,

De Romilly,

De Guérin, vicomte de Brulard,

Paris de Tréfonds,

Le chevalier d'Aigreville,

Nacquart,

Arnould de la Fonds,

De Villelongue,

Le chevalier de Pompry,

De l'Esguisé d'Aigremont, fils,

De Mornay-d'Hangest,

Philippes de Moucheton, fils,

Le comte de Boursonne,

Huchet, vicomte de la Bédoyère,

Le comte Armand d'Allonville, n'ayant pas l'âge réquis (vingt-cinq ans), l'assemblée lui fit témoigner ses regrets de ne pouvoir l'admettre dans ses délibérations.

CHATELAIN, subst. masc. On appelait seigneur *Châtelain*, celui qui avait droit d'avoir un château et maison forte, revêtue de tours et de fossés, et qui avait justice avec titre de châtellenie. On appelait aussi *Châtelain* le juge de cette justice.

Châtelain royal était celui qui relevait immédiatement du roi, à la différence de plusieurs *Châtelains* qui relevaient d'autres *Châtelains* ou d'une baronnie, ou autre seigneurie titrée. L'origine des *Châtelains* vient de ce que les ducs et comtes, ayant le gouvernement d'un territoire fort étendu, préposèrent sous eux, dans les principales bourgades de leur département, des officiers qu'on appela *castellani*, parce que ces bourgades étaient autant de forteresses appelées en latin *castella*.

La plupart de ces *Châtelains* n'étaient dans l'origine que des concierges auxquels nos rois, pour récompense de leur fidélité, donnèrent en fief les châteaux dont ils n'avaient auparavant que la garde. Ces *Châtelains* abusant de leur autorité, furent tous destitués par Philippe-le-Bel et Philippe-le-Long, en 1310 et 1316, suivant des lettres rapportées dans le glossaire de M. de Laurière, au mot *Châtelain*.

La fonction de ces *Châtelains* était non-seulement de maintenir leurs sujets dans l'obéissance, mais aussi de leur rendre la justice, qui était alors un accessoire du gouvernement militaire. Ainsi, dans l'origine, ces *Châtelains* n'étaient que de simples officiers.

Ils n'avaient ordinairement que la basse justice; et dans le pays de Forez, il y eut des juges *Châtelains* qui n'avaient justice que jusqu'à 60 sous, comme on voit dans les arrêts de Papon, tit. de la juridiction des *Châtelains* de Forez. Il en est de même des *Châtelains* de Dauphiné, suivant le *chap. 1 des statuts de potest. castell.*, et Guy-Pape, décis. 285 et 626. Les coutumes d'Anjou, Maine et Blois, disent aussi que les juges de la justice primitive des seigneurs *Châtelains* n'ont que basse justice.

On donna aussi, en quelques provinces, le nom de *Châtelains* aux juges des villes, soit parce qu'ils étaient capitaines des châteaux, ou parce qu'ils rendaient la justice à la porte ou dans la basse-cour du château. Ces *Châtelains* étaient les juges ordinaires de ces villes et avaient la moyenne justice comme les vicomtes, prévôts ou viguiers des autres villes; et même, en plusieurs grandes villes, ils avaient la haute justice.

Les *Châtelains* des villages ayant le commandement des armes, et se trouvant loin de leurs supérieurs, usurpèrent, dans des tems de troubles, la propriété de leur charge et la seigneurie de leur département; de sorte que, depuis, le nom de *Châtelain* fut un titre de seigneurie et non pas un simple office, excepté en Auvergne, Poitou, Dauphiné et Forez, où les *Châtelains* étaient encore avant la révolution de simples officiers.

Les seigneurs *Châtelains* étaient inférieurs aux barons, tellement qu'il y en avait qui relevaient des barons, et qu'en quelques pays les barons étaient appelés grands *Chatelains*, comme l'observe Balde.

Aussi les barons avaient-ils deux prérogatives sur les *Châtelains*; l'une, que leurs juges avaient par état droit de haute justice, au lieu que les *Châtelains* n'auraient dû avoir que la basse, suivant leur première institution; l'autre, que les barons avaient droit de ville close et de garder les clés, au lieu que les *Châtelains* avaient seulement le droit de château ou maison forte.

DE CHAVANAT, titrés marquis et comtes de Chavanat, dans les actes publics et brevets de nos rois,
noblesse d'ancienne chevalerie de la province d'Auvergne ; elle remonte son ascendance directe à l'an
1100. Cette famille a donné des capitaines de cent
hommes d'armes. François de Chavanat servait dans la
maison militaire de François Ier, et était attaché particulièrement à sa personne.

Claude Chavanat était capitaine d'arquebusiers à cheval sous les règnes de Charles IX et d'Henri III.

Christophe de Chavanat était gouverneur d'Issoire,
en Auvergne. Il se distingua lors du siége de cette ville,
en 1577, sous Henri III.

Josué de Chavanat, gouverneur de Montauban en
1600, fut disgracié, avec Cinq-Mars, en 1642.

Gaspard de Chavanat fut général dans les armées de
l'empereur vers 1620.

Jacques de Chavanat, chevalier, seigneur de Mont-
gour, reçut, en 1511, de la ville d'Auzance, des terres
qui avoisinaient son château, en reconnaissance des services qu'il avait rendus à ladite ville.

Cette famille a eu plusieurs chevaliers de Saint-Louis
et de la Légion-d'Honneur. François de Chavanat fut
reçu chevalier de Malte en 1569.

Louis-Antoine et Alexandre de Chavanat furent reçus,
sur titres, chanoines-comtes de Brioude, en 1771 et
1772 ; et Alexandre-Léonard-François fut également
admis chanoine-comte dans ce chapitre noble, en vertu
de preuves faites en 1787. *D'azur, à la croix d'argent,
cantonnée de quatre étoiles d'or.* L'écu timbré d'une couronne de marquis. Supports : *Deux lions.*

DE CHEVERUE, comtes et marquis de Cheverue,
en Normandie, noblesse d'origine chevaleresque, qui
a formé des branches répandues en Anjou, au Maine,
en basse Normandie et en Bretagne. Elle est connue
depuis l'an 1303, qu'un seigneur de cette famille, chevalier de l'ordre des Templiers non-conformistes, reçut
30 liv. du roi Philippe-le-Bel. La Roque, dans son
Histoire de la maison d'Harcourt, fait mention d'un
M. Pierre de Cheverue, chevalier, qui fut présent à une
montre des nobles de la province de Normandie, faite
en 1347, sous l'autorité de Godefroy de Harcourt, par

Robert de Thibouville. Cette famille a fourni plusieurs officiers de tous grades. *De gueules, à trois têtes de chèvre arrachées d'argent.*

DE CHOISEUL, ducs de Praslin, par érection de 1762, marquis de Stainville, en 1722; ducs de Choiseul, en 1758; pairs de France la même année, ducs de Choiseul-Amboise, le 10 février 1762; puis ducs de Choiseul-Stainville, barons de Beurey par lettres du 23 juin 1719; marquis de Montigny-sur-Aube, comtes de Sorcy-sur-Meuse, par érection du 18 janvier 1705; barons de Beaupré, de Lanques, de Clermont, d'Aigremont et d'Ambonville, grande, illustre et puissante maison de Champagne, qui tire son nom de la baronnie de Choiseul, en Bassigny, et son origine d'Hugues, comte de Bassigny et de Boulogne-sur-Marne, qui vivait environ l'an 937, selon le père Jacques Vignier, jésuite, ou, selon l'abbé le Laboureur, des anciens comtes de Langres, dont Raynier, seigneur de Choiseul, était le premier vassal dès l'an 1060. Ce seigneur est la souche commune de toutes les branches de cette maison, au nombre de plus de vingt, la plupart éteintes. Cette maison a produit trois maréchaux de France, nombre de chevaliers des ordres du roi, des lieutenants-généraux et maréchaux de camp des armées, des ministres plénipotentiaires et ambassadeurs en diverses cours de l'Europe, des ministres, des conseillers d'état d'épée, des chambellans et gentilshommes de nos rois, et un grand nombre de personnages célèbres dans la carrière militaire et diplomatique; dans la prélature, elle compte un évêque de Comminges, en 1645, nommé à l'évêché de Tournay, en 1671; un évêque de Saint-Papoul, en 1718, puis de Mende, en Gévaudan, en 1723; un évêque d'Évreux, en 1758, archevêque d'Alby, en 1759; puis archevêque duc de Cambrai, comte de Cambresis et prince d'empire, au mois de mai 1764.

Claude-Antoine-Gabriel, comte de Choiseul-Beaupré, depuis duc de Choiseul-Stainville, lieutenant-général des armées du roi, a été nommé pair de France le 4 juin 1814. Marie-Gabriel-Auguste-Florent, comte de Choiseul-Gouffier, ainsi nommé depuis son mariage, contracté en 1771, avec mademoiselle de Gouffier, fille du marquis de Gouffier, maréchal de camp, et connu précédemment sous le nom de Choiseul-Beaupré, a été nommé pair de France le 4 juin 1814.

Armes : D'azur, à la croix d'or, cantonnée de dix-huit billettes du même, cinq en chaque canton du chef, quatre en chaque canton du bas de l'écu.

Branche d'Aigremont : Ecartelé aux 1 et 4 de Choiseul, aux 2 et 3 de gueules, au lion couronné d'or, qui est d'Aigremont.

Branche d'Esguilly : Ecartelé, au 1 de Choiseul; au 2 d'azur, à la croix ancrée d'argent; au 3 de gueules, au lion d'or; au 4 d'argent, au lion de gueules; à la bordure de sable, chargée de huit besants d'or.

Le dernier comte d'Esguilly, de cette branche de Choiseul portait : Ecartelé, aux 1 et 4 de Choiseul; aux 2 et 3 d'Aigremont; sur le tout, d'azur, à trois pals d'or, qui est d'Esguilly.

Le maréchal de Praslin, mort en 1626, portait : Ecartelé de Choiseul et d'Aigremont, sur le tout parti au 1 d'argent, à deux fasces de sable; au 2 d'argent, au lion de sable.

DE CITON D'ESPINE, en Languedoc, famille connue depuis le milieu du dix-septième siècle. *D'azur, à la fasce d'or, accompagnée de trois molettes d'éperon d'argent.*

CLABAULT, en Picardie, noblesse municipale de la ville d'Abbeville, dont était Jacques Clabault, maïeur d'Abbeville en 1300, 1303 et 1308; Pierre Clabault, maïeur en 1314; Catherine Clabaut, veuve, le dernier juin 1529, de Jean Gaude, écuyer et échevin d'Abbeville. *De sinople, à l'escarboucle d'or; au franc canton de sable, chargé d'une croix ancrée d'argent.*

LE CLÉMENT DE SAINT-MARCQ, barons de Taintegnies, maison issue d'ancienne chevalerie, originaire du Cambresis, qui justifie d'une descendance directe depuis Pierre le Clément, premier du nom, dit de Basse, lequel vivait en 1354, et dans la suite transplantée en Artois, où son ancienne et noble extraction de pères et de mères fut reconnue par sentence de l'élection de ladite province, en date du 15 octobre 1588.

Elle avait séance dans le corps de la noblesse des ci-devant états d'Artois, et est distinguée par ses alliances tant anciennes que modernes, et par ses services militaires, ayant fourni un lieutenant général et général en chef au service d'Espagne, fait capitaine et gouverneur général du royaume de Galice, et chevalier des grands ordres du roi, tels que ceux de la grand-croix et crachat de Saint-Ferdinand et de Sainte-Herménégilde, etc.; nombre d'officiers supérieurs au service de France, des chevaliers de Saint-Louis, etc.; en outre, elle possède légalement les titres de chevalier héréditaire et de baron. *De gueules, à trois trèfles d'or; au chef d'argent, chargé de trois merlettes de sable.* L'écu timbré d'un casque taré au tiers d'argent, montrant quatre barreaux d'or, bordé et cloué du même émail, environné de ses lambrequins, et sommé d'une couronne de marquis. Cimier : Une merlette de sable. Supports : Deux lions d'or. Devise : *Clémence et vaillance.*

DE CLÉRAMBAULT ou CLAIRAMBAULT, en latin *Clarimbaldus seu Clareimbaldus*, maison des plus anciennes et des plus illustres de France, qui s'est divisée en plusieurs branches répandues en Anjou et en Bretagne. Elle a donné un maréchal de France, des chevaliers des ordres du roi, des chevaliers de St-Michel, des lieutenans généraux des armées, et une foule de personnages distingués par leurs emplois militaires ou par leurs travaux littéraires. La branche aînée, dite des comtes de Palluau et marquis de Clerambault, s'est éteinte en 1704. La seconde branche, dite des comtes de Clerambault, est la seule subsistante. *Coupé, un 1 burelé d'argent et de sable, à la bande de gueules, brochante sur le tout; au 2 d'argent, à l'arbre de sinople.*

LE CLERC, barons de Juigné, par érection de l'an 1647, marquis de Juigné, pair de France en 1815, seigneurs de Lassigny, etc. Maison d'ancienne chevalerie, qui par ses alliances, ses illustrations et son ancienneté, a été placée par tous les historiens au nombre des plus considérables et des plus distinguées de l'Anjou. Elle prouve littéralement sa filiation depuis Adam le Clerc, chevalier, qui vivait en 1272, et a obtenu les honneurs de la cour, de 1753 à 1787, en vertu de preuves faites au cabinet du Saint-Esprit. Elle a donné un évêque de Châlons-sur-Marne, pair de France, et nommé, le 23 décembre 1781, archevêque de Paris, mort le 19 mars 1811 ; des lieutenants généraux, maréchaux de camps, et brigadiers des armées du roi nombre d'officiers supérieurs, des chevaliers de l'ordre du roi, et de l'ordre royal et militaire de Saint-Louis, un ministre plénipotentiaire en Russie en 1774, etc. *D'argent, à la croix de gueules, bordée, engrêlée de sable, cantonnée de 4 aiglettes du même, becquées et armées de gueules.* Cimier : un coq essorant. Devise : *ad alta.* Cri : *battons et abattons.*

DE CLÉRON, comtes d'HAUSSONVILLE, maison d'ancienne chevalerie de Lorraine, qui a constamment rempli les plus éminentes charges de ce duché, comme celle de grands louvetiers et de grands maîtres de l'artillerie. Elle compte aussi plusieurs généraux au service de France. Charles-Louis-Bernard de Cléron, comte d'Haussonville, a été nommé pair de France le 17 août 1815. *De gueules, à la croix d'argent, cantonnée de quatre croisettes tréflées du même ; sur le tout de gueules, à 5 saffres ou aiglettes de mer d'argent.*

DU CLUZEL, en Périgord. Cette maison paraît tirer son nom et son origine de l'ancien château du Cluzel, situé dans la paroisse de Cubjac, à trois lieues de Périgueux, relevant en suzeraineté des comtes de Périgord, à cause de leur châtellenie d'Auberoch. Ce château ayant été réuni, ainsi que le fief qui en dépendait, à la seigneurie de Cubjac, perdit son ancien nom du Cluzel, et n'est plus connu aujourd'hui que sous celui de Cubjac.

La seigneurie de Cubjac a appartenu de toute ancienneté à la maison du Cluzel, et cette possession est justifiée par une foule de titres, depuis l'an 1223 jusqu'en 1400, qu'Arnaud du Cluzel en rendit hommage au duc d'Orléans, comme comte de Périgord.

Le plus ancien seigneur du Cluzel, dont le nom soit parvenu jusqu'à nous, est Bernard, vivant vers l'an 1160. De lui était issu, par un cadet, noble Antoine du Cluzel, damoiseau, seigneur du But, connu par des actes de 1491, 1493, etc. C'est de cet Antoine que descend en ligne directe M. le comte du Cluzel de la

Chabrerie. Cette maison porte pour armes : *D'or, à un pin de sinople, et un cerf passant de gueules, brochant sur le tout*

COCHET DE SAVIGNY de Saint-Valier, d'Avoisotte, du Magny, titrés barons et vicomtes, famille noble et ancienne de Bourgogne, prouvant une filiation depuis Raoul Cochet, écuyer, grand veneur, en 1326, de Philippe, comte de Valois, depuis roi en 1328. Cette famille a constamment suivi la carrière des armes ; elle a donné des chevaliers dans les tournois, des présidents et des conseillers au parlement, des comtes de Brioude, des officiers de divers grades, des chevaliers de différents ordres, des hommes de lettres, et a exercé plusieurs emplois importants dans la haute magistrature et dans plusieurs chapitres. *D'argent, au coq hardi de gueules, crêté, becqué, barbé et membré d'or.*

COLBERT, marquis de Bourbonne, de Seignelay, de Torcy et de Croissy, comtes de Maulevrier, marquis de Saint-Pouange et de Chabanais, comtes de Colbert, marquis du Cannet, etc. Maison que d'éminents services et un grand nombre de personnages célèbres ont placée au nombre des plus illustres et des plus considérées du royaume. Elle est originaire d'Écosse (1), et issue des anciens barons de Castel-Hill. Elle est connue en France depuis l'an 1285, époque où Édouard Colbert de Castel-Hill, puîné de cette ancienne maison, dont la souche subsiste encore en Angleterre, accompagna en France Chrétienne de Baliol, nièce du roi Alexandre III, et femme d'Enguerrand de Guines, sire de Coucy. Sa postérité nombreuse et illustre s'est alliée directement à plusieurs maisons souveraines et princières d'Allemagne et d'Italie, et aux plus considérables de France. Elle a rendu d'importants services à nos rois, soit dans l'administration des affaires de

___

(1) Prouvé par l'acte du parlement d'Écosse du 15 juin 1686 et par les lettres-patentes du roi Jacques VII, roi d'Écosse et d'Angleterre du mois de mai 1687, ainsi qu'une attestation du lord Lyon, roi d'armes d'Écosse du 24 août 1816.

leur couronne, soit dans leurs conseils ou dans le commandement de leurs armées. A l'avantage qu'elle a d'avoir donné à la France le ministre qui a le plus contribué à la gloire de son prince et à la prospérité de sa patrie, elle joint celui d'avoir soutenu et perpétué l'éclat et la considération que ce grand homme avait acquis à sa famille. Dans le nombre de ses descendants et de ses collatéraux, on compte quatre ministres et secrétaires d'état ; cinq ambassadeurs et ministres plénipotentiaires, connus par leurs travaux diplomatiques et les négociations importantes qu'ils ont remplies ; vingt-un généraux sur terre, et trois des armées navales, ainsi qu'un grand nombre d'officiers supérieurs, tels que mestres de camp, colonels, etc., la plupart tués au service avant d'avoir pu parvenir aux premiers grades militaires ; un général des galères de l'ordre de Malte ; un chevalier et quatre commandeurs et trésoriers des ordres du roi, dont l'un chancelier des mêmes ordres ; deux commandeurs et un grand-croix de l'ordre royal et militaire de Saint-Louis, un officier de la Légion d'Honneur ; quatre conseillers d'état ; deux surintendants généraux des bâtiments du roi, dont un de la marine du Ponent ; un surintendant des postes de France, grand-maître des cérémonies ; un archevêque de Rouen ; un évêque de Montauban, puis archevêque de Toulouse ; un évêque de Mâcon ; un évêque de Montpellier ; un évêque d'Auxerre, etc. *D'or, à la bisse d'azur.* Devise : *Perite et recte.*

COLMONT, comte de Vaulgrennand, par lettres-patentes de S. M. Louis XVIII, du 25 novembre 1814, famille originaire de Bourgogne, qui a fourni plusieurs magistrats au parlement de cette province, des officiers distingués aux armées ; et plusieurs chevaliers de l'ordre royal et militaire de Saint-Louis. *Parti, au 1 coupé d'azur, à la tour d'argent ; et d'azur, au lion d'argent ; au 2 d'azur, au chevron d'or, surmonté d'une étoile accostée de deux roses tigées à cinq feuilles et en pointe une rose du même, mouvante d'un croissant, le tout d'argent.*

COMBAT DES TRENTE. *Voyez* BRETAGNE.

COMTE, subst. masc. Ce titre était connu chez les

Romains, mais ce ne fut que sous Constantin qu'on commença à désigner par le nom de *Comte*, une personne constituée en dignité. Eusèbe dit que ce prince en fit trois classes, dont la première fut des *illustres*, la seconde des *clarissismes* ou *considérés*, et la troisième des *très-parfaits* : les derniers avaient des priviléges particuliers, mais il n'y avait que les premiers et les seconds qui composassent le sénat.

Mais à peine le nom de *Comte* fut-il un titre, qu'il fut ambitionné par une infinité de particuliers, et qu'il devint très-commun, et par conséquent peu honorable. Il y eut des *Comtés* pour le service de terre, pour le service de mer, pour les affaires civiles, pour celles de la religion, pour la jurisprudence.

Le *Comte*, que les Latins appelaient *comes à commeando*, ou *à comitando*, que les Allemands appelaient *graaf*, que les Saxons ont appelé *eolderman*, que les Danois nomment *earlus*, et les Anglais *earl*, est parmi nous un homme noble qui possède une terre érigée en comté, et qui a droit de porter dans ses armes une couronne perlée, ou un bandeau circulaire orné de trois pierres précieuses, et surmonté ou de trois grosses perles, ou d'un rang de perles, qui se doublent ou se triplent vers le milieu et le bord supérieur du bandeau, et sont plus élevées que les autres.

Ce titre d'honneur, ou degré de noblesse, est immédiatement au-dessus de celui de vicomte, et au-dessous de celui de marquis.

Les empereurs furent les premiers *Comtes* de leurs palais, des généraux d'armées, et des gouverneurs de province. Ceux qui avaient été vraiment *Comtes* de l'empereur, avant que de passer à d'autres dignités, retinrent ce titre : d'où il arriva que ceux qui leur succédèrent dans ces dignités, se firent appeler *Comtes*, quoiqu'ils ne l'eussent point été réellement. Les anciens *Comtes* du palais, sous les empereurs, s'appelaient d'abord *Comites* et *magistri* ; ils supprimèrent dans la suite le *magistri*. Dans ces tems, les ducs n'étaient distingués des *Comtes* que par la nature de leurs fonctions. Les *Comtes* étaient pour les affaires de la paix ; les ducs pour celles de la guerre. La grande distinction qui existe maintenant entre ces dignités, n'est pas fort ancienne.

Les Français, les Allemands, etc., en se répandant

dans les Gaules, n'abolirent point la forme du gouvernement romain, et conservèrent les titres de *Comtes* et de *ducs* que portaient les gouverneurs de provinces et de villes. Sous Charlemagne, les *Comtes* étaient gouverneurs et juges des villes et des provinces. Les *Comtes* qui jugeaient et gouvernaient des provinces, supérieurs des *Comtes*, qui ne jugeaient et gouvernaient que des villes, étaient les égaux des ducs qui ne jugeaient et gouvernaient des provinces que comme eux, et qui étaient pareillement amovibles.

Ce fut sous les derniers de nos rois de la seconde race que ces seigneurs rendirent leurs dignités héréditaires; ils en usurpèrent même la souveraineté, lorsque Hugues Capet, qui en avait fait autant lui-même pour le duché de France et le comté de Paris, parvint à la couronne. Son autorité ne fut pas d'abord assez affermie pour s'opposer à ces usurpations; et c'est de là qu'est venu le privilége qu'ils ont encore de porter une couronne dans leurs armes. Peu à peu les comtés sont revenus à la couronne, et le titre de *Comte* n'a plus été qu'un titre accordé par le roi, en érigeant en comté une terre où il se réserve juridiction et souveraineté.

D'abord la cause de réversion du comté à la couronne au défaut d'enfants mâles, ne fut point mise dans les lettres-patentes d'érection; mais pour obvier à la fréquence de ces titres, Charles IX l'ordonna en 1564. Cette réversion ne regarde que le titre, et non le domaine qui passe toujours à ceux à qui il doit aller selon les lois, mais sans attribution de la dignité.

Il y a eu entre les marquis et les *Comtes* des contestations pour la préséance. On alléguait en faveur des *Comtes*, qu'il y avait des *Comtes-pairs*, et non des marquis; cependant la cause a été décidée pour les marquis: ils précèdent les *Comtes*, quoique leur titre soit très-moderne en France; il ne remonte pas au-delà de Louis XII, qui créa marquis de Trans un seigneur de l'illustre et ancienne maison de Villeneuve; le titre de *Marquis* est originaire d'Italie.

L'ordonnance du roi du 31 août 1817, concernant la chambre des pairs, donne aussi la préséance aux marquis sur les comtes.

Comme l'on donnait anciennement le nom de *Comtes* aux gouverneurs de ville et de province, dont une des fonctions était de conduire la noblesse à l'armée, et que quelques capitaines prirent le même titre, sans y être autorisés par un gouvernement de ville ou de province, on fit dans la suite, du nom de *Comte* celui de *comite* qui est resté à ceux qui commandent les forçats sur nos galères. On fit aussi celui de *vicomte*, qui, de même que les anciens *Comtes*, était juges dans leurs villes ou provinces, sont restés juges dans quelques-unes de la Normandie et ailleurs ; à Paris même, le prévôt de la ville, délégué par le *Comte*, était juge dans le vicomté de Paris.

Nos Ambassadeurs et Plénipotentiaires étaient dans l'usage de prendre le titre de *Comte*, quoiqu'ils n'eussent point de comtés ; ils croyaient ce relief nécessaire pour avoir dans le cours de leur négociation un dégré de considération proportionné à l'importance de leurs fonctions.

En Angleterre, on appelle *Comtes* les fils des ducs, et *vicomtes* les fils des *Comtes*. Le titre de *Comte* s'éteignait originairement avec celui qui le portait. Guillaume le Conquérant le rendit héréditaire, en récompensa quelques grands de sa cour, en annexa à plusieurs provinces, et accorda au *Comte*, pour soutenir son rang, la troisième partie des deniers des plaidoiries, amendes, confiscations et autres revenus propres du prince, dans toute l'étendue de son comté. Cette somme se payait par l'échevin de la province. Depuis les *Comtes* furent créés par chartes ; ils n'avaient ni autorité, ni revenus dans les comtés dont ils portaient les noms : le titre de *Comte* ne leur valait qu'une pension honoraire sur l'échiquier. Le nombre des *Comtes* étant devenu plus grand que celui des comtés proprement dits, il y en a dont le comté est désigné par le nom d'une portion distinguée d'une province, ou d'un autre comté ; par celui d'une ville, d'un village, d'un bourg, d'un château, d'un parc. Il y a eu même deux comtes sans nom de terre ; le *Comte* de Rivers, et le *Comte* de Poulet ; mais, depuis la révolution, il y en a grand nombre. Il y avait aussi une charge qui donnait le titre de *Comte-maréchal*.

La cérémonie de création de *Comte* se fait en Angleterre par le roi, en ceignant l'épée, mettant le manteau sur l'épaule, le bonnet et la couronne sur la tête, et la lettre-patente à la main, à celui qui est créé, que le roi nomme *consanguineus noster*, mon cousin, et à qui il donne le titre de *très-haut et très-puissant seigneur*. Les perles de la couronne du *Comte* anglais sont placées sur des pointes et extrémités de feuillages. On y fait moins de façons en France. Lorsque la terre est érigée en comté par lettres-patentes, le titulaire et sa postérité légitime prennent le titre de *Comte*, sans autre cérémonie que les enregistrements requis des lettres d'érection.

Tous ceux qui portaient le titre de *Comte* en France, n'avaient pas pour cela, un domaine érigé en comté. Le roi accordait ce titre par des lettres-patentes, seulement, et de sa pleine volonté ; elles devaient être registrées dans les cours supérieures.

Les chanoines des chapitres nobles, tels que ceux de Lyon, de Mâcon, de Vienne, de Brioude, de Saint-Claude, etc., prenaient le titre de *Comtes*. *Voyez* MAJORATS, PAIRS, TITRES.

État des personnes qui ont obtenu des lettres-patentes portant institution de majorats attachés au titre de COMTE, *et dont les dotations ont été formées avec les propres biens des titulaires.*

Messieurs,

Alphonse - Claude - Charles - Bernardin *Perregaux*, 21 décembre 1808.

Antoine-René-Charles-Mathurin *Laforest*, 28 janvier 1809.

Gabriel-Thomas-Marie *Darjuzon*, 2 février 1809.

Joseph - François - Marie - Antoine - Ignace - Hubert *Salm-Dyck*, 24 février 1809.

Érasme-Gaspard *de Contades*, 28 mai 1809.

Adrien *Godard d'Aucour de Plancy*, idem.

Louis-Nicolas *Lemercier*, idem.

Alexandre-Louis-René-Toussaint *de Galard-Béarn*, 18 juin 1809.

Antoine-Léon-Pierre *de Saint-Simon-Courtomer*, 5 août 1809.

Louis-Marie-Joseph *de Brigode*, 20 août 1809.

Mathieu-Louis *Molé*, 29 septembre 1809.

Philippe-Fiacre-Ghislain *Vischer de Celles*, idem.

Jean-Antoine-Claude-Adrien *De Mun*, idem.

Joseph-Constant-Fidèle *Duval*, comte *de Beaulieu*, 12 novembre 1809.

Auguste-Jean *Germain*, comte *de Montforton*, 19 décembre 1809.

Christophe *Chabrol-Crousol*, 9 mars 1810.

Alexandre-François-Louis *Girardin*, idem.

Anaclet-Henri *de Cardevaque-d'Havrincourt*, idem.

Jean-Antoine *Chaptal*, 25 mars 1810.

François-Joseph-Charles-Marie *de Mercy-Argenteau*, idem.

Jean-Gaspard-Louis *Cassagne-Beaufort de Miramon*, idem.

Alexandre-Emmanuel-Louis *de Baufremont-Listenoi*, 3 mai 1810.

Anne-Charles-François *de Montmorency*, 17 mai 1810.

Anne-Charles-Louis *de Montmorency*, idem.

Anne-Victurnien-René-Roger *de Rochechouart de Mortemart*, idem.

Eustache-Nicolas *Muiron*, 4 juin 1810.

Charles-Louis-David *Le Peletier-d'Aunay*, 11 juin 1810.

Alexis-Paul-Michel *Tannegui-le-Veneur*, idem.

Dominique *Clément de Ris*, comte *de Mauny*, 21 novembre 1810.

Jacques-François *Begouen*, 16 décembre 1810.

Louis-Désiré *de Montholon-Sémonville*, 13 avril 1810.

Antoine-Jean-François-Marie-Ignace-Louis *Brignole-Sale*, 30 août 1811.

Laurent *Lafaurie de Monbadon*, 23 octobre 1811.

Augustin-Marie-Paul-Pétronille-Timoléon *de Cossé-Brissac*, 20 février 1812.

Jean-Philippe *Garran de Coulon*, idem.

Antoine-Philippe *Merlin*, 20 mars 1812.

Jacques Wulfran *d'Alton*, 17 avril 1812 (1).

Claude-Henri-Gabriel *de Mornay de Montchevreuil*, 1er. janvier 1813.

_____

(1) Ce majorat a été érigé par complément de celui auquel est attaché le titre de comte dont est revêtu M. *Shée*, beau-père de M. *d'Alton*.

Jean-Jacques-Ignace *Jacqueminot*, comte *de Ham*, 13 mars 1813.

Emmanuel-Marie-Louis *de Noailles*, 19 juin 1813.

Adélaïde - Blaise - François *le Lièvre de la Grange*, idem.

Pierre-Gaétan *Galli*, comte *de la Loggia*, 3 juillet 1813.

Louis-Marie *de Mesgrigny*, 14 août 1813.

Anne-Claude *de la Bonninière de Beaumont*, 25 novembre 1813.

Jean-Baptiste *de Gouey de la Besnadière*, le 30 novembre 1816.

Elie *de Cazes*, le 31 janvier 1818.

Jean-Henri-Louis *de Greffulhe*, le 14 février 1818.

COMTÉ, subst. masc., domaine qui donnait à ses possesseurs le droit de porter le titre de comtes. Les plus anciens comtés sont ceux qui ont été inféodés par nos rois avant le onzième siècle. Ces comtés étaient alors les grands fiefs de France auxquels on a donné le nom de *provinces* depuis leur réunion à la couronne. Le titre de comté tenait le second rang dans les dignités féodales, et le duché le premier. Il n'y a eu en France, avant l'usage d'ériger des terres par titres, aucun duché qui ne fût grand fief, et il y a eu beaucoup de comtés qui ne l'étaient pas, comme par exemple les comtés de Clermont, en Argonne, de Dammartin, de Gien, d'Aumale, etc., etc. Depuis le quinzième siècle, on a affecté le titre de *comté* à une ou plusieurs terres érigées en faveur d'une famille. *Voyez* COMTE.

État des COMTÉS *et de quelques* BARONNIES *avec la date de leur érection en* PAIRIES.

Comtés-Pairies.	années.
Anjou	1297.
Artois	1297.
Poitou	1315.
La Marche.	1316 — 1327.
Evreux.	1316.

Angoulême et Mortain. . . . . 1317.
Étampes . . . . 1327.
Beaumont le Roger. . . . . 1328.
Maine . . . . 1331.
Nevers et Réthel. . . . . 1343.
Mantes . . . . 1353.
Macon . . . . 1359.
Poitou, nouvelle érection. . . . . . . 1369.
Montpellier, baronnie. . . . . 1371.
Valois . . . . 1344 — 1346.
Périgord. . . . . 1399.
Soissons. . . . . 1404.
Coucy, baronnie. . . . . 1404.
Rethel, nouvelle érection. . . . . . . 1405.
Mortagne . . . . 1406.
Mortain, nouvelle érection . . . . 1407 — 1408.
Maine . . . . 1424.
Mâcon, nouvelle érection. . . . . . . 1435.
Auxerre. . . . . 1435.
Eu . . . . 1458.
Foix. . . . . 1458.
Nevers, nouvelle érection. . . . . . . 1459.
Villefranche, en Rouergue. . . . . . . 1480.
Nevers, confirmé . . . . 1505.
Coucy, baronnie. . . . . 1505.
Soissons. . . . . 1505.
Eu . . . . 1694.

DE CONFLANS, maison des plus anciennes et des plus illustres du royaume, puînée des anciens comtes de Brienne, qui ont donné les ducs d'Athènes, un roi de Jérusalem, empereur de Constantinople, des comtes d'Eu et de Guines, des vicomtes de Beaumont au Maine, des comtes de Bar-sur-Seine, etc., et dont sont sortis trois connétables, un chambrier et un bouteiller de France. La branche de Conflans a été formée par Engilbert de Brienne, troisième fils de Vauthier Ier, comte de Brienne et d'Eustache, comtesse de Bar-sur-Seine. Il vivait en 1112. *Voyez* BRIENNE.

Les seigneurs de Conflans, éteints vers la fin du quatorzième siècle, ont fondé plusieurs branches; savoir, les seigneurs de Vézilly, de Vieilmaisons, éteints vers la fin du seizième siècle; les vicomtes d'Ouchy, seigneur d'Armentières, éteints en 1690; les seigneurs de Saint-Rémy et d'Emancourt, et ceux de Fay-le-Sec, qui subsistent, les seigneurs de Gizancourt, éteints avant l'an 1457; les seigneurs de Dampierre, qui n'ont formé que deux dégrés, et les seigneurs de Marcuil, éteints avant l'an 1372. Ces diverses branches, de la maison de Conflans, ont donné des maréchaux, héréditaires de Champagne, des chevaliers bannerets, des chevaliers de l'ordre du roi, un maréchal général des camps et armées du roi, des lieutenants-généraux des armées, des maréchaux de camp, des gouverneurs de provinces, des chevaliers des ordres, des gentilshommes de la chambre de nos rois, un évêque d'Orléans en 1328, et un évêque du Puy, en 1721, etc. La maison de Conflans a obtenu les honneurs de la cour de 1734 à 1785, en vertu de preuves faites au cabinet des ordres du roi. La seigneurie de Vézilly, en Champagne, fut érigée en baronnie, par lettres du mois de février 1625, en faveur de Jacob de Conflans, seigneur de Bouleuze, gentilhomme ordinaire de la chambre du roi. Cette maison, issue de race comtale, a dans les actes publics brevets et commissions de nos rois, les titres de comte, vicomte et marquis, depuis plusieurs siècles. *D'azur, semé de billettes d'or; au lion du même, brochant sur le tout.*

COQUET, barons de la Roche de Guimps, famille dont l'ancienneté remonte à noble Pierre Coquet, écuyer, qui testa le 7 février 1558. Elle a donné des magistrats au parlement de Bordeaux, des officiers aux armées, des chevaliers de Saint-Louis. *D'azur, au chevron d'or, accompagné en pointe d'un coq du même, crêté et barbé de gueules; au chef cousu de gueules, chargé de deux étoiles d'argent.*

DE CORBEAU, en latin *Corbelli*, marquis de Vaulserré, en Dauphiné, par érection de l'an 1750; maison d'ancienne chevalerie, originaire d'Italie, divisée dès le douzième siècle en plusieurs branches répandues en Savoie, en Dauphiné, en Vivarais et en Forez. Elle remonte, par filiation, à Antelme de Corbeau, chevalier, seigneur de Saint-Franc et de la Balme, qui testa en 1220. Cette maison a, pendant plusieurs siècles, tenu un rang distingué à la cour des comtes de Savoie. Elle a donné, au service de nos rois, des capitaines de cent hommes d'armes, nombre d'officiers supérieurs et de capitaines, des gouverneurs de places et des frontières de Savoie, des conseillers d'état, deux généraux au service de Sardaigne, des chevaliers de l'ordre royal et militaire de Saint-Louis. *Fascé d'argent et de sable.*

CORDON, en normandie. *Voyez* LA FAUCHERIE, dans la première série du Dictionnaire véridique.

DE CORDOUE, en latin *Corduba*, *Cordova*, en espagnol, *Cordes*, par corruption en idiome provençal, noblesse d'ancienne extraction. Cette famille, originaire d'Espagne, est établie en France depuis l'an 1493, que Jean Ferrier, aussi espagnol de nation, fut fait archevêque d'Arles, et amena avec lui, en France, les deux familles espagnoles de Cordova et de Retz.

Ce qu'on vient de dire sur cette famille, se trouve dans tous les ouvrages qui ont traité de la noblesse de France depuis le XVe. siècle. Le Dictionnaire véridique des origines des maisons nobles de France, dont la première série a été dernièrement livrée au public, après avoir cité les mêmes faits, et dit que cette famille a produit des officiers supérieurs, des gouverneurs de places, des chevaliers des ordres royaux, qu'elle est en possession du titre de *marquis* depuis le milieu du XVIIIe. siècle, dans les actes publics, brevets, commissions et ordonnances de nos rois, que les armes sont d'azur, à l'ours en pied d'argent, soutenant un monde croiseté d'or; qu'elle a pour devise : *Ferme dans l'adversité*, parle du sentiment de Maynier, qui a prétendu, dans son Nouveau Etat de Provence, contrairement à celui de l'abbé Robert de Briançon, que la famille dont nous parlons a changé son nom de Cordes en celui de Cordoue, ainsi que ses armes qui étaient originairement d'or, à deux cordes de sable en sautoir. Sur les réclamations que la reproduction du sentiment de ce critique a excitées de la part de la famille de Cordoue, nous avons vérifié, et nous sommes assurés que, sur la fin du XVe. siècle, on disait, et les anciens auteurs français écrivaient indifféremment en parlant de la ville de Cordoue en Espagne, *la ville de Cordes*. Dans l'un d'eux, Nicole Gilles, il est dit entr'autres choses, dans les Annales et Chroniques de France : « *Que par* » *la prise de la cité de Cordes, Charlemagne avait sub-* » *mit à lui toutes les Espaignes* ».

En Provence, non loin de la ville de Salon, où la famille de Cordova vint s'établir, et tout près de la ville d'Arles, il existe une montagne encore appelée la montagne de Cordes, dite dans les anciennes chartes latines des XIVe. et XVe. siècles « *Mons Cordoa* », sur la tradition que les Sarrasins, venus de la ville de Cordoue en Espagne, y campèrent pendant plusieurs années de suite.

Dans la Chronique de Provence, imprimée en 1613, sur un décret des états du pays, assemblés à Aix en 1603, ouvrage où l'on parle plusieurs fois de la famille de Cordoue, elle est indifféremment appelée de Cordoua et de Cordes ; il y est parlé de la corruption du nom de Cordoua en Cordes ; il y est notamment expliqué qu'Anthoine de Cordoua, seigneur d'Aurons, gouverneur de la ville d'Entrevaux, alors place frontière de Provence, et l'une de ses clefs, reçut à Salon, en 1571, du roi Charles IX, le collier de son ordre, non tant en raison de ses services précédents, qu'en considération de ce qu'il était issu d'une famille noble d'Espagne. Dans cette même Chronique de Provence, de 1613, les armes d'Anthoine de Cordoua sont gravées et blasonées telles que ses descendants les portaient du tems qu'écrivait Maynier, telles qu'ils les portent encore aujourd'hui.

Dans les anciens actes latins, cette famille est appelée Corduba, Cordoua, Cordoa ; enfin il conste d'un acte public, reçu pas Beaudoin, notaire à Aix, le 6 février 1611, que les seigneurs de Cordova de Naples, entretenaient alors des relations de parenté et d'amitié avec les Cordova de Salon. Le sentiment de Maynier qui écrivait en 1729, et qui était opposé, comme on l'a fait remarquer, à celui de l'abbé Robert de Briançon, qui avait écrit en 1693, sentiment qui n'a été adopté par aucun de ceux qui ont écrit après lui, n'est donc non-seulement appuyé sur aucun fait, mais sans doute n'eut pas été le sien, ni consigné dans son ouvrage, s'il avait pris des renseignements positifs, et cherché des preuves avec la même précaution que nous apportons à les connaître.

La famille de *Cordoue*, en écrivant ainsi son nom en français, n'en a donc nullement changé, puisque c'est la même chose que *Cordova*; *Cordoua* en espagnol; *Corduba*, *Cordoa* en latin, et *Cordes* non-seulement en idiome provençal, mais même dans le français du XVe. siècle, comme on l'a ci-dessus expliqué. Nous renvoyons, pour la généalogie de cette famille, au tome II du Nobiliaire universel, page 68.

DE CORLIEU, en Poitou et en Angoumois, famille distinguée dans la magistrature, ayant donné plusieurs officiers de divers grades, et des avocats et conseillers au siège présidial d'Angoumois. Elle est originaire de l'évêché d'York, et prouve sa filiation en France depuis l'an 1414. Une attestation du roi d'armes d'Angleterre, du 6 mars 1547, porte qu'elle est issue de l'ancienne famille de Corleix, dont on trouve des chevaliers dès l'an 1227. Charles de Corlieu, servant dans les guerres que les Anglais firent en Angoumois, s'empara, en 1414, à la tête d'une compagnie d'hommes d'armes, qu'il commandait du château de Gourville, à quatre lieues d'Angoulême, et ne le rendit qu'à condition qu'on lui en ferait épouser l'héritière, qui s'appelait Renotte du Fresne, dont il écartela ses armes, telles que ses descendants les portent encore de nos jours; savoir : *Aux 1 et 4 de sinople, au chevron d'argent, chargé de trois quintefeuilles de gueules; aux 2 et 3 d'argent, au lion de gueules lampassé, armé et couronné d'or.*

CORMEILLES, bourg et baronnie en Normandie, situés entre les rivières de Touques et de Rille, à deux lieues et demie de Pont-Audemer, et autant de Lisieux, a donné son nom à une maison d'ancienne chevalerie, dont était Richard de Cormeilles, vicomte de Rouen, panetier du roi en 1395. Les seigneurs de Tendos et de Goy-Vielbourg, ont été maintenus le 20 mars 1669. *De gueules, à la tour d'argent.*

DE CORMETTE, famille originaire du Boulonnais et de l'Artois, qui établit sa filiation depuis Ambroise de Cormette, écuyer, qui ne vivait plus le 6 décembre 1601. Cette famille a donné plusieurs officiers supérieurs de cavalerie, décorés de l'ordre royal et militaire de Saint-Louis. Elle a obtenu des lettres de confirmation de noblesse en 1719. *D'azur, à l'épée d'argent, garnie d'or, et une palme de sinople, passées en sautoir, cantonnées de quatre molettes d'éperon du troisième émail.*

DE CORNOUAILLE, comtes de Cornouaille, en Bretagne. Cette maison est de la plus ancienne chevalerie de cette province, et pourrait être issue des anciens comtes de Cornouaille, qui gouvernaient en Bretagne dans le commencement du neuvième siècle, et dont les descendants subsistaient encore au douzième. Quoi qu'il en soit, comme on n'a point les titres qui pourraient rattacher la maison de Cornouaille aux premiers comtes de ce nom, on se bornera à citer les premiers personnages connus de la famille qui fait l'objet de cet article.

Regnier de Cornouaille fut présent à la donation faite aux calendes d'octobre 1158, à l'abbaye de Saint-Georges, par Conan III, duc de Bretagne. Geoffroi de Cornouaille, chevalier, fut présent, en cette qualité, à l'accord fait, l'an 1269, entre Rivallon, Renaud et ses frères. Cette maison établit sa filiation depuis Guyomar de Cornouaille, qui vivait en 1313, et dont le sceau se trouve gravé à la planche 17 du tome Ier de l'Histoire de Bretagne, par D. Morice. Cette maison a constamment suivi la carrière des armes. Elle a donné des chevaliers et des écuyers bannerets, des hommes d'armes, et, dans les guerres modernes, des officiers supérieurs et des chevaliers de l'ordre royal et militaire de Saint-Louis. *Écartelé, aux 1 et 4 d'azur, au mouton d'argent, onglé d'or; aux 2 et 3 d'argent, frettés d'azur; sur le tout d'argent, au croissant de gueules; l'écartelé ayant un chef d'hermine.*

DU COS DE LA HITTE, comtes de la Hitte et de Montaut, premiers barons de Fezensac et de l'Armagnac, maison d'origine chevaleresque de Gascogne, connue depuis Odet du Cos, vivant en 1230. Elle a donné des gentilshommes ordinaires de la chambre de nos rois, des gouverneurs de places, etc. *D'azur, à l'épée d'argent en bande, garnie d'or, accompagnée de trois étoiles d'argent.*

COSME DE JANVRY, en Bretagne, noblesse peu antérieure à la révolution. *De gueules, au globe d'argent; au chef d'or, chargé de trois cormorans de sable.*

DE COURCELLES. *Voyez* LARCHIER.

COURONNES, subst. fém. plur., marques de dignité sur les écus d'armoiries.

La *Couronne* du roi est un cercle de huit fleurs de lys, formé d'autant de demi-cercles qui soutiennent une double fleur de lys.

La *Couronne* du dauphin est un cercle de huit fleurs de lys, fermé de quatre dauphins en demi-cercles, dont les queues soutiennent une double fleur de lys. Ce n'est que depuis le règne de Louis XIV qu'ils la portent fermée.

La *Couronne* des enfants de France est un cercle surmonté de huit fleurs de lys : la couronne du premier prince du sang est semblable.

La *Couronne* des fils ou enfants de France, est un cercle d'or, enrichi de pierreries, surmonté de huit fleurs de lys, dont trois sont vues entièrement et une demie de chaque côté.

Les princes du sang royal qui ne sont point fils de France, la portaient autrefois rehaussée de quatre fleurs de lys seulement, et de quatre fleurons alternés l'un en l'autre ; le cercle d'or, garni de pierreries et de perles ; mais depuis plus d'un siècle, ils la portent comme les fils de France, et cet usage paraît avoir prévalu.

La *Couronne* ducale est un cercle d'or enrichi de pierreries et de perles, rehaussé de huit fleurons refendus, dont trois se voient entièrement et un demi de chaque côté.

La *Couronne* de marquis se compose d'un cercle d'or enrichi de pierreries et de perles, rehaussé de quatre fleurons alternés, chacun de trois perles posées en trèfles, le fleuron du milieu se voyant entièrement et se trouvant entre deux trèfles de perles, avec un demi-fleuron de chaque côté.

La *Couronne* de comte est un cercle d'or garni de pierreries et de perles, rehaussé de seize grosses perles, dont sept se voient entièrement et une demie de chaque côté.

La *Couronne* de vicomte est un cercle d'or pur, ou émaillé, surmonté de quatre grosses perles, celle du milieu se voit entièrement avec une demie de chaque côté.

La *Couronne* de baron se compose d'un cercle d'or émaillé, sur lequel se trouvent, en six espaces égaux, des rangs de perles, trois à trois, posés en bandes; quelques auteurs, au lieu de trois perles, en ont mis quatre.

La *Couronne* des vidames est un cercle sur lequel il y a quatre croix patées, pour désigner qu'ils ont été établis afin de soutenir les droits de l'église.

Aucunes *Couronnes* de barons, comtes ou marquis, ne pouvaient être mises sur les armes, sans y être autorisées par lettres-patentes en due forme, sous peine de quinze cents francs d'amende. (Arrêt du parlement, août 1663.)

Couronnes étrangères.

Le pape porte sur son écu une *Tiare*, espèce de mitre environnée de trois *Couronnes* à fleurons, l'une sur l'autre, la troisième terminée par un globe surmonté d'une croix; le tout d'or; sur le derrière et au bas de la mitre il y a deux pendants.

L'empereur a sur ses armoiries une *Toque* en forme de tiare, avec un demi-cercle qui soutient un globe cintré, sommé d'une croix, le tout d'or; il y a en bas deux pendants ou fanons.

Le roi d'Espagne porte sur l'écu de ses armes une *Couronne*, dont la forme est semblable à celle de France, excepté qu'au lieu de fleurs de lys il y a des fleurons et un globe terminé par une croix pour cimier.

Les *Couronnes* des autres rois de l'Europe sont assez semblables à celle du roi d'Espagne.

La *Couronne* du grand-duc est un cercle à une fleur de lys épanouie à chaque face, et nombre de rayons aigus.

La *Couronne* de l'archiduc est un cercle à huit fleurons autour d'une toque d'écarlate, et un demi-cercle dessus, de dextre à sénestre, garni de perles, qui porte un globe cintré surmonté d'une croisette.

Les *Couronnes* des électeurs de l'empire sont en manière de toque écarlate, rebrassée d'hermine, diadêmée d'un demi-cercle couvert de perles, surmonté d'un globe terminé par une croisette.

Le doge de Venise portait sur ses armes et sur sa tête, les jours de cérémonies, une *Toque* ducale d'étoffe d'or, avec quelques rangs de perles. On le nomme *le Corne*.

Les Romains avaient huit sortes de *Couronnes* pour récompenser les actions de valeur :

1°. L'*Ovale*, qui était de mirte, pour les généraux qui avaient vaincu sans effusion de sang. Ils étaient honorés du petit triomphe, qu'on appelait *ovation* ;

2°. La *Navale* ou *rostrale*, qui était un cercle d'or où il y avait des proues et poupes de navires gravées, pour un capitaine ou un soldat qui avait le premier sauté dans un vaisseau ennemi ;

3°. La *Vallaire*. C'était un cercle d'or ou d'argent, relevé de pals ou pieux, pour un soldat qui avait le premier forcé la palissade des ennemis ;

4°. La *Murale*. C'était un cercle d'or ou d'argent, sommé de tours, pour celui qui le premier avait monté sur la muraille d'une ville assiégée, et y avait arboré l'étendard ;

5°. La *Civique*. C'était une branche de chêne avec les glands, ou bien d'yeuse, pour celui qui avait sauvé la vie à un citoyen ;

6°. La *Triomphale*. C'était une branche de laurier (dans la suite on la fit d'or), pour un général qui avait gagné une bataille ou conquis une province ;

7°. L'*Obsidionale* ou *graminée*, parce qu'elle se faisait d'herbe appelée *gramen*, qu'on cueillait sur le lieu même. On la donnait aux généraux qui avaient forcé une armée de décamper.

8°. La *Castrense*, qui se faisait d'or ou d'argent, et avait à l'entour des pieux de palissade qui faisaient comme autant de rayons. Elle se donnait à celui qui avait forcé le camp ennemi, ou qui avait gagné des tranchées et barrières où l'ennemi s'était fortifié.

COURTE DE LA BOUGATRIERE, au Maine, famille originaire des hautes Allemagnes. *D'azur, à la fasce d'or, accompagnée de trois besants du même.*

DU CREST, seigneurs de Valette, de Vandenesse, de Sailly, de Montigny, en Bourgogne, famille anoblie en

1435, par le duc Philippe-le-Bon, dans la personne de Léonard du Crest, clerc et auditeur en la chambre des comptes de Dijon, en 1448 et 1467. *D'azur, à trois bandes d'or; au chef d'argent, chargé d'un lion issant de sable, lampassé et armé de gueules.*

DE CRIQUEBEUF, en Normandie. Les seigneurs de ce nom, éteints vers l'an 1450, sont une branche de l'ancienne et illustre maison d'Estouteville, fondée par Robert d'Estouteville, seigneur de Criquebeuf, vivant en 1240, fils puîné d'Henri, seigneur d'Estouteville. Ses enfants et descendants ont conservé le nom de *Criquebeuf. Voyez* ESTOUTEVILLE, dans la première série du Dictionnaire véridique.

DE CROZE, en Picardie, famille dont était Marguerite de Croze, fille unique de François de Croze, chevalier, seigneur du Bois-Premier et de Saint-Remy, capitaine lieutenant de la compagnie des gens d'armes du sieur de Blerencourt, et de Madelaine du Faussart, laquelle épousa, le 26 février 1636, Jean Gaude, chevalier, seigneur de Martaineville et de Saint-Ellier, capitaine au régiment de Soyecourt. *De gueules, au barbet passant d'argent.*

DES CRUES, en Bourgogne, famille ancienne qui remonte à noble Claude des Crues, qui testa l'an 1550. *D'or, au pal de gueules, chargé de trois croisettes d'argent.*

DE CRUSSOL, ducs d'Uzès, par érection de 1565; pairs de France, en 1572; princes de Soyon, marquis de Florensac, de Monsalez et de Saint-Sulpice; comtes d'Apchier et d'Amboise d'Aubijoux, barons de Levis, de Remoulins, d'Aymargues, de Sainte-Geniez et de Castelnau de Bonnefons, maison d'ancienne chevalerie du Languedoc, qui tire son nom du château de Crussol, en Vivarais, au diocèse de Valence, à une petite distance de la rive droite du Rhône. C'était une baronnie qui donnait entrée aux états du Languedoc. Elle a pour premier auteur connu Géraud Bastet, qui fut présent à la cession que fit en 1152, Matheline, sœur de Bernard-Atton, Vicomte de Nismes et d'Agde, des droits qu'elle pouvait prétendre à la succession de leur père. Cette maison a donné trois grands panetiers de France, des lieutenants-généraux, maréchaux de camp, et officiers supérieurs de terre et de mer ; des chevaliers de l'ordre et des ordres, des conseillers et chambellans de nos rois, des capitaines de cinquante et cent hommes d'armes, des sénéchaux, gouverneurs et lieutenants-généraux de provinces ; le duc d'Uzès a été nommé pair de France en 1814. Dans la prélature, cette maison compte un archevêque de Tours, en 1466, patriarche d'Antioche et évêque de Valence et de Die, en 1468 ; un archevêque de Toulouse, en 1753 ; un évêque de la Rochelle, en 1768, etc. *Ecartelé, aux 1 et 4 partis* DE CRUSSOL, *qui est fascé d'or et de sinople* ; et DE LÉVIS, *qui est d'or à trois chevrons de sable ; aux 2 et 3 contre-écartelés de* GORDON, *qui est d'azur, à trois étoiles d'or, en pal, et* DE GENOUILLAC, *qui est d'or, à trois bandes de gueules ; sur le tout* D'UZÈS, *qui est de gueules, à trois bandes d'or.*

DE CUGNAC, barons, puis marquis de Dampierre, par érections de 1598 et de 1616, barons d'Huisseau, marquis du Bourdet, titrés comtes et vicomtes de Cugnac, maison d'ancienne chevalerie originaire de Guienne, où elle florissait dès le douzième siècle ; elle subsiste actuellement en quatre branches établies en Poitou, en Flandre, à Paris et en Quercy. Cette maison a produit des officiers généraux, un chevalier du Saint-Esprit, des capitaines de cinquante lances et de cinquante hommes d'armes, des conseillers d'état d'épée, des sénéchaux et lieutenants-généraux de provinces, des chevaliers de l'ordre du roi, des chambellans et gentilshommes de la chambre, nombre d'officiers supérieurs et de chevaliers de Saint-Louis ; dans le clergé, elle compte un évêque de Lectoure, sacré en 1772, et mort en 1800 ; elle a obtenu les honneurs de la cour sur preuves en 1784. *Gironné d'argent et de gueules.*

DE CUREL, maison d'ancienne chevalerie, originaire du Bassigny et qui descend de Dodon de Curel, chevalier (*miles*) qui vivait au douzième siècle, et de Gaultier de Curel, chevalier, dont le sire de Joinville parle si honorablement dans son histoire de Saint-Louis et qu'il appelle le *Bon Chevalier messire Gaultier de Curel son compagnon.* Au siége de la Massoure, il gardait pendant la nuit, avec Joinville, les chaz-chateila

ou machines de guerre que le comte d'Anjou, frère du
roi, gardait pendant le jour. Voyez cette histoire, édition de Cramoisy, 1617, pag. 79 et suiv. Une généalogie suivie, prouvée de degré en degré, reçue et approuvée
dans trois chambres des comptes, établit la descendance
de cette maison qui subsiste encore dans la même province, en Lorraine et à Metz.

Un grand nombre de gentilshommes de cette famille
se sont distingués dans les armes, et plusieurs y sont
morts au champ d'honneur, entr'autres Jean de Curel
et deux de ses fils, Nicolas et François, au dix-septième
siècle, et dans ces derniers tems, Anastase-Augustin
de Curel dans l'émigration; Curel de Touraille, Charles-
Emile et Théodore de Curel, tous deux fils de Nicolas-
François.

Le titre de vicomte fut accordé, au mois de juin 1819,
à Nicolas-François de Curel, ancien colonel du génie,
directeur des fortifications, chevalier de Saint-Louis,
officier de la Légion-d'Honneur, en considération de ses
services et de son ancienne noblesse.

Théodore de Curel, cité ci-dessus, a été reçu à
Malte chevalier de justice et de minorité par bref du
grand-maître Emmanuel de Rohan, du 19 octobre
1789, et en vertu des preuves faites pour Lydie de Curel, sa sœur, chanoinesse de Malte à Saint-Antoine;
emporté d'un boulet de canon à Wagram, décoré de la
croix de la Légion d'Honneur, et après s'être distingué
dans le service de l'artillerie légère au combat d'Heil-
berg. *D'azur, au lion d'or, armé et lampassé de gueules,
adextré d'un bras de carnation tenant une balance d'argent
et sortant d'une nue au naturel, chargée d'une étoile aussi
d'argent.* Devise : *Justitiâ et animo.*

D,

LE DAEN DU COSQUIER, en Bretagne, maison
d'origine chevaleresque, qui prouve une filiation directe
depuis noble homme Pierre Daen, qui, le 4 octobre
1463, épousa Béatrix du Tertre. *D'argent, à trois têtes
de daim de sable, couronnées d'or.*

DAILLEBOUST. *Voyez* D'AILLEBOUST.

DE DAMAS DE CORMAILLON, maison d'ancienne chevalerie de Bourgogne. *D'argent, à la hie de sable, accompagnée de six roses de gueules.*

DE DAMAS-CRUX, noble, illustre et ancienne maison de chevalerie, originaire du Forez. L'Histoire des grands officiers de la couronne en donne la généalogie depuis Eiziran de Damas, chevalier, seigneur de Cousan, qui fut présent à une donation que fit Almodis, comtesse de Rodez et de Nismes, à l'église de Cluny et à l'abbaye de Saint-Gilles, en Languedoc, le 25 décembre 1063.

Cette maison a formé plusieurs branches; celle des seigneurs de Cousan, éteinte en 1423; celle des seigneurs de Marcilly, vicomtes de Châlons; celle des marquis de Thianges, éteinte en 1708; celle des marquis d'Anlezy, éteinte en 1763; celle des comtes de Crux; les seigneurs de Montagu, éteints à la fin du seizième siècle; les barons de Digoine, éteints vers la fin du dix-septième siècle; les seigneurs de Dompierre; les seigneurs, puis marquis d'Antigny, par érection de 1654, comtes de Ruffey.

Cette maison a donné un souverain maître d'hôtel du roi, un grand chambellan de France, un grand échanson de France, des chevaliers de l'ordre du roi, du Saint-Esprit et de la Toison d'or, de l'Annonciade; des commandeurs et grands-croix de Saint-Louis, des lieutenants-généraux des armées du roi, et autres généraux; des gouverneurs de provinces; un grand-veneur de Pologne; des gentilshommes de nos rois; un évêque de Mâcon, en 1262; six comtes de Lyon, depuis l'an 1250, etc. Elle a obtenu les honneurs de la cour de 1757 à 1784, en vertu de preuves faites au cabinet des ordres du roi.

Le comte Charles de Damas a été nommé pair de France par S. M. Louis XVIII, le 4 juin 1814; lieutenant-général, le 22 du même mois; commandeur de Saint-Louis et commandant de la Légion-d'Honneur, le 23 août suivant; gouverneur de la dix-huitième division militaire, en 1817 : et Etienne, duc de Damas, nommé lieutenant-général, le 22 juin 1814, grand-croix de Saint-Louis, le 23 août; a été créé pair de France le 17 août 1815, et prêta serment le 19 février 1816, à la cour royale, en qualité de duc, titre que

S. M. lui conféra à cette époque. *D'or, à la croix an-*
crée de gueules.

DAMOISEAU DE LA **BANDE**, vicomtes de Damoiseau, en Bourgogne et en Champagne, maison
d'ancienne chevalerie, connue, par filiation, depuis
Philippe Damoiseau, hommes d'armes, vivant en 1200.
Une tradition porte que cette maison descend des anciens seigneurs damoiseaux de Commercy, et que l'un
de ses auteurs a pris pour son nom propre le titre de
damoiseau, et l'a transmis à sa postérité. Cette maison
a produit nombre d'officiers de tous grades, et de chevaliers de l'ordre royal et militaire de Saint-Louis.
D'azur, à l'aigle éployée d'or, becquée et membrée de
gueules.

DANTHOUARD, famille noble, originaire d'Autun
(*Voyez* le Nobiliaire de Bourgogne et de Champagne).
Le comte Danthouard, lieutenant-général des armées
du roi, inspecteur général d'artillerie, grand-officier de
la Légion-d'Honneur, chevalier de l'ordre royal et militaire de Saint-Louis, fit ses preuves devant M. d'Hozier, pour entrer à l'Ecole militaire, en 1783.

Son père, capitaine au régiment de Picardie, eut la
croix de Saint-Louis fort jeune pour action d'éclat,
quitta le service de bonne heure, et épousa mademoiselle de Watrouville, d'une noble et ancienne famille
du Vendômois.

Son grand-père, chevalier de l'ordre royal et militaire de Saint-Louis, mestre-de-camp de dragons, après
avoir été quelque tems chargé des affaires de France en
Suède, après la mort de Charles XII, dont il avait été
aide de camp, rentra en France où il continua d'être
honoré de l'amitié du roi de Pologne, Stanislas, ainsi
qu'il résulte d'une grande quantité de lettres de ce
prince et de Charles XII, conservées dans la famille.
Écartelé, aux 1 et 4 d'or, à trois écrevisses de gueules ;
au 2 coupé de gueules et d'azur, à trois roses d'or bien or-
données ; au 3 d'or ; à la pyramide de sable, accompagnée
en chef d'une étoile d'azur.

DAULÈDE DE **PARDAILLAN**, noblesse ancienne
de la province de Guienne. Elle a formé deux branches
principales : celle de Lestonac, éteinte en 1748 ; celle de

Pardaillan, qui subsiste. Elle a donné des officiers de tous grades, et des magistrats distingués au parlement de Bordeaux. Elle est admise dans l'ordre de Malte depuis l'an 1635. *D'argent, au lion de sable, lampassé, armé et couronné de gueules.*

DAUPHINÉ. La noblesse du Dauphiné est nombreuse et elle compte des maisons illustres et jadis puissantes. Mais la faculté qu'avaient la plupart des grands seigneurs de pouvoir conférer la noblesse par lettres ou par inféodation, fait que la majeure partie des nobles de ce pays doivent leur origine à ce privilége. Mais depuis la réunion du Dauphiné à la couronne, qui eut lieu en 1349, les anoblissements se multiplièrent au point que Louis XI, étant encore dauphin, et même après qu'il fut roi, fit des nobles de tous ceux qui lui avaient fait quelque plaisir ou qui lui donnèrent de l'argent. Chorier rapporte qu'il anoblit Jacques-Guillaume Carrière, son trompette, qui avait épousé une femme riche et noble, dans le Dauphiné; et comme il était natif de Majorque, il le naturalisa par les mêmes lettres; aussi le proverbe des *nobles du roi Louis* est-il resté dans cette province pour signifier une noblesse suspecte ou acquise à peu de frais. Avant le 15 avril 1602, les charges du parlement du Dauphiné donnaient la noblesse héréditaire à ceux qui en étaient revêtus, sans limitation de tems; mais à dater de cette époque, il fallait exercer pendant quarante ans pour acquérir ce privilége; et cet exercice fut restreint à vingt ans par le réglement du 24 octobre 1639. Il y a encore une différence entre les anoblis avant l'an 1602, et ceux qui l'ont été depuis. Les nobles par possession, par anoblissement et par offices avant 1602, ont imprimé le caractère de liberté et de franchise aux héritages et aux fonds qu'ils possédaient avant le 1er. mai 1635, quoique venus de personnes taillables et non nobles; mais la seule noblesse personnelle est restée aux anoblis après l'an 1602, à la réserve néanmoins des fonds qui, de personnes nobles, sont immédiatement passés à eux. Enfin, tous les biens qui se sont trouvés dans des mains nobles ou roturières, avant le 1er. mai 1635, ont été affectés à la qualité de leurs possesseurs, pour la conserver à perpétuité. Dans le Dauphiné, les enfants naturels

ont toujours joui de la qualité de leurs pères. Les descendants des bâtards des nobles nés vingt ans avant
le 1er avril 1602, ont été conservés dans les priviléges
de la noblesse personnelle, et ceux dont le père et
l'aïeul étaient nés en légitime mariage au tems de ce
réglement, l'ont de même été. En sorte que si, le 1er mai
1635, ils étaient possesseurs de domaines passés de mains
nobles dans les leurs, cette qualité leur est demeurée
attachée à perpétuité.

En Bretagne, l'état des gentilshommes se constatait
par des réformations ; en Dauphiné, par des révisions
de feux. La première révision est de l'an 1413. Ces
révisions n'étaient point rigoureuses, n'ayant pour
objet principal que de distinguer les contribuables des
affranchis. Ceux qui n'avaient point de priviléges ni par
leur caractère, ni par leurs charges, s'ils étaient dans
la possession de ne pas contribuer, n'y étaient point
troublés, malgré même que cette exemption fût sans
titre. Des gentilshommes qui avaient dérogé étaient
mis au rang des plébéïens ; d'autres ne l'étaient pas.
On a même vu des marchands et un charpentier maintenus dans leur qualité de nobles, quoique leur commerce fût public. Le notariat ne dérogeait point à la
noblesse, et beaucoup de gentilshommes l'ont exercé,
et ont été maintenus dans leur qualité. Des habitants
de villes et de mandements entiers y sont nobles, et
comme tels, ils sont réputés francs et exempts. On lit
dans la révision du Viennois, de l'an 1458 : *Civitas
Viennæ..... Omnes habitantes nobiles.* Dans celle de l'an
1447, il est dit que ceux du mandement de Provigneau
s'estimaient tous nobles ; et en effet, nulle atteinte ne
fut donnée à leur prétention ; des familles qui, de ce
mandement, furent s'établir à Grenoble, n'ont pas eu
d'autre cause de noblesse, et elle ne leur a pas été
contestée. Enfin, le nombre des familles nobles, en
Dauphiné, montait à près de treize cents, en 1671, et
il s'est encore accru depuis

L'usage des terres titrées s'établit plus tard en Dauphiné, que dans les autres provinces. Sous les premiers
dauphins, il n'y avait que le comté et le dauphiné de
Viennois, le comté d'Albon, qui avait succédé au titre
de Graisivaudan ; les comtés de Valentinois, de Diois,
d'Embrunais, de Gapençais et de Salmorenc, les ba-

ronnies de la Tour, de Meuillon et de Montauban, les vicomtés de Vienne, de Gap, de Briançon, de Tallard et de Clermont-en-Trièves. Humbert II y ajouta le duché de Campsaur, la principauté de Briançonnais et le marquisat de Césanne. Il érigea de même en faveur d'Ainard de Clermont, la terre de Clermont en vicomté ; mais c'est l'unique érection d'une terre à une plus haute qualité, que les premiers dauphins aient faite. Voici les érections faites par les dauphins de la maison de France. DUCHÉS : *Lesdiguières*, en 1611 ; *Valentinois*, en 1548 et 1642. MARQUISATS : *Bressieu*, en 1612 ; *Pont-en-Royans*, en 1617 ; *Montbrun*, en 1620 ; *Viriville*, en 1639 ; *Ornacieu*, en 1645 ; *Virieu*, en 1655 ; *la Garde*, en 1656 ; *Claveson*, en 1658 ; *l'Etang-Maubec, la Baume, Chevrières*, en 1682, et *Dolomieu*, en 1688. COMTÉS : *Roussillon*, en 1465 ; *Clermont*, en 1547 ; *Montléans*, en 1569 ; *la Roche*, en 1592 ; *Disimieu*, en 1613 ; *Anjou*, en 1620 ; *Serrières*, en 1646 ; *Charmes*, en 1652 ; *de Saint-Vallier*, en 1687. VICOMTÉ : *Saint-Priest*, en 1446. BARONNIES : *Auton*, en 1439 ; *le Bouchage*, en 1478 ; *Uriage*, en 1496 ; *Viriville*, en 1561, et *Châteauneuf-de-l'Albenc*.

Etat des gentilshommes du Dauphiné, convoqués aux assemblées de bailliages pour la nomination des députés aux états-généraux de 1789.

ÉLECTION DE GRENOBLE.

Messieurs

Le comte de Morges.
Le chevalier du Bouchage.
Le marquis de Baronnat.
Le comte de Bailly.
Le vicomte de Bardonenche.
Le chevalier de Belle.
De Barbier.
Le chevalier du Peloux.
Prunelle de Lière.
De Menon de Champsaur.
De la Valonne.

Garnier de Pelissière.
Du Villard.
De Chuzin.
De Girin.
Le marquis de Langon.
De Portes d'Amblerieu.
Le baron de Ponat.
Le chevalier de l'Argentière.
Le baron de Vauterol.
O'Farrell.
De la Valette.
De Rivière.
Bourne.
Sibeud de Saint-Ferriol.
De Rostaing.
De Bonniot.
Des Herbeys.
Le chevalier de Bonniot.
Le comte d'Arces.
Le marquis d'Arces.
Le marquis de Pina de Saint-Didier.
De Lambert, fils.
De Moulezin.
De Charency.
De Saint-Ours.
De Galbert.
Bosonier de Vomane.
De Vaujany.
De Voissanc.
De Chalvet.
Le vicomte de Chabons.
Du Puis-de-Bordes.
Ravier d'Herbelon.
De Bouffier de Cezarges.
Le chevalier de Pina.
Le chevalier de Salvaing.
Le chevalier de Porte.
De Savoye, lieutenant-général de police de la ville de Grenoble.
Le chevalier de Bruno.
De Baratier.
De Longpra de Fiquet.
Le chevalier de Murat.

Le marquis de Marcieu.
Le comte des Adrets.
Le comte de Bardonenche.
Le comte de Brison.
Le comte d'Herculais.
Jean-Baptiste de Bergerand.
Le chevalier de Morges.
Du Vernei de Saint-Marcel.
Le comte de Morard.
De Savoye, aîné.
De Pellafol, père.
De Pellafol, fils.
Vial d'Alais.
Le chevalier de Sayvre.
De La Motte.
De Bruno de Saint-Sevenon.
Perrot-du-Thaud.

ÉLECTION DE VIENNE.

Messieurs

Le comte de Bectoz.
Jean de Richaud, père.
Jean de Richaud, fils.
Louis de Richaud.
Louis de Bouillanne.
Joseph de Bouillanne.
Le comte de Chabons.
Serro du Serf de Croze, cadet.
Moreau de Bonrepos.
De Chivallet de Chamond.
Albanel de Cessieux.
De Mépieu.
Etienne de Richaud.
André de Richaud.
Le comte de Chaponay.
Planelli, marquis de Maubec.
Le comte de Vallier.
Le marquis de Corbeau.
De Vessillieu.
De Perret.

Le chevalier de Moydieu.
Le chevalier Alphonse de Dolomieu.
De Neyrieu de Domarin.
Le chevalier de Rachetis.
De Moidières.
Le vicomte de Leyssin.
Le marquis de Loras.
De Saint-Clair.
De Saint-Germain.
De Poisieux.
De Jonage.
Le comte de Vallin.
Le marquis de Boissac.
Le comte de Monts.
Le vicomte de Vaulx.
Le comte de Melat.
Le comte de Revol.
De Dijon.
Du Vivier-Solignac.
Le marquis de Buffevent.
Le baron de Vernas.
Le comte de Revol, père.
Le comte de Revol, fils.
De Combles.
Joseph de Richaud.
Le chevalier de Larnage.
Le marquis de Leyssin.
Le marquis de Serezin.
Le chevalier de Boczozel-Montgontier.
De Vavre de Bonce.
De Meffrey de Cezarges.
Le comte de Levis.
De Michallon.
Prunelle.
D'Evrard de Courtenay.
Le comte de Mercy.
De Bovet.
Dangelin.
Clapperon-de-Millieux.
De Pusignan.
Dalmas de Reothier.
De Fleury.
De Tournois de Bonnevalet.

L.

De Gumain de Chatellard.
Serro du Serf de Croze, aîné.
Rigaud de Terre-Basse.
Le chevalier de Moro.

ÉLECTION DE ROMANS.

Messieurs

De Chaptal de Grand-Maison.
De Chaptal du Seillac.
Grand.
Grand de Château-Neuf.
Luzy de Pelissac.
Chaptal de la Mure.
De Rivole.
De Canel.
Dijon de Cumane.
Le marquis de Chastellard.
Le chevalier de Pluvinel.
Le vicomte de Chabrières.
De Sibeud.
Le vicomte de Tournon.
Le chevalier de Murinais.
Du Perron.
Le marquis de Saint-Vallier.
Le marquis de Pisançon.
Du Gardier de Robert.
De la Porte.
Le baron de Gillier.
Le marquis de la Roque.
Le marquis de Beausemblant.
De Montchoreil.
Du Vivier de Lentiol.
De Dilley d'Agier.
De Barletier.
De Lolle.
De Glasson.
Le chevalier Alexandre de Pisançon.
Sigaut de Baronat.
Le chevalier de Reynaud.
Le marquis de Vachon.

Le marquis de Murinais.
Le comte de Murat Murinais.
De Saulcy.

ELECTION DE VALENCE.

Messieurs

Le chevalier de Vaugrand.
De Josselin.
Des Jacques.
D'Eurre.
Du Bessé.
De Barjac de Randon.
Le comte d'Urre.
De Gallier.
De Tardivon.
Cartier de la Sablière.
Le chevalier de la Rolière.
De Ravel.
Le marquis de Veynes.
Le marquis de la Rolière.
Le marquis de Vesc de Beconne.
Le chevalier de Rostaing-Champferrier.
Le marquis de la Roquette.
De Marquet.
Le chevalier de Montrond.
Le chevalier de Mery.
Le comte Du Pont.
Du Colombier.
De Saint-Laurent.
Blanc de Saint-Laurent.
De Sucy.
Le baron de Coston.
De Barjac.
De Mazade.
De Roziére, fils.
De Ravel.
Magnan.
Jacques de Bouillanne.
Louis de Bouillanne.

ELECTION DE GAP.

Messieurs

De Ventavon.
Jullien de Queyrel.
De Pons.
Le marquis de la Vilette.
Taxis du Poët.
Le marquis de Mauléon.
Le comte de Revigliasc de Veynes.
Jean-Antoine de Queyrel.
André de Queyrel.
Joseph de Queyrel.
Jacques de Queyrel.
De Moydan.
Le comte de Ruffo.
De Vitalis.

ELECTION DE MONTELIMART.

Messieurs

Le marquis de Pilhon.
Jean de Richaud, }
Gabriel de Richaud, } de Quint.
Jean-Pierre de Richaud Desbornes.
Le baron de Planchette de Piégon.
Du Puy de la Marne.
Rigaud de Lille.
Le marquis Du Puy-Montbrun.
Le comte d'Allard.
De Calamand.
De Rouvière.
De Chevalier de la Condamine.
Le marquis Du Claux-Besignan.
Le comte de Suze.
De La Coste de Maucune.
Le comte de Marsanne, fils.
Le marquis de Blacons, père.
Le marquis de Blacons, fils.

Du Palais.
De Charens.
De Petity de Saint-Vincent.
Louis de Gilbert de Gensac.
Le marquis de Léautaud de Montauban.
Le marquis de Plan de Sieyes.
Le marquis de Clerc de la Devéze.
De Mornas.
Le baron de Montrond.
Le marquis d'Athenol.
Le chevalier de la Devèze-Beaufort.
Amédée de Gillier.
De Chastellier.
Le chevalier de la Devèze.
Des Aymars.
Le marquis de Jovyac.
Le marquis de Saint-Ferréol.
Le marquis de La Garde.
Le marquis de Moreton-Chabrillant.
Le marquis de Latier.
De Gontin.
Jean-Claude de Richaud.
Jean-Elie de Richaud, } frères.
Jean-Louis de Richaud, }
Jean-David de Richaud.
Jean-Claude de Richaud, } frères.
Jean-Antoine de Richaud, }
Jean-Moïse de Richaud.
De Rochegude.
De Chastelet.
De Perrier.
Jean de Richaud. } frères.
Jean-Pierre de Richaud. }
Jean-Pierre de Richaud. } frères.
Antoine de Richaud. }
David-Jean de Bouillanne.
Jean-Mathieu de Richaud. }
Pierre de Richaud. } frères.
Pierre de Richaud. }
Gaspard de Bouillanne. }
Jean de Bouillanne. } frères.
Mathieu de Bouillanne. }

Jacques de Bouillanne.
Moyse de Bouillanne.   } frères.
Claude de Bouillanne.
Jean-Pierre de Bouillanne.
Pierre de Richaud.
Jean-David de Richaud.   } frères.
Jean-Mathieu de Richaud.
Jean-Pierre de Richaud.
Bernard de Volvent.
De Blégier, marquis de Taulignan.
Jacques-Melchior Lecuret de la Condamine.
Des Jsnards de Langlerie.
De la Fayolle.
De Ventaillac.
De la Tourne.
De Berbegier de Lalbarde.
Charles de Bouillanne.
Louis de Bouillanne de Saint-Martin.
De Bouillanne de la Coste.
De Ferre de la Calmette.
Oddo de Bonniot de Saint-Jullien.
Le baron de Sainte-Croix.
Le chevalier de Bonne de Lesdiguières.
Le marquis de Besignan, père.
Le marquis du Poët.
De Cabassolle.
Le marquis de Sade.

DAVID, comtes de Beauregard, en Languedoc. Pierre de David, sieur de Beauregard, demeurant audit lieu, au diocèse de Lavaur, fut condamné, par jugement de M. de Bezons, intendant en Languedoc, du 26 août 1669. Cette famille n'a pas néanmoins cessé de jouir des prérogatives de la noblesse, ce qui doit faire présumer que cette condamnation n'a eu lieu que par défaut. *Voyez* le tome 1ᵉʳ du Dictionnaire véridique: *Ecartelé, aux 1 et 4 d'azur, à la harpe d'or ; aux 2 et 3 d'azur, au sautoir d'or, cantonné de quatre étoiles du même.*

DAVID, marquis de Lastours, maison d'origine chevaleresque de la province de Limosin, qui a obtenu, le 5 avril 1789, les honneurs de la cour, en vertu de preuves faites au cabinet des ordres du roi. *D'or, à trois coquilles de sinople.*

DÉAN, en Anjou. Un certificat du roi d'armes d'Irlande, daté du château de Saint-Germain-en-Laye le 10 septembre 1693, confirmé par le roi Jacques II, le 23 novembre 1694, relaté dans une déclaration de Jean-Baptiste-Guillaume de Gévigney, généalogiste de la maison de Madame, et accordé à François Déan, père, seigneur de Luigné, par Elisabeth Trochon, sa femme, et autre François Déan, seigneur de Luigné, trésorier des gardes du corps du roi en 1695, porte que cette famille est originaire d'Irlande, et en donne la filiation depuis Frédéric Déan, écuyer, qui mourut le 15 octobre 1017. *D'argent, au lion de pourpre, armé de gueules. Supports : deux lions. Casque taré de profil, avec ses lambrequins, sommé d'une tortue, aux émaux de l'écu. Devise : Vigor in virtute.*

DEBONNAIRE, barons de Forges, près de Montereau-Faut-Yonne, par érection du mois de mai 1757, noblesse de robe, originaire du Maine, qui a donné des personnages distingués dans la magistrature, et des officiers supérieurs dans la marine, la plupart décorés de l'ordre royal et militaire de Saint-Louis. *De gueules, au chevron d'or, accompagné de trois besants du même. L'écu timbré d'une couronne de baron.*

DÉCHÉANCE DU PRIVILÉGE DE NOBLESSE. La peine de *Déchéance* de la noblesse était prononcée ;

1º Contre des gentilshommes qui prenaient des biens à ferme, ou qui jouissaient des revenus des bénéfices. Ordonnance de Charles IX, du 14 octobre 1571 ;

2º Contre les nobles qui ne prenaient point les armes, suivant l'obligation de leurs fiefs. Edit d'Henri III, du mois de mai 1579 ;

3º Contre les anoblis qui ne payaient point le droit de confirmation ordonné. Déclaration de février 1640 ;

4º Contre les anoblis de Normandie qui ne payaient point les taxes auxquelles ils étaient imposés. Arrêt du conseil du 8 janvier 1653 ;

5º Contre les anoblis, depuis 1606, qui ne payaient point le droit de confirmation. Déclaration du 17 septembre 1657 ;

6º Contre les descendants de maires et échevins qui avaient acquis la noblesse depuis l'année 1600, et n'avaient point satisfait à la taxe ordonnée. Arrêt du conseil du 6 décembre 1666. Edit du mois de mars 1667 ;

7º Contre les officiers vétérans des cours et compagnies supérieures du royaume, qui n'avaient point pris de lettres d'honneur. Edit du mois d'août 1669 ;

8º Contre les secrétaires du roi qui, après vingt années de service, n'avaient pas obtenu des lettres de vétérance, leurs veuves et postérité. Même édit ;

9º Contre ceux qui, ayant obtenu des lettres de noblesse, n'avaient point payé la taxe à laquelle ils avaient été imposés. Arrêt du conseil du 31 juillet 1696 ;

10º. Contre les commissaires de la maison du roi, qui n'avaient point satisfait au paiement de la finance ordonnée pour augmentation de gages. Edit du mois de janvier 1713.

11º Contre ceux qui avaient obtenu des lettres de noblesse depuis l'année 1643, et qui n'avaient point payé la taxe. Arrêt du conseil du 30 septembre 1723 ;

12º Contre les prévôts des marchands, maires, échevins, capitouls ou jurats des villes, qui avaient exercé depuis 1643, ou leurs descendants qui n'avaient point payé le droit de confirmation ordonné. Arrêt du conseil du 30 septembre 1723, et 1er juillet 1725 ;

13º Contre les secrétaires qui n'avaient point payé l'augmentation de gages. Edit du mois de décembre 1727 ;

14º Contre ceux qui, jouissant de la noblesse, soit par lettres d'anoblissement, maintenues, confirmation, rétablissement ou réhabilitation, soit par mairies, prévôtés des marchands, échevinages, ou capitoulats, depuis 1642, jusqu'au 1er janvier 1715, n'avaient pas satisfait au paiement de la taxe, à laquelle ils avaient été imposés pour droit de confirmation, à cause de l'avènement du roi à la couronne. Arrêt du conseil du 2 mai 1730 ;

15º Contre ceux qui, dans la province de Lorraine, n'avaient pas obtenu des lettres de réhabilitation et de confirmation depuis 1697. Ordonnance de François, duc de Lorraine, du 19 décembre 1730 ;

16° Contre les anoblis par charges ou lettres, depuis, le 1er janvier 1715, qui n'avaient pas satisfait au paiement de la taxe de 6000 livres, sur eux imposée pour droit de confirmation. Edit du mois d'avril 1771. *Voyez* DÉROGEANCE.

DÉGRADATION DE NOBLESSE. C'était la privation de la qualité de noble et des priviléges qui y étaient attachés.

Cette *Dégradation* a lieu de plein droit contre ceux qui sont condamnés à mort, naturelle ou civile, à l'exception néanmoins de ceux qui sont condamnés à être décapités, et de ceux qui sont condamnés à mort pour simple délit militaire, par un jugement de conseil de guerre qui n'emporte point infamie ; elle a aussi lieu lorsque le condamné est expressément déclaré déchu de la qualité et des priviléges de noblesse ; ce qui arrive ordinairement, lorsque le jugement condamne à quelque peine afflictive ou qui emporte infamie.

Toute condamnation qui emporte *Dégradation de noblesse* contre le condamné, en fait aussi déchoir ses descendants, qui tenaient de lui la qualité de noble. Cependant, la Roque prétend que la femme roturière marié à un noble, *retient la noblesse* après la mort de son mari, quoiqu'il ait été *dégradé* de cette qualité par forfaiture. Un arrêt du 27 août 1608 résout qu'elle la reprend, parce que *les fautes sont personnelles.*

DEGRÉ DE NOBLESSE, est la distance qu'il y a d'une généalogie à l'autre, depuis le premier qui a été anobli. Ces *Degrés* ne se comptent qu'en ligne directe, ascendante et descendante ; de manière que l'anobli fait dans sa ligne le premier *Degré*, ses enfants font le second, les petits-enfants le troisième, ainsi des autres.

Il y avait des offices qui transmettaient la noblesse au premier *Degré*, c'est-à-dire qui communiquent la *noblesse* aux enfants de l'officier, qui meurt revêtu de son office, ou qui a acquis droit de vétérance : tels étaient les offices de présidents et conseillers des parlements de Paris, de Dauphiné et de Besançon ; ceux du conseil et du parlement de Dombes ; ceux des sénats, conseils et cours souveraines de toute l'Italie ; les offices de secrétaires du roi du grand collége, les offices d'échevins, capitouls et jurats dans les villes où ils donnaient la *noblesse*. La plupart des autres offices qui *anoblissaient* celui qui en était pourvu, ne transmettaient la noblesse aux descendants de l'officier qu'au second *Degré*, ou, comme on dit ordinairement, *patre et avo consulibus*, c'est-à-dire qu'il fallait que le père et le fils eussent rempli successivement un office *noble* pendant chacun vingt ans, ou qu'ils fussent décédés revêtus de leur office, pour transmettre la *noblesse* aux petits enfants du premier qui a été anobli.

DEGRÉ DE PARENTÉ, est la distance qui se trouve entre ceux qui sont joints par les liens du sang.

La connaissance des *Degrés de parenté* est nécessaire pour régler les successions, et pour les mariages.

Dans quelques coutumes, comme en Normandie, on ne succédait que jusqu'au septième *Degré* inclusivement; mais, suivant le droit commun, on succède à l'infini, pourvu que l'on puisse prouver sa parenté, et que l'on soit le plus proche en *Degré de parenté*.

Les mariages sont défendus entre parents jusqu'au quatrième *Degré* inclusivement.

Les titres que l'on donne à chacun de ceux qui forment les *Degrés*, sont les mêmes dans le droit civil et dans le droit canon, tant en directe qu'en collatérale.

En ligne directe ascendante, les *Degrés* sont les pères et mères, les aïeux et aïeules, les bisaïeux, trisaïeux, quatrièmes aïeux, et ainsi en remontant de *Degré* en *Degré*.

En ligne directe descendante, les *Degrés* sont les enfants, petits-enfants, arrière-petits-enfants, etc.

En collatérale, les *Degrés* ascendants sont les oncles et tantes, grands-oncles et grandes-tantes; et en descendant, ce sont les frères et sœurs, les neveux et nièces, les petits-neveux, arrière-petits-neveux, cousins germains, cousins issus de germains, cousins arrière-issus de germains. On désigne ordinairement les différentes générations de cousins en les distinguant par le titre de cousins au second, troisième, quatrième, cinquième ou sixième *Degrés*, etc.

Il y a deux manières de compter le nombre des *Degrés de parenté*, savoir, celle du droit romain et celle du droit canon. La première est observée pour les successions, et la seconde pour les mariages..,

Les *Degrés* en ligne directe se comptent de la même manière, suivant le droit civil et le droit canon. On compte autant de *Degrés* qu'il y a de générations, dont on en retranche néanmoins toujours une ; de sorte que le père et le fils sont au premier *Degré*, attendu qu'ils ne font successivement que deux générations, dont il faut retrancher une pour compter leur *Degré* relatif de *parenté* ; de même l'aïeul et le petit-fils sont au second. *Degré*, parce qu'il y a entre eux trois générations, l'aïeul, le fils et le petit-fils ; le bisaïeul et l'arrière-petit-fils sont par conséquent au troisième *Degré*, et ainsi des autres. Cela s'appelle compter les *Degrés* par génération ; au lieu qu'il y a certaines matières où les *Degrés* se comptent par têtes, comme dans les substitutions.

La manière de compter les *Degrés de parenté* en collatérale, suivant le droit civil, est de remonter de part et d'autre à la souche commune de laquelle sont issus les parents dont on cherche le *Degré*, et l'on compte autant de *Degrés* entre eux qu'il a de personnes, à l'exception de la souche commune, que l'on ne compte jamais ; c'est pourquoi il n'y a point de premier *Degré de parenté* en ligne collatérale

Ainsi, quand on veut savoir à quel *Degré* deux frères sont parents, on remonte au père commun, et de cette manière on trouve trois personnes ; mais comme on ne compte point la souche commune, il ne reste que deux personnes qui composent le second *Degré*.

Pour connaître le *Degré de parenté* qui est entre l'oncle et le neveu, on remonte jusqu'à l'aïeul du neveu, qui est le père de l'oncle, et la souche commune. On trouve par ce moyen trois personnes, sans compter l'aïeul ; au moyen de quoi l'oncle et le neveu sont au troisième *Degré*.

On compte de même les *Degrés de parenté* entre les autres collatéraux, en remontant d'un côté jusqu'à la souche commune, et descendant de là jusqu'à l'autre collatéral, dont on cherche le *Degré* relativement à celui par lequel on a commencé à compter.

Pour compter les *Degrés* en collatérale, suivant le droit canon, il y a deux règles à observer.

L'une est que quand ceux dont on cherche le *Degré de parenté* sont également éloignés de la souche commune, on compte autant de *Degrés* de distance entre eux transversalement qu'il y en a de chacun d'eux à la souche commune.

L'autre règle est que quand les collatéraux dont il s'agit ne sont pas également éloignés de la souche commune, on compte les *Degrés* de celui qui en est le plus éloigné. Ainsi l'oncle et le neveu sont parents entre eux au second *Degré*, parce que le neveu est éloigné de deux *Degrés* de son aïeul père de l'oncle, et ainsi des autres collatéraux.

Quand on veut mieux désigner la position de ces collatéraux, on explique l'inégalité de *Degré* qui est entre eux en disant, par exemple, que l'oncle et le neveu sont parents du premier au second *Degré*, c'est-à-dire que l'oncle est distant d'un *Degré* de la souche commune, et le neveu de deux *Degrés*; ce qui fait toujours deux *Degrés* de distance entre eux.

DELPY DE LA ROCHE, famille établie en Périgord et en Guienne. Ce nom est ancien dans la première de ces deux provinces, dont il paraît originaire. Olivier de Pratgilier, seigneur de Muratel, et Jeanne Delpy, damoiselle son épouse, passèrent en arrentement de certains héritages, avec Jean Chapt, damoiseau, seigneur de Lage-au-Chat et de Meursac, en Périgord, par acte du 20 avril 1446.

Catherine Delpy fut mariée, vers l'an 1580, avec noble Léonard Nicolas, écuyer, sieur de Laval, en Périgord; Henry Delpy fut pourvu, le 18 mai 1714, d'un office de conseiller secrétaire du roi, maison couronne de France, en la chancellerie, près le parlement de Bordeaux. Cette famille a produit plusieurs officiers de terre et de mer, des conseillers au parlement de Bordeaux, etc. *Coupé, au 1 d'argent, à cinq mouchetures de sable, 3 et 2 au 2 d'azur, fretté d'argent.*

DÉROGEANCE, subst. fém., action par laquelle on dérogeait à la noblesse. La profession des arts mécaniques, exercée par des sujets nobles, établissait un vice qui corrompait la noblesse et causait la *Dérogeance*.

L'on dérogeait encore par l'exercice du trafic ou commerce en détail, par l'exercice de charges jugées incompatibles avec la noblesse, telles que *sergent*, *huissier*, *procureur* et *greffier* (1), et par l'exploitation des fermes d'autrui.

L'omission des qualifications nobles était encore une sorte de *Dérogeance* que l'on nommait *tacite*, mais qui n'avait d'effet que dans le cas où elle était prolongée pendant un certain nombre de générations.

L'on distinguait dans les effets de la *Dérogeance*, l'enfant qui naissait avant qu'elle ait été commencée par le père, et celui qui venait après ; le premier, conservait la noblesse originaire dans toute sa pureté, et le second partageait la dégradation de son auteur.

Les nobles de la province de Bretagne jouissaient, à l'égard de la profession des arts dérogeants, de priviléges qui leur étaient particuliers. La noblesse y dormait, selon d'Argentré, mais ne s'y éteignait point. En effet, suivant les articles 51 et 52 de la coutume de Bretagne, la noblesse ne pouvait se perdre, dans cette province, par prescription, par *Dérogeance*, ni même par désistement, quelque longue qu'eût été la *Dérogeance* ; son seul effet était de suspendre ou d'assoupir dans ceux qui en faisaient usage, le droit et les priviléges de la noblesse, et l'assujétissait aux impositions roturières pendant la durée de la *Dérogeance*.

_____

(1) Charles Vignole, *sergent* au bailliage de Saint-Michel, et *noble* d'extraction, fut cependant, en ladite qualité de *noble*, taxé, en 1635, à la somme de 100 fr. parmi les taxes imposées sur les *nobles* de ce bailliage ; s'il avait dérogé par sa charge, pourquoi le taxait-on comme *noble* ?

Une déclaration du roi, du 6 septembre 1500, permet à Jean le Prévôt, écuyer, d'exercer l'office de *procureur* en la chambre des comptes, *sans déroger*. Plusieurs auteurs prétendent que les procureurs au parlement ne dérogeaient point, et La Roche Favin maintient que les procureurs *des cours* ont été maintenus en la qualité de nobles par plusieurs arrêts.

Cette suspension leur était purement personnelle, et ne pouvait nuire au droit acquis à leurs descendants, qui n'étaient pas même obligés d'obtenir des lettres de réhabilitation.

Le P. Ménestrier n'est pas tout-à-fait du même sentiment; car il dit : « Il leur est libre de prendre leur noblesse et les priviléges qui y sont attachés, toutes et quantes-fois bon leur semblera, en laissant leur trafic et usage de bourse commune, en faisant de ce leur déclaration devant le plus prochain juge royal de leur domicile ». Cette déclaration doit être insinuée au greffe et notifiée aux marguilliers de la paroisse; moyennant quoi le noble reprend sa noblesse, pourvu qu'il vive noblement, et les acquêts nobles faits par lui depuis cette déclaration, se partagent noblement.

Lorsqu'une famille était dans le cas de *Dérogeance* ou d'omission continuée, elle ne pouvait rentrer dans son premier état qu'en vertu de lettres du prince; c'est ce qu'on nommait lettres de relief ou de réhabilitation. Ces lettres étaient sujettes à être vérifiées, et ne s'accordaient, suivant les principes observés, qu'autant qu'on avait prouvé qu'on était en possession de la noblesse cent ans au-delà de la première *Dérogeance*. On obtenait des lettres de réhabilitation après même qu'elle avait été continuée pendant deux degrés. C'est une question de savoir si on pouvait en obtenir lorsque le cas de *Dérogeance* ou d'omission embrassait entièrement trois générations. Dans l'usage commun, cette grâce ne s'accordait pas. Quelques exemples néanmoins prouvent que la concession n'en était point véritablement limitée, principalement dans le cas où l'omission dominait, et surtout à l'égard des familles nobles; le plus grand nombre des jurisconsultes pensait même que la noblesse d'ancienne extraction, dans le principe, était une propriété inhérente à la famille qui, d'ancienne race et sans principe connu, contenait en elle-même un caractère indélébile, et qu'altérée ou obscurcie par plusieurs degrés, elle se relevait de sa propre force, par les seuls droits du sang.

Le crime de lèze-majesté faisait perdre la noblesse au coupable et à tous ses descendants. A l'égard des autres crimes, quoique suivis de condamnations infamantes, ils ne faisaient perdre la noblesse qu'à l'accusé, et non pas à ses enfants.

La preuve de *Dérogeance* antérieure à la possession centenaire, suffisait pour rendre celle-ci nulle. (Arrêt du conseil du 19 mars 1667.)

Les enfants ou descendants d'un noble ne sont point tenus de rapporter aucunes lettres de réhabilitation, si leur père ou leur auteur n'ont dérogé avant leur naissance. (Même arrêt.)

Le commerce maritime ni le commerce en gros, ne dérogeaient pas.

Les gentilshommes qui s'employaient à l'art de la verrerie, ne dérogeaient pas; ils sont au contraire maintenus dans leur qualité d'écuyers, par arrêt de la cour des aides, de l'an 1582 et du mois d'août 1597; mais c'est une erreur populaire et grossière de croire que les verriers soient nobles en vertu de leur exercice.

Tout noble pouvait prendre à ferme les terres et seigneuries appartenantes aux princes et princesses du sang, sans déroger. (Arrêt du conseil du 25 février 1720.)

Les dérogeants en la province de Champagne, ne cessaient pas de se qualifier nobles et écuyers; ce qui leur était permis, encore qu'ils fussent imposés aux tailles. La preuve en est tirée d'un cahier où étaient enrôlés et décrits les noms et surnoms des nobles et autres tenants noblement du roi les fiefs et arrières-fiefs au bailliage de Troyes, qui avaient comparu à la montre du ban et arrière-ban, par-devant Michel Juvenel des Ursins, écuyer, bailli de Troyes, en vertu des lettres-patentes de Louis XI, données à Amboise le premier jour de février 1469, dont voici plusieurs exemples: Proquo Guibert, écuyer, payant taille, et non tenant fief; Jean de Villeneuve, écuyer, payant taille, tenant fief, assurant vivre noblement dorénavant; Jean Daubigni, noble, payant taille et non tenant fief; Nicolas Léger, écuyer, payant taille, tenant noblement; Toussaint Parisot, écuyer, payant taille; Guillaume Renouard, écuyer, payant taille; Etienne l'Argentière, écuyer, payant taille et tenant noblement; Jean Broguedale, écuyer, payant taille; Jacques Solomon, écuyer, payant taille. Le cahier est scellé en cire rouge, et signé de Baussancourt.

Chassanée s'explique ainsi sur la coutume de Bourgogne. Il dit que si un noble de race s'employait à l'exercice de quelque art mécanique, il ne perdait pas la noblesse, parce que les droits du sang ne se perdent point ; mais qu'elle est offusquée et obscurcie tant et si long-tems que le noble demeurait en cet exercice ; car aussitôt qu'il le quittait, la noblesse recouvrait sa splendeur et son premier lustre.

Les nobles qui exerçaient l'art de la médecine ne dérogeaient point ; les médecins même, qui n'avaient pas l'avantage de la noblesse, n'étaient point sujets au paiement des subsides delphinaux, pourvu qu'ils fussent docteurs et qu'ils ne fissent aucun trafic.

Les nobles qui exerçaient la peinture, sans en faire trafic, ne dérogeaient pas.

Le noble qui labourait ses propres terres, ne dérogeait point. *Voyez* DÉCHÉANCE,

M. de Laigue, dans l'ouvrage qu'il a publié en 1818, sous le titre *des Familles françaises*, s'exprime ainsi à l'occasion de la *Dérogeance*.

« J'ose poser en fait, qu'il n'y a pas une seule ancienne loi du royaume qui prononce la dépossession d'état des nobles d'extraction pour cause de dérogeance. Un gentilhomme vivait noblement ou vivait roturièrement, c'est-à-dire, faisant trafic de marchandises, etc. Dans le premier cas, il jouissait de tous les priviléges et exemptions attachés à sa qualité, qui lui imposaient des devoirs et un service militaire ; dans le second, il était privé temporairement de la jouissance de ces mêmes priviléges, mais jamais de son état, et il payait à l'aide ou à la taille, comme les autres marchands, puisque, pour le moment, il ne remplissait point les devoirs auxquels il était assujéti, à raison de ces mêmes priviléges.

» C'est ce qui résulte très-positivement de l'ordonnance de saint Louis, de l'an 1256, des établissements de ce prince, de 1270 ; des lettres-patentes de Philippe IV, dit le Bél, données à Paris, le 13 janvier 1295 ; de l'ordonnance du roi Jean, du 5 avril 1350 ; des lettres et ordonnances de Charles VI, des 23 mai 1388, 4 janvier 1392, 28 mars 1395, 30 janvier 1403 ; 26 mai 1404, et 11 août 1408 ; de Charles VII, du 28

février 1435, et l'on pourrait même ajouter de l'ordonnance de Charles IX, du mois de janvier 1560, et
de l'édit de ce prince, de janvier 1572, et autres.

» Les dispositions de ces ordonnances, qui faisaient
alors le droit commun du royaume, se retrouvent dans
les usages ou coutumes de la plupart des anciennes provinces de France, telles que le Dauphiné, la Normandie, la Champagne, la Brie, la Bourgogne, etc.

» Chorier, dans son Nobiliaire du Dauphiné, parle
de plusieurs nobles de naissance qui furent mis au rang
des nobles, lors de la révision des feux faite dans cette
province, l'an 1477, quoiqu'ils exerçassent l'art de
marchandise, et que l'un d'eux fût charpentier de profession.

» Gui Pape, dit que les nobles ne doivent pas jouir
de leurs priviléges, lorsqu'ils ne vivent pas noblement ;
mais que lorsque les nobles dérogeants s'abstiennent de
trafiquer, ils recouvrent leurs priviléges, ainsi qu'il fut
jugé par un arrêt du parlement de Dauphiné, en date
du 15 février 1497, au sujet des fils d'un noble qui était
marchand drapier : ils furent déclarés nobles, parce
qu'alors ils vivaient noblement.

» Lors de la recherche faite dans la province de
Normandie, en 1463, par Rémond Montfaut, deux
frères sont maintenus au rang des nobles de la sergenterie de Pont-Farcy, mais ils y sont assis (taillables)
pour quinze ans, parce qu'ils sont marchands. Dans
la même recherche, à l'article des taillables de la sergenterie de Beaumont, on voit figurer un habitant qui
est ainsi qualifié, marchand noble comme l'on dit.

» La Roque affirme qu'en Champagne et en Brie,
les dérogeants ne cessent pas de se qualifier nobles et
écuyers ; ce qui leur est permis, quoiqu'ils soient imposés aux tailles, ainsi que le prouve la montre du ban
et arrière-ban de l'année 1469 ; il cite à ce sujet plusieurs gentilshommes qui étaient dans ce cas, et qui
furent mis au rang des nobles, quoique vivant roturièrement. Il ajoute, que la politique de ce mélange de
nobles vivant noblement, et de nobles vivant en marchands et roturièment, est approuvée par Charles du
Moulin, en son apostille sur l'article 16 de la coutume
de Troyes.

» Pithou dit , en termes précis , que marchand ne laisse d'être noble.

» Si , comme le soutiennent Loyseau, d'Argentré , Chassannée, la Roque, et tant d'autres sages et doctes personnages, la noblesse de nom et d'armes ne peut jamais se perdre ni s'aliéner, si elle est imprescriptible, si enfin elle est le seul bien indépendant des caprices et des révolutions de la fortune, il faut convenir qu'il n'y a et ne peut y avoir de dérogeance pour elle, et qu'elle est moins encore exposée à la perte absolue de de son état.

» La condition d'un anobli par lettres était bien différente , parce que le roi, en lui conférant la noblesse, lui avait imposé l'obligation de vivre noblement, et lui avait défendu expressément de faire aucun acte dérogeant à sa nouvelle qualité sous peine de déchéance; il en était de même de l'anobli par charge. Cela devait être ainsi, car il était tout à fait déraisonnable, et même contre toutes les convenances, qu'un homme qui d'ordinaire était riche, et que le prince élevait au rang des nobles, n'eût point adopté leur manière de vivre, et n'eût pas cherché, dès ce moment, à ouvrir à ses enfants une carrière honorable, dans laquelle ils pouvaient trouver plus souvent les occasions de rendre au roi et à l'état des services importants ; services qui, perpétués dans une famille, en constituent véritablement la gloire, l'investissent d'une juste considération, et lui acquièrent aussi des droits à la reconnaissance et à l'estime générales.

» Cependant , s'il y avait cette différence entre le noble de tems immémorial et le descendant d'un noble par lettres, que l'un ne pouvait perdre son état par la dérogeance, et que l'autre, au contraire, pouvait être privé du sien par le même motif, il semble que ce dernier, une fois parvenu à la qualité de gentilhomme, aurait dû, en cas d'accident, jouir du même avantage que le premier, puisqu'il est vrai qu'il n'y a pas deux espèces de gentilshommes, et que tous les nobles, dont l'origine est plus ou moins ancienne, n'en tirent pas leur qualité de la même source ou de la même volonté; car, en France, c'est une maxime certaine, que le prince seul peut nobiliter, pour me servir de l'expression employée dans les anciennes ordonnances de nos rois,

« Ainsi, par exemple, une famille qui aurait été
anoblie par lettres dans le quatorzième siècle, et qui,
par conséquent, aurait compté de quatre à cinq cents
ans de noblesse avec des services militaires, n'aurait
pu, en cas d'une dérogeance indépendante de sa volonté, et bien excusable dans le cours de cinq siècles,
se relever d'elle-même, et rentrer en jouissance d'une
distinction héréditaire infiniment plus précieuse que la
fortune, par cela seul, que l'honorable principe de sa
noblesse aurait été positivement connu ; tandis qu'une
autre famille qui n'aurait justifié que de cent à cent
cinquante ans de noblesse, et qui d'ailleurs n'aurait eu
que de minces services à produire, mais à laquelle on
n'aurait pu opposer ni lettres, ou autres principes d'a-
noblissement, ni aucune trace de roture antérieure au
premier degré de filiation, eût, dans le même cas de
dérogeance, été réputée noble d'ancienne extraction,
et serait aussi rentrée de plein droit, ou du moins avec
plus de facilité que la première, ayant cinq cents ans
de noblesse dans les prérogatives honorifiques attachées
à ce titre ».

DESNEUX. Israël Desneux, grenetier au grenier à sel
de Paris, fut échevin de cette ville en 1613. *Parti
emanché d'azur et d'argent de huit pièces et deux demies.*

DESSOFFY, comtes de Cserneck et de Tarko, ma-
gnats de Hongrie, noble, ancienne et illustre maison,
originaire de Hongrie, où elle possède le comté de
Cserneck depuis le milieu du onzième siècle, et où elle
subsiste encore en plusieurs branches. L'une de ses
branches s'est établie en France au dix-huitième siècle,
et subsiste de nos jours en Lorraine. Cette branche a
donné un maréchal de camp et plusieurs officiers supérieurs de cavalerie, décorés de l'ordre royal et militaire
de Saint-Louis. Charles, comte Dessoffy, né le 3 novembre 1784, chevalier de l'ordre royal et militaire de
Saint-Louis et de la Légion-d'Honneur, a été chef
d'escadron du 10e régiment de hussards. Il a eu la jambe
droite emportée par un boulet près de Bunzlau, en
Silésie, le 19 août 1813, et malgré cette blessure grave,
cet officier n'a d'autre désir que d'obtenir l'honneur de
servir activement dans les armées du roi. *D'azur, à
l'aigle au vol abaissé d'argent, adextrée en chef d'un
croissant du même, et senestrée d'une étoile d'or, et ac-*

compágnée en pointe d'un senestrochère, armé de toutes pièces d'argent, tenant un badelaire d'or.

DIDIER DE BONCOURT, en Champagne. Cette famille a pour auteur Paul Didier, lieutenant-colonel du régiment de Montcavrel, cavalerie, puis capitaine de chevau-légers, anobli pour services militaires, par lettres du mois de février 1657, confirmées au mois d'août 1669 par l'intendant de Champagne. *De gueules, à la bande d'argent.*

DE DIENNE DE CHAVANHAC, illustre et ancienne maison de chevalerie d'Auvergne, qui tire son nom d'une baronnie des plus considérables de cette province, où elle florissait dès le dixième siècle. Elle établit son ascendance depuis Léon, chevalier, seigneur de Dienne, qui vivait en 1187. Elle a fait les preuves de la cour, et a monté dans les carrosses en 1739 et en 1785. Elle compte plusieurs lieutenants-généraux, maréchaux de camp et officiers supérieurs ; est admise dans l'ordre de Malte depuis le milieu du quatorzième siècle, et a donné des comtes de Brioude depuis l'an 1473. *D'azur, au chevron d'argent, accompagné de trois croissants d'or.*

LE DIEU, dans la Brie champenoise. Louis le Dieu fut déclaré noble, du côté maternel, par sentence du bailli de Château-Thierry, du 20 juin 1486. Benoît le Dieu, sieur de Ville-au-Neuf, vicomte de Chammery, fut réputé noble du côté du ventre par deux sentences des élus de Soissons, du 26 mai 1555, et l'autre du lieutenant du bailli de Châtillon-sur-Marne (1), du 23 mai 1556. Cette famille a produit ses titres devant M. de Caumartin, en 1667, qui l'a renvoyée au conseil d'état du roi. *D'azur, au chevron d'argent, accompagné de trois glands d'or.*

LE DIEU. Jean le Dieu, sieur de Farcy, de la ville de Château-Thierry, fut anobli pour services militaires, au mois de février 1653. Cette famille paraît être une branche de la précédente. *D'azur, au chevron d'or, accompagné en chef de deux glands du même, et en pointe d'une épée d'argent, garnie d'or.*

---

(1) Gilles-le-Dieu était notaire à Châtillon-sur-Marne, en 1538, 1541 et 1544.

DIEULEVEULT DE LAUNAY, DE PENQUÈLES, en Bretagne et en Normandie. *D'azur, à six croissants contournés d'argent.* Devise : *Diex le volt.*

DE DIGOINE, marquis du Palais, maison d'ancienne chevalerie, qui tire son nom de la première baronnie du Chârolais, et dont le premier seigneur connu est Liebaud, qui, vers l'an 1080, épousa la sœur de Humbod II, sire de Beaugé. Cette maison s'est divisée en plusieurs branches. L'aînée s'est éteinte en 1390. Une autre branche a continué la lignée des marquis de Jaucourt, qui vont suivre ; et une troisième les marquis du Palais. Cette dernière branche a constamment soutenu l'éclat de son origine, tant par ses alliances que par ses illustrations. Elle a donné un grand nombre d'officiers généraux, un chef d'escadre, des comtes de Lyon et de Brioude, et des chevaliers à l'ordre de Saint-Jean de Jérusalem dès la plus haute antiquité. *Echiqueté d'or et de sable.*

DIGOINE-JAUCOURT. Le premier, qui de l'ancienne et illustre maison de Digoine prit le nom et les armes de Jaucourt, est Jean de Digoine, chevalier, seigneur de Thianges, puis de Villarnoul, par l'alliance qu'il contracta, l'an 1463, avec Agnès du Plessis de Chevigny, sa parente, dont la mère, Antoinette de Jaucourt, était héritière de cette maison. Cette branche de Digoine-Jaucourt a formé plusieurs rameaux : 1° les marquis de Villarnoul, éteints en 1738 ; 2° les barons du Vault, comtes de Jaucourt ; 3° les seigneurs de Menestreux, éteints ; 4° les barons d'Huban, comtes et marquis de Jaucourt, existants ; 5° les barons de Sernoy ; 6° les seigneurs de Faveras ; 7° les seigneurs de Chazelles ; 8° les seigneurs de Bonnesson, éteints en 1729. Cette seconde maison de Jaucourt est féconde en hommes illustres. Elle compte des lieutenants-généraux, des maréchaux de camp et des brigadiers des armées du roi, des gouverneurs de provinces, des chevaliers de l'ordre du roi, des capitaines de cent et de cinquante hommes d'armes, des conseillers d'état, des chambellans de nos rois et des gentilshommes ordinaires de leur chambre ; un premier chambellan de l'électrice de Brandebourg, reine de Prusse ; nombre d'officiers supérieurs décorés de l'ordre royal et militaire de Saint-Louis, des gou-

verneurs de place, et plusieurs autres personnages distingués dans la diplomatie ou dans la carrière des lettres.
A l'avantage des nombreux services qu'elle a rendus et
de sa haute antiquité, la maison de Jaucourt joint celui
de s'être alliée à tout ce qu'il y a de maisons grandes
et illustres dans le royaume. Le comte de Jaucourt, ancien ministre de la marine, ministre d'état, commandant de la Légion-d'Honneur, a été nommé pair de
France en 1819. *De sable, à deux léopards d'or.*

DILLON, comtes Dillon, en France, vicomtes Dillon, comtes de Roscommon, pairs d'Irlande, maison
d'ancienne chevalerie, originaire de ce dernier royaume,
où elle florissait dès l'an 1185. Elle s'est illustrée par ses
services et par les emplois considérables dont elle a de
tout tems été revêtue. Une branche de cette maison s'est
établie en France avant la révolution. Elle a donné un
archevêque de Narbonne, deux généraux, dont l'un
périt victime de l'insubordination de ses soldats, en
1792, et l'autre victime du tribunal révolutionnaire, en
1794. Cette branche compte encore, de nos jours, deux
généraux et plusieurs officiers au service du roi. *D'ar-*
gent, au lion léopardé de gueules, accompagné en chef de
deux étoiles d'azur.

DE DINTEVILLE, maison d'ancienne chevalerie de
Champagne, qui a pris son nom d'une terre située près
de Bar-sur-Aube, laquelle échut en partage, au milieu
du treizième siècle, à Pierre de Jaucourt, second fils de
Pierre Ier, sire de Jaucourt, panetier de Champagne.
Les descendants de ce Pierre quittèrent le nom de Jaucourt pour prendre celui de Dinteville; mais ils conservèrent leurs armoiries primitives. Cette maison de Dinteville a formé plusieurs branches, 1° les barons de
Dinteville, éteints en 1607, 2° les seigneurs de Polisy
et des Chenets, éteints en 1559; les seigneurs de Van-
lay, éteints en 1550. Cette maison a donné un grand-
veneur de France, en 1498, et un chevalier des ordres
du roi, en 1583; un chancelier de Bourgogne, évêque
de Nevers, en 1375; un évêque de Sisteron, puis
d'Auxerre, mort en 1530; un second évêque d'Auxerre,
ambassadeur du roi à Rome, en 1582; des chevaliers de
l'ordre du roi, un gouverneur de Charles de France,
duc d'Orléans, ambassadeur en Angleterre; des gouverneurs de place, etc. *De sable, à deux léopards d'or.*

, DE DION, barons de Wandonne, par érection de l'an 1761, marquis de Dion-Malfiance, par lettres-patentes de 1787, barons de Dion-Ricquebourg, comtes de Dion en Artois, maison d'ancienne chevalerie, qui a pris son nom de la terre de Dion le Val, relevante de la baronnie de Wavre, dans laquelle on voit encore des mausolées de plusieurs membres de cette famille, et dont la possession remonte au douzième siècle; elle a obtenu les honneurs de la cour, en 1784 et 1785, en vertu de preuves faites au cabinet des ordres du roi. Elle a donné des officiers généraux et supérieurs au service des rois d'Espagne et de France, entr'autres un maréchal de camp, en 1816, plusieurs chevaliers de l'ordre royal et militaire de Saint-Louis, etc. *D'argent, à l'aigle éployée de sable: chargée sur l'estomac d'un écusson du même, chargé d'un lion d'or et bordé du même.* Couronne princière. Tenants: Deux sauvages armés de massues hautes et ceints de lauriers. Devise: *Domine ad juvandum me festina.*

DIONIS, noblesse municipale de la ville de Paris, qui a pour auteur Pierre Dionis, vivant en 1640, père de Pierre II., premier médecin de la Dauphine, né l'an 1666, célèbre par ses ouvrages d'anatomie. Cette famille a donné deux commissaires généraux de la marine; des capitaines de cavalerie et plusieurs chevaliers de l'ordre de Saint-Louis. François-Jean Dionis, notaire au Châtelet de Paris, fut élu échevin de cette ville en 1698. *D'azur, a trois tiges de cinq feuilles d'or; au chef cousu de gueules, chargé d'une croix potencée du second émail.*

DODEMAN, famille ancienne de Normandie, connue depuis Robert Dodeman, chevalier, père de Guillaume Dodeman, aussi chevalier, nommé dans l'Echiquier de 1224. Cette famille, dont descendent les seigneurs de Placy, n'est pas mentionnée dans la Recherche de Monfaut, en 1463, mais elle a été maintenue le 2 avril 1667. La Roque rapporte qu'Adam Dodeman, seigneur de Placy, et Jeanne de Marguerie, sa femme, furent maintenus comme nobles, par arrêt du 3 février 1580, sur ce que sa femme était descendue de Marie de Villebresme, fille d'une du Lys. *D'argent, au duc de sable, perché sur un bâton noueux du même, mouvant de la pointe de l'écu.*

DODUN du BOULAY, famille originaire de Tonnerre, en Bourgogne, qui a pour auteur Gaspard Dodun, secrétaire du roi, mort le 24 mai 1701, aïeul du contrôleur général des finances de ce nom. Cette famille a, en outre, donné des conseillers et des présidents au parlement de Paris. *D'azur, à la fasce d'or ; chargée d'un lion naissant de gueules, et accompagnée, de trois grenades d'or, ouvertes de gueules.*

DOLLIN du FRESNEL, famille d'origine chevaleresque, dont plusieurs branches se sont établies dans la Picardie et le Languedoc, puis en Hollande ; celle-ci a ajouté à son nom celui de du Fresnel, Jean Dollin, chevalier, fut envoyé, en 1408, par le duc d'Orléans et messire Jean de Braques, seigneur de Saint-Morise, aux gens des aides de Picardie, pour porter des lettres closes de ce prince. Guillaume Dollin, chevalier et porte-enseigne des lances de S. M., dans la compagnie du seigneur de Bonnevel, en 1539, était frère de Mingette Dollin, qui épousa Laurent de Polastron ; un fils issus de ce mariage, hérita dudit Guillaume Dollin, en vertu d'un acte en parchemin, à nous exhibé, et souscrit par Jehan de Boslinard, écuyer, et Jean d'Espaigne, écuyer, qui attestent, en leur qualité de porte-enseigne et d'hommes d'armes dans la compagnie de M. de Bonnevel, « connaître ledit Polastron comme neveu et héritier dudit Guillaume Dollin, autant que fils de feu Mingette Dollin, sa sœur, femme dudit Laurent de Polastron, de qui nulle autre personne n'est plus apte, par sa proximité, à recueillir ladite succession. » Cet acte est du pénultième jour de décembre 1539. Cette famille a fourni, de toute ancienneté, des hommes d'armes et des officiers distingués. *De gueules, au lion d'or, armé et lampassé de sinople, tenant dans sa pate dextre un cimeterre d'argent, garni d'or, le bout du cimeterre surmonté d'une étoile d'argent.*

DE DONISSAN, marquis de Citran, comtes de Romefort, en Guienne, maison d'ancienne chevalerie, qui tire son nom d'une terre située en Médoc, au diocèse de Bordeaux. Elle établit sa filiation depuis Guillaume de Donissan, damoiseau, mort en 1345. Elle compte des chevaliers de l'ordre du roi, un capitaine de cinquante hommes d'armes des ordonnances, un gentilhomme ordinaire de la chambre ; un grand nombre d'officiers supérieurs. *Ecartelé, aux 1 et 4 d'argent à la bande d'azur, aux 2 et 3 de gueules, au lion d'or.*

DOUBLET DE PERSAN, marquis de Bandeville, en Normandie, par érection du mois d'avril 1632. Famille également recommandable par ses services militaires et les emplois qu'elle a remplis dans la magistrature. Elle compte un maréchal de camp, plusieurs officiers supérieurs et des maîtres des requêtes. *D'azur, à trois doublets ou papillons d'or volants en bandes, 2 et 1.*

DREUX DE NANCRÉ ET DE BRÉZÉ, maison qu'une longue série de services militaires, des alliances illustres et des possessions considérables ont mise au rang des plus distinguées du royaume. Elle établit par titres originaux sa généalogie depuis le milieu du quinzième siècle. Le plus ancien de ses titres filiatifs est : » une donation faite le 7 juillet 1472, sous le sceau » de Faye-la-Vineuse, pardevant Dignay et J. Cardinalis, par noble homme Thomas Dreux, écuyer, » seigneur de Ligueil, à Simon Dreux, écuyer, son » fils aîné et principal héritier des terres de la Gastillion- » nière et des Barrés, ainsi que le susdit Thomas Dreux » auroit reçu *japieça* lesdites terres de feu Pierre Dreux, » son père, vivant, écuyer, seigneur de Ligueil, et de » son oncle messire Simon Dreux, chevalier, maître- » d'hôtel du roi. Ledit acte fait en présence dudit » Thomas Dreux, donateur, et de son oncle messire » Jean de Guarguesalle (1), chevalier, seigneur de » Bosse et de Coulaine, qu'il constitue son procureur » général, espécial et irrévocable, à l'effet de l'exécu- tion de ladite donation (2). »
Et dans le contrat de mariage de Méry Dreux, écuyer,

---

(1) Jean de Guarguesalle, chevalier, seigneur de Bosse et de Coulaine, fut grand-maître de l'écurie du roi Louis XI, et capitaine de la ville et du château de Chinon (Voir le P. Anselme, article Grands-Ecuyers, et encore Moréri, article Ecuyer.)

(2) Cette donation a été examinée et certifiée par M. Pavillet, chef de la section Historique aux Archives du royaume, ancien premier commis du cabinet des ordres du roi, commissaire du conseil pour le contentieux de la noblesse.

seigneur de Bois-Aubry, fils de feu Simon Dreux, écuyer, seigneur de la Gastillionnière et des Barres, avec damoiselle Charlotte de la Coussaye, passé par devant Puesnard et Guesgnon, notaires à Poitiers, le 15 janvier 1533 (original en parchemin), l'on voit cette même terre des Barres, dont la donation vient d'être précitée plus haut, sous la date de 1472, affectée au douaire de ladite Charlotte de la Coussaye, épouse de Méry Dreux.

Cette même donation de 1472 se trouve encore mentionnée dans le jugement de maintenue de la branche de Dreux de Creuilly, en date du 28 janvier 1700, et dans celui de la branche de Dreux de Nancré, du 22 mars 1703 ; ces deux arrêts rappellent le jugement de maintenue, rendu, le 13 juin 1669, par la chambre de la réformation de Bretagne, pour la branche de Dreux de Brézé, dans lequel elle est déclarée d'*ancienne extraction noble*, et maintenue dans sa qualité d'*écuyer* et de *chevalier*.

Or, voilà bien un titre original et patent de l'an 1472, qui se trouve encore mentionné dans des jugements de maintenue, qui sont également des actes légaux et indubitables, lesquels prouvent la filiation de la maison de Dreux de Nancré et de Brézé, de la manière suivante :

Pierre *Dreux*, écuyer, seigneur de Ligueil, frère de Simon *Dreux*, chevalier, maître-d'hôtel du roi. Ce Pierre eut pour fils :

Thomas *Dreux*, écuyer, seigneur de Ligueil, lequel fit la donation de 1472, mentionnée ci-dessus, et qui fut père de :

Simon *Dreux*, écuyer, en faveur duquel ladite donation des terres de la Gastillionnière et des Barres eut lieu en 1472 ; il fut père de :

1°. Pierre Dreux, écuyer, seigneur de Périgné ;
2°. Méry Dreux, écuyer, dont l'article suit.

Méry *Dreux*, écuyer, seigneur de Bois-Aubry, épousa, le 15 janvier 1533, damoiselle Charlotte de la Coussaye, qui reçut, pour garantie de son douaire, la terre des Barres, mentionnée dans la donation de 1472. Ce Méry Dreux eut sept fils et plusieurs filles, ainsi que le

constate le partage noble des biens des successions desdits Méry Dreux et Charlotte de la Coussaye, en date
du 6 avril 1578, acte passé devant Pignetaud et Bourbeau,
notaires à Poitiers (original en parchemin).

Simon, fils aîné de Méry Dreux, est la souche de la
branche de Dreux de Creuilly, éteinte.

Claude, son troisième fils, est la souche de la
branche de Dreux de Nancré, qui existe encore.

Thomas, son cinquième fils, est la souche de la
branche de Dreux de Brézé, aussi existante.

Ces divers enfants, ainsi que Méry Dreux, leur auteur, sont mentionnés dans les jugements de maintenue
de 1669, 1700, 1703.

L'origine de la maison de Dreux de Nancré et de
Brézé est donc bien prouvée par ce titre de 1472. Elle
remonte à Pierre Dreux, frère de Simon Dreux, chevalier, et maître-d'hôtel du roi. Et ce qui vient à l'appui
de tout ce qui est dit ci-dessus, c'est qu'on trouve encore dans les registres manuscrits du cabinet des ordres
du roi (tom. VI, p. 266), de la propre écriture de
M. Berthier, qui en était dépositaire et commissaire,
que cette famille fût maintenue , le 28 janvier 1700 , sur
titres remontés en 1472.

Services militaires. Cette maison a produit quatre lieutenants-généraux des armées du roi, dont les services
distingués sont mentionnés dans la Chronologie militaire
de Pinard. L'un d'eux fut lieutenant-général de la province d'Artois ; un autre commandant en chef des provinces de Flandre et de Hainaut. Elle a fourni, en outre,
un maréchal-de-camp, des mestres de camp ; des capitaines de cavalerie et d'infanterie, dont plusieurs furent
tués au service du roi ; un chevalier de Malte, en 1714 ;
un chevalier de Notre-Dame de Mont-Carmel et de
Saint-Lazare en 1674. *Dans la magistrature,* elle a eu
un procureur-général, et deux avocats-généraux à la
chambre des comptes de Paris; des conseillers au grand-
conseil, aux parlements de Bretagne et de Paris, et plusieurs conseillers-d'état ; on voit encore Claude Dreux,
écuyer, seigneur de la Maison-Neuve, puis de la Tu-
daïrière, troisième fils de Méry Dreux, et René Dreux,
écuyer, seigneur de l'Aubretière, fils aîné de Claude
Dreux qui vient d'être cité, au nombre des cent gentils-

hommes de la maison du roi, aux règnes de Henri III et de Henri IV : des pages du roi et de la reine; un autre membre de cette famille fut capitaine-colonel des Suisses de M. le duc d'Orléans, régent, et ambassadeur extraordinaire de France près la cour d'Espagne, en 1718; et depuis l'an 1701, la charge de grand-maître des cérémonies de France, a été successivement remplie par quatre personnages de cette maison.

Pairie. Henri-Evrard Dreux, marquis de Brézé, baron de Berrye, grand-maître des cérémonies de France, a été nommé *pair*, le 17 août 1815.

Armes: d'azur, au chevron d'or, accompagné en chef de deux roses d'argent, et en pointe d'un soleil ou d'une ombre de soleil du second émail.

DROUET DE MONTGERMONT DE LA MOESCHE. Cette famille a été maintenue en 1678, par la chambre de la réformation de Bretagne, en conséquence des priviléges de la noblesse affectés aux offices de la chancellerie de Bretagne, dont avait été secrétaire le père de René Drouet, sieur de Thorigné, et Pierre Drouet, sieur de la Branlays. Les sieurs des Rochettes, du Presec et de Boisguillaume ont été maintenus sur le même fondement. De cette famille était encore Geoffroy Drouet, écuyer, sieur de Langle, maire de Nantes, en 1564. *De gueules, à trois cœurs d'or; à la rose du même en abîme.*

DE DROULLIN, maison d'ancienne chevalerie de Normandie, qui établit sa filiation depuis Jean de Droullin, écuyer, seigneur de Montfort, vivant vers l'an 1350. Ses descendants ont été maintenus dans leur ancienne extraction par Raymond de Montfaut, l'an 1463. Ils se sont divisés en plusieurs branches : 1º. les seigneurs de Fleuriel, éteints vers la fin du seizième siècle ; 2º. les seigneurs de Chantelou, barons de Tanques; 3º. les seigneurs de Mesnilglaize ; 4º. les seigneurs de Cey ; 5º. les seigneurs de Vrigny, éteints; 6º. les seigneurs de Saint-Christophe, éteints. Cette maison a donné plusieurs chevaliers de l'ordre du roi, des capitaines d'hommes d'armes, des gouverneurs de places, et nombre d'officiers supérieurs sur terre et dans la marine. Elle est alliée aux maisons les plus considérables de la

Normandie. *D'argent, au chevron de gueules, accompagné de trois quintefeuilles de sinople.*

DRUAYS DE FRANCLIEU, en Bourgogne. Cette famille a pour auteur Mathieu Druays, sieur de Franclieu, maréchal des logis du roi, anobli en considération de ses services par lettres du mois de juin 1586, registrées à la cour des comptes le 20 octobre suivant. *D'argent, à la moucheture de sable.*

DUBUYSSON, comtes de Douzon, par érection de l'an 1744, titrés comtes et vicomtes Dubuysson, maison d'origine chevaleresque, qui a aussi exercé avec distinction des places de magistrature, habitant le Bourbonnais, originaire d'Auvergne; le plus ancien titre de noblesse qu'elle a produit dans les preuves qu'elle a faites pour être reçue à Malte, dans les pages du roi, et dans des chapitres nobles, est un acte de partage noble, daté du 14 décembre 1319, entre Chatard Dubuisson, damoiseau et ses frères et sœurs. Ce titre prouve que la noblesse des Dubuysson remonte au moins au douzième siècle. Le Nobiliaire de la province d'Auvergne fait mention de Raymond et Pierre Dubuysson, chevaliers du Temple, et autres Dubuysson, dans le douzième siècle; mais la maison Dubuysson ne possède pas de titre qui prouve le degré de parenté de Chatard Ier. avec eux; elle possède les titres de filiation, depuis ledit Chatard, en 1319, jusqu'à Louis-Amable, son quinzième descendant. Cette maison a donné deux officiers-généraux, onze colonels ou lieutenants-colonels, ou majors, un capitaine de vaisseau, plus trente capitaines de cavalerie ou infanterie, dix-sept officiers tués aux armées.

La branche aînée de Douzon a fini en 1794, dans le comte de Douzon, commandant de la ville de Moulins, premier député de la noblesse du Bourbonnais, aux États-Généraux, mort victime de son dévoûment au Roi, sous la hache révolutionnaire.

La deuxième branche dite des Aix, subsiste encore dans le comte Dubuysson des Aix, ancien major du régiment des Dragons du Roi, lieutenant-colonel et chevalier de Saint-Louis; et ses neveux le chevalier Julien Dubuysson de Vielfont, et le vicomte Dubuyssondes Aix, père de Louis-Amable. *D'azur, à l'épée d'argent, garnie d'or, accompagnée de trois molettes d'éperon du même.*

DUC, subst. masc. Titre d'honneur, qui est la première dignité parmi la noblesse de France.

Le duché ou la dignité de *duc* était une dignité romaine sous le Bas-Empire, car auparavant le commandement des armées était amovible, et le gouvernement des provinces n'était conféré que pour un an. Ce nom vient de *ducendo*, qui conduit ou qui commande. Suivant cette idée, les premiers *ducs* étaient les *ductores exercituum*, commandants des armées. Sous les derniers empereurs, les gouverneurs des provinces eurent le titre de *ducs*; dans la suite on donna la même qualité aux gouverneurs des provinces en tems de paix.

Le premier gouverneur, sous le nom de *duc*, fut un *duc* de la Marche Réthique, ou du pays des Grisons, dont il est fait mention dans Cassiodore. On établit treize ducs dans l'empire d'Orient, et douze dans l'empire d'Occident.

En Orient.	*En Occident.*
Lybie.	Mauritanie.
Arabie.	Séquanique.
Thébaïde.	Tripolitaine.
Arménie.	Armorique.
Phénicie.	Pannonique seconde.
Mésie seconde.	Aquitanique.
Euphrate et Syrie.	Valérie.
Scythie.	Belgique seconde.
Palestine.	Pannonique première.
Dace.	Belgique première.
Osrohène.	Rhétie.
Mésie première.	Grande-Bretagne.
Mésopotamie.	

La plupart de ces *ducs* étaient ou des généraux romains ou des descendants des rois du pays, auxquels, en ôtant le nom de rois, on avait laissé une partie de l'ancienne autorité, mais sous la dépendance de l'empire.

Quand les Goths et les Vandales se répandirent dans les provinces de l'empire d'Occident, ils abolirent les dignités romaines partout où ils s'établirent; mais les Francs, pour plaire aux Gaulois qui avaient été long-tems accoutumés à cette forme de gouvernement, se firent un point de politique de n'y rien changer : ainsi ils divisèrent toutes les Gaules en duchés et comtés; et ils donnèrent quelquefois celui de comtes, *comites*, à ceux qui en furent gouverneurs. Cambden observe qu'en Angleterre, du tems des Saxons, les officiers et les généraux d'armées furent appelés ducs, *duces*; sans aucune autre dénomination, selon l'ancienne manière des Romains.

Lorsque Guillaume le Conquérant vint en Angleterre, ce titre s'éteignit jusqu'au règne du roi Edouard III, qui créa duc de Cornouaille Edouard, qui avait eu d'abord le nom de prince Noir. Il érigea aussi en duché le pays de Lancastre en faveur de son quatrième fils. Dans la suite on en institua plusieurs, de manière que le titre passait à la postérité de ces ducs. On les créait avec beaucoup de solennité : *per cincturam gladii cuppæque, et circuli aurei in capite impositionem.* Et de là sont venues les coutumes dont ils sont en possession de porter la couronne et le manteau ducal sur leurs armoiries.

Quoique les Français eussent retenu les noms et les formes du gouvernement des ducs, néanmoins, sous la seconde race de leurs rois, il n'y avait presque point de ducs; mais tous les grands seigneurs étaient appelés comtes, pairs ou barons, excepté néanmoins les ducs de Bourgogne et d'Aquitaine, et un duc de France : dignité dont Hugues Capet lui-même portait le titre, et qui revenait à la dignité de maire du palais ou de lieutenant-général du roi. Hugues le Grand, père de Hugues Capet, avait été revêtu de cette dignité, qui donnait un pouvoir presque égal à celui du souverain. Par la faiblesse des rois, les ducs ou gouverneurs se firent souverains des provinces confiées à leur administration. Ce changement arriva principalement vers le tems de Hugues Capet, quand les grands seigneurs commencèrent à démembrer le royaume : de manière que ce prince trouva chez les Français plus de compétiteurs que de sujets. Ce ne fut pas sans grande peine qu'ils parvinrent à le reconnaître pour leur maître, et à tenir de lui, à titre de foi et hommage, les provinces dont ils voulaient s'emparer. Un duché comprenait douze comtés, ou gouvernements particuliers. Mais avec le tems le droit des armes et les mariages, les provinces, tant duchés que comtés, qui avaient été démembrées de la couronne, y furent réunies par degrés, et alors le titre de duc ne fut plus donné aux gouverneurs des provinces.

Depuis ce tems-là le nom de duc n'a plus été qu'un simple titre de dignité affecté à une personne et à ses hoirs mâles, sans lui donner aucun domaine, territoire ou juridiction sur le pays dont il est duc. Tous les avantages consistaient dans le nom et dans la préséance qu'il donnait. Ils étaient créés par lettres patentes du roi, qui devaient être enregistrées à la chambre des comptes. Leur dignité était héréditaire, s'ils étaient nommés ducs et pairs ; alors ils avaient séance au parlement, mais non s'ils n'étaient que ducs à brevet. Leurs fonctions, comme grands-officiers de la couronne, était d'assister au sacre du roi et autres cérémonies considérables, et de rendre la justice au parlement, avec les autres personnes dont il était composé.

En Angleterre, les *Ducs* n'ont retenu de leur ancienne splendeur que la couronne sur l'écusson de leurs armes, qui est la seule marque de leur souveraineté passée. On les crée par lettres-patentes, ceinture d'épée, manteau d'Etat, imposition de chapeau, couronne d'or sur la tête, et une verge d'or à la main.

Les fils aînés des *Ducs*, en Angleterre, sont qualifiés de *marquis*, et leurs plus jeunes sont appelés *lords*, en y ajoutant leur nom de baptême, comme *lord James*, *lord Thomas*, etc., et ils ont le rang de vicomtes, quoiqu'ils ne soient pas aussi privilégiés par les lois des biens fonds.

Un *Duc*, en Angleterre, a le titre de *grâce* quand on lui écrit ; on le qualifie, en termes héraldiques, *de prince le plus haut, le plus puissant, le plus noble*. Les *Ducs* du sang royal sont qualifiés *de princes les plus hauts, les plus puissants, les plus illustres*.

En France, on donnait quelquefois aux *Ducs*, en leur écrivant, le nom de *grandeur* et de *monseigneur*, mais sans obligation ; dans les actes, on les appelait *très-hauts et très-puissants seigneurs* ; en leur parlant, on les appelle *monsieur le Duc*.

Les ducs-pairs tenaient le premier rang. (Voy. Du-CHÉS-PAIRIES, plus bas).

Les ducs non pairs jouissaient des mêmes honneurs que les ducs-pairs (excepté les prérogatives attachées à la pairie), lorsque leurs lettres étaient registrées, et leur fils aîné succédait au titre, et au duché institué par lettres du prince.

Les ducs à brevet étaient ceux qui étaient nommés par le prince, par *simple brevet*, qui n'avait point été suivi de lettres d'érection en *duché*, ni d'enregistrement.

Lors de la révolution, un décret de l'assemblée constituante anéantit tous les titres de noblesse, mais un décret impérial, du 11 mars 1808, les rétablit. *Voyez* TITRES, PAIRS, DUCHÉS-PAIRIES, MAJORATS.

LE DUCHAT DE RURANGE DE LA TOUR, famille d'ancienne bourgeoisie de la ville de Metz, où elle exerçait le commerce aux seizième et dix-septième siècles. Elle est connue par filiation, depuis Jean le Duchat, demeurant à Pont-sur-Seine, en 1493, père de Claude le Duchat, praticien à Pont-sur-Seine, en 1509. Charles le Duchat, sieur de Rurange, capitaine dans le régiment Dauphin étranger, cavalerie, eut confiance dans sa noblesse, avec clause d'anoblissement, en tant que de besoin, par lettres-patentes de 1721. *D'argent, à cinq fusées de gueules, accolées en fasce.*

DUCHÉ, subst. masc. Souveraineté ou seigneurie considérable érigée en titre de duché, et mouvante immédiatement de la couronne. Elle donnait à son seigneur le titre de *duc*, la plus éminente qualité du royaume, après les princes de la maison royale. Il est à remarquer que le titre de duc est le seul en France qui ait été respecté de l'usurpation. Il a cet avantage sur tous les autres titres prodigués par lettres, ou pris arbitrairement par les familles, et même sur le titre de *prince*, que plusieurs maisons se sont attribué sans aucun fondement. La révolution ayant aboli la féodalité en France, il n'existe plus de duchés ni de terres titrées, mais les titres héréditaires de *duc*, de *comte*, de *baron* et de *che-*

valier, ont été rétablis en 1806, et depuis 1814, les autres titres, c'est-à-dire de *marquis* et de *vicomte*, ainsi que *la pairie*, ont été réinstitués et affectés, comme les précédents titres, à des *majorats*. Voyez MAJORAT.

DUCHÉS-PAIRIES. Par l'ancien établissement, il y avait six pairs ecclésiastiques, savoir : le duc et archevêque de Reims, les ducs et évêques de Langres et de Laon, les comtes et évêques de Beauvais, de Châlonssur-Marne et de Noyon, et six pairs séculiers ou laïques, dont trois ducs et trois comtes, savoir : les ducs de Bourgogne, de Normandie et de Guyenne, et les comtes de Champagne, de Flandre et de Toulouse. Les six pairies ecclésiastiques ont subsisté jusqu'à la révolution ; mais les six pairies laïques ont été réunies à la couronne, de laquelle elles avaient été distraites, à l'exception du comté de Flandre, dont il n'y a que la seigneurie directe qui en relève.

Après la réunion des anciennes pairies à la couronne, nos rois en érigèrent de nouvelles, mais seulement pour les princes du sang, et il fut établi que les plus anciens pairs précéderaient ceux qui le seraient moins. Cela donna lieu à un usage qui choqua Louis XI. Les princes avaient souffert que les ducs marchâssent avec eux, non pas suivant l'ordre de leur naissance, mais suivant l'ancienneté des pairies. Ce roi déclara, l'an 1482, au traité d'Arras, article 89, que les princes du sang étaient subrogés au lieu des pairs, les nomma et les fit signer avant les pairs séculiers et ecclésiastiques. Cependant cet exemple n'empêcha pas qu'en 1538, le duc de Guise ne voulût précéder le duc de Montpensier, prince du sang de la branche de Bourbon, parce qu'il était plus ancien pair que ce dernier, et François 1er, par un reste de ressentiment contre le connétable de Bourbon, fut pour le duc de Guise. Enfin Henri III, par son ordonnance de l'an 1576, donna la préséance aux *princes du sang pairs*, et par son édit de l'an 1711, Louis le Grand décida ce qu'il avait trouvé établi et fondé sur la raison, savoir : que les princes du sang sont *pairs nés*, et n'ont pas besoin de pairies pour avoir séance au parlement.

La première érection de pairie, après la réunion des

anciennes à la couronne, fut faite par Philippe le Bel,
en faveur du duc de Bretagne, du comte d'Anjou, et
du comté d'Artois ; la seconde, par Charles le Bel, en
faveur de Louis, duc de Bourbon ; la troisième, par
Philippe de Valois, en faveur de son second fils
Philippe, qu'il fit duc d'Orléans ; la quatrième, par
le roi Jean, en faveur de Louis, qu'il fit duc d'Anjou.
Depuis ce tems, nos rois ont communiqué cet honneur à plusieurs seigneurs qui n'étaient pas princes,
et le nombre des pairies a dépendu de leur volonté et
bon plaisir. Rouanès ou Roannais est la première terre
qui ait été érigée en duché-pairie, en faveur d'un autre
que d'un prince du sang ; ce duché-pairie fut érigé par
François Ier, au mois d'avril de l'an 1519, en faveur
d'Artus Gouffier, seigneur de Boissy ; mais comme ce
seigneur mourut au mois de mai suivant, ladite érection n'eut point lieu, ce qui a fait dire à plusieurs
historiens, que Guise est la première terre qui ait été
érigée en pairie, en faveur d'un autre que d'un prince
du sang, quoique son érection ne soit que de l'an
1526.

Les duchés-pairies et *les duchés simples non-pairies*,
qui n'étaient pas enregistrés, ne donnaient, en faveur
de ceux qui en avaient obtenu le brevet ou lettres d'é-
rection, d'autres prérogatives que les honneurs du
Louvre et dans les maisons du Roi, leur vie durant, et
de même à leurs femmes ou veuves ; l'*antiquité* du
duché donnait le rang à la cour, comme l'antiquité
de la pairie le donnait au parlement.

Un édit du mois de juillet 1566, porte qu'il ne sera
fait aucune érection de terres et de seigneuries en *duchés, marquisats*, et *comtés*, que ce ne soit à la charge
qu'ils seront réunis à la couronne, à défaut d'hoirs
mâles. Cette disposition n'a cependant pas toujours été
observée.

L'office de duc et pair était de sa nature un office
viril ; il y a cependant eu quelques duchés-pairies éri-
gés, sous la condition de passer aux femelles à défaut
de mâles. Ces duchés étaient appelés duchés-pairies,
mâles et femelles ; il y en a même eu quelques-uns éri-
gés pour des femmes ou filles, et ceux-ci ont été appelés
simplement duchés femelles.

.Anciennement , les. femmes qui possédaient un du‑ché‑pairie , faisaient toutes les fonctions attachées à l'office de pair. Blanche de Castille , mère de Saint‑Louis , pendant son absence , prenait séance au parle‑ment ; Mahaut , comtesse d'Artois , étant nouvellement créée pair , signa l'ordonnance du 3 octobre 1303. Elle assista en personne au parlement de 1314, pour y juger le procès du comte de Flandre et du roi-Louis Hutin. Elle assista au sacre de Philippe V, dit le Long , en 1316, où elle fit les fonctions de pair , et y soutint avec les autres la couronne du roi , son gendre. Une autre comtesse d'Artois fit fonction de pair en 1364, au sacre de Charles V ; au parlement , tenu le 9 décembre 1378, pour le duc de Bretagne , la duchesse d'Orléans s'excusa par lettres , de ce qu'elle ne s'y trouvait pas. Peu avant la révolution , les femmes qui possédaient des duchés-pairies , ne siégeaient plus au parlement : il en est de même en Angleterre , où il y a aussi des pairies femelles.

Les duchés-pairies , considérés comme fiefs , étaient des seigneuries ou fiefs de dignité , qui relevaient im‑médiatement de la couronne. Ces sortes de seigneuries tenaient le premier rang entre les offices de dignité.

Les premières érections des duchés-pairies remon‑tent au moins jusqu'au tems de Louis le Jeune ; d'autres les font remonter encore plus haut.

Depuis l'érection des grandes seigneuries en pairies , le titre de duc et pair était toujours attaché à la pos‑session d'un duché-pairie ; car la pairie qui était d'a‑bord personnelle , était devenue réelle.

L'édit du mois de mai 1711, concernant les ducs et pairs , ordonne entr'autres choses , que par les termes d'hoirs et successeurs , et par les termes d'ayants causes , insérés tant dans les lettres d'érection précédemment accordées , que dans celles qui pourraient l'être à l'a‑venir , ne s'entendront que des enfants mâles , de celui en faveur de qui l'érection aura été faite , et des mâles qui en seront descendus , de mâle en mâle , en quel‑que ligne et degré que ce soit.

Que les clauses générales insérées ci-devant dans quelques lettres d'érection de duchés - pairies en faveur des femelles , et qui pourraient l'être en d'autres à l'a‑

venir n'auront aucun effet, qu'à l'égard de celle qui descendra et sera de la maison, et du nom de celui en faveur duquel les lettres auront été accordées, et à la charge qu'elle n'épousera qu'une personne que le roi jugera digne de posséder cet honneur, et dont il aura agréé le mariage par des lettres-patentes qui seront adressées au parlement de Paris, et qui porteront confirmation du duché en sa personne, et descendants mâles, etc.

Ce même édit permet, à ceux qui ont des duchés-pairies, d'en substituer à perpétuité le chef-lieu avec une certaine partie de leur revenu, jusqu'à 15000 liv. de rente, auquel le titre et dignité desdits duchés et pairies demeurera annexé, sans pouvoir être sujet à aucune dette, ni détraction de quelque nature qu'elles puissent être, après que l'on aura observé les formalités prescrites par les ordonnances, pour la publication des ordonnances, à l'effet de quoi l'édit déroge à l'ordonnance d'Orléans, à celle de Moulins, à toutes autres ordonnances et coutumes contraires.

Il permet aussi à l'aîné des mâles descendants en ligne directe, de celui en faveur duquel l'érection des duchés et pairies aura été faite, ou à son défaut ou refus, à celui qui le suivra immédiatement, et ensuite à toute autre mâle de degré en degré, de les retirer des filles qui se trouveront en être propriétaires, en leur remboursant le prix dans six mois sur le pied du denier vingt-cinq du revenu actuel, et sans qu'ils puissent être reçus en ladite dignité qu'après en avoir fait le paiement réel et effectif.

L'édit ordonne encore, que ceux qui voudront former quelques contestations au sujet des duchés-pairies, etc., seront tenus de représenter au roi, chacun en particulier, l'intérêt qu'ils prétendent y avoir, afin d'obtenir du roi la permission de poursuivre l'affaire au parlement de Paris, etc.

Pour rendre notre travail plus complet, nous allons donner ici, de la manière la plus abrégée qu'il nous sera possible, la Chronologie des duchés-pairies enregistrés, des duchés-pairies non enregistrés, des duchés héréditaires, et des ducs à brevets.

DUCHÉS-PAIRIES ENREGISTRÉS , avec les noms des familles
qui les ont possédés , ou qui les possèdent.

Bretagne , de Bretagne.	1297.
Bourbon , de Bourbon.	1327.
Orléans , de France.	1344.
Berry , de France.	1360.
Anjou , de France.	1360.
Auvergne , de France.	1360.
Touraine , de France.	1360.
Bourgogne , de France.	1363.
Château-Thierry , de France-Orléans.	1400.
Nemours , de Navarre et de Pardiac.	1404.
Valois , d'Orléans.	1406.
Alençon , de Valois.	1414.
Touraine , de Douglas.	1416.
Anjou , de Betfort.	1424.
Berry , de France.	1461.
Nemours , d'Armagnac – Pardiac	1461.
Normandie , de France.	1465.
Guienne , de France	1469.
Valois , Orléans-Angoulême.	1498.
Nemours , de Foix.	1507.
Angoulême , de Savoie.	1514.
Vendôme , de Bourbon.	1514.
Châtellerault , de Bourbon.	1514.
Valois , d'Orléans-Taillebourg.	1516.
Guise , de Lorraine.	1527.
Étampes , de Brosse.	1536.
Montpensier , de Bourbon.	1538.
Aumale , de Lorraine.	1547.
Montmorency , de Montmorency.	1551.
Nevers , de Gonzague.	1566.
Penthièvre , de Luxembourg.	1569.
Mercœur , de Lorraine-Vaudemont.	1569.
Uzès , de Crussol.	1572.
Mayenne , de Lorraine.	1573.
Saint-Fargeau , de Bourbon.	1575.
Joyeuse , de Joyeuse.	1581.

Epernon, de Nogaret de la Valette. . . . 1581.
Rethelois, de Gonzague. . . . . 1573 — 1581.
Piney-Luxembourg, de Luxembourg. . . . 1581.
Elbeuf, de Lorraine–Lambesc. . . . . 1581.
Retz, de Gondi. . . . . 1582.
Hallwin, de Hallwin . . . . . . 1587.
Montbazon, de Rohan. . . . 1588 — 1594.
Ventadour, de Levis. . . . . . 1589.
Beaufort, d'Estrées. . . . . . 1597.
Biron, Gontaut. . . . . . . 1598.
Thouars, La Trémoille. . . . 1595 — 1599.
Aiguillon, de Lorraine. . . . . . 1599.
Rohan, de Rohan. . . . . . . 1603.
Sully, de Béthune. . . . . . . 1606.
Fronsac, d'Orléans–Longueville . . . . 1608.
Montpensier, de Joyeuse et de Bourbon. . . . 1608.
Damville, de Montmorency. . . . . 1610.
Hallwin, de Nogaret. . . . . . 1611.
Châteauroux, de Bourbon-Condé. . . . 1616.
Luynes, d'Albert. . . . . . . 1619.
Lesdiguières, de Bonne. . . . 1611 — 1619.
Bellegarde, de Saint-Lary. . . . . 1619.
Brissac, de Cossé. . . . . 1611 — 1620.
Piney-Luxembourg, d'Albert de Brantes. . . 1620.
Chaulnes, d'Albert. . . . . . . 1621.
Orléans, de France. . . . . . 1626.
Chevreuse, de Lorraine. . . . 1612 — 1627.
Valois, de France. . . . . . . 1630.
Hallwin, de Schomberg. . . . . . 1620.
Richelieu, du Plessis et Vignerot, substitué. 1631.
La Valette, de Nogaret. . . . 1622 — 1631.
Montmorency, de Montmorency. . . . 1633.
Retz, de Gondi–Joigny. . . . . . 1634.
Fronsac, du Plessis et Vignerot, substitué. . 1634.
Aiguillon-Puylaurens, de l'Age. . . . 1634.
Saint-Simon, de Rouvroy. . . . . 1635.
La Rochefoucauld, de La Rochefoucauld 1622 — 1637.
La Force, de Caumont. . . . . . 1637.
Aiguillon, de Vignerot. . . . . . 1638.
Valentinois, Grimaldi. . . . . . 1642.
Rohan, de Rohan-Chabot. . . . 1648 — 1652.
Albret et *Château-Thierry*, de la Tour–d'Au-
vergne-Bouillon . . . . . 1652 — 1665.

Penthièvre, de Lorraine et Vendôme. . : : :		1658.
Bourbon, de Bourbon		1661.
Nemours, d'Orléans. .⁻ . . . . . . :		1661.
Orléans, *Chartres* et *Valois*, d'Orléans. : . .		1661.
Piney-Luxembourg, de Montmorency-Bouteville.		1661.
Verneuil, de Bourbon.	1652 —	1663.
Cœuvres, d'Estrées.	1648 —	1663.
Gramont, de Gramont. . ⁻	1548 —	1663.
La Meilleraye, de la Porte.		1663.
Rethel-Mazarin, de la Porte-Mazarin. . . .		1663.
Villeroy, de Neuville.	1651 —	1663.
Mortemart, de Rochechouart. . . .	1650 —	1663.
Créquy-Poix, de Créquy.	1652 —	1663.
Saint-Aignan, de Beauvilliers		1663.
Foix-Randan, de Foix.	1661 —	1663.
La Roche-Guyon, de la Rochefoucauld.	1643 —	1663.
Tresmes, Potier	1648 —	1663.
Noailles, de Noailles.		1663.
Coislin, du Cambout. . . . . ▸ . .		1663.
Choiseul, de Choiseul. . . . . . . : . :		1665.
Aumont, d'Aumont.		1665.
La Ferté-Senneterre, de Senneterre.		1665.
Montauzier, de Sainte-Maure. . . .	1664 —	1665.
Vaujour-la-Vallière, de la Baume-le-Blanc. . .		1667.
Béthune-Charost, de Béthune-Charost. . . .		1672.
Saint-Cloud, l'Archevêque de Paris.		1674.
Nevers, Mazarini		1676.
Damville, Montmorency.		1694.
Montpensier, d'Orléans.		1695.
Aumale, de Bourbon-Maine.		1695.
Penthièvre, de Bourbon-Toulouse, légitimé de France.		1697.
Château-Villain, de Bourbon-Toulouse, légitimé de France.		1703.
Guise, de Bourbon-Condé.		1704.
Boufflers, de Boufflers.		1708.
Villars, de Villars. . . , ...		1709.
Harcourt, d'Harcourt.		1710.
Alençon, de France-Berry.		1710.
Fitz-James, de Fitz-James.		1710.
Antin, de Pardaillan. . . . . . . : . .		1711.
Chaulnes, d'Albert.		1711.

Rambouillet, de Bourbon-Toulouse, légitimé
de France. . . . . 1711.
Rohan-Rohan, de Rohan-Soubise. . . . . . 1714.
Joyeuse, de Melun-Epinoy. . . . . 1714.
Hostun, d'Hostun. . . . . 1715.
Villars-Brancas, de Brancas. . . . . . . 1716.
Roannais, Gouffier, d'Aubusson-la-Feuil-
lade. . . . . 1667 — 1716.
Valentinois, Goyon de Matignon, substitué a
Grimaldi . . . . 1715 — 1716.
Nivernais, de Mancini-Mazarini. . . . . . 1720.
Biron, de Gontaut. . . . . 1723.
Lévis, de Lévis. . . . . 1723.
La Vallière, Le Blanc-de-la-Baume. . . . 1723.
Aiguillon, de Vignerot du Plessis. . . . . 1731.
Châtillon, de Châtillon-sur-Marne.. . . . 1736.
Fleury, de Rosset de Rocozel. . . . . . 1736.
Gisors-Belleisle, Fouquet. . . . . 1748 — 1749.
Duras, de Durfort. . . . . 1757.
La Vauguyon, de Quelen-Stuer. . . . . . 1758.
Choiseul-Stainville, de Choiseul. . . . . . 1758.
Praslin-Choiseul, de Choiseul. . . . . . . 1762.
De La Rochefoucauld, de La Rochefoucauld-Roye. 1770.
Clermont-Tonnerre, de Clermont-Tonnerre. . 1775.
Aubigny, de Lenox-Richemont. . . . . . 1777.
De Choiseul-Beaupré, de Choiseul-Beaupré. . 1787.
De Coigny, de Franquetot. . . . . 1787.

DUCHÉS-PAIRIES. NON-ENREGISTRÉS.

Roannais, Gouffier. . . . . 1519.
Dunois, d'Orléans-Longueville. . . . . . 1525.
Enghien, Bourbon-Condé. . . . . 1567.
Graville, de Bourbon. . . . . 1567.
Clermont-Tonnerre, de Clermont-Tonnerre. .
. . . . 1571 — 1572.
Brienne, de Luxembourg. . . . . 1587.
Bournonville, de Bournonville. . . . . . 1600.
Grancey, de Hautemer. . . . . 1611.
Roannais, Gouffier. . . . . 1612.

La Roche-Guyon, de Silly. . . . . 1621.
Frontenay, de Rohan. . . . . 1626.
Aumale, de Savoie. . . . . 1631.
Damville, de Levis-Ventadour. . . . . . 1648.
Coligny, de Coligny. . . . . 1648.
Villemor, Seguier. . . . . 1650.
Noirmoutier, de la Trémoille. . . . 1650 — 1657.
Châteauvillain-Vitry, de l'Hôpital. . . . 1650.
La Vieuville, de la Vieuville. . . . . . 1650.
De Lavedan, de Montaut-Bénac. . . . . . 1650.
Arpajon, d'Arpajon. . . . . 1650.
Rosnay, de l'Hôpital. . . . . 1651.
Roquelaure, de Roquelaure. . . . . . . 1652.
Béthune-Orval, de Béthune. . . . . . . 1652.
Bournonville, de Bournonville. . . . . . 1652.
Coulommiers, d'Orléans-Longueville. . . 1656.
Nevers, Mazarini. . . . . 1660.
Duras, de Durfort. . . . . 1568.
Le Lude, de Daillon. . . . . 1675.
Nevers, Mazarini. . . . . 1676.
Roquelaure, de Roquelaure. . . . . . . 1683.
Aubigny-Richemont, Penencouet et Lenox. . 1684.

DUCHÉS NON-PAIRIES.

Bar, de Bar. . . . . 1354.
Valentinois, Borgia. . . . . 1498.
Longueville, d'Orléans. . . . . 1505.
Cambray, duché ecclésiastique, érigé par l'em-
  pereur Maximilien, le 28 juin . . . . . 1510.
Nemours, de Médicis. . . . . 1515.
Nemours, de Savoie. . . . . 1524.
Chartres, d'Est-Ferrare. . . . . 1528.
Nemours, de Savoie. . . . . 1528.
Etampes, de Brosse de Bretagne. . . . . 1536.
Beaumont-au-Maine, d'Alençon. . . . . . 1543.
Chevreuse, de Brosse-Etampes. . . . . . 1545.
Châtellerault, Hamilton. . . . . 1548.
Valentinois, Diane-de-Poitiers. . . . . . 1548.

Albret, Albret-Navarre. . . . . 1550.
De Chevreuse, de Lorraine. . . . . . . 1555.
Beaupréau, de Bourbon de la Roche-sur-Yon. 1562.
Thouars, la Trémoille. . . . . 1563.
Chatellerault, Diane, légitimée *de France*. . . 1563.
Roannais, Gouffier . . . . 1566.
Monturgis, de France. . . . . 1570.
Ventadour, de Levis. . . . . 1578.
Laudun, de Rohan. . . . . 1579.
Angoulême, Diane, légitimée de France. . . 1582.
Croy, de Croy-Arschot. . . . . 1598.
Angoulême, de Valois-Auvergne. . . . . 1619.
Pont-de-Vaux, de Gorrevod. . . . . . 1623.
Carignan, de Savoie . . . . 1662.
Chevreuse-Montfort, d'Albert. . . . . . 1667.
La Roche-Guyon, la Rochefoucauld . . . . 1679.
Beaufort-Montmorency, Montmorency-Luxem-
   bourg. . . . . 1688.
Duras, de Durfort. . . . . 1689.
Humières, de Crévant. . . . . 1690.
Quintin-Lorges, de Durfort. . . . . . 1691.
Lauzun, de Caumont. . . . . 1692.
Boufflers, de Boufflers. . . . . 1695.
Chatillon-sur-Loing, de Montmorency-Boute-
   ville. . . . . 1696.
Bouteville-d'Olonne, de Montmorency. . . . 1696.
Villars, de Villars. . . . . 1705.
Royan-Noirmontier, de la Trémoille. . . . 1707.
Mazarin, la Porte-Mazarin. . . . . . 1711.
Ayen, de Noailles. . . . . 1737.
Châteauroux, de Mailly-Nesle. . . . . . 1742.
Belle-Isle-en-Mer, Fouquet. . . . . . 1742.
Broglie, de Broglie. . . . . 1742.
Coigny, de Franquetot. . . . . 1747.
Aubigny, de Lenox. . . . . 1749.
Estissac, la Rochefoucauld. . . . . . . 1758.
Laval-Montmorency, Montmorency. . . . . 1758.
Gontaut, de Gontaut. . . . . 1758.
Villequier, d'Aumont. . . . . 1759.
Péquigny, d'Albert d'Ailly . . . . . . 1762.

Suite des DUCS HÉRÉDITAIRES NON-PAIRS, *et* DUCS
A BREVET (1).

Brancas-Lauraguais, duc de Lauraguais en janvier 1755.

Noailles, duc d'Ayen ; brevet de mars 1755.

Beaumont, de la branche ducale de Piney-Luxembourg,
  brevet de duc héréditaire, le 7 janvier 1765.

Durfort, duc de Duras, brevet de 1770.

La Tour-d'Auvergne, brevet de duc, le 1er août 1772.

Chastelet, érection des terres et seigneuries de Cirey,
  en duché héréditaire, le 2 février 1777.

Polignac, brevet de duc héréditaire, 20 septembre 1780.

Montmorency-Laval, brevet de duc, le 13 juillet 1783.

Cossé, duc de Cossé, de la maison de Brissac, duc en
  1784.

De la Croix de Castries-Charlus, brevet de duc en 1784.

Harcourt, duc de Beuvron, brevet de 1784.

Maillé, brevet de duc héréditaire en 1784.

Lévis, brevet de duc héréditaire, le 26 avril 1784.

Saulx – Tavanes, brevet de duc héréditaire, 29 mars
  1786.

Caumont-la-Force, brevet de duc héréditaire en 1787.

Autres brevets ou lettres - patentes du titre de DUCS,
  dont on ignore les dates.

Gramont, duc de Lesparre, brevet du . . . .

Mailly, brevet de duc, le . . . .

Narbonne-Lara, brevet de duc, le . . . .

Choiseul-Praslin, brevet de duc, le . . . .

Noailles, prince et duc de Poix, brevet de duc, le . . .

De Bonnières de Guines et de Souastres, brevet de duc,
  le . . . .

---

(1) Les branches aînées des familles étant en possession des
duchés-pairies, les chefs des branches puînées firent ériger des
duchés héréditaires, ou obtinrent par brevet simple le titre de
duc.

Gramont, duc de Guiche, brevet du ....

Gontaut, duc de Lauzun, brevet de duc, le .....

Le comte de Gand et du Saint-Empire, brevet de duc, le ....

Crussol, brevet de duc, le ....

Croy, brevet de duc, le ....

Franquetot, marquis de Coigny, brevet de duc, le ....

Rohan-Chabot, duc de Chabot, par brevet du ....

Broglie, prince de Revel, duc de Broglie, par brevet du ....

Durfort-Civrac-Lorges, nouvelle érection du duché de Quentin de Lorges, pour enfants et descendants mâles.

Le duc de *Doudeauville* (la Rochefoucauld).

Le duc de *Sérent*.

Le duc de *Caylus*.

Le duc de *Liancourt*.

Le duc de la *Châtre*.

Le duc d'*Escars*.

Le duc de *Crillon*.

Le duc de *Narbonne-Pelet*.

Le duc de *Damas-Crux*.

Le cardinal, duc de *Talleyrand-Périgord*.

Le prince, duc de *Talleyrand*.

Le prince, duc de *Chalais*.

Le cardinal, duc de la *Luzerne*.

Le cardinal, duc de *Bayane*.

Le cardinal, duc de *Bausset*.

Le duc d'*Avaray*.

———

DUCS créés en vertu des décrets des 30 mars et 5 juin 1806, 28 mai 1807, et 1er mars 1808.

Messieurs

Le maréchal *Lefebvre*, duc de *Dantzick* (nommé le 27 mai 1807).

Le duc de *Parme*, Jean-Jacques-Régis de *Cambacérès*.

———

(1) Nous renvoyons au mot *pairie* pour ceux de ces titulaires qui font partie de la chambre des pairs.

Le duc de *Plaisance*, Charles-François *le Brun.*

Le duc de *Wagram*, Alexandre *Berthier*, maréchal de France, mort en 1815.

Le duc de *Frioul*, N.... de *Michel du Roc*, tué à Bautzen en 1813.

Le duc de *Vicence*, Armand-Augustin-Louis de *Caulaincourt.*

Le maréchal duc de *Castiglione*, Pierre-François-Charles *Augereau.*

Le duc de *Padoue*, N.... *Arrighi de Casa-Nova.*

Le maréchal duc *d'Istrie*, N.... *Bessières*, tué le 1er mai 1813.

Le duc de *Feltre*, Henri – Jacques-Guillaume *Clarke*, créé maréchal de France le 3 juillet 1816, mort en 1818.

Le duc de *Dalberg.*

Le maréchal duc *d'Auerstaedt*, Louis-Nicolas *Davoust*, prince d'Eckmülh.

Le duc *d'Otrante*, Joseph *Fouché.*

Le duc de *Gaëte*, Martin-Michel-Charles *Gaudin.*

Le duc *d'Abrantès*, N.... *Junot*, mort en 1813.

Le maréchal duc de *Valmy*, François-Christophe *de Kellermann.*

Le maréchal duc de *Montebello*, N.... *Lannes*, blessé mortellement à Essling, le 22 mai 1809.

Le maréchal duc de *Raguse*, Auguste-Frédéric-Louis *Viesse de Marmont.*

Le duc de *Bassano*, Hugues-Bernard *Maret.*

Le maréchal duc de *Connégliano*, Bon-Adrien *Jeannot de Moncey.*

Le maréchal duc de *Tarente*, Etienne-Jacques-Alexandre *Macdonald.*

Le maréchal duc de *Rivoli*, N.... *Masséna*, prince d'Essling, mort en 1819.

Le maréchal duc de *Trévise*, Edouard-Alphonse-Casimir-Joseph *Mortier.*

Le duc de *Cadore*, Jean-Baptiste *Nompère de Champagny.*

Le maréchal duc *d'Elchingen*, Michel *Ney*, prince de la Moskowa, condamné à mort par la Chambre des pairs, le 6 décembre 1815.

Le maréchal duc de *Reggio*, Charles-Nicolas *Oudinot.*

Le duc de *Massa di Currara*, Claude – Ambroise *Regnier*, mort le 24 juin 1814.

Le maréchal duc de *Dalmatie*, Nicolas *Soult*.
Le duc de *Rovigo*, René *Savary*.
Le maréchal duc de *Bellune*, Perrin *Victor*.
Le maréchal duc d'*Albuféra*, Louis-Gabriel *Suchet*.

DE DURAS. *Voyez* DURFORT.

DE DURBAN, maison d'ancienne chevalerie du Languedoc, qui tirait son nom d'une seigneurie située au diocèse de Narbonne. Ermengarde, vicomtesse de Narbonne, accorda, à Bernard de Durban, par acte du mois d'octobre 1173, un marché tous les lundis de l'année, au lieu de Durban. *D'azur, à trois fasces d'or.*

DUREY, comtes de Noinville, par érection de 1785, seigneurs de Vieucourt, de Sauroy, de Meinières, d'Harnoncourt, marquis de Bourneville, par érection de 1730, famille anciennement originaire de Bourgogne, distinguée par une longue série de services militaires, et dans la magistrature, ainsi que par les alliances directes qu'elle a contractées avec les maisons les plus anciennes et les plus illustres du royaume, notamment avec les maisons d'Albignac, d'Estaing du Terrail, de Cossé-Brissac, de Goesbriant, de Crussol d'Uzès, d'Aligre, de Pechpeyrou, de Comminges, de Simiane, de Bonvoust de Prulay, de la Rochelambert et autres, alliances qui donnent à la famille de Durey les plus illustres consanguinités. Elle compte un lieutenant-général et un maréchal de camp des armées du roi, lieutenant-général au gouvernement de Verdun et pays Verdunois, deux commandeurs de l'ordre royal et militaire de Saint-Louis, plusieurs chevaliers du même ordre, entr'autres deux lieutenants - colonels, vivants; un président des requêtes; deux présidents au grand conseil, et plusieurs autres personnages distingués dans la carrière des armes ou dans la magistrature. *Écartelé, aux 1 et 4 de sable, au rocher d'argent,* qui est de DUREY, *aux 2 et 3 d'azur, à trois gerbes d'or* qui est de DU BLÉ.

DE DURFORT, ancienne illustre et puissante maison de chevalerie, dont les possessions, dès le onzième siècle, s'étendaient de l'Agénois et du Quercy, jusqu'à Narbonne. Foulques, seigneur du château de Durfort, au diocèse de Narbonne, vivait vers l'an 1050. Bertrand de Durfort, son fils, restitua, l'an 1093, à Robert, abbé de la Grasse, l'abbaye de Saint-Martin du Puy, dont il retint toutefois une partie. Cette maison était divisée en plusieurs branches au milieu du treizième siècle. La branche des seigneurs, puis ducs de Duras, a été formée par Arnaud de Durfort, vivant en 1262. De cette branche sont sorties celles des seigneurs, puis ducs de Lorges, éteints en 1775, des marquis de Civrac devenus ducs de Lorges en 1775. La branche des barons de Boissières et des comtes de Durfort-Léobard, a formé celles des comtes de Boissières et de Clermont-Vertillac, des seigneurs de Deymes, des seigneurs de Rouzines, etc.

Cette maison a produit cinq maréchaux de France, des capitaines de cent et cinquante hommes d'armes des ordonnances, nombre de lieutenants-généraux, maréchaux de camps et brigadiers des armées du roi, des chevaliers de l'ordre du Saint-Esprit, de la Jarretière, etc.; des ambassadeurs et des conseillers d'état, des chambellans et premiers gentilshommes de la chambre de nos rois, des dignitaires de l'ordre royal et militaire de Saint-Louis, un évêque duc de Langres, pair de France en 1306, archevêque de Rouen en 1319, un évêque d'Avranches en 1761, puis de Montpellier en 1766, enfin archevêque de Besançon en 1774.

La seigneurie de Duras, dans l'Agénois, érigée en marquisat par lettres du mois de février 1609, en faveur de Jacques de Durfort, comte de Rozan, baron de Blanquefort, fut depuis érigée en duché-pairie, par lettres du mois de mai 1668, non-enregistrées en faveur de Jacques-Henri de Durfort, qui obtint de nouvelles lettres d'érection en duché simple, au mois de février 1689, registrées au parlement le 1er. mars suivant. Il mourut maréchal de France en 1704. Ce duché fut érigé en pairie par lettres du mois de décembre 1755, registrées le 12 février 1757, en faveur d'Emmanuel-Félicité de Durfort, lieutenant-général des armées du roi, chevalier de ses ordres, et premier gentilhomme de sa chambre.

Amédée-Bretagne-Malo de Durfort, duc de Duras,

a été nommé pair de France, par S. M. Louis XVIII,
le 4 juin 1814.

Etienne, comte de Durfort, lieutenant-général des
armées du roi, a été nommé pair le 17 août 1815,
gouverneur de la sixième division militaire le 10 janvier 1816, et créé grand'croix de Saint-Louis, le 3 mai
suivant.

La baronnie de Quintin, en Bretagne, acquise le
29 septembre 1681, par Gui-Aldonce de Durfort, maréchal de France, fut érigée en duché héréditaire, en
sa faveur, par lettres du mois de mars, registrées le
21 du même mois. Mutation du duché de Quintin en
celui de Lorges, en novembre 1706; nouvelle érection
du duché de Lorges, le 25 mars 1773. Enregistrement
au parlement de Bretagne, le 4 mai suivant. Extinction
de la première branche ducale, en décembre 1775; succession par mariage la même année.

M. le duc de Lorges a été nommé pair de France,
le 4 juin 1814.

La seigneurie de Civrac, en Guienne, dont la maison
de Durfort est en possession depuis l'an 1478, fut érigée
en marquisat, par lettres de 1647, en faveur de Jacques de Durfort, sénéchal et gouverneur du Bazadois,
en 1655.

La seigneurie de Rozan, entrée à la même époque
(1478) dans la maison de Durfort, fut érigée en comté,
par lettres du 25 octobre 1625, en faveur de Jacques
de Durfort, marquis de Duras.

ARMES :

Ducs de Duras: écartelé, aux 1 et 4 d'argent, à la bande
d'azur; aux 2 et 3 de gueules, au lion d'argent.

Comtes de Durfort: d'argent, à la bande d'azur.

Ducs de Lorges: écartelé comme ci-devant; au lambel
de gueules.

Marquis de Civrac: écartelé, aux 1 et 4 de gueules,
au lion d'argent; aux 2 et 3 d'argent, à la bande d'azur.

Seigneurs de Boissières: parti, au 1 d'argent, à la
bande d'azur; au 2 de gueules, au lion d'argent.

Seigneurs de Born: d'azur, à la bande d'or; à la bordure de gueules.

Barons de Bajaumont: d'azur, au lion d'argent.

I.   30

E.

D'ECHAUTE DÉ PUMBEKE, DE BULBIER, famille ancienne des Pays-Bas, connue par filiation depuis la fin du quatorzième siècle. Elle a donné un maréchal de camp, au service de France. *D'argent, au sautoir de gueules.*

L'ECUSSON, en Lorraine, famille anoblie dans la personne de Jean-Antoine l'Ecusson, marchand à Neuchâteau, par lettres du duc Léopold I, données le 12 août 1721, et entérinées le 20 du même mois. *D'azur, à l'étoile d'argent; au chef du même, chargé de 3 écussons d'azur.*

L'ECUYER DE LA PAPOTIÈRE, au Perche, famille qui établit sa filiation depuis Robert l'Ecuyer, marié, l'an 1400, avec Jeanne de Grigny. *D'argent, à la fasce d'azur, chargée de trois coquilles d'argent, et accompagnée de six merlettes de sable.*

EDOUARD DE VAUX, en Normandie; cette famille a pour auteur Denis Edouard, avocat à Falaise, anobli au mois de mai 1404. *D'argent, au chevron, surmonté d'un croissant, et accompagné en chef de deux étoiles, et en pointe d'une merlette, le tout de gueules.*

DE L'EGLISE DE FERRIER, à Avignon, famille connue dans la noblesse du comtat Venaissin, et avec la qualité de citoyen d'Avignon, depuis la fin du seizième siècle, et le commencement du dix-septième. *Tiercé en fasce, au 1 d'azur, à trois fleurs de lys d'or; au 2 d'argent, à l'église de gueules, au 3 de gueules plein.*

EGROT, en Orléanais. Jérôme Egrot, écuyer, seigneur de la Borde, conseiller honoraire au présidial d'Orléans, acquit, le 8 novembre 1657, la vicomté du Lude, en Sologne, de César de la Rable, chevalier. La postérité dudit Egrot subsistait en 1766. *D'azur, au chevron d'or, accompagné de trois paons d'argent.*

ELIE DE BEAUMONT, en Normandie. Cette famille

a pour auteur Pierre Elie ou Helies, de libre condition, qui pour ses services militaires, et moyennant soixante écus d'or, fut anobli par lettres du roi Charles VI, du 29 mai 1461. Ses descendants ayant omis pendant plus d'un siècle de prendre les qualifications nobles, Jean-Baptiste-Jacques Elie de Beaumont, seigneur et patron de Canon, sollicita, au mois d'août 1775, des lettres de confirmation de noblesse ou d'anoblissement, en tant que de besoin. *De gueules, au chevron d'argent, accompagné en chef de deux roses, et en pointe d'une molette d'éperon, le tout du même.*

ENCRE, en Picardie, terre et Châtellenie qui a donné son nom à une maison d'ancienne chevalerie, qui s'est éteinte vers le milieu du quinzième siècle. Marie d'Encre, dame d'Auxi, de Lully, de Bulles, de Wailly, de Moyenville et de Neuvy, vivait en 1348. *Burelé d'argent et de gueules.*

DE L'ENFERNAT, famille ancienne de Beauvaisis. Artus de l'Enfernat, écuyer, sieur de la Motte, et Louis de l'Enfernat, écuyer, sieur de Mornay, sont mentionnés dans les Coutumes d'Auxerre, de l'an 1561. Jean de l'Enfernat, écuyer, sieur de Villiers, en Saint-Germain, est nommé dans les coutumes du Perche, de l'an 1559. *D'azur, à trois losanges d'or.*

D'ENNETIÈRES, marquis des Mottes, comtes d'Hust, de Mouseron et du Saint-Empire, barons de la Berlière, aux Pays-Bas, maison d'ancienne chevalerie, qui tire son nom d'une terre située dans la Flandre Walonne, à une lieue et demie de Lille. Cette famille a donné des personnages distingués dans l'épée et dans la magistrature. Elle s'est alliée aux plus illustres maisons de la Flandre, du Hainaut et de l'Artois. *D'argent, à trois écussons d'azur, chacun chargé d'une étoile d'or.*

D'ENTRAIGUES DU PIN, en Languedoc. Jean d'Entraigues, sieur du Pin, au diocèse d'Uzès, s'étant désisté volontairement de la qualité de noble par lui prise, fut modéré à l'amende de cent livres, par M. de Bezons, intendant en Languedoc, lors de la recherche de 1666. Gabriel d'Entraigues, son fils, sieur du Pin, obtint un jugement de M. de Lamoignon, l'an 1699, qui le maintint dans sa noblesse, en justifiant son ascendance depuis Jean du Pin, qui vivait en 1500. Ce jugement, qui ne fait nulle mention de celui de M. de Bezons, est d'ailleurs incompétent, en ce qu'un arrêt du conseil du 22 mars 1666, porte expressément qu'on ne pourrait se pourvoir qu'au conseil, contre les jugements des commissaires départis. *Écartelé, aux 1 et 4 de gueules, à la tour d'argent, qui est d'*ENTRAIGUES ; *au 2 d'or, au lion de gueules, lampassé et armé de sable , entravé d'une cotice d'azur, bordée d'argent, de manière qu'il embrasse cette cotice de ses deux pates de devant, et qu'elle broche sur celles de derrière, qui est de* BRUEYS ; *au 4 d'azur, à trois chiens naissants d'argent, accompagnés en chef d'un croissant surmonté d'une étoile, le tout du même, qui est de* MICHEAUX.

ÉON DE CELY, DE VILLEBAGNE, en Bretagne, famille connue depuis Guillaume Eon, qui ne vivait plus en 1421 ; fils de Jean Eon, vivant à la fin du quatorzième siècle. Cette famille s'étant désistée lors de la recherche, a impétré des lettres de maintenue en 1767. *D'argent, au lion de sable.* Voyez le tome Ier du *Dictionnaire véridique.*

D'EPINANT. *Voyez* LE GROS.

ERGNOUST, en Dunois. Jacques Ergnoust, fils de Josias, écuyer, seigneur de Pressinville et du Chesne, et de Judith de Beaufils de Lierville, épousa, par contrat du 29 juin 1623, Anne Ancel., veuve du seigneur de Villepion, et d'Anne Loreau ; il en eut quatre garçons et deux filles, dont on ignore les alliances. *De sable, au chevron d'or, accompagné de trois cloches d'argent...*

ERRARD, famille de Lorraine, anoblie par Henri IV, roi de France, le 16 juillet 1599, en récompense des services rendus par Jean Errard, dans les armes. Son fils, Adrias Errard, seigneur de Broussey, épousa, le 1er mai 1623, Ide d'Ourches, fille de Louis, seigneur de Delouse, et de Claude de Marcheville. *D'azur, à la tour d'or, bâtie en pyramide, maçonnée de sable, fermée de gueules, et surmontée de trois étoiles d'or.*

D'ESCAUSSINES, famille d'ancienne chevalerie de Flandre, éteinte depuis plusieurs générations. Marie d'Escaussines, épousa, vers l'an 1250, Hugues de Maulde, fils de Robert, IIe du nom, seigneur de Maulde, et d'Isabeau de Barbançon. Gilles d'Escaussines, époux de Marie de Rœux, fille d'Eustache VI, seigneur de Rœux, et d'Alpharne de Brederode, fut père de Jeanne d'Escaussines, mariée, l'an 1386, avec Simon de Lalain, seigneur de Quiévrain. Vers le même tems, une autre Jeanne d'Escaussines, dame de Marc et de Courtaubois, fut mariée avec Jacques d'Esclaibes, seigneur de la Barrière. Othon, seigneur d'Escaussines, épousa Jeanne de Gavre, et en eut, entr'autres enfants, Agnès d'Escaussines, femme de Gaspard de Harchies, écuyer, seigneur de la Motte et de Millomez. *D'or, à trois lionceaux de gueules.*

D'ESCLAUX, barons de Navailles, famille originaire de Navarre, qui a donné plusieurs présidents au parlement de ce pays, un maréchal de camp et des prélats distingués. *D'azur, à deux fasces d'or, surmontées d'une étoile d'argent, accompagnées en pointe d'une canette de sable, s'essorant sur une rivière d'argent.*

D'ESCORCHES DE SAINTE-CROIX, en Normandie, maison d'ancienne chevalerie répandue en diverses provinces du royaume, et dont les preuves filiatives remontent à 1268. Elle a produit nombre d'officiers supérieurs décorés de l'ordre royal et militaire de Saint-Louis. *D'argent, à la bande d'azur, chargée de trois besants d'or.*

D'ESCORNAIX, maison d'ancienne chevalerie des Pays-Bas, dont était N.... des Fossés, épouse de Roger d'Escornaix, vers l'an 1360, et Louis d'Escornaix, seigneur de Bèvre, époux de Simonne de la Wœstine, et père de Barbe d'Escornaix, femme de Josse de le Zype d'Antregheim. *D'or, au double trécheur contre-fleuronné de sinople ; au chevron de gueules, brochant sur le tout.*

D'ESCRAVAYAT, seigneurs d'Éterces, de Belat, titrés marquis de la Barrière dans les brevets militaires et commissions de nos rois, noblesse d'ancienne extraction de la province de Périgord, où elle possède, de tems immémorial, la terre de la Barrière, située dans la paroisse de Busserolles. Elle remonte ses preuves filiatives, à François d'Escravayat, écuyer, seigneur de Nanteuil et de la Barrière, né vers l'an 1460. Cette famille a donné plusieurs officiers supérieurs et de divers grades, la plupart chevaliers de l'ordre royal et militaire de Saint-Louis. *D'argent, à cinq flammes de gueules.* Support. *Deux lions.* Devise : *Pro Deo, et virtute.*

D'ESCRIVIEUX DE CHEMILLAT, en Bresse, maison d'origine chevaleresque du Bugey, qui établit sa filiation depuis Lancelot, seigneur d'Escrivieux, chevalier, vivant en 1385. La terre d'Escrivieux, dont cette maison a pris son nom, est située près du Rhône, à une lieue est-nord-est de Belley. On y comptait vingt-quatre feux. La maison d'Escrivieux a donné plusieurs officiers de tous grades. *D'argent, au chevron de gueules.*

DE L'ESCUT, seigneurs de Pixerécourt et de Saint-Germain, en Lorraine famille, qui a pour auteur Louis de l'Escut, tabellion en la ville et prévôté de Nancy, anobli par lettres du duc Antoine, du 6 septembre 1516. *D'or, au lion de sable, lampassé et armé d'argent, portant à l'épaule un écusson du même.*

L'ESNERAC, sieur de Manneville, etc., en Normandie, famille anoblie en la personne de Jean-Baptiste et Pierre de l'Esnerac, qui obtinrent des lettres-patentes en 1586. *De gueules, à trois aigrettes d'argent.* Une autre branche de cette famille, porte : *De gueules, au chevron d'or, accompagnée de trois aigrettes du même.*

D'ESNEVAL, en Normandie, illustre et ancienne maison de chevalerie, éteinte depuis plus de six siècles, qui tirait son nom de la baronnie d'Esneval, à laquelle était attachée la qualité de vidame de Normandie, et qui, par alliances successives, est passée dans la maison de Roux-Tilly. De cette illustre maison, éteinte en 1396, et fondue dans la maison de Dreux, branche de la

maison royale de France, était N.... Esneval qui, l'an
1066, accompagna Guillaume le Bâtard à la conquête de
l'Angleterre. *Palé d'or et d'argent ; au chef de gueules.*

D'ESPAGNE, en Languedoc, barons de Cazals, en
Quercy, famille qui tire sa noblesse du capitoulat de Toulouse, au milieu du seizième siècle, et qui subsiste à
Castel-Sarrazin. Elle établit sa filiation depuis Pierre
d'Espagne, de la ville de Castel-Sarrazin, qui, le 26 août
1533, fit une fondation dans l'église paroissiale de Saint-
Sauveur de cette ville. *D'or, au chêne de sinople, sommé
de deux merlettes de sable ; au chef d'azur, chargé de trois
étoiles d'argent.*

D'ESPEIGNES DU PLESSIS. Jean-François d'Espeignes du Plessis, fut nommé échevin de Paris, le 14
novembre 1727. *De gueules, au peigne d'argent en pal,
accompagné de trois étoiles d'or.*

L'ESPAGNOL DE BOMPART, famille originaire de
l'Ile-de-France, anoblie par lettres-patentes du 28 juin
1700, dans la personne de Nicolas, sieur de la Cour,
en la généralité de Châlons, qui paya 1200 livres pour
être maintenu dans cet anoblissement, le 11 février
1710. Il était probablement fils de Nicolas l'Espagnol,
reçu maître des comptes, le 21 août 1643. *D'azur, à
la fasce d'or, accompagnée en chef de deux têtes de chiens
épagneuls d'argent, posées de front, et en pointe d'une tour
du même émail.*

L'ESPAGNOL DE CARRINES, en Flandre, famille
anoblie pour services, par Louis XIV, au mois de mai
1704. Elle a donné des magistrats distingués et plusieurs
capitaines. *D'azur, à la foi d'argent.*

D'ESPAGNY, en Soissonnais, maison d'ancienne
chevalerie, qui tirait son nom d'une terre située à deux
lieues de Soissons, où l'on comptait quatre-vingt-neuf
feux. Simon d'Espagny, chevalier, vivait en 1146.
Porrus d'Espagny, chevalier banneret, a cette qualité
dans un titre de l'an 1190. Jeanne, dame d'Espagny,
du Quesnoy, de Chavigny, de Riencourt, de la Blanche-
Maison et de plusieurs autres terres, les porta en dot,

à la fin du quatorzième siècle, à Aimery, comte d'Aumale, seigneur d'Esquincourt, de Boulencourt et de Sery. *D'argent, à la bande de gueules, chargée de trois besants d'or.*

D'ESPARBEZ DE LUSSAN, barons de Pelletane, de la Motte-Bardigues, de la Serre, de Chadenac, marquis, comtes et vicomtes d'Aubeterre, comtes de Jonzac, marquis d'Ozillac et de Champagnac, illustre et ancienne maison de chevalerie, qui florissait dès le douzième siècle, et qui tire son nom d'une terre nommée en latin *Espaverii*, située dans l'Armagnac. François d'Esparbez, seigneur de Lussan, baron de Chadenac, ayant épousé, le 15 avril 1597, Hyppolite Bouchard, vicomtesse d'Aubeterre, héritière de cette ancienne maison, ses descendants ont précédé leur nom de celui de *Bouchard*. La maison d'Esparbez a constamment suivi le parti des armes ; elle a donné des capitaines de cinquante et de cent hommes d'armes ; des chevaliers de l'ordre de Saint-Michel, avant l'institution de celui du Saint-Esprit, des gouverneurs de places et de provinces, des conseillers d'état, un général de la cavalerie légère, sous le duc de Mercœur, lors du voyage de Hongrie, en 1599, plus de vingt chevaliers et commandeurs de l'ordre de Saint-Jean de Jérusalem, depuis l'an 1489 ; des sénéchaux et lieutenants-généraux de Condomois, de Saintonge et d'Angoumois, des chambellans et gentilshommes ordinaires de la chambre, un maréchal de France, cinq lieutenants-généraux, six maréchaux de camp et plusieurs brigadiers des armées du roi, cinq chevaliers des ordres du roi, et une foule de colonels et d'autres officiers supérieurs, morts au service avant d'avoir pu parvenir aux premiers grades militaires. Dans la prélature, cette maison compte un évêque de Pamiers, en 1597. Elle a aussi donné plusieurs ambassadeurs chargés de négociations importantes. *D'argent, à la fasce de gueules, sommée de trois merlettes ou éperviers de sable.*

D'ESPARRON, en Languedoc, noblesse ancienne, originaire de Provence, qui vint s'établir à Aigues-Mortes, vers la fin du quinzième siècle. La branche aînée subsiste à Beaucaire.

Conformément à la déclaration du roi, du 8 février 1661, elle justifie, par une foule d'actes authentiques, la possession de sa noblesse de race depuis l'année 1550 ; et c'est en vertu de ces titres, qu'elle a été maintenue dans cette noblesse d'extraction, par lettres-patentes du 17 mars 1815, confirmatives de l'arrêt du conseil d'état, obtenu en 1789, sur la requête d'Alexandre d'Esparron. Cette famille a fourni plusieurs officiers, soit militaires, de judicature ou de finance. Au nombre des premiers, elle compte un capitaine de cinquante hommes d'armes, en 1622, dans la personne d'Antoine d'Esparron. Dans sa commission expédiée le 3 juillet, il est dit que c'est en considération de ses services et de ceux de ses devanciers. *D'or, au pal de gueules, chargé d'une bisse de sable, entravaillée à une épée d'argent dans son fourreau de sable, la pointe en bas.* Couronne de comte. Supports : deux aigles.

D'ESPÉRIÈS, en Languedoc, famille qui prouve sa filiation depuis Thomas d'Espériès, vivant en 1550. Jean d'Espériès, son petit-fils, acquit, en 1614, un office de conseiller-auditeur en la chambre des comptes de Montpellier. Cette famille a donné des gouverneurs de Valleraugue, et plusieurs officiers décorés de l'ordre royal et militaire de Saint-Louis. *D'or, au poirier de sinople, fruité d'argent, accosté de deux étoiles d'azur, et soutenu d'un croissant de gueules.*

DE L'ESPÉE, en Lorraine. « Nous soussignés, certifions que M. le baron de l'Espée, père, ancien capitaine de cavalerie, est propriétaire de la baronnie de Froville, département de la Meurte, provenante de ses père et mère, et qu'antérieurement sa famille a possédé des terres titrées. Son quatrisaïeul, Jean de l'Espée, conseiller d'état, était seigneur du comté de Germiny, qui a été, pendant trois générations, dans sa famille, comme il conste par les actes et contrats de mariage de ses aïeux, les foi et hommages qu'ils en ont rendus ; l'acte d'échange fait dudit comté de Germiny, par son bisaïeul, avec la famille le Bègue, son alliée, contre d'autres propriétés foncières, dont le fief de l'Ebeuville, qui est encore dans sa famille, faisait partie dudit échange : ce que nous attestons, sur le vu des pièces authentiques citées, qui nous ont été représentées. »

Fait à Nancy, le 6 janvier 1819.

Le comte Théodore de LUDRE.

Le comte de MITRY, maréchal de camp.

Le marquis de RAIGECOURT, maréchal de camp.

Le comte de BOURCIER DE MONTUREUX.

Vu par nous adjoint au maire royal, pour légalisation des signatures de MM. de Ludre, de Mitry, de Raigecourt, et de Bourcier de Montureux, tous domiciliés à Nancy, auxquelles foi doit être ajoutée.

Donné à l'hôtel-de-ville de Nancy, le 11 janvier 1819.

POIROT, adjoint.

Vu pour légalisation de la signature de M. Poirot, adjoint au maire de la ville Nancy, par nous conseiller de préfecture du département de la Meurte, à ce délégué.

PINODIER.

Armes : D'azur, à la fasce d'argent, accompagnée en chef de deux croisettes recroisettées et fichées d'or ; à l'épée d'argent, garnie d'or, brochante sur le tout.

ESPIARD DE SAULX, en Bourgogne. Jacob Espiard, receveur des subsides du bailliage d'Auxois, lequel ne vivait plus le 21 mai 1435, est la tige des Espiard, du parlement de Dijon, qui ont eu plusieurs secrétaires du roi en la chancellerie de Bourgogne, et des jurisconsultes célèbres. *D'azur, à trois épis d'or.*

D'ESPINAY-SAINT-LUC, grande, illustre et ancienne maison de chevalerie de la province de Normandie, où elle florissait dès l'an 1066, sous le nom de *des Hayes*, qu'elle portait primitivement. Elle établit sa filiation depuis l'an 1209 ; et s'est divisée en plusieurs branches : 1° les marquis d'Espinay et de Boisgueroult, éteints en 1747 ; 2° les marquis de Saint-Luc, comtes d'Estelan et de Norville, éteints en 1694 ; 3° les barons de Mézières, marquis d'Espinay et de Saint-Luc ; 4° les marquis de Lignery, par érection de

1687 ; comtes et marquis d'Espinay. Cette maison, qui a fait les preuves de la cour, et pour le chapitre de Metz, tire son nom de la terre d'Espinay, dans le pays de Caux, près de l'abbaye de Jumiège, dont les seigneurs d'Espinay sont en partie fondateurs. Egalement illustre par son antiquité, ses alliances, ses possessions considérables et ses services militaires, elle compte un grand-maître de l'artillerie de France, tué au siége d'Amiens, en 1597, un maréchal de France, nombre de chevaliers de l'ordre du roi et de l'ordre du Saint-Esprit, des capitaines de cent et de cinquante hommes d'armes des ordonnances, des lieutenants-généraux, des maréchaux de camp et des brigadiers des armées du roi, un lieutenant-général des armées navales, des gouverneurs de provinces et de places de guerre, des écuyers, des gentilshommes ordinaires et des chambellans de nos rois, des conseillers d'état, un évêque de Marseille et un archevêque de Bordeaux. *D'argent, au chevron d'azur, chargé de onze besants d'or.*

D'ESPINOSE, marquis d'Espinose, par érection de la seigneurie de Frossay, en 1764 ; barons de Portric, par érection de 1640 ; famille ancienne, originaire d'Espagne, établie en Bretagne depuis le commencement du seizième siècle, dans la personne de Jacques-Ferdinand d'Espinose de los Monteros, dont les descendants ont presque tous exercé des charges de conseillers au parlement de Bretagne. *Tiercé en fasce, au 1 d'azur, à la croix fleuronnée d'or ; au 2 d'or, au cœur de gueules ; au 3 d'argent, à l'arbre arraché de sinople, au griffon de gueules, brochant sur le fût de l'arbre.*

D'ESQUAY, maison d'ancienne chevalerie de la province de Normandie, éteinte depuis plusieurs siècles, qui tirait son nom d'une terre située sur la Seulle, au bailliage de Côtentin, et qui a pour auteur Gérard d'Esquay, qui, l'an 1066, fut à la conquête de l'Angleterre. La dernière date qu'on trouve constater l'existence de cette maison est de l'an 1450. *D'argent, au chevron de sable.*

D'ESQUILLE, barons de Sombarraute, famille originaire de la haute Navarre, anoblie par Louis XIII, en 1613. Elle a donné des avocats-généraux et des présidents à mortier au parlement de Pau, un capitaine de vaisseau qui se signala au combat de la Hogue, où il perdit un bras ; et plusieurs officiers supérieurs décorés de l'ordre royal et militaire de Saint-Louis. *Parti, au 1 d'or, à cinq cotices de gueules*, qui est D'ESQUILLE ; *au 2 écartelé, au 1 d'or, au pin de sinople, accosté de deux lions affrontés de gueules*, qui est de DIBOS ; *aux 2 et 3 échiquetés d'or et d'azur ; au 4 de gueules plein.*

D'ESTAING, vicomtes, comtes et marquis d'Estaing, marquis de Murol, comtes du Terrail, marquis de Saillans, vicomtes de Ravel, illustre et ancienne maison de chevalerie, qui a pris son nom d'une ancienne baronnie située en Rouergue. Elle est connue depuis l'an 1001, et établit sa filiation depuis Guillaume d'Estaing, premier du nom, qui servit avec distinction dans les guerres d'outre-mer contre les infidèles. Son fils, Dieudonné d'Estaing, combattit vaillamment à la bataille de Bouvines, en 1214. Le roi Philippe-Auguste ayant été renversé de son cheval, Dieudonné d'Estaing remonta ce prince et sauva l'écu de ses armes. C'est en mémoire de ce service signalé que la maison d'Estaing porte, par concession, les armes de France (1), avec un chef d'or pour brisure. Cette maison, toute militaire, a donné trois lieutenants-généraux, un vice-amiral, un brigadier des armées, trois chevaliers du Saint-Esprit, un grand nombre d'officiers supérieurs, et antérieurement des capitaines de cinquante et cent hommes d'armes, des sénéchaux de Rouergue, des gouverneurs de places de guerre, des conseillers et chambellans de nos rois, des ambassadeurs en diverses cours, des chevaliers de l'ordre de Saint-Michel avant l'institution de celui du Saint-Esprit, plusieurs chevaliers et commandeurs de l'ordre de Saint-Jean de Jérusalem, des comtes de Lyon et de Brioude depuis le quatorzième siècle ; un évêque de Saint-Paul-Trois-Châteaux, deux évêques de Rodez, en 1429 et en 1501 ; un évêque d'Angoulême, en 1506 ; deux évêques de Clermont en Auvergne, en 1614 et 1650 ; et un évêque de Saint-

_____

(1) La maison d'Estaing portait précédemment *au semé de fleurs de lys.*

Flour, en 1694. *D'azur, à trois fleurs de lys d'or ; au chef du même.*

ESTAMBOURG , ancienne famille de Picardie , éteinte depuis plus de quatre siècles, qui a donné un chevalier banneret en 1190. *De gueules , au cygne d'argent.*

D'ESTAMPES , marquis de la Ferté-Imbault , de Mauny, comtes d'Estampes , marquis de Valençay et de Fiennes , maison illustrée par un grand nombre de personnages notables, originaire du Berry, laquelle a pour auteur Jean de Bar, valet-de-chambre en 1421 et 1422 du dauphin, qui fut depuis Charles VII , et mari de Jacquette Chambellan , d'une famille de bourgeois de Bourges. Cette maison a donné un cardinal, un archevêque duc de Reims , pair de France ; trois évêques de Carcassonne , de Nevers et de Condom, un maréchal de France, trois chevaliers des ordres du roi, un grand maréchal des logis , deux amiraux et généraux des galères de l'ordre de Saint-Jean de Jérusalem, des chambellans et gentilshommes ordinaires de nos rois, des lieutenants-généraux et maréchaux de camp de leurs armées, des ambassadeurs, et nombre d'autres personnages distingués dans la carrière des armes ou la diplomatie. *D'azur, à deux girons d'or, appointés en chevron ; au chef d'argent , chargé de trois couronnes de gueules.*

D'ESTARD , sieur du Boistardon , en Normandie , famille anoblie , en 1577 , dans la personne de Pierre d'Estard. Robert Estard fut anobli le 17 juin de la même année , moyennant 1000 livres. *D'azur, au lion d'argent , armé et lampassé d'or.*

D'ESTAVAYÉ , en Franche-Comté et en Guienne , barons de Molondin , seigneurs de Montel , de Lully , de Molinons ; maison d'ancienne chevalerie , qui tire son nom d'une terre située au diocèse de Lauzanne, en Suisse, et qui s'est établie à Salins vers la fin du treizième siècle. Elle a pour auteur Hugonin , co-seigneur d'Estavayé et de Molondin , à deux lieues de Neuchâtel, vivant en 1023. Elle a donné un ambassadeur de Savoie pour la paix faite en 1479 avec les cantons de Berne et

de Fribourg, lequel fut ensuite chambellan du duc de
Savoie ; un colonel d'un régiment de vingt compagnies
suisses au service du roi Louis XIII, puis maréchal de
camp ; des lieutenants-généraux et gouverneurs de provinces, des conseillers d'état de la ville et république
de Soleure et de Fribourg, plusieurs capitaines des
gardes suisses, des chevaliers de l'ordre du roi, des
chambellans et gentilshommes ordinaires de la chambre,
quatre maréchaux de camp, et un grand nombre d'officiers supérieurs décorés de l'ordre royal et militaire
de Saint-Louis. Dans la prélature, elle compte un évêque de Blois, mort n'étant que nommé, et un évêque
de Belley, en 1507. *Palé d'or et de gueules ; à la fasce
d'argent, chargée de trois roses de gueules, brochante sur
le tout.*

DE L'ESTENDART, marquis de Bully, par érection
du mois d'octobre 1677, barons d'Angerville-la-Martel,
par érection du mois d'avril 1655, maison d'ancienne
chevalerie de Normandie, où elle florissait dès le onzième siècle, et qui portait originairement le nom de
Baine, qu'elle a quitté vers le commencement du treizième siècle. Elle a donné plusieurs généraux, nombre
d'officiers supérieurs, et nombre de personnages de
marque. *D'argent, au lion de sable, chargé à l'épaule
d'un écusson d'argent à trois fasces de gueules.*

ESTIÈVRE DE TREMAUVILLE, en Normandie,
famille anoblie en 1655, et qui a donné plusieurs officiers supérieurs. *D'argent, au cygne de sable, nageant
sur une mer d'azur ; au chef du même, chargé de trois
croissants du champ.*

D'ESTORÉ, seigneurs de la Ville-Gontard et de la
Martinière, en Sologne. *D'azur, à trois têtes de buffle
d'or.*

D'ESTORÉ. Il existait à Lille, en Flandre, au
seizième siècle, une famille de ce nom, dont était Anne
d'Estoré, épouse de Hugues le Cocq, seigneur de la
Motte, conseiller de l'empereur Charles-Quint, président de sa chambre des comptes de Lille. *De gueules,
au chevron d'or, accompagné de trois molettes d'éperon
d'argent.*

ESTRABONNE, ancienne baronnie du comté de Bourgogne, qui a donné son nom à une maison ancienne et illustre, qui a subsisté avec éclat jusqu'à la fin du quinzième siècle, et s'est éteinte dans la personne de Jean, seigneur d'Estrabonne, qui vivait en 1457, et après la mort duquel la baronnie d'Estrabonne entra dans la maison d'Aumont. *D'or, au lion d'azur.*

ETIENNE DE VILLEMUS ET DU BOURGUET, en Provence. Cette famille a formé plusieurs branches. Celles de Villemus et de la Galinière sortent de Jean-Baptiste et de Joseph-Etienne, sieurs de Villemus et de la Galinière, anoblis par lettres du 5 novembre 1677. La branche du Bourguet a acquis la noblesse par des offices de finances et par celui de greffier civil en chef du parlement d'Aix. *D'azur, à la fasce d'or, accompagnée de trois besants d'argent.*

F.

DE FADATE DE SAINT-GEORGES, en Champagne, famille originaire d'Italie, naturalisée en France au milieu du seizième siècle. Elle a donné un maréchal de camp et plusieurs capitaines aux armées du roi. *D'or, au chevron de gueules, accompagné de trois tourteaux du même; au chef d'azur, chargé de trois fleurs de lys d'or.*

DE LA FAIRE DE VAUZELLE, en Poitou, famille ancienne, connue par filiation depuis Jacques de la Faire, écuyer, seigneur de Pont, en Bourbonnais, vivant en 1476. *De gueules, à la bande d'argent.*

DE FARGES, anciennement DE FARGIS, en Provence. Pithon-Curt, dans son Histoire du comtat Venaissin, tom. II, pag. 114, avance de fortes présomptions sur la communité d'origine de la maison de Fargis avec celle de Guilhem de Clermont-Lodève, une des plus illustres et des plus anciennes du Languedoc; mais quoiqu'il ne puisse fixer le point de séparation de cette branche, de la souche principale, il en donne une filiation suivie depuis Assal de Fargis, vivant en

1314 et 1324. Jean de Fargis ou de Farges, l'un des descendants d'Assal, fut conseiller-secrétaire de Charles d'Anjou, roi de Sicile et de Jérusalem, qui en récompense de ses services, lui légua cinq cents écus d'or le 10 décembre 1481. L'auteur de la critique du Nobiliaire a inféré de-là qu'il tirait sa noblesse de sa charge ; mais plusieurs jugements, obtenus par cette famille, ont prouvé sa noblesse antérieure. Cette famille a donné un cardinal, un évêque de Bazas, et plusieurs officiers sur terre et dans la marine. *De gueules, au lion d'argent.*

DE LA FAUCHERIE, famille ancienne de Normandie, dont le nom primitif était Cordon ; elle fut anoblie en 1593. Jacques et Julien Cordon, frères, obtinrent, en 1627, des lettres de commutation de leur nom de Cordon, en celui de la Faucherie. *D'azur, à trois cordelières d'or.*

LE FAUCONNIER, seigneurs du Mesnil-Patry et de Feuguerolles, en Normandie, famille qui remonte à Pierre le Fauconnier du Mesnil-Patiy Maximilien, et Thomas le Fauconnier de Breville, qui furent anoblis en 1595. *D'argent, à six macles de gueules.*

FAUQUE DE JONQUIÈRES, en Provence et à Paris, famille ancienne, originaire de Provence, où elle florissait dès le douzième siècle, transplantée à Naples vers le milieu du treizième, et qui revint dans son berceau primitif vers l'an 1360. Elle a pour auteur Guillen Foulco, l'un des gentilshommes qui accompagnèrent, dans l'expédition de Naples, en 1266, Charles d'Anjou, frère du roi saint Louis. Cette famille a constamment suivi la carrière des armes. Elle a été maintenue dans ses prérogatives de noblesse par deux arrêts du parlement d'Aix des 4 mars 1779 et 10 janvier 1784. *De gueules, à deux frênes rangés d'or, sommés d'un faucon du même.*

DE FAURE, barons de Montpaon, seigneurs de Saint-Maurice en Languedoc, famille qui établit sa filiation depuis Marc-Antoine de Faure, écuyer, mort l'an 1555. Cette famille a donné des conseillers au parlement de Toulouse, et plusieurs officiers. *D'or, au pin terrassé de sinople.*

FAUVELET DE CHARBONNIÈRES, de Bourrienne, famille distinguée dans la magistrature, originaire de la ville de Sens. Le premier conseiller de ce nom, est Jean Fauvelet, en 1574; elle a été anoblie en consi-dération de ses services, par lettres de Louis XIII, données l'an 1640 à Saint-Germain-en-Laye.

Antoine Fauvelet du Toc, secrétaire des finances de Monsieur, duc d'Orléans, frère unique du roi, est au-teur d'un ouvrage très-estimé, ayant pour titre : His-toire des secrétaires d'état, contenant l'origine, les pro-grès et l'établissement de leurs charges; Paris, 1668. Cette famille a donné, de nos jours, un ministre d'état, membre du conseil privé du roi, dans la personne de Louis-Antoine Fauvelet de Bourrienne. *D'azur, à trois levrettes d'argent.*

DE FAYDIT DE TERSAC, en Limosin, en Quercy, dans le Conserans, en Languedoc, maison d'ancienne chevalerie, qui florissait dès la fin du douzième siècle, et qui établit sa filiation depuis noble Jean Faydit, pre-mier du nom, seigneur de Tersac, vivant en 1361. La branche aînée de cette maison s'est éteinte peu après 1667. La branche de Commanues, qui a porté pendant plusieurs générations le seul nom de Tersac, s'est per-pétuée jusqu'à nos jours. Cette famille a formé plusieurs autres branches, qui toutes ont suivi le parti des armes. *D'azur, à cinq trangles alésées d'azur, surmontées d'un pal du même, accosté de deux lions couronnés de gueules, affrontés.*

DE FENOYL-TUREY, famille qui, au sentiment de Gui Alard, est originaire de Naples, et s'est répan-due dans le Montferrat, le Piémont, la Lombardie, la Souabe, la Bavière et la France. Cette dernière branche s'est éteinte dans la personne de Guy de Fenoyl-Turey, conseiller au grand conseil en décembre 1695, maître des requêtes le 29 avril 1702, premier président au parlement de Pau le 23 novembre 1710, mort sans en-fants le 7 avril 1723. Il avait une sœur, qui porta ses biens dans la maison de Gaillardon. *D'azur, au taureau furieux d'or; au chevron de gueules, brochant sur le tout.*

FERAUD, noble et ancienne maison de Provence,

I. 32

qui, depuis le treizième siècle, a porté le nom et les armes de Glandevès. *Voyez* GLANDEVÉS, dans la première série.

FERRAND, barons du Mauvesin, seigneurs de Plaisance, de Beausoleil et de la Tour, en Guienne ; de Bourret et de Fillancourt, au pays Messin et à Paris, famille qui fut maintenue par un arrêt du conseil du mois de juin 1753, en remontant ses preuves filiatives à Raimond Ferrand, seigneur de Lavison, en Bazadois, qui fit son testament le 2 septembre 1531. Elle a donné des gouverneurs de places et nombre de capitaines décorés de l'ordre royal et militaire de Saint-Louis. *D'argent, à trois fasces de gueules.*

DE LA FERRIÈRE. *Voyez* ARGIOT.

DE FERRY DE BELLEMARE, famille originaire de Provence, dont une branche s'est transplantée à Saint-Domingue vers le milieu du dix-huitième siècle. *De gueules, à trois annelets d'or ; à la coquille du même mise en cœur.*

DE FESQUES DE LA ROCHE-BOUSSEAU, DE L'ARGENTERIE, en Anjou, en Beauce et en Normandie, maison issue d'ancienne chevalerie, connue par filiation depuis Jean de Fesques, écuyer, seigneur de Chartrigny et de Paillé, vivant en 1390, et mort avant 1420. *D'or, à l'aigle éployée de gueules, au vol abaissé.*

DU FEU, sieurs du Feu-Saint-Hilaire, en Bretagne, famille d'origine chevaleresque, connue depuis Tison du Feu, lequel fut présent à la montre de Thibaud, sire de Rochefort, qui eut lieu à Vitré le 20 décembre 1356. *D'azur, à trois ancolies d'or.*

DE FEUARDENT, en Normandie. Cette famille a été maintenue dans son ancienne extraction, en 1667, lors de la dernière recherche. On ignore le principe de sa noblesse et le lieu de son origine ; mais il est certain qu'elle n'existait pas en Normandie, du moins au nombre des familles nobles, lors de la recherche de Montfaut, en 1463. *D'argent, à l'aigle de sable, becquée et membrée d'or.*

FEUGEROLLES du BUSC, en Normandie, famille d'origine chevaleresque, connue depuis Pierre de Feugerolles, qui se présenta en qualité d'écuyer au ban de la noblesse de cette province en 1271. *D'argent, à une tige arrachée de trois branches de fougère de pourpre.*

DE FICTE DE SOUCY, seigneurs de Bruyères-le-Châtel, en Hurepoix; de Préfontaine, en Gatinais; du Parc et de Chattonville, en Béauce. Cette famille a pour auteur Pierre de Ficte, seigneur de Soucy, et en partie de Bruyères-le-Châtel, premier commis de l'épargne en 1552, maître en la chambre aux deniers, en 1559; trésorier de l'épargne en 1567; secrétaire de la chambre du roi Henri III avant 1580, et conseiller d'état en 1581. Cette famille a donné un chevalier de l'ordre du roi, gentilhomme ordinaire de la chambre de Sa Majesté; des maîtres des comptes et plusieurs officiers supérieurs de cavalerie. *Contrefascé d'azur et de sable de quatre pièces; les deux demi-fasces d'azur chargées chacune d'un rameau d'olivier d'or en fasce.*

FIEF, subst. masc. L'origine des *Fiefs* est un des points les plus obscurs et les plus embrouillés de notre histoire; elle paraît venir de l'ancienne coutume de toutes les nations, d'imposer un hommage et un tribut au plus faible. Le *fief* était un domaine qu'on tenait du roi ou d'autre seigneur, à foi et hommage, et à la charge de quelques autres droits; celui qui le possédait était appelé *vassal*, et celui de qui le fief relevait était appelé *seigneur.* Ainsi le seigneur d'un *fief* se réservait la propriété *directe*, et transférait seulement au vassal la propriété *utile*, à la charge de la fidélité et de quelques autres droits et redevances.

La qualité de *fief* devait être prouvée par des actes de foi et hommage, par des aveux et dénombrements, par des partages ou par des jugements contradictoires et autres actes authentiques.

Les *fiefs* étaient suzerains, dominants ou servants; le *fief* qui relevait d'un autre était appelé *Fief servant*, et celui dont il relevait, *Fief dominant*; et lorsque celui-ci était lui-même mouvant d'un autre *Fief*, le plus élevé s'appelait *Fief suzerain*: le fief qui tenait le milieu entre les deux autres, était *Fief servant* à l'égard

du *suzerain*, et *Fief dominant* à l'égard du troisième ;
qu'on appelait aussi *Arrière-Fief*, par rapport au *Fief*
suzerain.

Tous les *Fiefs* en France relevaient du roi, ou en
pleins Fiefs, c'est-à-dire, immédiatement, comme
étaient les *Fiefs* de dignités, ou médiatement en *arrière-*
Fiefs, comme étaient les *Fiefs simples*, qui étaient
mouvants d'autres *Fiefs*, qui relevaient du roi immédiatement.

Sous les derniers rois de la seconde race, et au commencement de la troisième, tout homme libre, qui
faisait *profession des armes*, pouvait acquérir et posséder un *Fief*, ou faire convertir en *Fief* son alleu.

Cependant il paraît que ce ne fut qu'à l'occasion des
croisades (1095), que les roturiers commencèrent à
posséder des *Fiefs*. Les nobles qui s'empressaient presque
tous à faire paraître leur zèle dans ces expéditions, pour
en soutenir la dépense, se trouvèrent obligés de vendre
une partie de leurs *fiefs* et seigneuries; et comme il
se trouvait peu de nobles pour les acheter, parce que
la plupart s'engageaient dans ces croisades, ils furent
contraints de les vendre à des roturiers, auxquels nos
rois permirent de posséder ces *Fiefs*, en leur payant une
certaine finance, qui fut dans la suite appelée *droit de*
franc-fief, qu'on renouvela presqu'à chaque règne, et qui
se prolongea jusqu'à la révolution. (Deux arrêts de 1265
et 1282, faisaient défense aux roturiers d'acheter des
Fiefs; il fallut alors les révoquer.)

Dès-lors, les roturiers possédant *Fiefs*, firent souche
de noblesse. L'ordonnance de saint Louis, de l'an 1270,
est précise à cet égard et lève toute espèce de doute.
« La noblesse s'acquiert par la possession d'un *Fief* à
» la tierce foi, c'est-à-dire, qu'un roturier acquérant
» un *fief*, ses descendants seront nobles au troisième
» hommage du même *Fief*, et partageront noblement
» ledit *Fief* à la troisième génération. ».

Par des lettres-patentes de 1445, Charles VII ordonna
que les trésoriers de France pourraient contraindre toutes
personnes non nobles, ou qui ne vivaient pas noblement,
de mettre hors de leurs mains tous les *Fiefs* qu'elles
possédaient par succession ou autrement, sans en avoir
suffisante provision du roi, ou de les en laisser jouir

en payant la finance au roi, telle que lesdits trésoriers, aviseraient.

Louis XI donna des lettres-patentes en forme d'amortissement général pour tous les pays de Normandie, pour les nouveaux acquêts faits par les gens de mainmorte, et pour les *Fiefs* et biens nobles acquis par des roturiers, portant qu'après quarante ans, tous *Fiefs* nobles acquis par des roturiers, seraient réputés amortis, et que les détenteurs ne seraient pas contraints d'en vider leurs mains ni d'en payer finance. Ces lettres portaient même que *tous roturiers ayant acquis des héritages nobles en Normandie, étaient anoblis et leur postérité.*

Mais l'ordonnance de Blois, du mois de mai 1579, sous le règne d'Henri III, porte que les roturiers et non nobles, achetant *Fiefs nobles*, ne seront pour ce anoblis ni mis au rang et degré des nobles, de quelque revenu que soient les *Fiefs* par eux acquis; et que la possession des *Fiefs nobles* n'anoblit point les roturiers; et dans la suite et à diverses périodes (tous les quinze ou vingt ans), nos rois ordonnèrent la recherche des *francs-Fiefs*, et exigèrent de nouvelles finances de ceux qui les possédaient.

Je ne terminerai pas cet article sans faire mention de ce que dit *Le Laboureur*, dans son Histoire des Mazures de l'Isle Barbe, à l'occasion d'un titre de 1341; il y est établi « que l'érection d'un *Fief* ne se pouvait faire, » qu'il n'y eût dix livres de rente »; ce qui suffisait alors pour l'entretien d'un gentilhomme.

Dans les provinces de *Bigorre* et de *Béarn*, les possesseurs de *Fiefs* ou de biens nobles, y jouissaient des privilèges de la noblesse, entraient aux États, et passaient pour nobles d'extraction, lorsque cette possession datait de cent années. La confirmation de cet usage avait été l'une des conditions de la réunion du royaume de Navarre et des provinces de Bigorre et de Béarn, à la couronne de France, en 1620.

I Les bourgeois de la ville de Paris, de Bourges et de plusieurs autres villes de France, avaient obtenu le privilège spécial d'être exemptés du droit de *franc-Fief*.

FIEF-LIGE, était celui pour raison duquel, outre la foi et hommage, et plusieurs autres devoirs personnels, le vassal était obligé d'aller lui-même à la guerre, et de s'acquitter en personne des services militaires dûs au seigneur féodal.

Ce *Fief* était appelé *Fief* de corps, parce que le vassal s'obligeait, en faisant foi et hommage à son seigneur, de le servir et défendre envers et contre tous, jusqu'à la mort, sans exception de personne, en y obligeant tous ses biens.

Le mot LIGE vient du mot latin *ligatus*, c'est-à-dire, homme lié, et qui est étroitement obligé et engagé.

L'hommage *Lige* ne pouvait être dû qu'aux souverains; c'est pourquoi quand il était rendu aux ducs et autres grands seigneurs, il fallait excepter le roi.

Lorsque les guerres privées furent défendues dans le royaume, les hommages *Liges* n'eurent pas plus d'effet que les simples. Ainsi il n'y avait proprement que le roi en France à qui on fît hommage *Lige*.

On comptait en France environ soixante-dix mille fiefs ou arrière-fiefs, dont trois mille à-peu-près étaient titrés de principautés, duchés, marquisat, comtés, vicomtés et baronnies.

DE FISICAT.

I. Pierre I DE FURNO FISICATI est la plus ancienne des personnes actuellement connues de la maison de Fisicat : il naquit vers l'an 1415, et il établit sa résidence à Aoste, département de la Drôme, près du Pont de Beauvoisin. A défaut de titres, on ignore s'il descendait des Fisicati nobles vénitiens, qui, avant la révolution française, étaient sénateurs dans cette république.

II. Pierre I eut pour fils, vers l'an 1445, Antoine I DE FURNO FISICATI, qui épousa Guillelmine Fisicati, vraisemblablement sa parente. De cette union naquirent :

III. Claude I DE FISICAT aux environs de 1475, Louis I, Favet de Fisical et Philippine de Fisicat. Claude I épousa demoiselle Comte de Seyssel; Louis I entra dans l'état ecclésiastique; et Philippine fut mariée le 17 janvier 1519.

Ces naissances et le lieu du domicile sont constatés par les contrats d'acquisitions de 1492, 1493, 1504, et par l'échange du 1er mars 1540.

IV. Michel I DE FISACAT, fils de Claude I, naquit en 1520, et fut l'aîné de sa maison. Il a été le premier qui ait porté le nom seul de Fisicat. Il avait épousé, vers le milieu du seizième siècle, Bernardine de Fion, issue d'une famille noble de Savoie.

Pierre II de Fisicat, son frère, se destina à l'état militaire. L'on voit, par l'enquête faite au parlement de Grenoble en 1661, que la famille de Fisicat résidait à Aoste depuis le commencement de 1400, qu'elle avait de tous tems joui d'une grande considération, qu'elle s'était constamment alliée aux familles illustres de la province et des circonvoisines, et que Pierre II avait eu de forts beaux emplois sous MM. de Bordes, de Maugiron, lieutenant de roi en la province de Dauphiné, et sous M. le connétable de Lesdiguières. Par cette même enquête, l'on voit également que ledit Pierre II était qualifié sur toutes ses patentes ou brevets de noble.

Le troisième frère se lia aux ordres, et fut prieur de Saint-Rambert, en Bugey.

V. Pierre III DE FISICAT, fils de Michel I, naquit peu après 1550, et eut une jeunesse turbulente. Il entra dans la société de la grande abbaye de Malgouverne du Dauphiné. Le 17 août 1576 il fut pourvu de l'état d'abbé, à Aoste et lieux circonvoisins. Dans la même année il fut nommé lieutenant de M. le Grand, abbé de Dauphiné. On lui délivra en même tems une expédition des statuts et ordonnances de M. Le Grand, abbé de Malgouverne, des dames, enfants et galants de Grenoble; abbé général de tout le Dauphiné, confirmés par le prince dauphin et le gouverneur du pays. Il paya en même tems la somme de six testons et demi pour les frais de ses provisions. Dans chacune de ces trois pièces, il est qualifié noble. Sa fortune ayant été un peu dérangée, il emprunta vingt-quatre écus d'or sol le 21 janvier 1580 de M. Jacques Guillet, qui, depuis, devint son beau-père, et de qui sont descendus les comtes d'Aoste. Dans cet acte d'emprunt, comme dans les précédents, on lui donna la qualité de noble. Le 13 septembre 1596, il épousa Marcianne, fille de M. Jacques Guillet dont on vient de parler. Dans le testament de son épouse, du 10 octobre 1638, il est également qualifié noble, ce qui est constaté par le certificat délivré, le

24 septembre 1776, par M. Denis-Louis d'Hozier, juge d'armes de la noblesse de France.

Claude II de Fisicat, son frère, avait épousé, le 17 février 1596, Jeanne de Rigaud, d'une maison noble de la province. Il n'eut aucune postérité.

Pierre III de Fisicat et Marcianne Guillet laissèrent six enfants.

VI. Jacques I, Nicolas I, Michel II de Fisicat et trois filles. Jacques I DE FISICAT, l'aîné de ses frères, naquit l'an 1601. En 1627, il épousa demoiselle Antoinette Vignay, de laquelle il eut quatre enfants. Après le décès de son épouse, qui eut lieu le 1er. février 1643, il entra dans l'état ecclésiastique et fut nommé curé d'Aoste. Il en a rempli les fonctions jusqu'au 19 mars 1676, époque de sa mort.

Nicolas I se lia aux ordres et mourut jeune, après avoir été nommé prieur de Vilard Salet.

Michel II de Fisicat, le plus jeune des frères, naquit à Aoste, le 16 janvier 1618. A l'âge de seize ans, il entra au service en qualité de volontaire dans le régiment du comte de Serrière, et il servit en Hollande sous les ordres des maréchaux de Châtillon et de Brésy. En 1636, il fut admis enseigne dans le régiment de M. de Montclar, qui l'emmena avec lui en Italie. Michel venait d'obtenir une sous-lieutenance, lorsque ce régiment reçut l'ordre de rejoindre l'armée de Piémont ; avec lui il se trouva au combat du passage du Tésin, à la défaite du marquis de Léganez, général de l'armée espagnole, delà au secours de Verceil et de Fontbin ; il se trouva ensuite aux siéges de la Roque et de Turin. Devant la première de ces deux dernières places, ayant le commandement des enfants perdus, il reçut un coup de feu à la cuisse qui le blessa grièvement ; devant l'autre, il fut fait prisonnier et conduit au château de Milan, où il resta détenu pendant six mois.

Au sortir de sa captivité, il fut offrir ses services à M. le vicomte de Turenne, qui le nomma lieutenant dans son régiment d'infanterie. Pour lors, M. de Turenne commandait en Piémont, en qualité de maréchal de camp sous les ordres du comte d'Harcourt, général en chef. Michel fut employé aux siéges de Côni, de Tortone, de Trin et du Pont-d'Asture, et, par sa conduite, mérita l'estime de ses chefs.

En 1644, M. de Turenne fut prendre le commandement en chef de l'armée d'Allemagne : il venait d'être nommé maréchal de France. Ce fut pour lors qu'il donna à Michel une compagnie dans son régiment et qu'il le retint auprès de sa personne, pour être son aide-de-camp. Michel n'avait à cette époque que vingt-six ans. Il servit en cette qualité à la bataille mémorable de Norlingue, au siége d'Augsbourg, et montra une grande intelligence dans les longues marches et combats multipliés qu'il fallut soutenir pour opérer la jonction de l'armée de France à celle de Suède. De cette jonction s'en suivit la prise de Philisbourg, de Spire, de Worms, de Mayence, de Landau, de Mariembourg, Dunglespiel, etc., etc. Tous ces événements eurent lieu en 1647. Peu de tems après, les ennemis voulurent reprendre Dunglespiel ; Michel fut chargé d'en défendre les dehors en qualité de major de la place, et elle resta au pouvoir des Français ; mais dans une des dernières attaques, il fut blessé d'un coup de canon à la tête dont il faillit périr : l'opération du trépan le rappela à la vie.

A peine rétabli de cette blessure, il rejoignit l'armée occupée à faire le siége d'Etampes, défendue par les troupes du prince de Condé. Il se met à la tête du régiment de Turenne, est présent à l'attaque des faubourgs de la ville, y reçoit un coup de feu au genou et n'en contribue pas moins à la défaite des ennemis. Pendant la durée du même siége, les troupes royales furent chassées d'une demi lune, poste qu'il leur était important de conserver. L'infanterie française ayant fait inutilement plusieurs efforts pour la reprendre, on donne l'ordre à Michel de l'attaquer de nouveau : il se place à la tête du régiment de Turenne, monte le premier en plein jour sur le parapet et il l'emporte au premier assaut, malgré la résistance opiniâtre des assiégés, qui se défendirent vigoureusement.

Au siége de Rethel, à l'attaque d'un bastion, Michel monta encore le premier sur le parapet, y facilita lui seul l'entrée aux soldats qui le suivaient, et avec leur secours, en chassa les ennemis. Sur la fin de l'affaire, il fut renversé par quatre coups de mousquet dans le corps, ce qui le fit croire sans vie ; mais deux mois

après la capitulation de cette dernière ville, il se trouva
au siége et à la prise de Mouzon.

Dans le courant de l'hiver suivant et au commencement de 1654, on confia à Michel le commandement
exprès de cinq cents hommes, que le roi envoya avec
d'autres troupes contre les ennemis de l'électeur de
Cologne. Dans cette circonstance, il fit encore connaître
sa prudence et son courage.

De retour du pays de Liége, il se réunit au maréchal
de Turenne, pour se trouver à l'attaque des lignes espagnoles qui formaient alors le siége d'Arras. Michel,
à la tête du régiment de Turenne, n'attend pas que le
fossé soit comblé; il se sert d'échelles, monte à l'assaut
avec ses soldats à trois heures du matin, arrive le premier sur le parapet et y plante le drapeau colonel en
criant : *vive Turenne.* A ce cri, une ardeur toute mar-
tiale s'empare de tous ceux qui le suivaient; ils accou-
rent en foule et repoussent les Espagnols d'une main,
tandis que de l'autre ils démolissent les retranchements
pour en combler le fossé. Ils facilitèrent par ce moyen
l'entrée à deux escadrons de cavalerie, avec le secours
desquels, tout ce qui se trouva sur leur passage fut renversé : une partie de l'armée les ayant suivis, achevà de
se rendre maîtresse du camp. Cette journée mémorable
eut lieu le 26 août 1654. L'armée française composée
seulement de quatorze mille hommes, en força trente
mille bien retranchés, dont sept mille y furent tués ou
pris ; les ennemis y perdirent soixante-quatre pièces de
canon, deux mille chariots, six mille tentes avec tous
leurs équipages et effets de campagne. Ce dernier trait
de courage de Michel est consigné dans le livre III de
l'*Histoire de Turenne*, par l'abbé Raguenet, et dans le
livre IV de la même histoire, par M. Ramsay. Dans
l'enquête ci-devant citée, faite au parlement de Grenoble, en 1661, et dans les titres indiqués ci-après,
se trouve le détail de tous les faits que nous avons rapportés ci-dessus.

Michel ayant continué son état avec distinction, le
roi lui accorda le 4 février 1658, un brevet de gentilhomme ordinaire de sa chambre, et le 25 juillet de la
même année, il le nomma lieutenant-colonel du régiment de Turenne. Le 1er novembre 1661, il lui
permit d'ajouter à ses armes une bordure de France,

c'est-à-dire une bordure d'azur semée de fleurs de lis d'or. Le 26 février 1665, il le décora de l'ordre de Saint-Michel, dont le collier lui fut donné le 4 mars suivant, par M. le marquis de Sourdis.

Louis XIV ayant envoyé six mille Français, sous les ordres de Coligni et de la Feuillade, pour aider l'empereur Léopold I à repousser les Turcs, Michel demanda et obtint la permission de les suivre. A la bataille du Raab, près Saint-Gothard, en Hongrie, qui fut livrée le 1er. août 1666, et où les Turcs furent entièrement défaits, Michel se signala au point de s'attirer, non-seulement les acclamations de l'armée chrétienne, mais même celles de l'armée ottomane. Le roi, pour lui en témoigner sa satisfaction, lui accorda, par un brevet du mois de juin 1667, la permission d'ajouter à ses armes une fleur de lis d'or en champ d'azur.

Les armoiries de la maison de Fisicat étaient anciennement, *d'azur, au griffon d'argent;* d'après les concessions ci-dessus citées, elles sont actuellement, *d'or, au griffon de gueules, soutenant de ses deux pâtes de devant et au flanc dextre, un petit écu d'azur chargé d'une fleur de lis d'or, le tout bordé de France.*

Michel reçut ensuite la commission de lever le régiment d'infanterie de monseigneur le Dauphin, lors de sa création, et en fut fait lieutenant-colonel, le 15 juin 1667. Ce régiment eut pour devise, *res non verba :* là même fut prise par Michel et conservée dans la famille de Fisicat.

Le roi ayant créé le grade de brigadier pour l'infanterie, grade qui n'existait auparavant que pour la cavalerie légère, Michel l'obtint, et le brevet lui en fut donné le 27 mars 1668.

Le 27 octobre 1669, il fut nommé gouverneur de Villefranche, en Roussillon. Ses provisions furent renouvellées le 10 novembre 1673. Peu après, le roi le nomma brigadier général de ses armées, et il décéda sans postérité dans son gouvernement, le 11 août 1684, après s'être trouvé à dix-sept batailles, combats ou affaires, et à trente-huit siéges.

Des trois sœurs de Michel, deux se marièrent et la plus jeune fut supérieure des religieuses ursulines de Belley.

VII. Antoine II DE FISICAT, fils de Jacques I, naquit le 12 juillet 1628. Son oncle Michel II, dont il fut
héritier, avait acheté la terre de Bellièvre, en toute
justice, et le parc de Beauregard qui l'avoisinait près
de Lyon. Ces propriétés considérables le déterminèrent
à y fixer sa résidence et à abandonner celle de ses pères.
Le 18 novembre 1688, il épousa demoiselle Marguerite
de Maréchal de la Pérouse, issue d'une ancienne famille
noble du Dauphiné. Il en eut cinq enfants.

Louis XIV voulant perpétuer la mémoire des services
qu'il avait reçus de Michel II, transporta audit Antoine
et à sa postérité, par lettres-patentes du mois de septembre 1701, les armoiries de leur oncle, comme s'ils
en étaient issus. Antoine décéda le 29 octobre 1709,
âgé de quatre-vingt-un ans.

Scipion I de Fisicat, frère d'Antoine, mourut dans
sa première enfance. Ses deux sœurs se firent religieuses.

VIII. Jean I François DE FISICAT de Beauregard, fils
d'Antoine II, naquit le 27 février 1690. Il épousa, le
29 juin 1726, demoiselle Catherine Berthet de Châ-
zelles, dont le père avait été secrétaire du roi. Il eut
de cette union cinq enfants; trois fils et deux filles,
et il décéda le 25 février 1767.

Antoine III Guillaume de Fisicat, mourut dans sa
première enfance.

Gaspard I de Fisicat, troisième fils d'Antoine, naquit le 10 mars 1696. Il entra dès son enfance dans le
régiment d'Enghien, infanterie, où il fut fait capitaine le 28 juillet 1711 : il n'avait pour lors que quinze
ans. Il se retira du service premier capitaine faction-
naire et chevalier de Saint-Louis et il mourut au mois
de février 1771.

Sybille-Marguerite de Fisicat, sa sœur aînée, fut
mariée à M. Chesnel, conseiller en la cour des monnaies de Lyon.

Claudine-Benoite de Fisicat, sa sœur cadette, épousa
M. Vallet, avocat à Grenoble.

IX. Jean II François DE FISICAT, fils aîné de Jean I,
mourut à l'âge de dix ans.

Jean III Baptiste Fisicat, son frère puîné, vint au
monde le 10 avril 1730, et le 27 avril 1762, il épousa

mademoiselle Catherine-Claude, fille de M. de Lurieu, avocat célèbre et ancien échevin de la ville de Lyon. De cette union, il eut quatre fils. En 1775, il fit l'acquisition de la baronnie de Rochebaron, en Forez, et le 25 septembre 1776, il prêta hommage au roi pour son joyeux avénement. Dans cet hommage, la qualité de baron de Bas, Rochebaron et autres lieux, lui ayant été accordée, il continua de la prendre dans tous les actes. En 1793, la ville de Lyon fut assiégée et prise par l'armée française républicaine : Jean-Baptiste, qui avait été du nombre de ceux qui prirent les armes pour sa défense, fut arrêté et condamné par le tribunal révolutionnaire à perdre la vie. Ce jugement fut exécuté le 13 décembre de la même année.

Claude III de Fisicat mourut dans sa première enfance.

Les deux sœurs de Jean-Baptiste vécurent dans le célibat et décédèrent dans un âge avancé.

X. Les enfants de Jean-Baptiste furent, Jean IV François de Fisicat, né le 16 avril 1763, Pierre IV Thomas, né le 4 avril 1764, Denis I, qui mourut dans sa première enfance, et Denis II Rosalie-Barbe, qui naquit le 19 septembre 1767.

Jean IV François de Fisicat, l'aîné de ses frères, entra page chez M. le duc de Penthièvre, à l'âge de quatorze ans, et le 9 octobre 1779, il fut nommé sous-lieutenant dans le régiment de Penthièvre, dragons : le 31 mai 1783, il lui fut expédié le brevet de capitaine dans le même corps. Le 16 novembre 1789, il épousa mademoiselle de Chazaux de Châteauneuf, de laquelle il eut deux fils, dont le père, chevalier de Saint-Louis, avait été commandant des troupes coloniales à la Guadeloupe et était petit-neveu de M. de Châteauneuf de Rochebonne, archevêque de Lyon, en 1730. Sur la fin de 1790, Jean-François passa à l'île de la Guadeloupe, avec son épouse, qui y avait deux habitations. La révolution française ayant mis le désordre dans cette colonie, les Anglais se présentèrent pour s'en emparer et pour y rétablir l'ordre. Jean-François se réunit à eux et eut alternativement le commandement de la cavalerie coloniale et de l'infanterie. Il se trouva présent à presque toutes les affaires qui eurent lieu. Les

Anglais obligés d'évacuer cette colonie, Jean-François eut seul le commandement de toutes les troupes royalistes créoles qui contribuèrent à protéger leur retraite. Ceci est constaté par un certificat légalisé, délivré le 10 janvier 1816. Sur la fin de 1799, Jean-François revint en France avec son épouse, sur sa propriété de Beauregard. Il fut nommé maire de sa commune et membre du conseil-général du département du Rhône. Louis XVIII, monté sur le trône de ses pères, lui a accordé la croix de Saint-Louis, le 21 août 1816, et le brevet de chef d'escadron le 2 octobre suivant. Dans ces deux titres et dans plusieurs autres, Jean-François est qualifié marquis : il avait pris cette qualité depuis son mariage.

Pierre IV Thomas de Fisicat, son frère puîné, fut destiné à l'état ecclésiastique : il fut nommé fort jeune chanoine du noble chapitre d'Ainay de Lyon. Peu de tems après, il eut le prieuré de Saint-Benoît de Cessieu, en Bugey ; et dès qu'il fut lié à la prêtrise, M. l'archevêque d'Embrun, dont il était allié, le comprit au nombre de ses vicaires généraux.

Denis II Rosalie-Barbe de Fisicat, le plus jeune des frères, entra dans la marine à l'âge de treize ans et demi. Peu de tems après, il fut nommé garde de la marine ; il était au moment d'être élevé au grade de lieutenant de vaisseau, lorsque la révolution française le força d'émigrer avec son corps en 1791. Après avoir fait la campagne des princes français, il se rendit en Angleterre, où il séjourna quelques années. Il s'embarqua ensuite sur un paquebot anglais, pour se réunir à son frère aîné, qui pour lors était à la Martinique. Dans la traversée, le bâtiment fut attaqué et pris par un corsaire français, qui aurait massacré tout l'équipage sans la fermeté courageuse de Denis. Louis XVIII, instruit de cette action, lui envoya la croix de St-Louis, et le brevet de lieutenant de vaisseau, sous les dates des 20 février et 10 mai 1798. Dans ces deux titres, il est qualifié vicomte. Denis s'étant rendu à l'île de Saint-Thomas, où était son frère, y prit la fièvre jaune, dont il mourut, le 16 janvier 1799, à l'âge de trente et un ans.

XI. Denis III, Michel-Adolphe de FISICAT, fils

aîné de Jean-François, est né le 1er. août 1797. Peu après la rentrée en France de Louis XVIII, et le 30 novembre 1814, il a été admis dans les gendarmes de la garde du Roi. Ce corps ayant été supprimé, il a été placé lieutenant dans le deuxième régiment de hussards, le 13 décembre 1815, où il sert actuellement.

Son frère puîné, François I Auguste de Fisicat, né le 24 mai 1802, vient d'entrer à l'école militaire de Saint-Cyr.

Lettres-patentes accordées à Michel de Fisicat, en juin 1667.

« Louis par la grâce de Dieu, Roi de France et de
» Navarre, à tous présents et à venir, salut. Les rois,
» nos prédécesseurs, et nous à leur exemple, ayant
» toujours donné à nos sujets, pour récompense de
» leurs belles actions, des marques d'honneur, qui
» pussent donner de l'émulation aux autres, de signa-
» ler aussi leur courage, et n'ayant pas jugé en pouvoir
» donner de plus éclatantes au sieur de Fisicat, seigneur
» de Beauregard, lieutenant-colonel du régiment de
» Turenne, pour toutes les actions de valeur qu'il a
» faites pendant sa jeunesse dans les différents emplois
» qu'il a eus dans nos armées, que de lui permettre de
» mettre une bordure de France à ses armes, nous
» lui en fîmes expédier notre brévet au mois de novem-
» bre 1661 ; mais parce que depuis, et notamment
» en la dernière guerre de Hongrie, où nous avons
» envoyé un corps considérable de troupes pour aider
» l'empereur à repousser les ennemis du nom chrétien,
» ledit sieur de Fisicat y a encore tellement signalé
» son courage à la tête dudit régiment de Turenne,
» dans la bataille qui se donna contre les Turcs, le
» premier jour d'août, sur la rivière de Raab, près
» Saint-Gothard, qu'il s'en est attiré l'estime et les
» acclamations, non-seulement des officiers et soldats
» de notre armée et de celle de nos alliés, mais même
» des officiers de l'armée ottomane, et désirant lui
» donner aussi de nouvelles marques de la satisfac-
» tion que nous en avons, et pour augmenter, s'il
» était possible, l'ardeur qu'il a de se signaler à notre

» service, et donner en même tems de l'envie à nos
» autres sujets, de l'imiter par l'espérance de s'acqué-
» rir, et à leur famille de semblables récompenses
» d'honneur et témoignages de notre estime, nous
» avons résolu de lui permettre d'ajouter encore à l'é-
» cusson de ses armes, outre ladite bordure, une fleur
» de lys d'or en champ d'azur. A ces causes, et pour
» faire connaître d'autant plus la considération que
» nous faisons de la personne dudit sieur de Fisicat,
» nous avons, par ces présentes, signées de notre main
» et de notre pleine puissance et autorité royale, per-
» mis et permettons audit de Fisicat, et à ses enfants,
» et postérité nés et à naître en loyal mariage, d'a-
» jouter à l'écusson de ses armes, et en tel endroit que
» bon lui semblera, *une fleur de lys d'or en champ d'a-*
» *zur*, ainsi que le tout est ci-empreint. Si donnons
» en mandement à nos amés et féaux les gens tenant
» notre cour de parlement et cour des aides de Paris,
» baillifs, sénéchaux et autres, nos officiers qu'il ap-
» partiendra, que de notre présente grâce, don, con-
» cession et privilége, ils fassent, souffrent et laissent
» jouir ledit Fisicat, sa postérité et lignée née et à
» naître en loyal mariage, jouir et user pleinement,
» paisiblement et perpétuellement, cessant et faisant
» cesser tous troubles et empêchements au contraire,
» nonobstant tous édits, déclarations, réglements et
» ordonnances à ce contraires, auxquels et aux déro-
» gatoires des dérogatoires y contenus, nous avons ex-
» pressément dérogé et dérogeons par ces présentes ;
» car tel est notre plaisir, et afin que ce soit chose
» ferme et stable à toujours, nous avons fait mettre
» notre scel à ces dites présentes, sauf en autres choses
» notre droit et l'autrui en toutes. Donné à notre camp
» de Charles-Roi au mois de juin, l'an de grâce, mille
» six cent soixante-sept, et de notre règne le vingt-
» cinquième.

» *Signé* LOUIS ».

Au-dessous et au revers. Par le Roi, *signé* de Lionne.

En marge est écrit : Registré au greffe des expéditions
de la Chancellerie de France, par moi conseiller-secrétaire du Roi, et greffier desdites expéditions. A Paris,

ce troisième mars mil six cent soixante-neuf. *Signé*
Louvet.

Les armes peintes sur le brevet en parchemin sont d'or,
au griffon de gueules, soutenant de ses deux pates de
devant, et au flanc dextre, un petit écu d'azur, chargé
d'une fleur de lys d'or, le tout bordé de France. Pour
supports, deux griffons d'or enlacés par le cordon de
Saint-Michel, soutenant la médaille de l'ordre. L'é-
cusson principal est surmonté d'un casque et d'un griffon, tenant un petit écu chargé d'une fleur de lys d'or,
orné de ses lambrequins d'or, d'azur et de gueules.

DE FISSON, barons du Montet et du Saint-Empire,
en Lorraine, famille anoblie dans la personne de Colli-
gnon Fisson, châtelain de Kœurs, par lettres du duc
Réné, à lui expédiées le 5 avril 1467. Elle a fourni un
conseiller d'état, puis président à la cour souveraine de
Lorraine, etc. *D'argent, à la bande ivrée de gueules.*

.. DE FLANDRES, en Artois, famille anoblie en 1595,
dans la personne de Jacques de Flandres, sieur de Fro-
mont. *D'or, au chevron de sable, chargé en chef d'un
écusson d'or, au lion de sable, accompagné de trois étoiles
du même.*

DE FLOTTE, ancienne maison du comté de Nice,
où l'on croit qu'elle subsiste encore de nos jours. *D'or,
au mouton paissant de sable.*

DE FLOTTE D'AGOULT, DE SEILLANS, en Provence. Cette famille paraît ancienne ; mais c'est sans
aucun fondement que plusieurs généalogistes lui donnent
une origine commune avec l'ancienne maison de Flotte,
en Dauphiné. Cette famille a donné nombre d'officiers
supérieurs, de capitaines d'hommes d'armes, de chevaliers et de commandeurs de l'ordre de Saint-Jean de
Jérusalem, et nombre d'officiers sur terre et sur mer,
décorés de l'ordre royal et militaire de Saint-Louis. *De
gueules, au lion d'or, lampassé et armé d'argent.*

DE FLOTTE DE MONTAUBAN, comtes de la Roche,
maison d'ancienne chevalerie du Dauphiné, qui florissait dès l'an 1080. Elle a donné deux évêques de Vaison,
en 1193 et 1227 ; des chevaliers de l'ordre du roi, des

capitaines de cinquante et de cent hommes d'armes, et nombre d'officiers supérieurs. Elle subsiste encore de nos jours. *Losangé d'argent et de gueules ; au chef d'or.*

FLOTTE, seigneurs de Revel, de Sainte-Geneviève et de Montcresson, maison éteinte en 1382, et originaire d'Auvergne, où elle subsistait dès le treizième siècle, et qui a donné deux chanceliers et un amiral de France. *Fascé d'or et d'azur.*

DE FLOTTE DE ROQUEVAIRE, DE SAINT-ETIENNE, DE LA NAU, DE SAINT-JOSEPH, en Provence. Cette famille est connue, par filiation, depuis la fin du treizième siècle. Elle a donné un capitaine de vaisseaux, un aide-de-camp du duc d'Orléans, et plusieurs officiers supérieurs décorés de l'ordre de Saint-Louis. *Dé gueules, à trois oiseaux d'or ; au lambel d'argent.*

DE LA FOLIE DES CHARS, DE THIONVILLE, etc., en Normandie, famille qui tire sa noblesse de Pierre-Charles et Michel de la Folie, frères, anoblis en 1594. *D'azur, au chevron d'or, surmonté d'un écusson d'argent, et accompagné en chef de deux étoiles du second, et en pointe d'une croissette du même.*

DE FOLIN, en Bourgogne, marquis de Folin, par lettres-patentes du mois d'avril 1717, famille qui a pour auteur Jean Folin, seigneur de Terrant en partie, conseiller laïc au parlement de Dijon, reçu le 1er décembre 1593. Son fils fut pourvu d'une même charge le 23 juin 1615. *De gueules, au hêtre déraciné d'or, soutenu d'un croissant d'argent.*

DE FOLLEVILLE, seigneurs de Bois-David, maison d'ancienne chevalerie de Normandie, qui a pris son nom de la terre et vicomté de Folleville, en l'élection de Lisieux, à deux lieues de Bernay. Elle a donné plusieurs officiers généraux, des chevaliers de l'ordre du roi, des capitaines d'hommes d'armes, des gouverneurs de places, etc. Quoiqu'on n'en trouve aucune trace dans la recherche de Montfaut, soit par émigration, ou par omission, elle a été maintenue dans son ancienne extraction le 12 janvier 1668. *D'azur, à la fasce coupée émanchée d'or et de gueules, accompagnée en pointe d'une quintefeuille du second émail.*

DE FOLLEVILLE DE MANANCOURT, en Picardie, maison d'ancienne chevalerie, qui a pris son nom d'une terre située au diocèse d'Amiens, à deux lieues et demie de Montdidier. Elle est connue, par titres, depuis l'an 1315. *D'or, à dix losanges de gueules.*

DE LA FOLYE, seigneurs de Cœurviller, de la Folye, du Charme, de Montgon, en Champagne ; famille qui fait preuve de sa noblesse depuis Charles de la Folye, seigneur dudit lieu, lequel obtint, en 1535, le 28 août, une sentence contre le procureur du roi de l'élection d'Amiens, par laquelle, sur les preuves de sa noblesse par lui faites, il a été confirmé en sa qualité de noble. *D'azur, à trois roseaux d'or, chargés chacun d'une merlette de sable, unis en pointe et tenus d'une foi d'or.*

DE FOMBEL. *Voyez* GENTIL.

DE LA FONTAINE-FOLIN, seigneurs de Vezins, de Bourval et de la Brossardière, famille ancienne de l'Anjou, dont les membres ont constamment suivi les armes dans les bans et arrière-bans, et ont donné plusieurs officiers d'infanterie et d'artillerie sur terre et sur mer. *D'argent, à deux bandes de gueules.*

DE FONTANIEU. Moïse-Augustin Fontanieu fut reçu secrétaire du roi, maison couronne de France et de ses finances le 14 mars 1697. Il était alors conseiller du roi, receveur général des finances de la Rochelle. Il fut père de Gaspard-Moïse de Fontanieu, maître des requêtes, depuis conseiller d'état et premier président du grand conseil ; qui, de Marie-Anne Pollart de Villequoy, laissa Bonaventure-Moïse de Fontanieu, né le 13 novembre 1728, substitut du procureur général du parlement de Paris, le 22 septembre 1747, conseiller du grand conseil le 31 décembre 1749, maître des requêtes en 1751, mort sans alliance en 1757. Cette famille subsistait encore en 1778. *D'azur, au chevron d'or, accompagné en chef de deux étoiles d'argent, et en pointe d'un rocher même.*

DE FONTENAY, en Picardie. De cette famille, qui ne subsistait plus en cette province lors de la recherche, était Guillemette de Fontenay, femme, en 1463, de Jean Lestocq, écuyer, seigneur de Grandval. *D'her-*

mine, à la fasce de gueules, chargée de trois fermaux d'or.

DE LA FOREST D'ARMAILLÉ, en Bretagne et à Paris, famille ancienne, originaire d'Anjou, où elle est connue, par filiation, depuis Jean de la Forest, connétable de la ville d'Angers en 1444, charge municipale équivalente au titre de capitaine des portes. On doit observer qu'à Angers on élisait chaque année un nouveau connétable ou capitaine pour chacune des portes de cette ville. *D'argent, au chef de sable.* Ce sont aussi les armes d'une ancienne maison de la Forest, en Bretagne, établie autrefois près de la ville de Hennebon, et fondue dans la maison de Carman, avec laquelle la maison de la Forest d'Armaillé n'a rien de commun que le nom.

DE LA FOREST, comtes de Divonne, par érection de l'an 1581, seigneurs de Rumilly, de la Barre, etc.; maison d'ancienne chevalerie de Savoie, où elle a toujours tenu un rang distingué à la cour des ducs, ses anciens souverains. Guichenon en fait mention depuis André de la Forest, qui fut du nombre des seigneurs qui accompagnèrent Edouard, comte de Savoie, dans une expédition qu'il fit en Bugey, l'an 1325, et qui furent faits prisonniers à la bataille de Varey, perdue par ce prince. La maison de la Forest a joui des honneurs de la cour en 1773 et 1787, sur preuves. Elle a donné des gouverneurs de places, des conseillers et chambellans des ducs de Savoie, un ambassadeur auprès du marquis de Montferrat, en 1485; un écuyer d'écurie du roi François Ier, en 1522; des gentilshommes ordinaires de la chambre; un brigadier des armées du roi, deux colonels et plusieurs capitaines décorés de l'ordre de Saint-Louis. *De sinople, à la bande d'or, frêtée de gueules.*

DE FORGES DE PARNY, marquis de Châteaubrun, seigneur de la Presle, de Blanzay, en Berry et à l'île Bourbon, maison ancienne et distinguée; qui établit sa filiation depuis Guillaume de Forges, premier du nom, damoiseau, seigneur de Barreneuve, vivant en 1353. Cette maison a obtenu les honneurs de la cour en 1783 et en 1786, en vertu de preuves faites au cabinet du Saint-Esprit. Elle a constamment suivi le parti

des armes, et a donné des officiers supérieurs et dans la
marine. *Echiqueté d'argent et de gueules.*

DES FORGES DE LA MOTTE, en Champagne, famille descendue d'élus de la ville de Châlons, qui est
entrée dans l'ordre de la noblesse vers le milieu du seizième siècle. *D'azur, au chevron d'argent, chargé de cinq
croisettes fleuronnées et fichées de sable, et accompagné de
trois rencontres de cerf d'or.*

DE FORS, seigneurs de Quitry, Forest, etc., en
Picardie, famille ancienne, originaire de Poitou, où
est située, à deux lieues de Niort, la terre de Fors, dont
elle a pris son nom. Elle paraît s'être éteinte vers le
milieu du dix-septième siècle. *D'azur, à la croix engré-
lée d'or.*

DE FORTIA, seigneurs de Chailli, du Plessis, barons
de Nouant et du Chesne, comtes d'Urban, seigneurs
de Montréal, de la Garde, seigneurs de Piles, marquis
de Sainte-Jalle, de Forville, marquis de Piles et ducs
de Fortia, par lettres du pape, du 14 juin 1775; maison originaire de Catalogne, divisée en plusieurs branches, répandues en Touraine, à Paris, en Languedoc,
à Avignon, au comtat Venaissin et en Provence. Ces
diverses branches ont produit des officiers généraux, des
chefs d'escadre, des mestres de camp de la cavalerie légère, six gouverneurs de Marseille successivement, un
gouverneur de Montlouis, deux évêques, un conseiller
d'état, un grand nombre de chevaliers de Malte, de
Saint-Louis, de Saint-Lazare, etc. *D'azur, à la tour
d'or, maçonnée de sable, posée sur un rocher de sept coupeaux de sinople, mouvant du bas de l'écu.* Couronne ducale. Supports: Deux lions. Devise: *Turris fortissima,
virtus.*

DU FOS, titrés comtes et marquis de Méry, famille
noble, originaire du Quercy, attachée très-anciennement
aux rois de Navarre; une branche s'est transplantée en
Picardie, en 1502. Elle a produit des gouverneurs de
villes et châteaux, des grands baillis d'Amiens, de Corbie, des officiers supérieurs et des chevaliers de Saint-
Louis. *D'or, à trois pals de gueules.*

DE LA FOSSE, en Normandie, famille dont était
Marie de la Fosse, veuve, avant le 5 septembre 1604,

d'Antoine Langlois, seigneur de Louvre et de Septenville. *D'or, à trois cors de chasse de sable, liés de gueules, virolés d'argent.*

DE FOUILLE D'ECRAINVILLE, DE SAINTE-JAMES, en Normandie. Cette famille est d'ancienne bourgeoisie de la ville de Rouen. Robert de Fouille, bourgeois de cette ville, frère de Thomasse de Fouille, épouse de Guillaume de Croismare, vivait en 1420. Elle a été maintenue le 18 mars 1667. On ne peut donc attribuer à cette famille, comme on l'on l'a fait dans le Dictionnaire véridique, un Robert de Foville, écuyer, qui comparut, en cette qualité, au ban de la noblesse de la province de Normandie, au bailliage d'Evreux, l'an 1272. *D'azur, au sautoir engrêlé d'argent, cantonné de quatre dragons d'or.*

DU FOURC D'HARGEVILLE, comtes de Laneau et d'Hargeville, famille des plus anciennes de France, qui s'est divisée en plusieurs branches répandues en Bourgogne, dans le Lyonnais et en Guienne. Elle est connue depuis l'an 1119 et a constamment suivi la carrière des armes. *D'or, à l'arbre terrassé de sinople, accosté de deux lions affrontés de gueules; au chef d'azur, chargé de trois étoiles d'argent.*

DE FRANCE, seigneurs de Montagne, en Champagne, marquis de Noyelles, comtes d'Hezèques, barons de Vaux, en Artois, famille originaire du village de Crugny, en Champagne, et dont l'anoblissement est postérieur à l'an 1540. *Fascé d'argent et d'azur; l'argent, chargé de six fleurs de lys de gueules.*

DE FRANCE DE LANDAL, DE LA BOUEXIÉRE, en Brétagne. Cette famille, distinguée par ses services militaires, remonte à Jean France, avocat du roi au bailliage d'Orléans, anobli pour services en 1378. *D'argent, à trois fleurs de lys de gueules.*

FRANCS-ARCHERS. Charles VII institua, le 28 avril 1448, la milice des *Francs-Archers*; c'étaient des hommes choisis, dans les paroisses, parmi ceux qui étaient robustes et en état de faire la guerre. Ils furent exempts de payer tous subsides; leurs descendants, à raison de cette *exemption*, se prétendirent nobles; c'est ce qu'on appelle *noblesse archère*. Ce corps fut dissout en 1481, par Louis XI; mais Henri III, en formant ses compagnies d'ordonnances en 1579, s'exprime ainsi à l'occasion de ses *archers*:

« Nul ne pourra être gendarme qu'il n'ait été *archer*
» ou cheveau-léger un an continuel, ni être *archer*
» qu'il ne soit *noble de race*. Art. 289 de l'édit ».

Ainsi, depuis l'an 1579, ceux qui furent admis dans la garde du roi, en qualité d'*archers*, étaient *nobles d'extraction*, et ne doivent pas être confondus avec les *archers* de Charles VII, connus sous le nom de *noblesse archère*.

DE FRANQUEFORT, famille ancienne, originaire de la ville de Francfort, sur l'Oder, qu'une tradition porte qu'elle a possédée dans des tems reculés. Elle remonte par filiation à Frédéric-Joachim de Francfort, écrit depuis Franquefort, dont le fils Frédéric-François de Francfort passa au service du roi François Ier en 1517. Cette famille a constamment donné des capitaines et officiers aux armées. Le chef actuel, Jacques-Paul de Franquefort, ancien lieutenant-colonel de cavalerie, est décoré de l'Ordre royal du mérite militaire. *D'azur, au chevron, accompagné en chef de deux étoiles; le tout d'or, et en pointe d'un lion du même, lampassé et armé de gueules.*

DE FRASANS, en Bourgogne, famille qui portait originairement le nom de *Bévalot*, et qui fut anoblie, en 1437, par Philippe le Bon, duc de Bourgogne, dans la personne de Gérard de Frasans, *aliàs* Bévalot. Elle a pris le nom de *Frasans*, d'une terre qu'elle possédait en Franche-Comté. Cette famille a donné plusieurs officiers au service de nos rois. *D'or, au cerf de gueules.*

FRÉVAL DE FRESNES, en Normandie, famille qui, lors de la recherche faite en 1666, a fait preuve de quatre degrés de noblesse. *D'azur, au dextrochère gantelé d'argent, tenant un épervier longé du même.*

DE FROMENT DE CASTILLE, en Languedoc, barons de Castille, par érection du mois d'avril 1748, famille ancienne connue par filiation depuis la fin du quatorzième siècle. Jacques de Froment fut capitoul de la ville de Toulouse en 1423 et 1436, tems où cette charge était exercée par les maisons les plus distinguées du Languedoc. *D'azur, à trois épis de froment d'or.*

FROTIER, marquis de la Messelière, comtes de la Coste, barons de Preuilly, seigneurs du Perray et de Fougeré, ancienne et illustre maison du Poitou, dont l'histoire des Grands Officiers de la Couronne donne la filiation depuis Jean Frotier Ier, écuyer du corps du comte de Valois en 1393, père de Frotier, grand écuyer de France. Cette maison paraît originaire de Languedoc, où son nom est connu dans le 12e siècle. Pierre Frotier était évêque de Lodève, en 1202. Guillaume et Sicard Frotier, frères, vendirent, en 1236, tous leurs droits, sur le château Viel-d'Alby; Guillaume et Raymond-Bernard Frotier, frères, étaient, en 1243, au nombre des barons, et seigneurs du comté de Toulouse et d'Alby. Le premier qu'on trouve établi en Poitou, est Jean Frotier, qui vivait en 1307. Cette maison a donné plusieurs généraux, des chevaliers de l'ordre du roi, des capitaines de cent et de cinquante hommes d'armes, des gouverneurs de places, des chambellans et gentilshommes ordinaires de la chambre, et nombre d'officiers supérieurs décorés de l'ordre royal et militaire de Saint-Louis. *D'argent, au pal de gueules, accosté de dix losanges du même posées, 2, 2 et 1 de chaque côté.*

DE FROTTÉ, en Normandie. Cette famille a pour auteur Nicolas Frotté, époux de Marie de Burgensis, et aïeul de Jean Frotté, secrétaire et contrôleur général des finances des roi et reine de Navarre, puis secrétaire du roi, maison couronne de France et de ses finances, le 26 février 1541. De cette famille était Louis, comte de Frotté, général des armées royalistes, fusillé à Verneuil en 1800. *D'azur, au chevron d'or, accompagné en chef de deux molettes d'éperon, et en pointe d'un besant, le tout d'argent.*

DE FUVEAU. *Voyez* GUÉRIN.

G.

GABIA DES COMBES. Clément Gabia des Combes exempt des chasses de la compagnie royale de Saint-Germain-en-Laye, fut anobli par lettres du mois de mars 1697, régistrées au parlement de Paris, le 29 avril à la chambre des comptes et cour des aides de ladite ville, en mai et juillet de la même année. *D'argent, à l'aigle de sable.*

LE GAGER, famille de Normandie, anoblie en 1635, et maintenue en 1667. *D'azur, au chevron d'or, accompagné de trois aiglettes au vol abaissé du même.*

GAIGNERON, ancienne famille noble, originaire de Loches, en Touraine. Une branche de cette famille, passée à la Martinique, vers le milieu du dix-septième siècle, y a toujours résidé depuis. *D'argent, à un chevron d'azur, accompagné de trois têtes de coq du même, arrachées, barbées et crêtées de gueules.*

DE GAILLARBOIS, seigneur de Marcouville, de la Fresnaye, de Saint-Denis, de Fremont en Normandie, famille d'origine chevaleresque, connue depuis Guillaume, seigneur de Gaillarbois, qui épousa au commencement du quatorzième siècle, la fille aînée de Pierre de Poisay, et de Marie de Varenne. Guillaume de Gaillarbois, écuyer, reçut de Henri V, roi d'Angleterre, le 4 avril 1430, les biens qui avaient appartenus à Amond de Falaise, et à Nicole de la Motte, sa femme. *D'argent, à six tourteaux de sable.*

DE GALBERT. Cette famille prouve une filiation suivie depuis Raimond de Galbert, qualifié noble dans la révision des feux de l'année 1458. Il testa en 1480. L'un de ses ancêtres était notaire et secrétaire du dauphin Humbert ; c'était un savant jurisconsulte que ce prince avait chargé d'enseigner, à Grenoble, le droit civil et canonique. Cette famille a fourni un capitaine de vaisseaux, et des magistrats au parlement de Grenoble. *D'azur, au chevron d'or, accompagné en chef de deux croissants, du même.*

DE GAILLARD, barons de Baccarat, comtes de Denœuvre, famille originaire de Lorraine, dont le chef, Claude de Gaillard, seigneur engagiste de Denœuvre, et voué de Baccarat, conseiller d'honneur au bailliage de l'évêché de Metz, avocat au parlement de Paris, périt victime de son dévouement à la cause royale en 1792, laissant quatre fils et une fille de son épouse Caroline-Séraphine de Fumel. *Écartelé, au 1 de gueules, à trois taux d'or ; aux 2 et 3 d'argent, à deux colombes se becquetant au naturel ; au 4 de gueules, à trois trèfles d'or.* Supports : Deux lions. Couronne de comte. Devise : *Deus et Honor.*

DE GALAMETZ. *Voyez* BRANDT.

GALLET DE SOUS-CARRIÈRE (Alexandre-Philippe), fut reçu le 30 novembre 1770, quartenier de la ville de Paris. *D'azur, au galet d'argent en pointe, surmonté de deux colombes du même, essorantes et se becquetant.*

GAP. *Voyez* DAUPHINÉ.

DE GARDANE, famille illustrée dans la carrière des armes, originaire de Provence, où elle subsiste encore, et dont l'ancienneté remonte à :

I. Reynaud DE GARDANE, auquel le roi René, comte de Provence, accorda des lettres de noblesse en 1470. Il épousa Marguerite *de Gombar*, de la ville d'Aix, dont il eut :

II. Antoine DE GARDANE, Ier. du nom, qui fut marié, le 11 juin 1499, avec noble Marie *Bonnaud*, fille de noble François Bonnaud, et de noble Thérèse de Villeneuve. De ce mariage naquit :

III. Hélion DE GARDANE, qui épousa, le 4 septembre 1570, Isabeau *de Bestozi*, fille de Jean de Bestozi, et de dame Marguerite Susonne, dont il eut :

IV. Honoré DE GARDANE, marié, le 9 février 1602, avec demoiselle Isabeau *de Lombard de Sainte-Cyle*, fille de Barthélemy de Lombard de Sainte-Cyle, et de demoiselle Hélène de Valavoire, dont est issu :

V. Scipion DE GARDANE, qui épousa, le 1er. octobre 1637, Gabrielle *du Pujet*, fille d'Aimar du Pujet, seigneur dudit lieu, et de dame Lucrèce de Glandevès. Ledit Scipion eut de ce mariage :

1°. François de Gardane, marié, le 11 juillet 1663,

avec Madelaine *Pupillon de Source*, dont il n'eut
point d'enfants ;

2°. Antoine, dont l'article suit.

VI. Antoine DE GARDANE épousa, le 26 novembre
1693, demoiselle Madelaine *de Verdillon*, fille de Baltazard de Verdillon, et de dame Claire Riquier. Il
en eut :

VII. Jean-Baptiste DE GARDANE, marié, le 23 janvier 1720, avec demoiselle Thérèse-Geneviève *Dellor*,
de laquelle sont issus :

    1°. Antoine-Jean-Baptiste, qui suit ;

    2°. Louis-François de Gardane, capitaine au régi-
       ment de Languedoc ;

    3°. François-Xavier-Stanislas de Gardane, prêtre.

VIII. Antoine-Jean-Baptiste DE GARDANE, capitaine
au régiment de Vermandois, fut marié, le 25 juillet
1768, avec demoiselle Marie-Anne *Sabatier*.

De cette famille est issu, on ne sait à quel degré :

Ange DE GARDANE, co-seigneur de Sainte-Croix
avec M. d'Albert, envoyé, l'an 1715, en Perse avec
les prérogatives d'ambassadeur, et qualifié dans ses lettres de créance, de gentilhomme distingué par sa naissance. Il fut père de :

Ange DE GARDANE, chevalier, officier d'infanterie,
et ensuite consul-général dans les échelles. Il épousa
demoiselle d'*Estouvres*, fille d'un capitaine des galères
du roi. De ce mariage sont issus :

    1°. Ange de Gardane, qui accompagna le comte
       de Gardane, son frère, dans son ambassade en
       Perse, et revint en France en 1805, chargé des
       dépêches, qu'il remit à Bayonne, le 29 juin, au
       ministre des relations extérieures (1) ;

    2°. Mathieu-Claude, comte de Gardane, maréchal
       de camp, chevalier de Saint-Louis, comman-

_____

(1) M. Ange de Gardane a publié le *Journal d'un Voyage
dans la Turquie d'Asie et la Perse* en 1807 et 1809, estimé
par son exactitude et ses détails curieux.

deur de la Légion-d'Honneur, chevalier de l'ordre persan du Soleil ; ambassadeur en Perse en 1804 ; décoré par l'empereur Feth Ali Schah du titre héréditaire de *Khan*, ou prince persan. Il a épousé l'héritière de la maison de *Croze-Lincel*, qui a donné plusieurs commandeurs à l'ordre de Malte. Il avait pour cousin le général de division Gardane, qui se distingua dans les guerres d'Italie, et mourut à Breslaw, le 14 août 1807.

Armes : tranché d'argent et de sable ; au chef d'or, chargé d'un lion léopardé de gueules.

DE LA GARDE. *Voyez* DE PELLETIER.

LE GARDEUR, seigneurs d'Amblie, de Tilly, la Valette, Croisilles, etc., en Normandie, famille qui tire sa noblesse de Jean le Gardeur, anobli par Louis XII, en mai 1511. *De gueules, au lion d'argent, tenant une croix patriarcale recroisettée d'or.*

DE GARIDEL, en latin *Garidelli*, en Provence, famille ancienne, originaire du comté de Nice, qui a donné, dans les quatorzième et quinzième siècles, des militaires distingués au service des rois de Naples et du duc de Savoie. Au service de nos rois, elle a fourni plusieurs officiers décorés de l'ordre royal et militaire de Saint-Louis, et des magistrats distingués au parlement de Provence, ainsi qu'un évêque de Vence en 1576, et un célèbre naturaliste. *D'azur, à la croix de Calvaire, patée et fichée d'or, accostée vers la pointe de deux triangles d'argent.*

DE GARNIER D'ARS, des Garets, famille originaire du Beaujolais, qui a obtenu par charte du mois de septembre 1595, l'érection en fief de la terre des Garets, charte qui fut enterrinée le 15 janvier 1596, en faveur de François Garnier, fils de feu honorable homme François Garnier, bourgeois et marchand de Villefranche, ainsi qualifié dans deux dénombrements de 1539 et 1572. *De gueules, au chevron d'or, accompagné en chef de deux rencontres, et en pointe d'une étoile, le tout du même ; au chef cousu d'azur, chargé de trois étoiles d'or.*

GAUDE DE SAINT-ELLIER, en Picardie, famille très-ancienne, originaire de la ville d'Abbeville, dont était Mathieu Gaude, chevalier, seigneur de Saint-Ellier et de la Planche, conseiller du roi, sénéchal du comté de Saint-Pol, gouverneur de Picquigny et du vidamé d'Amiens, élu maïeur d'Abbeville en 1316. *D'or, à l'amphistère, ou lape feu de sable, allumé et armé de gueules.* Devise : *C'est mon plaisir.*

DE GÉBELIN DE FLORENSOLLES, en Auvergne, famille d'origine chevaleresque, connue depuis Hugues de Gébelin, qui, en 1328, rendit foi et hommage au fils aîné du comte de Valentinois, à cause du fief de Gébelin et de ses dépendances. *D'azur, à la tour d'argent, ajourée et maçonnée de sable, adextrée de deux fleurs de lys rangées d'or, surmontées d'une étoile du même ; et senestrée de deux flèches passées en sautoir, accompagnée en pointe d'un globe, le tout d'or.*

GEDOYN DE PULEY, DE PERNAN, en Bourgogne, de Gommerville et de Graville, en l'Ile-de-France. Cette famille a formé plusieurs branches. Celle des seigneurs de Puley est issue de François Gedoyn, marié avec Catherine Bayer, qui le fit père de Denis Gedoyn, receveur général des finances, pourvu d'une charge de secrétaire du roi le 25 septembre 1637.

Robert Gedoyn était pourvu d'une pareille charge dès l'an 1507.

Jean Gedoyn, secrétaire du roi en 1523, est peut-être le même qu'on trouve qualifié sieur de Graville, échevin de Paris en 1577.

Etienne Gedoyn, sieur de Lormoy, fut pourvu de l'office de secrétaire du roi, maison couronne de France, le 23 décembre 1651, par le décès de Denis Gedoyn, son père.

Hector Gedoyn, secrétaire de la chambre du roi, commissaire ordinaire d'artillerie, auteur de la branche de Gommerville, fut anobli en 1586. Il est l'auteur de la branche des seigneurs de Carnetin, en Picardie, et de Maizières, en Aunis.

Cette famille a fourni plusieurs officiers de marque, entr'autres Philippe Gedoyn, chevalier, seigneur de Bullon, Puley, etc., maréchal de camp des armées du

roi, capitaine-lieutenant des gendarmes du duc d'Orléans, et ensuite gouverneur du comté de Vermandois.
*D'azur, au besant d'or, surmonté d'un croissant d'argent,
et tous deux accostés de deux épis d'or; au chef parti,
au 1 d'argent, à la jumelle de gueules en bande, accostée
de deux tours du même; au 2 fascé d'argent et d'azur, à
la cotice de gueules : une rose du dernier émail brochante sur
le parti.* La branche de Gommerville ajoutait seulement
un chef d'or, chargé d'une rose de gueules.

DE LA GELIERE, seigneurs de Rosy, de Charbonnières, en Bresse. Cette maison, d'ancienne chevalerie,
est connue depuis Jean de la Gelière, chevalier, vivant en 1260. Elle s'est éteinte vers la fin du seizième
siècle, après avoir donné des chanceliers de Savoie et
des conseillers et chambellans des ducs. *D'argent, à
quatre vergettes de gueules; à la cotice d'azur, brochante
sur le tout.*

DE GEISENBOURG. *Voyez* ABLAING.

GELLÉ DE SAINTE-MARIE, en Lorraine, famille
anoblie en la personne de Michel Gellé de Sainte-
Marie, chevalier de Saint-Louis, lieutenant-colonel de
cavalerie, par lettres du mois de mars 1720. *De sinople,
à trois étoiles d'or.*

GEMIER DES PERICHONS, en Forez. Louis Gemier, écuyer, seigneur des Périchons, épousa Cathe-
rine-Charlotte du Rosier de Magnieu. De ce mariage
sont issus : 1° Denis Gemier des Périchons, écuyer, né
à Montbrison le 5 août 1758, ancien capitaine de dragons au régiment de Penthièvre, membre et questeur
du Corps-Législatif, député par le département de la
Loire, officier de l'ordre royal de la Légion-d'Honneur,
avec le titre légal de baron, par lettres du 22 avril 1810,
confirmées par de nouvelles lettres-patentes de S. M.
Louis XVIII, du 25 novembre 1815; 2° Jean Tristan
Gemier, chevalier des Périchons, écuyer, ancien capitaine au régiment de la couronne, chevalier de l'ordre
royal et militaire de Saint-Louis, a fait toutes les campagnes de l'armée de Condé. *D'azur, au chevron d'or,
accompagné en chef de deux étoiles du même, et en pointe
d'un lion d'argent.* L'écu timbré d'une couronne de
baron.

DE GENAS, maison très-ancienne du Dauphiné, qui tire son nom d'une terre qu'elle possédait dans le Viennois dès la fin du quinzième siècle. Elle a prouvé, lors de la recherche, depuis François de Genas, seigneur d'Aiguilles, vivant en 1515. Les seigneurs de Beaulieu et de Saint-Marcel en sont issus.

Discret homme Jean de Genas fut présent au contrat de mariage de Rostaing de Pracomtal avec Alasie de Chambaud, du 2 décembre 1391.

La branche de Beauvoisin, en Languedoc, a fait preuve depuis François de Genas, qui assista, en qualité de commissaire du roi, aux états de Languedoc, en 1453 et 1483. *Écartelé, aux 1 et 4 d'or, au genêt à quatre branches de sinople passées en doubles sautoirs ; aux 2 et 3 de gueules ; à l'aigle d'argent.*

LE GENDRE D'ONZ-EN-BRAY, de Saint-Aubin, de Lormoy, famille originaire de Paris, anoblie au mois de septembre 1696, dans la personne de Jean le Gendre, bourgeois de Paris, puis trésorier des guerres du roi. Cette maison a produit des conseillers d'état et un lieutenant-général des armées du roi. Elle a obtenu, par lettres du mois d'avril 1718, registrées au parlement le 5 décembre 1719, l'érection de la terre de *Saint-Aubin-sur-Loire* en marquisat. *D'azur, à la fasce d'argent, accompagnée de trois bustes de filles du même, chevelés d'or.* Ces armes sont parlantes, faisant allusion au proverbe : *Qui a des filles aura des gendres.*

GENÈVE. Jean-François Genève, fut élu échevin de la ville de Lyon en 1754. *Parti, au 1 d'or, à une demi-aigle éployée de sable, mouvante du parti ; au 2 de gueules, à la clef d'argent, le paneton tourné à senestre.*

DE GENEVIÈRES, en Artois, titrés comtes de Genevières dans des lettres-patentes des rois Louis XV et Louis XVI, maison d'origine chevaleresque de la province de Picardie, où elle subsistait avec distinction au quinzième siècle. Elle a été admise dans les chapitres nobles de Maubeuge, d'Avesnes, d'Estrein et de Messine depuis l'an 1500. Le comte de Genevières a assisté aux états d'Artois convoqués, en 1789, pour l'élection des députés aux états-généraux du royaume. *D'or, au chevron d'azur, accompagné de trois hures de sanglier de sable.*

GENTIL DE MONCAU, DE FOMBEL, en Languedoc, famille ancienne, originaire du pays de Genève, qui prouve une filiation suivie depuis Antoine Gentil, qui servit dans les guerres de Flandres auprès de la personne d'Emmanuel-Philibert de Savoie. Georges et Étienne Gentil, ses fils, obtinrent de Charles-Emmanuel Ier, duc de Savoie, des lettres de confirmation de noblesse en 1592, où il est dit, entr'autres choses, que « de l'avis de ses principaux ministres, il reconnaît, pour être chose notoire, qu'ils sont nobles et de noble et ancienne race, issus, tenus et réputés, outre le suffisant témoignage et preuves qu'ils ont rendus par leurs vertueuses actions et déportemens en son service, en suivant les vestiges de leurs prédécesseurs, etc. Cette famille a donné plusieurs officiers supérieurs décorés de l'ordre royal et militaire de Saint-Louis. *Écartelé, aux 1 et 4 d'azur, à trois épis de froment mal ordonnés d'or ; aux 2 et 3 d'or, à trois barrettes de gueules, accompagnées de six grains de froment de sinople, un en chef, trois en fasce et deux en pointe. L'écu timbré d'un casque taré au tiers. Supports : Deux éléphants. Cimier : Un dextrochère armé, tenant un badelaire levé. Devise : Du cœur de Gentil.* Ces armoiries ont été confirmées par les lettres de 1592, et par d'autres lettres-patentes de confirmation de l'an 1604.

DE GEORGE D'OLLIÈRES, DE FUMINY, en Provence. Cette famille tire son origine et sa noblesse d'Elzéar de George, notaire et secrétaire de Louis III d'Anjou, comte de Provence de 1417 à 1434 ; Jacques de George d'Ollières ayant exercé à Marseille où cette famille subsiste encore, un simple office de notaire, Elzéar de George, son fils, impétra, en 1564, des lettres de réhabilitation pour la dérogeance de son père, qui furent registrées le 22 octobre 1568. *D'azur, à la fasce d'or, accompagnée de trois fers de flèches d'argent.*

DE GEP DE FOS, DE SAUVIAN, très-ancienne famille du Languedoc, connue filiativement depuis

Guillaume de Gep, seigneur de Fos et de Sauvian, qui rendit hommage au roi le 7 juin 1485. *D'argent, à trois molettes d'éperon de gueules.*

DE GEPS DE FLAVIGNY, en Champagne, noblesse ancienne, originaire de Bavière, connue depuis sa transplantation en France, depuis Léonard de Geps, écuyer, sieur de Villiers, de Norme, de Luys, et autres lieux, qui vivait, avec Marie de Villiers, sa femme, le 18 décembre 1454. *D'azur, à deux huchets adossés d'or, surmontés d'un casque d'argent, taré de profil.*

DE GÉRÉAUX, vicomtes de Géréaux, famille ancienne, originaire de Guienne, où elle est connue depuis Enguerrand de Géréaux, seigneur d'Orgueil, qui accompagna Richard-Cœur-de-Lion à la Terre-Sainte, l'an 1190. *Écartelé, aux 1 et 4 d'argent, à la bande de gueules; aux 2 et 3 d'argent à trois fasces de gueules; l'écartelé bordé de sable, à dix besants d'or.*

GERVAIN DE BÉROUTE, DE VERNEUIL, en Poitou, famille qui s'est éteinte dans celles de Morelons et de Raze. Elle est connue depuis Jean Gervain, seigneur du Treuil, maire de Poitiers en 1465. *D'azur, au chevron d'or, accompagné au chef de deux roses d'argent, et en pointe d'une étoile d'or; au chef d'argent, chargé d'un geai de sinople, becqué et membré de gueules.*

GERVAIN DE ROQUEPIQUET, en Agénois, famille ancienne, connue filiativement depuis Pierre Gervain, seigneur de Roquepiquet, capitaine de la ville de Montclar en 1492. *D'azur, au chevron d'or, accompagné de trois roses du même.*

GESTARD DE VALVILLE, à Paris et en Normandie. La charge de secrétaire du roi, acquise par René Gestard, avocat au conseil, et dont il fut pourvu le 22 juin 1634, fit entrer la noblesse dans cette famille, ce René Gestard étant mort dans l'exercice de sa charge, au mois de novembre 1655. *D'azur, au sautoir d'argent, cantonné de quatre flammes d'or.*

GESTES DE VERNOSC, en Vivarais. Cette famille a fait preuve, lors de la recherche, depuis Gaillard

Gestes, écuyer, seigneur de Brons, qui testa le 1er octobre 1498.

Jean Gestes, bourgeois, fut capitoul de Toulouse en 1555, 1563 et 1569.

Durand Gestes, seigneur de Vernosc, issu au cinquième degré de Gaillard, fut capitoul en 1582. *De gueules, au lion d'or, lampassé et armé de sable ; un chef cousu d'azur, chargé de trois croissants d'argent.*

GÉVAUDAN DE MARGUERITTES, D'ENTRAIGUES, en Languedoc. La charge de président à la chambre de Montpellier, exercée par Honoré Gévaudan, dont les provisions sont du 7 novembre 1617, a porté la noblesse dans cette famille, et elle a été maintenue en conséquence de cet anoblissement, le 19 décembre 1668. *D'azur, à la croix d'argent, cantonnée aux 1 et 4 d'un soleil d'or, aux 2 et 3 d'un croissant d'argent.*

GÉVAUDAN EN LOZÈRE, Mende, chef-lieu.

Gentilshommes du Gévaudan en 1789.

Messieurs

Le comte de Capellis.
Le comte de Brijes.
De la Roche-Negli.
D'Apchier, comte de Vabres.
Aimé de Noyant.
De Paraza.
Le vicomte de Morangiès.
Comte du Roure.
Boucharin de Fabregues.
Le baron de Pages.
De Narbonne.
Fabre-Montvaillant.
Fabre la Vallette.
Le vicomte de Chambrun.
Le marquis de Roque-Servière-Borelli.
De Malaval.
Malet de Bessites.

De Comdtes.
Le marquis de Retz-Malaviel.
Valette des Hermaux.
Le marquis de Monstuejols.
Le vicomte de Framond.
De Jurquet de Montjésieu.
Fraixinet de Valadi.
De la Barthe.
De Chateauneuf-Randon.
Grolée de Viriville.
Falcon Longévial.
Blanquet de Rouville.
Morteau de Lairolle.
De Gransaigues.
Le chevalier de Marnaix.
Le chevalier de Vebron.
D'Emiar.
De Laudo.

De Golimard.
D'Imbert de Montruffet.
Du Mouchet Jacquenon.
Lozeran Fressac.
Renard de Montgros.
Du Cros Papon.
Le comte de Corsac.
De Volonzac.
Sarrasin de la Devèse.
Du Puy de Montbrun.
Dumas de Cultures.
De Guimps de la Roche.
D'Altier du Champ.
Le baron de Montesquieu.
De Séguin de la Tour.
De Salles.
Dantil de Ligonès.
De Chambonas de Lastic.
De Montcalm-Gozon.
De Retz de Serviez.
Le comte d'Altier.
Randon de Mirandol.
D'Entrages.
De la Roquette.
D'Agulhac de Soulages.
De Fontaine de Losère.
De Borrel.
De Servières.
De Chapelain.
De Rochefort.

Du Chastel.
De Miremont.
Le chevalier de Trouillas.
Le comte de Brion.
Le baron de Cabiron.
Verdeille des Molles.
Tessier de Saint-Fresal-la-Vernède.
Sauvage de Servillang.
Roquier de la Valette.
De Fustier de Laubiès.
Du Mazel Parlier.
De Fages de Chaulnes.
De Moriez.
Les marquis d'Apchier.
De Lescure Saint-Denis.
Perré de Villestreux.
De la Combesche.
Du Villar.
Chastegnier de Puigrenier.
Chevalier de la Grange.
De Ligeac.
D'Estremiac.
Bleile de Marnuels.
De Fages de Chaulnes.
Morré de Charrais.
Langlade de Montgros.
Le vicomte de Châteauneuf de Tourzel.
De Moré de la Fage.

GHISELIN, en Artois. Charles Ghiselin *aliàs* Vliège, fut anobli par lettres du mois d'août 1507, registrées à Lille. *D'azur, à la croix d'argent, cantonnée de quatre abeilles d'or.*

GHISELIN DE BOESBEKE ET DE WASTINES, aux Pays-Bas. Georges Ghiselin, seigneur desdits lieux, fut armé chevalier par l'archiduc Maximilien, après la bataille de Guinegate, donnée le 7 août 1479. *D'argent, à cinq fusées de gueules en fasce.*

GIAC, ancienne noblesse, originaire d'Auvergne, qui a pour auteur Jean, seigneur de Giac, enterré, avec sa femme, dont le nom est ignoré, dans l'église des Cordeliers de Riom, en Auvergne. Il vivait en 1328, et eut pour fils Pierre, seigneur de Giac, chevalier, seigneur de Soupy, de Josserand, de Saint-Germain, du Bois-Remy, de Châteaugay, etc., premier chambellan du Roi, chancelier du duc de Berri, puis chancelier de France. Il testa le 25 février 1398, et ne mourut qu'en 1407, après avoir fait un codicille, le 23 août même année. Cette noblesse s'est éteinte au cinquième degré dans Louis, seigneur de Giac, de Châteaugay, qui épousa Œlips de la Roche-Tornoelle ; il vivait encore en 1472, mais on ne sait point s'il laissa postérité. *D'or, à la bande d'azur, accompagnée de 6 merlettes de sable.*

GILIER DE LA FRETTE, en Dauphiné. Philippe Gilier, trésorier général de France, en Dauphiné, en 1358, et maître ordinaire en la chambre des comptes de Paris en 1361, est l'auteur de cette famille. Guyot-Gilier, son fils, qui établit sa résidence à Romans, fut huissier d'armes de Dauphiné en 1363. Une branche de cette famille s'est établie en Poitou depuis plusieurs siècles. Elle y est connue sous le nom de *Gilier de Puygarreau. Écartelé, aux 1 et 4 d'or, au chevron d'azur, accompagné de trois macles de gueules ; aux 2 et 3 d'or, au lion de sable, à la bande de gueules, chargée de trois pates de griffon d'or, brochante.*

GILLEBERT DE LA JAMINIÈRE, en Normandie, famille issue de Henri Gillebert, sieur de la Guyardière, qui, en récompense de ses longs services militaires, fut anobli par lettres-patentes du mois de septembre 1654. *D'azur, à la croix engrêlée d'argent, cantonnée de 4 croissants d'or.*

DE GIMEL, noblesse d'ancienne chevalerie, originaire du Limosin, où elle florissait au milieu du douzième siècle.

Renaud, vicomte de Gimel, vint trouver en son château de Turenne, le vicomte Raymond II, et se *dévestit* entre ses mains de toute sa terre, et après l'en avoir investi, la reçut de lui en fief, à la charge de l'hommage-lige. *D'azur, à quatre cotices d'argent en barres*, *et une cotice de gueules en bande*, *brochante sur le tout*. Couronne de comte. Supports : Deux griffons mouchetés.

DE GINESTE, seigneurs de Conques, barons de Mazens, en Languedoc. Famille qui fut maintenue le 17 janvier 1670, en vertu des priviléges de noblesse attachés à l'office de juge-mage de Toulouse, dont fut pourvu le 17 septembre 1607, Jean Gineste. *D'or, au palmier de sinople ; au lion de gueules, brochant ; au chef d'azur, chargé de trois étoiles d'or.*

DE GINESTE-NAJAC, en Languedoc, famille qui, lors de la recherche, a fait preuve depuis Jean Gineste, seigneur d'Apelle, qui dénombra avec Guillaume, son frère, le 20 novembre 1540. Elle a donné constamment des officiers au service de nos rois, dont plusieurs ont été promus à des grades supérieurs et décorés de l'ordre royal et militaire de Saint-Louis. *D'azur, au genet d'or, terrassé de sinople, accosté de deux lions affontés du second émail ; au chef cousu de gueules, chargé de trois étoiles d'argent.*

DE GINESTOUS, ou GINESTOUX, seigneurs de Saint-Maurice, des Gravières, de Montolieu, marquis de la Tourette, comtes de Vernon, etc., en Languedoc. Cette maison d'ancienne chevalerie, une des plus distinguées du Vivarais, par ses services et ses alliances, tire son nom de la terre de Ginestous, près de Ganges, ou de celle de Ginestoux, près de Langogne. Elle prouve son ascendance depuis Hugues de Ginestous, qui, conjointement avec plusieurs autres seigneurs, fit une reconnaissance et un traité à Roger, vicomte de Beziers, le 11 des calendes de septembre 1181, avec serment de fidélité et promesse de le servir dans toutes les guerres qu'il avait avec le comte de Toulouse. Cet Hugues de Ginestous fut père de Raimond de Ginestous, seigneur de Galargues ; Pierre Bermond, seigneur de Sauve, autorisa, l'an 1225, comme suzerain, en présence de Pierre d'Aubret, son connétable, l'émancipation que Raymond de Ginestous fit de son fils Begon de Ginestous. Elle a fait les preuves de cour, en 1781, 1782 et 1786. Les terres et seigneuries des Gravières, Rogues, Madières, Nages, le Mas-Delpont et la Sauvie, furent unies et érigées en *marquisat*, sous la dénomination de *Ginestous*, en faveur de Jean-André de Ginestous, viguier pour le roi de la ville de Marseille. *D'or, au lion de gueules.* Cimier : *un sauvage issant, tenant une massue levée.* Devise : *Stabit atque florebit.*

- GIRARD, en Picardie, famille dont était Jean Girard, seigneur de Bazoches, panetier ordinaire du roi, époux de Valentine l'Orfèvre, et père de Claude .Girard, qui testa le 23 octobre 1572, étant veuve de Henri de Grouches, seigneur de Gribeauval, chevalier de l'ordre du roi. *Echiqueté d'or et de gueules.*

DE GIRARD DE CHARNACÉ, noblesse très-ancienne, originaire de Poitou, qui prouve une filiation suivie depuis Raoul de Girard, seigneur de Barenton, marié, par contrat du 20 décembre 1403, avec demoiselle Louise de Rouvière; Anselme de Girard, seigneur de Ballée, de Lignières, de Beaucé, ayant épousé, le 28 novembre 1600, Claude de Charnacé, fille aînée de Jacques de Charnacé, chevalier, seigneur de Charnacé, de Gastines, etc. , Jacques-Philippe de Girard, son petit-fils, obtint des lettres-patentes du mois de janvier 1673, registrées au parlement le 31 janvier 1674, qui lui permettent d'ajouter à son nom et à ses armes, à perpétuité, les nom et armes de Charnacé ; cette maison a donné, de tous tems, des officiers aux armées de nos rois. Elle compte un maréchal de camp, chevalier de l'ordre du roi, envoyé ambassadeur en Suéde, dont le fils fut lieutenant-général de l'artillerie de l'Ile-de-France, et commandant en chef l'arsenal de Paris. De nos jours, cette maison est représentée par plusieurs officiers supérieurs, décorés de l'ordre royal et militaire de Saint-Louis. *Écartelé, aux 1 et 4 d'azur, à trois chevrons d'or, qui est* DE GIRARD ; *aux 2 et 3 d'azur, à trois croisettes patées d'or, qui est* DE CHARNACÉ.

DE GIRARD DE CHATEAUVIEUX, de Soucanton, de Vezenobre, de la Motte. Famille ancienne du Languedoc, répandue dans les provinces de Dauphiné, de Bretagne et de Hainaut. L'histoire de Languedoc et celle de Nismes en font mention depuis le douzième siècle. On y voit , du nom de Girard, des évêques de Nismes, d'Uzés, de Mende, etc. Elle a prouvé , lors de la recherche, depuis Antoine Girard, seigneur de Soucanton, et en parcage de Vezenobre, marié, le 24 janvier 1474, avec Aigline de Mandagoût. *D'azur, à la tour donjonnée de trois pièces d'argent, maçonnée de sable ; au chef cousu de gueules, chargé d'une étoile d'or, adextrée d'un lion issant du même, et senestrée d'un croissant versé d'argent.*

GIRARD. Aymeric Girard, de la ville de Nismes, fut anobli en 1396.

GIRARD DE LANGLADE, en Périgord. Cette famille a pour auteur Raimond Girard de Langlade, avocat au parlement de Bordeaux, conseiller du roi et président en l'élection de Périgord, en 1586, maire de Périgueux, en 1592 et 1593, anobli pour services, par lettres du roi Henri IV, du mois de février 1594, dûment registrées. *D'or, au globe de gueules, accosté de deux branches de chêne de sinople, chargées en leurs extrémités inférieures, et au-dessous du globe, d'une fleur de lys de gueules.*

DE GIRAUD, en Dauphiné. Cette famille remonte à Louis de Giraud, qui fit son testament en 1553. *De sable, à trois porcs épics d'argent.*

DE GIRAUD, à Grenoble. Jacques de Giraud, tige de cette famille, fut anobli par lettres du mois de décembre 1622, vérifiées en la cour des aides de Vienne, et confirmées par arrêt du conseil du roi du mois de février 1670 *De sable, au porc épic d'argent.*

GIRAUD, famille originaire de la ville d'Arles. Henri de Giraud, qui en fut l'auteur, obtint, en considération de ses services, des lettres-patentes de noblesse du roi Henri III, datées de Paris le 6 juin 1586, registrées aux actes du siége d'Arles, le 15 novembre suivant, aux archives du roi, le 22 octobre 1668, et au bureau des finances de la généralité de Provence, séant à Aix, le 10 juin 1671. *D'azur, à la fasce d'or, accompagnée de trois têtes de loup coupées du même.*

GIRAUDY, très-ancienne famille noble, originaire de Languedoc.

I. Noble Pons GIRAUDY est connu par son testament

du 3 janvier 1518, par lequel il institue son héritier
noble Honoré Giraudy, son fils, et de feu Anne *du
Chesne* (1).

II. Noble Honoré GIRAUDY fit son testament le 31.
décembre 1572, par lequel il fait un legs à noble Jacques Giraudy, son fils, outre le tiers de ses biens qu'il
lui a déjà donné dans son contrat de mariage avec Madelaine de Clausel, et substitue ses biens à nobles François et Etienne Giraudy, fils dudit Jacques.

III. Noble Jacques GIRAUDY, époux de Madelaine *de
Clausel* (2), fut pourvu de l'office de procureur du roi
au siége royal de Villeneuve, le 17 septembre 1573. Il
est rappelé dans un jugement rendu en faveur de son
petit-fils, par le président de Nismes, le 25 octobre
1650. Ses enfants furent :

1°. François Giraudy, vivant le 31 décembre 1572;
2°. Etienne, dont l'article suit.

IV. Noble Etienne GIRAUDY, substitué aux biens de
son aïeul, le 31 décembre 1572, passa une transaction,
le 28 avril 1623, dans laquelle il est dit époux de demoiselle Richette *de Couvet* (3), et vivait encore le 28
juillet 1665. Il eut pour fils :

V. Noble Jacques GIRAUDY, écuyer, qui fit une donation le 4 octobre 1639, dans laquelle il a la qualité
de commandant d'une compagnie pour le service du roi.
Il obtint, en sa faveur, un jugement du présidial de
Nismes, le 25 octobre 1650; et la communauté de Ro-
quemaure consentit une procuration pour qu'il assistât
à l'assiette du diocèse, le 5 mars 1651. Il avait épousé,
1°. Richarde *de Villemaigne;* 2°. par contrat du 5 mai
1652, Marie *de Duret* (4). Il donna quittance de ses
droits dotaux, le 7 août 1663. De ce dernier mariage
est issu :

----

(1) *Du Chêne :* d'azur, à trois glands d'or.
(2) *De Clusel :* d'azur, à la bande accompagnée en chef
d'une étoile, le tout d'or; à la bordure du même.
(3) *De Couvet :* d'or, à deux pins arrachés et entrelacés de
sinople en double sautoir, fruités d'argent.
(4) *Duret :* chevronné d'argent et de gueules.

VI. Pierre GIRAUDY, écuyer, qui épousa, par contrat du 30 avril 1690, Jeanne *de Bouchas*, fille de Jean de Bouchas, écuyer, sieur de Couvet. Il fut père de :

VII. Simon GIRAUDY, écuyer, seigneur de Grey, marié, par contrat du 4 mars 1713, à Marguerite *de Combes* (1), fille de Jacques de Combes, conseiller auditeur en la cour de Montpellier. Il fut maintenu dans sa noblesse par arrêt de la même cour du 28 juin 1765, dans lequel sont relatés tous les titres de sa généalogie, depuis noble Pons Giraudy, qui testa en 1518. Simon Giraudy eut pour fils :

VIII. Jean-François-Régis DE GIRAUDY, écuyer, seigneur de Grey, épousa, par contrat du 5 mai 1753, Marguerite *de Bonneau* (2), de laquelle sont issus :

1º. Jean-Joseph-Grégoire-Regis, qui suit ;
2º. Félix-François de Giraudy de Baratier, marié avec demoiselle de *Baratier de Molleron* (3), dont dont il a un fils nommé Barthélemy ;
3º. Paul-Euloge-Jérôme de Giraudy, ancien brigadier des gardes-du-corps, chevalier de l'ordre royal et militaire de Saint-Louis, chef d'escadron ; marié à Hambourg, en 1804, avec demoiselle Catherine-Marguerite *Doorman*, dont il a un fils nommé Euloge, né à Hambourg, le 21 août 1804 ;
4º. Philippe de Giraudy, ecclésiastique ;
5º. Ambroise-Jean de Giraudy, sans alliance.

IX. Jean-Joseph-Grégoire-Régis DE GIRAUDY DE GREY, né le 13 mars 1756, ancien officier des grenadiers royaux, a épousé Thérèse-Rose *de Giraudy*, fille de M. de Giraudy, ancien procureur-général en la cour de Nismes.

Armes : Écartelé, aux 1 et 4 d'azur, à la rose d'ar-

---

(1) *De Combes* : d'or, au chevron de sable.
(2) *De Bonneau* : parti, au 1 d'or, à trois trangles ondées de sable ; à la fasce du champ, chargée d'un croissant du second émail, brochante sur le tout, au chef du même ; au 2 d'argent, au corbeau de sable, volant en bande.
(3) *De Baratier* : d'argent, au lévrier de sable, colleté de gueules.

gent, tigée et feuillée de sinople, accompagnée en chef
de deux croissants d'or, au chef cousu de gueules,
chargé d'une étoile d'argent ; aux 2 et 3 d'argent, à
trois bandes d'azur, celle du milieu chargée de trois
têtes de loup d'or.

GIRAULT, seigneurs de Chalancey, de Vaivre, de
Fromentel, etc., etc., en Champagne, famille qui
prouve une filiation suivie depuis Nicolas Girault, père
de Claude Girault, seigneur de Chalencey et du Cray,
vivant en 1534. *D'azur, à la fasce d'argent, accompagnée
de trois croissants en chef, et en pointe d'un bouc, le tout
du même ; à la bordure engrêlée d'or.*

DE GIRONDE, maison d'ancienne chevalerie, originaire de la province de Guienne, où elle florissait dès
le dixième siècle. D'immenses possessions qu'elle a per-
dues, en grande partie, par l'extinction de plusieurs
branches, de grandes alliances et de nombreuses illustrations, en attestant la splendeur de cette maison, lui
assignent un rang distingué parmi les plus considérables
de la Guienne et du royaume. Elle a possédé la terre de
Gironde, gros bourg, situés sur la Garonne, près de la
ville de la Réole, jusqu'en l'an 1318, que Giraude,
dame de Gironde, héritière de la branche aînée, porta
cette terre dans la maison d'Albret, par son mariage
avec Bérard d'Albret, seigneur de Verteuil et de
Veyres, fils d'Amanjeu VII, sire d'Albret, et frère
puîné de Bernard-Ezy, sire d'Albret, vicomte de Tartas,
qui épousa Isabelle de Gironde, sœur de Giraude, laquelle était morte sans enfants le 2 février 1318, époque
du mariage de sa sœur. Ce Bernard-Ezy, frère de Bérard
d'Albret, fut le septième aïeul de Jeanne d'Albret,
reine de Navarre, mariée, en 1548, à Antoine de Bourbon, duc de Vendôme ; elle fut mère, entr'autres entr'autres enfants, d'Henri IV, roi de France et de Navarre.

Les autres branches de la maison de Gironde sont :
1° les marquis de Montcléra, éteints en 1792 ; 2° les
seigneurs de Floiras, de Montamel et d'Avignac, éteints
en 1803 ; 3° les seigneurs de Marminiac, éteints au dix-
huitième siècle ; 4° les comtes de Buron, vicomtes
d'Embrief, éteints à la fin du dix-huitième siècle ; 5° les

seigneurs de Teyssonat, éteints à la fin du dix-septième siècle ; 6° les seigneurs de Piquet, marquis de Ferrenzac, éteints à la fin du dix-huitième siècle ; 7° les seigneurs de Pilles, éteints en 1776 ; 8° les seigneurs de la Giscardie (*branche aînée actuelle*), héritiers des branches de Ferrenzac et de Pilles ; 9° les seigneurs de Castelsagrat, barons de Montcorneil, seconde branche actuelle de cette maison ; 10° les seigneurs de Sigoniac, éteints à la fin du dix-huitième siècle ; 11° les seigneurs de Bellegarde, éteints après 1766. Cette maison a donné deux grands échansons de France, des chambellans et gentilhommes ordinaires de la chambre du roi, des chevaliers de l'ordre, des capitaines de cinquante et de cent hommes d'armes des ordonnances, des généraux, et nombre d'officiers supérieurs, décorés de l'ordre royal et militaire de Saint-Louis, des gouverneurs de place, des chevaliers et dignitaires de l'ordre de Saint-Jean de Jérusalem, depuis Raimond de Gironde, en 1224, etc. Elle a obtenu les honneurs de la cour en 1779, en vertu de preuves faites au cabinet des ordres du roi. Cette maison a possédé un grand nombre de terres titrées, depuis le treizième siècle, de baronnies et vicomtés. La baronnie de Gironde, dont cette maison a retenu le nom, a été érigée en duché, en faveur d'une branche de la maison d'Aragon, qui en était en possession en 1370.

La seigneurie de Montcléra, en Quercy, unie à la vicomté de Lavaur, fut érigée en marquisat par lettres du mois de décembre 1616, en faveur de Brandelis de Gironde, chevalier, baron de Loupiac, seigneur de Cazels, Marminiac, Floiras, et autres lieux, chevalier de l'ordre du roi, gentilhomme ordinaire de sa chambre, mestre de camp, et capitaine d'une compagnie de cent hommes de pied, etc.

Silvain, comte de Gironde-de-Pilles, maintenant chef de la branche aînée de cette maison, a été confirmé dans ce titre par lettres-patentes du 22 juin 1816. *Ecartelé, aux 1 et 4 d'or, à trois hirondelles de sable, les deux premières affrontées, la dernière au vol étendu ;* qui est DE GIRONDE ; *aux 2 et 3 de gueules, à la croix vidée, cléchée et pommetée d'or,* qui est de TOULOUSE. L'écu timbré d'une couronne de duc.

DE GIRY. Peronnelle de Giry vivait en 1289. Au mois de mai de cette année, le roi Philippe-le-Bel lui donna la maison de Hennemont, près Saint-Germain, en considération des services qu'elle avait rendus à la reine, son épouse.

Renaud de Giry, chevalier, conseiller du roi, maître de sa venerie et enquêteur des eaux et forêts partout le royaume, était veneur du roi (grand veneur de France) dès l'année 1315. Il mourut en 1355. Dans le sceau d'une reconnaissance qu'il donna à Villeneuve-le-Comte le 15 juillet 1346, on distingue *deux bandes;* et pour cimier : *Une tête barbue.*

DE GLATIGNY, en Lyonnais. Gabriel de Glatigny, conseiller du roi et son premier avocat en la sénéchaussée et au siége présidial de Lyon, fut élu échevin de cette ville en 1696. *D'or, au chevron accompagné de trois roses, le tout de gueules; au chef du même.*

DE GLEON (1) DE DURBAN, maison d'ancienne chevalerie de la province de Languedoc, qui portait originairement le nom de *Trelles ou Treilhes,* d'une terre qu'elle possédait au diocèse de Narbonne, sur la frontière de Roussillon. Elle a pris, vers la fin du quatorzième siècle, le nom de Gléon, d'un château que le vicomte de Narbonne lui avait fait don dans le courant du treizième siècle. Elle prouve une filiation suivie depuis Pierre-Raymond, seigneur de Trelles, vivant vers 1150.

Le P. Ange, augustin déchaussé, qui a dressé la généalogie de cette maison, en 1714, dit que Guillaume III, seigneur de Trelles et de Gléon, épousa, l'an 1333, Guillemette de Durban, fille unique et héritière de Guillaume de Durban, et de Véziade, son épouse.

Cette famille a possédé plusieurs terres titrées, telles que la vicomté de Perillos, la terre de Durban, érigée en baronnie par lettres du 10 décembre 1654, en faveur de Gabriel de Gléon, seigneur de Trelles, de Montalba, etc., et celle de Gléon, érigée en marquisat par

---

(1) Ce nom est écrit *Gleu* dans les anciens actes.

lettres du mois de juillet 1757. Il ne paraît pas que ces lettres aient été registrées.

Malte. L'ordre de Malte compte des chevaliers et des commandeurs de ce nom depuis l'an 1325. *Écartelé, aux 1 et 4 de gueules, au chevron d'argent,* qui est de GLÉON ; *aux 2 et 3 d'azur, à trois fasces d'or.*

DE GLETTEINS, maison d'ancienne chevalerie du Lyonnais, où elle est connue depuis l'an 1180. Elle y subsistait encore en 1630. Le Laboureur dit qu'elle a produit quantité de chanoines de Lyon et de chevaliers de Rhodes. *Losangé d'or et de gueules.*

LE GOBIEN DES DOUETS, en Bretagne. Cette famille a été anoblie, en 1575, dans la personne de Jean le Gobien, sénéchal de Saint-Malo. Elle a obtenu les honneurs de la cour le 4 janvier 1767, avec le titre de comte. *Coupé, au 1 d'argent, à trois têtes de loups arrachées de sable, lampassées de gueules, au canton d'azur, chargé d'un croissant d'or ; au 2 d'argent, à trois fasces ondées d'azur.*

GODART D'AUCOUR ; barons de Saint-Just et de Plancy, en Champagne, famille noble, originaire de cette province, qui remonte à Claude Godard d'Aucour, conseiller-secrétaire du roi en 1756, marié, le 14 janvier 1747, avec demoiselle Claire Poisson. Cette famille a donné plusieurs officiers d'infanterie et d'artillerie, et des magistrats en divers conseils. *De gueules, à cinq fusées d'argent, rangées en bande, accompagnées de deux bars d'or.*

GODART, marquis de Belbeuf par lettres-patentes d'érection du mois de septembre 1719, registrées les 16 et 19 décembre suivants; noblesse de robe, originaire de Normandie. *D'azur, au chevron d'argent, accompagné en chef de deux molettes d'éperon d'or, et en pointe d'une rose tigée et feuillée du même.*

LE GOFF DE KERGADIOU, famille issue d'ancienne chevalerie de la province de Bretagne, laquelle était éteinte lors de la réformation de 1678.

Jehan le Goff rendit hommage au vicomte de Rohan le 17 juillet 1396.

Ivon, fils de Nicolas le Goff, est nommé dans l'acte

d'une fondation faite au mois de mai 1421, en l'église du Folgoet, par Alain IV, vicomte de Rohan. *D'argent, à trois têtes de levrier de sable, coupées de gueules.*

LE GOFF DU QUELLENEC, en Bretagne, famille ancienne, issue d'Yvon le Goff, sieur de Langoury, de Tréguier, anobli, pour services, en 1479. *D'argent, au château de sable.*

GOISLARD DE MONSABERT, famille originaire de Paris, qui tire sa noblesse des charges de judicature et de finances de cette ville au commencement du dix-septième siècle. *D'azur, à trois roses d'or.*

DE GOMBERVAUX, seigneurs de Vitonville, de Vihuviller, du Mesnil, en Lorraine, famille anoblie dans la personne de Charles de Gombervaux, de Pont-à-Mousson, conseiller en la justice dudit lieu, par lettres de Henri II, duc de Lorraine, données à Nancy, le 17 juin 1619. *D'azur, au lion d'or, armé et lampassé de gueules ; à la bordure denchée d'or.*

DE GOMER, noblesse d'ancienne chevalerie de la province de Picardie, qui s'est successivement répandue en Normandie, au Maine, en Beauvaisis et en Picardie.

N..... de Gomer, fut un des seigneurs normands qui accompagnèrent Guillaume le Bâtard, duc de Normandie, à la conquête de l'Angleterre, l'an 1066. L'histoire de Normandie, par André du Chesne, fait mention d'Eudes de Gomer, à la page 43 du catalogue des seigneurs renommés de Normandie, depuis Guillaume le Conquérant, jusqu'en l'an 1212, sous Philippe Auguste.

La filiation suivie de cette maison, est établie par titres, depuis Louis de Gomer, chevalier, seigneur de Gomer, au Bas-Maine, vivant vers 1430.

Elle compte un capitaine de cinq cents arbalétriers, en 1472, des capitaines d'hommes d'armes, des chevaliers de l'ordre du roi, nombre d'officiers supérieurs décorés de l'ordre royal et militaire de S.-Louis ; entr'autres Louis Gabriel, comte de Gomer, commandeur du même ordre, brigadier des armées du roi, inspecteur général du corps de l'artillerie, mort en 1808. *D'or, à sept merlettes de gueules ; au lambel d'azur.*

GOMMER. Carpentier, mentionne une famille de
ce nom, connue en Cambrésis, depuis Jacques Gommer,
chevalier, qui, l'an 1276, donna à l'abbaye du Verger,
quatre mercaudées de terre, joignant les Hayettes-
d'Oisy, du consentement de son épouse, Ricuine de
de Lagnicourt, et de leurs enfants Jacques, Eustache,
Jean et Simon Gommer. *De sable, semé de billettes
d'or ; à la fasce du même, chargée de trois aiglettes de
gueules, brochante.*

GOMMER, en Flandre. Jean Gommer, conseiller
ordinaire de la gouvernance et souverain bailliage de
Lille, fut anobli par lettres du mois de janvier 1512.

Michel Gommer, seigneur de Schooniwelde, premier
conseiller et voir-juré de Lille, fut armé chevalier par
l'archiduc Albert, le 7 février 1600. *De sable, à la fasce
d'or, chargée de trois aiglettes de gueules, et accompagnée
de treize billettes couchées d'or, sept en chef, posées 4 et 3,
et six en pointe, 3, 2 et 1.*

DE LA GONDIE. *Voyez* GUILHEN.

DE GONNELIEU, DE PERNAN, D'AUTRÈCHES, etc. ;
en Picardie, maison d'ancienne chevalerie, qui tire son
nom de la terre de Gonnelieu, en Cambrésis, que possédait
Hugues de Gonnelieu, chevalier, seigneur dudit lieu,
dès l'an 1060. Cette maison, est aussi illustre par les nobles alliances qu'elle a contractées et les services qu'elle
a rendus à l'état, que par son ancienneté. En 1096 et
1098, Gauthier de Gonnelieu, chevalier, se trouva au
tournoi d'Anchin. L'an 1102, Watier, sire de Gonnelieu et de Gossecourt, chevalier, fit une donation à
l'abbaye de Honnecourt, etc., etc. Cette maison a
fourni des chevaliers de l'ordre du roi, des commandants de cinquante hommes d'armes, des gouverneurs
de places et des gentilshommes de nos rois. *D'or, à
la bande de sable.*

GONSILLE, famille de l'île de Corse, connue dès
le commencement du seizième siècle. *De gueules, au
lion d'or.*

GONTIER D'AUVILLARS, comtes du Perroux,
par érection du mois de septembre 1714, très-ancienne

famille, originaire de Bourgogne. Miles Gontier, citoyen de Joigny, est ainsi nommé dans une charte de
Louis X, de l'an 1313. Il fut père de Jean Gontier,
citoyen de Joigny, commissaire au fait des nouvelles
ordonnances dans la ville et banlieue de Paris, en 1368.

Jean Gontier, lieutenant général du bailliage d'Auxerre,
marié avec Germaine Regnier, est la souche de toutes
les branches de cette famille. *D'azur, à la fasce d'or,
chargée d'une étoile de gueules, accostée de deux hures de
sanglier affrontées de sable.*

GONTIER DE LANGE, en Dauphiné ; cette famille
est connue, dans cette province, depuis le milieu du
quatorzième siècle. Jean Gontier de Lange, épousa
Marguerite Stour, avec laquelle il vivait en 1400. D'eux,
est descendu Jean-Baptiste Gontier de Lange, juge
commun de la ville d'Embrun et des châteaux archi-
épiscopaux. *De gueules, à trois coquilles d'argent ; au chef
cousu d'azur, chargé de trois étoiles d'or.*

GORGE D'ANTRAIGUES, en l'Ile-de-France,
famille issue de Pierre Gorge, seigneur d'Antraigues,
baron de Roisse, qui acheta un office de secrétaire du
roi, dont il fut pourvu le 19 mars 1669, et dont les
lettres d'honneur sont du 14 novembre 1689, registrées
le 17 à l'audience. *De gueules, au chevron d'or, accompagné de trois tours d'argent.*

DE GORGIAS D'ESPOURDONS, en Picardie, famille qui a fait preuve de sa noblesse depuis l'an 1540.
De gueules, à trois champignons arrachés d'or.

DE GORRAS, seigneurs de Coberthod et d'Escrivieux, en Bugey, famille originaire de la ville de
Lagnieu, dont la noblesse remonte à Pierre Gorras,
seigneur d'Escrivieux, premier collatéral au conseil du
duc de Savoie, vivant en 1487, qui, le premier de cette
famille, porta le titre de noble, et tint rang parmi les
gentilshommes de Bugey. Cette famille s'est éteinte au
commencement du dix-septième siècle. *De gueules, à
trois roses d'argent.*

DE GORRON DE BEAULIEU, DU CHASTELLIER,

en Champagne, famille originaire de Normandie, anoblie dans la personne de Barthélemy de Gorron, seigneur des Noz, en Normandie, gentilhomme du prince de Conty, et secrétaire du cardinal de Bourbon, par lettres du mois de décembre 1593, registrées le 30 mars 1598, en considération des nombreux services par lui rendus, tant au roi et ses prédécesseurs, qu'aux princes de la famille royale. *D'argent, à la fasce de sable, accompagnée de trois trèfles de gueules.*

GOT DE BRAY, en Normandie, famille anoblie en 1654, et confirmée par lettres du 4 décembre 1665. *D'azur, à l'aigle éployée au vol abaissé d'or, becquée, membrée et couronnée de gueules.*

LE GOUALEZ DE KERIVON, en Bretagne, noblesse d'origine chevaleresque, qui établit une filiation suivie depuis Jean le Goualez, sieur de Kerversault, vivant en 1320. *De gueules, au croissant d'argent, accompagné de six coquilles du même.*

GOUDIN. Mathias Goudin, conseiller du roi, en la cour des aides, fut reçu conseiller de l'hôtel de ville de Paris, le 6 juillet 1737. Il était notaire au Châtelet, et échevin de Paris, en 1723. Mathias-Bernard Goudin, conseiller en la cour des aides, succéda à Mathias, son père, en l'hôtel de ville, le 17 janvier 1769. *D'azur, à la fasce d'hermine, accompagnée de trois rencontres de cerf d'argent.*

GOUET DE VIEUXPONT, DU MESNIL, DE L'ESPINE, etc., élection de Bayeux, famille anoblie en 1594. *D'argent, à la bande d'azur, chargée de 3 demi-vols d'or et accostée de deux têtes de lévrier de sable, colletées de gueules.*

GOUEZET, en Bretagne. Henri Gouezet, sieur de la Chapelle, secrétaire de la chancellerie, et Guillaume Gouezet, son fils, ont été maintenus nobles, en vertu des priviléges de la chancellerie, par deux arrêts des 28 octobre 1670 et 7 février 1671, rendus en la chambre de la réformation. *D'argent, à 4 merlettes de sable.*

GOUFFIER, marquis de Thois, ducs de Roannais, par érection en duché-pairie du 3 avril 1519; comtes de Maulevrier, par érection de 1554; marquis de Boisy, par érection du mois de mai 1564; maison d'ancienne chevalerie du Poitou, et l'une des plus illustres de cette province, mais non pas issue des comtes de Melun, comme le dit, sans fondement, Haudicquer de Blancourt, sur le témoignage de d'Hozier. Elle établit sa filiation, suivant l'historien des grands-officiers de la couronne, depuis Jean Gouffier, écuyer, seigneur de la Vau-Gouffier, de Bonnivet et de Bellefage, etc., vivant en 1341. Cette maison s'est éteinte à la fin du 18e siècle. Elle a donné un amiral, un grand-maître, un grand-écuyer, de France, un colonel général de l'infanterie française en Piémont; nombre de lieutenants-généraux et maréchaux de camp des armées; des chevaliers du Saint-Esprit, des ambassadeurs, des chambellans de nos rois, des gouverneurs et sénéchaux de provinces. Dans la prélature, elle compte un cardinal en 1515, et grand-aumônier de France, un évêque d'Albi en 1523; un évêque de Béziers en 1547, etc. *D'or, à trois jumelles de sable.*

GOUGÉ DE CHARPAIGNES. Famille originaire de Bourges, qui a donné un chancelier de France, en 1421, dans la personne de Martin Gouge de Charpaignes, évêque de Chartres, puis de Clermont, en Auvergne, en 1415. Son frère Jean Gouge de Charpaignes, trésorier du duc de Berry, mort en 1402, continua la lignée de sa famille qui s'éteignit après le 20 septembre 1467, époque du testament de Jean Gouge de Charpaignes, son petit-fils, maître des requêtes de l'hôtel du roi, archidiacre de Saint-Flour, en l'église de Clermont. *D'azur, à la fasce d'argent, accompagnée de trois croissants d'or.*

GOUIN, en Normandie. Claude Gouin, sieur de Bourgneuf, de la ville d'Avranches, fut anobli pour services, en avril 1645. Jacques Gouin, avocat à Saint-Lô, fut anobli le 22 mai 1646.

Charles Gouin, de la généralité de Caen, acquéreur de noblesse, a payé 1200 livres le 11 février 1710. *Voy.* GOUYN.

GOUIN DE ROUX, en Provence. Cette famille tire son origine d'Honoré Gouin de Roux, anobli pour ses services et ceux d'André Gouin, son père, par lettres du mois de juin 1615. *Tiercé en fasce, au 1 de gueules, à trois étoiles d'or ; au 2 d'or ; au 3 ondé d'azur.*

GOUJON. Pierre Goujon fut élu échevin de Paris, en 1620. *D'azur, au chevron d'or, accompagné en chef de deux canettes d'argent, et en pointe d'un goujon du même contrepassant ; au chef cousu de gueules, chargé d'une grappe de raisin d'argent, accostée de deux étoiles d'or.*

GOUPY. Martin-Jean-Baptiste Goupy, conseiller du roi, notaire au châtelet de Paris, fut reçu quartinier de cette ville, le 17 février 1778. *Coupé, au 1 d'argent, à trois merlettes rangées de sable ; au 2 d'azur, à la sphère d'or.*

DU GOURAY, seigneurs de Launoy, de Villeraoul, de la Coste, etc., en Bretagne, famille d'ancienne extraction, connue depuis Robin du Gouray, qui épousa Jeanne de Brehant, laquelle était veuve de lui en 1389. *Burelé d'or et de gueules.*

DE GOURGUE, seigneurs de Julliac, Montlezun, Gaube, Roquecor, la Forest, etc., en Guienne, marquis de Vayres, par érection du mois de juin 1659 ; maison d'ancienne chevalerie, connue depuis Geoffroy de Gourgue, lequel était un des secrétaires du roi Philippe le Bel, en 1285. De cette famille, était Dominique de Gourgue, né à Mont-de-Marsan, chevalier de Malte et capitaine de trois cents hommes ; il était plein de courage et de résolution. Comme il avait été fort maltraité, pendant la guerre, par les Espagnols, qui, en même tems, avaient égorgé une colonie de français, établie sur les côtes de la Floride, il résolut de se venger de ce double affront ; il équipa trois vaisseaux à ses dépens, et mit à la voile en 1567 ; il alla descendre à la Foride, enleva trois forts, et fit pendre plus de huit cents Espagnols à des arbres, sur lesquels il fit mettre cette inscription : « Non comme » Espagnols, mais comme traîtres, brigands et assas- » sins ». Il en usa de la sorte, parce que Mélandès ayant fait massacrer des Français, avait fait dresser un écriteau, qui marquait : « Que ce n'était pas comme » Français, mais comme luthériens qu'il les faisait » mourir ». Cette maison a donné plusieurs officiers de marque ; des conseillers d'état, des maîtres des requêtes, des intendants de provinces, un évêque de Bazas, en 1684, etc. *D.'azur, au lion d'or, lampassé et armé de gueules.*

GOURREAU, seigneurs du Mont, de la Perrière des Palluaux, de la Blanchardière., en Bourgogne et en Anjou. Cette famille remonte à Roland Gourreau, né vers l'an 1450, fils d'un soldat ; lequel d'Autun vint s'habituer près de Beaupreau, en Anjou ; où il acquit la terre de la Sauvagère. *D'or, à l'aigle éployée de sable, armée de gueules.*

DE GOURVILLE, en Angoumois, maison d'ancienne chevalerie, connue depuis le onzième siècle, et éteinte à la fin du quatorzième. *D'or, au lion de gueules, couronné et lampassé d'argent.*

DE GOURVINEC DU BEZIT, de la Rivière et en Bretagne, famille issue d'ancienne chevalerie, qui prouve une filiation suivie depuis Olivier de Gourvinec, sieur du Bezit, capitaine des gardes de Jean IV, duc de Bretagne, qui mourut en 1403. *Vairé d'or et de sable.*

DE GOUVION, noblesse consacrée par la charte avec la dignité de *pair* de France, dans la personne de Louis-Jean-Baptiste comte de Gouvion, lieutenant général des armées du roi, grand officier de la Légion-d'honneur, chevalier de Saint-Louis. *De sinople, au sabre d'or, surmonté d'une étoile du même ; accosté d'un casque taré de profil, et d'une grenade d'argent.*

DE GOUSSENCOURT. Renaudin de Goussencourt, écuyer, servant dans les guerres d'Anjou et du Maine, avec un écuyer, sous Jean de Saintré, sénéchal desdits pays. Il donna sous son scel quittance de ses gages à Châteaugontier, le 10 décembre 1354. *Un sautoir cantonné de quatre cannettes ou oiseaux.*

GOUY, village à trois lieues de Cambray, qui a donné son nom à une maison d'ancienne chevalerie, qui florissait au milieu du douzième siècle. Cette maison, éteinte depuis plus de cinq siècles, paraît être une branche puînée de l'ancienne et illustre maison de

Wallincourt, dont elle a conservé les armes brisées d'une bordure. *D'argent, au lion de gueules, à la bordure engrêlée de sable.*

DE GOUY, maison d'ancienne chevalerie du pays d'Artois, dont étaient Watier et Achard de Gouy, frères, mentionnés dans une charte de l'abbaye de Saint-Waast d'Arras, de l'an 1036. On trouve encore des chevaliers de ce nom sous les années 1109, 1126, 1153, 1189, 1200, 1230, 1241, 1242 et 1278. *De sable, à la bande fuselée d'argent.*

DE GOUY, en Artois, famille anoblie dans la personne de Pierre de Gouy, en mai 1499, moyennant finance. *Fascé d'or et d'azur de huit pièces.*

DE GOUY D'ARCY, marquis et comtes d'Arcy, en Picardie. Cette maison, au rapport d'Haudiquer de Blancourt, suivi par Lachenaye, est originaire d'Artois. Elle a fait preuve, lors de la recherche, depuis Louis de Gouy, chevalier, seigneur d'Arcy, vivant en 1480, fils de Jacques de Gouy, chevalier, seigneur de Gouy et autres terres au comté d'Artois, qu'on croit avoir épousé Marie, de Melun. Lachenaye donne deux degrés de plus, en faisant ce Jacques, fils de Gilbert, sire de Gouy, et ce dernier fils d'Arnaud, sire de Gouy, Pittengen et Estoc, vivant en 1350. Cette maison a donné des généraux d'armée, des conseillers d'état, des chevaliers de l'ordre du roi, des gentilshommes ordinaires de la chambre, des gouverneurs de places, etc. Elle a joui des honneurs de la cour en 1749, le 7 novembre 1770, et le 11 août 1773. *Écartelé, aux 1 et 4 d'argent, à l'aigle éployée de sable, becquée, membrée, et couronnée de gueules; aux 2 et 3 de gueules, à la bande d'or.*

GOUY Martin Gouy, du bailliage d'Amiens, fut anobli au mois de mai 1413.

DE GOUYN DE CHAPIZEAUX, en Normandie, famille ancienne, dont était François de Gouyn, chevalier, seigneur de Chapizeaux, gentilhomme de la chambre de M. le Prince, premier écuyer de madame la Princesse, et chevalier de Saint-Michel, en 1665. On lui donne pour trisaïeul Macé de Gouyn, écuyer, vivant en 1500. *Voyez* Gouin. La terre et seigneurie de *Fontenailles*, en Normandie, au diocèse de Bayeux, fut érigée en *marquisat*, par lettres du mois de juillet 1703, registrées le 23 novembre suivant, en faveur de Henri-Louis de Gouyn de Chapizeaux, enseigne des gardes du corps, chevalier de Saint-Louis.

GOY, Abraham Goy, avocat au parlement, fut élu échevin de Lyon en 1722. *D'azur, au chevron, accompagné de trois monts, chacun de trois coupeaux, le tout d'argent; au chef du même, chargé d'un sanglier de sable, chargé de trois étoiles rangées d'argent.*

GOYET, seigneurs de Becherade et de la Raturière, en Touraine, famille ancienne, connue depuis Jean Goyet, écuyer, l'un des quatre-vingt-dix-sept archers de la compagnie de Jean de Tournemine, sire de la Hunaudaye, écuyer banneret, qui fit montre à Château-gontier, le 1er août 1421. Elle a donné un chevalier de Malte en 1681. *D'azur, au chevron d'or, accompagné de trois pélicans du même.*

GOZON. Cette maison, d'ancienne chevalerie du Languedoc, tire son nom de la seigneurie de Gozon, au diocèse de Vabres. Elle a donné un grand maître de l'ordre souverain de Saint-Jean-de-Jérusalem, en 1346, dans la personne de Dieudonné de Gozon, mort l'an 1354. On a débité sur ce grand maître, que n'étant que simple chevalier, il avait délivré l'île de Rhodes d'un énorme dragon, qui l'infectait par son souffle, et la dépeuplait par sa voracité. Ce conte est représenté sur de vieilles tapisseries, où l'on voit aussi les hauts faits non moins romanesques de l'archevêque Turpin. Quoi qu'il en soit, le gouvernement de ce grand maître fut glorieux pour l'ordre. L'année qui suivit son élection, il envoya les troupes de la religion au secours du roi d'Arménie, contre les Sarrasins d'Egypte. Elles triomphèrent de ces infidèles, et remirent le roi en possession des villes qu'ils lui avaient enlevées.

Cette maison subsistait, en 1669, en diverses branches; savoir, celle des seigneurs de Montmaur, et celle des seigneurs d'Orlhonac. Il y en avait une aussi sous le nom de Gozon d'Ays, en Quercy, en 1766. *De gueules, à la bande d'argent, bordée d'azur ; à la bordure crénelée du second émail.*

GRACHAUX, village situé au ressort de Gray, en Franche-Comté, qui a donné son nom à une maison d'ancienne chevalerie, éteinte dans les maisons de Toulonjon et de Balay, au milieu du dix-septième siècle. Dunod de Charnage présume qu'elle était une branche cadette de l'ancienne maison de Cicon, sur ce qu'elle portait les mêmes armes et le même cimier. Elle a donné cinq chevaliers à la confrérie noble de Saint-Georges, depuis Guillaume de Grachaux, qui y fut reçu en 1470. *D'or, à la fasce de sable.* Cimier : un maure.

DE GRAFFEUIL, seigneurs et vicomtes du Mont-Saint-Martin, en Champagne, seigneurs de Marcillac et de la Valette, en Limosin, famille très-ancienne, originaire de cette dernière province. La branche établie en Champagne y a fait preuve depuis Martin de Graffeuil, seigneur de Graffeuil, vivant en 1500. *D'argent, à la feuille de houx de sinople, accostée de deux étoiles d'azur.*

DU GRAIL. *Voyez* BERNARD.

DE GRAIMBERG, quelquefois Graimbert et Grimberg, vicomtes de Nogentel et de Vaustin, noblesse issue d'ancienne chevalerie des Pays-Bas, d'où une branche vint s'établir en Picardie vers le milieu du seizième siècle. Elle y forma les branches de Belleau, Nogentel, Torcy et Gaulne.

Jean de Graimberg, vicomte de Nogentel, seigneur de Belleau, etc., était, en 1584, gouverneur de Château-Thierry et la Ferté-Milon ; François de Graimberg de Belleau, en 1691, commandait, en second, l'escadron de la noblesse de l'Ile-de-France ; Charles, son fils aîné, fut page du roi en 1694 ; Renault, son fils cadet, fut tué au siége de Philisbourg, capitaine au régiment des gardes ; ses deux petits-fils servirent au régiment du roi ; l'aîné, en 1789, fut député de la noblesse du bailliage de Château-Thierry aux états-généraux. *D'or, à la fasce d'azur, au sautoir de gueules, brochant sur le tout ; sur le tout d'azur, à trois besants d'or.*

GRAINCOURT, seigneurie en Artois, au diocèse de Cambray, nommé Grincourt par les géographes modernes, a donné son nom à une maison d'ancienne chevalerie de ce pays, issue des anciens sires de Saint-Aubert, dont la terre de Graincourt était un des plus beaux apanages. Cette ancienne maison paraît s'être éteinte vers la fin du quatorzième siècle. *De sinople, à trois chevrons d'or.*

GRAINDOR, seigneur de Fremontier, de Brière, de la Motte, etc., en Normandie. Famille anoblie en août 1578, dans la personne de Charles Graindor. *D'azur, à 3 épées d'or.*

GRANCEY, bourg en Champagne, vers les confins de la Franche-Comté, a donné son nom à une des plus anciennes et plus illustres maisons du royaume, connue depuis Gobert de Grancey, chevalier, qui fut un des seigneurs présents à la charte donnée par Hugues II, duc de Bourgogne, en 1142, pour confirmer celle que le duc Eudes Ier, son père, avait donnée en faveur de l'abbaye de Saint-Seine, l'an 1093. On le croit père de Ponce de Grancey, connétable de Bourgogne, vers la fin du douzième siècle. Sa postérité paraît s'être éteinte vers l'an 1450.

Ebles de Grancey, comte de Saulx, fit présent à Herbert, abbé de Saint-Etienne de Dijon, et à son abbaye, des droits de pâturage et d'usage dans les bois d'Ahus et d'Asnières, du consentement de Guillaume, son frère, de Reine, sa femme, de Gui, Girard, Ebles et Guillaume, ses fils, en présence de Geoffroy, évêque de Langres, et de Garnier, prévôt séculier de cette église, vers l'an 1141.

Milon de Grancey, évêque d'Autun, est rappelé dans le règlement d'un aniversaire pour honorer sa mémoire, du 24 janvier 1401. *D'or, au lion couronné d'azur.*

GRANDEAU D'ABANCOURT, noblesse consacrée par la charte, avec le titre légal de *baron*, dans la personne de Louis-Joseph Grandeau d'Abancourt, général de brigade, chevalier de Saint-Louis, et grand-officier de la Légion-d'Honneur. *Coupé au 1 d'azur, au lion d'argent, la tête contournée, lampassé de gueules, tenant de la pate dextre une épée d'argent, garnie d'or, et de la senestre un bouclier de sable, chargé d'une étoile d'or; au 2 parti de gueules, au lévrier d'or, colleté et bouclé d'argent, sur une terrasse de sinople, et d'azur, au fort flanqué de deux tours ruinées d'argent, ouvert, ajouré et maçonné de sable.*

GRANDESSE D'ESPAGNE. La *Grandesse* est la pre-mière dignité des seigneurs de ce royaume. Les *Grands* d'Espagne se couvrent devant le roi, ou avant de lui parler, ou après lui avoir parlé, ou seulement en se mettant en leur rang avec les autres. Les *Grands d'Espagne* ont long-tems prétendu être traités comme les électeurs de l'Em-pire et les princes d'Italie. Ils jouissent à la cour de France des mêmes honneurs que les ducs, ainsi que nos ducs jouissaient en Espagne des honneurs des grands. Charles-Quint confirma à seize principaux seigneurs les priviléges de la *Grandesse.* Cet empereur, roi d'Espagne, accorda les mêmes honneurs à beaucoup d'autres, et ses successeurs en ont toujours augmenté le nombre.

La couverture d'un *Grand d'Espagne* est majestueuse, et semblable à la première audience solennelle d'un am-bassadeur. C'est d'elle que dépendent tellement le rang et les prérogatives de la grandesse, que les *Grands* de suc-cession, même de père en fils, ne peuvent jouir des dis-tinctions attachées à cette dignité, qu'ils n'ayent fait leur couverture. Le roi, qui accorde à la vérité presque tou-jours cette couverture dans la même semaine qu'elle lui est demandée, peut la retarder, même la refuser; et quoique cela soit fort rare, la chose n'est pas sans exemple. (*Mémoires de Saint-Simon*, tom. VI, p. 374.)

ETAT des Maisons nobles de France, décorées de la Grandesse d'Espagne de première classe, avec la date de leurs diplomes de création. (On a ajouté la pairie à celles qui sont en outre en possession actuelle de cette dignité.)

Beauvau, princes du Saint-Empire, pairs de France, 8 mai 1727.
Brancas-Céreste (ducs de), 15 février 1730.
Buzançois (de Beauvilliers, ducs de Saint-Auguan, comtes de), pairs de France, 25 avril 1701.

Caylus (de Robert de Lignerac, ducs de), pairs de France, 1774.

Chimay (d'Alsace-Hennin-Liétard), princes du Saint-Empire, 3 avril 1708.

Crillon-Mahon (de Berton-Crillon), pairs de France, 30 mars 1782.

Croy (ducs de), pairs de France, 1706.

Doudeauville (de la Rochefoucault, ducs de), pairs de France, 1703.

Egmont (Egmont, ensuite Pignatelli d'Egmont), vers 1520, et 15 septembre 1707.

Esclignac (de Preissac, ducs d'), pairs de France.

Estaing (comtes d'), 30 mars 1782.

Force (de Caumont, duc de la), pair de France.

Gamaches (de Rouault, marquis de).

Gand (vicomtes de), pairs de France, 1785.

Ghistelles (de Melun, princes d'Epinoy, ensuite Ghistelles, par succession du 9 octobre), 1758.

Hautefort (comtes), mars 1723.

Havré (de Croy, ducs d'), pairs de France, 1528.

Laval-Montmorency (le prince de).

La Marck (de Ligne, princes d'Arenberg et comtes de), 8 décembre 1740.

Montbarrey princes du Saint-Empire (de Saint-Maurice), 1780.

Montmorency (le prince de).

Mouchy (ducs de Noailles, princes de Poix), pairs de de France), 5 mars 1712.

Narbonne-Lara (le duc de).

Nassau-Siegen, vers 1520.

Nivernais (Mancini-Mazarini, ducs de), 1709.

Périgord (comtes de), aujourd'hui prince de Chalais, pair de France, 1er. octobre 1714.

Robecque (princes de), éteints, avril 1713.

Rouvroy Saint-Simon (marquis, puis ducs de), pairs de France, 21 janvier 1722.

Salm-Kirbourg (princes de), 1520.

Sérent (le duc de), pair de France.

Tessé (de Froulay, comtes de), novembre 1704.

Valentinois (Grimaldi, puis Goyon-Matignon substitué), princes de Monaco, pairs de France, 20 mai 1754.

GRANDOYEN, en Lorraine, famille anoblie dans la personne de Sébastien-Joseph Grandoyen, seigneur haut, moyen et bas justicier du château de Gresil, Valleroy et Montreux-le-Sec, par diplome de l'empereur Léopold, à lui expédié étant à Bruxelles, du 24 juillet 1693, confirmé par son altesse royale, le 25 janvier 1714, et entériné en la chambre des comptes, le 8 mars suivant. *D'azur, au lion d'or.*

DE GRANDRUES. Pierre de Grandrues fut échevin de Paris en 1414, et Jean de Grandrues, en 1436 et 1438. Hervé de Grandrues fut pourvu d'un office de secrétaire du roi, le 17 juin 1559. Il le résigna à Jean de Grandrues, son fils, le 14 février 1579. *D'argent, à la fasce de sable, accompagnée de trois annelets du même.*

DE LA GRANGE. Cette famille est ancienne et distinguée. Jean de la Grange fut cardinal évêque d'Amiens et favori du roi Charles V. Etienne de la Grange, frère du cardinal, fut président à mortier au parlement de Paris, en 1373, et mourut le 16 novembre 1388. *De gueules, à trois merlettes d'argent; au franc-canton d'hermine.*

Il existe encore en Limosin une famille de la Grange, seigneurs et barons de Tarnac, de Gramat, de Comps, etc., maintenue dans sa noblesse, par M. Rouillé, intendant de Limoges, le 21 avril 1706, qui porte les mêmes armes.

DE LA GRANGE, en Flandre. Paul de la Grange, sieur de Vrelingheim, obtint des lettres de chevalerie, le 7 janvier 1589. *D'azur, à trois étoiles d'argent; au chef du même, chargé d'une tortue de gueules.*

DE LA GRANGE DE BILLEMONT, en Picardie, famille ancienne qui a justifié sa noblesse depuis l'an 1530. Elle remontait néanmoins bien au-delà de cette époque, puisque Gui de la Grange-Billemont fut reçu dans l'ordre souverain de Saint-Jean de Jérusalem, en 1531, ce qui remonte l'ancienneté de sa famille à l'an 1430. *Losangé d'or et de sable; au franc canton d'argent, chargé de neuf croissants de gueules posés 1, 3, 2 et 3; à l'étoile de même en cœur.*

DE LA GRANGE, seigneurs de Montigny de Ve-
sure, marquis d'Arquien, vicomte de Soulangis, seigneurs de Villedonné, du Fouilloy, etc., en Champagne et en Berry, maison ancienne et illustre, originaire du Berri, connue par filiation Jean de la Grange,
qui vivait encore en 1442. Elle a donné un maréchal de
France, un grand-maître de l'artillerie, des chevaliers
de l'ordre de Saint-Michel et des ordres du roi, des
gouverneurs de provinces et de Paris, nombre d'officiers
supérieurs, des gentilshommes ordinaires de la chambre
du roi, etc. Cette maison, déjà illustre par les grandes
charges qu'elle occupait, s'acquit un nouveau degré de
splendeur par le mariage, en 1665, de Marie-Casimire
de la Grange d'Arquien, avec Jean Sobieski, élu roi de
Pologne, le 20 mai 1674. Le père de cette princesse,
Henri de la Grange, marquis d'Arquien, fut créé cardinal en 1695. *D'azur, à trois renchiers d'or.* La branche
d'Arquien brisait en cœur : *De sable, à trois têtes de
léopard d'or,* qui est de GUYTOIS.

DE GRANGET DE MIONS, DE CHAMPREMONT, en
Bresse, famille dont la noblesse remonte à Hugonin
de Granget, vivant en 1430. *D'argent, au chevron de
gueules, accompagné de trois croissants d'azur.*

LE GRAS, Philippe le Gras, conseiller de la ville
de Paris, le 2 août 1714, fut échevin de cette ville, en
1727. *Coupé d'azur et d'or, à trois rencontres de cerf,
deux d'or sur azur et un de gueules sur or.*

LE GRAS DU LUART, au Maine, famille de robe,
connue depuis Michel le Gras, seigneur du Luart et de
Lausserie, lieutenant particulier de la ville du Mans en
1550, dont le fils, le petit-fils et l'arrière-petit-fils
furent successivement conseillers au grand conseil. Cette
famille compte aussi plusieurs officiers au service. La
châtellenie du Luart, avec ses dépendances, fut érigée
en marquisat, en faveur de François le Gras, baron du
Tertre, intendant du Roussillon en 1723, par lettres-
patentes du mois de janvier 1726, registrées au parlement le 7 juin 1726, par lesquelles il appert que cette
famille est originaire de Champagne, et que Jean le
Gras était, en 1416, gouverneur de Châlons. *D'azur,*

à trois rencontres de cerf d'or. Guillaume le Gras, échevin de Paris en 1540, portait les mêmes armes.

GRAS DE PRÉGENTIL, DU ROUSSET, en Dauphiné et en Provence, famille qui remonte à Jean Gras, vivant en 1406, et habitant Leval-Godemar, dont Claude Gras fut seigneur, ainsi que d'autres terres. *D'azur, ou lion d'or; à trois barres de gueules, brochantes sur le tout.*

DE GRAS DE PRÉVILLE, en Provence. Cette famille, au sentiment de l'auteur de la critique du Nobiliaire de l'abbé Robert, est noble de race, et originaire d'Orange. Jean Gras, premier consul de cette ville en 1421, en est la tige. Cette charge ne pouvant être remplie que par des gentilshommes, conférait la noblesse à ceux qui ne l'avaient pas; Jean Gras fut choisi parmi les gentilshommes de la principauté d'Orange pour commander la noblesse que cet état envoya au secours de Marseille, assiégée par Alphonse, roi d'Aragon, en 1431. Jacques Gras, son fils, fut aussi premier consul la même année 1431. Jean et Jacques furent députés de la part des états d'Orange, vers Louis III d'Anjou, pour le complimenter.

L'abbé Robert, qui s'accorde sur l'origine de cette famille de la ville d'Orange, fait mention de Louis Grassi ou de Gras, père de Jacques, qui fut élu premier consul en 1428 et 1431. Ce Louis paraît être le même que le Jean Gras dont nous avons parlé plus haut. L'abbé Robert dit qu'il est nommé parmi les nobles du conseil de la ville d'Orange en 1383.

La Chesnaye ajoute un degré de plus en cette famille, en faisant Louis Grassi fils de Geoffroy Grassi, qu'il dit originaire de Messine. Cette famille a fourni des officiers-généraux de terre et de mer. Elle a obtenu les honneurs de la cour le 16 mai 1787, avec le titre de marquis. *Tiercé en bande; au 1 d'or; au 2 d'argent, à trois aiglettes essorantes de sable, la tête contournée, becquées, membrées et couronnées d'or; au 3 de gueules.* Devise: *Volabunt et non deficient, altiora petens.*

LE GRAS DE SÉCHEVAL ET DE LA CHASTIÈRE, en Ardennes. Cette famille, dont Pailliot donne les armoiries, a donné des officiers supérieurs, dont l'un, adjudant général à l'armée de Quiberon , est mort de deux blessures qu'il a reçues dans cette bataille. *D'argent, à trois rencontres de cerf de gueules.*

LE GRAS DE VAUBERSEY , en Champagne, famille distinguée, qui tire son origine de Gilles le Gras, bourgeois de Troyes, anobli le 9 novembre 1376. Simon le Gras de Vaubersey, évêque de Soissons, a eu l'honneur de sacrer le roi Louis XIV, le 16 juin 1654. *D'azur, à trois roseaux d'or, surmontés chacun d'un besant du même ; au chef vairé d'or et d'azur.*

LE GRAS. Robert et François le Gras furent anoblis pour services , le premier en 1450 , et le second en 1579.

DE LA GRASNELAYS DE LA JOSSARDAYS, en Bretagne, famille d'origine chevaleresque, connue par filiation depuis Jean de la Grasnelays, aïeul de Vincent de la Grasnelays, vivant en 1397. *D'azur, à trois casques d'argent, chacun enclos dans une couronne triomphale de sinople.*

GRAVIER DE VERGENNES , famille très-distinguée de Bourgogne ; elle remonte à Charles Gravier , lequel acquit un office de trésorier de France, dont les provisions sont du 23 janvier 1680.

Cette maison compte un ambassadeur en Suisse, en 1777 ; en Portugal , au mois d'octobre de la même année , et près de la république de Venise en 1782 ; un commandeur du Saint-Esprit , chef du conseil royal des finances, nommé, en 1755 , ambassadeur à la Porte Ottomane, et, en 1771 , en Suède ; nommé ministre des affaires étrangères en 1774 , mort à Versailles le 13 février 1787 ; des magistrats distingués , et , de nos jours, plusieurs officiers de marque , entr'autres deux maréchaux de camp des armées du roi , chevaliers des ordres royaux et militaires de Saint-Louis, de la Légion-d'Honneur, et de Saint-Jean de Jérusalem.

Armes : Parti, au 1 de gueules , à trois oiseaux essorants d'argent, les deux en chef affrontés ; au 2 de gueules , à la croix d'argent, chargée d'un écusson d'azur, surchargé d'un tournesol d'or, tigé et feuillé de sinople.

DE GRAZAY, au Maine. Jean de Grazay, seigneur de Grazay, de Sarigny, Louvigné, la Tranchée, la Liziardière, eut pour fille Jeanne de Grazay, morte avant le 8 novembre 1464, femme de Jean de Champagné, chevalier, seigneur de la Montagne et de Rochechaude. *D'or, au lion d'azur, lampassé, armé et couronné de gueules.*

GRÉARD, en Normandie, famille anoblie par charte du mois d'avril 1664, dans la personne de Louis Gréard, avocat au parlement de Normandie. *D'azur, au chevron d'argent, accompagné en chef de 2 croissants d'or, et en pointe d'un coq du même, crêté, barbé et membré de gueules.*

DE GREFEUIL, maison d'ancienne chevalerie du Languedoc, éteinte depuis plusieurs siècles, et dont était Sicard de Grefeuil, damoiseau, vivant en 1355, et dont le sceau gravé dans la planche VIIe. de l'Histoire de Languedoc, n°. 83, représente *une bande.*

GREGAINE, en Lyonnais. Jean Gregaine, seigneur de Chourigny, conseiller au présidial de Lyon et assesseur en la maréchaussée générale du Lyonnais, Forez et Beaujolais, fut élu échevin de Lyon en 1674. *D'azur, au chevron d'or, accompagné en chef de deux croissants d'argent, et en pointe d'une étoile du même.*

GRÉGOIRE D'ABLEVILLE, en Languedoc. Nicolas Grégoire, docteur, avocat, fut capitoul de Toulouse en 1585. Il acquit, par cette charge, la noblesse à ses descendants, qui furent maintenus en vertu du capitoulat le 30 septembre 1669. *D'azur, à l'aigle d'or, regardant un soleil du même, au premier canton.*

GRÉGOIRE DE BLANMARET ET DU POIRIER, en Artois, avocat-général au conseil de cette province en 1671, et conseiller en 1706. *D'azur, à la fasce d'argent, accompagnée de 3 croissants du même.*

GRENET, au pays Chartrain. Jean Grenet, conseiller au bailliage et présidial de Chartres, épousa Anne Gueau, fille de Claude Gueau, avocat au parlement, et de Anne-Marguerite Mahon. Il en eut Jean-Étienne Grenet, Claude et Balthazard Grenet, Marie-Anne

Jeanne-Françoise, Marie-Thérèse et Catherine Grenet. *D'argent, à la tierce d'azur en bande, accostée de quatre taux du même émail.*

GRENET DE FLORIMOND, famille ancienne, originaire de Lorraine, établie maintenant en Artois. Elle a donné plusieurs officiers de marque. *D'azur, au soleil d'or.*

GRENET DE GADIMETZ, DE FERMONT, DE WAUCOURT, en Picardie et en Hainaut. Cette famille est fort ancienne. Elle est alliée aux maisons de Boutry, de Fremin, de Beaulaincourt, de le Preud'homme, de Gherbode et autres, d'Artois, où les Grenet avaient de nombreuses possessions. Jean Grenet, écuyer, sieur de Baxes, fut conseiller à l'institution du conseil d'Artois; Pierre Grenet, écuyer, avocat fiscal au conseil, puis conseiller en 1554, décéda doyen des conseillers en 1585. *D'azur, à trois gerbes de blé d'or.*

GRENET, DE LA NOUE, DE LA MERLATIÈRE, en Poitou. Philippe Grenet, écuyer, seigneur desdits lieux, épousa, vers l'an 1580, Louise Buffeteau, dont il eut, entr'autres enfants, Renaude Grenet, mariée, vers 1600, à Claude Louvain, écuyer, seigneur de la Vergne. *De sable, au lion léopardé d'argent, lampassé et armé de gueules.*

GRENOBLE. *Voyez* DAUPHINÉ.

LE GRESLE. Jean le Gresle, seigneur de Beaupré, fut élu échevin de Paris en 1575. *D'argent, à la fasce d'azur, accompagnée en chef de deux étoiles de gueules, et en pointe de deux pensées au naturel, penchées à dextre et à sénestre.*

DE GREZ, en Brie. Guillaume de Grez, évêque et comte de Beauvais, pair de France, eut, en 1257, des démêlés avec les habitants de Beauvais, touchant les droits de communes, puis avec les maire et pairs de cette ville, ce qui l'obligea de la mettre en interdit le mercredi avant les Rameaux 1265. Il le leva à la considération du roi Saint-Louis, qui était à Beauvais le mercredi après Noël 1266. Il mourut à Paris, le 22 février suivant, que l'on comptait encore 1266, et fut enterré dans sa cathédrale. *D'or, au dragon de sinople, langué de gueules.*

GRIFFON, famille ancienne, originaire du Poitou, et fixée à Saint-Jean-d'Angéli depuis plusieurs siècles. Elle remonte à Jean Griffon, habitant de cette ville, de libre condition, anobli par le roi Charles VII, le 4 août 1441. Cette famille a constamment servi, soit dans la magistrature, soit dans l'épée. *D'azur, au griffon d'argent.*

DE LA GRIFFONNIÈRE, seigneurs de Pirajoux, de la Charme, etc., en Bresse, famille dont le nom patronimique était *Louys* ; Claude *Louys*, écuyer, seigneur de Cornier, vivant en 1534, est le premier de cette famille qui a eu le caractère de noblesse. Elle s'est éteinte vers le milieu du dix-septième siècle. *D'argent, à 3 couronnes de sinople.*

DE GRIFFOULES DE LENTILLAC, très-ancienne noblesse du Limosin, qui, lors de la recherche, a fait preuve depuis Pierre de Griffoules, vivant au mois d'août 1554. *Losangé d'or et d'argent.*

GRIGNART DE CHAMPSAVOY, en Bretagne, famille d'origine chevaleresque, connue filiativement depuis Jean Grignart, seigneur de Champsavoy, vivant en 1344. *De sable, à la croix d'argent, cantonnée de 4 croissants du même.* Devise : *Spes mea.*

DE GRIGNOLS DE CAUMONT, en Auvergne, famille ancienne, qui prouve une filiation suivie depuis Jean de Grignols, écuyer, qui, le 14 mars 1513, se maria avec demoiselle Marie de la Marthonie. *D'azur, à une tige de 3 épis entrelacés d'or.*

GRIGNON, en Bretagne. Jacques Grignon, sieur de la Grignonaye, conseiller au parlement de Bretagne, fut élu maire de la ville de Nantes en 1573. *D'argent, à 3 roses de gueules, boutonnées d'or.*

GRIGNON, village de Bourgogne, à deux lieues de Semur, en Auxois, qui a donné son nom à une ancienne maison de chevalerie éteinte depuis long-tems. Alixant de Grignon, étant en minorité, avait cédé le

I.   40

château de Grignon au duc de Bourgogne : elle avait épousé Guy, seigneur du Trembloy, chevalier.

GRIGNON DE LA PELISSONNIÈRE, au Maine, famille issue d'ancienne chevalerie, originaire de Bretagne. Henri et Eon Grignon rendirent hommage au vicomte de Rohan l'an 1396. Jean Grignon de la Foresterie fut reçu chevalier de Saint-Jean de Jérusalem en 1572. *De gueules, à trois clefs d'or.*

GRILLET DE TAILLADES, barons de Brassac, de Saint-Trivier, au comtat Venaissin, en Bresse et en Normandie. Les auteurs ne s'accordent point sur l'origine de cette famille. Nostradamus la croit originaire de Bretagne ; Goussencourt prétend qu'elle vient de Naples, et qu'elle s'est répandue à Gênes, en Provence, en Bretagne et à Venise ; enfin, la Chenaye la fait venir de la ville de Quiers, en Piémont. Mais de toutes ces présomptions, on doit s'en tenir au sentiment de Guichenon, qui avance avec plus de certitude que cette famille est originaire de Bresse, où elle est connue par titres et sans aucune trace d'anoblissement depuis 1460. Cette maison a donné un premier chambellan du duc de Savoie, un colonel général de l'infanterie française pour le pape au comtat Venaissin, des capitaines de cinquante hommes d'armes des ordonnances au service des rois de France, nombre d'officiers supérieurs, etc., etc. La petite ville de *Saint-Trivier*, en Bresse, fut inféodée avec titre de comté, par lettres d'Emmanuel-Philibert, duc de Savoie, du 8 janvier 1575, à Marie de Gondi, veuve de Nicolas de Grillet, seigneurs de Pomiers, dont le fils aîné, Philippe de Grillet, en reçut l'investiture le 16 mai 1580. Les *baronnies* de Brissac et de Pomiers ont appartenu à cette famille. *De gueules, à la fasce ondée d'or, accompagnée en chef d'un lion léopardé d'argent, et en pointe de trois besants bien ordonnés du même.*

GRILLET DE LA SARDIÈRE, en Bresse, branche bâtarde de la famille précédente. Elle a été formée par Jacques Grillet, protonotaire apostolique, chanoine de l'église collégiale de Bourg, prieur et seigneur d'Linimont, en Bugey, fils aîné d'André Grillet, seigneur

du Boissey, et de la Sardière, et d'Anne Colomb. Il
eut de Jeanne Gaudillon, sa maîtresse, un fils naturel,
nommé Jacques Grillet, seigneur de la Sardière, ser-
gent-major de la citadelle de Bourg, qui fut légitimé
du consentement de Charles-Maximilien Grillet, comte
de Saint-Trivier, par Charles-Emmanuel, duc de
Savoie, le 6 mars 1579. Il fut confirmé dans sa légitimation par Henri IV, lors de la réduction de la Bresse,
et déclaré noble par le roi Louis XIII, en 1614. *D'azur,
au chevron d'or, accompagné de trois grillets du même, et
surmonté d'un croissant d'argent.*

DE GRIMAUD, et non *Grimod.* Jacques de Grimaud
fut échevin de la ville de Lyon en 1569; François de
Grimaud le fut aussi en 1608. *D'or, au chevron de gueules,
chargé d'une croisette et de deux mouchetures d'argent; au
chef d'azur, chargé de trois étoiles d'or.*

DE GRIMOARD-DE-BEAUVOIR-DU-ROURE,
barons de Bannes, de Barjac, de Grisac, de Florac,
et des états du Languedoc, comtes du Roure, par lettres du mois de janvier 1608, barons de Beaumont et
des états du Languedoc, comtes et vicomtes de Brison,
marquis du Roure, une des plus anciennes et des plus
illustres maisons du royaume, originaire du Viennois, où
elle florissait dès l'an 1000, établie dans le Gévaudan et
le Vivarais, où elle possède la terre, le nom et les armes
du Roure depuis le douzième siècle; revêtue, en Dauphiné, de la mistralie des comtes de Vienne dès l'an 1038,
suivant Chorier, Valbonnais, etc., et dont un des auteurs,
Raoul du Roure, fut nommé par le roi saint Louis,
en 1250, haut bailli du Gévaudan, après Béraud de
Mercœur. Au rapport de D. Vaissète, Guillaume de
Beauvoir, VIe. du nom, chevalier, seigneur du Roure,
de Bannes, etc., épousa Urbaine de Grimoard, arrière-
petite-fille de Guillaume de Grimoard, seigneur de
Grisac et d'Amphelise de Sabran, sœur de saint Elzéar, père et mère du pape Urbain V. Urbaine était fille
et héritière d'Antoine de Grimoard, seigneur de Ver-
feuil, Grisac, Bellegarde, Randon, etc., qui testa en
1494. Depuis cette époque, et non avant, les Beauvoir
du Roure ont fait précéder leur nom de celui de Grimoard, et les deux maisons se sont confondues, ce qui
les a fait souvent confondre par les généalogistes, à

l'égard des tems antérieurs à cette alliance. La maison de Grimoard, qui s'est ainsi fondue et perpétuée dans celle de Beauvoir, était fort ancienne. Pons et Vidal de Grimoard souscrivirent le serment de fidélité fait l'an 1197, par les habitants de Moissac, à Raymond VI, comte de Toulouse. Le même Pons est nommé comme témoin de l'hommage que fit, en 1239, le comte de Valentinois, au comte de Toulouse, pour divers fiefs du Vivarais.

Cette maison a donné des lieutenants-généraux et des maréchaux de camp des armées, des chevaliers de l'ordre du roi, un chevalier du Saint-Esprit, des gouverneurs de places, des chevaliers et dignitaires de l'ordre de Saint-Jean de Jérusalem, depuis l'an 1551, deux comtes de Lyon en 1209 et 1460, etc. Elle a obtenu les honneurs de la cour les 29 mars 1759, 26 juillet 1760, 15 mai 1778, 5 décembre 1779 et 12 février 1783, en vertu de preuves faites au cabinet des ordres du roi.

Armes : écartelé, aux 1 et 4 d'or, au lion de gueules, qui est DE BEAUVOIR ; aux 2 et 3 de gueules, à l'émanche d'or de quatre pièces, mouvante du chef, qui est DE GRIMOARD ; sur le tout d'azur, au chêne d'or, à quatre branches passées en sautoir, qui est DU ROURE.

La branche des comtes du Roure, marquis de Grisac, écartèle en outre de Montlaur, de Maubec, et de Gévaudan ancien.

DE GRIMOUVILLE, marquis de Mailleraye, barons de la Lande d'Airou, de la Lande Patry et de Larchant, seigneurs de Martragny, etc., etc., maison d'ancienne chevalerie de Normandie, et l'une des plus distinguées de cette province, qui a pris son nom d'une terre située près de Coutances, où l'on comptait cent quarante-un feux et un petit port de mer très-fréquenté : elle est connue par les monuments historiques depuis Robert et Nicolas de Grimouville, qui, l'an 1096, accompagnèrent Robert Courte-Heuse à la conquête de la Terre-Sainte, et établit sa filiation par titres depuis Guillaume de Grimouville, seigneur de Grimouville, vivant vers l'an 1280. Cette maison a produit deux généraux, deux chevaliers du Saint-Esprit, conseillers d'état et gentilshommes ordinaires de la chambre du roi, l'un chambellan de sa majesté et capitaine de cent archers de sa garde, l'autre colonel de six cents chevau-légers et mestre-de-camp d'un régiment de cuirassiers de six compagnies de pied; un gentilhomme ordinaire de la chambre, colonel des bans et arrières-bans de Normandie; trois gouverneurs de places; un capitaine de cinquante hommes d'armes; cinq chevaliers de l'ordre du roi avant l'institution de celui du Saint-Esprit; un grand-maître des eaux et forêts du Côtentin, et nombre d'officiers supérieurs et de capitaines, chevaliers de l'ordre royal et militaire de Saint-Louis. *De gueules, à trois étoiles de mer (1) d'argent.* Supports et cimier : trois sirènes, tenant chacune un miroir. Devise : *Timor Dei, nobilitas.*

GRINART, en Artois. Renaud Grinart, auteur de cette famille, procureur-général au conseil d'Artois à son institution, fut, en 1532, lieutenant au gouvernement d'Arras. *D'argent, à 3 tours d'azur.*

GRIPIÈRE DE MONCROC, en Agenois, en Normandie et en Bresse. Cette famille paraît originaire de l'Ile de France, et tire son nom de la terre et seigneurie de Gripière, près Pontoise. Elle prouve une filiation suivie depuis Tassin de Gripière, écuyer, seigneur de Collemont, en Bourgogne, vivant vers 1500 avec Marguerite de Pouilly, sa femme. Cette famille a donné un capitaine de cent hommes d'armes en 1538, divers capitaines de compagnies d'ordonnance et de chevau-légers, des chevaliers de Saint-Louis, etc. *De gueules, à la croix d'argent, cantonnée de quatre molettes d'éperon d'or.*

GRISSON DE VILLEBOUSIN, en Orléanais. Noble homme Nicolas Hatte, écuyer, et demoiselle Esperence Bourdineau, son épouse, rendirent aveu et dénombrement à demoiselle Radegonde Picot, veuve de défunt noble homme Robert Grisson, seigneur de Villebeau, grand-prévôt de France; ladite Picot stipulant par Me. Laurent le Mercier, procureur de Jean Grisson, écuyer, conseiller du roi, contrôleur-général de son ar-

_____

(1) On a mis, par erreur, *de gueules, à trois étoiles d'or*, dans le tome XVI, page 104 du Nobiliaire. Les étoiles du blason de la maison de Grimouville sont une espèce de petit poisson à cinq branches ou queues, et non pas des étoiles prises dans l'acception ordinaire.

genterie, et de noble homme M⁰. Charles Grisson, lieutenant du grand prévôt de France, etc. le dernier juillet 1598. Robert Grisson avait été pourvu, le 28 août 1570, de l'office de secrétaire du roi, qu'il avait résigné en 1584. *D'argent, à la gerbe de sable.*

DE GRIVEL D'OUROUER, vicomtes d'Antrein, comtes et marquis d'Ourouer, noblesse ancienne et des plus distinguées des provinces, de Bourbonnais et de Berry. Elle remonte, par preuves filiatives, à Jean de Grivel, père d'autre Jean, qui reçut en don, de Louis, duc de Bourbon, comte de Clermont, grand-chambrier de France, la terre et maison forte de Grossoves, avec haute, moyenne et basse justice pour lui et ses descendants, en considération de ses services et de ceux de son père. Dans les lettres-patentes de ce don, datées du mois de février 1364, et ratifiées par d'autres du mois d'avril 1365, ce prince le qualifie son amé et féal chevalier, conseiller et bailli du Bourbonnais. Il servait dans les armées du roi Charles VI, en 1386 et 1387, en qualité de chevalier, avec un autre chevalier et dix-huit écuyers. Cette maison a donné des généraux, des gouverneurs de places, des chevaliers de l'ordre du roi, des gentilshommes ordinaires de la chambre, des capitaines d'hommes d'armes des ordonnances, etc. *D'or, à la bande échiquetée d'argent et de sable.*

GROBERT, en Lorraine, famille anoblie dans la personne de François Grobert, conseiller-secrétaire des commandements et finances, commis à la chancellerie et secrétaire de la légation lorraine en cour de France, par lettres expédiées à Lunéville, le 1ᵉʳ. février 1737. *D'azur, à 3 licornes d'or, celles en chef affrontées, accompagnées en cœur d'un croissant d'argent.*

LE GROING, maison d'ancienne chevalerie du Berri, qui florissait dans cette province dès l'an 1192. Elle établit sa filiation depuis l'an 1261, et a formé plusieurs branches : 1°. les seigneurs de Villebouche, marquis de Treignac ; 2°. les seigneurs de la Maison-Neuve ; 3°. les seigneurs de la Pouvrière, barons de Grisse-Gouet, éteints peu après 1532 ; 4°. les seigneurs de la Romagère. Cette maison a fait les preuves pour les honneurs de la cour. Elle a donné un grand-maître de l'artillerie de France, des chambellans et gentilshommes ordinaires de nos rois, des capitaines de cent et de cinquante hommes d'armes, des gouverneurs de places et deux ambassadeurs, ainsi qu'un grand nombre d'officiers de tous grades, décorés de l'ordre royal et militaire de Saint-Louis. *D'argent, à trois têtes de lion arrachées de gueules, couronnées d'or; au croissant d'azur en abîme.*

GROLLIER, marquis de Treffort, très-ancienne famille du Lyonnais, que quelques-uns prétendent originaire de Véronne, en Italie. On pourrait la dire avec plus de fondement, originaire de France et issue d'Adam Grollier, anobli en 1394. Elle est connue dans l'échevinage de la ville de Lyon, depuis Etienne Grollier, qui fut élu échevin en 1495. Antoine Grollier le fut en 1509, Claude Grollier en 1522, François Grollier en 1546, François Grollier en 1569, Georges Grollier en 1575, Antoine Grollier, sieur de Servières, receveur-général des finances, en Dauphiné, en 1578. François Grollier fut pourvu d'un office de secrétaire du roi, le 8 avril 1552. Il résigna cet office le 17 février 1566, à condition de survivance, à Antoine Grollier, son fils. Cette famille a fourni plusieurs officiers de marque, un ambassadeur auprès du duc de Savoie, en 1588, etc. *D'azur, à trois besants d'or, surmontés chacun d'une étoile du même.*

DE GROOTE, aux Pays-Bas. Nicolas de Groote Drossard de Deurne, Borgerhout, etc. obtint le titre de chevalier, une couronne au lieu d'un bourlet et deux léopards pour supports, par lettres du roi Charles II, données à Madrid, le 12 mai 1688.

Guillaume de Groote, seigneur de Drumez, fut créé chevalier par lettres de l'an 1459. *D'argent, à la croix d'azur, cantonnée de 12 merlettes de sable.*

LE GROS DE VOUGÉCOURT ET D'EPINANT, en Champagne. Cette famille s'est divisée en plusieurs branches.

La première doit son origine à noble Nicolas le Gros, capitaine du château et citadelle de Coiffy, en 1545, sous le gouvernement de M. d'Aumont. Ses descendants furent prévôts de Villard-le-Pautel et de Bourbonne-les-Bains. Cette branche s'est alliée à la maison de Bonnet, dans la personne d'Agnès le Gros, femme de

Joseph de Bonnet, écuyer, capitaine d'infanterie; et à celle de Saint-Vaubert, dans la personne de Barbe le Gros, qui épousa Claude d'Etretry, écuyer, seigneur de Saint-Vaubert; puis à celle de Bonnefoy de Voisey, par le mariage de Sara le Gros, avec M. de Bonnefoy de Voisey, dont le fils fut conseiller au parlement de Besançon.

Noble Nicolas le Gros, capitaine du château et citadelle de Coiffy, avait deux frères; l'un, nommé Eutrope le Gros, fut prédicateur du roi; l'autre fonda la branche de Vougécourt et d'Epinant, de laquelle descendent :

Jean le Gros, doyen des avocats du conseil, et secrétaire du roi, mort en 1682. Il eut pour fils :

Etienne le Gros, seigneur de Vougécourt et de Confevront, pourvu d'une charge de secrétaire du roi, au parlement de Besançon, le 24 mai 1694. Il épousa, le 10 février 1714, Marie-Anne de Gastineau, qui le fit père de :

Sébastien le Gros, écuyer, seigneur d'Epinant, Confevront, Chaumondel, etc., qui épousa, le 5 mars 1736, Anne-Marie Baudot, fille de François Baudot, écuyer, capitaine de cavalerie, maréchal-des-logis des gendarmes écossais du roi. De ce mariage sont issus :

1°. Jean-Richard le Gros, écuyer, né en mars 1747; marié, en juin 1787, à Rose-Marguerite Mariet, et décédé sans hoirs, le 10 ou 11 juin 1796;

2°. Jean-Sébastien, dont l'article suivra;

3°. Marie-Etiennette le Gros d'Epinant, demoiselle, née le 23 février 1737, mariée, le 19 septembre 1780, à messire Humblot d'Hauteville, conseiller aux bailliage et présidial de Langres, décédée sans hoirs le 20 septembre 1816;

4°. Jeanne le Gros de Darnax, demoiselle, née le 4 août 1739, décédée sans hoirs le 15 février 1817;

5°. Françoise-Gabrielle-Emmanuel-Elizabeth le Gros d'Egremont, demoiselle, née le 6 août 1748, mariée, le 6 décembre 1786, à messire Cyprien Tugnot de la Noye, écuyer, garde de Monsieur, actuellement Louis XVIII, décédée le 26 mars 1800;

6°. Anne-Elisabeth le Gros, demoiselle, née le 17 juillet 1758, mariée, le 17 mars 1793, à messire Etienne-Jacques Besancenet, écuyer.

Jean-Sébastien LE GROS D'EPINANT, chevalier, né le 13 juillet 1753, marié, en décembre 1787, à demoiselle Anne Martin, décédé le 11 novembre 1796; dont il eut six enfants, qui suivent :

1°. Georges-Hector le Gros d'Epinant, né le 6 décembre 1792, mort officier d'infanterie à l'armée de Portugal, au mois de septembre 1811 ;

2°. Jean-Sébastien le Gros, chevalier d'Epinant, né le 11 avril 1797 ;

3°. Marie-Joséphine le Gros d'Epinant, née en mai 1790, mariée à Nicolas Chaudron, le 3 décembre 1811 ;

4°. Jeanne le Gros d'Epinant, née le 5 juin 1795, mariée à Achille-Honoré Guyot de Leuchety, écuyer, le 19 août 1819.

Armes : d'argent, au lion au naturel, armé et lampassé de gueules, et accompagné en pointe d'un croissant d'azur.

GROSOURDY, seigneurs de Saint-Paër, du Chastel, etc., en Normandie, famille anoblie en 1574. *De gueules, à la fasce d'argent, accompagnée d'un croissant et de deux étoiles mal ordonnés du même.*

GROSPRÉ, en Artois. Jean du Grospré, écuyer, avocat fiscal au conseil d'Artois, en 1604, puis conseiller en 1609, enfin président dudit conseil, en 1624, est l'auteur de cette famille. *D'hermine, à la croix ancrée de gueules.*

DE GROULART, seigneurs de Hazinelle, du Sart, des Autés, etc., en Champagne ; famille d'ancienne extraction, prouvant une filiation suivie depuis noble homme Jean de Groulart, seigneur d'Andrimont, qui, le 5 décembre 1481, rendit foi et hommage pour ses biens, relevants de l'église de Liége. *D'azur, à trois étoiles d'or.*

DE GROULT DE BEAUFORT. Cette famille a été anoblie, par le collier de Saint-Michel, accordé, en

I. 41

1658, à Jacques de Groult, sieur de Beaufort, qui avait été choisi, en 1649, de l'avis de la reine Anne d'Autriche, dont il éprouva les bontés, pour enseigner au roi les exercices de guerre. Son fils, François de Groult, commissaire des guerres, ayant été inquiété, en 1706, par les commis aux recherches des usurpateurs de noblesse, il obtint des lettres-patentes qui lui permettent et à ses descendants de continuer à porter la qualité d'écuyer, et de jouir des priviléges de la noblesse. *De gueules, au chevron d'or, accompagné de trois roses d'argent.*

DE GROUSSET, en Normandie, branche puînée des seigneurs d'Estouteville, fondée par Samson d'Estouteville, seigneur de Grousset, de Saint-Aubin, etc., vivant en 1216, troisième fils de Robert III, sire d'Estouteville, et de Leonelle de Rames. Les descendants de Samson ont retenu le nom de *Grousset,* et se sont éteints vers l'an 1400.

GROUT. Cette famille, ni celle de Groult de Beaufort, n'ont aucune analogie avec la maison de Groot, en Hollande, dont était le célèbre Grotius. Cette famille est ancienne en Bretagne ; elle est connue parmi les principaux habitants de Saint-Malo, depuis plusieurs siècles. Cependant, lors de la recherche de la noblesse, elle n'était pas tellement ancienne dans ce corps qu'elle ne fût inquiétée. On voit en effet, par les registres de la réformation, que Pierre Grout, sieur de la Ville-Jaquin, s'est désisté et départi de la qualité de noble par lui prise, et a payé 100 livres le 22 septembre 1668.

Ce Jacques est auteur de diverses branches établies en Bretagne, sous les noms de Volembert, de la Motte et de Beauvais. Il avait un frère, Bernard Grout de la Corderie, qui a fait la branche dite des marquis de Saint-Paër, en Normandie.

Ces diverses branches ont occupé des charges de gentilshommes ordinaires de la chambre de nos rois, et des offices de judicature, qui les ont consolidées dans leur noblesse. Cette famille s'est rendue recommandable par ses services militaires. Elle compte plusieurs officiers de marque de terre et de mer, décorés de l'ordre royal et militaire de Saint-Louis. Elle a donné des maréchaux de camp et brigadiers des armées du roi, et un chef d'escadre, dans la personne du chevalier Grout de Saint-Georges. *Écartelé, aux 1 et 4 de sable, à trois têtes de léopard d'or ; aux 2 et 3 d'argent, à trois fusées de gueules.*

GROZON, terre considérable, située près de Poligny, en Franche-Comté, a donné son nom à une maison d'ancienne chevalerie, éteinte dans celle de Scey, au milieu du quinzième siècle.

Guillaume, maire de Grozon, est nommé dans une charte de l'église de Besançon de l'an 1148. Cette charge de maire de Grozon était héréditaire dans sa famille. *Coupé, émanché d'or et d'azur de quatre pièces.*

DE LA GRUE DE LA GUERCHE, DE LA HUDIÈRE, en Bretagne, famille d'origine chevaleresque, connue depuis Hamon la Grue, dont il est fait mention dans une lettre de Jean, évêque de Dol, relatant plusieurs donations faites à la Vieuville de l'an 1200. Cette famille prouve une filiation suivie depuis Thomas de la Grue, vivant en 1435. *D'azur, à la grue d'argent, becquée et membrée d'or.*

DE GRUEL, maison d'ancienne chevalerie de la province de Bretagne, où elle s'est éteinte antérieurement à la dernière réformation, faite en 1668. Raoul de Gruel est nommé comme témoin dans l'acte d'une donation faite l'an 1170, par Roland de Dinan à l'abbaye de Marmoutiers. Le même Raoul, Jean de Gruel, et Guillaume de Gruel, fils de Raoul, sont nommés dans une lettre de Jean, élu de Dol, pour le prieuré de Lehon, de l'an 1197. Robert de Gruel fut témoin d'une donation faite au monastère de la Vieuville, vers l'an 1196, par Guigues le Chobar, allant à la Terre-Sainte. Les marquis de la Frette, seigneurs de Warty, en Normandie, qui ont donné un maréchal de camp, en 1644, des conseillers d'état et un chevalier du Saint-Esprit, paraissent être une branche de cette ancienne maison. *D'argent, à trois fasces de sable.*

DE GRUEL DE BOISEMONT, en Normandie, noblesse issue d'ancienne chevalerie de cette province, dont était Guy de Gruel, chevalier, du bailliage de Côtentin, qui, en cette qualité, comparut au ban de la noblesse convoqué l'an 1271. Cette famille a été maintenue par Montfaut, en 1463, et lors de la dernière recherche, le 14 avril 1666. *D'azur, à trois grues d'argent.*

DE GRUEL DU SAIX, DE FONTAGIER, en Dauphiné. Pierre Gruel, président unique au parlement de Grenoble, en 1461, est, suivant Chorier, la tige de cette famille. Antoine de Gruel et Guicharde de Baronnat, sa femme, vivaient en 1458. *De gueules, à trois grues d'argent.* Devise : *Vigilantia.* La branche de Fontagier brisait d'*un chef d'azur, chargé de 3 croissettes d'argent.*

GRUGET. François Gruget, trésorier de France à Poitiers, fut élu maire de cette ville en 1600. *De gueules, à la fasce d'argent, chargée d'un vol de sable, et accompagnée en chef d'un soleil d'or, et en pointe d'une rose d'argent.*

DE GRUY, DE LA FOLIE, DE CHOISAY, etc., etc., en Champagne, famille qui remonte filiativement à Edmond de Gruy, écuyer, vivant en 1518. *Parti d'azur, au 1 à 3 pals d'or; au second d'azur, à une étoile d'argent, soutenue d'un croissant du même; au chef d'or chargé de trois pals de gueules.*

GRUYN, seigneurs du Bouchet, de la Celle, en l'Ile de France. Cette famille, divisée en deux branches, éteintes en 1763, avait pour auteur Pierre Gruyn, secrétaire du roi, et receveur-général des finances de Lyon, mort le 16 août 1680. Elle a donné des magistrats à la chambre des comptes et au grand conseil, ainsi qu'un conseiller d'état. *D'or, à trois hures de sanglier de sable.*

GUALY, barons de Saint-Rome, en Rouergue. D'Hozier, dans le cinquième registre de son Armorial général, donne la généalogie de cette famille, depuis Bérenger Gualy, chevalier, vivant en 1262. Jean Gualy fut pourvu de l'office de conseiller-secrétaire du roi, maison, couronne de France et de ses finances, le 16 juillet 1627. Il décéda dans cet office, avant le 19 mars 1632.

Louis Gualy fut pourvu d'un même office, le 14 fé-

vrier 1646. Il obtint ses lettres d'honneur, le 10 décembre 1666, registrées à l'audience, le 22 du même
mois. On ignore si ces deux secrétaires du roi, dont
l'Armorial ne fait pas mention, sont de cette famille.
Elle a donné beaucoup d'officiers dans les armées du
roi. *D'or, à la bande d'azur, chargée de trois roses
d'argent, et accompagnée de dix losanges de sable, couchés en bandes, 2 et 3 en chef, et 3 et 2 en pointe.*

DE GUAST DE SAINT-SAVOURNIN, de Mont-
miräil, au Comtat-Venaissin, marquis de Montgauger,
et seigneurs de Lussault, en Touraine, maison des plus
anciennes du Comtat. Elle est connue dans ce pays depuis Bertrand de Gúast, chevalier, du bourg de Thor,
au diocèse de Cavaillon, vivant le 9 novembre 1297,
et prouve une filiation suivie depuis Alfant de Guast,
damoiseau, qui obtint, le 26 avril 1392, la liberté de
prendre les eaux de la rivière de Sorgües pour arroser
les prairies qu'il possédait dans le territoire de Thor.

La châtellenie de *Montgauger*, en Touraine, fut érigée
en *marquisat*, par lettres du mois de janvier 1623, registrées au parlement, le 25 mai 1627, et en la chambre
des comptes, le 18 mars 1634. *D'azur, à cinq besants
d'or, 2, 2 et 1.*

DU GUÉ. Jean du Gué, valet de chambre du roi, fut
pourvu de l'office d'héraut d'armes des ordres du roi,
le 26 février 1586. Il le résigna, en 1611, à François
du Gué, son neveu. *D'azur, au cheval gai d'or; au chef
du même, chargé d'un trèfle de gueules.*

DU GUÉ. Jean du Gué fut quartinier de la ville de
Paris, en 1561. Nicolas du Gué était échevin de la
même ville en 1558. *De gueules, chapé d'argent; à deux
grappes de raisin pamprées de pourpre.*

DU GUÉ, en Bretagne, vicomtes de Mejussaume
par lettres de 1570 et de 1573, registrées le 26 mai
1574. Cette famille, qui n'existait plus lors de la recherche, était fort ancienne dans cette province. Guillaume et Eon du Gué servaient, en qualité d'écuyers,
dans la compagnie de Bertrand de Guesclin, connétable
de France, qui fit montre à Pontorson, le 1er mai
1371. *D'argent, à la croix engrêlée de sable.*

GUEAU, au pays Chartrain.

Jean *Gueau*, élu en l'élection de Chartres, épousa Geneviève de Saintes, fille de René de Saintes, et de Françoise le Rebours. Il en eut :

1° Claude, qui suit ;

2° Jean Gueau, chapelain du collège de Boissy ;

3° Marie Gueau, femme de Jean du Val, élu à Chartres ;

4° Geneviève Gueau, femme de Jean Belet, avocat en l'élection de Chartres.

Claude *Gueau*, avocat au parlement, épousa Françoise du Marchais, dont est issu :

Claude *Gueau*, avocat au parlement, marié avec Anne-Marguerite Mahon. Leurs enfants furent :

1° Marie – Catherine Gueau, femme de Jacques Bouvart, receveur-général du Dauphin ;

2° Anne Gueau, femme de Jean Grenet, conseiller au bailliage et présidial de Chartres.

Armes : D'azur, à une colombe au naturel, posée sur un gui de chêne de sinople en fasce, vers le bas de l'écu.

GUEAU DE REVERSEAUX, en l'Ile de France. Cette famille a pour auteur Jacques-Etienne Gueau, seigneur de Reverseaux, célèbre avocat au parlement de Paris, lequel acheta un office de secrétaire du roi, en 1737. *Ecartelé, aux 1 et 4 d'azur, à la croix de Jérusalem d'or ; au chef cousu de gueules, chargé d'un gui de chêne d'or ; aux 2 et 3 d'azur, au chevron d'or, accompagné de trois croissants d'argent.*

DE GUEFFAULT, noblesse d'ancienne chevalerie, originaire du Poitou. Jean Gueffault, vivant en 1450, fut père d'Antoine Gueffault, seigneur d'Argenson, marié, le 20 janvier 1476, avec Marguerite d'Aloigny, fille de Galehaut d'Aloigny, chevalier, seigneur de la Groye et d'Ingrande, maître d'hôtel de Louis XI, gouverneur et capitaine de la ville et vicomté de Châtellerault, en 1482. Il fut probablement père de François Gueffault, chevalier, seigneur d'Argenson et de Bellême, qui, de Marguerite de Coué, sa femme, eut Jeanne

Gueffault, héritière d'Argenson, qu'elle porta en mariage, le 9 octobre 1538, à Jean de Voyer, IIIᵉ du nom, seigneur de Paulmy, de la Roche de Gennes, etc., chevalier de l'ordre du roi, gentilhomme ordinaire de la chambre. *D'argent, à la fasce de sable.*

GUEHENEUC, seigneurs de la Villeneuve, de la Barre, du Boishux, etc., en Bretagne, famille d'ancienne extraction, connue depuis Perrin Gueheneuc, compris dans la montre de Thibaud, sire de Rochefort, qui eut lieu le 20 décembre 1354. Cette famille prouve une filiation suivie depuis Robert Gueheneuc, vivant en 1416. *D'azur, au lion léopardé d'argent, surmonté de 2 fleurs de lys du même.*

DE GUEMADEUC, marquis de Guemadeuc, barons de Calac, maison d'ancienne chevalerie de la province de Bretagne, dont le nom primitif était *Madeuc.* Elle l'a précédé, vers le quatorzième siècle, du nom de *Gué*, qui est celui d'une seigneurie qu'elle a possédée de tems immémorial. Ces copulations de noms ont été fréquentes aux douzième et treizième siècles, lorsque l'usage des noms n'était pas encore généralement fixé. On en a des exemples dans les maisons de la Roche-Foucault, de la Tour-Landry, de Château-Guillaume, et mille autres dont l'énumération nous conduirait hors des bornes que nous prescrit le plan de cet ouvrage.

Thomas Madeuc, chevalier, est nommé avec cette qualité dans un acte du mois de mars 1272 et dans un autre de l'an 1276, où il est représenté à cheval, armé d'une épée haute et d'un bouclier.

Guillaume Madeuc, chevalier, servit en cette qualité dans la compagnie de Jean de Tournemine, sous le gouvernement de Fouques de Laval, chevalier, capitaine souverain et général en Anjou et au Maine. Cette compagnie fit montre à Saint-Arnoul, en Iveline, le 21 novembre 1356. Cette maison a donné des chevaliers bannerets et des personnages revêtus des premières charges au service des ducs de Bretagne; et depuis la réunion de ce duché à la couronne, des lieutenants-généraux des armées du roi, des chevaliers de l'ordre, des gouverneurs de places, etc., etc. Sébastien de Guemadeuc est mort évêque de Saint-Malo, le 4 mars 1702

De sable, au léopard d'argent, accompagné de six coquilles du même.

GUENICHON DE L'ESTIGNY, d'Arentières, en Champagne, famille ancienne, qui prouve une filiation suivie depuis Alexandre Guenichon, écuyer, lieutenant des gendarmes du maréchal de Gyé, vivant en 1506. *D'azur, au pont d'argent, bâti sur une rivière ondée du même, maçonné de sable.*

DE GUENOUR, seigneur de la Huttière, de Villeoger, etc., en Bretagne, famille d'ancienne extraction, connue depuis Yvon de Guenour, sieur de Lusserie et de la Huttière, vivant en 1399. *D'argent, au lion de sable, armé et couronné d'or, lampassé de gueules.*

DE GUER DE LA PORTE NEUVE, DU PONTCALLEC, famille d'origine chevaleresque, de la province de Bretagne, connue depuis Guillaume de Guer, vivant en 1300. *D'azur, à sept macles d'or; au franc canton d'argent, fretté de gueules.*

GUÉRARD, en Lorraine, famille anoblie dans la personne de Nicolas Guérard, de Pont-à-Mousson, par lettres à lui expédiées à Lunéville, le 29 mai 1723. *D'azur, à la colombe d'argent volante, tenant en son bec un rameau d'olivier au naturel; coupé d'argent, à trois croisettes fichées de gueules.*

GUÉRARD, en Artois, Paul Guérard, procureur-syndic de la ville d'Arras, conseiller au conseil d'Artois, en 1687, mourut en 1707. Charles-Louis Guérard, sieur de Razincourt, son fils, fut conseiller audit conseil, en 1707. *De gueules, à trois croissants d'or.*

DE GUERCHEVILLE. *Voyez* GUYON.

DE GUÉRIN DE FUVEAU, en Provence, famille de robe, qui date, dans l'ordre de la noblesse, depuis François Guérin, conseiller au parlement de Provence, en 1580. *De gueules, à la colombe essorante d'argent, becquée et membrée d'or.*

GUÉRIN. Jean Guérin était conseiller au parlement de Paris, en 1214. *De gueules, au sautoir grêlé d'or, cantonné de quatre bustes de femme au naturel, coiffés d'or.*

GUERIN, en Lorraine. Claude Guérin, dit le capitaine La Marche, demeurant à Noyers, fut anobli par lettres du grand duc Charles, données à Bar le dernier octobre 1605, et confirmées par Henri II, son successeur, le 21 novembre 1609. Cette famille a fourni un général de cavalerie au service de l'empereur Charles VI, gouverneur de Neuhaus, en Bohême.

Remy Guerin fut créé *baron*, le 16 août 1725, sous le titre de baron de *la Marche*; et le 9 août 1755, la terre de Has fut érigée en *comté*, sous le titre de comté de *Has-la-Marche*, en Voivre, en faveur de son fils. *De gueules, au dextrochère d'argent, tenant une épée du même, garnie d'or; au chef du même, chargé d'une tête de léopard d'azur, allumée et lampassée d'or.*

DE GUERIN DE POISIEUX, DE LA ROCHE, DE CHAPPES, DE SAINTE-CROIX, en Champagne, et de TARNAULT, en Picardie, famille d'ancienne chevalerie, originaire de Bretagne où elle était connue depuis Jean Guerin, qui se trouve au nombre des écuyers de la compagnie du connétable Bertrand du Guesclin, qui fit montre à Caen, le 1er. décembre 1370. Cette famille prouve depuis son établissement en Champagne une filiation suivie depuis François de Guerin, chevalier, seigneur de Poisieux, lieutenant du maréchal de Montmorenci et capitaine des ville et château de Saint-Malo, vivant en 1521, ainsi qu'il est prouvé par une commission en parchemin à lui donnée le 9 mars de cette année, à l'effet de faire assembler les nobles de l'évêché de Dol, etc. *D'or, à trois lionceaux de sable, armés, lampassés et couronnés de gueules.*

DE LA GUERIVIÈRE. *Voyez* DU PIN.

DE GUERMEUR DE LEZERGON, en Bretagne. Cette famille est connue depuis Guillaume de Guermeur, témoin au serment de fidélité prêté au duc de Bretagne, par Hervé du Pont, et Hervé de Trevaloet, pour la garde du Pont-Labbé, le 21 septembre 1384; c'est peut-être le même que Guillaume de Guermeur vivant en 1400, depuis lequel cette famille prouve une filiation

I. 42

suivie. *De gueules, à 6 annelets d'argent ; accompagnés de trois losanges du même en fasce.*

GUERRIER. Emile Guerrier, fut quartinier de Paris en 1562. Guillaume Guerrier fut échevin de la même ville en 1576. *D'or, au laurier à trois branches terrassé de sinople ; au chef de gueules, chargé de deux épées d'argent, garnies d'or, passées en sautoir.*

Il y a eu une famille de ce nom en Lyonnais, qui a donné un grand nombre d'échevins de la ville de Lyon, depuis Étienne Guerrier, qui fut élu en 1393. On ignore si cette famille a quelqu'affinité avec la précédente ou avec celle qui suit.

GUERRIER DE BEAUFORT, en Languedoc. Nicolas Guerrier, bourgeois de Toulouse, y fut capitoul en 1522. Il est l'auteur de cette famille. Guillaume Guerrier, marchand, fut capitoul de la même ville en 1594. *D'azur, au cœur d'or, accompagné de trois aigles du même.*

DU GUESCLIN, en Bretagne. Cette maison réunit à l'ancienneté tout ce que de grandes possessions, des alliances illustres, des services rendus à l'état, et des dignités qui en sont la récompense, peuvent donner d'éclat. L'historien des grands officiers de la couronne présume qu'elle peut avoir pour fondateur Richer, qui vivait au commencement du onzième siècle, et fit bâtir, vers l'an 1030, le château de Richeust ou Richer, dans la paroisse de Saint-Méloir.

Cette maison, qui a fait les preuves pour les carrosses, a formé plusieurs branches : 1°. les seigneurs de Broon, éteints en 1380, dans la personne du célèbre Bertrand du Guesclin, Ve. du nom, duc de Molina et de Transtamare, en Castille, comte de Burgos et de Longueville, connétable de France ; 2°. les seigneurs de la Roberie, marquis du Guesclin, éteints en 1746 ; 3°. les seigneurs de Beaucé et d'Anvers. Ces diverses branches ont donné un grand nombre de chevaliers et d'écuyers bannerets ; des chevaliers de l'ordre du roi, des capitaines de cent et de cinquante hommes d'armes, un écuyer du roi Charles VII, en 1461, des gentilshommes ordinaires de la chambre, nombre d'officiers supérieurs, et un évêque de Cahors en 1741. *D'argent, à l'aigle éployée de sable, couronnée d'or; à la bande de gueules, brochante sur le tout.*

GUESDON. Simon Guesdon fut anobli au mois d'avril 1371, moyennant cent quarante écus d'or. *Voyez* GAESDON.

GUENON DE FONTENELLES, DE BEAULIEU, en Normandie, famille anoblie en 1593. *De gueules, au chevron d'argent, accompagné en chef de deux lionceaux affrontés, et en pointe d'un cœur, le tout du même.*

GUESNON DE MONTHUCHON, en la même province. Cette famille paraît avoir une souche commune avec la précédente. Elle fut anoblie pour services, en 1576.

François Guesnon obtint, en 1626, des lettres-patentes pour changer son nom en celui de *Monthuchon.* *D'azur, au chevron d'argent, accompagné en chef de deux étoiles d'or, et en pointe d'une rose du même.*

DE GUESTRUES, en Normandie. Henri de Guestrues fut anobli par lettres du mois d'octobre 1596, registrées l'année suivante. *D'azur, à la croix ancrée et alésée d'or, accompagnée en chef de deux molettes d'éperon d'argent, et en pointe d'un croissant du même.*

DU GUET DE PROVISEUX, en Picardie, famille qui a fait preuve de sa noblesse depuis l'an 1515. *Ecartelé, au 1 d'argent, à 4 bandes de gueules; aux 2 et 3 de gueules, au lion d'argent; au 4 d'argent, au lion de gueules.*

GUETTE DU SOLIER, en Dauphiné. René Guette du Solier, Claude et François, ses frères, furent anoblis, par lettres du mois de septembre 1653, confirmées par arrêt du conseil du roi, du mois de février 1666. *D'argent, à trois bandes losangées d'or et de gueules.*

DE GUEULVY, seigneurs de Rincevau, de Bacamont, de Rumigny; famille anoblie dans la personne de Philippe de Gueulvy, par lettres du roi Charles IX, de l'an 1572. *D'or, à l'aigle d'azur.*

LE GUEY. Joachim le Guey fut reçu quartinier de Paris, le 22 septembre 1780. *D'azur, à la tour donjonnée d'argent, cantonnée de quatre annelets du même.*

GUFFROY, en Artois. Antoine Guffroy fut conseiller au conseil de cette province, le 2 décembre 1667. *Écartelé, aux 1 et 4 de gueules, à la bordure d'or, l'écu chargé en chef de quatre losanges d'argent, et en pointe d'une étoile du même ; aux 2 et 3 d'argent, à la croix de gueules, chargée en chef d'une fasce vivrée d'azur ; sur le tout, un écu écartelé aux 1 et 4 d'hermine, à la bande d'azur, semée d'otelles d'argent, aux 2 et 3 fascé d'argent et de gueules ; sur le tout du tout, un écu d'azur à trois cotices d'argent.*

DÉ GUIBERT DE LA ROSTIDE, famille d'origine chevaleresque, originaire de Touraine, qui, à la fin du onzième siècle, vint s'établir en Provence, et de là à Beaucaire, en Languedoc, où elle subsiste de nos jours. La filiation de cette famille est établie par titres depuis Augier de Guibert, chevalier, qui, le 19 décembre 1309, prêta foi et hommage au roi Robert, ainsi qu'il est prouvé dans les preuves faites à Malte en 1611, par Bernard de Guibert de la Rostide, qui lui-même est compris dans les preuves de Marie-Charlotte et Thérèse de Guibert de la Rostide, reçues, le 18 avril 1778, chanoinesses-comtesses du chapitre noble et régulier de de Notre-Dame de Coyse, en l'Argentière. Cette maison a été maintenue par M. de Bezons, le 4 septembre 1669. Elle donné trois chevaliers de Malte ; un commissaire du roi, en Provence, en 1501 ; un lieutenant-colonel au régiment de Fayn-Perrault, et beaucoup d'autres officiers. Jérôme-Marie-Augustin de Guibert obtint, le 23 mars 1770, le titre de marquis, par lettre close, en considération du même titre dont avait joui un de ses ancêtres, (*extrait de la lettre close*). La branche cadette a fourni un lieutenant-général, cordon rouge, gouverneur des Invalides, un maréchal de camp, auteur de la Tactique, etc. Elle a le titre de comte. *D'azur, au gui de chêne fleuri d'or, accompagné de trois étoiles du même.* Couronne de marquis. Supports : deux griffons.

GUICAZNOU, seigneurs de Pennanech, de Kernoteret, de Kerommes, famille ancienne de la province de Bretagne. Meriadec de Guicaznou, est mentionné comme premier panetier du duc, dans une réformation des ordonnances de l'hôtel de ce prince, faite à Vannes, le 1er. avril 1415. *D'argent, fretté d'azur.*

GUICHARD DE ROISON, en Dauphiné. Pierre Guichard, de Trièves, fut anobli pour services militaires, au mois d'août 1624. *De gueules, à deux épées d'or, passées en sautoir.*

DE LA GUICHE, marquis de la Guiche, comtes de Saint-Géran, de la Palice et de Jaligny, comtes de Sévignon ; illustre et ancienne maison de chevalerie de Bourgogne, qui a pris son nom de la baronnie de la Guiche, située au diocèse d'Autun. L'historien des Grands-Officiers de la Couronne en donne la filiation depuis Renaud, seigneur de la Guiche, vivant en 1200. Elle a produit un grand-maître de l'artillerie, et un maréchal de France, trois chevaliers du Saint-Esprit, des ambassadeurs, nombre de lieutenants-généraux et de maréchaux de camp, des sénéchaux et gouverneurs de provinces, des chambellans, échansons et gentils-hommes ordinaires de nos rois, des chevaliers de l'ordre de Saint-Michel, avant l'institution de celui du Saint-Esprit, un évêque d'Agde, puis de Mirepoix. Cette maison s'est alliée directement avec les plus grandes et les plus considérables du royaume, et notamment avec la branche de Bourbon-Condé, en 1740. Le marquis de la Guiche, a été nommé pair de France, le 17 août 1815. *De sinople, au sautoir d'argent.*

DE GUICHEN. *Voyez* DU BOUEXIC.

GUIDY, en Provence, famille éteinte vers la fin du dix-septième siècle. Elle est, selon l'abbé Roert, originaire d'Italie. Elle a acquis sa noblesse à Aix, d'un office de trésorier de France, et d'un office de conseiller au parlement, exercés successivement par le père, le fils. Elle a fait une autre branche à Aix, connue sous le nom de Guidy du Sénéchal, laquelle n'ayant possédé aucun office privilégié, n'a aucune sorte de noblesse. *Ecartelé, aux 1 et 4 d'azur, au griffon d'argent, tenant une fleur de lys d'or ; aux 2 et 3 d'azur, à deux chevrons d'or, accompagnés en chef de deux étoiles d'argent.*

DE GUIGNARD, seigneurs de Besaudun, d'Estabel, d'Albignac, en Auvergne, très-ancienne famille, connue, par filiation, depuis Almaric de Guignard, écuyer, vivant en 1487. *D'azur, à trois étoiles d'or, surmontées d'un soleil du même.*

GUIGNARD. Jean Guignard fut anobli en 1447.

DE GUIGNARD DE SAINT-PRIEST, maison distinguée du Lyonnais. Elle a pour auteur Jean Guignard, conseiller du roi, et contrôleur-général du taillon en Lyonnais, lequel fut élu troisième échevin de Lyon, en 1621, et le premier, en 1622. Son fils, Jacques Guignard, seigneur de Bellevue, vicomte de Saint-Priest, conseiller du roi en tous ses conseils, président en la cour des aides et finances de Dauphiné, fut élu prévôt des marchands de la ville de Lyon, en 1654, continué en 1655, 1656 et 1657. Cette maison a donné un grand nombre de magistrats distingués, des officiers généraux, etc. La seigneurie de *Saint-Priest*, en Dauphiné, fut érigée en vicomté, par lettres du mois de novembre 1646, registrées au parlement de Grenoble, le 23 mai 1647, en faveur de Jacques-Thimoléon de Guignard, président en la cour des aides de Vienne.

François-Emmanuel de Guignard, *comte* de Saint-Priest, lieutenant-général des armées du roi, ministre plénipotentiaire du roi, en Portugal, et ambassadeur à la Porte-Ottomane, en 1768, et auprès des états-généraux des Provinces-Unies, ministre et secrétaire d'état au département de la maison du roi, en 1789, a été nommé *pair* de France, le 17 août 1815. *Écartelé, aux 1 et 4 d'argent, à trois merlettes ou guignards de sable; aux 2 et 3 d'azur, au chevron d'argent, accompagné au chef de deux tours d'or, maçonnées de sable.* L'écu timbré d'une couronne de comte, et environné du manteau de pair, a pour cimier une tour d'or, maçonnée de sable, sommée d'une merlette du même. Devise : *Fort et ferme.*

GUIGNART, en Bretagne, noblesse issue d'ancienne chevalerie, éteinte lors de la réformation faite en 1666. Jeannette Guignart vivait en 1340. Hugues Guignart était, en 1481, un des cent lances de la compagnie de François de Pontbréant, écuyer, seigneur de la Villatte, conseiller et chambellan du roi. *D'azur, à trois chevrons d'argent.*

GUILBERT DE GOUIN ET DE LA CROIX, en Normandie, famille anoblie en 1467. *D'azur, à un luc-d'amour de sable, accompagné de trois molettes d'éperon du même.*

GUILHEM DE PASCHALIS, DE SAINTE-CROIX, DE LAVAL-SAINTE-MARIE, au comtat Venaissin, branche puînée de l'ancienne et illustre maison de Clermont-Lodève, en Languedoc, dont Pithon-Curt fait descendre la maison de Budos et celle de Farges, en Provence. Cette branche a été formée, selon le même auteur, par Bertrand Guilhem, fils aîné de Raimond Guilhem de Clermont, chevalier, seigneur de Lauriol, recteur du comtat Venaissin, et de Laure Bermond. *Écartelé, aux 1 et 4 coupés d'or, à la croix patée de sable, et de sable au chevron d'or, accompagné en pointe d'un besant du même ; aux 2 et 3 d'or, à trois pates de lion de sable ; sur le tout fascé de gueules et d'or de huit pièces, au chef d'hermine,* qui est de GUILHEM-CLERMONT.

GUILHEN ou GUILHEM DE LA GONDIE, famille noble, originaire du Périgord, où elle a possédé les terres et seigneuries de la Gondie, Liaurou, Beaugibaud, Lareille, etc. Elle subsiste en deux branches, et a donné plusieurs officiers distingués, décorés de l'ordre royal et militaire de Saint-Louis, entr'autres un lieutenant-général des armées du roi. *D'azur, à deux lions affrontés d'or ; au chef cousu de gueules, chargé de trois croissants d'argent.* Couronne de comte. Supports : deux lévriers.

DE GUILHENS, seigneur de Sala, de Montjustin, de Puylaval, en Lyonnais et au comtat Venaissin. Jean Guilhens, du diocèse de Cahors, qui avait exercé *gratis* la médecine envers ses amis et les pauvres, s'établit dans la ville d'Avignon, vers l'an 1450, et fut l'auteur de cette famille. *D'argent, au rosier de sinople, fleuri et boutonné de gueules ; à la bordure d'azur, chargée de huit étoiles d'or.*

GUILHON DE L'ESTANG, famille ancienne du Limosin, qui a donné un chevalier du Saint-Esprit dans la personne de Christophe de l'Estang, évêque de

Carcassonne, et maître de la chapelle du roi, mort
en 1621. Il était fils d'Etienne Guilhon, dit de *l'Estang*,
présiden tau présidial du Bas-Limosin, et de Louise
de Juié. *Ecartelé, aux 1 et 4 d'azur, à deux poissons
d'argent, en fasces*, qui est de l'ESTANG ; *aux 2 et 3 de
sable, au rocher d'or*, qui est de JUIÉ ; *sur le tout d'or,
à la fasce de gueules, accompagnée de trois trèfles de sinople*, qui est de GUILHON.

GUILLART, seigneurs d'Arcy, d'Amoy, etc., famille
éteinte en 1751, dont était Charles Guillart, seigneur de
l'Espichelière, président au parlement de Paris, l'an 1508.
Il était père de Jean Guillart, notaire et secrétaire du roi,
anobli au mois de février 1464. Cette famille, qui se prétendait issue de St-Hubert, avait aussi pour tradition que
ceux de sa race guérissaient des chiens enragés. Mais le
privilége le plus certain que l'auteur de cette famille
ait transmis à ses descendants, ce sont les lettres d'anoblissement qu'obtint Jean Guillart, notaire et secrétaire du roi, conseiller, trésorier et receveur général
de toutes les finances du comté du Mans, en date du
mois de février 1464. Cette famille a produit des conseillers d'état, des magistrats distingués, dont l'un fut
ambassadeur à Rome, au milieu du 16e siècle. Louis
Guillart, successivement évêque de Tournay, de
Chartres en 1525, de Châlons-sur-Sâone et de Senlis
en 1560, mourut le 19 novembre 1565. Charles Guillart, évêque de Chartres en 1553, mourut au mois de
mars 1573. *De gueules, à deux bourdons d'or, posés en
chevron, accompagnés de trois montagnes (dites Mont-
joies) d'argent.*

DES GUILLAUMANCHES, comtes et marquis du
Boscage, maison d'ancienne chevalerie d'Auvergne,
qui établit sa filiation depuis Guillaume Ier, dit le
Vieux, seigneur des Guillaumanches, qualifié *comte* en
l'an 954. Guillaume VII, seigneur des Guillaumanchés,
issu de lui au onzième degré, ayant épousé Eléonore
de Vialatelle, avec clause de substitution des nom et
armes, ses descendants ont porté, pendant plusieurs
générations, le nom de *Vialatelle*. Cette maison a donné
des chevaliers bannerets ; des comtes de Brioude dès
l'an 1103 ; des chevaliers de l'ordre de Saint-Jean de
Jérusalem dès 1151, et de la milice du Temple dès

1207 ; un capitaine de cent hommes d'armes, un maréchal de camp, et plusieurs officiers décorés de l'ordre royal et militaire de Saint-Louis. *D'argent, au taureau de gueules, surmonté d'un lambel d'azur.* Couronne de comte. Devises : 1º *Indocilis jugum pati* ; 2º *Nunquam jugatus* ; 3º *Indomitus ferit.*

GUILLAUME, seigneurs de la Plante, de Courcelles et de Coligny, en Champagne, famille qui tire sa noblesse de Daniel Guillaume, écuyer, seigneur desdits lieux, auquel le roi, en considération des services importants qu'il avait rendus à sa majesté, accorda des lettres-patentes de noblesse, en mars 1647, registrées en la cour des aides, le 29 mars 1648, etc. *D'or, au loup-cervier de gueules ; à la fasce ondée d'azur en chef.*

DE GUILLAUME DE ROQUEBRUNE, DE LA GRANGE, en Limosin. Si l'on admet le sentiment de d'Hozier, quoique peu probable, touchant l'origine de cette famille qu'il fait sortir de l'Orléanais, elle est beaucoup plus ancienne qu'il ne le dit. Dans cette supposition, elle daterait de Jacques Guillaume de la ville d'Orléans, anobli le 22 mars 1388, moyennant cent livres d'or. Le premier par où d'Hozier commence la filiation, est Mathieu Guillaume, écuyer, seigneur de Cormainville, dont la succession fut partagée le 12 février 1554 ; et le premier seigneur de la Grange du nom de Guillaume, dont descend incontestablement cette famille, est Charles Guillaume, contrôleur général des domaines de Limoges, et depuis conseiller du roi, président, trésorier général au bureau des finances de cette généralité, charge dont il fut pourvu le 15 janvier 1630. Ses descendants ont acquis et exercé plusieurs offices de judicature et de finance. *Écartelé, aux 1 et 4 d'azur, au chevron d'or, accompagné en chef de deux étoiles d'argent et en pointe d'un croissant du même ; aux 2 et trois contre-écartelés d'azur, à trois fasces d'or, et de gueules, à trois chevrons d'or.*

DE GUILLEBAUT. Perrette de Guillebaut, dame de Bevay, de Ligny et du Quesnoy, aux Pays-Bas,

épousa Baudouin d'Ongnies, seigneur d'Estrées, de
Gouy, etc., conseiller, chambellan et maître d'hôtel de
Philippe le Bon, duc de Bourgogne et gouverneur des
villes et chatellenies de Lille, Douay et Orchies, l'an
1435. *De gueules, à trois étoiles d'argent.*

DE GUILLEBON DE BEAUVOIR, en Picardie.
Cette famille portait originairement le nom de *Thoil-*
lier, qu'elle a quitté vers le milieu du seizième siècle.
Elle est ancienne, et alliée avec de bonnes familles de
sa province. *D'azur, à bande d'or, accompagné de trois*
besants du même.

GUILLEMEAU DE FREVAL. Jacques Guillemeau,
auteur de cette famille, valet de chambre et chirur-
gien ordinaire des rois Charles IX et Henri IV, fut
père de Jean Guillemeau, trésorier de l'argenterie de sa
majesté, secrétaire du roi le 26 mars 1626, reçu le 2
avril suivant, et pourvu d'un office de maître-d'hôtel
du roi, en résignant à son fils celui de secrétaire, le 30
octobre 1653. Jacques Guillemeau était fils d'Ascagne
Guillemeau, nommé quartinier de la ville de Paris en
1613. *D'azur, à la licorne issante d'argent, accompagnée*
en chef de deux étoiles d'or.

GUILLEMIN, seigneur de Kergadou, du Roscouet,
en Bretagne, famille ancienne, connue depuis Gieffroy
Guillemin, mentionné dans la montre de Jean de
Saussay, du 7 juin 1424. *D'argent, à la fasce de sable,*
chargée de trois coquilles du champ.

DES GUILLOTS, *aliàs* GUILLOT, très-ancienne noblesse de Languedoc, connue par filiation depuis Bernard des Guillots, vivant au milieu du quatorzième siècle.
Bérenger Guillot posséda l'évêché d'Agde en commende
jusqu'en 1426. Il paraît être de la branche de Ferrières,
dont on ne connaît point la jonction avec les autres. *Mi-*
parti, au 1 de gueules, à une demi-fleur de lys d'or ; au
2 d'azur, à l'étoile d'argent.

GUILLUY, en Artois. André Guilluy, avocat-général au conseil d'Artois, en 1678, conseiller en 1689,
mourut en 1702. *D'azur, semé d'étoiles d'argent ; à trois*
plumes d'or en fasce, brochantes sur le tout.

DU GUINY DE BONABAN, en Bretagne, famille issue d'ancienne chevalerie, prouvant une filiation suivie depuis Ennet du Guiny, vivant en 1375. Jehan de Guiny fut, en 1437, au nombre des nobles de l'évêché de Saint-Malo, qui prêtèrent serment de fidélité au duc de Bretagne. *D'azur, au croissant d'or.*

GUIOT DE SAINT-REMI, en Lorraine, famille anoblie dans la personne de René Guiot, avocat en la cour souveraine de Lorraine et de Barrois, auquel le duc Léopold accorda des lettres-patentes de noblesse, le 1er. mai 1714, en récompense des services militaires de ses ancêtres, depuis le duc Charles IV, au service duquel l'un d'eux avait sacrifié sa fortune. *D'azur, à la ruche d'or, environnée d'abeilles d'argent ; au chef cousu de gueules, chargé d'une couronne du second émail.*

DE GUIRAMAND DE SADOLET, au comtat Vénaissin, famille ancienne, originaire de Provence. L'auteur de la critique du nobiliaire de l'abbé Robert de Briançon, dit que cette famille est originaire d'Aix, et non pas de la vallée de Barcelonnette. La Chenaye des Bois en parle depuis l'an 1158. On trouve aux archives de l'hôtel-de-ville d'Aix, sous l'an 1368, que Mathieu Guiramand était dernier syndic. La charte de l'église métropolitaine de St.-Sauveur, du 25 octobre 1393, fait mention d'Antoine Guiramand, notaire, signé comme assistant à la translation des reliques de saint Mitre de l'église de Notre-Dame de l'Accès.

Louis Guiramand commerçait, à Aix, en 1612, et Nicolas Guiramand était notaire, en 1615. Jean-Michel Guiramand, sieur de la Durane, épousa, en 1645, Marguerite Carnelle, sa servante, que la Chenaye nomme Marguerite de *Carnac*.

La branche de Sadolet, au comtat Vénaissin, paraît avoir mieux soutenu sa noblesse. *Écartelé, aux 1 et 4 d'or, à l'épervier de sable, longé de gueules, et grilleté d'argent ; aux 2 et 3 de gueules, à trois pals d'or, à la cotice de sable, brochante.* Devise : *C'est un abîme.*

DE GUIRY DU PERCHAY, maison d'ancienne chevalerie de la province de Normandie, qui tire son nom d'une terre située à quatre lieues de Magny, dans le Vexin français.

Le Mercure du mois de juillet 1724, page 1638, dit que Maurice et Gabriel de *Guiry* ont été, en 700 et 820, grands-veneurs de France. C'est mentir à-la-fois à l'histoire à la chronologie :

1° Parce qu'en 700 et 820, les noms propres n'étaient point connus ;

2° Parce que l'office de grand-veneur de France, n'est connu que depuis saint Louis, en 1231.

Tout ce qu'ajoute cet ouvrage, touchant l'ancienneté du nom de Guiry, n'est digne de créance qu'à dater de Charles de Guiry, qui se croisa pour la conquête de la Terre-Sainte, en 1096.

Hugues de Guiry, vivant en 1206, était maréchal héréditaire du Vexin français et normand. Cette maison a donné des officiers de marque, des chevaliers de l'ordre du roi, des gentilshommes ordinaires de la chambre, des gouverneurs de places, etc. *D'argent, à trois quintefeuilles de sable.*

DE GUISCARD, marquis de Guiscard par érection de 1703, maison issue d'ancienne chevalerie de la province de Quercy, connue par filiation depuis Bernard de Guiscard, chevalier, seigneur de la Coste, vivant en 1246. Cette maison compte plusieurs officiers de distinction, entr'autres Louis de Guiscard, marquis de Guiscard-Magny, comte de Neuvy-sur-Loire et de Puy-Calvary, en Agénois, chevalier des ordres du roi, lieutenant-général de ses armées, ambassadeur extraordinaire en Suède, en 1698, et gouverneur de Sedan et de Namur. Elle a obtenu les honneurs de la cour le 23 octobre 1753, en vertu de preuves faites au cabinet des ordres du roi. *D'argent, à la bande de gueules.*

DE GUISE. Jean de Guise, chevalier, servit avec quatre écuyers sous le gouvernement du connétable de France. Il donna quittance de ses gages, sous son sceau, à Hesdin, le 18 août 1369. *Une croix engrêlée, accompagnée au premier canton d'un lionceau.*

GUISON, en Languedoc. Guillaume Guison, auteur de cette famille, fut anobli pour services en 1403. Il fut confirmé dans cet anoblissement par lettre de 1407. *D'azur, au lion d'or ; au chef cousu de gueules, chargé de trois étoiles d'argent.*

GUY DU VAL, seigneurs de Cerqueux, d'Angoville, etc., en Normandie. Guy du Val, seigneur de Bonneval, président, à Mortier, au parlement de Normandie, fut père de Thomas du Val, conseiller au parlement de Normandie, qui épousa Geneviève d'Amiens, et fut père de Guy du Val, président au même parlement, enterré en l'église de Saint-Patrice, sa paroisse, lieu de sa sépulture, le 27 mai 1674, laissant de Françoise Jubert, son épouse, Guy et Alphonse du Val. Cette famille est représentée, de nos jours, par messire Albert-Nicolas Guy du Val d'Angoville, né à Rouen, le 25 janvier 1792, ex-chevau-léger de la garde du roi, chevalier de la Légion-d'Honneur, marié, le 25 août 1819, à Odille du Tillet, fille de M. le vicomte du Tillet, chevalier de Saint-Louis, ancien major d'infanterie, et de dame du Roux de Sigy. *De gueules, à la fasce bretessée d'or.*

GUYON, comtes de Montlivault, marquis de Guercheville, seigneurs de Courbouzon, de Diziers, de Boisroger, d'Herbilly, de Fontaines, etc., famille ancienne, originaire de Normandie, et transplantée dans l'Orléanais. Nicolas Guyon, écuyer, fut maintenu dans les priviléges de la noblesse de ses ancêtres, par arrêt de la cour des aides de Rouen, le 28 avril 1523.

Cette famille a fourni des capitaines de cent hommes d'armes, des officiers très-distingués de terre et de mer, des chevaliers de l'ordre royal et militaire de Saint-Louis, & à l'ordre souverain de Saint-Jean de Jérusalem. *D'or, à trois fasces ondées d'azur, posées en chef ; à la branche d'arbre de sinople renversée à la pointe de l'écu.*

GUYOT DE SAINT-MICHEL, DE VERSEILLES, en Champagne, famille originaire de Lorraine, qui remonte à Jacques Guyot, huissier d'armes de Réné II, duc de Lorraine et roi de Sicile, anobli par lettres-patentes de ce prince, du 19 août 1481, en considération de ses services. *D'azur, à la perdrix d'or, membrée de gueules ; au chef du second émail.*

H.

HABERT, seigneurs du Menil, de Montmort d'Applaincourt, en l'Ile de France, famille originaire d'Artois, anoblie par l'office de secrétaire du roi, et les charges municipales et de finances de la ville de Paris, à la fin du 16ᵉ. siècle. Elle a donné trois maîtres des requêtes, des conseillers au parlement de Paris, un évêque de Cahors en 1621, premier aumônier de *Monsieur*, duc d'Orléans, un évêque de Perpignan, mort en 1695 ; et un membre de l'académie française. *D'azur, au chevron d'or, accompagné de trois anilles d'argent.*

DE HACQUEVILLE DE JAMES, DE GARGES, en l'Ile de France, famille d'ancienne bourgeoisie de la ville de Paris, anoblie dans la personne de Jean et Jacques Hacqueville, en 1464. Cette famille a donné des présidents et des conseillers au parlement de Paris, et des maîtres des comptes. Elle paraît s'être éteinte au milieu du dix-huitième siècle. *D'argent, au chevron de sable, chargé de cinq aiglettes d'or, et accompagné de trois têtes de paon d'azur.*

HAINCQUE, seigneurs de Boissy et de Saint-Senoch, en Touraine et à Paris. Cette famille établit sa filiation depuis Adrien Haincque, vivant vers l'an 1620. Elle a acquis la noblesse par charges, au milieu du dix-septième siècle. *D'argent, à l'ancre de sable, accompagnée en chef de deux étoiles de gueules.*

DU HALDE, en Picardie, famille originaire de Gascogne, qui a pour auteur Guillaume du Halde, archer des ordonnances du roi, anobli pour services militaires par lettres-patentes du mois d'août 1547. *D'argent, à deux barres de sable.*

DU HALGOET, seigneurs de Guermel, de la Roche-Rousse, de Kergrec, maison d'ancienne chevalerie de la province de Bretagne, connue par filiation depuis Charles du Halgoet, chevalier, vivant en 1380. Elle a donné des maîtres des requêtes, des officiers supérieurs, un premier écuyer du roi Henri III et un évêque de Tréguier. *D'azur, au lion morné d'or.*

DU HALLAY-COETQUEN, marquis du Hallay. La maison du Hallay, d'ancienne chevalerie, a pris son nom d'une terre située près de Fougères, en Bretagne, qu'elle possédait dès le treizième siècle. Elle établit sa filiation depuis Raoul de Hallay, seigneur du Hallay, en 1269, auquel Hugues du Lusignan, comte de la Marche et d'Angoulême, donna une charte qui lui assure l'exemption de tous droits, ses ancêtres n'y ayant jamais été sujets. Cette maison a donné des capitaines d'hommes d'armes, des gouverneurs de places de guerre, des chevaliers de l'ordre du roi, avant l'institution de celui du S.-Esprit, un lieutenant-général des armées du roi, commandeur de Saint-Louis et premier veneur de *Monsieur*, frère de S. M. Louis XVIII, dans la personne du marquis du Hallay, qui a fait les preuves pour les honneurs de la cour, en 1762. Il a trois fils au service avec le grade d'officiers. *Écartelé, aux 1 et 4 de gueules, frettés d'argent*, qui est DU HALLAY ; *aux 2 et 3 bandés d'argent et de gueules*, qui est DE COETQUEN. Tenant et support : Une pucelle à dextre, et un griffon à sénestre. Cimier : Une tête de vieillard.

HALLÉ, seigneurs d'Anfreville, de Chanteloup, famille qui a pour auteur Pierre Hallé, conseiller au parlement de Paris, le 13 décembre 1613. Il avait pour frères Jacques Hallé, seigneur de Chanteloup, conseiller au parlement de Rouen en 1610 ; Jean Hallé, maître des requêtes le 6 avril 1615 ; et Gilles Hallé, seigneur d'Anfreville, capitaine au régiment des Gardes-Françaises. *D'azur, à la fasce d'argent, chargée de trois coquilles de sable, et accompagnée de trois étoiles d'or en chef, et en pointe de deux triangles entrelacés du même.*

HALLÉ, seigneurs de Cerbourg, en Normandie. Cette famille est comptée dans l'ordre de la noblesse de cette province postérieurement à la recherche de Montfaut faite en 1463. *De gueules, treillissé d'argent.*

HALLÉ. Jean Hallé, avocat au parlement, l'un des vingt-quatre docteurs honoraires de la faculté de droit, en l'université de Paris, fut reçu conseiller secrétaire du roi le 13 septembre 1691. *D'argent, treillissé de sinople.*

HALLÉ. Jean Hallé fut échevin de Paris en 1699,

et nommé conseiller de l'hôtel de ville de la même année. *D'argent. au phénix de sable, sur son immortalité de gueules ; au chef d'azur, chargé d'un soleil d'or.*

HALLÉ, seigneurs d'Orgeville, en Normandie, famille qui a pour auteur Guillaume Hallé, anobli pour services au mois de décembre 1509. *D'azur, à la fasce d'argent, chargée de deux étoiles de sable, et accompagnée de quatre étoiles d'or, trois en chef et l'autre en pointe*

HALLÉ DE FRETTEVILLE, DE THUIT, en Normandie. Cette famille a pour auteur Barthélemi Hallé, sieur de la Haule, échevin de la ville de Rouen en 1582, anobli au mois d'août 1585. Cette famille a donné des maîtres des requêtes, des conseillers au grand conseil et au parlement de Paris, un lieutenant-général des armées du roi, des officiers sur terre et sur mer, des chevaliers de Saint-Louis. *D'azur, à trois trèfles d'or.*

Une autre branche, qui a orthographié son nom *Halley*, et qui subsistait en 1666 dans l'élection de Vire, portait : *D'azur, au chevron d'argent, accompagné de trois trèfles d'or.*

DE HALLEBOUT DE BLONDEMARE, DE TOURVILLE, maison d'origine chevaleresque de Normandie, connue depuis Guillaume Hallebout, écuyer, seigneur de Villiers et de Courcelles, qui, le 26 janvier 1400, épousa Marie le Beauvoisien. Dans le même tems vivait Marguerite Hallebout, veuve, en 1401, de noble et puissant Raoul de Ruppierre, seigneur de Survie et de Canappeville. *D'azur, à trois coquilles d'or.*

HALLÉE, seigneur d'Airval, en l'Ile de France. Cette famille a pour auteur Etienne Hallée, seigneur de la baronnie de la Motte-Saint-Jean, conseiller secrétaire du roi, maison couronne de France, puis chevalier de l'ordre du roi en 1720, et précédemment premier commis du trésor royal. *D'azur, au tronc d'arbre noueux d'or en bande, accompagné en chef d'une étoile et en pointe d'une rose tigée, le tout du même.*

DE HALLENCOURT, marquis de Dromesnil, maison issue d'ancienne chevalerie, qui a pris son nom d'une terre située en Picardie, au diocèse d'Amiens, élection d'Abbeville, sur la rive gauche de la Somme. On y comptait cent quatre-vingt-cinq feux. Elle a pour auteur Jean, chevalier, sire de Hallencourt, vivant en 1293. Cette maison a produit plusieurs officiers-généraux, un évêque et comte de Verdun, prince du Saint-Empire, mort en 1744. *D'argent, à la bande de sable, accostée de deux cotices du même.*

DE HALLOT, maison d'ancienne chevalerie de Beauce, qui tire son nom d'une terre située dans la paroisse de Villiers, et qui établit sa filiation depuis Guy de Hallot, écuyer, seigneur de Hallot, qui mourut le samedi avant la Sainte-Croix 1229. Elle s'est divisée en plusieurs branches : 1° les seigneurs de Hallot et de Beaulieu, éteints au dix-huitième siècle ; 2° les seigneurs de la Mairie et d'Auffreville ; 3° les seigneurs de l'Etourville, vicomtes de Levesville, éteints en 1765 ; 4° les seigneurs de Honville ; 5° les seigneurs des Hayes ; 6° les seigneurs de Merouville ; 7° les seigneurs de Goussonville, éteints en 1713 ; 8° et les seigneurs de Ponthus, au perche, éteints au milieu du dix-septième siècle. Cette famille a donné un veneur du roi Charles VII, en 1417 ; des pages du roi ; un brigadier des gardes du corps ; des chevaliers de l'ordre du roi, et de l'ordre royal et militaire de Saint-Louis ; un capitaine des gardes du duc d'Anjou, frère du roi, et gentilhomme ordinaire de sa chambre ; un guidon de la compagnie d'hommes d'armes du maréchal de Lavardin, et gouverneur de Caumont ; un gentilhomme ordinaire, puis capitaine des gardes, et premier maître d'hôtel de Gaston d'Orléans, frère unique du roi Louis XIII ; un lieutenant général au service de Savoie, gouverneur de Verceil, chevalier de l'ordre de Saint-Maurice et de Saint-Lazare ; un capitaine des gardes, et un capitaine des cuirassiers du roi de Sardaigne ; deux maréchaux de camp des armées du roi, et un capitaine de cent chevau-légers, lieutenant de roi à Montpellier. *D'argent, à deux fasces de sable, accompagnées en chef de trois annelets du même.*

DE HALLWIN, maison d'ancienne chevalerie, originaire de Flandre, qui a pris son nom de la ville de Hallwin, entre Commines et Menin, près de la rivière dé la Lys. Elle est connue filiativement depuis Vautier, seigneur de Hallwin et dé Rosbeck, vicomte de Harlebeck, vivant en 1295. Cette maison s'est divisée en plusieurs, 1° les seigneurs de Rosbeck, éteints vers l'an 1600; 2° les seigneurs de Hallwin et du Gavre, éteints en 1544; 3° les seigneurs de Piennes, éteints en 1592; 4° les seigneurs d'Eskelbecque et de Wailly, éteints en 1667; 5° les Seigneurs de Nieurlet, éteints en 1599; 6° les seigneurs de Bouzinghem, éteints; 7° les seigneurs de Hautequerque, qui subsistaient en Hollande en 1756; 8° les seigneurs de Hemerode, éteints; 9° les seigneurs de Lichterwelde, éteints. La ville et seigneurie de Hallwin fut érigée en duché pairie, par lettres de 1587, registrées le 29 février 1588, en faveur de Charles de Hallwin, seigneur de Piennes. Cette maison a constamment occupé les premières charges à la cour des comtes de Flandre, des ducs de Bourgogne et des empereurs. Au service des rois de France elle a donné des chevaliers de Saint-Michel avant l'institution de l'ordre du Saint-Esprit, des gouverneurs et lieutenants-généraux de provinces, des capitaines de cent et de cinquante hommes d'armes, des conseillers d'état, un grand louvetier et un grand aumônier de France, un chevalier des ordres, un évêque d'Amiens en 1502, etc. *D'argent, à trois lionceaux de sable, lampassés, armés et couronnés d'or.* La branche de Hautequerque brisait en cœur d'une croix de sable, chargée de cinq coquilles d'or.

DU **HAMEL**, seigneurs de Savigny, de Cavelandes et de Saint-Marcoul, en Normandie, famille qui, lors de la recherche en 1667, a fait preuve de quatre degrés de noblesse. Nicolas du Hamel ayant pendant plusieurs années fait le commerce des draps en gros, dans la province de Bretagne, Luc du Hamel, son petit fils, seigneur de Savigny et de Rochefort, capitaine de milice dans le régiment de la Tour, puis premier président et commissaire subdélégué en l'élection de Saint-Lô, obtint des lettres de relief, le 7 mai 1711, registrées en la cour des aides de Rouen, le 9 juillet 1712. *Ecartelé, aux 1 et 4 de sinople, à trois roses d'argent; aux 2 et 3 d'azur, à la fasce d'or, accompagnée en chef de deux étoiles, et en pointe d'un croissant, le tout du même.*

DU **HAN**, famille noble et ancienne, originaire

de Lorraine, qui a formé plusieurs branches, entr'autres celles de Jendun, Broye, Crévecœur ou Mazerny, établies en Champagne depuis plusieurs siècles. Elle a fourni des officiers supérieurs, morts la plupart au service de nos rois, et a eu sept chevaliers de l'ordre royal et militaire de Saint-Louis.

Une branche de cette maison composée de Philippe du Han, chevalier, seigneur de Jendun, avec ses deux fils, savoir, Jacques-Gilles du Han, et Louis-Philippe du Han, est passée en Prusse vers 1689. Ces deux derniers ont été, l'un conseiller intime, et précepteur du grand Frédéric; l'autre, premier colonel du régiment de Holstein-Gottorp, et général-major; ils sont morts sans postérité.

Suzanne-Marguerite du Han de Crévecœur, a été admise dans la maison royale de Saint-Louis de Saint-Cyr le 17 mai 1710, en vertu d'un brevet de sa majesté, qui contaste qu'elle avait la naissance et les qualités requises pour y être reçue, ainsi qu'il est apparu par titres, actes, certificats, et autres preuves, conformément aux lettres-patentes des mois de juin 1686, et mars 1694. Elle a été élue deux fois supérieure de la susdite maison royale de Saint-Louis à Saint-Cyr.

Cette famille est composée aujourd'hui de :

1°. A..... du Han, unique héritière de la branche de Jendun et Broye, marié à M. le comte de Broye, ci-devant chevalier, seigneur d'Autry;

2°. Pierre-Nicolas-Louis du Han de Crévecœur, chevalier, ci-devant seigneur de Mazerny, Harzillemont, etc., né le 25 mars 1745, ancien député, de l'ordre de la noblesse, à l'assemblée du département de Rethel, en 1788, et député du même ordre, pour le bailliage de Reims, à l'assemblée des états-généraux de 1789; colonel de cavalerie en retraite; chevalier de l'ordre royal et militaire de Saint-Louis; marié à Henriette-Thérèse-Charlotte de Beaumont, fille de messire Joachim-Claude de Beaumont, chevalier, seigneur de Clavy, Woirby, Barbaise, etc., et de dame Jeanne-Madeleine de Lescuyer. De ce mariage est issue :

Jeanne-Bernadine du Han, née en septembre 1802;

3°. Nicolas-Bernard du Han, chevalier, ci-devant

seigneur de Poix, ancien lieutenant-colonel d'infanterie, chevalier de l'ordre royal et militaire de Saint-Louis, marié à Adelaïde de Saint-Quentin, fille de messire Claude - Marie de Saint-Quentin, chevalier, ci-devant seigneur d'Harzillemont, Cierge, etc., maréchal de camp en retraite, chevalier de l'ordre royal et militaire de Saint-Louis ;

4°. Alexandre-Louis du Han, chevalier, ci-devant seigneur de Doumely, chef d'escadron en retraite, chevalier de l'ordre royal et militaire de Saint-Louis, lequel a épousé Marie-Josephe-Sophie de Saint-Quentin. De ce mariage est issue :

> Anne-Eugénie-Sophie du Han, mariée à messire François-Louis, comte de Wignacourt, ancien chef d'escadron de dragons, chevalier de l'ordre royal et militaire de Saint-Louis ;

5°. Dame Marie-Françoise du Han ;

6°. Dame Henriette-Françoise du Han.

Armes : Tiercé en fasce, au premier d'or, à 2 quintefeuilles de gueules ; au 2 de gueules, à six losanges d'argent rangées en fasce ; au 3 d'argent, à 3 merlettes de sable.

DE HANGEST, illustre et ancienne maison de chevalerie de Picardie, qui a pris son nom d'une terre située sur la rive gauche de la Somme, à deux lieues et demie d'Amiens. Cette illustre maison s'est éteinte au commencement du dix-huitième siècle, après avoir donné un grand échanson, deux grands maîtres des arbalétriers, un maréchal de France et deux évêques de Noyon. Elle avait pour auteur, Raoul, sire de Hangest, vivant en 1139. *D'argent, à la croix de gueules, chargée de cinq coquilles d'or.*

DE HANGEST, vicomtes d'Argenlieu, famille noble de Picardie, différente de la précédente, qui a pour auteur, Pierre de Hangest, seigneur de Couraucourt, vivant en 1500. *Echiqueté d'argent et de sable, à la croix d'argent, brochante sur le tout.*

HANICQUE. Louis Hanicque fut élu conseiller de la ville de Paris, le 22 avril 1712, au lieu de

Pierre Charpentier. *D'azur, à la fasce échiquetée d'argent et de gueules de trois tires, accompagnée en chef de deux aiglettes d'or, et en pointe d'une tour d'argent, maçonnée, ouverte et ajourée de sable.*

HANNICQUE, seigneurs de Ronquerolles, de Herquelines, de la Linette, en Picardie, famille qui prouve sa noblesse depuis Antoine Hannicque, écuyer, seigneur de Villers, vivant en 1519, et avec Jeanne de Poix, sa femme en 1525. Cette famille a donné des officiers supérieurs et des gouverneurs de places. *D'or, à la fasce d'azur, accompagnée de trois roses de gueules.*

D'HARAMBURE, famille ancienne, originaire de Gascogne, et fixée en Touraine depuis plusieurs générations. Elle établit sa descendance depuis noble Bertrand d'Harambure, capitaine et gouverneur de Mauléon de Soule, en Gascogne, marié, l'an 1550, avec Florence de Belzunce. Ce capitaine rendit des services importants au roi Henri IV, dont il reçut plusieurs lettres flatteuses et honorables. Cette famille a donné en outre un gentilhomme ordinaire de la chambre du roi, capitaine d'une compagnie de cent chevau-légers, et gouverneur de Vendôme et du Vendômois, près d'Aiguemortes ; un autre gentilhomme ordinaire de la chambre du roi, capitaine d'une compagnie entretenue en Hollande, chef du vol pour les champs des oiseaux de la chambre du roi, gouverneur d'Aiguemortes, et un maître-d'hôtel de sa majesté ; grand giboyeur de la maison du roi, et plusieurs capitaines dans divers corps ; enfin de nos jours un lieutenant-général des armées du roi. *D'or, à l'arbre de sinople, sénestré d'un ours en pied de sable, appuyé sur le fût de l'arbre ; à la bordure de gueules, chargée de 8 flanchis d'or.*

DE HARAUCOURT, seigneurs de Haraucourt, marquis de Faûquemont, barons de Lorquin, comtes de Dalheim, seigneurs de Haudonville, barons de Chambley et marquis de Haraucourt, seigneurs de Sandaucourt, barons de Gircourt, seigneurs de Frasnois, etc., l'une des plus anciennes et des plus illustres maisons de Lorraine; et l'une des quatre d'ancienne chevalerie de cette province, qui tire son nom du château de Ha-

raucourt, situé à deux lieues de Nancy ; elle est connue
depuis Albert, seigneur de Haraucourt qui vivait en
1128 père d'Anne de Haraucourt, épouse de Vautier
de Lorraine, seigneur de Gerbeviller, et mère de Joatte
de Lorraine, mariée à Jean Ier, seigneur de Haraucourt,
depuis lequel la filiation est littéralement suivie. Cette
maison a donné des chevaliers bannerets, des sénéchaux
héréditaires de Lorraine et de Barrois, deux chevaliers de
l'ordre du croissant, des conseillers et chambellans des
ducs de Lorraine ; les grands baillis de Nancy et d'Allemagne, des conseillers d'état, des grands maîtres de l'artillerie
, et des maréchaux de Lorraine et Barrois, un capitaine
des gardes du duc Charles IV et un premier gentilhomme
de la chambre de ce prince ; un maître-d'hôtel du duc
Antoine, un grand gruyer et un grand fauconnier ;
nombre de gouverneurs de places et d'officiers supérieurs ;
deux évêques, comtes de Verdun, dont l'un, gouverneur
général de Lorraine, en 1734, pour René d'Anjou, puis
évêque de Toul, ambassadeur vers le pape Etienne IV,
et l'autre chef du conseil de Jean d'Anjou, duc de
Lorraine. Cette maison s'est alliée plusieurs fois à la famille ducale et à plusieurs autres maisons princières.
Elle compte en outre plus de soixante alliances avec les
races les plus illustres et les plus considérables du
royaume. *D'or, à la croix de gueules ; au franc-canton
d'argent, chargé d'un lion de sable, lampassé et armé
de gueules, couronné d'or.*

D'HARDOUINEAU, seigneurs de la Placellière,
vicomtes d'Hardouineau, en Orléanais et en Lorraine,
famille ancienne, originaire du Maine, qui établit sa
filiation depuis Alexandre Hardouineau, vivant au milieu du quinzième siècle avec Catherine du Bois. Cette
famille a donné un maréchal de camp, et plusieurs officiers supérieurs de cavalerie et d'infanterie, décorés
de l'ordre royal et militaire de Saint-Louis. *D'argent,
au griffon de sable.*

LE HARDY, marquis de la Trousse, par érection de
1651, seigneurs de Boliard et de Gaillon, famille ancienne, originaire de Brie, connue par filiation depuis
noble homme Gérard Hardy, seigneur du May, vivant le
16 janvier 1479, bisaïeul de noble homme Nicolas
Hardy, seigneur de la Trousse, chevalier de l'ordre

de Saint-Michel, au mois de juillet 1568, puis gentil-homme ordinaire de la chambre du roi. Ses descendants ont précédé leur nom de l'article *le*. Cette famille a donné un lieutenant-général des armées du roi, commandeur des ordres du roi, deux maréchaux de camp, nombre d'officiers supérieurs, des gouverneurs de places, des conseillers-d'état, des gentilshommes ordinaires de la chambre, plusieurs grands prévôts de France, etc., etc. *D'azur, au chevron évidé et contrepotencé d'or, rempli de sable ; au chef d'or, chargé d'un lion léopardé de gueules.*

D'HARGEVILLE. *Voyez* DU FOURC.

HARGICOURT, terre seigneuriale en Picardie, à trois lieues de Saint-Quentin, qui a donné son nom à une maison d'ancienne chevalerie, dont étaient Hue de Hargicourt, chevalier, vivant en 1392, et Hector de Hargicourt, chevalier, seigneur de Feuquières en partie, vivant en 1521. Cette maison paraît s'être éteinte vers la fin du seizième siècle. *D'azur, à la croix d'argent, chargée de cinq tours d'azur.*

DE HARLUS, seigneurs de Vertilly, en Champagne. Cette famille est originaire de Valois. Jean de Harlus, receveur de Valois, épousa Catherine Regnauld, veuve de lui en 1522. Ce Jean de Harlus avait été précédemment avocat en la chambre des comptes. *De sable, au lion d'argent, lampassé, armé et couronné de gueules.*

HARPAILLÉ DU PERRAY, en Touraine. Cette famille a pour auteur Louis Harpaillé, sieur du Perray, l'un des cent chevau-légers de la garde ordinaire du roi, anobli en considération de ses services militaires, de ceux de son fils et de son frère, par lettres-patentes du mois de décembre 1728. *D'azur, au chevron d'or, accompagné en chef de deux croissants d'argent, et en pointe d'une étoile du second émail.*

HAUCHEMAIL, famille de Normandie, anoblie en 1543. *D'azur, au chevron d'or, accompagné en chef de deux maillets du même, et en pointe d'un croissant d'argent.*

DE LA HAULLE, maison d'ancienne chevalerie du pays de Caux, qui s'est éteinte vers la fin du seizième siècle, et avait pour auteur Jean de la Haulle, chevalier, seigneur de Bloqueville, vivant en 1230. *De sable, à trois fleurs de lys d'argent.*

DE LA HAULLE, en Normandie, dans les élections de Caen et de Valognes, famille anoblie par les francs-fiefs. *D'argent, au chevron de gueules, accompagné de trois roses du même.*

DES HAULLES, seigneurs de la Rue, de la Chapelière, famille d'ancienne chevalerie de la province de Normandie, maintenue par jugement du 6 juillet 1666. *D'argent, au chevron d'azur, accompagné de trois lionceaux de gueules.*

D'HAUSSONVILLE. *Voyez* CLÉRON.

DE HAUTECLAIRE, en Guienne, famille qui portait originairement le nom de COUILLAUD, et qui tire sa noblesse des charges du parlement de Bordeaux. Elle a pour auteur Cibard Couillaud, écuyer, seigneur d'Heurtebize, du Mesnil-Gaignaud, lieutenant-général d'Angoumois, conseiller au parlement de Bordeaux, puis maître des requêtes en 1503. Leur fils aîné Geoffroi Couillaud, craignant que son nom ne fut pas agréable au roi et aux gens de son conseil, impétra des lettres de commutation, qu'il obtint au mois de juin 1544, en vertu desquelles il fut autorisé à changer son nom de Couillaud, en celui de Hauteclaire, nom d'une seigneurie de l'ancien patrimoine de sa famille. Elle a donné un gentilhomme ordinaire de la chambre du roi, et plusieurs officiers dans divers corps. *D'azur, à la tour d'argent.*

DE HAUTECLOCQUE, maison d'ancienne chevalerie, qui tire son nom d'une terre située en Artois, au comté de Saint-Pol, dont elle a été en possession jusqu'en 1536. Les aînés de cette famille ont de tout tems été admis dans le corps de la noblesse des états d'Artois. Elle prouve son ascendance, par titres, depuis Wilbert de Hauteclocque, qualifié chevalier dans une charte de l'abbaye de Saint-Jean d'Amiens, de l'an 1177. Cette maison a donné constamment des hommes d'armes et des officiers au service de nos rois. La généalogie détaillée de cette maison se trouve dans le tome IX du Nobiliaire universel de France, mais c'est par erreur qu'à la page 548, ligne douze, on a attribué la qualité de conseiller au conseil d'Artois, à Louis de Bertoult, seigneur de Herbeval, cette charge ayant été possédée par des membres de la famille de sa mère, Jeanne de Cambier, et non par aucun du nom de Bertoult. *D'argent, à la croix de gueules, chargée de cinq coquilles d'or.* Couronne de comte. Supports : deux sauvages.

DE HAUTEMER, maison d'ancienne chevalerie de Normandie, dont la descendance est établie depuis Guillaume de Hautemer, seigneur de Fournet et de Fervaques, vivant en 1238. Elle a donné des chevaliers bannerets, un maréchal de France, créé par lettres du mois de décembre 1611, qui ne furent point registrées, et chevalier du Saint-Esprit. Cette famille subsistait encore en 1732. *D'or, à trois fasces ondées d'azur.*

DU HAUTOY, marquis du Hautoy, par érection du 26 mars 1728, maison d'ancienne chevalerie, qui a pour auteur Frédéric, mort vers l'an 1270, que l'on a dit puîné de la maison de Luxembourg. Il avait épousé Béatrix, dame du Château du Hautoy, près de l'abbaye d'Orval, dont ses descendants ont retenu le nom. Cette maison s'est divisée en plusieurs branches, 1° les seigneurs de Nubecourt ; 2° les seigneurs de Gussainville, existants ; 3° les seigneurs de Vaudoncourt ; 4° les seigneurs de Luzy, marquis du Hautoy, etc. Cette maison a donné des chevaliers de l'ordre du roi, des gentilshommes ordinaires de la chambre, des capitaines d'hommes d'armes, des chambellans et conseillers d'état, des ducs de Lorraine, un grand sénéchal et un grand maître de l'artillerie de Lorraine et de Barrois ; un chambellan de l'empereur Charles VI, général de sa cavalerie ; un chambellan du duc Léopold, et nombre d'officiers généraux et supérieurs au service de France. *D'argent, au lion de gueules, la queue fourchée, lampassé, armé et couronné d'or.*

DE LA HAYE, seigneurs des Fosses, de Bazinville, de Saint-Germain-des-Vaux, de Cully, de Vierville, etc., en Normandie et à Paris. Cette famille tire sa noblesse de Salomon de la Haye, fils de Marin, sieur de Precarré ; lequel Salomon fut pourvu, le 13 janvier

I. 45

1724, de l'office de conseiller secrétaire du roi, en la chancellerie établie près la cour de parlement de Dijon, et en mourut revêtu, le 9 novembre 1725. *D'argent, au chevron de gueules, accompagné de trois senelles du même, tigées et feuillées de sinople.*

DES HAYES, seigneurs de Cric, de la Motte et de la Périne, en Anjou, famille ancienne qui établit sa filiation depuis Marie des Hayes, seigneur de Fontenailles, époux de Jeanne d'Illiers, qui était venue de lui avant le 21 octobre 1524. *Parti d'argent et de gueules, à trois annelets, les deux premiers de l'un en l'autre, le dernier de l'un à l'autre.*

DES HAYES, en Normandie. *Voyez* ESPINAY.

DE LA HAZARDIÈRE, seigneurs de Saint-Aubin, de la Pierre-du-Creveil, maison d'ancienne chevalerie de Normandie, qui a été maintenue dans cette qualité par Montfaut, en 1463, et lors de la recherche de 1656. *D'hermine, au chef de gueules, chargé d'un léopard d'or.*

HEBERT, seigneurs de Châteldon, famille noble d'Agen, de laquelle était André-Claude Hebert, seigneur de Châteldon, né le 18 mars 1727, fils d'André, ci-devant introducteur des ambassadeurs, mort le premier février 1768, à 87 ans, et de Marie-Anne de Chamborant de la Clavière, morte le 4 mars 1758, et petit-fils de Guillaume-André Hebert, quartinier de la ville de Paris, en 1687, puis échevin de la même ville, en 1700, charge attributive de noblesse. Il a été reçu conseiller au grand conseil, le 14 mars 1750, et maître des requêtes, le 31 décembre 1751. *D'azur, au cerf passant d'or, sur une terrasse du même.*

HEBERT, seigneurs du Breuil et de Sainte-Marie, en élection de Bayeux, en Normandie. Cette famille a pour auteurs Hervé et Henri Hebert de Litteaux, Jean, Charles, Joachim, Pierre et Jacques Hebert, frères, anoblis en 1543. *De gueules, à trois pommes d'or.*

HEBERT, seigneur de la Plegnière et du Quesnay, en Normandie, famille formée par l'un des frères Precités, anoblis en 1543. *D'azur, à trois grenades d'or, ouvertes de gueules.*

HEBERT DU BUC, en Normandie. Cette famille a pour auteur André-Pierre Hebert, seigneur du Buc et de Villiers, maître des requêtes ordinaires de l'hôtel du roi, mort le 22 mars 1707, dont l'aïeul était conseiller au parlement, le bisaïeul conseiller à la cour des aides, l'an 1597, et le trisaïeul receveur du chapitre de Notre-Dame de Paris, l'an 1580. *D'or, au lion de sable, lampassé de gueules.*

HEBERT, en l'Ile de France. Cette famille a pour auteur Gaucher Hebert, échevin de Paris, en 1472, 1484 et 1489, père de Jean Hebert, quartinier de la même ville en 1500, échevin en 1504. Jean Hebert, issu de ce dernier à plusieurs degrés, fut aussi quartinier le 8 avril 1710, et échevin en 1724. *D'azur, au sautoir d'or, cantonné de quatre étoiles d'argent.*

HEBERT, seigneurs de Cailleville, en Normandie, famille anoblie par un office de secrétaire du roi, au dix-huitième siècle. *D'azur, à deux palmes d'or, passées en sautoir, accompagnées de deux étoiles du même, en chef et en pointe.*

HEBERT, seigneur du Bailleul, élection de Caen, en Normandie. Cette famille a pour auteur Charles Hebert de Gonneville, sieur de Varaville, anobli en 1548. *D'argent, à deux fasces de gueules; à la bande du même, chargée de trois besants d'or, brochante sur le tout.*

HEBERT, seigneurs du Boulon, élection de Pont-l'Evêque, en Normandie. Cette famille a pour auteur Mathieu Hebert, sieur du Boulon, élection de Lisieux, frère de Charles Hebert, anobli avec lui en 1548. *D'argent, à trois fasces de gueules; à la bande du même, chargée de trois besants d'or, brochante sur le tout.*

HEBERT DE CHEVILLON, en Champagne, famille anoblie par le collier de l'ordre de Saint-Michel, à la fin du dix-huitième siècle. *D'argent, au chevron de gueules, accompagné en pointe d'un arbre terrassé de sinople ; au chef d'azur, chargé d'un croissant d'or, accosté de deux étoiles d'argent.*

HÉBRAIL, barons de Dalon, seigneurs de Canast, en Languedoc, maison issue d'ancienne chevalerie, qui établit sa filiation depuis Armand Hebrail, seigneur de Rivière, de la Cortade et de Tonnac, vivant au treizième siècle. Elle a donné un grand nombre de chevaliers et de commandeurs à l'ordre de Saint-Jean de Jérusalem, des gentilshommes de la chambre de nos rois, des capitaines de cinquante hommes d'armes, des gouverneurs de places de guerre et de provinces, et nombre d'officiers qui se signalèrent dans les combats et autres actions militaires. *D'azur, à deux lièvres d'or.*

DE HELLENVILLIER, barons de la Ferté-Fresnel, seigneurs d'Avrilly, maison d'ancienne chevalerie de Normandie, connue depuis Claudin de Hellenvillier, à qui le roi Philippe Auguste donna en garde le château qu'il avait fait élever au bout du pont de Rouen. Cette maison fut maintenue dans son ancienne extraction, le premier septembre 1667. *D'argent, à la fasce de gueules, accompagnée de trois aiglettes d'azur.*

D'HEMERY, seigneurs d'Ormoy, de Chaudenay, de Jorquenay, en Champagne. Cette famille a pour auteur Jean Hemery, receveur des octrois de la ville de Langres, grenetier et maire de cette ville, valet de chambre de Henri le Grand, et commissaire de l'extraordinaire des guerres, qui fut anobli par ce prince le 26 septembre 1597. Cette famille a donné plusieurs officiers morts au service. *D'azur, au lion dragonné et ailé d'or ; au chef d'argent, chargé de trois canettes de gueules.*

D'HENNÉZEL, en Lorraine, en Suisse, en Hainaut, en Franche-Comté, en Nivernais et en Champagne, maison d'ancienne chevalerie du royaume de Bohême, qui s'établit en France vers la fin du quatorzième siècle, et prouve son ascendance jusqu'à Henri d'Hennezel, Ier. du nom, écuyer, qui, avec Isabeau d'Esche, son épouse, acquit, le 30 mai 1392, une partie des seigneuries de Bouviller et de Belrupt, et le

13 juillet 1394, le Meix Xollay, au finage de Ville-sur-Illon, en Lorraine. Cette maison a formé les branches des seigneurs d'Attigneville, des comtes de Beaujeu, par érection de 1716, des seigneurs d'Ormois, des seigneurs de Champigny, des seigneurs d'Essert, en Suisse, des seigneurs de la Rochière, en Hainaut et en Champagne, etc. Ces diverses branches ont donné un maître d'hôtel du duc Charles de Lorraine, vivant en 1417, et plusieurs colonels de régiments et autres officiers supérieurs au service des ducs de Lorraine et des rois de France. *De gueules, à trois glands d'argent.* Supports : deux lions.

HENRION DE MAGNONCOURT. Clément Henrion, seigneur de Magnoncourt, au comté de Bourgogne, anobli avec ses enfants mâles et femelles, nés et à naître en légitime mariage, par lettres données à Versailles au mois de mars 1697. *De gueules, à une houssette ou botte armée et eperonnée d'or.*

HENRI, seigneurs de Beauchamp et de Kergarff, en Bretagne. Cette famille a fait preuve en 1668, depuis François-Henri, sieur de Kerprat, vivant en 1519. *Parti d'argent et de gueules ; à deux quintefeuilles de l'un en l'autre.*

HENRI, seigneurs de Quengo et du Kergouet, très-ancienne famille de Bretagne, maintenue dans la qualité de chevalier, par arrêt de la chambre de la réformation, du 2 mai 1669, sur titres remontés à Pierre-Henri, sieur de Launay, vivant en 1373. *De gueules, à trois épées d'argent, la pointe en bas.*

HENRI DE JARNIOST, en Lyonnais, famille ancienne, originaire d'Anjou, qui a pour auteur Philibert Henri, père de Guillaume, seigneur du château fort de Croiseuil, en Lyonnais, conseiller de ville à Lyon, en 1500 et années suivantes. Cette famille paraît avoir acquis la noblesse dans les charges municipales et de finance de la ville de Lyon. Elle a donné plusieurs capitaines et deux avocats célèbres. *D'argent, au cœur de gueules, marqué du nom de Jésus à l'antique d'or ; au chef d'azur, chargé d'un lion léopardé d'argent.*

HENRI, seigneurs des Noës de la Fontaine-Boucher,

en Bretagne, famille déclarée noble d'ancienne extraction, par arrêt du 2 mai 1669, sur preuves remontées à Perrot Henri, vivant en 1409. *De sable, à l'aigle éployée d'argent.*

HENRI, seigneurs de Lhéder, en Bretagne. Cette famille a justifié quatre degrés de noblesse sur les preuves desquels elle a été maintenue le 19 septembre 1670. *D'argent, au sanglier rampant de sable, accompagné de trois étoiles du même.*

HENRI. Guillaume Henri, sieur de Belestre, maître des comptes de Bretagne, et Guillaume Henri, son frère, ont été déclarés nobles à cause des priviléges de la charge de maître des comptes, par arrêt du 24 mars 1671. *D'azur, au lion d'argent, lampassé et armé de gueules; à la fasce d'or, brochante sur le tout.*

HÉRAULT, seigneurs de Saint-Jean du Corail, de la Benoîtière, de la Vallée, du Porche, de Séchelles, de la Bassecourt, de Dragey, en Normandie, en Bretagne, à Paris et en Picardie, famille qui a pour auteur Geoffroy Hérault, Ier. du nom, seigneur de la sergenterie de Genest, dans le vicomté d'Avranches, vivant en 1379, anobli en 1389, et vivant encore en 1396. Cette famille a donné des conseillers d'état, un maître des requêtes, des conseillers au parlement de Normandie, et plusieurs officiers. *D'argent, à trois canettes de sable, becquées et membrées d'or.*

HÉRAULT. Jean Hérault, de la ville de Sezanne, en Champagne, fut anobli au mois de février 1370. *D'argent, à trois merlettes de sable.*

HÉRAULT, seigneurs de Haut-Charmoy, en Champagne, famille ancienne originaire de Brie. Elle a prouvé devant M. de Caumartin, intendant de Champagne, depuis Jean Hérault, écuyer, seigneur de Clesles, dont le fils Louis Hérault épousa, par contrat passé devant Cussot, notaire à Sezanne, le Ier. août 1509, demoiselle Quentine de la Noue, fille de Perrot de la Noue, écuyer. On trouve un Jean Hérault, commis de Philippe de Boubers, receveur des tailles à Péronne, Montdidier et Roye, cautionné le 27 août 1498; et seigneur de Pont-le-Roy, en partie, en 1512, demeurant à Montdidier en 1518. *D'azur, à trois têtes de limier d'or; à la bordure de gueules.*

HÉRAULT, en Lorraine. Jean Hérault, conseiller, secrétaire du duc René II, fut anobli par ce prince, le 22 février 1482. *D'azur, à trois membres d'aigle d'or, mourants des angles et du bas de l'écu, et contre-onglés en cœur.*

HERBERT, seigneurs de Grandmont et de Pieugué, en Poitou. Cette famille a pour auteur François Herbert, sieur de la Couture et de Bellefonds, maire de la ville de Poitiers, en 1474, père de François II, et de Simon Herbert, sieur de Bellefonds et du Plessis, maire en 1507, et aïeul de François III et de Jacques Herbert, sieur de l'Isle, maire de la même ville, en 1562, charge attributive de noblesse. Cette famille a donné plusieurs magistrats au juge présidial de Poitiers, et des officiers dans divers corps. *De gueules, à trois besants d'argent; au chef du même, chargé d'une hure de sanglier de sable, défendue d'argent.*

HERBERT, en Normandie, famille qui, lors de la recherche, en 1666, a justifié de quatre degrés de noblesse. *D'argent, au lion de sable, lampassé, armé et couronné de gueules.*

D'HERBIGNY. *Voyez* LAMBERT.

D'HERBOUVILLE, maison d'ancienne chevalerie de Normandie, qui tire son nom d'une terre située au diocèse de Rouen, élection d'Arques, et qu'une tradition fait descendre de la maison de Mortemer, dont elle porte les armes. Elle est connue depuis Colard, seigneur d'Herbouville, chevalier, qui vivait au commencement du treizième siècle. Cette maison a donné des chevaliers de l'ordre du roi, un premier gentilhomme de la chambre, un écuyer du roi de Navarre, des gouverneurs de places, et plusieurs officiers généraux. Charles-Joseph-Fortuné, marquis d'Herbouville, lieutenant-général des armées du roi, chevalier de Saint-Louis a été nommé pair de France le 17 août 1815. *De gueules, à la fleur de lys d'or.*

D'HÉRICOURT. *Voyez* DU TROUSSET.

LE .HERICY , marquis d'Estrehan , seigneurs de
Montbray, de Vaucieux et autres lieux, maison d'ancienne chevalerie de Normandie , connue depuis Jean
le Hericy, écuyer, seigneur de Fierville, qui transigea
avec Pierre Auzeray , en 1380 et 1381. Cette maison a
donné un lieutenant-général des armées du roi et plusieurs officiers supérieurs. Elle a été maintenue dans son
ancienne extraction, par Montfaut , en 1463, et lors de
la recherche de 1666. *D'argent, à trois hérissons de sable.*

HERPONT , en Lorraine. André Herpont fut anobli par lettres du 15 novembre 1701. *D'azur , à trois
harpes d'argent.*

D'HERVILLY , noblesse d'ancienne chevalerie , et
que des auteurs disent puînée de l'ancienne et illustre
maison de Bazentin , et qui tirait son nom de la terre
d'Hervilly, en Picardie , à trois lieues de Péronne.
L'héritière de cette maison , Jeanne d'Hervilly, épousa,
l'an 1501 , Arthus le-Cat, écuyer, seigneur de Beaumont, en Beyne , auquel elle porta la terre d'Hervilly,
dont ses descendants ont pris le nom et les armes, en
quittant les leurs. *De sable , semé de fleurs de lys d'or.*

HESSELIN , seigneurs d'Outreval , en Picardie , famille qui a pour auteur Claude Hesselin , sieur de Beaugé,
en Valois , anobli au mois de juillet 1597. *Ecartelé d'or
et de gueules , au lion de l'un à l'autre , à seize fleurs de
lys de même , mouvantes des bords de l'écu.*

HEUDEY ou HEUDÉ , seigneurs de Pommainville ,
de Fonteney, en Normandie, famille qui fut maintenue
par M. de Chamillart , après avoir justifié quatre degrés
de noblesse, le 29 janvier 1668. *D'argent, au lion d'azur,
chargé à l'épaule d'une fleur de lys d'or.*

HEURTAULT DE LAMMERVILLE , en Normandie.
Cette famille établit sa filiation depuis noble homme
Adrien Heurtault , vivant le 14 juin 1514 , aïeul de
Norbert Heurtault , sieur de Sainte-Geneviève, pourvu
le 8 août 1594, de l'office de conseiller , notaire et
secrétaire du roi , maison et couronne de France , et
contrôleur en sa chancellerie de Rouen , office dont il
obtint les lettres d'honneur équivalentes à des lettres de

noblesse, le 21 novembre 1618. *D'azur, à trois têtes d'aigle, arrachées d'or.*

HEUZARD, seigneurs du Mesnil, en Normandie. Cette famille a pour auteur Jean Heuzard, anobli en 1595. *D'argent, à la croix de gueules, cantonnée de quatre aiglettes de sable, posées en bande et en barre.*

HIANT ou HYAN DE PRIGNY, en Lorraine, famille anoblie, le 20 mai 1715, dans la personne de Sébastien Hiant, l'un des médecins du duc de Lorraine. *D'argent, à trois fasces haussées d'azur; à la pointe de gueules, chargée de trois besants mal ordonnés d'or.*

HIÉROSME DE CHOISY, en Lorraine, famille originaire de Brie, anoblie par lettres du 3 octobre 1570, dans la personne de Charles Hiérosme, châtelain et receveur du comté de Vaudémont. *D'or, au chêne de sable, fruité du champ, accolé d'une bisse d'argent; au chef d'azur, chargé de trois colombes d'argent, becquées et membrées de gueules.*

DE HINGETTES, en Cambresis, famille d'origine chevaleresque, dont était Pierre de Hingettes, seigneur de Gonnehem en 1210. Thierry et Imbert de Hingettes, son frère, vivait en 1255; Jacques de Hingettes en 1256; Watier l'an 1320; et Walerand de Hingettes, seigneur des Obeaux, de l'Homme de Fournes, d'Auberch et de Campinghen, marié, l'an 1460, avec Antoinette d'Incy. Cette famille paraît s'être éteinte au commencement du seizième siècle. *D'argent, à la vivre de sable.*

HOCART, seigneurs de Vaux, de Felcourt et du Pavillon, de Renneville de Montfermeil, de la Motte, en Champagne, à Paris et en Bretagne; famille distinguée par de belles alliances, de nombreuses possessions et ses services militaires. Elle a pour auteur Philippot Hocart, rapporté dans une sentence du 4 janvier 1536, obtenue par Nicolas et Jean Hocart, ses fils, où ils sont déclarés nobles nés et extraits de noble lignée. Cette famille a donné un brigadier des armées du roi, un chef d'escadre, des gouverneurs de places, des intendants de provinces, des conseillers-d'état, et plus de vingt capitaines ou officiers supérieurs décorés de l'ordre de Saint-Louis. *De gueules, à trois roses d'argent.*

DE HOCHEPIED (*de Halcipede*), maison d'ancienne chevalerie du Cambresis, qui avait des possessions aux environs de Douai dès l'an 1100. Colard et Isambart de Hochepied, frères, sont mentionnés dans une charte de l'abbaye de Saint-Aubert, en date de l'an 1126. Un autre Isambart de Hochepied est mentionné dans une charte de la même abbaye de l'an 1211. *D'argent, au chevron de gueules, accompagné de trois croissants de sable.*

HODENEAU DE BREUIGNON, en Nivernais, famille ancienne et distinguée par ses services militaires, qui prouve son existence, depuis l'an 1389, et sa filiation depuis l'an 1504. Elle a donné deux commandants de vaisseaux et deux chefs d'escadre, dont l'un commandeur de l'ordre royal et militaire de Saint-Louis. *D'azur, au chevron d'or, accompagné de trois étoiles du même.*

HODIC, en Berry, famille dont on ignore le principe de noblesse. *D'argent, à trois croisettes ancrées de gueules.*

D'HODICQ DE COURTEVILLE, en Picardie, illustre et ancienne maison de chevalerie, qui a pris son nom d'une terre située près de Boulogne, et prouve son existence depuis Everard d'Hodicq qui fut témoin d'une charte de l'abbaye d'Ardres de l'an 1196. Elle remonte à l'an 1294, la première date connue de la possession de la terre de Courteville, nom qu'elle porte seul depuis le commencement du quinzième siècle. Cette famille a donné plusieurs capitaines et un maréchal de camp des armées du roi. *D'or, à la croix ancrée de gueules.*

HODINVILLE ou HOUDAINVILLE, selon l'orthographe moderne, terre située dans le Beauvaisis, sur la rive gauche du Terrain, à deux lieues de Clermont, qui a donné son nom à une maison d'ancienne chevalerie, éteinte depuis plusieurs siècles. Ansel de Hodinville, chevalier, vivait en 1311; et Philippe de Hodinville, écuyer, mentionné dans le dénombrement du comté de Clermont, portait pour armes : *D'argent, à la fasce de sable, chargée de trois molettes d'éperon d'or.*

DE HOFFELIZE, comtes de Hoffelize, en Lorraine, par érection du 16 juin 1726, maison ancienne, originaire du pays de Liége, qui remonte par filiation à Regnault de Hoffelize, qui, l'an 1456, fut pourvu du fief masculin d'Oberseng pour lui et ses descendants, en récompense des services qu'il avait rendus à Rodolphe, comte de Linange et de Rechicourt, dans la guerre qu'il faisait à Conrad, évêque de Metz. Cette maison a donné des conseillers d'état, des chambellans, un premier maître d'hôtel, et des gentilshommes ordinaires de la chambre des ducs de Lorraine, des officiers supérieurs au service de Hongrie, de Lorraine et de France, notamment dans la cavalerie.

D'HOIRIEU, famille ancienne, dont était Blanche d'Hoirieu, fille de Louis, seigneur d'Hoirieu, en Lyonnais, chevalier, laquelle épousa, le 28 mars 1397, Antoine de Mont-d'Or, damoiseau, fils de Philippe de Mont-d'Or, chevalier, qui vivait en 1344, et de Sybille de Verneys. *De sable, à la fasce d'argent, surmontée d'une étoile du même.*

DE HOLLANDE DU MESNIL, en Picardie. Jeanne de Hollande, fille de noble homme François de Hollande, sieur du Mesnil, et de Marie Lamy, épousa, par contrat du 27 mars 1625, Michel Manessier, écuyer, seigneur de Maison-Rolland. *D'argent, à deux croix patées et fichées de sable ; au chef d'azur, chargé de trois besants d'or.*

HOMBLIÈRES, terre et seigneurie située en Picardie, au diocèse de Noyon, entre les rivières de Somme et d'Oise, à une lieue de Saint-Quentin, qui a donné son nom à une maison d'ancienne chevalerie, connue par titres depuis l'an 1208, que vivait Enguerrand de Homblières, écuyer, seigneur de Malvoisine. Charles de Homblières, seigneur du Pressoir, et Nicolas, son frère, produisirent, en 1693, des titres de cinq degrés, depuis l'an 1504. Claude de Homblières était chevalier de Malte et commandeur d'Orléans en 1551. *D'azur, à la croix d'or, cantonnée de douze croisettes recroisettées du même.*

DU HOMME, en Lorraine. Cette famille a pour auteur François du Homme, secrétaire de Léopold Iᵉʳ, duc de Lorraine, anobli par ce prince le 18 mai 1725. *Parti d'argent et d'azur, au chevron parti d'azur sur argent, et d'or sur azur, accompagné de trois étoiles, la première d'azur, la seconde d'or, et la troisième d'azur et d'or, brochante sur le parti.*

DU HOMME, seigneurs de Chailly, en Normandie, maison issue d'ancienne chevalerie, qui a pris son nom d'une terre située au diocèse de Coutances, dans l'élection de Valognes. Elle a été maintenue dans son ancienne extraction, en 1463, et lors de la dernière recherche, en 1666. *D'azur, au léopard d'argent, accompagné de six besants rangés d'or.*

DU HOMMEL, seigneurs de Sartilly, en Normandie, famille d'origine chevaleresque, qui a été maintenue dans son ancienne extraction, en 1463, et lors de la dernière recherche, en 1666. Guillaume du Hommel, seigneur de la Vaudelée et du Ménil-Bérard, plaidait aux échiquiers des années 1454, 1462 et 1463, pour la présentation à l'église de la Vaudelée: Jacques du Hommel, seigneur de Coqueville, vivait en 1552. *D'argent, au sautoir d'azur.*

DU HOMMET, barons de Varenguebec, illustre et ancienne maison de chevalerie, originaire de Normandie, qui a pris son nom de la baronnie du Hommet, au diocèse de Coutances, à deux lieues de Saint-Lô, possédée, au 15ᵉ. siècle, par une branche de la maison de Jullien. La maison du Hommet est éteinte depuis plusieurs siècles. Elle avait pour auteur Richard Iᵉʳ, baron du Hommet, qui épousa Gillette, dame de Varenguebec et de la Haye du Puis, et qui prenait, en 1212, la qualité de connétable de Normandie, laquelle s'est perpétuée à l'aîné de ses descendants. *D'argent, à trois fleurs de lys de gueules.*

D'HOMMEY, en Normandie. Cette famille a été anoblie pour services militaires, par lettres-patentes, du mois de novembre 1722, dans la personne de Jacques d'Hommey, gendarme de la garde du roi, che-

valier de l'ordre royal et militaire de Saint-Louis. Cette
famille avait précédemment donné quatre officiers d'infanterie et de cavalerie. *D'azur, à trois bandes d'argent ;
à deux épées de gueules, garnies d'or, passées en sautoir,
brochantes sur le tout.*

DE HONCOURT, seigneurs de Beaumont, en Normandie, famille d'ancienne extraction, maintenue
dans sa noblesse le 9 septembre 1668. Louis de Honcourt servait sous Hue de Châtillon, maître des arbalétriers de France en 1372. André de Honcourt avait
épousé Jeanne du Quesnoy. Guillaume, seigneur de
Honcourt et de Gueneuseville, eut pour fils Antoine,
seigneur de Honcourt, vivant en 1466, père de Geills
de Honcourt, dit *Lancelot*, seigneur de Honcourt et de
Villedieu, bailli de Gisors, qui rendit aveu de ses
terres au roi, le 13 décembre 1461. Il avait épousé
Louise d'Estouteville, fille de Blanchet d'Estouteville,
seigneur de Villebon, et eut pour fils Antoine, seigneur
de Honcourt, de Saint-Germain-sur-Eaune et de Duen-
court, lequel est qualifié de messire et chevalier en
l'an 1509. Voyez, sur cette famille, la généalogie de
la maison de Mailly, qui possède la terre de Honcourt,
nommée aujourd'hui Haucourt, et l'Histoire de la maison de Harcourt, par la Roque, pag. 588 et suiv. *D'or,
à trois pals de sable.*

HONDIS, seigneurs d'Alons, en Provence. Au sentiment de l'abbé Robert de Briançon, contesté par
l'auteur de la critique de son nobiliaire de Provence,
cette famille est noble et ancienne, et tire son origine
du royaume de Naples, où Augustin Hondi, chevalier,
seigneur de Matalon et de Carvin, fit son testament
le 3 novembre 1460. *D'azur, à trois bandes ondées
d'argent.*

LE HONGRE, famille connue depuis 1621. Mar-
guerite-Catherine le Hongre, épouse de Jean Donneau,
sieur de Vizè, est mentionnée dans un acte de tutelle
du 19 juillet 1710, ainsi que Etienne-Charles le Hongre,
sieur du Champ-Guérard, procureur du roi. *De gueules,
à la croix d'or.*

HONNECOURT, bourg en Picardie, au diocèse de
Cambray, situé sur l'Escaut, à une lieue du Câtelet, qui
a donné son nom à une ancienne et illustre maison de

chevalerie, qui florissait dès le tournoi d'Anchin, en 1096. Quelques auteurs pensent qu'elle a une origine commune avec l'ancienne maison d'Oisy, dont elle a porté le nom en cri de guerre. Elle paraît éteinte depuis plusieurs siècles. *D'argent, semé de billettes de gueules ; au lion du même, brochant.*

HONNEURS DE LA COUR. On appelait ainsi, avant la révolution, l'avantage honorable d'être admis aux cercles de la cour, aux bals de la reine, à la chasse du roi, de monter dans les carrosses de sa majesté, enfin de coopérer, par un grand luxe, à l'éclat qui doit nécessairement environner le trône d'un souverain.

Dans les siècles antérieurs, l'honneur d'approcher le roi était réservé aux anciennes et aux plus illustres maisons du royaume, parce que les familles nobles produisaient un grand nombre de capitaines expérimentés, de magistrats intègres et d'administrateurs consommés : leurs noms sont burinés dans les plus belles pages de notre Histoire, et font encore aujourd'hui l'orgueil de la France.

Mais dans la suite des tems, ces familles s'éteignirent, ou leurs descendants ne purent rendre au monarque les services éclatants dont l'état était redevable à leurs aïeux. Il fallut donc que le prince associât à l'honneur de soutenir le nom français, des personnages de familles moins anciennes dans l'ordre de la noblesse, et même des familles plébéiennes.

Cet emploi de familles, autres que les familles anciennes, introduisit à la cour des personnages qu'on y trouva déplacés dès qu'on n'eut plus besoin de leurs services, et excita des réclamations de la part de la noblesse, qui croyait avoir le droit exclusif de faire partie inhérente et nécessaire des commensaux et des familliers du souverain.

En tems de paix, les princes oublient malheureusement que la défense de leurs droits, de leur dynastie, repose essentiellement sur la masse, sur la force entière de la nation, et se livrent au penchant naturel, de satisfaire aux désirs d'un corps qu'ils ont toujours vu de plus près, et qui a sans cesse occupé les emplois intérieurs de leur palais, ou de grandes places militaires, dans lesquelles il a souvent signalé des talents réels. Le prince décida donc que ce corps aurait seul le droit exclusif d'approcher de sa personne et d'être admis dans son intimité.

Alors des réglements émanés du trône établirent que pour être admis *aux Honneurs de la cour*, il fallait faire preuve d'une noblesse pure et chevaleresque, dès l'année 1400 inclusivement, et par titres originaux et successifs.

A ces mots de *noblesse pure*, bien des gens vont être inquiets et me demanderont une explication. La voici :

Quoique que tout, dans le monde, ait un principe, il est de règle, d'usage, en fait de noblesse, que si on découvrait l'origine de cette noblesse, elle n'aurait plus le même mérite.

C'est un travers d'esprit, je l'avoue ; et un système aussi faux et aussi erroné ne peut être excusé que par la faiblesse de nos sens et le triste état du génie de l'homme ; mais ce que l'homme réuni en société a une fois adopté comme usage, il prétend le classer dans les propres lois de la nature, et il embarrasse ainsi le philosophe éclairé, le citoyen sage, qui veulent méditer souvent sur les lois qui régissent les nations.

Ainsi donc, pour que la noblesse soit pure, chevaleresque, ancienne, il faut qu'on ne puisse pas prouver qu'elle ait eu un commencement, quoiqu'on soit bien certain du contraire, puisque, comme je l'ai dit plus haut, tout a un principe réel.

Or, les familles d'origine chevaleresque disent avoir commencé avec la monarchie, et avoir formé, dès ses premiers tems, l'élite des familles de la nation et la force des souverains qui nous ont gouverné. Beaucoup d'entr'elles peuvent avoir raison, mais comme les actes écrits ne datent que des années 1000, 1100, 1200, 1300 et 1400, on a voulu s'en rapporter à cette dernière époque pour exiger des preuves de ces diverses maisons ; et ce sont celles-là, seules, qui avaient le droit exclusif d'être admises à la cour.

Le roi avait ordonné que dès qu'on découvrirait un principe d'*anoblissement*, la famille serait *rejetée*; attendu qu'un anoblissement désigne une roture primitive, puisqu'on procède, par cet acte même, à l'extraction d'une famille de la classe plébéienne, pour la porter au rang des nobles ; et ce vice, cette tache de *roture*, étaient quelque chose de sensible, de répugnant alors, qui gênait le système de n'environner le souverain que de familles vraiment chevaleresques.

Cette mesure, à la vérité, pouvait être non-seulement impolitique, mais encore injuste pour les familles plébéiennes qui, par des services éclatants, avaient mérité d'être assimilées au corps de la noblesse.

On ne fut pas long-tems à s'apercevoir de l'inconvenance et de l'injustice d'une pareille mesure; le roi lui-même, de son propre mouvement, atténua les rigueurs des dispositions de son réglement, le supprima même, et écrivit la lettre qui suit, à M. le duc d'Aumont, premier gentilhomme de sa chambre, le 9 juillet 1774 :

« Mon cousin, j'ai vu les moyens que vous me proposez pour remédier aux abus qui se sont glissés dans les présentations à la cour. Je conviens avec vous, que c'est à la noblesse la plus distinguée à jouir des honneurs de la cour, mais je n'approuve pas les moyens que vous me proposez pour y parvenir. Je reconnais bien que le réglement de 1760 est mauvais; vous m'en proposez un autre qui est meilleur, mais qui pourtant a ses inconvénients : il est beaucoup trop fort sur des choses qui sont fort susceptibles de faveur ; outre cela nous retomberions dans l'abus du réglement qui fait croire à tous ceux qui sont dans le cas d'être présentés, que c'est un déshonneur de ne pas l'être, et souvent il y a des raisons qui en empêchent ; un gentilhomme peu riche vient manger son bien à la cour et fait des sottises, n'ayant pas eu une éducation convenable, quoique d'ailleurs étant d'une grande naissance. Outre cela, si l'on en excluait un mauvais sujet, la famille se croirait déshonorée ; et quelquefois même il y a des gens de moindre naissance qui se mettent dans le cas d'être présentés par de belles actions, et c'est un aiguillon pour eux. Par toutes ces raisons, voici ce que je règle : le réglement de 1760 n'aura plus lieu ; ceux qui voudront se faire présenter, s'adresseront au premier gentilhomme de la chambre d'année, qui me donnera le mémoire que j'examinerai et par qui je ferai faire réponse. Je veux bien que vous disiez dans le public qu'il n'y aura que les gens de naissance et de mœurs reconnues qui y seront admis, et pas si jeunes qu'avant. »

Cette lettre fait l'éloge de Louis XV. Il avoue lui-même que le réglement de 1760 *est mauvais*; qu'il laisse croire à tous ceux qui sont dans le cas d'être présentés, que c'est un *déshonneur* que de ne pas l'être, et oblige ainsi une foule de gentilshommes à se ruiner, pour être présentés, ou par l'effet de leur présentation. Il ajoute, et reconnaît qu'il y a des gens de *moindre naissance* qui se mettent dans le cas d'arriver jusqu'au trône par *de belles actions*, et que c'est un *aiguillon* pour eux.

Louis XV, en pensant bien, craignait encore d'effaroucher ceux qui tenaient à l'ancien système; car il donne des ordres secrets, favorables aux familles de sa nation; mais il veut cependant qu'on dise *dans le public*, qu'il n'y aura que les *gens de naissance* qui seront admis à l'honneur de lui être présentés.

Plaignons le malheur des rois, de vouloir, d'ordonner le bien en secret, et de ne pouvoir proclamer leurs généreuses intentions, pour ne pas effrayer des sujets qui ont une manière de voir toute différente!...

Le réglement de 1760 n'était point applicable, ou ne s'employait pas avec rigueur, à l'égard des descendants des maréchaux de France, des grands officiers de la couronne, des ministres-secrétaires-d'état, contrôleurs-généraux des finances, ambassadeurs, chevaliers de l'ordre du Saint-Esprit; ils jouissaient des honneurs de la cour, ainsi que leurs femmes, sans être tenus à faire des preuves. Ainsi, dans le catalogue qui va suivre, si la méchanceté et la critique s'exerçaient sur la non-ancienneté de noblesse de certaines familles présentées, elles pourront s'en consoler avec d'autant plus de raison, qu'elles ne doivent leur élévation qu'aux services éminents que leurs ancêtres ont rendus au roi et à la patrie.

Il y avait encore une autre classe de familles présentées, c'étaient celles qui l'étaient par *grâce* ou par *ordre*. C'est-à-dire, que n'ayant ni l'ancienneté voulue dans l'ordre de la noblesse, ni services éminents rendus à l'état à faire valoir, elles employaient la seule *faveur*, la seule autorité du prince, pour être admises aux mêmes honneurs que les précédentes.

Les familles présentées formaient donc véritablement quatre classes :

I.

1º. Celles d'origine chevaleresque, c'est-à-dire, d'une noblesse dont la souche se perdait dans la nuit des tems, et ne rencontrait aucun principe ;

2º. Celles qui descendaient de maréchaux de France, de grands-officiers de la couronne, de secrétaires-d'état, contrôleurs-généraux des finances, ambassadeurs et chevaliers des ordres du roi, quoique leur origine ne fût pas ancienne, et prît sa source dans des anoblissements ;

3º. Les bâtards de nos rois et princes, ou de grandes maisons, qui s'étaient acquis de la considération par leurs services et de grandes charges ou alliances ;

4º. Les familles qui, n'ayant ni l'ancienneté de la noblesse, ni des services à faire valoir, avaient seulement la faveur du prince.

Ces quatre classes sont parfaitement connues de ceux qui ont l'habitude des choses concernant la noblesse. Je crois inutile de les distinguer dans cette nomenclature, parce que ce serait entretenir une espèce de division parmi les familles nobles. Le seul objet qu'il importe d'établir, est qu'elles ont obtenu *ces honneurs* : voilà le matériel de la chose ; les détails ne sont nullement du ressort, ni de la volonté de l'éditeur.

NOMENCLATURE GÉNÉRALE *des personnes présentées, et dates de leurs présentations.*

A.

Abzac (le chevalier d'), présenté le 9 février 1787.
Abzac de Mayac (le comte d'), le 4 novembre 1781.
Acres de Laigle (M. des), le 20 août 1774.
Adhémar (le comte d'), le 18 mars 1765.
Adhémar (le comte d'), le 24 décembre 1779. *Les en-trées.*
Affry (M. d'), le 9 janvier 1767.
Affry (le comte d'), le 4 août 1772.
Agénois (le comte d'), duc d'Aiguillon, en 1738.
Agénois (la duchesse d'), en 1748.

Agénois (la comtesse d'), le 27 février 1785.

Agénois (la duchesse d'), le 21 août 1785. *A pris le tabouret.*

Agoult (le baron d'), le 2 mai 1770.

Agoult (le chevalier d'), le 2 mai 1770.

Agoult (la comtesse d'), le 23 mars 1782.

Agoult (la comtesse d'), le 31 mars 1782.

Aguesseau (la marquise d'), le 23 janvier 1785,

Aguesseau de Fresnes (M. d'), le 4 mai 1783. *Les entrées.*

Aguirande (le comte d'), le 24 mai 1787.

Ailly (le comte d'), le 5 mai 1770.

Albert de Luynes (le duc d'), le 19 janvier 1783. *Les entrées.*

Albignac (M. d'), le 9 avril 1774.

Albon (M. d'), le 27 novembre 1772.

Albon (le vicomte d'), le 15 février 1786.

Allemans (M. d'), le 24 avril 1769.

Allonville (le chevalier d'), le 21 avril 1787.

Allonville (M. d'), le 9 mai 1787. *Les entrées.*

Allonville (le baron d'), le 16 mai 1787.

Allonville (le comte Armand d'), le 21 janvier 1788.

Allonville (le chevalier Antoine d'), le 21 janvier 1788.

Aloigny (la marquise d'), le 14 janvier 1787.

Altier (le comte de Borne d'), le 21 janvier 1771.

Altier (la comtesse d'), le 28 septembre 1783.

Ambly (le comte d'), le 4 mai 1786.

Amiens (le vidame d'), le 2 mai 1760.

Amphernet (François - Michel d'), vicomte de Pont-Bellanger , en 1786.

Amphernet de Pont-Bellanger (le marquis d'), le 12 novembre 1784.

Amphernet de Pont-Bellanger (le chevalier d'), le 12 novembre 1784.

Ancezune (la marquise d'), en 1738.

Andigné (le marquis d'), le 2 novembre 1731.

Andigné (M. d'), le 15 novembre 1771.

Andigné (le marquis d'), le 16 mai 1787.

Andlaw (la marquise d'), en 1738.

Andlaw (d'), le 22 décembre 1763.

Andlaw (le comte d'), le 3 août 1785. *Les entrées.*

Angeville (le comte d'), le 14 novembre 1785.

Angevillers (M. Flahaut d'), le 15 septembre 1759.

Anhalt (le prince d'), le 23 mars 1757.

Anneville de Chiffrevast (le vicomte d'), le 22 mars 1788.

Antigny-Damas (M. d'), le 27 mars 1754.

Antin (le duc d'), le 25 octobre 1753.

Antoine (M. d'), le 30 septembre 1752.

Apchier (le chevalier d'), en 1740.

Apchier (M. d'), en 1774.

Apchon (M. d'), le 31 mars 1751.

Apchon (M. d'), le 2 août 1757.

Arbouville (le comte d'), le 20 janvier 1787.

Arcambal (le marquis des Lax d'), le 7 août 1769.

Arces (le comse d'), le 26 janvier 1788.

Arclay de Montamy (le comte d'), en 1773.

Arclay de Montamy (le comte d'), le 28 avril 1783.

Arcy (le chevalier de Gouy d'), le 9 janvier 1769.

Arenberg (le prince d'), le 3 novembre 1785.

Arenberg de la Marck (le prince Louis d'), le 31 octobre 1785.

Argenteuil (le marquis le Bascle d'), en avril 1768.

Argenteuil (la marquise d'), le 5 décembre 1779.

Argenteuil (la comtesse d'), le 30 janvier 1780.

Argenteuil (la comtesse d'), le 13 mars 1785.

Argentré (M. d'), le 20 octobre 1774.

Argentré (la marquise d'), le 30 avril 1788.

Argouges (M. d'), le 31 janvier 1761.

Argouges (madame d'), le 9 novembre 1768.

Arnouville (M. Machault d'), le 30 octobre 1756.

Assas (le baron d'), le 23 janvier 1786.

Assas de Montdardier (le vicomte d'), le 10 février 1788.

Asnières (le marquis d'), le 9 janvier 1785.

Asnières de la Châtaigneraye (le marquis d'), le 17 décembre 1782.

Asnières-la-Châtaigneraye (la comtesse d'), le 8 mai 1785.

Asnières de Palluau (le marquis d'), le 14 avril 1783.

Astorg (la comtesse d'), le 26 janvier 1782.

Astorg (le comte d'), le 27 janvier 1789.

Aubépine (le marquis de l'), le 31 octobre 1768.

Aubeterre (M. d'), le 17 octobre 1754.

Aubusson (le comte d'), le 7 février 1786

Audenarde (la comtesse de Lalain d'), le 15 avril 1781.

Aumale (la comtesse d'), le 7 mai 1776.

Aumont (la duchesse d'), en 1738.

Aumont (la marquise d'), le 19 août 1781.

Aurelle (M. d'), le 14 septembre 1789.

Authier (le vicomte du), en 1778.

Autichamp (M. de Beaumont d'), le 23 décembre 1758.

Autichamp (la vicomtesse d'), le 15 juin 1783.

Autier de Villemontée (le comte), en avril 1781.

Auvergne (le cardinal d'), en 1731.

Auvergne (le baron d'), le 12 août 1770.

Auvet (le comte d'), le 14 janvier 1771.

Aux (le comte d'), le 16 novembre 1784.

Avaray (M. de Bésiade d'), le premier août 1754.

Avaray (le comte d'), le 14 mars 1778.

Avaray (Henriette de Bésiade, comtesse d'), le 4 juin 1780. Dame de compagnie de la comtesse d'Artois.

Avaray (M. d'), le 24 avril 1782.

Avaugour de Belouars (le comte d'), le 2 juin 1787.

Avaux (la comtesse d'), le 9 avril 1780.

Ayen (le duc d'), en 1731.

Ayen (le comte d'), en 1731.

Ayen (la duchesse d'), en 1749.

Ayen (le duc d'), le 12 mars 1756.

B.

Balaincourt (le comte Testu de), le 12 février 1769.

Balaincourt (la vicomtesse de), le 24 février 1788.

Baglion (M. de), le 23 décembre 1763.

Balby (le comte de); en 1749.

Balby (M. de), le 9 novembre 1772.

Balby (la comtesse de), le 9 juillet 1780. Nommée dame d'atours de Madame.

Balivière (le marquis le Cornu de), le 7 avril 1788.

Balivière (la marquise de), le 27 avril 1788.

Balleroy (la marquise de la Cour de), le 21 octobre 1784.

Barbançois (le comte de), le 12 février 1770.

Barbançois (le comte de), le 2 mars 1787.

Barbançois (le chevalier de).

Barbançois (la comtesse de), le 11 mars 1789.

Barbançon (le marquis du Prat de), en 1735.

Barbançon (le comte de), le 13 octobre 1770.

Barbantane (M. du Puget de), le 27 mars 1753.

Barbantane (M. de), le 25 mai 1778.

Barbantane (la comtesse de), le 25 mai 1783.

Bardonenche (le chevalier de), le 12 mai 1787.

Barentin (madame de), le 25 octobre 1788. *A pris le tabouret.*

Bargemont (M. de), le 25 mai 1768.

Bargemont (le vicomte de), le 12 novembre 1784.

Bargemont (la vicomtesse de), le 2 mars 1788.

Barrin (le marquis de), le 6 juin 1787.

Barry (le vicomte du), le 25 avril 1769.

Barry (la comtesse du), le 13 juillet 1769.

Barry (le chevalier du), le 10 juin 1770.

Barthe-Giscaro (le vicomte de la), le 4 mars 1777.

Baschi (le comte de), en janvier 1751.

Baschi (madame de), le 3 novembre 1757.

Baschi (le vicomte de), le 29 décembre 1773.

Baschi (la comtesse de), le 10 décembre 1786.

Bascle d'Argenteuil (le comte le), en avril 1773.

Bascle. Voyez *Argenteuil.*

Bassompierre (madame de), le 5 mars 1754.

Bassompierre (M. de), le 13 novembre 1756.

Bassompierre (M. de), le 26 janvier 1767.

Bataille (le chevalier de), en mai 1789.

Bayly (le marquis de), le 27 janvier 1789.

Béarn (le marquis de), en 1739.

Béarn (le marquis de Gallard de), le 15 février 1766.

Béarn (le chevalier de), le 28 novembre 1768.

Beaucaire (M. de), le 14 avril 1753.

Beaufort (le chevalier de), le 16 février 1771.

Beaufranchet d'Ayat (le comte de), le 9 avril 1784.

Beaufremont (la marquise de), en 1739.

Beaufremont (madame de), en 1744.

Beaufremont (le chevalier de), le 18 mai 1758.

Beaujeu (le chevalier de), sous-gouverneur, le 1er mai 1758.

Beaujeu (le comte de), le 26 octobre 1771.

Beaume-Montrevel (M. de la), le 22 mars 1754.

Beaumont (M. de), le 16 juillet 1761.

Beaumont (la vicomtesse de), le 24 octobre 1781. Dame pour accompagner madame Victoire de France.

Beaumont (la baronne de), le 16 mars 1782.

Beaumont (la comtesse de), le 8 mai 1785.

Beaumont (la comtesse Christophe-Françoise de), le 1er octobre 1786.

Beaumont de la Balnonie (le marquis de), le 3 février 1786.

Beaumont de la Bonninière (la marquise de), le 21 juin 1786.

Beaune (madame de), le 30 juin 1765.

Beaune (le vicomte de), en décembre 1768.

Beauvau (le prince de), le 20 septembre 1755.

Beauvilliers (la duchesse de) en 1744.

Beauvilliers (la duchesse de), le 11 février 1754.

Beauvilliers (le duc de), le 13 janvier 1756.

Beauvilliers (le duc de), le 25 octobre 1765.

Beauvilliers (la duchesse de), le 19 juillet 1767.

Bedoyère (la vicomtesse Huchet de la), le 13 juin 1784.

Belloy (le comte de), le 16 mars 1789.

Belsunce (la comtesse de), en 1745.

Belsunce (le vicomte de), en janvier 1751.

Belsunce (le marquis de), le 4 janvier 1762.

Belsunce (la marquise de), le 7 mars 1779.

Belsunce (le vicomte Henri de), le 3 novembre 1787.

Belsunce (le chevalier de), le 3 novembre 1785.

Bénavent-Rodez (le vicomte de), le 15 mai 1784.

Benthem (M. de), en 1749.

Benthem (madame de), en 1749.

Béon (M. de), le 27 mai 1775.

Beon (la comtesse de), le 13 février 1780.

Béranger (M. de), le 22 octobre 1773.

Bercheny (le chevalier de), le 8 octobre 1765.

Bercheny (madame de), en juin 1767.

Bérenger (M. de), en 1746.

Bérenger (la comtesse de), le 30 janvier 1785.

Berghen (le prince de), le 8 octobre 1768.

Berghen (la princesse de), le 11 octobre 1768.

Berghes (la comtesse de), le 15 janvier 1781.

Bermond (la comtesse de), le 24 juillet 1785.

Bernis (la comtesse de Pierre de), le 28 mai 1778.

Besançon (l'archevêque de), en novembre 1761.

Besiade d'Avaray (le comte de), le 11 novembre 1781.

Besse de la Richardie (le comte de), guidon de gendarmerie, en 1754.

Besse, de la Richardie (le vicomte de), capitaine de dragons
   au régiment de Custine, en 1771.

Béthizy (la vicomtesse de), le 23 mai 1784.

Béthizy (le comte de), le 25 janvier 1768.

Bethune (le comte de), le 3 février 1753.

Bethune (le marquis de), le 17 avril 1753.

Béthune (le marquis de), le 23 novembre 1758.

Béthune (madame de), le 23 novembre 1758.

Bethune (le vicomte de), le 13 mai 1778.

Bethune (la baronne de), née le Vasseur, le 19 février
   1786.

Beuil (la comtesse de), le 21 mai 1786.

Beuvron (le marquis de), en 1749.

Beuvron (madame de), en 1749.

Beuvron (la duchesse de), le 8 février 1784. *A pris
   le tabouret.*

Beuzéville (la comtesse de la Luzerne de), le 13 juillet
   1751.

Bianchi (la comtesse de), le 24 juin 1781.

Biencourt (le chevalier de), le 11 avril 1786.

Biencourt-Poutrincourt (le marquis de), le 3 novembre
   1785.

Bierné (le marquis de), en 1748.

Billarderie (M. Flahaut de la), le 14 mars 1767.

Billarderie (M. de la), le 20 octobre 1774.

Bintinaye (le chevalier de la), le 8 juin 1785.

Biron (la duchesse de Gontaut de), le 4 juin 1756.

Biron (le comte de), duc de Lauzun, le 13 août 1759.

Bissy (le marquis de Thiard de), en 1734.

Bissy (le chevalier de), le 18 septembre 1751.

Bissy (le comte de), le 15 octobre 1753.

Blache (le comte de Falcoz de la), le 15 octobre
   1768.

Blache (le vicomte de la), le 23 décembre 1772.

Blaizel (Camille, marquis du), le 11 avril 1788.

Blaizel (le marquis du), le 21 octobre 1771.

Blancbuisson (le baron Hudebert de), le 9 février
   1789.

Blangy (la vicomtesse, le vicomte de), le 29 février 1784.

Blaru (le marquis de Tilly de), le 4 avril 1767.

Bloqueville (le marquis de), le 27 août 1788.

Blot (le comte de), le 20 septembre 1751.

Blot (M. de), le 14 novembre 1751.

Bobéril de Cherville (le comte de), le 21 janvier 1788.

Bois d'Aisy (le baron du), le 22 janvier 1787.

Bois de la Motte (le marquis du), le 5 mars 1780.

Bois de la Motte (la comtesse du), le 25 août 1780. Dame de compagnie de Madame.

Bois de la Motte (la vicomtesse du), le 25 août 1780.

Boisdenemets, (le comte Daniel de), le 3 novembre 1785.

Boisdenemets (le vicomte du), le 7 novembre 1785.

Boisdenemets (le marquis de), le 23 janvier 1786.

Boisgelin (M. de), le 10 février 1759.

Boisgelin (M. de), gentilhomme de la manche, le 10 septembre 1760.

Boisgelin (la marquise de), le 27 avril 1788.

Boisse (le marquis de), le 21 octobre 1777.

Boisse (la marquise de), le 14 avril 1782.

Boisseul (le marquis de), le 12 novembre 1784.

Boisseul (le chevalier de), le 12 novembre 1784.

Boisseul (le comte Raimond de), le 17 avril 1784.

Boissière Chambors (M. de la), le 16 janvier 1774.

Bombelles (la marquise de), le 28 mai 1778.

Bonac (M. Usson de), le 13 mai 1752.

Bonfontan (le marquis de), le 2 avril 1787.

Bonnay (le marquis de), le 3 avril 1783.

Bonne-Lesdiguières (le vicomte de), le 18 mars 1788.

Bonneval (le comte de), le 15 avril 1786.

Bonneval (le marquis de), le 4 février 1789.

Bordage (le marquis de Montbourcher du), en 1731.

Bordage (M. du), le 2 décembre 1773.

Borne (de). Voyez Altier.

Bosc (le comte de), le 31 mars 1786.

Boscage (la comtesse du), le 18 février 1787.

Botderu (le comte Hyacinthe de), le 2 juin 1787.

Botterel-Quintin (le vicomte de), le 7 novembre 1785.

Bouchet de Tourzel (le marquis du), le 13 février 1789.

Boufflers (la marquise de), en 1745.

Boufflers (le duc de), en 1749.

Boufflers (la duchesse de), en 1749.

Boufflers (M. de), le 25 septembre 1753.

Boufflers (le chevalier de), le 16 avril 1765.

Boufflers - Remiencourt (le marquis de), le 2 avril 1770.

Bouillé (M. de), le 31 octobre 1763.

Bouillé (la vicomtesse de), le 18 décembre 1785.

Bouillé (le vicomte de), le 23 janvier 1786.

Boulainvilliers (le comte Bernard de), le 9 mai 1778.

Boulainvilliers (la comtesse de), le 12 janvier 1783.

Bourbon (la duchesse de), le 3 mai 1770.

Bourbon (l'abbé de), le 18 janvier 1784. *Les entrées.*

Bourbon-Busset (M. de), le 29 mars 1753.

Bourbon-Busset (M. de), fils, le 14 avril 1767.

Bourbon-Busset (le comte de), le 18 mars 1772.

Bourdeilles (le vicomte de), le 6 avril 1771.

Bourdonnaye (M. de la), le 21 octobre 1769.

Bourdonnaye (la marquise de la), le 23 décembre 1781.

Bourdonnaye (la vicomtesse de la), le 11 janvier 1784.

Bourdonnaye (la marquise de la), le 14 mars 1786.

Boursac (la vicomtesse de la Cropte de), le 30 mars 1788.

Boursonne (M. de Capendu de), le 13 avril 1772.

Bouseville (M. de), le 11 mars 1767.

Bouteville (la duchesse de), le 23 janvier 1785. *A pris le tabouret.*

Bouzols (le marquis de Montagu de), en 1739.

Bouzols (le marquis de), en décembre 1768.

Bouzols (le marquis de), le 24 juin 1787. *Les entrées.*

Bovet (M. de), le 23 juin 1755.

Brachet de Floressac (M. de), le 24 avril 1773.

Brachet de Floressac (le comte de), le 10 décembre 1785.

Brancas (la marquise de), le 4 novembre 1754.

Brancas (le marquis de), le 9 novembre 1754.

Brancas (le comte de), le 16 février 1755.

Branicki (M. de), en octobre 1759.

Braque (mademoiselle de), en 1749.

Brassac (le comte de Gallard de), en 1765.

Brehan (le marquis de), en 1751.

Brehan (M. de), le 25 mai 1768.

Breteuil (le baron le Tonnellier de), le 6 janvier 1771.

Breteuil (la vicomtesse de), le 7 avril 1782.

Breton de Vaunoise (le vicomte le), le 2 décembre 1786.

Breugnon (la comtesse de), le 20 novembre 1768.

Brézé (madame de), le 9 mai 1751.

Brienne (le comte de Lomenie de), le 17 avril 1753.

Briffe (le comte de la), le 23 mars 1789.

Briges (M. de), le 17 avril 1773.

Briges (la comtesse de), le 16 avril 1780.

Briges de Malbec (le comte de), le 13 avril 1778.

Brionne (la comtesse de Lorraine de), en 1740.

Briqueville (M. de), en 1746.

Briqueville (le vicomte de), le 7 décembre 1784.

Briqueville (la vicomtesse de), le 12 septembre 1787.

Brisey (le comte de), le 16 avril 1768.

Brisey (le comte de), le 22 décembre 1768.

Brissac (la duchesse de Cossé de), en 1737.

Brissac (la duchesse de), en 1744.

Broc (M. de), le 24 mars 1751.

Broglie (la maréchale de), en 1746.

Broglie (le duc de), en 1747.

Broglie (le comte de), en 1749.

Broglie (la duchesse de), le 12 août 1754.

Broglie (madame de), le 20 octobre 1756.

Broglie (le vicomte de), le 26 juillet 1770.

Broglie (la princesse de), le 28 février 1779.

Broglie (la marquise de), le 23 décembre 1781. *A pris le tabouret.*

Broglie (le comte de), le 13 février 1785.

Broglie de Revel (le prince de), le 30 janvier 1786.

Brossard (le marquis de), le 15 mars 1787.

Brossard (la marquise de), le 28 mars 1787.

Brunier d'Adhémar (le marquis de), le 10 avril 1782.

Brunier d'Adhémar (la comtesse de), le 9 mars 1783.

Brunier d'Adhémar (la marquise de), le 7 mars 1763.

Bruno de Boisgelin (le comte), le 3 novembre 1785.

Bruyères-Chalabre (la comtesse de), le 18 juillet 1784.

Buffévent (le marquis de), en 1773.

Buffévent (la vicomtesse de), le 9 juin 1782.

Bulkeley (M. de), le 20 septembre 1774.

Butler (madame de), en 1747.

Bullion (M. de), le 11 avril 1774.

Busançois (la comtesse de), le 16 juillet 1765.

Busançois (le marquis de), le 18 août 1766.

Busançois (la comtesse de), le 13 février 1780. Dame d'honneur de madame Sophie de France. *Les grandes entrées.*

C.

Cabanac (M. de), le 13 novembre 1771.

Caillebot de la Salle (le marquis de), le 15 mai 1784.

Caillebot-la-Salle (le chevalier de), le 10 février 1788.

Calonne-de-Courtebonne (le comte Amédée de), le 17 mars 1785.

Candé (la comtesse de), le 17 mars 1785.

Canillac (la comtesse de Beaufort de), le 6 mai 1776.

Cambis (M. de), le 7 février 1752.

Cambis (le comte de), le 16 janvier 1770.

Cambis (le comte de), le 13 octobre 1787.

Canisy (M. de Carbonnel de), le 16 janvier 1770.

Canisy (la vicomtesse de), le 22 janvier 1782.

Canouville (la comtesse de), le 16 mars 1783.

Capellis (le comte de), le 29 janvier 1785.

Capellis (la comtesse de), le 27 février 1785.

Caraman (la vicomtesse de), le 18 janvier 1786.

Caraman (le vicomte de), le 4 février 1789.

Caraman (Maurice Riquet, chevalier de), le 4 février 1789.

Carbonnières (le vicomte de), le 24 mars 1786.

Carbonnières (le chevalier de), le 26 octobre 1786.

Carbonnel-Canisy (le comte de), le 28 février 1753.

Carency (le prince de), le 9 février 1787.

Carondelet (M. de), le 4 janvier 1787.

Carvoisin (M. de), le 20 juillet 1754.

Carvoisin (le vicomte de), le 2 mars 1774.

Carvoisin (le comte de), le 15 mai 1784.

Carvoisin (la comtesse de), le 28 mars 1787.

Carvoisin (le marquis de), le 13 mai 1787.

Castellane (madame de), en 1749.

Castellane (le marquis de), le 27 mars 1754.

Castellane (madame de), le 6 juin 1755.

Castellane (madame de) le 17 septembre 1760.

Castellane (la comtesse de), le 31 mai 1781.

Castellane (la vicomtesse de), le 11 juillet 1784.

Castellane (la marquise de), le 4 février 1787.

Castellane-Saint-Maurice (le marquis de), le 13 février 1785.

Castelmoron (M. de Batz de), en 1737.

Castelnau (le vicomte de), en avril 1773.

Castelnau (le baron de), le 12 novembre 1773.

Casteras (M. de), baron de Sournia ; le 20 mai 1775.

Castries (la marquise de la Croix de), en 1744.

Castries (madame de), le 27 juillet 1753.

Castries (la comtesse de), le 5 mai 1776.

Castries (la duchesse de), le 1er février 1784. *A pris le tabouret.*

Caulaincourt (la marquise de), le 31 juillet 1751.

Caulaincourt (M. de), le 6 avril 1767.

Caumont (M. de), le 15 juillet 1767.

Caumont (madame de), le 12 août 1767.

Caupenne (M. de), le 28 avril 1766.

Caupenne (le vicomte de) le 26 décembre 1778.

Causans (madame de Vincens de), le 28 octobre 1768.

Causans (M. de), le 28 février 1772.

Causans (la comtesse de), le 20 février 1780.

Causans (la comtesse Louise de), le 13 janvier 1782.

Causans (la marquise de), le 18 février 1787. Dame pour accompagner madame Elisabeth.

Caylar (la comtesse du), le 29 août 1780, présentée en qualité de dame pour accompagner la reine.

Caylus (la duchesse de), le 23 mai 1784. *A pris le tabouret.*

Caylus (le marquis de), le 2 décembre 1786.

Certaines (la marquise de), le 27 août 1788.

Chabannes (madame de), le 10 avril 1759.

Chabannnes (M. de), le 25 janvier 1760.

Chabannes (la comtesse Frédérique de), le 10 novembre 1782.

Chabannes (le marquis de), le 29 mai 1785. *Les entrées.*

Chabannes (le marquis de), le 9 février 1787.

Chabannes (la marquise de), le 7 mars 1787.

Chabot (le marquis de), le 23 novembre 1761.

Chabot (le vicomte de), le 26 février 1766.

Chabot (le comte Charles de), le 17 octobre 1786.

Chabrillant (le marquis de Moreton de), le 12 janvier 1767.

Chabrillant (le bailli de), le 18 mai 1770.

Chabrillant (le comte Hyppolite de), le 3 novembre 1785.

Chabrillant (la comtesse Hyppolite de), le 3 février 1786.

Chalabre-Bruyères (le comte de), le 7 avril 1781.

Chalais (le prince Talleyrand de), en 1734.

Chalais (la princesse de), en 1737.

Chalais (le prince de), le 2 avril 1774.

Châlons (le comte Hardouin de), le 18 mars 1788.

Chamboran (M. de), le 15 septembre 1753.

Chambors (la marquise de la Boissière de), le 17 décembre 1786.

Chamissot (Louis, comte de), le 9 février 1789.

Chambray (M. de), le 7 mars 1761.

Chambray (le vicomte de), le 14 janvier 1782.

Champagne (madame de), en 1745.

Champagne (madame de), le 30 juin 1765.

Champagné-Giffart (le marquis de), le 12 mars 1781.

Champagné-Giffart (le comte de), le 11 avril 1786.

Champcenets (Louis-Pierre Quentin, marquis de), le 24 juin 1787. *Les entrées.*

Champié (la marquise de), le 26 octobre 1776.

Champignelles (M. de Rogres de), en 1738.

Champignelles (le marquis de), le 16 janvier 1767.

Chanaleilles de la Saumés (le comte de), le 3 novembre 1785.

Chantilly (M. de), le 20 avril 1767.

Chaponnay de Marancé (le marquis de), le 25 janvier 1789.

Chapt de Rastignac (la comtesse de), le 29 mars 1789.

Charleval (mademoiselle de), en 1748.

Charlus (le marquis de), le 4 janvier 1776.

Charost (le marquis de Béthune de), en 1732.

Charost (la duchesse de), le 9 mars 1782. *A pris le tabouret.*

Charost (le duc de), le 24 juin 1787. *Les entrées.*

Charry-des-Gouttes (le marquis de), le 2 juin 1787.

Charry-des-Gouttes (la marquise de), le 11 mai 1788.

Chartres (le duc de), le 30 mars 1761.

Chartres (la duchesse de), le 11 juillet 1769.

Chastel (le comte du), le 3 février 1786.

Chastellier du Mesnil (la marquise de), le 4 février 1787.

Chastenay (le comte de), en avril 1773.

Chastenay (le chevalier de), le 11 décembre 1773.

Chastenay (la marquise de), le 3 février 1786.

Chastenay-Lanty (le comte de), le 4 mars 1770.

Chastenet-Puységur (la marquise de), le 12 mars 1780.

Chastenet-Puységur (la comtesse de), le 28 novembre 1788.

Châtaigner (le comte de), le 30 octobre 1776.

Châtaigner (la comtesse de), le 28 mai 1780.

Château-Reski (M. du), le 4 novembre 1763.

Châteaubriant (le chevalier de), le 23 février 1787.

Châteaubriant (la comtesse de), le 3 janvier 1788.

Châteaubriant (le comte de), le 21 février 1788.

Châteaubrun (le marquis de), le 20 mai 1786.

Châteaumeillant (madame de), le 4 août 1753.

Châteauregnault (madame de), en 1737.

Châtelaillon (la comtesse Grain de Saint-Marsault de), le 18 février 1781.

Châtelet (le marquis du), en 1739.

Châtelet (le marquis du), en 1749.

Châtelus (le chevalier de), le 21 octobre 1765.

Châtelus (le comte de), le 24 octobre 1768.

Châtelus (le marquis de), le 4 novembre 1787.

Châtillon (la duchesse de), en 1738.

Chatillon (le duc de), le 9 janvier 1759.

Châtre (la marquise de la), en 1738.

Châtre (la marquise de la), le 4 novembre 1754.

Châtre (le comte de la), le 10 avril 1770.

Châtre (M. de la), le 9 janvier 1772.

Châtre (le baron de la), le 2 avril 1787.

Chaumont-Guitry (la marquise de), le 21 juin 1787.

Chaunac-Lanzac (le marquis de), le 15 mars 1787.

Chauvelin (le marquis de), le 29 décembre 1765.

Chauvelin (la marquise de), le 17 juillet 1767.

Chauvelin (le marquis de), le 2 avril 1785.

Chauvéron (le comte de), le 21 avril 1784.

Chauvigny de Blot (le comte de), le 2 mars 1787.

Chauvigny de Blot (la comtesse de), le 22 avril 1789.

Chavagnac (le marquis de), en 1739.

Chavagnac (la comtesse de), le 23 janvier 1785.

Chayla (le comte Ebrard du), le 21 avril 1784.

Chazeron de Monestay (le vicomte de), en avril 1772.

Cherisy (M. de), le 5 janvier 1767.

Cherisy (la comtesse de), le 12 janvier 1783.

Chevigné (le vicomte de), le 29 avril 1785.

Chevigné (le marquis de), le 11 avril 1786.

Chilleau (le marquis du), le 14 mars 1767.

Chimay (le prince de), en 1748.

Chimay (la princesse de), en 1748.

Chimay (le prince de), le 28 octobre 1751.

Chimay (la princessé de), le 4 juin 1756.

Chimay (le prince de), le jeune, le 22 août 1763.

Chimay (la princesse de), le 15 octobre 1763.

Chinon (la comtesse de), le 19 juin 1785.

Chinon (la comtesse de), le 12 décembre 1787. *Les entrées.*

Circello (la marquise de), le 12 décembre 1786.

Civrac (madame de Durfort de), en 1747.

Civrac (madame de), le 2 mai 1751.

Choiseul (le comte de), en 1733.

Choiseul (la marquise de), en 1746.

Choiseul (M. de), en 1749.

Choiseul (madame de), le 2 mai 1751.

Choiseul (le marquis de), le 6 avril 1754.

Choiseul (madame de), le 4 juin 1756.

Choiseul (le duc de), le 23 février 1757.

Choiseul (madame de), le 21 avril 1758.

Choiseul (le marquis de), le 12 décembre 1760.

Choiseul (madame de), en novembre 1761.

Choiseul (là duchesse de), le 22 août 1763.

Choiseul (la comtesse Hippolyte de), le 14 janvier 1781.

Choiseul–la–Baume (le marquis de), le 24 juin 1787. *Les entrées.*

Choiseul–de–Lorges (M. de), le 19 juillet 1756.

Choiseul–Meuse (le chevalier de), le 21 mars 1765.

Choiseul–Praslin (le comte de), le 28 octobre 1777.

Choiseul–Stainville (le duc de), en 1742.

Choiseul–Stainville (le comte de), le 26 avril 1763.

Choiseul–Stainville (le comte de), depuis maréchal de France, en décembre 1779. *Les entrées.*

Choiseul–Stainville (la comtesse de), le 14 janvier 1781.

Choiseul–Stainville (la comtesse de), le 6 décembre 1782. *A pris le tabouret.*

Clarac (le marquis de), le 28 mars 1767.

Clermont (le marquis de), le 3 février 1753.

Clermont–d'Amboise (le marquis de), en 1747.

Clermont–Gallerande (le marquis de), en octobre 1762.

Clermont–Gallerande (le comte de), le 29 mai 1785. *Les entrées.*

Clermont-Mont-Saint-Jean (la marquise de), le 30 janvier 1785.

Clermont-Tonnerre (le maréchal de), le 10 septembre 1759.

Clermont-Tonnerre (madame de), en novembre 1761.

Clermont-Tonnerre (la vicomtesse de), le 7 mars 1779.

Clermont-Tonnerre (la comtesse de), le 10 mars 1782.

Clermont-Tonnerre (le vicomte de), le 15 février 1787.

Clermont-Tonnerre de Thoury (le comte Louis de), le 3 avril 1782.

Closenhaydenbourg (le baron de), le 17 avril 1784.

Coëtlogon (la marquise de), le 14 janvier 1781.

Coëtlogon (la marquise de), le 18 juillet 1784.

Coëtlosquet (le comte du), le 4 décembre 1767.

Coëtlosquet (le baron du), en janvier 1774.

Coëtlosquet (la baronne du), le 17 mars 1782.

Coigny (la comtesse de Franquetot de), en 1749.

Coigny (le duc de), le 13 mai 1754.

Coigny (madame de), le 16 juillet 1755.

Coigny (le comte de) le 1er décembre 1757.

Coigny (le chevalier de), le 4 janvier 1762.

Coigny (le comte de), le 2 décembre 1773.

Coigny (la marquise de), le 11 juin 1780. *A pris le tabouret.*

Coigny (le chevalier de), le 26 janvier 1783. *Les entrées.*

Coigny-Boissy (la comtesse de), le 2 août 1767.

Coislin (madame du Cambout de), en janvier 1751.

Coislin (M. de), le 22 mars 1751.

Colbert de Mauleorier (le chevalier), le 15 février 1787.

Comnène (le comte Démétrius), le 21 juin 1782.

Comnène (la comtesse Démétrius), le 27 novembre 1785.

Comnène (le comte Georges-Constantin) le 11 avril 1786.

Condé (le prince de), le 19 septembre 1751.

Condé (la princesse de), le 16 juillet 1753.

Conflans (le marquis de), en 1734.

Conflans (M. de), le 23 octobre 1753.

Conflans (madame de), en janvier 1760.

Conflans (le marquis de), le 29 mai 1785. *Les entrées.*

Connel (le comte O'), le 21 janvier 1788.

Contades de Gizeux (le marquis de), le 2 mars 1787.

I.   49

Contades-Gizeux (le marquis de), le 20 janvier 1788.

Corn (le chevalier de), le 18 mars 1788.

Cosnac (la comtesse de), le 16 mars 1782.

Cosnac (le baron de), le 10 avril 1782.

Cossé (la duchesse de), en 1763.

Cossé (le comte de), le 25 octobre 1765.

Cossé (le duc de), le 14 mars 1757.

Cossé (la duchesse de), le 16 juillet 1761.

Cossé (le chevalier de), le 23 janvier 1768.

Cossé (la comtesse de), le 17 juin 1781.

Cossé (la duchesse de), le 18 juillet 1784. *A pris le ta-bouret*

Coste (M. de la), le 10 octobre 1754.

Coste (la marquise de la), le 16 mars 1782.

Coucy (le comte de), le 27 avril 1775.

Coucy (la comtesse de), le 23 février 1783.

Couldre de la Bretonnière (le vicomte de la), le 27 mars 1789.

Cour de Balleroy (le marquis de la), le 13 février 1783.

Courbon-Blénac (M. de), le 18 mai 1773.

Courcy (le comte de), le 21 février 1783.

Courtarvel (la marquise de), le 28 décembre 1782.

Courtarvel de Pézé (la comte de), le 20 mars 1781.

Courtebonne (le marquis de Calonne de), le 23 février 1770.

Courtomer (M. de Saint-Simon de), le 15 septembre 1753.

Courtomer (la marquise de), le 30 janvier 1785.

Crenay (le marquis de Poilvillain de), le 16 mars 1789.

Crenolle (le comte de Quengo de), le 25 octobre 1765.

Créquy (le marquis de), en 1763.

Crequy (le comte de), le 16 décembre 1773.

Crillon (le marquis de), le 2 août 1767.

Crillon (M. de), le 13 novembre 1771.

Croismare (M. de), le 1er septembre 1775.

Croismare (le comte de), le 10 avril 1783.

Croismare (le comte de), le 29 avril 1784.

Croix de Castries (le comte de la), le 26 janvier 1786.

Cropte de Bourzac (le vicomte de la), les 1er et 7 février 1783.

Cropte de Bourzac (le marquis de la), les 2 et 14 avril 1783.

Croy (le prince de), en 1739.

Croy (le prince de), en 1751.

Croy (la princesse de), le 29 juillet 1767.

Croy (le prince de), le 28 juin 1787.

Croy (la princesse de), le 21 janvier 1789. *A pris le ta-*
bouret.

Croy-Solre (le princesse de), le 21 janvier 1789. *A pris*
le tabouret.

Crussol (madame de), en 1737.

Crussol (le comte de), en 1749.

Crussol (le marquis de), en 1749.

Crussol (madame de), le 23 octobre 1752.

Crussol (la duchesse de), le 15 janvier 1760.

Crussol (le chevalier de), en avril 1772.

Crussol (le baron de), en avril 1773.

Crussol (le duc de), le 23 février 1778.

Crussol d'Amboise (M. de), le 26 février 1755.

Cugnac (le comte de), le 12 novembre 1784.

Cussé (M. Davy de), le 16 mai 1758.

Cussé (le chevalier de), le 5 janvier 1759.

Cussé (le marquis de), en septembre 1765.

Custine (M. de), en 1739.

Custine (le comte de), le 24 février 1768.

Custine (le marquis de), le 28 juin 1787.

Custine (la comtesse de), le 20 janvier 1788.

D.

Damas (madame de), en octobre 1757.

Damas (le comte de), le 18 janvier 1768.

Damas (le marquis de), le 2 mars 1776.

Damas (la comtesse Charles de), le 12 décembre 1779.

Damas (la comtesse Alexandre de), le 19 mai 1783.

Damas (la baronne de), le 1er août 1784.

Damas (le comte Roger de), le 26 octobre 1784.

Dampierre (M. Picot de), le 22 août 1774.

Dampierre (le chevalier de), le 24 mars 1786.

Damville (le duc de), en 1733.

Daugnon (la comtesse de Saint-Quentin du), le 14 janvier 1781.

Dauvet (le marquis de), le 17 avril 1784.

David de Lastours (la marquise de), le 5 avril 1789.

Deffend (le comte du), en 1773.

Dessenstein (M.), le 21 février 1757.

Deux-Ponts (le prince Maximilien de), le 19 octobre 1776.

Deux-Ponts (la comtesse de), le 23 janvier 1780.

Deux-Ponts (le prince Maximilien-Joseph de), le 19 janvier 1783. *Les entrées*.

Deux-Ponts (la marquise de), le 21 février 1787.

Deux-Ponts-Forbach (le comte Guillaume de), le 10 février 1776.

Deux-Ponts-Forbach (le comte de), le 10 février 1776.

Diesbach (M.), le 28 décembre 1773.

Dillon (milord), en 1750.

Dillon (le comte de), le 17 mars 1770.

Dillon (le chevalier de), le 20 janvier 1774.

Dillon (la comtesse Arthur de), le 6 mars 1785.

Dillon (la comtesse Robert de), le 27 août 1788.

Dion (le comte de), le 12 novembre 1784.

Donezan d'Usson (M.), le 12 novembre 1754.

Donissant (la marquise de), en septembre 1765.

Donissant (le marquis de), en juin 1767.

Doulcet de Pontécoulant (le comte), le 15 mai 1783.

Drée (le comte de), le 5 mai 1782.

Drée (la baronne de), le 22 juin 1783.

Dresnay (le marquis du), le 22 décembre 1766.

Dresnay (le marquis du), le 21 février 1783.

Dresnay (la comtesse du), le 31 août 1788.

Dresnay-des Roches (la comtesse du), le 9 mars 1783.

Dreux-Brézé (le marquis de), le 5 février 1787.

Duras (le maréchal duc de Durfort-), en 1737.

Duras (la duchesse de), en 1747.

Duras (le marquis de), le 19 janvier 1761.

Duras (la marquise de), le 18 mai 1761.

Duras Bournonville (le comte de), le 10 janvier 1763.

Durfort (le duc de), en 1737.

Durfort (la comtesse de), le 19 septembre 1751.

Durfort (le comte de), le 6 juillet 1752.

Durfort (le vicomte de), le 14 juillet 1752.

Durfort (madame de), le 27 août 1768.

Durfort (le comte de), le 22 novembre 1770.

Durfort (le chevalier de), le 31 novembre 1770.

Durfort (le chevalier de), le 19 janvier 1783. *Les entrées*.

Durfort-Boissières (le marquis Alphonse de), le 23 mars 1786.

Durfort de Lorges (le comte de), le 13 mai 1787.

E.

Ecquevilly (le marquis Hennequin d'), en 1748.

Ecquevilly (madame d'), en 1749.

Ecquevilly (le marquis d'), en 1767.

Ecquevilly (le chevalier d'), le 12 octobre 1770.

Ecquevilly (la comtesse d'), le 19 mai 1782.

Egmont-Pignatelli (le comte d'), en 1746.

Egreville (le marquis d'), le 23 octobre 1753.

Elva (la comtesse d'), le 21 août 1785.

Entragues (M. d'), le 27 mars 1752.

Erlach (le comte d'), le 24 décembre 1772.

Erlach (le baron d'), le 22 février 1775.

Escars (le marquis de Pérusse d'), le 20 février 1763.

Escars (le comte d'), le 11 mars 1765.

Escars (le chevalier d'), le 15 novembre 1770.

Escars (la comtesse d'), le 14 janvier 1781.

Escars (la baronne d'), le 19 mai 1783.

Escayrac (la marquise d'), le 9 juin 1782.

Eschoisy (M. d'), le 22 mai 1756.

Esclignac (le comte de Preissac d'), le 4 avril 1786.

Esclignac (la duchesse d'), le 7 janvier 1788. *A pris le tabouret.*

Escorches de Sainte-Croix (le comte), le 4 décembre 1773.

Escoubleau de Sourdis (le marquis d'), le 26 octobre 1784.

Escoubleau de Sourdis (la marquise d'), le 27 novembre 1784.

Espagne (M. d'), le 9 août 1755.

Espagne de Vénevelles (le comte Henri-Jacques-Louis d'), le 10 avril 1782.

Esparbez (le marquis d'), le 27 octobre 1751.

Esparbez (M. d'), en octobre 1762.

Esparbez (le baron d'), le 2 décembre 1786.

Esparre (la duchesse de l'), en 1740.

Esparre (le marquis d'), le 28 février 1763.

Esparre (le comte d'), le 5 mars 1766.

Esparre (le comte d'), le 20 novembre 1765.

Espinasse (le vicomte de l'), le 3 février 1786.

Espinay-Saint-Luc (le marquis d'), le 21 mars 1768.

Esquelsbeke (la marquise Le Vasseur d'), le 26 juillet 1751.

Esquelsbeke (la marquise d'), le 16 mars 1783.

Essarts (le comte des), le 4 novembre 1776.

Estaing (le comte d'), en 1749.

Estampes (la comtesse d.'), le 27 juin 1784. *A pris le* *tabouret.*

Estampes (le comte d'), le 1er. décembre 1784.

Estampes (la comtesse d'), le 13 mars 1785.

Estampes (la comtesse d'), le 2 mars 1788.

Esterhazy (la comtesse d'), le 18 avril 1784.

Esterhazy (M. d'), le 3 octobre 1763.

Esterhazy (le comte François d'), le 2 décembre 1786.

Esterno (M. d'), le 26 février 1767.

Esterno (la marquise d'), le 1er. février 1789.

Estourmel (M. d'), le 6 mars 1773.

Estourmel (la marquise d'), le 23 mars 1779.

Estrade (la comtesse d'), en 1744.

Estrées (la comtesse d'), en 1747.

Estutt de Solminihac (le comte d'), le 8 mai 1786.

Estutt de Solminihac (la comtesse d'), le 20 janv. 1788.

F.

Falque de Montchenu (le comte), le 21 avril 1787.

Faucigny (la comtesse de), le 24 décembre 1786.

Faudoas (la marquise de.), en 1736.

Faudoas (le vicomte de), en avril 1773.

Faudoas (le comte de), le 16 avril 1785.

Faudran (le comte de), le 9 février 1789.

Faydit de Terssac (M. de), le 7 avril 1788.

Fayette (le marquis de la), le 29 mai 1785.

Fayette (M. de la), en 1750.

Fayette (M. de la), le 26 mars 1774.

Fénélon (le marquis de Salignac de), en 1747.

Fernand-Nunès (la comtesse de), le 31 octobre 1787. Ambassadrice d'Espagne.

Ferrette (le commandeur de), le 24 mai 1787.

Ferrière (le chevalier de la), sous-gouverneur, le 1er. mai 1758.

Ferronnaye (M. de la), le 7 février 1756.

Ferronnaye (le comte de la), le 9 novembre 1770.

Ferronnaye (le chevalier de la), le 16 mars 1774.

Ferronnaye (le marquis de la), le 3 novembre 1783.

Ferronnaye (la comtesse Josephe de la), le 9 mai 1784.

Ferté-Senneterre (la comtesse de la), le 7 mai 1780.

Fervaques (la marquise de), en 1736.

Feydeau de Brou (M. de), le 4 mai 1783. *Les entrées.*

Fezenzac (la comtesse de Montesquiou de), le 5 novembre 1784.

Fiquelmont (Etienne comte de), le 23 mars 1789.

Fitz-James (la duchesse), le 18 février 1731.

Fitz-James (le duc de), en 1738.

Fitz-James (le comte de), en 1739.

Fitz-James (le marquis de), le 20 novembre 1763.

Fitz-James (le chevalier de), le 12 février 1774.

Flamarens (le comte de Grossolles de), le 28 juin 1751.

Flaschlanden (le baron de), le 5 août 1769.

Flavacourt (le marquis de Fouilleuse de), en 1739.

Flavacourt (madame de), en 1743.

Fluvigny (M. de), le 13 septembre 1753.

Fleury (le marquis de), en 1733.

Fleury (la duchesse de), en 1738.

Fleury (le chevalier de), en janvier 1751.

Fleury (le bailli de), en octobre 1757.

Fleury (le marquis de), le 21 novembre 1768.

Fleury (la marquise de), le 7 décembre 1768.

Fleury (la marquise de), le 21 avril 1787.

Fleury (le marquis de), le 22 mars 1788.

Fleury (la duchesse de), le 23 novembre 1788. *Les grandes entrées.*

Florian de Kergorlay (le comte de), le 21 avril 1787.

Flotte d'Argenson (le comte de), le 11 avril 1786.

Fock (le baron de), le 3 décembre 1785.

Folleville (M. de), le 16 avril 1774.

Font de la Plesnove (madame de la); le 24 septembre 1780.

Fontanges (la marquise de); le 18 mars 1787.

Fontanges (le marquis de), le 13 mai 1787.

Fontanges (la marquise de), le 9 novembre 1788.

Fontette-Sommery (le comte de), le 31 janvier 1789.

Forbin (madame de), le 25 mars 1781.

Forbin d'Oppède (le marquis de), le 8 mai 1786.

Forbin d'Oppède (la vicomtesse de), le 8 mars 1789.

Force (la marquise de Caumont la), en 1743.

Force (la duchesse de la), le 13 janvier 1788. *A pris le tabouret.*

Force (le duc de la), le 23 janvier 1789.

Forest de Divonne (le comte de la), le 12 novembre 1773.

Forest de Divonne (le vicomte de la), le 5 février 1787.

Forges de Parny (le comte de), le 25 octobre 1783.

Forges-Parny (M. de), le 22 avril 1786.

Forges-Parny, (M. de), le 26 octobre 1786.

Foucauld de Pontbriant (le vicomte Armand de), le 10 février 1788.

Foudras (la comtesse de), le 17 février 1782.

Fougères (le chevalier de), le 23 décembre 1763.

Fournès (le comte de Faret de), le 1er mars 1777.

Fournès (la marquise de), le 6 octobre 1783.

Fouquet (la marquise de), le 8 février 1784.

Fouquet (le marquis de), le 23 janvier 1786.

Fourqueux (madame de), le 30 avril 1787.

Franc (le chevalier de), le 18 décembre 1766.

Franc (la comtesse de), le 26 juillet 1767.

Freslon (le chevalier de), le 10 avril 1782.

Frise (le comte de), en 1748.

Fronsac (le duc de), le 12 juillet 1756.

Fronsac (la duchesse de), le 30 juin 1765.

Fronsac (la duchesse de), le 16 novembre 1788. *A pris le tabouret.*

Froulay (M. de), le 24 avril 1758.

Froulay-Tessé (madame de), en 1746.

Fumel (le marquis de), le 25 novembre 1769.

Fumel (le baron de), le 27 mars 1770.

Fussey de Mélay (le comte de), le 24 mai 1787.

G.

Gacé (le comte de), le 21 octobre 1754.

Gacé (la comtesse de), le 3 novembre 1756.

Gain (la comtesse de), le 4 mars 1781.

Gain de Montagnac (M. de), le 9 novembre 1772.

Gain de Montagnac (M. de), le 10 août 1774.

Galatin (M. de), le 20 septembre 1775.

Galatin (le baron de), le 12 avril 1777.

Galifet (M. de), le 7 juillet 1753.

Galifet (M. de), le 4 avril 1772.

Galifet (le baron de), le 17 avril 1784.

Galissonnière (la comtesse Barrin de la), le 25 janvier 1788.

Gallard-Terraube (le comte Louis de), le 27 décembre 1783.

Gallard-Terraube (le chevalier de), le 8 mai 1786.

Gamaches (le marquis Rouhault de), en janvier 1751.

Gamaches (le comte de), le 28 février 1770.

Gand (M. de), le 25 octobre 1775.

Gand (la comtesse de), le 23 décembre 1781. *A pris le tabouret.*

Gand (la vicomtesse de), le 28 mai 1786.

Ganges (la marquise de Vissec de), le 28 août 1776.

Ganges (le comte de), le 4 novembre 1776.

Garde Saint-Angel (le marquis de la), le 23 mars 1789.

Gardien (le marquis de), le 28 mars 1767.

Gaucourt (la marquise de), le 23 janvier 1780.

Gauville (le comte de), le 15 mai 1775.

Gauville (la comtesse de), le 20 avril 1788.

Genlis (le comte de Brulart), le 28 mars 1767.

Genlis (la comtesse de), le 4 mai 1776.

Genlis (la comtesse de), le 24 juillet 1779; l'une des dames pour accompagner la duchesse de Chartres, présentée en qualité de gouvernante des princesses ses filles.

Geoffreville (M. le Danois de), le 20 juillet 1754.

Gerbevillier (M. de), le 27 mars 1770.

Gerbevillier (la marquise de), le 21 août 1785.

Germon (le comte O'), le 3 novembre 1783.

Gestas (la comtesse de), le 24 octobre 1781; dame pour accompagner Madame Elisabeth de France.

Gestas (le marquis de), le 20 mai 1786.

Gévres (le duc Potier de), le 12 mars 1767.

Gévres (la marquise de), en avril 1768.

Gibon de Kerisouet (le comte de), le 26 janvier 1788.

Gilbertès (la comtesse de), le 6 janvier 1782; dame pour accompagner MADAME.

Ginestous (Jean-François, comte de), le 27 novembre 1781.

Ginestous (la comtesse de), le 19 janvier 1782.

Ginestous (Louis, comte de), le 4 mai 1786.

Gironde de Pilles (le comte Gilbert de), en juillet 1779.

Gisors (le comte Fouquet de), le 31 mai 1755.

Gisors (la comtesse de), le 16 juillet 1765.

Gobien (le comte de), le 4 janvier 1787.

Goesbriant (madame de), en 1749.

Goesbriant (madame de), le 29 juillet 1767.

Gontaut (le comte de), le 17 octobre 1768.

Goutaut-Saint-Geniez (la comtesse de), le 23 mai 1779.

Gonzalès (madame de), en 1748.

Gosman (la comtesse de), le 26 décembre 1783.

Gouffier (le marquis de), en 1763.

Goulet (le baron du), en février 1774.

Gourjault (le comte de), le 25 février 1788.

Gouvernet (M. de la Tour du Pin de), le 11 décembre 1760.

Gouvernet (la comtesse de), le 6 juin 1787.

Gouy (M. de), en 1749.

Gouy (madame de), en 1749.

Gouy d'Arcy (le marquis de), le 7 novembre 1770.

Gouy d'Arcy (M. de), le 11 août 1773.

Goyon (M. de), le 27 mars 1753.

Goyon (M. de), le 18 avril 1763.

Gramont (la duchesse de), en 1741.

Gramont (madame de), en 1742.

Gramont (la comtesse de), en 1749.

Gramont (le comte de), en janvier 1751.

Gramont (la duchesse de), le 17 juillet 1761.

Gramont (le comte de), le 25 octobre 1777.

Gramont (la marquise de), le 17 décembre 1786.

Gramont (la comtesse de), le 13 janvier 1788 ; dame du palais.

Gramont (la marquise de), le 25 juillet 1779.

Gramont (la comtesse Eugénie de), le 30 septembre 1781.

Gramont (la marquise de), le 2 mars 1787.

Gras-Préville (le marquis de), le 16 mai 1787.

Grasse (le marquis de), le 9 septembre 1766.

Grave (le comte de), le 30 août 1763.

Grave (le prince de), en 1740.

Grave (le chevalier de), le 27 avril 1788.

Gravier de Vergennes (le vicomte), le 17 janvier 1784.

Gravier de Vergennes (le vicomte de), le 26 janvier 1786.

Greneville (de Murdrac de), en octobre 1757.

Grille (le chevalier de), le 23 février 1787.

Groing (le comte le), en novembre 1771.

Grosberg-Bavière (le comte de), le 10 août 1772.

Grosberg-Bavière (la comtesse de), le 14 janvier 1781.

Grouchy (le comte de), le 3 novembre 1785.

Grouchy (la comtesse de), le 7 janvier 1787.

Gruel-Gruyère (le comte de), le 13 novembre 1783.

Gruel-Gruyère (la comtesse de), le 3 janvier 1788.

Guébriant (M. de Budes de), le 16 avril 1774.

Guéméné (la princesse de), le 26 mai 1761.

Guéméné-Rohan (le prince de), le 10 décembre 1763.

Guerchy (le comte de Regnier de), en 1737.

Guerchy (le marquis de), en 1739.

Guerchy (madame de), le 27 juillet 1753.

Guerchy (la marquise de), le 2 février 1783.

Guesclin (le comte du), le 10 mars 1770.

Guiche (le comte de), le 16 mai 1758.

Guiche (la comtesse de), le 17 novembre 1766.

Guiche (le comte de la), le 2 avril 1776.

Guiche (la duchesse de), le 28 janvier 1787. *A pris le tabouret.*

Guignard, *comte de Saint-Priest* (M. de), le 12 décembre 1787. *Les entrées.*

Guigues (M. de), le 18 juillet 1754.

Guillaumanches du Boscage (le comte des), le 2 mars 1786.

Guillaumanches du Boscage (le marquis des), le 24 mars 1786.

Guiscard (M. de), le 23 octobre 1753.

Guitry-Chaumont (M. de), le 9 novembre 1754.

H.

Haget de Vernon (le comte de), le 13 novembre 1786.

Hallay (le comte du), en octobre 1762.

Hantier (le comte du), le 31 décembre 1782.

Hantier (la vicomtesse du), le 27 mai 1787.

Harambure (le baron d'), le 31 janvier 1789.

Haraucourt (le marquis d'), le 3 avril 1783.

Harcourt (le marquis d'), le 12 août 1763.

Harcourt (le chevalier d'), le 20 novembre 1763.

Harcourt (la marquise d'), le 27 octobre 1769.

Harcourt (la comtesse d'), le 11 février 1787.

Harcourt-Beuvron (le marquis d'), le 18 janvier 1784.
 Les entrées.

Harenc de la Condamine (le marquis de), le 23 janvier 1786.

Harenc de Gauville (le baron), le 12 novembre 1784.

Harville (le comte de), le 28 février 1767.

Haussonville (M. de Cléron d'), le 20 octobre 1756.

Haussonville (le marquis d'), le 13 février 1789.

Hautefeuille (le comte Texier d'), le 23 février 1787.

Hautefort (M. d'), le 4 janvier 1762.

Hautefort (le chevalier d'), le 18 février 1771.

Hautefort (la vicomtesse d'), le 27 avril 1783.

Havré (le prince d'), en 1738.

Havré (le duc de Croy d'), en octobre 1762.

Havré (la duchesse d'), le 18 août 1763.

Havrincourt (le marquis de Cardevaque d'), le 23 avril 1770.

Haye (M. de la), gentilhomme de la manche, le premier mai 1758.

Helmstadt (M. d'), en 1749.

Helmstadt (madame d'), en 1774.

Hénin (la marquise d'), le 26 juillet 1767.

Henrichemont (le prince d'), le 3 octobre 1752.

Henrichemont (M. de Béthune d'), le 5 octobre 1752.

Henrichemont (la princesse d'), le 2 août 1767.

Hesse (le prince de), le 19 octobre 1776.

Hessenstin (M. de), le 17 octobre 1768.

Hoffelize (le comte Gaspard de), le 10 février 1788.

Holstein (le prince de), en janvier 1751.

Holstein (le prince de), le 16 octobre 1756.

Hôpital (madame de l'), en 1743.

Hôpital-Gallucchi (le comte de), le 10 mai 1770.

Houchin (le marquis d'), le 3 mars 1773.

Houdetot (M. d'), le 14 avril 1753.

Houdetot (le marquis d'), le 10 février 1759.

Houdetot (le vicomte d'), le 19 février 1776.

Houx de Vioménil (le vicomte du), le 17 janvier 1785.

Houx de Vioménil (le vicomte du), le 15 mars 1787.

Huchet de la Bédoyère (M.), le 27 mai 1784.

Hunolstein (le comte de), en avril 1773.

Hunolstein (la baronne de), les 24 et 25 décembre 1785.

Hunolstein (le baron de), le 23 janvier 1786.

I.

Imécourt (M. de Vassignac d'), le 22 novembre 1770.

Imécourt (le vicomte d'), le 3 janvier 1774.

Invau (madame d'), le 8 novembre 1769.

Isle (le marquis d'), le 27 mars 1789.

Isle-Bonne (M. de l'), en 1748.

Isle-Bonne (M. de l'), le 4 janvier 1756.

Isnards (Toussaint-Siffrein des),
Isnards (Esprit-Dominique-Stanislas des), } chevaliers de Malte
Isnards (Jean-Charles-Gaspard, marquis des), } présentés en 1780.

J.

Janson (le marquis de Forbin de), le 14 octobre 1754.

Janson (la comtesse de), le 21 mai 1782.

Jarnac (la comtesse de), le 15 avril 1787.

Jaucourt (le chevalier de Digoine de), le 21 octobre 1765.

Jaucourt (le comte de), le 1er. mars 1769.

Jaucourt (le chevalier de), le 19 juillet 1773.

Jaucourt (le comte de), le 7 novembre 1777.

Jaucourt (le marquis de), en décembre 1779. *Les entrées.*

Jourda de Vaux (le comte de), le 29 juin 1783.

Joussac d'Aubeterre (M. de), en 1739.

Joussineau de Tourdonnet (M. de), le 17 juillet 1771.

Joussineau de Tourdonnet (M. de), le 28 avril 1773.

Joussineau de Tourdonnet (la vicomtesse de), le 14 mars 1779.

Joussineau de Tourdonnet (la comtesse de), le 3 février 1786.

Joussineau de Tourdonnet (le comte de), le 26 février 1788.

Joyeuse (le marquis de), en 1734.

Juigné (M. le Clerc de), le 25 septembre 1753.

Juigné (le marquis de), le 17 mars 1762.

Juigné (la comtesse de), le 2 juin 1782.

Juigné (le comte de), le 26 janvier 1783. *Les entrées.*

Juigné (la comtesse de), le 18 mars 1787.

Jumilhac (M. Chapelle de), le 26 mai 1760.

Jumilhac (M. de), le 9 décembre 1760.

Jumilhac (la comtesse de), le 25 octobre 1763.

Jumilhac (le vicomte de), le 31 mars 1770.

Jumilhac (M. de), le 11 avril 1772.

Jumilhac (la baronne de), le 15 février 1784.

K.

Kercado (M. le Sénéchal de), le 22 mars 1751.

Kercado (madame de), le 19 juillet 1756.

Kercado (le marquis de), le 29 mars 1777.

Kercado (la comtesse de), le 8 février 1784.

Kercado (la comtesse de), le 7 mars 1787.

Kercado (Alexandre, comte de), le 16 mars 1789.

Kergorlay (le comte de), le 7 novembre 1785.

Kergorlay (la comtesse de), le 12 décembre 1787.

Keroniant d'Estuer (le comte de), le 29 mars 1788.

Kerouartz (le marquis de), le 19 mai 1784.

Kinski (la princesse de), le 30 octobre 1765.

L.

Lac (le comte Armand du), le 11 mai 1784.

Lac (le marquis du), le 31 octobre 1785.

Lac (le chevalier du), le 21 février 1788.

Lage de Volude (la comtesse de), le 10 janvier 1782.
   Dame pour accompagner la princesse de Lamballe.

Lage de Volude (le vicomte de), le 19 mars 1782.

Laigle (le vicomte de), le 30 mars 1785.

Laizer (le chevalier de), le 3 février 1786.

Laker (M. du), le 4 décembre 1773.

Lamballe (la princesse de), le 11 mars 1767.

Lamballe (la princesse de), le 19 mai 1767.

Lamballe (la princesse de), le 29 juillet 1767.

Lambert (M.), le 24 juin 1787. *Les entrées.*

Lambertie (M. de), le 12 octobre 1771.

Lambertie (le vicomte de), en août 1772.

Lambertie (le comte de), le 19 mars 1774.

Lambertie (la comtesse Amélie de), le 27 février 1785.

Lambertie (la comtesse Auguste de), le 11 mars 1787.

Lambertie (le comte Auguste de), le 14 avril 1787.

Lambilly (le chevalier de), le 24 mars 1786.

Lameth (le comte de), le 28 février 1753.

Lameth (la comtesse de), le 3 juin 1765.

Lameth (le comte de), le 29 mars 1774.

Lameth (le comte de), le 9 décembre 1778.

Lameth (le chevalier de), le 24 décembre 1778.

Lameth (la comtesse Charles de), le 29 janvier 1786.

Lamoignon (madame de), le 21 avril 1787.

Lamoignon (le chevalier de), le 2 février 1788.

Lanau (la comtesse de), le 18 mars 1787.

Lande (le vicomte de la), le 26 octobre 1786.

Landreville (le comte de), le 27 octobre 1774.

Langeac de Lespinasse (le comte de), le 10 novembre 1770.

Langeron (le maréchal de), le 17 septembre 1752.

Langeron (madame Andrault de), le 2 novembre 1753.

Langeron (la comtesse de), le 21 novembre 1784.

Langeron-Maulevrier (M. de), le 4 novembre 1754.

Langon (le marquis de), le 18 octobre 1770.

Lannoy (le comte de), le 18 octobre 1785.

Lascases (M. de), le 6 mai 1776.

Lascases (la marquise de), le 6 décembre 1782. Dame d'honneur de madame la princesse de Lamballe.

Lasteyrie du Saillant (le marquis de), le 28 novembre 1786.

Lastic (M. de), le 14 mars 1757.

Lastic (la comtesse de), le 26 mars 1763.

Lastic (la marquise de), le 21 février 1779.

Lastours (le marquis de David de), le 17 février 1789.

Latier (la marquise de), le 24 février 1782.

Lau (M. du), le 28 mars 1757.

Lau d'Allemans (le marquis du), le 18 octobre 1770.

Lau d'Allemans (le chevalier du), le 30 octobre 1773.

Laudun (le comte de), le 29 février 1788.

Launoy de Clervaux (le chevalier de), le 7 mai 1785.

Lauraguais (le duc de Brancas), en 1738.

Lauraguais (le duc de), en 1742.

Lauraguais (la duchesse de), en 1742.

Lauraguais (le marquis de), le 16 février 1755.

Laurencie (le comte de la), le 23 mars 1786.

Lautrec de Saint-Garnier (M. de), le 11 octobre 1771.

Lauzun (le marquis de Caumont), en 1738.

Lauzun (la duchesse de), le 25 octobre 1769.

Laval (le comte de), en 1749.

Laval (la comtesse de), le 29 août 1751.

Laval (le marquis de), le 16 octobre 1751.

Laval (le marquis de), le 20 novembre 1763.

Laval (le vicomte de), le 17 février 1765.

Laval (la vicomtesse de), le 18 août 1768.

Laval (le chevalier de), le 25 février 1771.

Laval (la marquise de), le 9 mai 1784.

Laval (le vicomte de), le 31 octobre 1785.

Laval-Montmorency (le duc de), en 1749.

Laval-Montmorency (la comtesse de), le 13 août 1759.

Lavaulx (le comte de), le 3 mai 1783.

Léde (la marquise de), en 1748.

Léde (M. de), en 1749.

Léon (la princesse de), le 2 mars 1787.

Léon (la princesse de), le 29 juillet 1788. *A pris le tabouret*

Lervenchaupt (M. de), le 22 mars 1751.

Lescure (la comtesse de), le 13 juin 1765.

Lescure (le marquis de), le 4 mai 1786.

Lévis (M. de), en 1739.

Lévis (le marquis de), le 3 février 1759.

Lévis (la comtesse de), le 4 novembre 1763.

Lévis (le marquis de), le 22 avril 1771.

Lévis (la comtesse de), le 26 mai 1782.

Lévis (la maréchale de), le 9 mai 1784. *A pris le tabouret.*

Lévis (le vicomte de), le 29 mai 1785. *Les entrées.*

Lévis (le comte Antoine de), le 13 janvier 1786.

Lévis (la vicomtesse de), le 28 mai 1786.

Liancourt (le duc de), le 18 octobre 1763.

Liancourt (la duchesse de), le 25 octobre 1769.

Lieuray (le baron de), le 23 décembre 1763.

Ligné (le prince de), le 14 septembre 1776.

Ligneville (la comtesse de), le 3 janvier 1788.

Limoges (M. l'évêque de), le 1er mai 1758.

Linières (le comte de), le 24 novembre 1783.

Linières (la comtesse de), le 21 décembre 1783.

Linières (le marquis de), le 8 mai 1786.

Liré de la Bourdonnais (M. de), le 17 août 1756.

Listrt (M. de), le 26 mai 1761.

Listenay (le marquis de), en 1739.

Livron (le baron de), le 28 juin 1787.

Livron (la baronne de), le 3 janvier 1788.

Livry (la comtesse Sanguin de), en 1746.

Livry (le comte Hippolyte de), le 17 mars 1785.

Lombelon des Essarts (la marquise de), le 14 avril 1782.

Lombelon des Essarts (la marquise), le 18 avril 1782. Dame pour accompagner madame Elisabeth.

Loménie de Brienne (M. de), en août 1774.

Loménie (la vicomtesse de), le 17 mars 1785.

Lons (M. de), en 1774.

Lons (la comtesse de), le 16 mai 1784.

Lordat (M. de), le 17 juillet 1755.

Lordat (la marquise de), le 20 août 1780. Dame de compagnie de madame Elisabeth de France.

Lordat (la marquise de), le 25 mars 1781.

Lordat (le marquis de Durfort de), le 31 mai 1781.

Lorges (le chevalier de), en 1737.

Lorges (la comtesse de), en 1745.

Lorges (le comte de), en 1765.

Lorges (la duchesse de), le 30 janvier 1780. Dame d'honneur de madame la comtesse d'Artois. *Les grandes entrées.*

Lort (la vicomtesse de), le 23 avril 1786.

Lort de Sérignan (le marquis de), le 6 décembre 1773.

Lostanges (M. de), en 1750.

Lostanges (madame de), le 20 mai 1754.

Lostanges (la marquise de), le 8 mai 1785.

Louvois (M. le Tellier de), le 18 avril 1768.

Louvois (la marquise de), le 10 mars 1782.

Lowendal (M. de), le 17 décembre 1766.

Loz (le comte de), le 16 février 1788.

Lubersac (le marquis de), le 20 septembre 1751.

Lubersac (le comte de), le 20 avril 1785.

Lubersac (le baron de), le 20 avril 1785.

Lubomirski (le prince Alexandre), le 16 août 1774.

Luc (le comte de Vintimille du), en 1739.

Luc (le marquis du), le 11 octobre 1768.

Luc (la comtesse du), le 18 janvier 1784.

Lucinge (le comte de), le 11 mai 1785.

Lude (M. Daillon du), le 15 mars 1758.

Lugeac (M. de), en 1748.

Lupé (M. de), gentilhomme de la manche, le 6 décembre 1758.

Lupé-Garané (le comte de), le 12 novembre 1784.

Lur-Saluces (le comte de), le 13 février 1785.

Lur-Saluces (la comtesse de), le 28 août 1785. Dame pour accompagner MADAME.

Lusace (le comte de), prince de Saxe, le 4 avril 1760.

Lusignan (le comte de), le 7 janvier 1754.

Lusignan (le comte de), le 29 mars 1754.

Lusignan (M. de), le 21 avril 1770.

Lusignan (M. de), le fils, le 3 mai 1770.

Lussac (le comte de), le 16 février 1788.

Lutzelbourg (madame de), le 26 septembre 1755.

Luxembourg (le chevalier de), en juin 1767.

Luxembourg (le comte de), le 26 octobre 1784.

Luxembourg (le duc de), le 24 juin 1787. *Les entrées.*

Luynes (le duc de), le 12 mars 1770.

Luzerne (le chevalier de la), le 26 mars 1763.

Luzerne (la vicomtesse de la), le 24 octobre 1784.

Luzerne (la vicomtesse de la), le 29 mai 1787.

Luzerne (le marquis de la), le 15 septembre 1788. *Les entrées.*

Luzerne (le vicomte de la), le 16 mars 1789.

Lyon (le marquis du), le 15 décembre 1786.

M.

Mac-Carthy (M. de), le 25 février 1777.

Mac-Carthy (le vicomte), le 26 février 1788.

Machault (madame de), le 9 août 1756.

Mackau (la baronne de), le 21 janvier 1781.

Mackau (le baron de), le 11 mai 1782.

Mahony (le comte O), le 21 janvier 1788.

Mahony (la comtesse O), le 30 avril 1788.

Maillé (M. de), le 7 février 1752.

Maillé (le chevalier de), le 25 octobre 1768.

Maillé (la duchesse de), le 1er février 1784. *A pris le tabouret.*

Maillé (la marquise de), le 8 décembre 1787.

Maillé (le marquis de), le 10 février 1788.

Maillé (la marquise de), le 14 août 1788.

Maillé (Charles, comte de), le 23 janvier 1789.

Maillebois (le comte Dauvet de), en 1738.

Maillebois (le comte de), en 1746.

Mailly (le comte de), en 1739.

Mailly (M. de), le 24 avril 1758.

Mailly (madame de), en septembre 1765.

Mailly (le marquis de), le 29 octobre 1765.

Mailly (la comtesse de), le 7 mai 1780.

Mailly (le comte de), depuis maréchal de France, le 31 mars 1782. *Les entrées.*

Malespine (madame de), le 4 septembre 1757.

Malet (la comtesse de), le 24 septembre 1783.

Malet (le baron de), le 11 avril 1786.

Malet de la Jorie (le comte), le 28 avril 1783.

Malet-Roquefort (le vicomte de), le 15 mai 1783.

Mandelot (la comtesse de Bataille de), le 1er février 1780.

Marbeuf (M. d'Aché de), le 26 mars 1754.

Marbeuf (la comtesse de), le 21 août 1785.

Marche (le comte de la), en 1749.

Marcieu (la comtesse Emé de), le 17 août 1782.

Marck (la comtesse de la), en 1749.

Marck (le comte de la), le 9 décembre 1771.

Marconnay (la comtesse de), le 17 mars 1786.

Marconnay (le comte de), le 28 mars 1786.

Marconnay (le marquis de), le 28 mars 1786.

Marconnay (la marquise de); le 4 mars 1787.

Marguerie (le comte de), le 7 avril 1781.

Marguerie (le comte Edouard de), le 15 mai 1784.

Marguerie (la comtesse Edouard de), le 27 juin 1784.

Marigny (M. Poisson de), le 12 octobre 1754.

Marnésia (le commandeur de Lezay de), le 12 novembre 1784.

Marnier (la comtesse de), le 18 janvier 1716.

Marsan (la comtesse de), en 1743.

Marseille du Luc (le comte de); le 5 avril 1762.

Marthonie (le comte de la), le 30 mars 1785.

Masseran (la princesse de), le 18 février 1781. *A pris le tabouret.*

Mastin (le comte de), le 15 février 1785.

Maubourg (le comte de Fay de la Tour-), le 6 décembre 1776.

Maugiron (la comtesse de), le 27 octobre 1751.

Mauléon (le comte de), le 17 décembre 1782.

Mauléon (le comte Savary de), le 8 mai 1786.

Maulevrier (le comte Colbert de), le 18 avril 1778.

Maulevrier (la comtesse de), le 24 mars 1782.

Maupeou (le marquis de), le 12 janvier 1772.

Maurepas (madame de), en 1738.

Mazarin (le duc de), le 7 juillet 1751.

Mazarin (la duchesse de), le 19 septembre 1751.

Mazelière (le comte de la), le 2 avril 1780.

Méhérenc-Saint-Pierre (le comte de), le 24 mars 1788.

Méhun de la Ferté (la comtesse de), le 20 août 1780.
    Dame de compagnie de madame Victoire de France.

Méhun la Ferté (le marquis de), le 2 avril 1787.

Mélat (le comte de), le 2 juin 1787.

Melfort (madame Drummond de), en 1741.

Melfort (la comtesse de), le 3 novembre 1768.

Melfort (le vicomte de), le 13 janvier 1786.

Mellet (la comtesse de), le 18 octobre 1768.

Menars (la comtesse Edouard Charon de), le 8 mars 1789.

Menou (le marquis de), le 8 mars 1769.

Menou (le comte Charles de), le 17 mars 1785.

Menou (la comtesse de), le 18 janvier 1784.

Menou (le comte Victor de), le 17 avril 1784.

Menou (la comtesse de), le 6 mars 1785.

Menou (le comte Charles de), le 17 mars 1785.

Merinville (M. des Monthiers de), le 24 juillet 1754.

Merinville (madame de), le 9 mars 1755.

Merinville (le comte de), le 4 mai 1756.

Merinville (la vicomtesse de), présentée le 17 mars 1782, en qualité de dame pour accompagner madame Élisabeth de France.

Merle (le comte du), le 8 novembre 1776.

Merle (le baron du), le 9 février 1789.

Merle d'Ambert (la marquise de), le 31 mai 1781.

Mesmes (madame de), le 24 juillet 1755.

Mesmes (M. de), le 8 mars 1773.

Mesnard (le marquis de), le 29 avril 1785.

Mesnard (le chevalier de), le 31 octobre 1786.

Mesnard de la Menardière (le comte de), le 16 décembre 1773.

Mesnil-Simon (le comte du), le 2 mars 1774.

Messey (la comtesse de), le 2 mai 1788.

Miran (le marquis de), le 29 août 1763.

Miran (le marquis de), le 25 octobre 1763.

Miorcec de Kerdanel (le vicomte Henri de), le 22 mars 1788.

Mirepoix (la maréchale de), le 29 mars 1754.

Mirepoix (le marquis de Levis), le 14 février 1776.

Mirepoix (la comtesse de), le 11 février 1779.

Moges (le marquis de), le 1er décembre 1766.

Moges (la vicomtesse de), le 25 janvier 1789.

Moges (le vicomte de), le 13 février 1789.

Molac (le marquis de), en 1739.

Molac de Kercado (le comte de), le 10 avril 1782.

Molac (la marquise de), le 17 décembre 1786.

Molay (M. de), le 22 mars 1751.

Monaco (la princesse de Gimaldi), en 1740.

Monaco (la princesse de), en novembre 1761.

Monaco (la princesse Josèphe de), le 8 décembre 1782. *A pris le tabouret.*

Montagu (la marquise de), le 19 mai 1782.

Montagu-Favol (le vicomte de), le 2 juin 1787.

Montagu-Lomagne (le marquis de), le 23 janvier 1783. *Les entrées.*

Montagu-Lagne (la comtesse de), le 20 janvier 1788.

Montaignac (le marquis de Gain de), le 12 novembre 1784.

Montaignac (la marquise de), le 20 février 1785.

Montaigu (le marquis de), le 15 décembre 1771.

Montalembert (M. de), le 26 juillet 1753.

Montauban (madame de Rohan de), en 1737.

Montauban (M. de), le 1er mai 1758.

Montaut (M. de), gentilhomme de la manche, le 16 décembre 1760.

Montaut (M. de), le 18 février 1771.

Montaut (M. de), le 12 octobre 1771.

Montaut (le comte Joseph de), le 15 février 1787.

Montauzier (M. de Sainte-Maure), le 25 avril 1769.

Montauzier (le comte de), le 24 avril 1773.

Montazet (M. de Malvin de), le 25 septembre 1755.

Montazet (le marquis de), le 14 mars 1772.

Montbarey (le comte de Saint-Maurice), le 20 novembre 1753.

Montbarey (madame de), le 19 janvier 1754.

Montbarey (le chevalier de), le 21 juin 1768.

Montbarey (la princesse de), le 30 juillet 1780. *A pris le tabouret.*

Montbazon (le duc de Rohan), en 1747.

Montbazon (la duchesse de), le 10 juin 1781. *A pris le tabouret.*

Montbel (M. de), le 2 décembre 1763.

Montbel (M. de), fils, le 24 avril 1769.

Montboissier (M. de), en 1749.

Montboissier (le marquis de), le 22 mars 1754.

Montboissier (le comtesse de), le 12 juillet 1756.

Montboissier (le comte de), le 9 avril 1770.

Montchenu (M. de), le 5 janvier 1767.

Montchenu (le chevalier de), le 11 avril 1786.

Montchenu (le vicomte de), le 22 avril 1786.

Montclar (M. de), le 8 janvier 1761.

Montecler (le comte de), le 21 mars 1765.

Montecler (le chevalier de), en 1765.

Montécot (le comte de), le 31 mars 1786.

Monteil (M. de), le 26 septembre 1752.

Monteil (le chevalier de), le 18 mars 1763.

Montesquiou (M. de), gentilhomme de la manche, le 1er mai 1758.

Montesquiou (la marquise de), le 25 avril 1769.

Montesquiou (M. de), le 30 décembre 1778.

Montesquiou (la baronne de), le 14 janvier 1781.

Montesquiou (la vicomtesse de), le 4 mai 1783.

Montesson (le chevalier de), le 7 mai 1785.

Monteynard (M. de), le 29 mars 1756.

Monteynard (Hector, comte de), le 23 mars 1789.

Montferrand (le marquis de), le 13 novembre 1786.

Montgaillard (la marquise de), le 21 juin 1787.

Montgiron (M. de), le 31 octobre 1754.

Montgon (le marquis de Beauverger), le 13 novembre 1786.

Montholon (la marquise de), le 14 octobre 1787. Dame pour accompagner madame Victoire.

Montléart (le comte de), le 23 janvier 1785.

Montléart de Rumont (le marquis de), le 3 février 1786.

Montléart (la comtesse de), le 4 juin 1786.

Montlezun (M. de), le 8 mai 1770.

Montlezun-Campagne (le marquis de), le 12 novembre 1784.

Montlezun-Pardiac (le marquis de), le 15 mai 1784.

Montmirail (M. de), le 13 septembre 1752.

Montmirail (la marquise de), le 27 août 1763.

Montmorency (le duc de), le 9 novembre 1754.

Montmorency (la duchesse de), le 26 mai 1755.

Montmorency (le chevalier de), le 17 octobre 1763.

Montmorency (le prince de), le 2 février 1788.

Montmorency (la duchesse de), le 29 juillet 1788. *A pris le tabouret.*

Montmorency (la comtesse de), le 28 juin 1789.

Montmorency-Fosseux (le duc de), en 1749.

Montmorency-Laval (le marquis de), en octobre 1762.

Montmorency-Laval (la marquise de), le 16 octobre 1770.

Montmorency-Laval (le duc de), le 3 août 1785. *Les entrées.*

Montmorency-Luxembourg (la comtesse de), le 13 mars 1789. *A pris le tabouret.*

Montmorin (la marquise de), le 11 octobre 1763.

Montmorin (la comtesse de), le 15 avril 1767.

Montmorin (le comte de), le 11 avril 1768.

Montmorin (la comtesse de), le 31 mai 1781.

Montmort (la comtesse de), le 22 juillet 1781.

Monstiers (la marquise de), le 13 mars 1785.

Montréal (le comte de), le 30 mars 1776.

Montsoreau (M. de Chambes), en 1742.

Montsoreau (le marquis de), le 15 juillet 1767.

Morongiès (la comtesse de), le 7 août 1756.

Morant (la marquise de), le 17 juin 1781.

Morard (le marquis de), le 17 avril 1784.

Morard d'Arces (la comtesse de), le 15 février 1789.

Moreton Chabrillant (M. de), le 10 juillet 1773.

Moreton de Chabrillant (le chevalier de), le 17 février 1789.

Moriac (le comte de), le 29 mars 1775.

Mortagne de la Tremblaye (le marquis de), le 8 mars 1781.

Mortemart (le duc de), le 15 février 1772.

Mortemart (le marquis de), son frère, le 15 février 1772.

Mortemart (la marquise de), le 23 janvier 1780.

Mortemart (la duchesse Pauline de), le 19 janvier 1783.
  A pris le tabouret.

Mory (la comtesse de), le 2 novembre 1770.

Motte-Baracé de Sénonnes (le comte de la), le 24 mai
  1787.

Moussaye (M. Goyon de la), le 13 février 1778.

Moussaye (le chevalier de la), le 28 février 1783.

Mousse (le comte de la), le 22 janvier 1787.

Moussy de la Cointour (le comte de), le 24 mars 1786.

Moussy (M. de), en 1746.

Moustier (la marquise de)....

Moustier (la marquise de)...

Moustier (le comte de), le 22 avril 1767.

Moustier (la comtesse), en 1768.

Moustier (le chevalier de), le 2 novembre 1771.

Moustier (la comtesse), en 1777.

Moustier (la marquise de), le 6 février 1785.

Moutier (le marquis du), le 22 avril 1767.

Moy (le vicomte de), le 15 mai 1783.

Moyria (le marquis de), le 4 avril 1786.

Mun (le marquis de), le 4 avril 1786.

Murat (le comte de), le 12 novembre 1784.

Murat (le comte de), le 3 novembre 1785.

Murat de Lestang (la marquise de), le 26 novembre 1788.

Murat de Lestang (le marquis de), le 27 janvier 1789.

Murat de Verninat (le comte de), le 27 mars 1789.

Murinais (le chevalier Auberson de), le 3 mars 1769.

Murinais (le chevalier de), le 28 mars 1786.

Musanchère (le chevalier de la), le 6 décembre 1773.

Muy (le marquis de Félix du), en 1785.

Myre-Mory (M. de la), le 12 août 1758.

Myre-Mory (le vicomte André-Jérôme de la), le 21
  juin 1782.

Myre-Mory (la vicomtesse de la), le 26 mars 1786.

Myre-Mory (le chevalier de), le 26 mars 1789.

N.

Nagu (le comte de), le 4 mars 1765.

Narbonne (le comte de), le 27 février 1758.

Narbonne (le vicomte de), le 16 juillet 1765.

Narbonne (madame de), le 31 octobre 1771.

Narbonne (la comtesse de), le 21 mai 1782.

Narbonne-Pelet (la comtesse Raymond de), le 4 mai 1785.

Narbonne (le marquis de), le 25 avril 1785.

Narbonne (le vicomte de), le 29 mai 1785. *Les en-trées.*

Narbonne (la comtesse Almaric de), le 26 novembre 1788.

Narbonne (le chevalier de), le 31 janvier 1789.

Narbonne-Lara (M. de), en 1749.

Narbonne-Lara (madame de), en 1749.

Nassau (le prince de), le 25 octobre 1763.

Nassau (le prince de), le 6 mars 1773.

Nassau-Estreden (le prince de), le 15 janvier 1765.

Navailles (le baron de), le 19 mai 1784.

Navailles (la comtesse de), le 12 octobre 1788.

Nedonchel (la baronne de), le 13 janvier 1782.

Nedonchel (le baron de), le 23 février 1789.

Néel (la comtesse de), le 25 août 1768.

Néel (le comte de), le 11 mai 1785.

Néel (la comtesse de), le 9 mai 1787.

Nesle (mademoiselle de), en 1739.

Nieul (la vicomtesse Poute de), le 19 février 1786.

Nieul (le vicomte de), le 13 février 1785.

Nivernais (le duc de), en 1738.

Noailles (la comtesse de), le 19 septembre 1751.

Noailles (la marquise de), le 17 novembre 1766.

Noé (le vicomte de), le 25 décembre 1753.

Noé (le comte de), le 14 février 1756.

Nonant (le comte le Conte de), le 29 janvier 1785.

Nonant (la comtesse de), le 21 février 1787.

O.

Obakirch (la baronne d'), le 13 juin 1784.

Oguiloi (milord), le 29 avril 1754.

Oguinski (M. d'), le 28 septembre 1759.

Oilliamson (le chevalier d'), le 3 décembre 1775.

Oilliamson (la comtesse d'), le 27 février 1785.

Okelli (le comte), le 21 octobre 1776.

Olonne (la duchesse d'), le 21 juin 1754.

Orléans (le duc d'), en 1739.

Orléans (mademoiselle d'), le 2 juillet 1768.

Osmond (la comtesse d'), le 12 avril 1780; dame pour accompagner madame Adélaïde de France.

Osmont (le comte d'), le 12 novembre 1784.

Osolinski (le duc d'), le 19 février 1751.

Ossun (le comte d'), le 24 octobre 1768.

Ossun (le duc d'), en 1737.

Ourches (le comte d'), le 12 août 1769.

Ourches (la comtesse d'), le 26 mars 1786.

P.

Pac de Bellegarde (le comte du), le 27 janvier 1789.

Palisse (la comtesse de Chabannes de la), le 12 septembre 1787.

Pallu (le comte de la), le 17 mai 1756.

Pallu (le comte de la), le 7 novembre 1785.

Pallu (le comte François de la), le 13 novembre 1786.

Panouse (le comte de la), le 16 mai 1787.

Parabère (Alexandre de), le 21 avril 1787.

Parc de Barville (Constantin-Frédéric-Thimoléon, comte du), le 11 avril 1788.

Parc de Barville (Marie-Claudine de Caillebot de la Salle, comtesse du), le 2 mai 1788.

Pardieu (la comtesse Félix de), le 25 janvier 1784.

Pardieu (le vicomte de), le 24 mars 1786.

Paroye (le comte de), le 12 mai 1787.

Paulmy (madame de), le 27 juillet 1753.

Peguilham de Thermes (le marquis de), en janvier 1751.

Pellagrue (M. de), le 9 novembre 1771.

Pellagrue (le comte de), le 12 février 1774.

Penfentenio de Chef-Fontaines (le marquis de), le 18 mars 1788.

Penthièvre (la duchesse de), en 1744.

Pequigny (le duc de), en 1735.

Périgord (M. de Talleyrand-), en 1745.

Périgord (la vicomtesse de), le 24 janvier 1779.

Périgord (le comte Adalbert de), le 8 mars 1777.

Pérusse d'Escars (le marquis de), en août 1772.

Pérusse d'Escars (le comte de), le 4 avril 1778.

Peyre (le comte de Moret de), le 4 décembre 1773.

Pierre de Bernis (le comte de), le 15 février 1765.

Pierrecourt (le marquis le Conte de) ? le 14 octobre
   1785.

Pierrecourt (la marquise de), le 11 décembre 1785.

Pierrepont (le comte de), le 22 mai 1782.

Pignatelli (la comtesse de), le 18 août 1764.

Pimodan (le marquis de la Vallée), le 18 août 1766.

Pimodan (le comte de), le 28 mars 1786.

Pimodan (la marquise de), le 28 mai 1786.

Pimodan (le baron de), le 17 février 1789.

Pins (le vicomte de), le 23 janvier 1789.

Pirch (le baron de), le 26 avril 1782.

Piré (la comtesse de Rosnivynem de), le 28 novembre
   1788.

Plessis d'Argentré (le marquis du), le 17 mars
   1784.

Plessis-Bellière (la comtesse du), le 13 février 1780.

Plessis-Châtillon (madame du), en 1749.

Plessis-Châtillon (M. du), le 23 octobre 1752.

Plessis-Châtillon (le chevalier du), le 11 avril 1784.

Plessis – Châtillon (le chevalier du), le 11 mai
   1784.

Plessis de Grenedan (le chevalier du), le 24 mai
   1787.

Pluviers (le comte de), le 24 mars 1786.

Pluviers (la comtesse de), le 2 avril 1786.

Podenas (la vicomtesse de), le 21 mars 1784.

Podenas de Villepinte (M. de), le 27 avril 1775.

Poilvilain (le marquis de), le 25 octobre 1763.

Poix (la princesse de), le 14 octobre 1767.

Poix (le prince de), le 18 novembre 1769.

Polastron (M. de), le 27 mars 1752.

Polastron (la comtesse de), le 13 décembre 1780.

Polignac (le marquis de), en 1739.

Polignac (le vicomte de), en 1739.

Polignac (madame de), le 12 février 1752.

Polignac (le comte de), le 28 juillet 1755.

Polignac (le chevalier de), le 2 novembre 1756.

Polignac (M. Jules de), le 17 février 1766.

Polignac (la vicomtesse Jules de), le 21 juillet
   1769.

Polignac (madame de), le 3 mai 1770.

Polignac (la duchesse de), le 24 septembre 1780. *A
   pris le tabouret.*

Polignac (le comte Charles de), le 17 février 1783.

Polignac (la comtesse Charles de), le 12 décembre 1787.

Pompadour (la marquise de), en 1744.

Pons (le marquis de), le 29 mai 1783. *Les entrées.*

Pons-Saint-Maurice (le comte de), le 18 septembre 1751.

Pont (le marquis de), en 1746.

Pont (la comtesse de), en octobre 1762.

Pont (le marquis de), le 25 octobre 1763.

Pont (le comte de), le 26 février 1767.

Pont-Bellanger (la vicomtesse d'Amphernet de), le 25 janvier 1789.

Pontaubevoye (Louis-François-Bertrand du), comte de Lauberdière, en avril 1789.

Pontavice (M. de), le 27 mars 1771.

Pontavice de Rouffigny (le marquis de), le 3 février 1786.

Pontevez (M. de), le 20 mars 1772.

Poret (la comtesse de), le 26 mars 1788.

Porhoet (le comte de), le 20 avril 1785.

Porte d'Eydoche (le chevalier de la), le 11 mai 1784.

Porte de Riants (la comtesse de la), en 1746.

Porte de Riants (la marquise de la), le 3 mai 1789.

Porte – Vezins (le marquis de la), le 15 mars 1787.

Poulpry (le comte de), le 12 novembre 1784.

Poulpry (la comtesse de), le 27 novembre 1784.

Poyanne (le marquis de Baylens de), en 1749.

Pracomtal (M. de), le 9 mars 1772.

Pracomtal (le marquis de), en avril 1772.

Pracomtal (la marquise de), le 5 mai 1776.

Praslin (le marquis de), le 14 décembre 1776.

Praslin (la vicomtesse de), le 16 avril 1780. *A pris le tabouret.*

Pressigny Croissy (M. de), le 20 mai 1758.

Prestre de Lezonnet (le comte le), le 3 novembre 1785.

Prie (le marquis de), le 10 janvier 1756.

Prunelé (le comte de), en 1773.

Prunelé (la comtesse de), le 9 avril 1780.

Prunelé (le vicomte de), le 17 avril 1784.
Puget (le chevalier de), en 1774.
Puget de Barbantanne (le marquis de), le 18 janvier 1784. *Les entrées.*
Puget (M. de), le 9 mai 1787. *Les entrées.*
Puget (le chevalier de), le 21 avril 1787.
Puget (la marquise de), le 14 septembre 1765.
Puisigneux (le comte de), le 26 février 1775.
Puy-Melgueil (le vicomte du), le 3 mars 1789.
Puy-Montbrun (le marquis du), le 26 janvier 1788.
Puységur (M. de Chastenet de), le 2 novembre 1753.
Puységur (M. de), le 24 novembre 1778.
Puységur (la marquise de), le 16 décembre 1787.

Q.

Quatrebardes (le comte de), le 31 mars 1786.
Quelen (le comte de), le 26 octobre 1770.
Quemadeuc (M. de), le 7 décembre 1771.
Quendo de Tonquedec (le vicomte de), le 23 février 1782.
Quieuille (le marquis de la), en avril 1773.
Quifistre de Bavalan (le marquis), le 29 mars 1788.

R.

Rachais (la marquise de), le 28 septembre 1783.
Rachais (le marquis de), le 3 novembre 1783.
Raffelis (le chevalier de), en avril 1773.
Raffetot (M. de), en 1749.
Raffin d'Autrive (le marquis de), le 27 mars 1789.
Raigecourt (la marquise de), le 4 juillet 1784,
Raigecourt (le marquis de), le 20 avril 1785.
Raigecourt (le comte Charles de), le 22 février 1788.
Raincourt (le comte de), le 18 mars 1788.
Rastignac (le comte Chapt de), le 4 avril 1767.
Raugrave (le comte de), le 20 juin 1782.
Renaut d'Allen (le comte de), le 11 avril 1786.
Renel-Clermont (madame de), en 1745.
Renty (madame de), le 16 juillet 1753.
Revel (le comte de), en 1750.
Revel (la princesse de), le 14 avril 1782.
Riants (M. de), en 1749.

Ricci (le comte de), le 12 octobre 1771.

Richelieu (la maréchale de),. le 27 février 1780. *A pris le tabouret.*

Rieux (madame de), le 16 juillet 1761.

Rieux (le marquis de), le 9 décembre 1769.

Rieux (le comte de), le 17 janvier 1786.

Rigaut (le marquis de), le 13 novembre 1786.

Rivière (M. de la), le 18 octobre 1769.

Rivière (le marquis de), le 13 avril 1771.

Rivière (le comte de la), le 27 octobre 1785.

Rivière Prédange (le vicomte de la), le 8 mars 1788.

Rivoire-Tourette (le chevalier de la), le 3 mars 1789.

Robèque (le prince de), le 18 janvier 1784. *Les entrées.*

Robèque (le prince de), en 1747.

Rochambeau (M. de Vimeur de), en 1748.

Rochambeau (le marquis de), le 19 mars 1778.

Rochambeau (la vicomtesse de), le 20 mai 1779.

Roche-Aymon (le vicomte de la), le 23 décembre 1772.

Roche-Aymon (le marquis de la), le 29 juillet 1769.

Rochechouart (le marquis de), le 18 septembre 1752.

Rochechouart (le chevalier de), le 13 mai 1752.

Rochechouart (le marquis de), le 28 juin 1751.

Rochechouart (madame de), en 1748.

Rochechouart (la duchesse de), en 1738.

Rochechouart (le duc de), en 1732.

Rochechouart (M. de), le 1er décembre 1757.

Rochechouart (la duchesse de), le 26 août 1756.

Rochechouart-Faudoas (le marquis de), en juin 1767.

Roche-Dragon (M. de la), le 28 janvier 1775.

Roche-Fontenilles (la marquise de la), le 6 août 1780. Dame de madame Elisabeth de France.

Rochefort (M. de), en 1747.

Rochefort (le marquis de), le 11 mars 1766.

Rochefort-Rohan (la princesse de), le 8 mars 1766.

Rochefort-Rohan (M. de), le 13 mai 1752.

Rochefoucauld (le duc de la), le 25 octobre 1763.

Rochefoucauld (la duchesse de la), le 2 août 1767.

Rochefoucauld (le marquis de la), le 18 juillet 1767.

Rochefoucauld (la duchesse de la), le 15 avril 1781. *A pris le tabouret.*

Rochefoucauld de Doudeauville (madame de la), née le Tellier, le 23 mai 1779. *A pris le tabouret.*

Roche-Jaquelein (M. du Verger de la), le 15 novembre
1771.

Roche-Jaquelein (M. de la), le 2 novembre 1771.

Roche-Jaquelein (le marquis de la), en 1773.

Rochelambert (le comte de la), le 6 février 1778.

Rochelambert (le marquis de la), le 18 mars 1765.

Rochelambert (la vicomtesse de la), le 2 mars 1788.

Rochelambert (le comte de la), le 7 novembre 1785.

Rochelambert (le vicomte de la), le 31 octobre 1786.

Rochelambert-Thevulle (la marquise de la), le 9 septembre 1779.

Roche-du-Maine (le marquis de la), le 5 mars 1766.

Roches (la comtesse des), le 6 décembre 1785. Dame
pour accompagner la princesse de Conty.

Roche-Saint-André (le marquis de la), le 13 mai 1787.

Roche-Saint-André (le chevalier de la), le 13 mai 1787.

Roffignac (le comte de), le 19 juillet 1773.

Rohan (le marquis de), en 1740.

Rohan (mademoiselle de), en 1744.

Rohan (le duc de), en 1737.

Rohan (le prince Camille de), le 17 mars 1760.

Rohan-Chabot (le vicomte de), en 1743.

Rohan-Chabot (la duchesse de), le 15 janvier 1760.

Rohan-Guémené (mademoiselle de), le 1er, mai 1770.

Rohan-Rochefort (madame de), le 11 juin 1780. *A pris
le tabouret.*

Rohan-Rochefort (la princesse Charlotte de), le 16 juillet 1780. *A pris le tabouret.*

Rôle (le baron de), le 4 mai 1776.

Rollat (le chevalier de), le 13 mai 1787.

Rollat (le comte de), le 14 mai 1786.

Romanet (le vicomte de), le 22 mars 1788.

Roncherolles (madame de), le 7 août 1756.

Roncherolles (la vicomtesse de), le 22 juin 1783.

Roncherolles (le comte Charles de), le 21 mai 1785.

Rooth (le chevalier de), le 12 novembre 1784.

Roque-Bouillac (le comte de la), le 2 avril 1787.

Roquefeuille (M. de), le 16 mars 1771.

Roquefeuille (M. de), le 19 avril 1755.

Roquelaure (M. de), le 12 janvier 1772.

Roquelaure (le chevalier de), le 6 février 1778.

Roquelaure (le marquis de), le 27 juin 1779.

Roque-Menillet (la comtesse de la), le 4 février 1787.

Roque-Menillet (le comte de la), le 24 mars 1786.

Rosen (M. de), en 1740.

Rosen (la marquise de), en décembre 1768.

Rosen (le marquis de), le 25 octobre 1763.

Rusnivynem de Piré (le comte de), le 27 octobre 1785.

Rostaing (M. de), le 2 août 1773.

Rostaing (M. de), le 20 octobre 1773.

Rostaing (la comtesse de), le 26 mai 1782.

Rouault (le comte Charles de), le 4 janvier 1787.

Rouault (la marquise de), le 23 janvier 1780. *A pris le tabouret.*

Roucy (le comte de), le 29 octobre 1774.

Roucy (la comtesse de), le 24 décembre 1784.

Rougé (M. de), en 1774.

Rougé (M. de), le 16 janvier 1775.

Rougé (la comtesse de), en avril 1768.

Rougé (le comte de), le 4 novembre 1757.

Rouillé (madame de), femme du ministre, le 23 juin 1755.

Rouillé (le comte de), le 30 mars 1758.

Roure (le marquis de Beauvoir du), le 29 mars 1759.

Roure (le comte du), le 15 mai 1778.

Roure (madame du), le 26 juillet 1760.

Roure (la vicomtesse du), le 12 février 1783. Dame pour accompagner Madame.

Roure (la marquise du), le 5 décembre 1779.

Rouvroy-Saint-Simon (le marquis de), le 16 octobre 1756.

Roux de Beuil (le comte du), le 23 janvier 1786.

Roux de Sigy (le marquis du), le 3 février 1786.

Royant-Montmorency (M. de), le 14 octobre 1761.

Roys (le comte de), le 3 novembre 1785.

Roys (la comtesse de), le 18 décembre 1785.

Ruffec (la duchesse de), en 1788.

Ruffo (le vicomte de), le 2 mars 1787.

Rully (le comte de), le 3 novembre 1785.

Ruppelmonde (madame de), en 1738.

Ruppière (le chevalier de), le 10 avril 1773.

Ruppière (la comtesse de), le 14 mars 1784.

S.

Sablé (le marquis Colbert de), en 1748.

Sablé (la marquise de), en décembre 1768.

Saillant (le marquis de Lasteyrie du), le 19 septembre 1751.

Saillant (le comte du), le 23 février 1787.

Sailly (le marquis de), le 1er août 1771.

Sain (le comte de), le 16 novembre 1784.

Saint-Aignan (la duchesse de), le 22 avril 1758.

Saint-Aignan (la marquise de), le 6 décembre 1785. Dame d'honneur de la princesse de Conti.

Sainte-Aldegonde (le comte), le 15 avril 1782.

Sainte-Aldegonde (la comtesse de), le 9 janvier 1785.

Sainte-Aldegonde (la comtesse de), le 27 février 1785.

Sainte-Aldegonde (le comte Alexandre de), le 30 mars 1786.

Sainte-Aldegonde (la comtesse Louise de), le 22 avril 1789.

Sainte-Astier (le comte de). le 29 avril 1785.

Saint-Aulaire (la comtesse de Beaupoil de), le 21 janvier 1781.

Saint-Blancard (le marquis de), le 27 avril 1788.

Saint-Chamans (le marquis de), le 21 août 1766.

Saint-Chamans (le baron de), le 16 mars 1789.

Saint-Chaumont (M⁵ de), le 14 avril 1757.

Sainte-Croix (le comte de). le 7 avril 1781.

Saint-Exupéry (M. de), au mois d'avril 1768.

Saint-Florentin (M. Phelypeaux de), en 1738.

Saint-Herem (le marquis de Montmorin de), en 1749.

Saint-Herem (la marquise de), le 4 juillet 1784.

Sainte-Hermine de la Barrière (Emmanuel, chevalier de), le 23 février 1789.

Saint-Ignon (le comte de), le 26 janvier 1788.

Saint-Marsault (la baronne de Grain de), le 2 avril 1786.

Saint-Marsault-Châtelaillon (le baron de), le 23 février 1787.

Saint-Martial d'Aurillac (la baronne), vers 1788.

Saint-Maurice (M. de), le 17 janvier 1777.

Saint-Maurice (la princesse de), le 18 janvier 1784.

Saint-Mauris-Châtenois (le marquis de), le 12 mai 1787.

Saint-Megrin (le duc de), le 8 mai 1762.

Saint-Megrin (la duchesse de), le 8 juin 1767.

Sainte-Mesme (le comte de), le 15 décembre 1774.

Saint-Omer (l'évêque de), le 18 janvier 1784. *Les entrées.*

Saint-Pern de Ligonnier (le comte de), le 12 mai 1787.

Saint-Pierre (madame de), en 1737.

Saint-Pierre (la comtesse de), le 6 février 1785.

Saint-Sauveur (M. de Raffelis de), le 11 septembre 1752.

Saint-Sauveur (M. de), le 12 mars 1774.

Saint-Sauveur (la marquise de), le 27 février 1780.

Saint-Sauveur (la comtesse de), le 21 octobre 1781. Dame pour accompagner madame Sophie de France.

Saint-Severin (madame de), le 27 juillet 1733.

Saint-Simon (le marquis de), le 23 juillet 1769.

Saint-Simon (la vicomtesse de), le 13 juillet 1783.

Saint-Simon (le chevalier de), au mois de mai 1789.

Saint-Simon-Courtomer (M. de), en décembre 1771.

Saint-Simon-Courtomer (M. de), le 31 janvier 1774.

Saint-Vital (M. de), le 3 septembre 1752.

Sainton (le comte de).

Saisseval (le comte de), le 17 avril 1773.

Saisseval (la marquise de), le 18 juin 1780. Dame de compagnie de MADAME.

Saisseval (la comtesse de), le 21 mai 1782.

Salignac de la Mothe Fénélon (M. de), le 29 décembre 1773.

Salle (le marquis de la), le 15 septembre 1751.

Salle (le comte de la), le 24 mars 1775.

Salles (M. de), le 4 avril 1753.

Salm (le prince de), le 4 mars 1771.

Salsfield (le comte de), le 26 septembre 1752.

Salsfield (le chevalier de), le 2 mars 1758.

Saluces (madame de), le 15 juin 1760.

Saluces (la comtesse de), le 21 août 1785.

Sapieha (le prince), en novembre 1774.

Sarlaboust de Mun (le comte de), le 18 avril 1777.

Sarriac (le chevalier de), le 3 novembre 1785.

Surtiges (le vicomte de), en mai 1789.

Sassenage (le comte de), en 1732.

Sassenage (la marquise de), en 1736.

Sassenage (madame de) , en 1737.

Saugeon (le marquis de Campet du), le 15 novembre 1751.

Saulx-Tavannes (la duchesse de), le 23 avril 1786.

Sauzay (le marquis de), en 1742.

Savary (le marquis de), le 7 avril 1781.

Savonnières (le marquis de), le 7 avril 1781.

Sceaux (la comtesse de), en 1748.

Scepeaux (le chevalier de), le 10 mars 1770.

Scey (M. de) , en 1749.

Scey (le comte de), le 4 janvier 1762.

Scey (le comte de), le 19 juillet 1786.

Schomberg (M. de), le 20 novembre 1770.

Schomberg (le comte de), le 13 novembre 1786.

Ségur (madame de) , en 1738.

Ségur (madame de), le 29 octobre 1756.

Ségur de Frans (le comte de), le 24 décembre 1773.

Ségur (messieurs de), le 28 décembre 1773.

Ségur (Henri de), le 1er. juin 1786.

Ségur (la vicomtesse Henri de), le 21 juin 1786.

Seignelay-Colbert (M. de), le 21 septembre 1759.

Selve (Georges, comte de), en 1784.

Senneterre (madame de) , en 1749.

Sennones (M. de la Motte Baracé , marquis de), le 24 mai 1787.

Sérent (le marquis de), le 14 octobre 1754.

Sérent (madame de), le 26 juillet 1760.

Sérent (la comtesse Julie de), le 24 juin 1781. Dame pour accompagner la duchesse de Bourbon.

Sérent (le vicomte de), le 17 avril 1784.

Sérent (le vicomte de), le 24 novembre 1784.

Sérent (la comtesse de), le 26 janvier 1785.

Sérent (la vicomtesse de), le 21 juin 1787.

Sérent-Wals (M. de), le 10 juin 1770.

Sérent-Wals (M. de), le 9 avril 1774.

Sesmaisons (le comte de), le 28 mars 1767.

Sesmaisons (le vicomte de), le 4 novembre 1776.

Sesmaisons (la comtesse de), le 1er. avril 1781.

Seytres-Caumont (le comte de), le 17 mars 1784.

Simiane (le marquis de), le 7 juillet 1777.

Simiane (le comte de), le 9 mai 1778.

Sinety (M. de), sous-gouverneur, le 6 octobre.

Sinety (M. de), le 27 avril 1778.

Sinety (la marquise Candide de), le 11 mars 1787.

Solre (le prince de), le 16 mars 1789.

Sommery (M. Armand du Mesniel de), le 21 mai 1785.

Sommery (la comtesse de), le 10 décembre 1786.

Sommières (la comtesse de), au mois de juillet 1762.

Sorant (le marquis de), en 1765.

Sorant (la marquise de), le 17 avril 1770.

Sorant (le comte de), le 25 avril 1788.

Sorant (la comtesse de), le 28 mai 1780.

Sorant (la comtesse Delphine de), dame de Remiremont, le 1er. juin 1780.

Soubise (le prince de), en 1734.

Soubise (la princesse de), en 1738.

Soubise (la princesse de), en 1742.

Soubise (la princesse de), en 1749.

Soudeilles (M. de), le 3 février 1770.

Soulanges (M. Pâris de), le 31 mai 1755.

Soulanges (madame de), le 16 février 1756.

Sourches (la vicomtesse du Bouchet de), le 25 août 1780. Dame de compagnie de Madame, comtesse d'Artois.

Sourdes (la marquise de), le 5 décembre 1784. Dame pour accompagner Madame.

Sournia. Voyez *Casteras*.

Souza (le bailli de), le 17 juillet 1757.

Sparre (la comtesse Gustave de), le 12 septembre 1787.

Staël de Holstein (la baronne de), née Necker, le 31 janvier 1786.

Stainville (la comtesse de), le 13 juillet 1765.

Suffren (le vice-amiral de), le 6 avril 1784. *Les entrées.*

Suffren (la vicomtesse de), le 29 janvier 1787.

Suffren de Saint-Tropez (la comtesse de), le 9 mai 1784.

Suffren de Saint-Tropez (le chevalier de), le 12 novembre 1784.

Sully (le duc de), le 2 avril 1773.

Sully (la duchesse de), le 20 février 1780.

Surgères (le comte de), le 12 février 1757.

Surgères (le comte de), le 17 mars 1766.

Surgères (le marquis de), le 21 mars 1766.

Suze (madame de la), en 1749.

Suze (le marquis de la), le 9 décembre 1769.

T.

Taillefer (M.), le 10 novembre 1755.

Taillefer (le comte Wulgrain de), le 15 mai 1783.

Talaru (M. de), en 1749.

Talaru (madame de), en 1751.

Talaru (la vicomtesse de), le 2 août 1767.

Talleyrand (le marquis de), en 1734.

Talleyrand (madame de), en 1737.

Talleyrand (M. de), le 26 novembre 1753.

Talleyrand (le baron de), le 11 octobre 1756.

Talleyrand (le marquis de), le 4 janvier 1758.

Talleyrand (la baronne de), le 21 juillet 1769.

Talleyrand (la vicomtesse de), le 16 janvier 1788.

Talmont (la princesse de), le 20 février 1785. *A pris le tabouret.*

Tancarville (la princesse de), le 11 novembre 1756.

Tarente (la princesse de), le 22 juillet 1781. *A pris le tabouret.*

Tarente (la princesse de), dame du palais, le 2 janvier 1786.

Tarente de la Trémouille (le prince de), le 31 décembre 1782.

Tavannes (le marquis Saulx de), le 2 mars 1759.

Tavannes (la comtesse de), le 18 mars 1761.

Tavannes (madame de), le 2 novembre 1765.

Tavannes (le vicomte de), le 22 juillet 1771.

Tavannes (la comtesse de), le 27 avril 1788.

Tessonnière (M. de la), en 1773.

Tencin (le cardinal Guerin de), en 1748.

Tessé (le marquis de Froulay), en 1738.

Tessé (le chevalier de), en 1738.

Tessé (la comtesse de), le 12 mars 1756.

Tessé (le comte de), le 31 octobre 1754.

Testu de Balincourt (le vicomte de), le 4 avril 1786.

Thezan (le chevalier de), le 10 novembre 1771.

Thezan (la vicomtesse de), le 19 décembre 1784.

Thianges (M. de), le 11 octobre 1756.

Thianges (la comtesse de Damas), le 18 août 1768.

Thiard (le comte de), le 29 mai 1785. *Les entrées.*

Thiboutot (la marquise de), le 22 juillet 1781.

Thomond (milord Clare, maréchal de), en 1737.

Thy (le comte de), le 12 novembre 1784.

Thy (le comte de), le 2 avril 1785.

Tillières (le marquis de), en 1739.

Tilly (M. de), le 10 avril 1777.

Tilly (le vicomte de), le 4 décembre 1784.

Tilly–Blaru (le comte Henri de), le 22 mars 1787.

Tingry (le prince de), en 1743.

Tingry (la princesse de), le 19 juillet 1767.

Tinteniac (le comte de), le 21 février 1788.

Tirconel (milord), en 1739.

Tonnellier de Breteuil (le baron le), le 21 décembre 1779.
    Les entrées.

Tonnerre (le marquis de), le 8 mars 1769.

Tonnerre (la duchesse de), le 15 avril 1781. *A pris le*
    tabouret.

Touchimbert (le comte Prévost de), le 29 février 1788.

Toulongeon (le marquis de), le 8 octobre 1762.

Toulouse–Lautrec (le comte de), le 12 mai 1770.

Tour du Pin (le comte de la), le 10 novembre 1755.

Tour du Pin (le marquis de la), le 7 janvier 1756.

Tour du Pin (le chevalier de la), le 17 février 1766.

Tour du Pin (la marquise de la), le 27 février 1780.

Tour du Pin (la comtesse Alexandre de la), le 28 dé-
    cembre 1783.

Tour du Pin Chambly (la comtesse de la), le 31 mai
    1781.

Tour du Pin de la Charce (le comte de la), le 1er. mars
    1769.

Tour Saint-Quentin (le chevalier de la), le 27 octobre
    1769.

Tour-en-Voivre (le comte de la), le 11 mai 1784.

Tournelle (le marquis de la), en 1740.

Tournemire (le comte de), le 30 mars 1785.

Tournon (M. de), le 17 février 1774.

Tournon (M. de), le 16 avril 1774.

Tourzel du Bouchet (le marquis de), en octobre 1762.

Toustain-Limésy (Hypolite, comte de), le 13 février
    1789.

Toustain-Richebourg (le vicomte de), le 23 janvier 1786.

Toustain-Viray (le comte François de), le 14 mars 1787.

Tracy (le comte d'Estutt de), le 12 novembre 1773.

Tracy (la comtesse de), le 27 juin 1779.

Traversay (le marquis de), le 10 février 1788.

Tremigon (le marquis de), en novembre 1771.

Trémouille (le duc de la), le 6 octobre 1755.

Trémouille (la duchesse de là), en décembre 1768.

Trémouille (le prince de la), le 2 février 1788.

Trémouille de Talmond (le prince de la), le 20 mars 1786.

Trênel (le marquis de), le 28 février 1767.

Trévelec (le comte de), le 15 juillet 1784.

Trévelec (la comtesse de), le 31 octobre 1784.

Trivulce (la princesse de), le 7 juillet 1759.

Turenne (le prince de), en 1744.

Turpin de Jouhé (le vicomte de), le 17 février 1789.

U.

Usson (le comte d'), le 13 février 1780. *Les entrées.*

Usson-Bonac (le comte d'), le 2 août 1757.

Usson-Bonac (M. d'), le 23 février 1760.

Usson-Bonac (la comtesse d'), le 29 octobre 1768.

V.

Valbelle (la marquise de), le 21 juin 1754.

Valbelle (M. de), le 9 mars 1755.

Valence (le comte de Thimbrune de), le 3 mars 1778.

Valence (la comtesse de), le 6 février 1785.

Valentinois (la duchesse de), le 28 octobre 1751.

Vallon-d'Ambrugeac (la comtesse de), le 9 mai 1784.

Vallon-d'Ambrugeac (le comte de), le 17 janvier 1785.

Vallon-Saint-Hyppolite (le vicomte de), le 15 décembre 1786.

Vallin (la comtesse de), le 21 mai 1782.

Valory (le marquis de), le 14 mai 1785.

Valory (la marquise de), le 8 mai 1785.

Valory (le comte de), le 11 avril 1786.

Valory (le chevalier de), le 2 mars 1787.

Vanssay (Charles, marquis de), en juin 1789.

Vassan (le vicomte de), le 9 février 1789.

Vassan (la vicomtesse de), le 8 mars 1789.

Vassé (le vidame de), en 1737.

Vassé (madame la vidame de), en 1745.

Vassé (M. de), le 4 janvier 1775.

Vassé (madame de), le 4 février 1781.

Vasselot (le comte de), le 27 mars 1789.

Vassy (M. de), le 1er. février 1775.

Vassy (la comtesse Alexandre de), le 15 avril 1781.

Vassy (la comtesse Louise de), le 15 avril 1781.

Vaubecourt (M. de Nettancourt), en 1746.

Vaubecourt (M. de), en 1749.

Vaubecourt (madame de), le 30 juillet 1757.

Vaudemont (la princesse de), le 21 février 1779. *A pris le tabouret.*

Vaudreuil (le comte Rigaut de), le 26 mars 1763.

Vaudreuil (la vicomtesse de), le 10 juin 1781.

Vauguyon (la duchesse de la), le 23 janvier 1780. Dame d'honneur de Madame. *Les grandes entrées.*

Vaulx (la vicomtesse de), le 19 mai 1783.

Vaulx (le comte de), le 26 janvier 1788.

Vaulx (le comte Jourda de), le 31 janvier 1786.

Vence (la marquise de), le 7 avril 1782.

Veneur (la vicomtesse le), le 25 juillet 1779.

Veneur-Tillières (le vicomte de), le 8 janvier 1774.

Vènevelles (la comtesse de), le 4 mai 1783.

Venois-d'Amfreville (la comtesse de), le 11 février 1781.

Vérac (la marquise de), le 4 novembre 1763.

Vérac (le marquis de), le 18 août 1766.

Vérac (la comtesse de), le 4 décembre 1785.

Vérac-Saint-Georges (le marquis de), en décembre 1779. *Les entrées.*

Verchinay (le marquis de), le 7 mai 1762.

Verdale (le comte de Loubens de), le 10 janvier 1774.

Vergennes (la vicomtesse Gravier de), le 11 mars 1781.

Vergennes (la vicomtesse de), le 1er. février 1784.

Verlhac (le comte de), le 23 janvier 1786.

Vibraye (M. Hurault de), le 12 novembre 1754.

Vibraye (le vicomte de), le 6 novembre 1755.

Vibraye (le comte de), le 12 novembre 1771.

Vibraye (la vicomtesse de), le 9 mai 1784.

Vibraye (Victor Hurault, comte de), le 25 février 1788.

Vichy (le comte de), le 29 février 1788.

Vicomte de Blangy (le chevalier le), le 23 février 1787.

Viella (la comtesse de), le 15 février 1784.

Vieuville (le marquis de la), le 11 mai 1784.

Vilahermoza (la duchesse de), le 8 août 1777.

Vilderen (mademoiselle de), en 1749.

Villars-Brancas (madame de), en 1746.

Villedeuil (madame de), le 20 mai 1787.

Villefort (la comtesse de), le 22 juillet 1781.

Villefort (la comtesse de), le 24 septembre 1781. *Nom-mée par le roi sous-gouvernante des enfants de France, en survivance.*

Villefort (la comtesse de), le 13 mars 1786.

Villeneuve (M. de), le 12 août 1767.

Villeneuve (le marquis de), le 18 janvier 1781.

Villeneuve-Bargemont (le comte de), le 16 février 1788.

Villeneuve-Flumarens (le marquis de), le 3 février 1786.

Villeneuve-Flayosc (la marquise de), le 11 mai 1788.

Villeneuve-Trans (le comte de), le 4 avril 1767.

Villequier (le duc d'Aumont de), le 8 janvier 1761.

Villequier (la duchesse de), le 15 avril 1762.

Villereau (le chevalier de), le 16 octobre 1781.

Villers-la-Faye (le vicomte de), le 11 avril 1786.

Villers-la-Faye (le marquis de), le 11 avril 1786.

Villeroy (le duc de), en 1747.

Villeroy (la marquise de), en 1769.

Vintimille du Luc (M. de), en 1739.

Vintimille (madame de), en 1739.

Vintimille (la marquise de), le 14 janvier 1781.

Vintimille-Lascaris (la marquise de), le 28 mars 1787.

Virieu (le marquis de), le 18 octobre 1753.

Virieu (le chevalier de), le 21 mars 1765.

Virieu (madame de), le 17 novembre 1766.

Virieu (le marquis de), le 9 mars 1774.

Virieu (la vicomtesse de), le 12 avril 1780. Dame pour accompagner madame Sophie de France.

Virieu (la comtesse de), le 4 mars 1781.

Vogué (le comte de), le 16 août 1763.

Vogué (M. de), le 25 janvier 1770.

Voisins (le comte de), le 2 juin 1787.

Voisins (le marquis de), le 10 février 1788.

Volonzac-Malespinu (le comte de), le 31 octobre 1785.

Voyer (madame de), en 1749.

Voyez-d'Argenson (le marquis de), en 1744.

W.

Waldener (M. de), le 12 mars 1755.
Waldener (M. de), le 19 avril 1769.
Waldener (le baron de), le 23 septembre 1769.
Wals (le comte de), le 24 mars 1751.
Wals (madame de), le 3 novembre 1752.
Wals (le comte Patrice de), le 15 mai 1784.
Wals (la comtesse de), le 23 janvier 1785.
Wals Sérent (le comte de), le 30 mars 1785.
Wals (le comte Théobald de), le 2 mars 1787.
Wals (la vicomtesse de), le 9 mai 1787.
Waroquier de Combles (le comte Louis-Charles), le 7.
mai 1786.
Wittgenstein (la comtesse de), le 5 mars 1780.
Woestine (la marquise de la), le 7 mai 1780. Dame de
compagnie de la duchesse de Chartres.
Wurmser (M. de), en janvier 1751.

Y.

Ysarn de Valady (le marquis d'), le 21 mai 1785.

———————————•

*Liste des Gentilshommes qui ont fait leurs preuves de
noblesse au Cabinet de l'Ordre du Saint-Esprit, pour
monter dans les carrosses du Roi, mais qui n'ont pas
joui de cet honneur, par l'effet de la révolution* (1).

Messieurs

D'Alès-d'Anduse de Boisse et du Bouscaut, en Languedoc.
D'Antin, en Bigorre.
De Barbotan, en Guienne.
De Bianchi, en Italie.
De Boissière, en Bretagne.

———————————

(1) Cette liste a été fournie par M. Chérin de Barbimont,
neveu de feu M. Chérin, généalogiste des ordres du roi.

De Bois-Baudry, en Bretagne.

Du Bois-des-Cours de la Maisonfort, en Anjou.

De Boisé de Courcenay, en Berry.

De Bougrenet de la Tocnay, en Bretagne.

De Bourigan du Pé, en Bretagne.

Du Bouzet, en Guienne.

De Brillet de Candé, en Touraine.

De Castillon, en Guienne.

De la Celle, en Marche.

De Chardonnay, en Beauce.

Du Château, en Bourbonnais.

De Chevenon de Bigny, en Nivernais.

De Clinchamp, au Maine.

Du Couedic, en Bretagne.

De Coulibeuf de Blocqueville, en Normandie.

De Dieusi, en Anjou.

De Fagan, en Irlande.

De Falletans, en Franche-Comté.

De Fera de Saint-Phal, en Champagne.

De Flotte, en Provence.

De la Fruglaye, en Bretagne.

De la Grandière, en Anjou.

De Guerpel, en Normandie.

Du Haussay, en Normandie.

D'Hautpoul, en Languedoc.

De la Haye, en Normandie.

De Kergariou, en Bretagne.

De L'Age de la Bretollière, en Poitou.

De Lancry de Pronleroy, en Picardie.

De La Landelle, en Bretagne.

De Lantivy, en Bretagne.

De Lentilhac-Sédières, en Quercy.

De Malvin de Montazet, en Languedoc.

Des Mares de Grainville, en Normandie.

Le Metaër de Hourmelin, en Bretagne.

De Moëlien, en Bretagne.

De Moisson de Précorbin, en Normandie.

De Monspey, en Bresse.

Le Noir de Pas-de-Loup, en Poitou.

De Nossey, en Poitou.

De Noaillan, en Condomois.

D'Orlan de Polignac, en Languedoc.

De Patras de Campagno, originaire de Guienne, établi en Picardie.

De Pellerin de Gauville, en Normandie.

De la Planche de Ruillé, en Bretagne.

De Poulpiquet du Halgouet, en Bretagne.

De Pujoler, en Guienne.

De Puysaie, au Perche.

De Rastel de Rocheblave, en Dauphiné.

De Renaud de Cordebœuf de Montgon, en Auvergne.

De Riencourt, en Picardie.

De Rosilly, en Bretagne.

De Thépault du Bregnou de Guergorlay, en Bretagne.

De la Tour-Landorte, en Comminges.

De la Tulaye, en Bretagne.

D'Uhart, en Navarre.

De Vanssay, au Maine.

De Vielmaisons, en Normandie.

De Waters, en Irlande.

DE L'HOPITAL, marquis de Choisy, vicomtes d'Omer, barons de Montigny, comtes et marquis de Sainte-Mesme, marquis, puis ducs de Vitry, maison ancienne et illustre, que quelques historiens ont dite, sous preuves, issue de l'ancienne maison de *Gallacio*, au royaume de Naples. L'historien des grands officiers de la couronne, qui garde le silence sur cette origine, en donne la filiation depuis Jean de l'Hôpital, seigneur de Montignon et d'Ozouer-le-Voulgis, près de Guînes, qualifié neveu et lieutenant de François de l'Hôpital, clerc des arbalétriers du roi, dans un acte du 20 mars 1338, scellé de son sceau. Cette maison, éteinte vers la fin du dernier siècle, a donné deux maréchaux de France ; cinq chevaliers des ordres du roi ; dont l'un fut capitaine des gardes ; trois lieutenants généraux et un maréchal de camp ; quatre ambassadeurs et ministres plénipotentiaires en diverses cours de l'Europe ; des chevaliers de l'ordre du roi, et des gouverneurs de places et sénéchaux de provinces ; un commandeur de Saint-Lazare ; un général qui commanda l'avant-garde de l'armée du roi à la bataille de Saint-

Aubin-du-Cormier, en 1488; des chambellans, gentilshommes ordinaires, écuyers, premiers écuyers, échansons et maîtres de la garde-robe de nos rois et des princes de la maison royale, etc., etc. *De gueules, au coq d'argent, crêté, becqué et barbé d'or, ayant au cou un écusson d'azur, chargé d'une fleur de lys d'or.*

DE L'HOPITAL. André de l'Hôpital de Capdenac, en la sénéchaussée de Rhodez, fut anobli au mois d'avril 1369, et confirmé au mois de juin 1370.

DE L'HOPITAL, seigneurs du Castel, de Plivost, de la Chapelle, de Vraux, famille ancienne, originaire de Champagne, qui établit par titres sa filiation depuis Guillaume de l'Hôpital, écuyer, seigneur du Castel, de la Roche et de Villarcy, vivant le 26 août 1476. Cette famille a donné plusieurs officiers supérieurs et des gouverneurs de places. *D'or, au chevron d'azur, accompagné de trois écrevisses de gueules.*

DE L'HOPITAL, seigneurs de la Rouardays, de Kerlouet, très-ancienne maison originaire de Bretagne, connue depuis Pierre de l'Hôpital, vivant en 1306, qui donna quittance de trente sous de monnaie courante aux exécuteurs testamentaires du duc Jean II, pour pierres taillées. Pierre et Jean de l'Hôpital, écuyers, donnèrent quittances à Jean Chauvel, trésorier des guerres, les 21 mars et 18 janvier 1347 (v. s.). Cette famille paraît avoir constamment suivi le parti des armes. *D'argent, à la bande de gueules, accompagnée en chef d'une merlette de sable.* Dans la suite, cette famille a chargé la bande *d'un coq d'argent, becqué et membré d'or.*

DE L'HOPITAL, seigneur de la Tour, de Vinay, en Auvergne, famille qui avait pour auteur Jean de l'Hôpital, premier médecin de Charles, duc de Bourbon, connétable de France, qui le fit son bailli de Montpensier, le 22 mai 1515, puis auditeur de ses comptes, en 1522. Son fils Michel de l'Hôpital, seigneur de Vinay, d'abord avocat, et successivement chancelier de France, mourut sans enfants mâles, le 13 mars 1573. C'était, dit M. de Thou, un homme d'un grand esprit, d'une haute vertu, qui s'opposa d'abord avec beaucoup de force et de fermeté à l'ambition et à l'avarice qui se glissaient à la cour. *D'azur, à la tour d'argent, posée sur un rocher du même; au chef cousu de gueules, chargé de trois étoiles d'or.*

D'HOSTAGER, en Provence. Cette famille a pour auteur Seris d'Hostager, anobli par lettres du mois d'avril 1558, registrées le 13 mars 1559. Cette famille était ancienne et distinguée; Pierre d'Hostager, châtelain de Vitroles, rendit de grands services à Raimond, sire des Baux, comte d'Avelin. Ce prince, en récompense, accorda à Jacobet d'Hostager la permission de jouir des priviléges des nobles établis dans sa ville des Baux et terres Baussanques, par lettres du 21 janvier 1366. Cette famille a donné deux maîtres d'hôtel du roi, un gentilhomme ordinaire de la chambre, un sénéchal d'épée de Toulon, et plusieurs officiers. *Gironné d'or et d'azur; à la croix denchée de l'un à l'autre, chargée d'un écusson de gueules, surchargé d'une fleur de lys d'or.*

DE HOSTON DE FONTAINES, très-ancienne famille d'Artois, qui établit sa filiation depuis Jean de Hoston, chevalier, seigneur de Hauteville, époux d'Isabeau de la Croix, et vivant vers l'an 1350. Elle a donné un capitaine de cinquante hommes d'armes et plusieurs officiers. *D'azur, à trois molettes d'éperon d'or; au chef du même, chargé de deux haches d'armes de gueules, affrontées et passées en sautoir.*

HOTMAN, seigneurs de Fontenay, de Villegomblain, des Maires, de Rougemont, de Villiers-Saint-Pol, en l'Ile de France, famille originaire de la ville d'Emerick, au duché de Clèves. Lambert Hotman, le premier de cette famille, qui vint s'établir à Paris, y fut orfèvre. Plusieurs de ses enfants et descendants embrassèrent le commerce; d'autres acquirent des charges attributives de noblesse, soit dans la robe ou dans la finance. Philippe Hotman, son petit-fils, fut échevin de Paris en 1585. Cette famille a donné un ambassadeur en Suisse, mort à Soleure en 1600; un maître d'hôtel du roi; des maîtres des requêtes et des comptes; des avocats généraux au parlement de Paris; des officiers aux armées, et plusieurs chevaliers de Malte. *Émanché d'argent et de gueules de dix pièces.*

DE HOTOT, illustre et ancienne maison de chevalerie de Normandie, qui florissait dès le onzième siècle, et s'est éteinte vers la fin du quatorzième. Elle tirait son nom d'une seigneurie considérable située au diocèse de Bayeux, intendance de Caen, où l'on comptait cent trente-deux feux. Elle a donné nombre de chevaliers bannerets et bacheliers, et a tenu constamment un rang distingué à la cour des ducs de Normandie. Pierre de Hotot, chevalier, vivait en 1204, et antérieurement Savary de Hotot et Robert, son fils, donnèrent les fiefs de Hotot et de Saint-Suplix en Caux, à la Madelaine et l'Hôtel-Dieu de Rouen, donation qui fut confirmée par l'archevêque Gautier. *D'azur, semé de molettes d'éperon d'or; au lion du même, lampassé et armé d'argent, brochant.*

DE HOTOT, seigneur d'Ouville, du Quesne, en Normandie, maison d'ancienne chevalerie, qui a pris son nom d'une terre située au diocèse de Lisieux, sur la rive droite de la Dive, à une demi-lieue de Beuvron. Elle florissait dès le douzième siècle, et a pour auteur Roger de Hotot, qui, l'an 1247, vivait avec sa femme Luce de Coulonces. Robert de Hotot, seigneur de Beaumont-le-Richard et de la Chapelle, est nommé dans deux actes des années 1287 et 1294. Pierre de Hotot, l'un des auteurs de cette famille, tenait un fief de chevalier sous le règne de Philippe Auguste. *D'argent, à la fasce d'azur, accompagnée de quatre aiglettes de sable.*

HOUDAIN, terre en Artois, intendance de Lille, près de la petite rivière de Lave, à quatre lieues et demie d'Arras, qui a donné son nom à une illustre et ancienne race de chevalerie, alliée aux maisons de Saint-Pol, de Gand, de Bourbourg et de Courtenay, et paraît s'être éteinte vers la fin du treizième siècle. Elle remontait par filiation à Anselme Ier, surnommé le Chauve, seigneur de Houdain, qui souscrivit dès lettres octroyées par Baudouin, comte de Flandre, à l'Abbaye de Berg-Saint-Vinox, l'an 1067. *D'or, au crequier de sinople.* Les seigneurs de Choques, comme cadets, brisaient *d'un lambel d'azur.*

DE HOUDETOT, marquis de Houdetot, par érection du mois de juin 1724, maison illustre, ancienne et considérable de Normandie, dont l'origine chevaleresque remonte à la plus haute antiquité. Elle a pris son nom d'une terre située au pays de Caux, à deux lieues de Saint-Vallery, et quatre de la ville d'Arques, possédée dès le commencement du onzième siècle, par Jean, sire de Houdelot, qui, l'an 1034, suivit à Jérusalem Robert le Magnifique, duc de Normandie. Cette maison, alliée aux plus qualifiées du royaume, et dont la noblesse est toute militaire, a donné plus de vingt chevaliers bannerets et bacheliers; un grand maître des arbalétriers de France, en 1350; un écuyer d'écurie du roi Charles VI; des baillis d'épée de Rouen; quatre chevaliers de l'ordre du roi; deux gentilshommes ordinaires de la chambre, un lieutenant des cent gentilshommes de la maison du roi; des capitaines d'hommes d'armes; des gouverneurs de places de guerre, et des lieutenants de roi, en Picardie et dans le Boulonnais; quatre généraux et nombre d'officiers supérieurs. *D'argent, à la bande d'azur, diaprée d'or de trois médaillons, celui du milieu figuré d'un lion, et les deux autres d'une aigle éployée.*

DE LA HOUSSOYE, seigneurs de Maisicourt, de Neuvillette et de Gouy, en Picardie, famille ancienne, connue par filiation depuis François de la Houssoye, seigneur de Maisicourt, dont le fils Jean de la Houssoye épousa, le 26 juin 1545, Marie de Boubers. Cette famille a donné plusieurs officiers décorés de l'ordre royal et militaire de Saint-Louis. *Coupé d'argent et d'azur; au lion de gueules, lampassé, armé et couronné d'or, brochant sur le tout.*

HUAULT, marquis de Vaires et de Bussy, seigneurs de Bernay, de Montmagny et de Richebourg, famille illustrée par la magistrature et une longue suite de services militaires. Elle a pour auteur Jacques Huault, sieur de Vaines et d'Aubigny, conseiller-secrétaire du roi, maison couronne de France, et de ses finances, qui résigna cet office à Jean Huault, son fils, le 11 juin

1566. Cette famille a donné des conseillers d'état, des conseillers au grand conseil et au parlement de Paris, des maîtres des requêtes, des gentilshommes ordinaires de la chambre, un lieutenant-général des armées, un lieutenant-général de l'ordre de Malte, lieutenant-général et commandant pour le roi à Quebec et sur le fleuve de Saint-Laurent en 1639, et plusieurs mestres de camp, colonels et autres officiers supérieurs. *D'or, à la fasce d'azur, chargée de trois molettes d'éperon d'or, et accompagnée de trois coquerelles de gueules.*

DE HUBAN. Jean et autre Jean de Huban, frères, étaient conseillers au parlement de Paris en 1344. *Parti, au 1 palé d'argent et d'azur; au 2 coupé de gueules et d'azur; le gueules chargé de deux bandes d'or.*

HUET, en Normandie, famille qui, lors de la recherche, a justifié de quatre degrés de noblesse. *D'azur, à deux mouchetures d'argent en chef, et trois grillets du même en pointe.*

HUET, seigneur d'Arlon, d'Ambrun et de Grainville, à Paris et dans l'Orléanais, famille originaire de Normandie, qui prouve sa noblesse depuis le 4 juillet 6618. Elle a donné plusieurs officiers supérieurs décorés de l'ordre royal et militaire de Saint-Louis. *D'azur, au cerf d'or, nageant dans une rivière d'argent; au chef cousu de gueules, chargé de trois molettes d'éperon d'argent.*

HUET. François Huet, seigneur de Dampierre, fut anobli, pour services, le 27 mars 1683.

HUET, à Paris. Charles-Pierre Huet fut échevin de cette ville en 1716, et Jean-Charles Huet en 1744. *D'azur, au chevron, accompagné en chef de deux roses tigées, le tout d'or, et en pointe de trois trèfles mal ordonnés du même.*

HUGO, en Lorraine. Georges Hugo, auteur de cette famille, fils de Jean Hugo, capitaine dans les troupes de René II, duc de Lorraine, obtint, le 14 avril 1535, du cardinal Jean de Lorraine, archevêque de Reims et de Narbonne, évêque de Metz, de Toul et de Verdun, des lettres de noblesse, confirmées par d'autres lettres du duc Antoine, du 16 octobré 1537. Cette famille a donné des magistrats à la chambre des comptes de Lorraine, et plusieurs officiers, notamment dans la cavalerie. *D'azur, au chef d'argent, chargé de deux merlettes de sable.*

D'HUGUES, barons de Beaujeu, en Dauphiné et en Provence. La plupart des généalogistes s'accordent à dire cette famille originaire de Languedoc. D'Hozier en a donné la filiation depuis Pandulphe d'Hugues, damoiseau du lieu de Pouzols, au diocèse de Beziers, vivant en 1090 ; mais il ne donne aucune garantie pour les huit premiers degrés. L'abbé Robert de Briançon dit que le baron d'Hugues, maréchal de camp, neveu de l'archevêque d'Embrun, ayant été obligé de produire devant l'intendant en Provence, fut maintenu dans sa noblesse le 28 octobre 1667, après avoir justifié d'une ancienneté au-delà de quatre cents ans. Ce qui fait voir, ajoute l'abbé Robert, que ceux qui ont dit que cet archevêque était d'une condition au-dessous de la médiocre, n'était pas bien informés de la qualité de sa famille. Ce reproche peut également tomber sur l'auteur de la critique du Nobiliaire de Provence, qui avance que ce baron d'Hugues, maréchal de camp, eût acquis la noblesse, si son brevet eût été signé du roi. Quoi qu'il en soit, Artefeuil, et, après lui, la Chenaye-des-Bois, donnent la filiation de la famille d'Hugues depuis Moussac ou Manzès d'Hugues, qui fit son testament, dans lequel il est qualifié écuyer, le 25 février 1410. Outre les deux personnages précités, cette famille a donné un archevêque de Vienne, mort en 1774, un lieutenant-général des armées du roi, et plusieurs officiers supérieurs. *D'azur, au lion d'or, surmonté de trois étoiles du même ; à trois fasces de gueules brochantes sur le lion.*

D'HUISSEL, orthographié *Buissel*, *Vissel* et *Wissel* dans les anciens titres, seigneurs de la Ferté, de Beury et de Palluau, en Blésois et en Berry, famille qui a été maintenue par ordonnance de M. de Tubeuf, commissaire départi en la généralité de Bourges et de Moulins, du 1er. octobre 1668, sur preuves remontées à Jean de Wissel, écuyer, vivant avant l'an 1554. *De gueules, au vol d'argent.*

DE HUMES DE CHERISY , seigneurs de Villedieu , en Bourgogne, famille originaire d'Ecosse, établie en France depuis Georges de Humes , écuyer , homme d'armes des ordonnances sous la charge du seigneur d'Aubigny , puis archer de la garde écossaise du corps du roi François Ier, qui obtint des lettres-patentes, en forme de charte , au mois de juin 1534, registrées le 13 novembre, qui lui permettent de demeurer en France et de disposer de tous les biens qu'il avait acquis et qu'il pourrait acquérir , sans que sa femme et ses enfants pussent être inquiétés pour le droit d'aubaine. Cette famille a donné un maréchal de camp, un gentilhomme ordinaire de la maison du roi , et un gentilhomme ordinaire du duc d'Orléans , ainsi que plusieurs officiers de cavalerie. *De sinople , au lion d'argent , lampassé et armé de gueules.*

I.

D'ICARD , en provence. Cette famille a formé deux branches : 1°. les seigneurs de Pérignan, anoblis par lettres du mois d'avril 1605 ; 2°. les seigneurs de Perise, anoblis au mois de février 1623. *D'azur , au lion d'or , tenant une lance du même.*

D'IGNY , comtes de Fontenois , seigneurs de Rizaucourt, en Lorraine , illustre et ancienne maison de chevalerie, originaire de Franche-Comté, où elle florissait dès le douzième siècle. Elle a pris son nom d'une terre située à deux lieues de Gray, et à six de Besançon. Pierre , seigneur d'Igny , chevalier , vivait en 1266 , époque d'un jugement arbitral rendu par Jean de Vergy, entre ledit Pierre d'Igny et la commanderie d'Aumonières. Cette famille a donné des chambellans , des ducs de Bourgogne et de nos rois. *Fascé d'argent et de gueules de huit pièces.*

IGONAIN DU MAZET , marquis du Mazet , seigneurs de Blanzac et de Montaurant , en Poitou, famille ancienne , originaire du Limosin , qui a donné plusieurs officiers supérieurs. *D'azur , à la croix fleurdelysée d'or , cantonnée de quatre épées d'argent.*

IMBAUT, seigneurs de Marigny, de la Pouqueraie et

de Plourhau, en Bretagne. Cette famille, dont étaient René-Charles Imbaut, commissaire ordinaire de l'artillerie de France, et chevalier de Saint-Louis, et Mélanie Imbaut, écuyer, lieutenant de cavalerie, et puis l'un des chevau-légers de la garde de monseigneur le Dauphin, est issue d'Olivier Imbaut, leur cinquième aïeul, écuyer, seigneur de la Pouqueraie et de Plourhau, et de Madelaine Février, son épouse, dont le fils, Pierre Imbaut, écuyer, seigneur de la Motte et du Mesnil le Fétus, capitaine de chevau-lanciers, fut marié, à Abbeville, le 11 mai 1448, avec Michelle Postel. *De gueules, à cinq cotices d'argent.*

D'IMBLEVAL ET D'YMBLEVAL, dans les anciens titres, seigneurs de Valencourt, de Favencourt, d'Isengremel, en Picardie ; de Fontenelle et de Brehencourt, en Normandie, maison d'origine chevaleresque du comté d'Eu, qui, lors de la recherche en 1666, a produit sa filiation depuis Nicolas d'Imbleval, écuyer, seigneur de Douvrendel, vivant en 1480 ; Jean d'Imbleval, capitaine du Château de Saint-Vallery, fut en cette qualité exempté de comparaître à la montre des nobles du comté de Longueville, en 1370. *De gueules, à trois quintefeuilles d'or.*

D'INCOURT, seigneurs d'Hangard, en Picardie, famille anoblie, en 1696, dans la personne de René d'Incourt, consul de la ville d'Amiens. *De gueules, au daim courant d'or.*

D'INQUANDS, seigneurs de la Salle, de Seignac, en Languedoc. Cette famille a été maintenue dans sa noblesse par M. de Bezons, intendant de cette province, le 5 septembre 1669, en faisant preuve depuis Bernard Inquands, seigneur de Vedeille, qui rendit hommage pour cette terre, le 27 décembre 1551. *D'or, au pin de sinople, fruité de six pommes d'or, et accosté en pointe de deux levriers de sable, l'un sur l'autre, courant après un lièvre du même émail ; au chef d'azur, chargé d'une aigle d'argent.*

D'ISELIN, seigneurs de Lanans, au comté de Bourgogne, baron du Saint-Empire, famille originaire de Bâle, qui s'établit en Bourgogne, en épousant l'héritière de l'ancienne maison de Lanans. Elle a été reçue dans la confrérie noble de Saint-Georges, en 1651, 1665, 1710 et 1765, et a donné plusieurs officiers supérieurs au service de l'Empire et de la France. *De gueules, à la fleur de lys d'or en bande.*

D'ISERAN DE BEAUVOIR, en Dauphiné. Cette famille est ancienne et distinguée ; Ennemond d'Iseran, le premier depuis lequel elle prouve une filiation suivie, vivait en 1458, et fut père, entr'autres enfants, de Jean d'Iseran, commandeur de l'ordre de Saint-Jean de Jérusalem, tué à la défense de Rhodes en 1522. *De gueules, au griffon d'argent.*

ISLE, seigneurs de Beauchesne, du Breuil et de la Matassière, en Saintonge. Cette famille a pour auteur Jean Isle, écuyer, seigneur de la Matassière, époux de Bonaventure de Mortagne, laquelle ne vivait plus en 1557. *D'argent, à trois roses de gueules, feuillées et boutonnées de sinople.*

DES ISLES, seigneurs de la Vallée, du Plessis et de Bretanville, en Normandie, famille qui, lors de la recherche en 1666, a fait preuve de quatre degrés de noblesse. *D'argent, au lion de sable, lampassé et armé de gueules ; à la bordure engrêlée du même.* Les seigneurs de la Liberdière, du nom des Isles, en la même province, portent de même, excepté la bordure, ce qui pourrait faire présumer que ces deux familles ont une origine commune. Cette dernière branche subsistait du tems de Montfaut, qui la maintint dans sa noblesse, en 1463.

D'ISNARD, très-ancienne maison de Provence, habituée dans la ville de Salon, et éteinte depuis la fin du dix-septième siècle. Elle est connue par filiation depuis Raymond Isnard, vivant à Arles en 1239, neveu de Pierre Isnard, archevêque d'Arles en 1188, et peut-être père ou aïeul de Isnard d'Isnard, qui vivait en 1300. *De gueules, fretté d'argent.*

D'ISNARD, seigneur de Deux-Frères, en Provence. Artefeuille donne pour auteur, à cette famille, Guillaume d'Isnard, qui, ayant rendu des services considérables à Louis III , duc d'Anjou, roi de Naples et comte de Provence, fut revêtu, en récompense, de la charge de châtelain , ou gouverneur de Pouzoles, par lettres du 2 avril 1427. On ne voit pas que cette famille ait été reconnue noble lors de la recherche, et l'on voit au contraire plusieurs sujets de ce nom sur la liste de ceux qui se sont désistés de la qualité de nobles , par eux prise en 1667. *D'azur, au sautoir d'or, cantonné de quatre molettes d'éperon du même émail.*

D'ISNARD DE CANCELADE , en Provence, famille d'ancienne bourgeoisie d'Ollioules, et transplantée à Toulon, vers le commencement du dix-septième siècle. Elle a sollicité, au mois d'octobre 1780 , des lettres de relief et de maintenue dans sa noblesse d'extraction , qui lui furent refusées sur ce que ses titres ne prouvaient point une famille noble , mais une famille bourgeoise, distinguée et susceptible, par ses services militaires , de mériter du roi des lettres-patentes qui la fissent passer dans l'ordre de la noblesse.

ISNARD, à Marseille. Jean Pierre Isnard , habitant de cette ville , fut reçu secrétaire du roi, maison couronne de France et de ses finances, le 7 mars 1755 ; Joseph Isnard , de la même ville , et probablement fils du précédent , obtint des lettres de noblesse au mois de mars 1777. *D'azur, à trois tulippes d'or.*

DES ISNARDS , marquis, comtes et vicomtes des Isnards , famille d'origine chevaleresque , originaire du comtat Venaissin , où elle subsistait avec distinction dès le milieu du treizième siècle. Cette famille a donné plusieurs officiers de marque ; un chevalier de l'ordre du roi, des chevaliers de l'ordre royal et militaire de Saint-Louis , un maréchal de camp des armées entretenues, en Italie , sous les rois Henri III , François II et Charles IX , des gouverneurs de places , etc. Elle a obtenu les honneurs de la cour en 1780 , en vertu de preuves faites au cabinet et des ordres du roi. *D'or, au sautoir de gueules, cantonné de quatre molettes d'éperon d'azur.* Couronne de marquis. Supports : une licorne à dextre , un lion à sénestre. Devise : *Qui me touche , je le pique.*

D'IVOLEY, en Bresse, seigneurs de la Roche, en Revermont, ect. Cette famille a pour auteur Antoine d'Ivoley, vivant l'an 1480, secrétaire de Philippe de Savoie, comte de Bresse, puis duc de Savoie. *D'azur, à trois fers de lance d'argent.*

D'IVORY, comtes d'Ivory, seigneurs de Saint-Morel, d'Escordal, en Champagne, famille ancienne, originaire de Franche-Comté, qui a fait preuves, lors de la recherche au mois de juillet 1667, depuis Jean d'Ivory, écuyer, seigneur d'Escordal, qui fit un hommage le 4 février 1476. Cette famille, distinguée par de belles alliances et une longue suite de services militaires, a donné un général et plusieurs capitaines d'hommes d'armes et officiers supérieurs. *De sable, à trois besants d'argent.*

J.

JACHIER, famille qui tire sa noblesse des charges de judicature du parlement de Bourgogne, et dont était Nicolas Jachier, fils d'un conseiller au parlement de Dijon. Il fut reçu conseiller au grand conseil le 16 mai 1687, mourut le 19 juin 1726, et a été inhumé à Saint-Roch. Il avait épousé, en 1696, Jeanne Péricard, fille de Nicolas, maire perpétuel de la ville de Troyes, et de Marie Bablin. *D'azur, à deux billettes d'or, coupées à plomb, posées en bande, l'une en chef, et l'autre en pointe.*

DE JACMETON. *Voyez* BRIDIEU.

DE JACOB DE LA COTTIERE, en Bresse, famille originaire de Dombes, dont le premier auteur connu, Jean de Jacob, sieur de la Cottière, vivant l'an 1580, avait été pourvu, le 11 avril 1575, de la charge de capitaine et châtelain du Châtelard, en Dombes, par Louis de Bourbon, duc de Montpensier. *D'azur, au chevron ondé d'argent, accompagné de trois têtes de léopard d'or.*

DE JACQUES, sieur de Fontvergne, de la Bastide, de la Chassaigne, en Auvergne. Cette famille a des alliances distinguées et des services militaires ; elle remonte à Aymard de Jacques, écuyer, seigneur de Coupiat, ainsi qualifié en 1497, dans son contrat de mariage avec Marguerite Parrette. En récompense des services considérables qu'il avait rendus au roi Charles VII, ce prince, par lettres du 20 août 1453, l'exempta de toutes charges et contributions. *D'azur, à deux étoiles d'or en chef, et un croissant d'argent en pointe.*

DE JACQUES, seigneurs de Gasches et de Belmont, en Auvergne, famille qui a pour auteur Louis de Jacques, qui, au mois de mars 1654, obtint des lettres portant maintenue de noblesse et anoblissement en tant que de besoin, en récompense de ses services. *Parti, au 1 de gueules, à trois coquilles d'argent; au 2 d'azur, à deux étoiles d'or en chef, et une fleur de lys du même en pointe.*

DE JACQUESON, très-ancienne noblesse de Normandie, maintenue par Montfaut, en 1463, et lors de la dernière recherche, en 1666. *De sable, à l'aigle d'or.*

JACQUOT DE LOUPPY, en Lorraine. Jacques Jacquot de Louppy, auteur de cette famille, fut anobli par lettres du duc Antoine, du 23 mai 1537. *De gueules, à trois coupes ou naves d'argent, et une croisette recroisettée et fichée du même en cœur.*

DE JALLOT, comtes de Beaumont, en Normandie, famille anoblie par les francs fiefs, postérieurement à la recherche de Montfaut faite en 1463. *D'azur, au chevron d'argent, chargé de trois merlettes de sable, et accompagné de trois trèfles d'or.*

JAMBON DE SAINT-CYR, en Normandie. Cette famille a pour auteur Jacques Jambon, anobli en 1596. Elle a donné plusieurs capitaines, dont un brigadier des gardes-du-corps du roi, et trois chevaliers de Saint-Louis. *D'argent, à une plante de laurier de sinople; au chef d'azur, chargé de trois étoiles à six rais d'or.*

DE JAMBOURG, seigneurs de Monstrelet, en Picardie. Cette famille a pour auteur Jean de Jambourg, écuyer, vivant en 1450. Depuis cette époque, elle a

constamment suivi le parti des armes, soit dans les ordonnances, soit aux bans de la province. *D'argent, à trois
merlettes de sable.*

DE LA JAMINIÈRE. *Voyez* GILLEBERT.

JANIN, seigneurs de Gabriac, en Albigeois, famille ancienne qui remonte ses preuves filiatives à
Jean Janin, seigneur de Gabriac, marié, par contrat
du 24 mars 1509, avec Marguerite de Saint-Guy.
*D'azur, à un arbre planté sur une montagne d'argent,
accompagné de cinq étoiles du même, 2, 2 et 1.*

JANIN DE MANONCOURT, quelquefois orthographié *Genin* et *Jenin*, en Lorraine. Cette famille
éteinte depuis un siècle et demi, et qui a donné un
ministre et secrétaire d'état, mort sans enfants en 1642,
avait pour auteur Vautrin Janin, anobli par lettres de
René II, duc de Lorraine, du 7 avril 1496. *Losangé
d'or et de gueules ; à la fasce d'azur, et une croix fleuronnée d'argent, brochante sur le tout.*

JANVRE, seigneurs de la Bouchetière, de la Mous-
sière, de Lestortière et de Bernay, maison d'origine
chevaleresque, et l'une des plus anciennes de la province du Poitou. Les chartes de l'abbaye de St.-Maixent
indiquent Archambaud Janvre, premier du nom, seigneur de la Bouchetière, qui, avant le 22 novembre
964, avait épousé Anne Bégon, qui lui avait porté des
droits sur l'église de Saint-Germier et la forêt de Saint-
Maixent, ce qui lui occasiona des différents avec Ebles,
évêque de Limoges, abbé de Saint-Maixent, et frère
de Guillaume II, duc de Guienne.

Archambaud Janvre, deuxième du nom, partit vers
1096, avec Guillaume VIII, duc de Guienne et comte
de Poitiers, pour joindre Hugues le Grand, comte de
Vermandois, frère de Philippe Ier., pour la conquête de la Terre-Sainte ; il fut blessé au combat d'Andrinople, et fait prisonnier.

Plusieurs autres membres de cette famille furent
successivement aux autres croisades, où ils signalèrent
leur courage et leur ardeur pour la religion. Elle a
fourni des gentilshommes ordinaires de la chambre de

I.   56

nos rois, des gouverneurs de places, des conseillers d'états d'épée au conseil privé, des chevaliers de l'ordre du roi ; un archévêque de Bordeaux, vers l'année 1059, et plusieurs autres prélats ; des chevaliers de Malte ; des contre-amiraux, du nombre desquels était Louis-Josué Janvre de la Bouchetière, mort dans ce grade en 1816. Elle a formé des alliances avec les maisons les plus distinguées du royaume. *D'azur, à trois têtes de lion d'or, arrachées, lampassées et couronnées de gueules.* Supports : deux sauvages. Cimier : un béfront ou Janus. Cri de guerre : *Moult me tard.* Devise : *Ardent à la gloire.* Légende : *In prælio semper leo.*

DE JANVRY. *Voyez* COSME.

JAQUOT, marquis de Jaquot, par lettres de 1776, seigneurs de Rosey et Audelard, etc., en Bourgogne. Cette famille a pour auteur Claude Jaquot, conseiller au parlement de Dôle, pourvu le 15 mars 1621, et reçu le 21 dudit ; Claude Jaquot fut anobli, avec sa postérité, par lettres-patentes de l'empereur Rodolphe II, données à Prague, le 22 octobre 1588. *D'argent, à trois fleurs de violette au naturel.*

DE JARIGE DE LA MORÉLIE, en Limosin. Cette famille a pour auteur Pierre de Jarige, seigneur de la Guionnie et de la Morélie, trésorier de France à Limoges, juge à la cour royale de Saint-Yriex, anobli par lettres du mois de janvier 1613. Elle a donné plusieurs officiers supérieurs. *D'azur, au chevron d'or, surmonté d'une croix du même, accostée de deux palmes d'argent ; en pointe une fasce du même, maçonnée de gueules.*

DE JARNAGE, seigneurs des Aubruns, de la Rivière de la Rochecadou et de la Jaquelinière, en Blésois. Cette famille a pour auteur Jean de Jarnage, de Luçay, en Berri, élection de Châteauroux, vivant l'an 1513. Il y a en Bretagne une branche de cette famille, maintenue noble par un arrêt du commissaire du roi, du 13 juin 1670. *De gueules, à deux chevrons d'or, accompagnés en chef de deux croissants, et en pointe d'un scorpion, le tout du même.*

JARNIGAN, en Bretagne. Michel Jarnigan, sieur de la Hautière, fils de Guillaume, et celui-ci fils de Jean Jarnigan, échevin de Nantes en 1578, ont été maintenus en conséquence des priviléges de l'échevinage de Nantes, en payant 1,000 liv., par arrêt du 18 juillet 1670. *D'argent, à l'aigle de gueules, soutenant un globe d'or.*

JARNO DE PONT, famille noble, d'ancienne extraction, de la province de Poitou, qui jouissait de la qualité d'écuyer avant l'an 1450. Elle a fourni un chevalier à l'ordre de Malte en 1444, et un maire de la ville de Poitiers en 1599. On sait que la mairie de Poitiers anoblissait ; mais que souvent on portait à cette charge de très-anciens gentilshommes, ce qui s'est rencontré à l'occasion de cette famille, qui justifie par acte jouir du titre d'écuyer, chevalier et messire dès l'an 1450, près de deux siècles avant qu'elle ait été appelée à la mairie de Poitiers. Elle a fourni des officiers très-distingués au service de nos rois. Elle est en possession du titre de *baron* dans divers actes publics ; mais elle est en instance à la commission du sceau pour en obtenir la confirmation. *D'azur, à trois têtes et cous de cygne d'argent.* Couronne de marquis. Supports : deux lions. Cimier : une aigle éployée de sable. Devise : *Spes mea Deus.*

DE JAUBERT, seigneurs de Rassiols, en Quercy ; famille qui établit son ascendance depuis noble Pierre de Jaubert, seigneur de Rassiols, vivant le 4 septembre 1546. On trouve un Pierre Jaubert anobli, pour services, au mois de janvier 1357 ; mais on ne peut affirmer qu'il soit l'auteur de cette famille. *Écartelé ; au 1 d'azur, à une fleur de lys d'or, et une demi-fleur de lys du même, mouvante de la partition ; au 2 de gueules, à trois palmes contreposées d'or ; au 3 de gueules, à la croix treflée d'or, au 4 d'azur, à trois étoiles d'or en pal.*

DE JAUCOURT-JAUCOURT, illustre et ancienne maison de chevalerie, qui tirait son nom d'une terre située en Champagne, près de Bar-sur-Aube. Elle s'est divisée au milieu du treizième siècle en deux branches

principales, 1°. les seigneurs de Jaucourt, éteints au
milieu du treizième siècle, et dont les biens passèrent,
vers 1463, dans une branche de l'ancienne maison de
Digoine, qui a pris et perpétué jusqu'à nos jours le nom
et les armes de Jaucourt; 2°. les seigneurs *de Dinteville*.
Voyez Digoine, Jaucourt et Dinteville. *De sable, à
deux léopards d'or.*

JAUNAY, en Auxois, très-ancienne famille, connue depuis 1364, et à laquelle une longue continuité
de services militaires depuis cette première époque jusqu'à la paix de 1720, mérita des lettres de noblesse
données par Louis XV. *D'azur, à deux canettes d'argent,
s'essorant sur une rivière de sinople ; accompagnée en chef
de cinq canettes d'argent.*

JAUSSELIN DE BRASSAY, seigneurs de la Grange-
Monrepos, en Guienne. Noble Pierre Jausselin, auteur
de cette famille, épousa, le 4 février 1554, Marie
Brocas, dont il eut noble Isaac Jausselin, secrétaire
dans la maison de Navarre et chambre des comptes
établie à Nérac. Cette famille a donné plusieurs capitaines d'infanterie et de cavalerie. *Parti, au 1 de
gueules, au chevron d'argent, accompagné de deux étoiles
d'or ; au 2 d'azur, au lion d'or, surmonté d'une étoile du
même.*

JENIN. Didier Jenin, demeurant à Bar, époux de
Mariette, nourrice de Jean de Lorraine, fut anobli par
lettres expédiées audit Bar le 7 mai 1498, en considération des services de ladite Mariette, sa femme. *Écartelé
en sautoir d'argent et de gueules, l'argent chargé de deux
roses de gueules, et le gueules de deux têtes de léopard
d'argent.*

JENIN, en Lorraine. Severin Jenin fut anobli par
le duc Antoine le 2 décembre 1514. *Losangé d'or et de
gueules ; au chef d'azur, chargé d'une croix fleuronnée
d'argent.*

LE JEUNE, seigneurs de la Furjonnière, de Bonnevau
et du Plessis, en Anjou. Cette famille a pour auteur Tassart
le Jeune, père de Jean le Jeune, tapissier du duc d'Orléans
en 1464. Cette famille ayant ajouté le nom de Créquy à
celui de le Jeune, sur la prétention qu'elle avait d'être

issue de cette ancienne et illustre maison, un arrêt du parlement de Paris, du 1er. février 1781, ordonne que le nom de Créquy soit rayé de tous les actes concernant la famille le Jeune, avec défense de prendre ou porter ce nom à l'avenir. Cette famille a donné deux chevaliers de l'ordre du roi, des gentilshommes ordinaires de la chambre, plusieurs officiers supérieurs décorés de l'ordre royal et militaire de Saint-Louis, trois lieutenants-généraux de l'artillerie, et un grand nombre d'officiers et de commissaires dans la même arme. *De gueules, au crequier d'argent; la première feuille du créquier, à dextre, chargée d'un petit écusson d'argent à deux fasces de sable.*

JOBAL, seigneur de Pagny, de Villers, en Lorraine, famille originaire de Gerbecourt, connue depuis l'an 1569, et anoblie par lettres du 25 mars 1600, en la personne de Gilles Jobal, conseiller-auditeur des comptes de Lorraine. Cette famille a donné des conseillers et un président à mortier au parlement de Metz, un commandant de bataillon au régiment de Toulouse, chevalier de Saint-Louis. *D'azur, à deux étoiles et un rocher d'argent, accompagné en chef, entre les étoiles, d'une croisette d'or, et accosté de deux lions affrontés du même.*

DE JOFFREY, seigneur de Fagne, en Bresse. Guichenon donne la filiation de cette famille depuis Pierre de Joffrey, écuyer, seigneur de Fagne, vivant en 1490, avec Jeanne de Buenc. *D'azur, au croissant d'argent; au chef d'or, chargé de trois étoiles du champ.* Voyez JOUFFREY.

JOLY DE MOREY, en Lorraine. Jean Joly, conseiller du roi en la cour souveraine de la province d'Alsace, fut anobli par lettres du 12 mai 1707, qui relatent les services rendus au duc de Lorraine Charles IV par son aïeul Jean Joly, dans les fonctions de l'office de châtelain, receveur et gruier de Lunéville, dont il avait été pouryu en 1541. *D'or, au chevron d'azur, accompagné de trois hures de sanglier de sable; celles en chef affrontées.*

JONVELLE, en Franche-Comté, bourg sur la Saône.

qui a donné son nom à une maison d'ancienne chevalerie, éteinte vers le milieu du quatorzième siècle. Cette terre passa successivement dans les maisons de Vergy, de Bauffremont et de la Trémoille. *D'argent, au lion de gueules, lampassé et armé d'azur.*

JORDAIN, comtes de Grammond, seigneurs du Phargey, à Saint-Jean-le-Vieux, département de l'Ain, famille originaire du Poitou, qui a fait les preuves pour le service militaire en 1773, pardevant M. Chérin. Elle a donné plusieurs officiers supérieurs décorés de l'ordre royal et militaire de Saint-Louis. *Écartelé, aux 1 et 4 d'azur, au tau d'argent; au chef cousu de gueules, chargé de trois besants d'or; aux 2 et 3 d'argent, à deux fasces ondées d'azur.* Couronne de marquis.

DE LA JOUCHAT. *Voyez* GENTIL.

JOUFFREY, seigneurs de la Vallée de Bardonnenche, en Dauphiné. Cette famille, distinguée dans la robe et le militaire, a pour auteur Guillaume Jouffrey, compris à son décès au rang des nobles par une révision faite à Briançon, le 15 septembre 1434. Il était sans doute petit-fils de Jean Jouffrey, vivant en 1313. Quelques-uns de ses descendants ayant dérogé, Pierre Jouffrey obtint des lettres de réhabilitation l'an 1596, vérifiées par arrêt du parlement de Grenoble, en date du 28 juillet 1603. *D'azur, à un croissant d'argent, au chef d'or, chargé de trois étoiles de sable.* Voyez JOFFREY.

DE JOUGLA, à Montpellier et à Beziers, famille originaire de Carcassonne, divisée en deux branches : 1°. les barons de Lauzières, anoblis par deux trésoriers de France; 2°. les barons de Saint-Rome, seigneurs d'Auriac et de la Motte, anoblis par lettre du mois d'octobre 1643, confirmées au mois de janvier 1669. Elles ont toutes deux pour auteur commun Antoine Jougla, bourgeois de Carcassonne, élu consul de cette ville en 1581. *D'azur, à l'épervier d'or; au chef d'argent, chargé de trois étoiles de gueules.*

JOURDAIN, seigneurs de Boistillé, de Maisonais, de Traslebost et de la Panne, en Poitou et Maine. Cette famille a pour auteurs Pierre Jourdain, écuyer, seigneur de Traslebost, et Denise Bonine, son épouse, mariés avant le 16 février 1459. Une branche de même nom subsistait en 1738, en Touraine, en la personne de Philipes Jourdain, écuyer, seigneur de la Panne, au pays du Maine. *De gueules, à un tau ou croix de Saint-Antoine d'argent.*

JOURDAIN. Jean Jourdain, de la ville d'Orléans, fut anobli par lettres du 7 août 1488.

JOURLAND. Claude de Jourland, sieur du Breuil, major de la ville de Soissons, fut anobli par lettres du mois de décembre 1664. *D'azur, au lion d'or.*

DE JOUSSINEAU DE FRESSINET, marquis et comtes de Fayat, marquis et vicomtes de Tourdonnet, barons de Peyrelevade, etc., maison d'ancienne chevalerie du Limosin, où elle florissait dès le onzième siècle, sous les noms alternatifs de Joussineau et de Fressinet. On remarque plusieurs personnages de cette maison, décorés de la chevalerie, en 1124, 1153, 1154 et 1230. Elle établit sa filiation depuis Pierre de Joussineau de Fressinet, mort en 1301. Elle est distinguée par ses services militaires et ses alliances avec les plus anciennes et les plus illustres maisons du royaume. *De gueules, au chef d'or.*

DE JOVEN, seigneur du Verdet, en Dauphiné. Cette famille prouve sa noblesse et son ancienneté depuis Louis de Joven, mentionné dans une révision de feux de l'an 1458. *D'azur, à trois pals d'or; au chef d'argent, chargé de trois mouchetures de sable.*

DE JOYES, famille connue en Languedoc depuis le milieu du seizième siècle. *D'azur, à la colombe essorante d'argent, becquée de gueules, tenant en son bec un rameau d'olivier de sinople.*

JUCHAULT DES BLOTTEREAUX, en Bretagne. Cette famille a pour auteur Michel Juchault, correcteur des comptes en 1581, père de Christophe Juchault, président en la chambre des comptes de Bretagne, et maire de Nantes en 1642. *D'azur, à la fasce d'or, accompagnée de trois coquilles de gueules.*

JUCHEREAU, comtes de Saint-Denys, en Touraine, famille qui a pour auteur Jean Juchereau, écuyer, ainsi qualifié dans un acte de l'an 1653. Elle a donné plusieurs officiers supérieurs, décorés de l'ordre royal et militaire de Saint-Louis. *De gueules, à une tête de Saint-Dénis d'argent.* Couronne de marquis. Tenants : deux sauvages.

DE JUIGNÉ, seigneurs de la Broissinière, de Marault, en Champagne, famille issue d'ancienne chevalerie d'Anjou, qui a pris son nom d'une petite ville située en Bretagne, au diocèse de Nantes. Philippe de Juigné vivait en 1200. La filiation est prouvée, par titres, depuis Godefroy, seigneur de Juigné, en Bretagne, qui testa l'an 1226. Cette famille a constamment suivi la carrière des armes, où elle a donné nombre d'officiers et de capitaines, et plusieurs gentilshommes ordinaires de la chambre du roi. *D'argent, au lion de gueules, ayant la tête d'or.*

DE JULIANIS, en Provence et au comtat d'Avignon. Noble Gilles de Julianis, de la ville de Nismes, et Jeanne Roque, sa femme, sont rappelés dans le testament de noble Georges de Julianis, leur fils, du 5 octobre 1412. L'Armorial général donne la filiation de cette famille, d'après l'abbé Robert de Briançon, depuis Laurent Julianis, vivant le 2 avril 1479 ; mais la critique du Nobiliaire de Provence observe que ce Laurent n'eut qu'un fils unique, qui fut auditeur des comptes de Montpellier, et que la communauté d'origine des Julianis de Languedoc avec ceux de Provence, n'est qu'une présomption dénuée de preuves. Cette famille ayant vécu noblement pendant plusieurs générations, exercé des offices municipaux à Aix et à Marseille, et donné plusieurs officiers dans divers corps, fut maintenue lors de la recherche, et fit dès preuves de page pour la petite écurie, en 1688. *De sinople, au pal d'or, chargé d'une vergette de gueules ; au chef d'argent, chargé d'une épée contreposée de sable.*

JULIEN, en Provence. Joseph Julien, avocat au parlement d'Aix, fut anobli pour services rendus dans la charge d'assesseur d'Aix, et de procureur du pays de

Provence, par lettres du mois de mars 1747, registrées. Parmi les personnes de cette famille qui se sont distinguées dans le barreau, on remarque Antoine Julien, qui a laissé des mémoires savants et très-estimés ; il mourut assesseur d'Aix, et procureur du pays, en 1779. *De gueules, au sautoir d'argent ; au chef cousu d'azur, chargé de trois étoiles d'or.*

JULIEN, seigneurs d'Arpentigny, en Normandie. Cette famille a été anobli par lettres de 1597. *D'azur, à l'épée d'argent garnie d'or, accostée de deux lions affrontés du même.*

JULIENNE. Jean Julienne annobli par lettres-patentes, en forme de charte, données à Versailles, au mois de septembre 1736, pour le haut degré de perfection dans ses manufactures de draps fins et teintures en hautes couleurs. *D'azur, à un chevron d'or, accompagné de trois tiges de Julienne d'argent, fleuries de même, les tiges et les feuilles de sinople.*

JULLIEN, famille des plus anciennes de la province de Bourgogne, qui doit son origine à Gérard Jullien, Ier. du nom, seigneur de Vaubussin, vivant en 1370, dont l'arrière-petit-fils Gérard, IIe. du nom, a fondé la branche des seigneurs de Reclaine, et celle des seigneurs de Verchisy. Les membres de cette dernière branche ont rempli, depuis 1516 jusqu'au commencement du dix-septième siècle, les fonctions de conseiller au parlement de Bourgogne. Les deux branches de Reclaine et de Verchisy portaient : *D'azur, au lion d'or, armé et lampassé de gueules.*

Martin Jullien, seigneur de Halopin et des Masures, sorti de la branche des seigneurs de Reclaine, vivait en 1550, et a fondé, dans le Gâtinais, un rameau, dont descend Jean-Baptiste Pierre Jullien de Courcelles, portant pour armes : *Écartelé, aux 1 et 4 d'or, au lion d'azur, armé, lampassé et couronné de sable ; à la fasce de gueules, chargée de trois croisettes d'argent, brochante, qui est de* JULLIEN ; *aux 2 et 3 contr'écartelés ; aux 1 et 4 d'argent à la croix potencée d'or, cantonnée de quatre croisettes du même émail, qui est de* JÉRUSALEM ; *aux 2 et 3 de sinople, à l'écusson d'or, chargé d'un écu de gueules, et ce dernier d'une feuille de chêne d'argent, qui est* DE

I. 57.

LE MAIRE. Ce contr'écartelé est demeuré , disent les historiens, aux descendants d'Eudes Le Maire , en mémoire de son voyage à Jérusalem, et ces mêmes armoiries se sont perpétuées dans la famille Jullien , par les alliances qu'elle a contractées avec les mêmes descendants d'Eudes Le Maire.

Jacques–Étienne Jullien de Villeneuve , né le 1er. juin 1698 , et issu de la branche des seigneurs de Reclaine , fonda un autre rameau dans le Forez ; ce rameau s'est transplanté depuis dans le Bugey , et est représenté par messire Claude–François de Salles de Jullien de Villeneuve , né le 20 janvier 1785 , maire de la ville de Belley , et créé baron par ordonnance de S. M. Louis XVIII , du mois de janvier 1820. Il porte pour armes : *Coupé au 1 d'azur, au lion d'or, lampassé et armé de gueules ; au 2 de gueules , au pal d'argent.*

Un dernier rameau, celui des seigneurs de Villiers , en Orléanais, est sorti de la branche des seigneurs de Verchisy.

La famille Jullien a possédé successivement les terres ou fiefs de Vaubussin et Frolois, près Flavigny, en Bourgogne ; de Reclaine , entre Saulieu et Autun ; de Verrey–sous–Saumaise ; de la Chapelle–sous–Brancion , de Verchisy, Clamérey, Montanerot, Lacosme–sous–Mont–Saint–Jean , Arcenay, Colonges, et Marsilly–lès–Mont–Saint–Jean ; de Villeneuve en Forez ; du Hommet , en Normandie ; de Villiers , en Orléanais ; de Halopin, des Masures et de Courcelles–le–Roi, en Gâtinais ; et de Crécy, en Nivernais.

DE JUMELLES. *Voyez* d'AOUST.

JUSSEY, ville en Franche–Comté , sur la rive droite d'Amance , à six lieues de Vesoul , qui a donné son nom à une illustre et ancienne race de chevalerie , répandue très-anciennement en Lorraine et en Bourgogne. Les comtes de Hurbach , du nom de Jussey, subsistaient en Lorraine au dix-septième siècle. *De sable, au lion d'or, lampassé et armé de gueules ; à la bordure d'or.*

K.

DE KAERBOUT, anciennement d'*Escarbot*, seigneurs de Teillé, de la Cruche, de Gémasses, au
Maine, famille qui a pour auteur Jean d'Escarbot,
seigneur de Gémasses, vivant en 1500. *De gueules, à
trois boucles ou fermaux d'argent.*

DE KATER. Pierre de Kater, négociant et jurat de
la ville de Bordeaux, fut anobli par lettres-patentes, en
forme de charte, données à Versailles, au mois d'août
1733, pour le haut degré d'estime et de confiance qu'il
a acquis, soit dans le commerce, soit dans les fonctions
administratives qui lui ont été déférées. *De gueules, à
un vaisseau d'or, voguant sur une mer de sinople ; au chef
d'argent, chargé de trois têtes de nègre de sable, ban-
dées d'argent, posées de front.*

DE KERBOUDEL, seigneurs de la Courpeau, de la
Villeguénéal et de la Vallée, etc., en Bretagne. Cette
famille a donné un chevalier de l'ordre du roi ; elle a
pour auteurs Thomas de Kerboudel et Jeanne de Châ-
teautro, son épouse, seigneurs et dame de la Villeguénéal et de la Vallée, en 1500. *De sable, à deux épées
d'argent, passées en sautoir, les pointes en bas.*

DE KERHOENT, anciennement *Kercoent*, seigneurs
et marquis de Coetanfao, seigneurs de Locmaria, de
Harlan de Boisruault, comtes de Kerhoent, par érection de 1742, maison d'origine chevaleresque de Bretagne, qui tire son nom d'un château, passé en
1452, dans la maison de Nevet. Le plus ancien seigneur de Kerhoent, dont l'histoire ait transmis le
nom, est Paul, vivant en 1105. Les seigneurs de *Kergou-
lenraven*, branche puînée, se sont éteints en 1261. L'ancienne et illustre maison de Kergournadech s'est fondue
dans celle de Kerhoent, par le mariage d'Alain, seigneur de Kerhoent avec Jeanne, dame de Kergournadech. Cette maison a donné trois généraux, des officiers
supérieurs, des gouverneurs de places, des chevaliers de
l'ordre du roi et des gentilshommes ordinaires de la
chambre. *Losangé d'argent et de sable.*

DE KÉRIMEL, maison d'ancienne chevalerie de Bretagne, qui florissait dès le milieu du treizième siècle, et a pour auteur Geoffroy de Kerimel, chevalier, qui, l'an 1370, servait sous le connétable Bertrand du Guesclin. Ses descendants ont constamment suivi le parti des armes; ils ont été maintenus dans leur ancienne extraction, par arrêt de la chambre de la réformation, du 29 novembre 1670. *D'argent, à trois fasces de sable ; au lion du même, brochant.*

DE KERLIDEC. *Voyez* ANDRÉ.

DE KERMEL, seigneurs de Kermezen, très-ancienne noblesse de la province de Bretagne, connue depuis Perrin de Kermel, homme d'armes, sous la charge du connétable Bertrand du Guesclin, en 1370. Lors de la recherche, le 22 juin 1669, cette famille a fait preuve, par filiation, depuis Jean de Kermel, époux de Marie de Coatnevenoy, vivant en 1467. *De gueules, à la fasce d'argent, accompagnée de deux léopards d'or.*

DE KEROUARTZ, comtes et marquis de Kerouartz, maison d'origine chevaleresque de la province de Bretagne, qui a fait les preuves de la cour en 1784. Elle a donné plusieurs officiers généraux et supérieurs, décorés de l'ordre royal et militaire de Saint-Louis. *D'argent, à la roue de sable, accompagnée de trois croisettes du même.* Tenants : deux sauvages couronnés et ceints de lauriers, armés de leurs massues levées. Cimier : un sauvage issant de même. Devise : *Tout en l'honneur de Dieu.*

KERVERT. Jacques Kervert fut élu quartinier de la ville de Paris en 1544, et échevin en 1568. Un autre Jacques Kervert fut quartinier de la même ville en 1580. *D'azur, à la licorne saillante d'argent.*

KIECLER, en Lorraine, barons de Kiecler, par lettres du 4 mai 1726, seigneurs de Gueblanges, etc., famille qui a pour auteur Thomas Kiecler, châtelain du comté de Richecourt, dont les fils Jean-André, Jean-Jacques, Jean-Adolphe et Thomas de Kiecler, furent confirmés nobles par lettres du duc Antoine de Lorraine, données à Nancy le 26 mars 1613. *D'azur, à la fasce d'or, chargée d'un alérion de sable, et accompagnée en chef de deux molettes d'éperon d'argent, et en pointe d'une rose d'or, boutonnée d'azur.*

DE KLASTEN, seigneurs de Cohon, de Lignerote, de Falkembourg, etc., en Normandie. Cette famille, naturalisée par lettres de Louis XIV, au mois d'avril 1672, et dont l'extraction noble remonte à l'an 1449, a obtenu à cette même époque, par lettres de l'empereur Frédéric III, le titre de comte de l'Empire. *Ecartelé, aux 1 et 4 de gueules, au lion couronné d'or; aux 2 et 3 de pourpre; à la licorne d'argent, issante d'une rivière du même; sur le tout d'or, à l'aigle éployée de sable.*

L.

LABBÉ, comtes de Coussey et de Morvilliers, par érection de 1725, barons de Bauffremont et de Vrécourt, seigneurs de Rouvroy, de Genicourt, etc., en Lorraine. Cette famille remonte à Jean Labbé, qui vint de Bohême, fort jeune, avec le général Schomberg, et s'attacha, en 1585, au service de Charles, duc de Lorraine. Le duc Henri, pour reconnaître et récompenser ses services, lui accorda des lettres de noblesse, le 16 février 1609, et il y est dit qu'étant issu de noblesse *du côté maternel*, on l'y autorise à prendre les armes qu'il était accoutumé de porter. Jean Labbé, ayant réfléchi depuis au préjudice qu'il portait à ses enfants, en sollicitant des lettres d'anoblissement, puisqu'il était d'une ancienne noblesse, obtint des lettres de gentillesse, en 1616, dans une assemblée générale des gentilshommes de la province, confirmées par d'autres lettres du duc Léopold, en 1712, entérinées en la chambre des comptes, le 5 janvier 1713. Cette famille a donné deux premiers présidents en la cour des comptes de Lorraine, deux secrétaires d'état du duc François III et du roi de Pologne, et plusieurs officiers supérieurs. *Parti, au 1 de gueules, à deux bourdons d'or, passés en sautoir; au 2 écartelé; aux 1 et 4 de gueules, à la croix ancrée d'argent; aux 2 et 3 d'azur, à la bande d'or, chargée d'une rose de gueules, et accostée de deux roses d'argent.*

LABOUR.

Liste des Gentilshommes convoqués à l'assemblée de la noblesse du bailliage du pays de Labour, pour l'élection des Députés aux États-Généraux de 1789.

Messieurs

- D'Urtubie, baron de Garro, grand bailli d'épée du pays de Labour.

Le vicomte de Maccaye, père, commissaire.

De la Lande, baron de Hint, commissaire.

De Haitre, commissaire.

Le vicomte de Maccaye, fils, commissaire.

Le chevalier de Caupenne, procureur constitué de M. le marquis de Caupenne.

Colombots.

Laborde Lissalde, pour et comme procureur constitué de M. le vicomte d'Urtubie, et de madame la baronne d'Urtubie-Garro.

Le chevalier d'Arcangues, pour et par procuration de M. d'Arcangues, son frère.

Le chevalier de Haitre.

De Saboulin, par procuration de madame de Souhy.

D'Aguerre.

De Haitre, procureur fondé de M. Grammont de Cantéra.

De Roll-Montpellier, procureur fondé de madame la baronne de Lalanne.

Dibarract Hirigoyen.

De Roll-Montpellier, secrétaire de l'ordre de la noblesse.

DE LAIGUE (*de Aqua*), maison d'ancienne chevalerie, originaire du Dauphiné. *Voyez* ORAISON. *De gueules, semé de larmes d'argent; à trois trangles ondées, haussées du même; brochantes sur le tout.*

LAINÉ, sieurs de la Mare, près de Beaumont-sur-Oise, en Beauvaisis, famille ancienne, originaire de Picardie. Catherine Laîné épousa, vers l'an 1570, Jacques le Sellier, écuyer, seigneur de Bernoy, fils de Jean le Sellier, seigneur du même lieu, et de Marie de la Rue,

D'argent ; au dextrochère de carnation, habillé d'azur, tenant une massue de sinople levée.

LAISNÉ, seigneurs de la Marguerie et de la Dour-ville, en Picardie, de la Barde, de Francherville et de Chardonneaux, en Angoumois, famille issue de Jacques Laisné, prévôt royal de Cugnac, anobli par lettres du roi Charles VIII, du mois de novembre 1491, vérifiées le dernier janvier 1492. Elle a donné deux maîtres des requêtes, intendants en Poitou et en Touraine, en Languedoc, en Normandie et en Bourgogne ; et con-seillers d'état. *D'argent, à la fasce de sable, accom-pagnée de trois molettes d'éperon du même.*

LAISNÉ, seigneurs de Torchant, en Normandie, famille anoblie postérieurement à la recherche de Montfaut, de l'an 1463. *D'azur, au chevron d'argent, accompagné en chef de deux étoiles d'or, et en pointe d'un croissant du même.*

LAISNÉ DE PAVILLY. Cette famille, originaire de Paris, prouve sa filiation depuis Gratian Laisné de Pavilly, qui existait avant 1590. Son petit-fils Antoine Laisné mourut conseiller-secrétaire du roi, maison, couronne de France et de ses finances, le 3 décembre 1716, à quatre-vingt-deux ans. *D'azur, à la croix d'or, alésée, accompagnée de trois étoiles du même émail.*

LAISNÉ DE SAINTE-MARIE, seigneurs de Saint-Peravy et de Villévêque, en Orléanais, famille qui a pour auteur Jean Laisné, seigneur de Sainte-Marie, trésorier de France général des finances en la gé-néralité d'Orléans, le 19 mai 1675. Elle a donné plu-sieurs officiers de cavalerie et d'infanterie. *De gueules, au château d'argent ; au chef d'or, chargé de trois demi-vols de sable.*

LAISNÉ, seigneurs de Bonnières, de Bruyères, de Monceaux et de Pantin, famille qui a pour auteur Pierre Laisné, conseiller au châtelet de Paris, reçu échevin de cette ville, en 1579. Il était petit-fils de Nicolas Laisné, commerçant à Troyes, sieur de Bruilles, qui vint s'établir à Paris, où il vivait en 1478. *D'azur, à trois demi-vols d'argent ; au chef cousu de gueules, chargé de trois croissants d'or.*

DE LAIZER DE SIOUGEAT, comtes de Brion, en Auvergne, maison d'ancienne chevalerie, connue par titres depuis l'an 1227, et par filiation depuis Yves de Laizer, qui vivait, l'an 1370, avec Marguerite d'Apchier, son épouse. *De sable, à la bande d'argent, accompagnée en chef d'une étoile et d'une rose du même, et en pointe d'une rose et d'une étoile aussi d'argent.*

DE LALIS OU DELALIX DE CANTARANE, DE MARAVAL, etc., en Guienne, famille noble et ancienne, originaire d'Irlande, qui, depuis 1417, époque à laquelle il paraît qu'elle s'est établie en France, jusqu'en 1789, a fourni des officiers de cavalerie et d'infanterie, sous tous les rois de France, et qui compte plusieurs chevaliers de Saint-Louis. *De sable, au chevron d'or, accompagné de trois fleurs de trèfles d'argent.* Couronne de marquis. Deux lévriers pour supports. Devise autour de l'écu : *Virtutis ingenuitas comes.*

Voyez le tome VII du Nobiliaire de France et la généalogie de cette famille, imprimée en 1781.

DE LAMBERT, marquis de Saint-Bris, seigneurs de la Filolie-Lamourat, de la Mazardie, de la Roussie, de Rouziers, des Escuyers, de Sarrazat, du Change, en Périgord, d'Aucey, en Normandie, etc., maison ancienne, issue des seigneurs de Bonnes, d'Ozillac, de Nabinaux, en Angoumois, qualifiés chevaliers et damoiseaux, dans huit titres latins originaux des années 1276, 1288, et 1318 à 1402., que la famille conserve encore aujourd'hui, et qui furent représentés, dès le 3 juin 1597, par François de Lambert, écuyer, seigneur de la Roussie, d'une branche issue de celle de la Mazardie, visés et relatés en preuves de filiation, au jugement de la commission au fait des tailles, qui le maintint, ainsi que Pierre de Lambert, écuyer, seigneur de Rouziers et de la Mazardie, son cousin, *souche de la seule branche existante* (1), le 25 décembre

---

(1) Jean de Lambert, Ier. du nom, dont il va être parlé, était cousin germain de François, et oncle, à la mode de Bretagne, de Pierre, tous deux objets de cette maintenue, dans laquelle fut aussi compris le même Jean de Lambert, seigneur des Escuyers.

1599, en sa noblesse d'ancienne extraction, et qui fut confirmé par arrêt du parlement, cour des aides de Bordeaux, du 6 juin 1601. Ces titres sont corroborés par plus de vingt, tant hommages qu'aveux, latins et français, des seigneurs d'Aubeterre et de Sainte-Maure, de 1300 à 1529, où les mêmes Lambert sont rappelés sous les précédentes qualifications de *miles* et *donzellus*.

Indépendamment des aïeux ci-dessus indiqués, que les comptes des trésoriers militaires du tems démontrent avoir servi sous les fameux Bertrand du Guesclin, Jean de Vienne, et autres généraux des armées de nos rois, la maison de Lambert a donné plusieurs capitaines de compagnies d'hommes d'armes, de chevau-légers, et de deux cents hommes de guerre à pied ; des mestres de camp de régiments composés de vieilles troupes ; des colonels d'infanterie et de cavalerie ; plusieurs lieutenants-généraux des armées ; d'autres officiers supérieurs ; deux gouverneurs de provinces, et sept de places fortes ; un chevalier commandeur de l'ordre du Saint-Esprit, nommé le 21 novembre 1651 ; deux commandeurs et plusieurs chevaliers de l'ordre royal et militaire de Saint-Louis, et de divers ordres étrangers : ce qui est prouvé par les commissions, provisions et brevets, et par un très-grand nombre de lettres de nos rois, des princes de leur sang et de leurs ministres, le tout produit en original, et conçu en termes, qui ne peuvent être que le gage d'une estime méritée et le prix de services importants (1).

Dès l'an 1500, les Lambert étaient attachés, d'une manière distinguée, au service des rois, reines et princes de Navarre ; plus tard, ils firent plusieurs campagnes avec le brave Langoiran, et contribuèrent fortement à la prise de Périgueux et autres places.

Jean *de Lambert*, Ier. du nom, écuyer, seigneur de la Filolie et des Escuyers, était homme d'armes de la compagnie du roi de Navarre, qu'il suivit dans toutes

---

(1) Ces assertions seront rigoureusement justifiées, ainsi que tout le contenu de cet article, dans la généalogie en grand que l'on se propose de publier.

ses guerres; il combattit à Coutras et à Ivry, près la personne d'Henri IV. Ce prince, avant d'être couronné roi de France, l'avait nommé son maître d'hôtel, et gentilhomme ordinaire de sa chambre, « tant » en considération, est-il dit, des bons et recommandables services, *par ses prédécesseurs fuictz aux* » *nostres* que pour ceulx qu'il nous a desjà commencé » de faire ». — Il lui écrivait, du camp devant le Mans, le 3 novembre 1589 : «.Mons. de Lambert, chacun sçait » les deux principalles occasions que j'ay de faire la » guerre aux rebelles de cest estat........, appellant à » ce desseing *mes plus fidelles et affectionnez subjectz,* » spécialement *de la noblesse,* entre lesquelz *vous au-* » *riez occasion de vous sentir offensé sy vous y estiez* » *oublié,* je vous fais ceste-cy pour vous dire que vous » ne me pouvez faire service plus agréable que de me » venir trouver le plustost et en meilleur équipage que » vous pourrez, etc. » — Enfin, à la même date, il le chargeait, auprès des gentilshommes attachés à sa cause, d'une lettre de créance, dont l'extrait suit : « Mons., envoyant par delà le sieur Lambert, l'un » de mes gentilzhommes....., je luy ay donné charge » particulière de vous voir de ma part........; il vous » fera congnoistre mes desseings et intentions. Je ne » vous diray plus icy, sinon que vous le pouvez croire » de ce qu'il vous dira de ma part comme moy- » mesme, etc. ». De quelle main plus respectable pouvait partir un éloge plus complet et moins suspect de ses services, et de ceux de ses auteurs envers Henri IV et ses aïeux, de la noblesse de sa race, de sa loyauté et de la confiance qu'elle lui avait acquise? — Il avait épousé, par contrat du 12 février 1576, Marguerite Robinet de la Serve, dame de Nabinaux, de famille ancienne, et alliée aux meilleures maisons du Périgord. De ce mariage sortit, entr'autres enfants :

Jean *de Lambert,* IIe. du nom, écuyer, seigneur des Escuyers, marquis de Saint-Bris, lieutenant-général des armées, gouverneur de Metz et pays Messin, le plus beau gouvernement de ce tems-là. Il se trouvait, en 1644, au siége de Gravelines, où les maréchaux de Gassion et de la Meilleraie eurent un démêlé qui divisa l'armée : les deux partis allaient se charger lorsque le marquis de Lambert, qui n'était encore que maréchal de camp, défendit aux troupes, de la part du roi, de reconnaître ces maréchaux pour leurs chefs. A l'instant les troupes obéissent, les maréchaux se retirent, et l'armée est sauvée par cet acte de vigueur et d'autorité (1). Il avait été page d'Henri IV. Il eut l'honneur d'avoir sous ses ordres M. de Turenne, et de correspondre, dans les opérations de guerre, avec le grand Condé, de qui l'on conserve plusieurs lettres, dont six de sa main : il fut enfin nommé par le roi, pour commander, en Italie, l'armée de terre et de mer, sous l'autorité du prince Thomas de Savoie : les provisions sont du 6 mai 1648.

Son fils, Henri de Lambert, marquis de Saint-Bris, mort lieutenant-général des armées, et gouverneur des ville et duché de Luxembourg, avait épousé, le 22 février 1666, demoiselle Anne le Marguenat-de-Courcelles, connue sous le nom de la marquise de Lambert, auteur des *Avis d'une mère à son fils et à sa fille.* Cette fille était Monique-Thérèse de Lambert, qui épousa Louis de Beaupoil, marquis de Saint-Aulaire, colonel du régiment d'Enghien, tué au combat de Rumersheim, laissant une fille unique, Thérèse-Eulalie de Beaupoil-Saint-Aulaire, mariée, en 1725, au maréchal duc d'Harcourt.

----

(1) C'est de lui que Bassompierre, qui l'avait fait, en 1610, lieutenant de sa compagnie des gardes, raconte, dans ses *Mémoires* (édition pet., in-12, Amsterdam, 1692, tome I, p. 383), le trait suivant : « M. de Vitry, nous manda qu'à un village, à une lieue de Pamprou, nommé Nanteuil, il y avoit trois régiments ennemis logés... Qu'il avoit fait monter à cheval la cavalerie légère qui étoit avec lui, ainsi que la compagnie des gendarmes du roi... Nous montâmes, à l'heure même, à cheval, et y courûmes à toute bride, MM. de Praslin, de Schomberg et moi, avec quelques vingt chevaux ; M. de Guise suivoit : Lambert, Guitaud et Descures ouvrirent la barricade du côté du village... On prit, dans le combat, cinq drapeaux ; on fit cinq mestres de camp prisonniers... Nous ne perdîmes que M. de Chemeraut, qui fut tué, et Lambert, blessé d'une mousquetade chargée de dragées, qui lui fit plus de soixante trous, dont, néanmoins, aucun ne fut dangereux. » C'était le 7 janvier 1616.

Le chef des nom et armes de cette maison était, en 1792, Henri – Joseph, marquis de Lambert, né le 11 juillet 1738, colonel du régiment de Berri, cavalerie, en 1762; maréchal de camp en 1780; commandeur de l'ordre royal et militaire de Saint-Louis, en 1779; ancien inspecteur général de cavalerie, membre du conseil de la guerre, à sa création, en 1787; gouverneur de la citadelle d'Arras, en 1788; ministre des princes français, frères de Louis XVI, auprès du roi de Prusse, pendant la campagne de 1792. Il avait été compris au rôle des nobles, possédant fiefs dans l'étendue du bailliage d'Avranches, qui ont comparu, en 1789, à l'assemblée générale des trois états de ce même bailliage, où il fut le troisième en rang, sous la dénomination de *messire Henri-Joseph, marquis de Lambert, seigneur et patron* d'Aucey. Il est mort à Graudentz, en Prusse, le 19 janvier 1808, officier général au service de Russie, laissant *cinq enfants existants* de demoiselle Marie Anisson-du-Perron, qu'il avait épousée par contrat, signé du roi et de la famille royale, le 18 mars 1765; savoir :

1º. Marie-Charles, comte de Lambert, né à Paris, le 15 juillet 1773. Après avoir fait la campagne de 1792, il passa, en 1793, au service de Russie, où il est aujourd'hui lieutenant-général des armées de S. M. l'empereur de toutes les Russies, son aide-de-camp-général; inspecteur général de la cavalerie; grand-cordon de Saint-Alexandre Newski, chevalier de l'ordre de Sainte-Anne, de la première classe; de l'Aigle Rouge de Prusse, de la première classe; de Saint-Wladimir, de la deuxième classe; de l'ordre militaire de Saint-Georges, de la troisième classe; de l'ordre militaire de Bavière, de la deuxième classe; de celui de Léopold, et commandeur de l'ordre royal et militaire de Saint-Louis, le 21 septembre 1815. Il s'est marié, en Russie, en 1806, avec demoiselle Julie Deef, fille de Michel, mort dans une bataille, étant colonel et chevalier de plusieurs ordres; et de dame Alexandrine Plawetska, dont trois garçons et deux demoiselles;

2°. Henri - Jacques, comte de Lambert, né à Paris, le 1ᵉʳ. février 1778, s'est embarqué, en 1791, volontaire sur la frégate *la Recherche*, commandée par M. d'Entrecasteaux, pour aller à la découverte de M. de la Perouse. De retour en Europe, il entra, avec le grade de major, au service de Russie, où il est aujourd'hui conseiller d'état actuel de S. M. l'empereur de toutes les Russies, et son chambellan : commandeur de l'ordre de Saint-Jean de Jérusalem ; grand-cordon de l'ordre de Sainte-Anne, de la première classe ; chevalier de l'ordre de Saint - Wladimir, de la deuxième classe ; et président de la nouvelle commission de la caisse d'amortissement, créée en 1817. Il a épousé, en Russie, en 1810, demoiselle Sophie Alimoff, fille de Nicolas, ancien brigadier des armées, et de dame Julie de Loukianovitch.

3°., 4°., 5°. Mesdames, la marquise de Courtarvel, au Maine ; la marquise de Voisins-Brugairolles, en Languedoc ; et la baronne d'Angosse, en Béarn.

Armes : Coupé émanché de trois pièces de gueules, sur deux et deux demies d'argent. Supports : deux lions.

Voyez *Armorial général de France*, Reg. II, part. 2, in-fol. — *Dictionnaire véridique des maisons nobles de France*, tom. II, pag. 171. — *Dictionnaire de la noblesse*, in-4°., tom. VIII. — *Histoire des grands officiers de la couronne*, in-fol., tom. IX, pag. 457. — *Chronologie historique militaire*, in-4°., tom. IV, V et VI. — *Président Hénault*, année 1644. — *Histoire de France, du père Daniel*, année 1644. — *Mémoires de Bassompierre*. — *Œuvres de la marquise de Lambert*. — *Etat de la noblesse*, 1816. — *Etrennes de la noblesse*, 1776. — *Nobiliaire universel de France*, tom. XIII, pag. 185.

LAMBERT, seigneurs de Rigourdaine, de la Ravardière, de Boisjean, en Bretagne. Cette maison est d'ancienne chevalerie. Hamon Lambert est mentionné dans un compte rendu à Jean le Roux, duc de Bretagne, l'an 1267. Hervé Lambert était l'un des archers

de la compagnie de Huet de Kerautret, qui fit montre
à la Guerche, le 16 décembre 1355. L'histoire de
Bretagne mentionne encore un grand nombre de sujets
de cette famille, qui servaient dans les compagnies
d'ordonnances, aux quatorzième, quinzième et seizième siècles. Par arrêts des 27 et 30 octobre 1668, et
du 4 janvier 1669, cette maison a été déclarée noble
et issue d'ancienne extraction, et l'aîné maintenu dans
la qualité de chevalier. *D'argent, au chevron de
gueules.*

LAMBERT, famille de robe, qui a donné un président en la cour des monnaies de Paris. *De gueules,
au lévron assis d'argent ; sur une terrasse de sinople.*

LAMBERT. La charge de conseiller-correcteur,
puis contrôleur en la chambre des comptes de Paris,
exercée par Jean-Pierre Lambert, mort en 1728, a
porté la noblesse dans cette famille. *De gueules, au
chevron d'or, accompagné en chef de deux croissants
d'argent, et en pointe d'un arbre arraché d'or.*

LAMBERT, seigneurs de la Londe, de Lamber-
mont, du Buisson, en Normandie. Cette famille est
ancienne ; elle remonte à Jean Lambert, écuyer, qui
ayant été recherché sur sa noblesse par les habitants
de la paroisse de Heugueville, fit preuve suffisante,
et y fut maintenu le 23 février 1324. On voit néanmoins que le chef de cette famille fut renvoyé par
Montfaut, en 1463. Elle a été maintenue lors de la
dernière recherche, le 27 août 1668. *D'argent, à trois
bandes de sable.*

LAMBERT, seigneurs du Fresne, en Normandie.
Cette famille a été maintenue, en 1668, sur la preuve
de quatre degrés de noblesse. Dans sa production, il est
dit qu'elle est originaire de Bretagne. *De gueules, au
chevron d'argent, accompagné en chef de deux croissants
d'or, et en pointe d'une étoile du même.*

LAMBERT, seigneurs de Thorigny et de Sucy, en
Brie. Cette famille a pour auteur Nicolas Lambert,
docteur en médecine de la faculté de Paris, et quartinier de cette ville, en 1594, père de Nicolas Lambert,

procureur, puis maître en la chambre des comptes, reçu secrétaire du roi, en 1630, conseiller de la ville de Paris, en 1648, et ce dernier aïeul de Nicolas Lambert, seigneur de Vermont, président de la deuxième chambre des requêtes, élu prévôt des marchands de Paris en 1725, mort le 10 juillet 1729. Cette famille, anoblie par les offices municipaux et les charges de finances, paraît s'être éteinte au dix-huitième siècle. *D'azur, à la licorne issante d'argent; au chef d'or, chargé de trois merlettes de sable.*

LAMBERT. Jean Lambert, d'abord receveur général des gabelles à Soissons, fut élu échevin de Paris en 1698. *D'azur, au chevron d'or, accompagné en chef de deux étoiles, et en pointe d'un lionceau, le tout du même.*

LAMBERT, seigneurs de Saint-Mars, d'Herbigny, marquis de Thibouville, en Normandie. Cette famille a pour auteur François Lambert, sieur d'Herbigny, lieutenant du bailli de Rouen, au siége de Pont-l'Evêque, dont le fils, François Lambert, seigneur d'Herbigny, fut reçu secrétaire du roi, le 19 mars 1581, et mourut en exercice, en 1590. Il avait aussi été maître des requêtes. Cette famille a donné deux intendants de province, des conseillers d'état, des officiers supérieurs et des gentilshommes ordinaires de la chambre. *D'azur, au lion d'or; au chef d'argent, chargé de trois étoiles de gueules.*

LAMBERT DE LA POMMERAYE, en Bretagne. Jean Lambert, seigneur de la Pommeraye, épousa Jeanne le Conte, dont il eut, entr'autres enfants, Louise Lambert, mariée, le 30 décembre 1529, à Simon de Champagné, seigneur de la Haye. *D'azur, à trois têtes de cerf de sable.*

DE LAMBILLY, en Bretagne, seigneurs de Lambilly, de Kergrois, du Broutay, etc., maison d'ancienne chevalerie, qui a constamment tenu un rang distingué à la cour des ducs de Bretagne. Elle remonte, par filiation, à Guillaume, chevalier, seigneur de Lambilly, vivant en 1379, grand chambellan et premier gentilhomme de la chambre et de la maison de Jean V, duc de Bretagne. Ses descendants ont constamment suivi le parti des armes, soit dans les ordonnances jusqu'au seizième siècle, soit comme officiers dans divers corps depuis cette époque. *D'azur, à six quintefeuilles d'argent.*

DE LAMIABLE, en Picardie. Adrien de Lamiable, écuyer, sieur de Peupengles, et Octavie du Blaisel, sa femme, firent leur testament mutuel le 26 février 1647, par lequel ils firent des dons à Octavie de Lamiable, leur fille, femme de Jean Moullart, écuyer, sieur du Mottoy. D'une autre branche de cette famille était Louis Lamiable, anobli pour services en 1659. *D'argent, au lion morné de gueules; au chef échiqueté d'or et d'azur.*

LAMIRAULT, sieurs du Bouchet, de Plissay, de Chaussy, de Ruys, de Cottinville, de Marchais-Lambert et de la Saugerie, en Orléanais, de la Lande, de Cerny, de Noircourt, d'Etréaupont, etc., en Soissonnais.

Laurent Lamirault, le plus ancien, vivait au mois de mars 1224.

Cette famille, originaire de l'Orléanais, prouve sa filiation depuis Jean Lamirault, Ier. du nom, écuyer, qui eut pour fils Guillaume Lamirault, aussi écuyer, marié le 22 février 1561, à demoiselle Radegonde de la Roche. Beaucoup d'officiers distingués de cavalerie et d'infanterie ont été produits par cette maison; quelques-uns d'entre eux ont reçu des blessures ou sont morts dans diverses batailles. *D'or, à une rose de gueules; au chef du même.*

DE LAMOUROUS, famille ancienne, originaire de l'Agenois, province où elle réside encore de nos jours. Elle est connue depuis Jean de Lamourous, que l'on trouve mentionné, dans un rôle du 10 juin 1385, au nombre des seigneurs qui prêtèrent des sommes au roi Charles VI, pour l'expédition d'Angleterre. Jean de Lamourous est coté sur ce rôle comme ayant prêté la somme de 400 liv.

Gombaut de Lamourous servait en 1387, dans la compagnie de Copin de Marcouville, écuyer. Cette famille a donné plusieurs officiers militaires, des magistrats au parlement de Bordeaux. *De gueules à trois fers de pique d'argent.*

LAMPINET, seigneurs de Navennes. Jean Lampinet, originaire de la Résie, au comté de Bourgogne, étudiant en droit à Dôle, y épousa la fille unique de Pierre Sachaut, professeur en l'université, et depuis conseiller au parlement de cette province; il lui succéda dans cette charge, attributive de noblesse, en 1630. Il est un des ancêtres de MM. Lampinet de Navennes, qui ont fait depuis de bonnes alliances. *D'azur, au lion d'or, lampassé et armé de gueules, tenant un encensoir d'argent, et chargé d'un cœur de gueules à l'épaule.*

LANCELIN. Nicolas Lancelin, sieur de la Rouillière, en Dauphiné, lieutenant au gouvernement de la ville et citadelle de Valence, fut anobli par lettres du mois d'août 1591. Son neveu, Jacques Lancelin, archer des gardes-du-corps, le fut aussi, pour ses services, par lettres du mois de novembre 1607. *De gueules, à trois croissants d'argent.*

DE LANCRAU, comtes et vicomtes de Bréon, famille issue d'ancienne chevalerie, qui tire son nom de la terre de Lancrau, située dans la paroisse de Champtocé. Elle remonte, par titres filiatifs, à Pierre de Lancrau, écuyer, seigneur de Lancrau, vivant en 1386. Cette maison a donné des hommes d'armes des ordonnances, un gentilhomme ordinaire de la chambre du roi, et, de nos jours, un colonel des carabiniers de MONSIEUR, et son gentilhomme d'honneur, dont le frère est capitaine des mêmes carabiniers, et tous deux chevaliers de Saint-Louis. Pierre de Lancrau fut évêque de Lombez en 1561, et mourut le 18 octobre 1598. *D'argent, au chevron de sable, accompagné de trois roses de gueules, boutonnées d'or.* Couronne de marquis. Supports: deux lions. Devise: *In Deo spes mea.*

DE LANCY, vicomtes de Laval et de Nouvion, barons de Raray, seigneurs de Néry en Valois, de Faverolles de Verines, de Ribencourt et d'Aramont. Jean de Lancy, écuyer, vicomte de Laval et de Nouvion, est le chef de cette famille. Il vivait avant le 16 mai 1525. *D'or, à l'aigle de sable, chargée sur l'estomac d'un écusson d'azur à trois lances d'or rangées en pal.*

DE LANEAU, seigneurs de Marey, de Bard, en Auxois. Cette famille a pour auteur Henri de Laneau, écuyer, seigneur de Marey et de Montfort, homme d'armes de la compagnie du duc de Nivernois, puis capitaine d'une compagnie de cinquante arquebusiers à pied en 1569 et 1570, marié en premières noces, le 7 novembre 1546, à Jeanne de Chaugy, et en deuxièmes noces, à Eugène Gillet, l'an 1589. Jacques de Laneau, sieur de Marey, issu de ce second mariage, fut capitaine d'une compagnie de cinquante carabins, l'an 1616. *D'azur, à un barbeau d'argent posé en fasce ; au chef d'azur, chargé de trois besants d'or.*

DE LANFREY. Pierre François de Lanfrey, du Dauphiné, fut anobli par lettres du mois de novembre 1638, et confirmé au mois d'août 1668. *D'azur, à une lamproye d'argent en pal.*

DE LANGEAC. *Voyez* LESPINASSE.

DE LANGLADE. *Voyez* GIRARD.

DE LANGLE, famille originaire de Normandie, qui eut pour chef Guillaume de Langle, receveur des tailles de l'élection d'Evreux. Son fils, Mathieu de Langle, aussi receveur des tailles et premier du nom, était sieur de Mosny et d'Ardée en 1630, et fut anobli par lettres du mois de juillet 1661, confirmées, à Saint-Germain-en-Laye, au mois de décembre 1675. Cette maison prouve sa filiation depuis ces diverses époques. *D'azur, à la fasce d'or, accompagnée en chef de deux glands du même, tigés et feuillés chacun d'une seule feuille de sinople, et en pointe d'une rose aussi d'or.*

DE LANGES, seigneurs de Lubières, de Saint-Sauveur et du Villard, en Dauphiné. Louis de Langes, auteur de cette famille, fut anobli par Guillaume, prince d'Orange, par lettres du 3 novembre 1583. Cette famille s'est distinguée dans le barreau. *De gueules, à un cerf ailé d'or.*

DE LANGON, seigneurs de Langon et de Montrigaud, en Dauphiné, famille d'origine chevaleresque, qui établit sa filiation depuis François de Langon, qui vivait l'an 1349, fils de François de Langon, seigneur de Langon, et de Clémence de Montenard. *De gueules, à une tour crénelée de quatre pièces d'argent, maçonnée, ouverte et ajourée de sable.*

LANGRES.

Noms des Gentilshommes du bailliage de Langres, qui se sont assemblés en mars 1649, pour nommer un député de leur corps pour assister aux États-Généraux du Royaume, qui devaient se tenir dans la ville d'Orléans.

Messieurs

Haut et puissant seigneur messire François de Rouxel de Médary, chevalier.

Messire Nicolas Deltouf de Pradines, chevalier.

Messire François de Montarby, chevalier.

Messire Pierre du Val, chevalier.

Auguste Armynot, écuyer, seigneur de Préfontaine et de Vaugrey,

Messire Gaspard-Anthoine de la Rochelle, chevalier, seigneur d'Espinant.

Moïse de Vaillant, écuyer, seigneur de Sainte-Vertu.

Haut et puissant seigneur messire René-Saladin d'Anglure, chevalier, marquis de Coublans, président de l'assemblée, et nommé député aux états.

De Parisot-Monroyer.

Du Lion de Poinson.

Du Châtelet-Trichâteau.

De Fréville.

De Massuot.

De Carbon.

De Maillardière.

Deux d'Avrillot.

Du Val de Viney.

Lavaux-Foullain.

Du Bois.

De Bavre.

De Corchampt du Val.

Charles d'Antignacq.

Du Val Desprailley.

Du Lion.

Du Cray.

Du Val d'Antignacq.

Chuffort.

Saint-Martin de Cheminot.

Gabriel Doriat.

De Ruffay-Courlompt.

Noms des Gentilshommes du bailliage de Langres, convoqués pour la nomination des Députés aux Etats-Généraux du Royaume, en 1789.

M. de Vallerot, seigneur en partie d'Aisey, en personne.

MM. Delecey, seigneurs en partie d'Aisey et Richecourt, par M. Delecey de Récourt, leur frère.

M. le marquis de Bologne, seigneur d'Audilly et Bonnecourt, par M. Girault de Belfond.

M. de Renty, seigneur en partie d'Anfonvelle, par M. de Lallemant de Pradine.

M. de la Tour-du-Pin, seigneur de Fouvent, etc., par M. de Changey, chevalier de Saint-Louis.

Mademoiselle Hurault, dame de Forfelière et Avrecourt, par M. de Champeaux de Vauxdimes.

M. de Froment, en personne, pour la seigneurie de Bize, et pour l'autre partie.

Madame veuve Profillet de Dardenay, par M. le Boulleur.

M. Lhyver, seigneur de Brevannes, par M. Aubertot de Fresnoy.

M. Bichet, seigneur de Chalancey, par M. Léauté de Blondefontaine.

M. de Montarby, seigneur de Charmoilles, par M. le Boulleur.

Mademoiselle Andrieu, dame de Chatenay-Vaudin, par M. Andrieu de Tornay.

M. de Serrey père, seigneur de Chatoillenot, par M. de Champeaux de Vauxdimes.

M. de Saint-Julien de Porte, seigneur de Chezeaux, par M. des Barres.

M. le marquis de Vaubécourt, seigneur de Choiseul, par M. Gaucher, chevalier de Saint-Louis.

M. le Boulleur, seigneur en partie de Courlon, en personne.

M. l'abbé le Boulleur, seigneur en partie dudit Courlon, par M. de Froment, chevalier de Saint-Louis.

M. de Chalary, seigneur du comté de Rouvre, par M. de Hennezel.

M. du Boutet, seigneur en partie de Torcenay, par M. du Houx.

M. de la Coste, seigneur en partie dudit Torcenay, par M. de Champeaux.

Madame veuve du Boutet, dame de Crépan, par M. Aubertot de Fresnoy.

Mademoiselle Seurot, dame de Cuzey, par M. Léauté de Leycourt, chevalier de Saint-Louis.

M. de Gaucourt, seigneur de Damphal, par M. Piétrequin de Prangey.

MM. les marquis de Rose, père et fils, seigneurs de Dammartin, en personnes.

M. Denis, seigneur de Danrémont, par M. de Serrey fils.

M. le Gros, seigneur d'Epinant, en personne.

MM. Véron, seigneurs de Farincourt, par MM. Léauté de Grissey et Léauté de Vivey.

M. Aubertot, seigneur de Frenoy, en personne.

M. de Lisle, seigneur du fief de Doncourt, par M. Taupin de Rosnay.

M. Girault, seigneur de Genevrières et Belfond, en personne.

M. Piétrequin, seigneur de Gilley, en personne.

Madame Dorigny, veuve Gaucher, dame de Grandchamp, par M. le chevalier Gaucher, ancien major du régiment de Bassigny, chevalier de Saint-Louis.

M. Mandat, seigneur du comté de Grancey et dépendances, par M. Léauté de Grissey.

M. Taulomaise des Tournelles, seigneur de Grenand, en personne, et pour mademoiselle Profillet de Saules, sa belle-sœur.

M. de Montangon, seigneur de Jorquenay, par M. Léauté de Blondefontaine.

M. Philpin, seigneur de Longeau et Percey-le-Potel, en personne.

M. Piétrequin de Prangey, seigneur de Marac, en personne.

M. Lallemand, seigneur de Mont, par M. Piétrequin de Prangey.

M. Vaillant de Savoisy, seigneur de Montigny-sur-Aube, par M. Delecey, chevalier de Saint-Louis.

M. Urguet, seigneur de Montureux-le-Sec, par M. le comte de Rose.

Madame Andrieu, veuve de Vodonne, dame de Mouilleron et Mussiaux, par Andrieu de Tornay.

M. le marquis de Saint-Simon, seigneur de Palaiseul et Pressigny, par M. Léauté de Leycourt.

M. Philpin, seigneur de Piépape, par M. Philpin de Percey.

M. Minette de Beaujeu, seigneur de Pierrefaite, par M. Minette, chevalier de Beaujeu, son gendre.

M. le Gros d'Epinant, seigneur de Pisseloup et Chaumondelle, en personne.

M. le comte du Pasquier-la-Villette, par M. le comte de Rose, pour Ravennefontaine.

M. Delecey l'aîné, seigneur de Récourt, en personne.

Madame veuve Piot de la Tour, dame de Rivière-le-Bois, par M. Philpin de Percey.

M. Rouxel de Blanchelande, seigneur de Rivière-les-Fosses, par M. Lallemant de Pradine.

Madame veuve Pecauld, dame de Rigny, par M. de Froment.

M. le comte de Rose, seigneur de Saules, en personne.

M. de Serrey de Chatoillenot fils, seigneur de Saint-Broing-les-Fosses, en personne.

M. Guyot, seigneur de Saint-Michel et Verseilles, par M. Léauté de Vivey.

M. Fijean, seigneur de Talmay, par M. Taupin de Rosnay.

M. Randerode, seigneur de Thuillières, par M. Girault de Belfond.

M. le duc de Saulx-Tavannes, seigneur de Tilchâtel, par M. le chevalier Gaucher, ancien major du régiment de Bassigny.

M. le comte de Rostaing, seigneur du fief d'Acheville à Varennes, par M. le marquis de Rose de Dammartin.

Mademoiselle de Nogent, dame de Veuxaulles, par M. le chevalier Gaucher, ancien major du régiment de Bassigny.

Et M. le comte de Nogent, par M. Gaucher, capitaine de cavalerie.

M. Andrieu de Tornay, seigneur de Villers-lès-Aprey, en personne.

M. Lallemant de Pradine, seigneur de Villebas, en personne.

M. Léauté de Grissey, seigneur de Vivey, en personne.

Et ont comparu en personnes MM. les nobles non possédant fiefs :

Des Barres de Coiffy.
MM. de la Motte frères.
Minette, chevalier de Beaujeu.
Gaucher, ancien major du régiment de Bassigny.
Gaucher, ancien capitaine de cavalerie.
Léauté de Vivey.
Delecey de Récourt père.
Léauté de Leycourt, chevalier de Saint-Louis.
Léauté de Blondefontaine.
De Simony, fils.
Delecey, chevalier de Saint-Louis.
Taulomaise, l'aîné.
Le chevalier d'Epinant.
Taulomaise de Prinsac.
De Champeaux, frères
Armynot du Châtelet.
De Hennezel de la Rochère.
Massey de Passavant.
Millin de Valimont.
Taupin de Rosnay.
De Ballay.
De Verrière d'Affleville.
Champeaux de Faverolles.
De Bigot d'Anfonvelle.
Du Houx.
Chevalier de Bonnay.
De Finance.
Quillard, père.

Guillaume de Gévigné, seigneur de Percey-le-Petit, représenté par M. Quillard père.

Taulomaise de Gressoux.

Véron, seigneur de Farincourt et des Essarts, représenté par M. Léauté de Grissey.

Le baron de Tricornot, par M. de Serrey de Chatoillenot.

Monseigneur le duc de Penthièvre, représenté par M. le marquis de Rose-Dammartin.

M. de Grenand, seigneur en partie de Grandchamp, par M. des Tournelles.

M. de Sarrazin.

Mademoiselle le Gros, dame en partie d'Épinant, par M. de Prinsac.

Mademoiselle le Gros, dame en partie de Pisseloup, par le même.

LANGUEDOC. La province du Languedoc est une des plus fécondes du royaume en famille nobles, anciennes et illustres. La noblesse y était nombreuse dès le tems de la première croisade, en 1096 ; et alors cette partie considérable de la France était divisée entre plusieurs grandes maisons, qui se regardaient comme souveraines et indépendantes les unes des autres. Ainsi Narbonne, Alby, Beziers, Montpellier, Lodève, Alais, Castres, Comminges, Carcassonne, Melgueil, etc., etc., avaient des comtes, des vicomtes et des seigneurs particuliers ; mais le plus puissant de tous était le comte de Toulouse, dont la plupart relevaient. Malgré les guerres sanglantes qui désolèrent souvent le Languedoc, et notamment les guerres de religion, dont la fureur décima toutes les familles, la noblesse de cette province n'a pas cessé d'être la plus nombreuse, et cependant les anoblissements y furent moins communs jusqu'à la fin du quatorzième siècle, que dans les autres pays du royaume. Enfin, dans un dénombrement fait par M. de Gasville, vers l'an 1700, on comptait seulement en Languedoc, sans comprendre les pays de Foix et de Rouergue, quatre mille quatre cent quatre-vingt-dix-sept gentilshommes.

Les bourgeois de certaines villes, comme Toulouse, Carcassonne, Beziers, etc., avaient plusieurs beaux privilèges : ils étaient exempts de quête, de prêt forcé et de taille forcée ; et l'on a une attestation de l'an 1298, qui prouve que les bourgeois de la sénéchaussée de Beaucaire étaient admis dans l'ordre des chevaliers, et décorés de la ceinture militaire, de même que les gentilshommes élevés à cette dignité. Les bourgeois, au treizième siècle, n'étaient point exclus de la possession des fiefs, moyennant finance, et l'on voit qu'en 1269 et 1270, Alfonse, comte de Toulouse, et Jeanne, sa femme, ayant besoin d'argent pour leur second voyage à la Terre-Sainte, confirment, au moyen d'une certaine somme, divers bourgeois dans la possession des fiefs qu'ils avaient acquis. Cette faculté de posséder des fiefs a dû faire passer dans la noblesse un grand nombre de familles plébéïennes. De simples gentilshommes pouvaient même donner leurs fiefs à des non-nobles, en récompense de leurs services (1), et cette sorte d'inféodation a dû être une grande source d'anoblissements.

En *Languedoc*, la noblesse n'était point affectée aux officiers municipaux comme dans la plupart des autres provinces, et la seule ville de Toulouse paraît avoir eu ce privilége. Le capitoulat, exercé d'abord par les maisons du pays les plus distinguées par la naissance et l'illustration, le fut au treizième siècle par des bourgeois, auxquels Philippe-le-Bel, en 1297, permit de tenir des biens nobles, sans pouvoir être contraints de s'en dessaisir ni d'en payer aucune finance, et, par des lettres de l'an 1419, Louis XI anoblit les capitouls de Toulouse. Quoique depuis les lois du quatorzième siècle plus de la moitié des maisons nobles de cette province tirent leur noblesse des francs-fiefs, du capitoulat, des lettres de noblesse délivrées par nos rois, ou de charges de finances, on peut dire qu'il est peu de provinces où il reste encore autant de maisons d'ancienne chevalerie que dans celle de Languedoc.

ETATS DU LANGUEDOC.

L'usage des assemblées de notables était pratiqué dans la Narbonnaise avant même que cette partie des Gaules

---

(1) Ordonnance de Louis X, du mois de janvier 1315.

I. 6o

fut sous la domination des Romains ; mais ce qu'on a depuis nommé états ou assemblées des trois ordres ne date que du milieu du treizième siècle. Une ordonnance du roi saint Louis, datée de Saint-Gilles, au mois de juillet 1254, est le plus ancien monument qui prouve que le tiers-état ait été nommément appelé dans les assemblées de la province de Languedoc, et même du royaume. Ainsi on peut le regarder comme le principal fondement qui a donné lieu à l'origine des états de Languedoc, suivant la forme qui s'y est observée depuis, lesquels ne sont devenus généraux que par le concours des états particuliers de chaque sénéchaussée, qui s'assemblèrent d'abord séparément, et qui s'étant réunis dans la suite, n'ont composé qu'un seul corps. La tenue et la durée des états du Languedoc n'ont pas toujours été fixes ; dans les derniers siècles, cette assemblée commençait ordinairement en novembre et finissait ordinairement en janvier.

Les membres de la noblesse qui avaient séance aux états de Languedoc, sont : le comte d'Alais (première place fixe), le vicomte de Polignac (seconde place fixe), le baron qui est de tour de Vivarais (troisième place fixe), le baron qui est de tour de Gévaudan (quatrième place fixe); et dix-neuf barons, savoir : de Castelnau d'Estretefons, de Castries, de Rouayroux, de Villeneuve, de Castelnau de Bonnefous, de la Gardiolle, de Calvisson, de Tornac, de Mirepoix, de Florensac, de Barjac, de Saint-Félix, de Murviel, de Brain, d'Ambres, de Lenta, d'Arques, de Rieux, et de Ganges.

Il y a en Languedoc trois pays qui avaient leurs états particuliers ; ce sont le Vivarais, le Velay et le Gevaudan.

En Vivarais, les barons, au nombre de douze, présidaient l'assemblée, et l'évêque n'y venait qu'à son tour comme baron. En leur absence, ils pouvaient envoyer un subrogé qui tenait l'assemblée. Le bailli du pays, qui était le marquis de Vogué, y assistait toujours, et outre les barons, il y avait encore treize consuls et deux baillis. Le pays avait un syndic perpétuel. Le baron de tour ou son subrogé signait le premier, et le commissaire principal le second, seul à la gauche ;

usage d'autant plus singulier que partout ailleurs il signe
le premier.

Les états du Vivarais envoyaient tous les ans un baron
aux états du Languedoc, et comme ils étaient douze,
le tour de chacun arrivait tous les douze ans. Ces barons
sont ceux de Tournon, de la Voulte, d'Annonay, de
l'Argentière, d'Alps., de Crussol, de Joyeuse, de Saint-
Remy, de Brion, de Boulogne, de Privas, et de Cha-
lençon.

Les états du Velay étaient composés de l'évêque du
Puy, qui présidait, du commissaire principal, du sénéchal, du vicomte de Polignac, qui présidait en l'absence
de l'évêque, de huit députés du clergé, de quinze barons
du pays, et de neuf consuls. Il y avait aussi un syndic,
qui pouvait être continué plus d'une année par une délibération.

Les états du Gévaudan étaient composés de l'évêque
de Mende ou de son grand-vicaire, qui présidait toujours, d'un commissaire principal, du bailli du pays,
des consuls de Mende et de Marvejols, commissaires
ordinaires ; de sept députés du clergé, de neuf barons,
de dix-huit consuls des principaux lieux du diocèse ; et
d'un syndic, que les états changeaient quand ils le jugeaient à propos. Les barons étaient ceux de Mercœur,
de Canillac, de Tournel, de Chateauneuf, de Des-
sandons, de Peyre, d'Apcher, de Sénaret, et de
Florac.

Les états de Languedoc étaient ordinairement composés de vingt-trois membres du clergé, d'un même
nombre de la noblesse, de soixante-sept du tiers-état,
et de sept officiers de la province, en tout cent vingt
membres. Par délibération des états, du 5 mars 1654,
les titulaires des comtés, vicomtés et baronnies, avant
de prendre séance pour la première fois, furent astreints
à faire preuve de quatre cents ans de noblesse, tant du
côté paternel que du maternel, et leurs procureurs fondés de quatre générations.

Quant aux assemblées de la noblesse de Languedoc,
pour la nomination des députés aux états-généraux du
royaume en 1789, nous renvoyons le lecteur à la seconde série, aux mots *Agde*, *Alais*, *Alby*, *Aleth*, *Béziers*, *Carcassonne*, *Castres*, *Comminges*, et dans la

présente série, aux mots *Gévaudan*, *Lavaur*, *Lodève*, *Mende*, *Mirepoix*, *Montauban*, *Montpellier*, *Narbonne*, *Nismes*, *le Puy*, *Rieux*, *Saint-Papoul*, *Saint-Pons*, *Toulouse*, *Uzès*, *Vivarais*, etc.

DE LARCHANT. *Voyez* GRIMOUVILLE.

LARCHIER, barons de Courcelles, maison d'orgine chevaleresque de la province de Normandie, reconnue pour noble par Raimond de Montfaut, en 1463 ; commissaire du roi, envoyé alors pour la recherche de la noblesse. Elle a constamment porté les armes pour le service de nos rois. Entr'autres officiers distingués, elle compte André Larchier, chevalier, seigneur des Authieux, qui, après avoir été long-tems capitaine des chevau-légers dans le régiment de Nugent, a été choisi par la noblesse de Caux, pour la commander en Allemagne, en 1674, en qualité de cornette, et à Dieppe, en 1689, en qualité de capitaine. Le baron de Courcelles réunit, en lui seul, toutes les autres branches de cette maison, dont il est parlé ci-dessous, qui sont éteintes, et il est à présent veuf de noble dame Marie-Catherine Guedier de Sainte-Geneviévre, dont le père était conseiller au parlement de Normandie. De ce mariage sont issus :

1°. Catherine-Louise Larchier, mariée, ayant des enfants ;

2°. Jules Larchier, appelé le baron Jules de Courcelles, et qui a souffert toute la tourmente révolutionnaire, son père ayant fourni, pour lui, quatre hommes de remplacement, à différentes époques ; non marié ;

3°. Juliette Larchier, aussi non mariée.

Services militaires. Le baron de Courcelles est entré mousquetaire noir, en 1765 ; puis, en 1768, il est passé au régiment de cavalerie de Bourgogne ; il fut pourvu, en 1744, de la charge de lieutenant des maréchaux de France, qu'il n'a exercée qu'en 1779, qu'il a quitté alors le régiment de Bourgogne, et fut reçu chevalier de Saint-Louis, en 1791, par le commandant de ce corps, en présence de tous ses camarades, à Rouen, où était alors, en garnison, le régiment de Bourgogne. Depuis

la rentrée du Roi, il est membre de l'association paternelle des chevaliers de Saint-Louis.

Nota. Il a existé une autre branche de cette maison,
qui était établie dans le Brabant, et qui a fini en la
personne de Marie-Catherine Larchier, comtesse de
Thildoncq, qui épousa, le 31 juin 1708, Maximilien-
Joseph de Lalain, vicomte d'Oudenarde, admis à l'état
noble du duché de Brabant, en qualité de comte de
Thildoncq, le 6 octobre 1707, et élu depuis député
ordinaire du corps de la noblesse, le 13 janvier 1711.
D'argent, un porc-épic de sable.

DE LARRARD, anciennement de *Larralde*, en Guienne,
seigneurs du marquisat de Puyguilhem, de la baronnie de
Saint-Barthélémy, etc. Cette famille justifie sa filiation
depuis Adam de Larralde, écuyer, gentilhomme ordinaire de la chambre du roi, en 1579. Il était fils de
N..... de Larralde, lieutenant-colonel du régiment de
Piémont, et il avait épousé Marie Dibildolts, dame de
Gurat, le 16 juillet de la même année. Ses descendants
ont donné plusieurs officiers. *Parti, au 1 d'argent, au
chevron d'azur, accompagné de trois coquilles de sable ; au
chef d'azur, chargé de trois têtes de loup d'argent ; au 2
d'or, au chevron de gueules, accompagné en chef de deux
merlettes de sable, et en pointe d'un pin de sinople.*

DE LARREY ou LARRÉ. Cette famille tire son
nom d'un fief situé dans la châtellenie d'Alençon, en
Normandie. Le plus ancien du nom est Nicolas de
Larré, écuyer; il eut un fils, Olivier, seigneur de Larré,
chevalier, qui fit une donation à l'abbaye de St.-Martin
de Séez, des patronages de Semale, de Congé, de
Saint-Pierre, de la Chapelle, de Notre-Dame de Bouillon
et de Saint-Germain du Marché de Séez. Cette donation
fut confirmée, en 1207, par Silvestre, évêque de Séez.
Cette maison a produit des officiers qui ont servi avec
distinction, tant sur mer que sur terre. Jean de Larrey,
écuyer, seigneur de Vaufouquet, avant 1596, monta
le premier sur la brèche, au siége de Laon, commandant alors une compagnie de gens de pied du régiment du sieur de Buffes.

Cette famille prouve sa filiation depuis Robert de Larrey, écuyer, seigneur de Vaufouquet, père du précé-

dent, qui vivait en 1560. *D'or, à neuf losanges d'azur.*

DE LASSUS, seigneur de Canens, en Guienne, famille connue, dans l'ordre de la noblesse, depuis le commencement du seizième siècle. *D'or, à l'étoile de sable : à la champagne ondée d'azur; au chef de gueules.*

DE LASTIC, en Auvergne, seigneurs de Lastic, de Valeilles, barons de Sioujeac et de Saint-Georges, vicomtes de Murat, seigneurs d'Unzac et de Segonzac, de Saon, d'Urre, etc., etc. ; illustre, ancienne et jadis puissante maison de chevalerie, que plusieurs historiens font sortir de l'ancienne maison de Mercœur. Elle a pris son nom du bourg de Lastic, au diocèse de Clermont, entre les rivières de Chevanon et de Sioule. Elle remonte, par filiation, à Hugues, seigneur de Lastic, chevalier, qui, l'an 1211, donna conseil à Simon de Montfort, chef des croisés contre les Albigeois, de ne pas l'attendre, et de se jeter dans Castelnaudary, pour arrêter Raymond, comte de Toulouse, dans sa marche. Depuis ce tems, cette maison n'a cessé de donner des personnages considérables ; elle a donné, en 1437, un grand-maître à l'ordre souverain de Saint-Jean de Jérusalem, et plusieurs chevaliers et commandeurs du même ordre ; quinze chanoines-comtes et dignitaires de Brioude, depuis Etienne de Lastic, qui fut reçu dans ce chapitre en 1161, jusqu'à l'an 1605 ; des conseillers et chambellans de nos rois, un grand-maître d'hôtel de la reine Marie d'Anjou, des chevaliers de l'ordre du roi, des capitaines d'hommes d'armes ; des gouverneurs de provinces et de places de guerre ; trois généraux, dont l'un commandeur de l'ordre de Saint-Louis ; nombre d'officiers supérieurs, et un évêque-comte de Châlons-sur-Marne, pair de France en 1763. *De gueules, à la fasce d'argent.* La branche des seigneurs de l'hôtel d'Urre et de Saon, en Dauphiné, brisait d'*une bordure de sable.*

DE LASTOURS. *Voyez* DAVID.

DE LATGER, en Languedoc, famille distinguée et anoblie dans la robe, qui a donné six conseillers au parlement de Toulouse, depuis l'an 1552. *D'azur, au lion d'or; au chef cousu de gueules, chargé de trois besants d'argent.*

DE LAUBE, seigneurs de Bron et de Saint-Trivier, en Dauphiné. Cette famille remonte, par filiation, à Lyonnet de Laube, seigneur de la Tour-Courtin, marié en 1600 avec Renaude d'Ivry. *D'azur, au chevreuil d'or, franchissant un rocher de trois coupeaux d'argent.*

LAURE-CHABERT, seigneurs de Veyssilieu et de Brotel, en Dauphiné. Cette famille a pour auteur Girin Laure, seigneur de Veyssilieu et de Brotel, vivant en 1474. *Coupé, au 1 échiqueté de gueules et d'argent; au 2 d'azur, à une bande d'or, accostée de trois étoiles du même émail.*

LAURENS. Claude Laurens, conseiller du roi, fut anobli par lettres-patentes, en forme de charte, données en janvier 1723, pour récompense de ses longs et importants services, et aussi comme étant issu d'une bonne et ancienne famille de la ville de Senlis. *De gueules, à trois croisettes d'argent.*

DE LAURÉS, famille de l'Agénois, qui a pour chef Béraud de Laurés, conseiller au parlement de Pau, dont le fils Hélie de Laurés est qualifié noble et capitaine dans son contrat de mariage du 2 septembre 1590, avec demoiselle Catherine Plombin. *D'or, à trois branches de laurier de sinople en pal; au chef de gueules, chargé de trois foudres d'argent.*

DE LAURIS, barons de Lauris et de Valbonnette, marquis d'Ampus et de Taillades, seigneurs de Malemort, de Bonneval, de Beaumont, de Montserein, de Lagneroux, de Villehaute, de Vaqueiras, de Montmirail, de Reynier, de Thury, de la Forest-Galond, co-seigneurs de Lambesc, etc., en Provence.

La maison de Lauris tire son nom de la baronnie de Lauris, située dans la viguerie d'Apt; ses descendants, d'origine chevaleresque, firent partie des expéditions les plus importantes des comtes de Provence, et furent chefs des croisés dans les croisades des onzième, douzième et treizième siècles. Guilhem de Lauris fut député, avec la principale noblesse de Pro-

vence, en 1245, pour complimenter Charles Ier;
comte d'Anjou, sur son mariage avec Béatrix, fille
de Bérenger, comte de Provence. Alfant de Lauris fut
l'un des cent chevaliers nommés pour seconder Charles Ier. dans son célèbre combat contre le roi d'Aragon, vers l'an 1282.

Hugon de Lauris, depuis lequel cette famille prouve
sa filiation, est qualifié messire dans un acte du 15 des
calendes de septembre 1276, par lequel le prieur de
Valbonnette lui donna une reconnaissance des héritages situés dans ce lieu. L'acte porte : *Dominus Hugo
de Lauris habitator de Valbonnetta*, et l'on sait que la
qualité de messire n'était donnée, dans ce tems-là,
qu'à ceux qui étaient revêtus du grade de chevalier.

Noble Melchion de Lauris-de-Taillades, l'un des
capitaines de la milice d'Avignon, faisait partie du
détachement qui secourut le château de Sorgues, as-
siégé par les Huguenots, qu'il chassa de ce lieu le 30
août 1562. Depuis 1655, cette famille ayant hérité des
biens d'une branche de la maison de Castellane et de
celle des Gérards-d'Aubres, elle ajouta à son nom et
à ses armes les noms et les armes de ces deux branches, comme elle y ajouta également les noms et les
armes des branches de Vassadel et du Deffand, auxquelles elle se trouve alliée. *Ecartelé, au 1 d'argent, à
trois bandes, celle du milieu de sinople, et les deux autres
de gueules*, qui est DE LAURIS ; *au 2 d'argent, à la
bande de sable, accompagnée en chef d'une merlette du
même*, qui est DU DEFFAND ; *au 3 d'argent, à la fasce
d'azur, chargée de trois chevrons d'or couchés, et accompagnée de trois roses de gueules*, qui est DES GÉRARDS ;
au 4 d'argent, à trois fasces de gueules, qui est DE VAS-
SADEL ; *sur le tout de gueules, au château à trois tours
d'or, maçonné de sable*, qui est DE CASTELLANE.

DE LAUZON, seigneurs de la Poupardière, de Lirec, etc., en Poitou. Cette famille a pour auteur James
de Lauzon, sieur de Lirec, avocat, ancien échevin,
maire et capitaine de la ville de Poitiers, depuis le 28
juin 1532, jusqu'en 1549. *D'azur, à trois bisses arrondies d'argent.*

DE LAVARDAC, maison d'origine chevaleresque de

l'Albret, éteinte, après s'être alliée à plusieurs races
de chevalerie du même pays ; à celles du Lupé-Louvi-
gny-Mapsan-Taillebosq, de Castillon-Castillon-Mau-
vesin, de Mélignan-Trignan, etc. *De gueules, à trois
tourteaux d'argent en bande.*

DE LAVAUR-DE-GAIGNAC. Cette famille, du
vicomté de Turenne, en Quercy, prouve sa filiation
depuis François de Lavaur, Ier. du nom, qui vivait en
1619. *D'argent, au chevron de gueules, accompagné de
trois croissants du même ; au chef d'azur, chargé de trois
étoiles d'or.*

LAVAUR.

*Liste des Gentilshommes du diocèse de Lavaur, qui, en
1789, ont signé le mémoire sur le droit qu'a la noblesse
de Languedoc, de nommer ses députés aux États-Généraux du royaume, dans les assemblées convoquées par
bailliages et sénéchaussées.*

Messieurs

De Raymond de Bovillar.
Le comte de David de Beauregard.
Le comte de Pujol.
De Marsa.
De Robert de Campredon.
De Rieux.
Le chevalier de Cousin.
De Villepassens, marquis de Saint-Maurice.
De Thurin.
Le marquis d'Avessens-Moncal.
Le comte de Loubens-Verdalle.
Le chevalier Bonneman.
De Ranchin de Burlas.
De Gineste de Najac.
De Gineste de Najac.
De Pémille.

Le chevalier de Gineste.
Le chevalier de Ranchin.
D'Imbert de Corneillan.
De Gineste la Barthe.
De Bosredon.
De la Roque du Buisson.
De Bedos de Campan.
D'Imbert de Valcroze.
De la Roque du Buisson.
Du Puy du Tour.
De Ranchin.
De Ranchin de Lacam.
Le chevalier d'Appelle.
Le chevalier de Najac.
De Padiès.
De Padiès.
De Terson.
De Paleville.
De Saint-Hilaire de Paleville.

I. 61

De Portal.

De Portal.

De Bonnefoy.

De Falguerolles.

D'Arbousié.

Le chevalier de Pujol.

De Bodin de Galembert.

D'Ortet.

De Vignes Montet.

De Maury Descaufour.

De Rivals de Canimont.

Le chevalier d'Ortet.

De Ferrand–Visols.

De Maffre de Lastens.

Le chevalier de Bernardy.

Le chevalier de Rivals de Boussac.

Le chevalier de Mazieu.

Le chevalier de Maffre de Lastens.

Le chevalier d'Izalguier.

De Rivals.

De Vignes de Coussinal.

De Vignes.

De Virven la Boulbène.

De Visols de Favier.

Le vicomte de Villeneuve Flamalens.

Du Cup.

Le comte de Villeneuve-Flamalens.

De Gally.

De Bonne.

LAVECHEF DU PARC, en l'Ile de France. Cette famille tient sa noblesse de Claude-François de Lave-chef du Parc, conseiller-secrétaire du roi, pourvu le 27 août 1733, marié, à Versailles, le 6 septembre 1731, à Madelaine Mercier. *D'azur, à un cygne d'argent, nageant sur une rivière de sinople, sa tête plongée dans l'eau, et trois étoiles d'or, posées en chef.*

DE LAVIER, en Franche-Comté, seigneurs de Calmoutier, chevaliers héréditaires par lettres en forme de charte, du mois de janvier 1737, seigneurs de Vaivres, Magny-lès-Jussy et Poncey.

Philibert de Lavier eut pour fils noble Pierre de Lavier, né le 10 août 1459. Cette maison prouve sa filiation jusqu'à lui et a produit plusieurs capitaines et un colonel, distingués par leurs services. *D'azur, à la fasce d'argent.*

LÉGIER, seigneurs de la Sauvagière et de la Barre, en Poitou. Cette famille a donné deux chevaliers de l'ordre du roi. Elle a pour auteur Jacques Légier, écuyer, seigneur de la Sauvagière, vivant en 1500, avec Jeanne de la Chapellerie, son épouse. *D'argent, à trois roses de gueules, feuillées de sinople.*

DE L'ÉGLISE DE LA LANDE, en Guienne, famille très-ancienne, originaire du comtat Venaissin, qui a fourni plusieurs officiers distingués au service de nos rois, et formé des alliances avec les maisons les plus considérables du royaume : une de ses branches s'est transplantée dans le duché d'Albret, et en 1705, dans l'Agénois. Elle a fourni, dès l'an 1552, plusieurs capitaines - gouverneurs du château de Castelnau de Cernes, et entr'autres un capitaine d'une compagnie de gens de pied, qui rendit des services signalés au roi Henri IV, en 1596. Elle compte beaucoup de ses membres dans l'ordre de Saint-Louis, et un grand nombre de capitaines depuis Henri IV; ladite branche a été convoquée à l'assemblée de la noblesse du bailliage d'Agen, en 1789, et elle est représentée de nos jours, par :

1º. Etienne de L'Eglise de la Lande, lieutenant-colonel retiré, chevalier de Saint-Louis (a émigré);

2º. Autre Etienne, chevalier de L'Eglise, ancien capitaine du régiment de Champagne, chevalier de Saint-Louis, frère puîné du précédent (a émigré);

3º. Autre frère des précédents Pierre de L'Eglise, ancien capitaine du régiment d'Austrasie, a quitté le service en 1792 ou 93, par suite d'une blessure grave qu'il reçut dans l'Inde, à la bataille de Gondelour, le 13 juin 1783, et où il a fait six campagnes avec le même régiment, depuis 1780 jusqu'en 1786;

4º. Autre Pierre de L'Eglise, fils du précédent, et le seul rejeton de cette famille, est né en 1788.

Tous les quatre sont actuellement vivants et habitent le département de Lot-et-Garonne.

Les armes de cette maison sont : *Tiercé en fasce, au 1 d'azur, à trois fleurs de lys d'or; au 2 d'argent à l'église de gueules; au 3 de gueules plein.* La branche établie dans l'Agénois, porte : *D'azur, au croissant d'argent; au chef d'argent, chargé d'un lion issant de gueules.* Couronne de marquis, légende : *Semper crescendo.*

DE LEIMARIE, seigneurs de la Roche et du Rat, en Périgord, famille ancienne qui remonte par filiation à Guillaume de Leimarie, Ier. du nom , écuyer , seigneur du Rat, père de François de Leimarie, écuyer, seigneur du même lieu , marié, par contrat du 17 février 1540, avec Marguerite de Landric, fille de noble Elie de Landric ; seigneur de Lanterie , et de Marguerite Foucaud. *D'or, à trois roses de gueules.*

DE LEMPS , maison d'ancienne chevalerie du Dauphiné, qui a pris son nom d'un bourg situé à une demi-lieue de la route de Lyon à Grenoble. François de Lemps est nommé comme noble dans la révision des feux de Chabons de l'an 1474, et avait épousé Aimard de Pallod, fille de Humbert de Pallod, seigneur de Saint-Agnin et de l'île d'Abeaux; et d'Alix de Bocsozel. *Parti d'argent et de gueules ; au lion de l'un à l'autre.* Devise : *Le tems j'attends.*

DE LENTILHAC, comtes de Lentilhac , vicomtes de Sédières , barons de Gimel , maison d'ancienne chevalerie, originaire de la province de Quercy, qui a donné son nom au bourg de Lentilhac , près la petite ville de Figeac. Son ancienneté remonte au tems les plus reculés , puisque dès la fin du huitième siècle , on voit déjà figurer les sires de Lentilhac , comme de puissants seigneurs , dans des traités passés avec l'abbé du monastère de Figeac; l'abbaye de Vic de l'ordre de Cîteaux, au diocèse de Cahors, fut fondée, l'an 1260, par les seigneurs de cette maison. Elle a donné des capitaines d'hommes d'armes, des officiers-généraux, un grand nombre d'officiers supérieurs et des chevaliers des ordres du roi. Elle a obtenu les honneurs de la cour, en 1782, en vertu des preuves faites au cabinet du Saint-Esprit; elle a produit des comtes de Lyon, plusieurs chanoinesses de Remiremont, et a fourni plusieurs prélats recommandables ; entr'autres un évêque de Lavaur. *De gueules , à la bande d'or.* Couronne de marquis. Supports : deux lions.

DE LÉRETTE, seigneurs du Poet , de Rilly , de Lérette, etc., en Touraine. Cette famille a pour auteurs Jean de Lérette, écuyer, seigneur de Lérette, et Marguerite de Quinquempoix ; son épouse , vivant avant l'an 1535. *D'argent, à trois grues de sable ; bec-*

quées et armées de gueules, ayant les extrémités des ailes aussi de gueules.

LERIGET DE LA FAYE, seigneurs de Condé, Saconnay, Courthiery, Savigny, Beaune, etc., en Angoumois, en Dauphiné et à Paris. Cette famille prouve sa descendance depuis Jean Leriget, sieur de la Faye, qui était au service dans l'armée navale, en 1647. Pierre Leriget, son fils, sieur de la Faye, conseiller du roi, receveur-général en l'élection de Vienne, en Dauphiné, fut pourvu, le 23 juillet 1680, d'un office de secrétaire du roi, maison couronne de France et de ses finances. Elle a donné un gouverneur de place, des officiers de marque dont un revêtu du titre d'envoyé extraordinaire, et deux autres qui ont fait partie de l'académie française et de l'académie des sciences : le premier, Jean-François Leriget de la Faye, comme littérateur distingué ; le second, Jean Leriget, son frère, seigneur de la Faye, et décoré de l'ordre royal et militaire de Saint-Louis, comme mathématicien et mécanicien célèbre. D'azur, à la bande d'or, chargée de trois aiglettes de gueules.

DE LERS, famille noble du Dauphiné. D'azur, au sautoir d'or, cantonné en chef d'un croissant du même, et aux autres cantons de 3 roses d'argent.

DE LESCOT, en Dauphiné. Cette famille est connue depuis Raymond de Lescot, qui fut un des commissaires nommés par le dauphin Guigues XI, l'an 1331, pour la recherche et pour le jugement des crimes commis pendant les guerres précédentes, par les châtelains et autres officiers, dans l'exercice de leurs fonctions. D'or, à trois têtes de lion arrachées de gueules.

DE LESCOT, en Brie. De sable, à la tête de chevreuil d'argent, les ramures d'or et d'argent.

DE LESCUT, seigneurs de Pixerécourt et de Saint-Germain, en Lorraine, famille anoblie le 6 septembre 1516, dans la personne de Louis de Lescut, secrétaire du duc Antoine. Cette famille a donné un conseiller-secrétaire-d'état des ducs de Lorraine, envoyé vers l'empereur Charles V, pour le traité conclu à Nuremberg, le 26 août 1542. On trouve au Trésor des Chartes, une copie, du 26 janvier 1640, des lettres de l'empereur Charles V, portant concession à Nicolas de Lescut, conseiller-secrétaire du duc Antoine, du titre de comte palatin du palais de Latran et de sa cour impériale; lesdites lettres en date de Spire, du 20 mai 1544. *D'or, au lion de sable, armé et denté d'argent, chargé sur l'épaule d'un écusson du même.*

LESHÉNAUT DE BOUILLÉ, famille originaire de l'Anjou, seigneurs de Bouillé-Théval, Lespinay, Garnison, de la Martinière, Saint-Sauveur-de-Flée, etc., dont la filiation remonte à noble Jacques Leshénaut, écuyer, sieur de Lespinay, en 1524. Cette famille a donné un capitaine des gardes-du-corps de Monsieur, et plusieurs officiers de divers grades. *D'or, à trois croisettes patées de gueules; à l'étoile d'azur en cœur.*

DE LESPINASSE, maison des plus anciennes et des plus illustres du royaume, qui tire son nom d'une terre située en Bourgogne, aux frontières de Forez, et qui s'est répandue dans les provinces d'Auvergne, du Nivernais, de Bourbonnais, de Champagne, etc. Elle n'est pas moins distinguée par ses services militaires, que par les belles alliances qu'elle a contractées avec les maisons les plus considérables, par lesquelles elle a l'honneur d'appartenir à une branche de la maison royale de France. On compte parmi les comtes de Brioude qu'elle a donnés, Guillaume, Hugues, Louis et Pons de Lespinasse, en 1200; Bertrand, en 1282; Pons et Willelme, en 1287; Drogon de Lespinasse, comte de Brioude, fut témoin à un acte de vente du jour de Saint-Jean et Saint-Paul, l'an 1247. Elle était partagée dès le commencement du douzième siècle, en diverses branches, dont une connue sous le nom des seigneurs de Saint-André, a fourni un grand nombre de chanoines, comtes de Lyon, entr'autres Guillaume de Lespinasse, en 1341, et Guichard de Lespinasse, en 1349, prévôt en 1374, et doyen en 1399. Cette branche s'est éteinte vers l'an 1380, dans la personne de Hugues de Lespinasse, chevalier, seigneur de Saint-André, près Rouenne, dont la fille unique, Alix de Lespinasse, héritière de la terre de Saint-André, épousa Guillaume d'Albor,

Ier. du nom, chevalier, seigneur de Saint-Forgeux et
de Curis. Il fut stipulé par son contrat de mariage, que
le second fils qui en proviendrait, porterait le nom et
les armes de l'Espinasse (1), et aurait pour son partage la terre de Saint-André, ce qui fut exécuté; Jean
d'Albon, second fils de Guillaume, ayant toute sa vie
porté le nom de l'Espinasse. Mais ses cadets, qui se rendirent fameux sous le nom de Saint-André, reprirent
le nom et les armes d'Albon, *brisées d'un lambel de
trois pièces de gueules*, pour se distinguer de leur aîné,
seigneur de Saint-Forgeux et de Curis.

On trouve une branche des seigneurs de Saint-Léger,
dont était Jean de Lespinasse, chevalier, seigneur de
Saint-Léger, et d'Aucize sous Dun-le-Roi, en Bourgogne, au diocèse d'Autun. Catherine de Lespinasse,
sa fille unique, dame desdites terres, les porta dans la
maison d'Aulgerolles, par son mariage contracté, vers
l'an 1380, avec Guillaume d'Aulgerolles, dit du Vernet, seigneur de Sapolgue, seigneurie dont il avait rendu
hommage au comte de Forez, le 21 mars 1379.

Raoul et Dalmas de Lespinasse furent témoins de la
charte d'abandon fait en 1180, à l'abbaye de Clugny,
de la garde du prieuré d'Ambierle, près de l'Espinasse.

Ponce de Lespinasse était chanoine-comte de Brioude,
en 1200. Dans les cartulaires des comtes de Brioude, il
est fait mention de W. de Lespinasse, sous la date de
1206.

Pierre de Lespinasse était chevalier des Templiers,
et commandeur de Celle, qui est une commanderie considérable près Murat, en 1241.

Hugues de Lespinasse était chevalier de Rhodes, et
commandeur de Celle, en 1327.

Guillaume de Lespinasse, *Espinacia*, était chanoine,
comte de Lyon, au mois d'octobre 1341, ainsi qu'il
conste des registres capitulaires de ladite église.

Girard de Lespinasse, chevalier, était capitaine des
montagnes d'Auvergne, en 1358.

---

(1) Mazures de l'isle Barbe, par le Laboureur, t. II. p. 138.

Louis de Lespinasse était chanoine-comte de Brioude, en 1473.

Poncèt de Lespinasse, seigneur de l'Espinasse et de la Tour, était bailli, pour le roi, des montagnes d'Auvergne, en 1502.

Gilbert de Lespinasse était aussi chanoine, comte de Brioude, en 1658.

Cette maison a donné des chevaliers célèbres, un échanson du duc de Bourgogne, en 1407 et 1409, conseiller, chambellan et gouverneur des enfants de ce prince, les comtes de Nevers et de Réthel, dont le neveu Béraud de Lespinasse, substitué aux biens de sa mère, Blanche Dauphine, dame de Saint-Ilpize et de Combronde, fut conseiller et chambellan du roi Louis XI, et général de l'armée que ce prince envoya contre le duc de Bourgogne, en 1475; il défit les troupes du duc, dans une bataille qu'il gagna près de Château-Chinon. La branche de Langeac, qui a fait les preuves de la coûr en 1770, a donné quatre maréchaux de camp, un brigadier des armées du roi, et nombre d'officiers supérieurs, décorés de l'ordre royal et militaire de Saint-Louis. *Écartelé, au 1 d'or, au dauphin pâmé d'azur,* qui est des DAUPHINS D'AUVERGNE; *au 2 d'or, au gonfalon de gueules;* qui est D'AUVERGNE; *au 3 d'azur, semé de fleurs de lys d'or, à la tour d'argent, brochante,* qui est DE LA TOUR D'AUVERGNE; *au 4 d'or, à six fleurs de lys d'azur,* qui est DE COMBRONDE; *sur le tout de gueules, à la bande d'argent; au lambel du même, brochant,* qui est DE LESPINASSE.

DE LESPINAY, seigneurs de Marteville, Pensy, etc. Cette famille, originaire de Picardie, prouve sa filiation depuis Pierre de Lespinay, écuyer, seigneur de Lorides en 1420. Elle a donné des officiers de marque, dont l'un, Jacques de Lespinay, seigneur de Marteville, et autres lieux, fut décoré de l'ordre royal et militaire de Saint-Louis et promu au grade de brigadier des armées du roi. Elle a encore produit d'autres généraux et officiers décorés également de l'ordre royal et militaire de Saint-Louis, dont plusieurs ont été gouverneurs de places. *D'argent, à trois losanges de gueules.*

DE LESPINAY, seigneurs de Bodouan, de Lespinay, etc., en Bretagne, de la Ruffelière et de la Vrignonière, en Poitou. La descendance de cette maison remonte jusqu'à Jean de Lespinay, premier du nom, qui mourut avant le 19 septembre 1482. Il eut pour fils Jean de Lespinay, qualifié noble homme dans un acte du 26 avril 1479, lequel avait alors pour femme Bertranne Robelot. *D'argent, à trois épines de sinople.*

DE LESQUEN, seigneurs et marquis de la Villemeneust, seigneurs du Plessis et de Casso, du Plessis de Trehen, de Karmenec, de Goizac, de Kerbusault, etc., maison très-ancienne et très-distinguée de la province de Bretagne, connue par filiation depuis Guillaume de Lesquen, qui, l'an 1333, commandant sur les côtes de Saint-Brieux avec cent hommes d'armes, reçut ordre d'augmenter cette compagnie d'un pareil nombre d'hommes d'armes. Cette maison est à la fois distinguée par une longue série de services militaires et de nombreuses et belles alliances. Elle a donné des capitaines d'hommes d'armes, des gouverneurs de places, trois chevaliers de l'ordre du roi, un maître d'hôtel de Sa Majesté, un maréchal de camp, grand-croix de Saint-Louis, commandeur de l'ordre de Saint-Lazare, et nombre d'officiers supérieurs et de capitaines décorés de l'ordre royal et militaire de Saint-Louis. *De sable, à trois jars d'argent, becqués et armés de gueules.*

DE LESQUEN, seigneurs de Largentais, de la Menardais, du Jeunebosc, en Bretagne. Cette famille pourrait avoir une origine commune avec la précédente. Elle établit sa filiation depuis Louis de Lesquen, qui fut déclaré noble et issu de nobles ancêtres, et exempt de tous subsides, le 23 janvier 1400. Ses descendants ont constamment suivi le parti des armes. *De gueules, à l'épervier d'argent, becqué, membré, longé et grilleté d'or, la tête contournée, surmonté d'un croissant tourné d'or, et accompagné de trois molettes d'éperon du même.*

DE LESTANG, seigneurs de Villemont, des Girards, de Rochepeau et de la Courtauderie, sieurs de Montaboulin.

De Guillaume de Lestang, écuyer, qui existait avant 1364, sont sorties trois branches, qui s'établirent en

L. 62

Provence, en Poitou et en Berry. C'est de la branche établie dans cette dernière province qu'est sorti Pierre de Lestang, premier du nom, écuyer, sieur de Borderousse, et natif de Bretagne, dont l'arrière-petit-fils, Pierre de Lestang, second du nom, se maria, le 20 novembre 1610, avec Jacquette Perrotin des Epinières. *D'azur, à un chevron d'or, accompagné de trois étoiles d'argent, la dernière soutenue de deux cœurs du même, appointés au bas de l'écu.*

DE LESTANG, seigneurs et marquis de Lestang, sires de Vinay, en Dauphiné. Le nom primitif de cette famille était *Murat*. Elle prouve sa filiation depuis Bertrand de Murat, seigneur de Lestang, qui fut écuyer et échanson de Louis XI, gouverneur du château de Beaufort et de celui d'Esperat en 1451, et Antoinette de Quincieu, sa femme. Elle a donné un maréchal de camp en 1576. *D'azur, à trois fasces bretessées d'argent, celle du chef de cinq pièces, la seconde de quatre, la troisième de trois et portichée.*

DE LESTRADE DE LA COUSSE, en Périgord, famille noble et ancienne, qu'on ne doit pas confondre avec une autre famille de même nom, connue sous la dénomination de Lestrade de Floirac et de Contie, dont l'origine et les armes sont différentes.

Le nom de Lestrade est très-ancien. Il en est fait mention dans la chronique de Geofroi du Vigeois (part. I, chap. 17), au sujet de Geraud de Lestrade, élu abbé du Vigeois en 1082, lequel, suivant cet auteur, *était issu d'une race chevaleresque du château de Nontron.*

Dans le siècle suivant, on trouve plusieurs sujets du même nom, dont l'un, nommé Pierre de Lestrade, fit une donation à l'abbaye de Dalon, en Limosin, en 1178; Constantin de Lestrade, nommé dans un acte de l'an 1180, avait pour contemporains, Bernard de Lestrade, prêtre de Badefol; et Gérald de Lestrade, qui assista, comme témoin, à un acte de l'an 1191.

Quoique cette famille, dans les diverses productions qu'elle a faites jusqu'à présent n'ait prouvé sa filiation suivie que depuis Bernard II de Lestrade, marié en 1439; il ne serait pourtant pas difficile de la faire re-

monter de quelques degrés plus haut, et voici com-
ment :

Bernard de Lestrade, IIe. du nom, qualifié *noble-homme* et *damoiseau d'Exideuil*, épousa, par contrat
du 11 avril 1439, demoiselle Marie de Jaubert, fille de
noble Golfier de Jaubert, Ier. du nom, damoiseau,
seigneur de la Roche-Jaubert, en présence et du consentement de Jean de Bretagne, comte de Penthièvre
et de Périgord et vicomte de Limoges. Il était fils
de :

Bernard Ier. *de Lestrade*, surnommé aussi *de Roux*
(sans doute en vertu de quelque substitution), est
connu par des actes de 1365, 1390, etc. ; il faisait
alors sa résidence dans la ville de Thiviers ; mais il vint
s'établir ensuite à Exideuil, dans les propriétés de Marie
de Lestrade, sa femme, riche héritière qui avait succédé à tous les biens d'une branche de la maison de
Lestrade, qu'elle apporta à son mari ; elle est nommée
dans des actes de 1425 et 1426 ; était veuve en 1427,
et ne vivait plus le 8 novembre 1432. Bernard Ier. avait
un frère, nommé Fortanier, archiprêtre de l'île
d'Oleron, et archidiacre de l'église cathédrale de Périgueux, homme recommandable par son savoir et ses
vertus, et qui jouissait parmi ses concitoyens de la plus
haute considération, comme en faisaient foi les anciens
registres du chapitre de Périgueux ; ils avaient pour
père :

Aimeric, qui passa des actes en 1326, 1330 et 1340 ;
et pour aïeul :

Pierre, habitant du bourg de Coulaures, nommé
avec Hélie, son frère, prêtre, dans des actes de 1317,
1318 et 1319.

Cette famille a formé trois branches principales,
dont les deux premières subsistent encore et sont établies en Périgord ; la première est celle de la Cousse ;
la seconde, connue sous le nom de du Breuil ou Bouil-
lens, a été formée après le milieu du seizième siècle,
par Jean de Lestrade, marié à Jacquette de Pompadour ;
et la troisième, sortie de la Cousse, est établie en
Bourgogne. Toutes se sont distinguées par leurs services,
et ont fait de bonnes alliances.

Armes : D'or, à une fasce d'azur, chargée de trois

étoiles d'argent, et accompagnée de trois mouchetures d'hermines de sable, deux en chef et une en pointe.

DE LESTRANGE, barons de Magnac et de Montvert; marquis de Lestrange, en Limosin; seigneurs de Groson, en Vivarais, illustre et ancienne maison de chevalerie de cette première province, qui a pris son nom d'une terre passée depuis nombre de siècles dans la maison de Hautefort. Elle établit sa filiation depuis Falcon de Lestrange, seigneur de Lestrange, vivant sous le roi Jean vers l'an 1350. Son second fils, Guillaume de Lestrange, fut archevêque de Rouen, et employé en diverses négociations importantes; et son petit-fils, Hélie de Lestrange, fut évêque du Puy. Cette maison a produit des capitaines de cent et de cinquante hommes d'armes, des chevaliers de l'ordre du roi, des gouverneurs de places, nombre de chevaliers et de dignitaires de l'ordre de Saint-Jean de Jérusalem, et un maréchal du même ordre. *De gueules, au léopard d'argent, et deux lions adossés d'or, mal ordonnés.* Couronne de comte. Tenants : deux satyres. Devise : *Vis virtutem fovet.*

DE LEUSSE, seigneurs des Côtes d'Arey et de Montseveroux, en Dauphiné, famille qui tire son origine de Guigues de Leusse, vivant en 1485. Cette famille ayant dérogé, a été rétablie en 1607 et 1633, par lettres vérifiées en 1621 et 1658. *De gueules, à deux brochets adossés d'argent, accompagnés d'une croix de Malte d'or en chef, et côtoyés de deux autres du même.*

DE LEVEZIE, seigneurs de Saint-Michel, en Dauphiné. Cette famille a pour auteur Guy de Levezie, seigneur de Saint-Michel en 1556. Joseph de Levezie, capitaine au régiment de Normandie, Jean de Levezie, procureur du roi au bailliage d'Embrun, Jacques et François de Levezie, frères, furent maintenus dans la possession de leur noblesse par lettres du mois d'août 1668. *D'argent, à trois roses de gueules, boutonnées d'or; au chef d'azur.*

DE LEYSSIN, en Dauphiné, famille qui, selon Guy Alard, a été anoblie en 1448, par Louis, dauphin de Viennois, mais qui, par un arrêt de la chambre des comptés du Dauphiné, du 12 juillet 1769, a prouvé par titres son ascendance jusqu'à l'année 1381, sans ano-blissement connu. Elle a fait les preuves de la cour, sur ce même principe en 1773. Elle a donné plusieurs offi-ciers supérieurs décorés. *D'azur, au sautoir d'or.*

DE LIANDRAS, seigneurs de Bouy, en Champagne. Cette famille, originaire de Beauvaisis, a été mainte-nue dans sa noblesse par arrêt de la cour des aides du 9 août 1703, en prouvant sa filiation depuis Antoine de Liandras, écuyer, vivant en 1561. *D'argent, à trois merlettes de sable.*

LE LIEURE ou LE LIEVRE, de la Grange, de Chauvigny, etc., famille ancienne, et dont le nom se trouve mentionné dans plusieurs chartes du douzième siècle.

Jehan LE LIEURE et RAOUL LE LIEURE sont qua-lifiés *sires du Lieuret*, dans des titres de 1286, extraits du trésor de l'église de Sainte-Croix d'Orléans, cités par G. Dumoulin, et ladite seigneurie *du Lieuret* fut érigée en baronnie par le roi Charles IX.

Une charte provenante des archives de la couronne, établit que Gilles LE LIEURE, écuyer, et Jehanne de Monceaux, son épouse, transigèrent, en 1358, avec Philippe de France, duc d'Orléans, frère du roi Jean.

Ledit Gilles LE LIEURE eut pour frère puîné ROBERT ou RÖBEN LE LIEURE, qui fut chef de branche, et grand bailli de Sens, comme il est prouvé par plusieurs titres de 1408.

A la profession des armes, cette famille a réuni l'exercice de très-hautes fonctions dans la magistrature, et Jehan LE LIEURE, IIIe. du nom, avocat-général au parlement de Paris, en 1510, s'est illustré par ses lumières et sa fermeté courageuse. L'histoire a soigneu-sement conservé le discours qu'il tint au parlement, à l'occasion de l'enregistrement du concordat; il est rap-porté par Vely, tom. 23, p. 151.

Le président Thomas LE LIEURE, marquis de la Grange et de Fourilles, baron d'Uriel et président du grand conseil, mort en 1669, a laissé la réputation d'un

494 **DICTIONNAIRE UNIVERSEL**

habile et vertueux magistrat. On trouve, à son sujet, dans les mémoires manuscrits de Balzac :

« M. le duc de Montbazon me requist de chercher des
» devises pour les titres, au service du vieux président
» le Lieure, qui se fist à Saint-Paul, et je trouvay,
» *GLORIA ET DIVITIÆ IN DOMO EJUS ET JUSTITIA EJUS*
» *MANET IN SÆCULUM SÆCULI*. Cela fust trouvé beau,
» parce que cela estoit vray, et depuis on employa
» ceste sentence aux funérailles du président de La-
» moignon ».

Pierre-François LE LIEVRE, marquis de la Grange et de Fourilles, chevalier des ordres militaires et hospitaliers de Saint-Lazare, de Jérusalem et Notre-Dame du Mont-Carmel, guidon de la compagnie des gendarmes écossais de la garde du roi, se distingua par son intrépidité dans plusieurs batailles, notamment dans celle de Turkeim, et fut tué à celle de Mont-Cassel, après y avoir fait des prodiges de valeur. *Voyez* Neufville, abr. de l'hist. chron. de la maison du roi, t. 2, pag. 356.

Cette famille a fourni plusieurs lieutenants-généraux, maréchaux de camp et brigadiers des armées du roi ; des gouverneurs de provinces et de places ; un capitaine-lieutenant et deux commandants en second de la deuxième compagnie des mousquetaires de la garde de sa majesté, avec un grand nombre de magistrats aussi considérés par l'intégrité de leurs vertus que pour l'importance de leurs emplois.

La seigneurie de *Fourilles*, en Bourbonnais, érigée en marquisat, par lettres-patentes du roi Henri IV, en 1610, fut confirmée comme telle, et pour prendre rang de la date de l'érection, en faveur de *Thomas* LE LIEURE, *chevalier*, *baron d'Uriel*, par lettres-patentes, datées de Saint-Germain-en-Laye, au mois d'octobre 1648, entérinées au parlement en 1649.

La seigneurie de *la Grange-le Roy*, dans la Brie française, fut érigée en marquisat, en faveur de *Thomas* LE LIEURE, *chevalier*, *marquis de Fourilles*, par lettres-patentes du mois de juin 1659, enregistrées à la chambre des comptes, le 22 décembre même année.

Cette famille possédait, au quatorzième siècle, les seigneuries de *Bescherel*, de *Sèvres*, des *Marchais*, de *la Chaussée-sur-Seine* et de *Bongival-lès-Paris*. Depuis, elle a possédé les marquisats de *Fourilles*, de *la Grange* et d'*Attilly*; les baronnies d'*Uriel* et de *Lorme*; les seigneuries, hautes-justices et châtellenies d'*Artange*, de *Beaurepaire*, de *Grisy*, de *la Touche-Limousinière*, du *Quesnel*, de *Rousseloy*, etc.; et la suzeraineté de *Clisson* lui fut adjugée par arrêt du parlement, comme co-partageante avec la branche de Rohan-Soubise, la succession de Claude de Bretagne, comte de Vertus, dernier mâle de sa maison.

La branche des seigneurs de *Chauvigny* et de *la Cour-lès-Sarcèles*, séparée depuis l'an 1500, s'est éteinte en 1731, en la personne de messire Auguste-Nicolas LE LIEURE, *chevalier, seigneur de Chauvigny, de la Cour-lès-Sarcèles* et autres lieux, mousquetaire de la deuxième compagnie de la garde du roi, qui mourut sans postérité.

Le chef de cette maison est aujourd'hui M. le marquis de la Grange et de Fourilles, gouverneur de la vingtième division militaire, lieutenant-général des armées du roi, ancien capitaine-lieutenant de la deuxième compagnie des mousquetaires de la garde de sa majesté, commandeur de l'ordre royal et militaire de Saint-Louis, grand-croix de l'ordre royal du Mérite militaire de Bavière, commandeur de l'ordre noble du Phénix de Hohenlohe, etc., fils aîné de feu haut et puissant seigneur messire François-Joseph le Lièvre, chevalier, marquis de la Grange et de Fourilles, lieutenant-général des armées du roi, commandeur de l'ordre de Saint-Louis, commandant en second la deuxième compagnie des mousquetaires, etc., mort en 1808, et qui avait épousé, en 1766, très-noble damoiselle Angélique-Adélaïde de Méliand, dont il a laissé quatre fils et deux filles.

Armes : D'azur, au chevron d'or, accompagné en chef de deux roses d'argent, et en pointe d'une aigle éployée du même.

Cimier : L'aigle des armes, issante d'un bourelet d'argent, de sinople et d'or.

Supports : Deux griffons.

DE LIGNAC. *Voyez* BABIN.

DE LIGNY, comtes de Ligny, en Soissonnais, maison issue d'ancienne chevalerie, qui paraît avoir retenu son nom d'une terre située en Boulonnais, sur les frontières de l'Artois, où elle est enclavée. Jean de Ligny fut fait chevalier par le duc de Bourgogne, en 1381. Baudoin de Ligny vint trouver ce prince avec quatre chevaliers et treize écuyers de sa compagnie l'an 1340. Walerand de Ligny était chevalier banneret en 1339. Cette famille a donné deux chevaliers de l'ordre du roi, plusieurs gentilshommes ordinaires de la chambre, un premier maître d'hôtel de la reine Catherine de Médicis, et plusieurs chevaliers de Malte depuis le commencement du seizième siècle. *De gueules, à la fasce d'or; au chef échiqueté d'argent et d'azur de trois tires.*

LIGNY, petite ville située sur l'Ornain, en Barrois, qui a donné son nom à une antique race de chevalerie, éteinte dès le douzième siècle. Cette ville était originairement une châtellenie du comté de Champagne; mais Thibaud-le-Grand, comte de Champagne, ayant marié sa fille aînée Agnès à Arnaud, IIe. du nom, comte de Bar, il lui donna la terre de Ligny et ses dépendances, et par cette alliance elle se trouva incorporée au Barrois. Ligny passa successivement dans les maisons de Luxembourg, en faveur de laquelle elle fut érigée en comté en 1367, puis dans celle de Montmorency. *De gueules, à quatre losanges d'argent, accolées en fasce.*

DE LIGNY, illustre maison de chevalerie du Cambresis, qui tirait son nom d'un fief considérable relevant de l'archevêque de Cambray, à deux lieues de cette ville, et dont étaient Hugues, sire de Ligny, vivant en 1130, et Mathieu, sire de Ligny, l'an 1201, dont la fille unique épousa Amand de Hamale, auquel elle porta les biens de sa maison. *De gueules, à cinq fusées d'argent, accolées en fasce.*

DE LIMOSIN - D'ALHEIM, seigneurs en partie de Roussy-le-Bourg, de Roussy-le-Village, d'Alheim, de Hettange, de Zœtrich, de Rintgen, etc., à Thionville, famille originaire du Brabant. Charles de Limosin et Henri de Limosin, qui étaient frères, sont les plus

anciens de cette maison. Ils furent créés barons du
Saint-Empire par lettres de l'empereur Charles V, du
17 novembre 1540, reconnues par lettres-patentes du
roi, données en faveur de Jean-Baptiste de Limosin
d'Alheim, baron du Saint-Empire, chevalier de l'ordre
royal et militaire de Saint-Louis, et ci-devant capitaine
de grenadiers au régiment d'Alsace, au mois de septembre 1760. *De sinople, à la fasce d'or, bordée de sable,
chargée d'un lion léopardé de gueules, et accompagnée en
chef de trois besants d'argent, et en pointe d'un besant et
d'une étoile aussi d'argent.*

LIMOSIN (BAS-).

*Liste des Gentilshommes convoqués à l'assemblée de la
noblesse des sénéchaussées de Tulles, Brive et Uzerche,
pour l'élection des Députés aux Etats-Généraux de 1789.*

Le baron de Lubersac, grand sénéchal de Tulles.
Fenis de la Brousse.
D'Arché d'Ambrugeat.
Soulages.
Boy de Lacombe.
Delzor.
Lespinasse de Bournazel.
Traversac de Friat.
De la Rode.
De Lamaze.
De Selve du Chassin.
De Sainte-Marie.
De Bar.
Veyrière.
Fenis de Roussillon.
Lastours.
Chevalier de Lamaze.
Le chevalier de Flormont.
Maynard de Queilhe.
De Gain.
Le baron de Jaucen de Poissac.
Le baron de Lentilhac.
Le chevalier de Bouchiat.
Le chevalier de Burs.
De Guilheaume.

1.

Delhorz.
La Fagerdie de la Praderie.
De Pestels.
Gerou.
De Bar de la Chapoulie.
Puyhabilier.
La Fagerdie de la Praderie.
Donnet de Ségurg.
La Chapelle de Carman.
Le comte de Philip de Saint-Viance.
Lagaye de Lanteuil.
Borderie de Vernejoux.
De Laserre.
Le vicomte de Valon-Saint-Hyppolite.
D'Arche de Vaurs.
Le duc d'Ayen.
De Massoulie.
Fenis de Tourondel.
Joyet de Maubec.
Meynard de Mellet.
De la Bachelerie.
Du Griffolet de Lentilhac.
Certain de la Coste.
De Dienne.
De Selve de Saint-Avid.
Pelet.
D'Estresses.
Le marquis de Lasteyrie du Saillant.
La Mothe de Quinson.
Le chevalier de Jaucen.
Combarel du Gibanel.
De Parel.
Hugon de Marlias.
Fenis de la Prade.
Le baron de Lauthonye.
Meynard de Maumont.
Ernault de Brusly.
De Turenne.
Le comte de Lentilhac-Sedières.
Lauthine.
De Chaunac.
Le baron de la Majorie-Soursac.
Le comte de Douhet de Marlat.

De Verlhac.

Mamorel.

Fenis de la Feuillade.

Le vicomte de la Queuille.

Le marquis de Rodarel de Seilhac.

Le marquis de Soudeilles.

De Courier de Plaignes.

Salès.

Lespinasse de Pebeyre.

Du Bac de la Chapelle.

Combret de Marsillac la Beysserie.

De Bouchiat.

D'Enval.

Le chevalier de Bruchas.

Selve de Bity.

Le comte de Lavaur.

Fenis de la Brousse.

De Saint-Pardoux.

Du Mas de Lamorie.

De Montal.

Fenis, chevalier de la Prade.

Le marquis de Corn.

Du Bac.

Le baron de Felets.

Rodarel, chevalier de Seilhac.

Malden de la Bastille.

Milhac.

La Brue de Saint-Bauzile.

Courèze de la Colombière.

Sahuguet.

Le chevalier de la Bruë.

De Sourries.

Braquillange.

Le comte de Scorailles.

Le baron de Monamy.

La Fagerdie de Saint-Germain.

Le baron de Bellinay.

De La Brue.

Le chevalier de Brulys.

Du Mont de la Françonnie.

Soulages, fils.

De Loyac de la Bachellerie.

La Fagerdie de la Peyrière.

Le comte de Boisseul.

De Gimel Lespinat.

De Lavialle Lameillère.

Du Faure de Saint-Martial.

De Lastic Saint-Jal.

Le baron de Cosnac.

Guillemin.

De Laurens de Puy-Lagarde.

Le chevalier de Guilheaume.

De Baluze.

Le comte de Beissac.

Le chevalier du Bac.

De Chaumarex.

Du Myrat de Boussat.

Certain de Lacoste.

Le chevalier de Saint-Martial.

Le baron de Chailas de le Borde.

Le baron du Bois d'Escordal.

De Neux.

Le chevalier Tondutti de la Balmondière.

Latour du Fayet.

Le vicomte de Valon.

De la Prade, secrétaire de la noblesse.

La Fagerdie de Saint-Germain, secrétaire de l'ordre.

LIMOUX.

Noms des Gentilshommes de la sénéchaussée de Limoux, convoqués pour la nomination des Députés aux Etats-Généraux du royaume, en 1789.

Messieurs

Le Roux, marquis de Puyvert.

De Mauléon, marquis de Nébias.

De Béon, seigneur d'Aunoux.

De Lévis, marquis de Gaudiez.

De Lévis, seigneur d'Ajac.

De Lévis, marquis de Mirepoix.

De Montlezun, seigneur de la Bastide.

De Maureillan, seigneur de Blazens.

Joannis de Gargas, seigneur de Viviez.

De Montfaucon, chevalier de Saint-Louis.
Acher, seigneur de Cahusac.
De Latger.
De Péguilhan-Laval.
De Bélot–Saint–Sauveur.
De Bélot, seigneur de la Digne.
De Saint-Georges, seigneur de Sibra.
De Bruyères, marquis de Chalabre.
De Fajac, seigneur de Larlenque.
De Cassagnau, seigneur de Saint-Roc.
De Cassagnau, seigneur de Brassac.
Rouvayrolis, seigneur de Caudeval.
De Léon, chevalier de Malte.
De Belvéser.
De Lasset, seigneur d'Escuillens.
De Lasset, ancien garde du roi.
De Paira.
De Baragnes, seigneur de Rocles.
De Voisins.
De l'Huillier, baron de Rouvenac.
De Maguelone, baron de Saint-Benoît.
De Monestrol.
D'Hautpoul, seigneur de Montaut.
De la Tourzelle.
De Marion, seigneur de Brésillac.
De Marion, seigneur de Gaja.
De Barsa, chevalier de Malte.
De Gravialat.
De Fauré, chevalier de Saint-Louis.
De Gouzins, seigneur de la Fage.
De Bonnefoi.
Du Perrier, ancien militaire.
De Simorre Saint-Cyr, seigneur de Raillette.

DU LION, seigneurs de Campet, de Gareins, de Geloux, en Gascogne. Cette famille a donné des conseillers chambellans des roi et reine de Navarre et du roi Louis XI, en 1468 et en 1557. Elle a pour auteur Spain du Lion, chevalier, gouverneur du comté de Foix et du château d'Orthez, vivant en 1386, avec Antoinette de Navailles, son épouse. *D'or, à un lion d'azur.*

DE LIONNE, marquis de Lionne et de Claveson, illustre et ancienne famille du Dauphiné, qui prouve sa filiation depuis Humbert de Lionne, gentilhomme, gardien de la Chambre du Dauphin, vivant en 1339. Elle a fourni nombre d'officiers de marque au service de nos rois, un évêque de Gap en 1638, un évêque de Rosalie, un ambassadeur en Italie, un maître de la garde-robe, et un brigadier des armées du roi en 1710. *Écartelé, aux 1 et 4 de gueules, à une colonne d'argent; au chef cousu d'azur, chargé d'un lion léopardé d'or*, qui est de LIONNE; *aux 2 et 3 d'azur, à trois bandes d'or, au chef cousu d'azur, chargé d'un lion issant d'or*, qui est de SERVIEN.

DE LIOTAUD, en Dauphiné. Pierre de Liotaud, lieutenant d'une compagnie de chevau-légers au régiment du maréchal de la Motte, fut anobli par lettres de l'an 1449, confirmées en juin 1667. *D'azur, à quatre croix patriarcales, cramponnées d'or, aboutissantes en cœur à un annelet du même émail et formant la croix.*

DE LISLE, seigneurs de Gonaincourt, de Saint-Germain, de la Maison-Forte de Brainville, en Lorraine. Jean de Lisle, auteur de cette famille, licencié ès lois, conseiller du grand-duc Charles III, et lieutenant-général du bailliage de Bassigny, fut anobli par lettres de ce prince, données à Nancy le 8 juin 1572. Cette famille a donné des officiers de cavalerie et d'infanterie, des conseillers d'état. *D'azur, au chevron d'or, chargé de trois croisettes ou tréflées de gueules, et accompagné de trois têtes de licorne d'argent.*

DE LISLE, seigneurs de Taulané, de Callian, etc., en Provence. Cette famille est originaire de la ville de Glascow, en Ecosse, et passa en France sous Charles VII, dont elle embrassa le service. Elle s'établit ensuite en Provence, et sa filiation remonte jusqu'à Guillaume de Lyle (de Lyla); qui eut pour fils Honoré (1) de Lyle (de Lyla), écuyer. Ce dernier, archer du corps du roi, et

---

(1) L'auteur de la critique du Nobiliaire de Provence, dit que cet Honoré fut taxé à la somme de 250 livres, au rôle des néophites de la ville de Grasse.

mari de noble Andrivette de Boniface, suivant un contrat passé dans la ville de Grasse, le 3o janvier 1497,
suivit le roi Charles VIII dans son expédition d'Italie.
Il est sorti de cette maison des capitaines, un commandant de vaisseau et des chevaliers de l'ordre royal et
militaire de Saint - Louis. *D'azur, à deux palmes d'or,
adossées, posées en pal et surmontées d'une étoile du même.*

DE LISSALDE, seigneurs de Casteron et de Sainte-
Croix, en Navarre, famille originaire de Navarre.
François de Lissal vivait en 1597. Depuis cette époque,
cette famille a produit plusieurs officiers de tous grades,
décorés de l'ordre royal et militaire de Saint-Louis.
*Parti, au 1 d'argent, à une salamandre d'azur, couronnée
d'or et posée sur des flammes de gueules; au 2 d'or, à
trois merles de sable, becqués et membrés de gueules.*

LIVRÉE, subst. fém. Les armoiries devenues fixes
et héréditaires, introduisirent en même tems les livrées;
et de même que chacun s'était fait des armoiries à sa
fantaisie, chacun composa et arrangea ses livrées comme
il le voulut. On mettait originairement ses armoiries sur
sa cotte d'armes et sur son bouclier; on portait d'ailleurs
une écharpe, dont la couleur aidait à faire connaître
de quelle province on était. Les comtes de Flandre
avaient pour couleur le vert foncé; les comtes d'Anjou,
le vert naissant; les ducs de Bourgogne, le rouge; les
comtes de Blois et de Champagne, l'aurore et le bleu;
les ducs de Lorraine, le jaune; les ducs de Bretagne,
le noir et le blanc; ainsi les vassaux de ces différents
princes, avaient des écharpes différentes, et ceux de
ces vassaux qui leur étaient alliés, ou qui possédaient,
auprès d'eux, quelque charge considérable, affectaient
de joindre aux couleurs de leurs livrées particulières,
une petite bande ou petit galon, plus ou moins large,
de la livrée de leur seigneur. Voilà pourquoi l'on remarque communément du vert foncé dans les livrées de
la noblesse de Flandre et de la moitié de la Picardie;
du vert naissant dans les livrées de la noblesse d'Anjou;
du rouge dans les livrées de la noblesse de Bourgogne;
de l'aurore et du bleu dans les livrées de la noblesse du
Blésois et de la Champagne; du jaune dans les livrées
de la noblesse de Lorraine et du duché de Bar; du noir
dans les livrées de la noblesse de Bretagne, etc. La noblesse
des environs de Paris, qui relevait immédiatement du

roi, a communément du bleu dans ses livrées, parce que le bleu était la couleur de nos rois : on demandera, sans doute, pourquoi il y a aussi du blanc et du rouge dans la livrée royale; parce que le blanc, comme je l'ai dit, était, de tems immémorial, la couleur générale et désignative de la nation; à l'égard du rouge, parce que nos rois, lorsqu'ils tenaient cour plénière, étaient vêtus d'une grande soutane rouge, sous un long manteau bleu, semé de fleurs de lys d'or. On n'était pas obligé d'avoir ses livrées dans un tournois; on était le maître d'y paraître avec des livrées de caprice, et qu'ordinairement on composait sur les couleurs de sa dame.

Il arrivait souvent que des nobles et des bourgeois, par dévotion à un saint, se faisaient serfs de son église, n'allaient plus que vêtus d'un petit pourpoint de la couleur de sa bannière, et portaient au poignet où à la jambe, un anneau de fer : il y a toute apparence que, par une profane imitation de cet usage, quelque tendre chevalier, pour marquer sa servitude amoureuse, imagina, autour des bras, ces bracelets ou cercles (1) de galons de couleur qu'on voit à plusieurs livrées. Le roi, deux fois par an, distribuait des manteaux rouges fourrés d'hermine et de menu-vair, aux chevaliers qu'il retenait auprès de sa personne pour administrer la justice, et l'aider de leurs conseils dans les affaires d'état : on appelait ces manteaux, robes de livrées. Jean Vignerot, ayant reçu plusieurs blessures à la bataille de Courtrai, en 1302, et ayant été long-tems foulé aux pieds des chevaux, languit pendant quatre ans. Quoique ce chevalier ne pût ni s'armer, ni monter à cheval, ni juger de procès, Philippe le Bel voulut qu'il continuât d'avoir part à la distribution des robes de livrées.

En France, à l'exception du roi, des princes et des grands seigneurs qui ont leurs livrées particulières et affectées à leurs domestiques, les livrées sont arbitraires; chacun peut en composer à sa fantaisie, et les faire porter à ses gens. Néanmoins, il serait plus régulier

---

(1) Ces bracelets ou cercles de galons, viennent peut-être aussi de ce que les chevaliers se mettaient quelquefois des chaînes autour du bras, et faisaient vœu de ne les point ôter jusqu'à ce qu'ils se fussent signalés dans quelqu'entreprise.

de confectionner les livrées sur les pièces et émaux des armoiries, et plusieurs maisons considérables ont suivi cette méthode. En partant de ce principe, l'habit, comme pièce principale de la livrée, doit être de la couleur du champ de l'écu. La veste et la culotte venant ensuite, seront de la couleur de la principale pièce de l'écu ; et si cette pièce est accompagnée d'un ou de plusieurs autres meubles de diverses couleurs ou métaux, on en composera les galons et lisérés, en y ajoutant encore les couleurs du champ de l'écu et de la principale pièce. Il y a des maisons qui, sur le galon de leurs livrées, portent l'empreinte de leurs armoiries, avec toutes les couleurs propres aux diverses pièces qui les composent ; il y en a d'autres qui ne mettent que la principale pièce de leur écu.

LIVRON, bourg en Dauphiné, sur la rive droite de la Drôme, élection de Valence, à une demi-lieue de Loriol, a donné son nom à une maison d'ancienne chevalerie qui s'est successivement établie au Limosin vers le commencement du treizième siècle, et en Champagne vers le commencement du seizième. En Limosin, elle a formé la branche des seigneurs de Puy-Vidal, de Maine-Gruyer, de Beaumont ; en Champagne, la branche des barons, puis marquis de Bourbonne. Elles ont pour auteur commun Arnaud de Livron, damoiseau, seigneur de Wart, en Limosin, qui testa l'an 1296. La branche de Bourbonne a donné des chevaliers de l'ordre du roi, des capitaines de cent et de cinquante hommes d'armes des ordonnances, des gouverneurs de places de guerre, des gentilshommes ordinaires de la chambre du roi, des conseillers d'état, un grand chambellan, grand-maître et chef des finances, et premier gentilhomme de la chambre d'Henri, duc de Lorraine ; un écuyer du roi Louis XI, un grand-gruyer et général réformateur des eaux et forêts de France, deux généraux, dont l'un chevalier du Saint-Esprit. Cette branche de Bourbonne s'est éteinte en 1728. *D'argent, à trois fasces de gueules ; au franc canton d'argent, chargé d'un roc d'échiquier de gueules.*

DE LIZAC, maison d'ancienne chevalerie de Flandre, qui s'est éteinte dans la maison de Crécy ; elle

L.   64 possédait héréditairement la prévôté du Laonnais, et s'est alliée aux maisons de Lille, de Coucy et de Moy. *Parti d'argent et de gueules; à la croix ancrée et anillée de l'un à l'autre.*

DE LOBET, famille du Dauphiné, qui a pour auteurs Louis de Lobet, et Catherine Buissière vivants en 1553. Raimond de Lobet était chanoine-comte de Lyon en 1349. *De gueules, au mouton saillant d'argent; au chef cousu d'azur, chargé de trois molettes de gueules.*

LODÈVE.

Liste des Gentilshommes du diocèse de Lodève, qui, en 1789, ont signé le Mémoire sur le droit qu'a la Noblesse de Languedoc, de nommer ses Députés aux États-Généraux du Royaume, dans les Assemblées convoquées par bailliages et sénéchaussées.

Messieurs

Le marquis de Fosière.
De Saint-Julien du Puech.
Le baron de Soubés.
Le comte de Vissec Saint-Martin.
De Lauzières Themines.

Le vicomte du Puy-Montbrun.
Le comte de Benoist de la Prunarède.
D'Icher de la Bastide.
De Lajard de Canet.

DE LA LOÈRE. Cette famille est originaire du Bourbonnais. Jean de la Loère, seigneur de Bonnefons et des Bos, est le plus ancien de la maison. Il était notaire et secrétaire des rois Charles VII et Louis XI, et fut anobli par lettres du premier de ces deux princes, données au mois de décembre 1445. *D'or, à un chevron d'azur, accompagné de trois trèfles du même.*

LOGES, village en Bourgogne, au diocèse d'Autun, bailliage d'Avalon, a donné son nom à une ancienne maison de chevalerie, dont descendent les seigneurs de Coberthod, de la Perrouse et de Rotellia. Les seigneurs de Loges eurent, pendant plusieurs générations, la charge de bailli d'Autun. Ils sont connus par filiation suivie depuis la fin du quatorzième siècle. *D'or, au sautoir d'azur.*

DES LOGES, seigneurs de Bouffigny, au diocèse

d'Avranches, en Normandie, maison d'ancienne chevalerie, qui tirait son nom d'une seigneurie située dans
l'élection de Mortain, à quatre lieues d'Avranches. Elle
fut maintenue par Montfaut en 1463, et ne subsistait
plus lors de la dernière recherche en 1666. *D'argent,
au lion de sable, lampassé d'or.*

DES LOGES, seigneurs de Closdorière de Verion,
maison d'ancienne chevalerie de Bretagne, connue
depuis François des Loges, écuyer, vivant l'an 1242 ;
Guillaume des Loges, écuyer, servit en cette qualité
dans la compagnie d'Yvon de Tremangon, chevalier,
dont la montre fut reçue à Caen, le 16 novembre 1352.
Henri des Loges était, en 1371, l'un des trente-sept
chevaliers - bacheliers de la compagnie du connétable
du Guesclin. Cette famille a été maintenue dans son
ancienne extraction, par arrêt du 25 octobre 1668, sur
preuves filiatives remontées à Pierre des Loges, sieur
de Closdorière, vivant en 1471. *D'azur, au lion d'or.*

DES LOGES. Hilaire des Loges a été anobli, en 1407,
pour services militaires. En 1470, il existait une famille des Loges au Maine.

LOIR DU LUDE. Cette famille est originaire de
Normandie, et sa filiation remonte à Jean Loir, Ier. du
nom, écuyer, seigneur du Quesnay en 1392. Il fut
l'aïeul de Michel Loir, demeurant en la paroisse de
Néhou, renvoyé par Montfaut, en 1464, avec cette
dénomination *marchand*, noble comme l'on dit. Un
certificat des 25, 26 et 27 septembre 1470, obtenu des
principaux gentilshommes du pays, par le même Michel,
porte qu'il *est noble*, né et *extrait de noble lignée, tant
de père que de mère*. Ses descendants ont été maintenus
le 1er. février 1667, en prouvant quatre degrés de noblesse. *D'or, à trois fasces, ondées de sinople.*

LOISSON, seigneurs de Guinaumont, etc., en
Champagne. Cette famille prouve sa filiation depuis
Claude Loisson, écuyer, conseiller du roi, président,
trésorier de France et général de ses finances, de la
généralité de Châlons par provisions du 23 septembre
1627, dans lesquelles il est qualifié conseiller et secrétaire du roi. *D'azur, à deux bandes d'or ; au chef du
même, chargé de trois molettes de sable.*

DE LOMBILLON D'ABAUCOURT, en Lorraine. Cette famille portait originairement le nom de *François*. Le premier qui prit le nom de Lombillon, fut André François, lequel s'étant distingué dans la profession des armes, obtint, du duc Charles IV, des lettres-patentes d'anoblissement, du 27 décembre 1662. Cette famille a donné un adjudant-général des troupes de Lorraine, cavalerie et infanterie ; des conseillers-d'états en la cour souveraine, etc. *D'azur, à une épée d'argent, garnie d'or à la fasce de gueules, chargée de trois têtes de léopard d'or, brochante sur le tout.*

DE LOMÉNIE DE BRIENNE, maison originaire du Limosin, illustrée par des personnages célèbres. Elle est d'ancienne bourgeoisie de la ville de Limoges, et la branche aînée s'est anoblie par les charges de secrétaire du roi, au milieu du seizième siècle. La branche de Farges fut anoblie par lettres-patentes du mois de décembre 1638. Cette maison a possédé, entr'autres terres titrées, le comté de Brienne et le comté de Montbron, érigé par lettres du mois d'octobre 1724. Elle a donné un secrétaire d'état, en 1606, un ministre des affaires étrangères, envoyé précédemment, en 1624, ambassadeur en Angleterre ; un maréchal de camp ; un évêque de Coutances, mort en 1720 ; un évêque de Condom, en 1760, archevêque de Toulouse, en 1763, premier ministre de Louis XVI, archevêque de Sens, puis cardinal, mort en février 1794. *D'or, à l'arbre de sinople, sur un tourteau de sable ; au chef d'azur, chargé de trois losanges d'argent.*

DE LONGECOMBE, seigneurs de Longecombe, de Thucy et de Peysieu, en Dauphiné, maison issue d'ancienne chevalerie de Bugey, qui tire son nom de la terre de Longecombe, située à quatre lieues de Belley. Elle a pour premier auteur connu Pierre, seigneur de Longecombe, vivant en 1280 et 1320. Elle a donné un écuyer de la duchesse de Savoie, en 1455 ; un conseiller et chambellan du duc de Savoie, gouverneur de Verceil, ambassadeur en Suisse, en 1497, nombre de personnages distingués à la cour des ducs de Savoie, et un lieutenant général des armées du roi. *D'or, à deux bandes ondées d'azur.*

DE LONGUEVAL, sires de Longueval, de Tenelle, de Vaulx, comtes de Buquoy, princes de Longueval, par diplôme impérial de 1688, marquis de Haraucourt, vicomtes de Verneuil-lès-Coucy, seigneurs de Mani-camp, etc., illustre et ancienne maison de chevalerie de Picardie, qui a pris son nom d'une terre considérable située près de la rivière d'Oise. Elle a pour auteur Artus, sire de Longueval, vivant en 1097. Elle a donné un amiral de France, au treizième siècle; des chevaliers bannerets et bacheliers, distingués par leurs faits d'armes dans les croisades, sous les rois Saint-Louis et charles V; des gouverneurs de places de guerre; des chevaliers de la Toison-d'Or, et un chevalier de l'ordre de Calatrava; un chambellan du roi Charles VII; un général de l'armée impériale, en 1619, et un autre de la cavalerie espagnole, mort en 1663; un chambellan de l'empereur, conseiller d'état, mort en 1714; un gentilhomme de la Clef-d'Or; deux maréchaux de camp et un lieutenant général des armées du roi, etc., etc. *Bandé de vair et de gueules.*

DE LONGUEVAL, seigneurs de Lauquerie, famille originaire du Périgord, qui prouve sa filiation depuis François de Longueval, écuyer, sieur de la Font-del-Negre, de Lauquerie, de la Lande et de Villard, qui fut anobli par lettres de Henri IV, le 26 juin 1603. *D'azur, à la fasce d'or, accompagnée de trois étoiles d'argent.*

DE LOPIS ou LOPÈS, seigneurs de Saint-Privat, de la Loupière et de la Fare, dans le Comtat Venaissin. Cette famille, originaire d'Espagne, a pour auteur Garcias de Lopès-de-Villanova, refugié en France dès l'an 1440, où il est décédé, en 1489, laissant pour fils unique Giles de Lopis, époux d'Eléonore de Lopis, qui eurent quatre fils, seigneurs des lieux susénoncés. Cette famille a produit François de Lopis, capitaine d'une compagnie de cent chevau-légers et de cinquante arquebusiers à cheval, en 1592; Georges de Lopis, son fils, gentilhomme ordinaire de la chambre du roi, et l'un des deux cents chevau-légers de la garde du corps de sa majesté, en 1639; Antoine-Gabriel de Lopis, fils de Jean-Joseph de Lopis, seigneur de Privat et de la

Loupière, commandant le régiment des grenadiers de de la Fere, et chevalier de l'ordre militaire de Saint-Louis, en 1719; Gaspard de Lopis, seigneur de la Fare, chevalier de l'ordre militaire de Saint-Louis, l'un des descendants de Jean de Lopis, second fils de Giles de Lopis, vice-recteur du comtat Venaissin, par provisions du 19 septembre 1533, dont l'épouse, Françoise de la Salle, fit l'acquisition de la seigneurie de la Fare, le 9 novembre 1560. *De gueules, à un château d'argent, et un loup de sable passant et appuyé au pied du château.*

DE LORAS, seigneurs de Jaillonas, de Loras, de Marsas, de Montplaisant, etc., en Dauphiné, maison d'ancienne chevalerie, connue depuis Anselme de Loras, chevalier, vivant en 1086. Elle établit sa filiation suivie depuis Antoine de Loras, dont le fils Guigues de Loras, seigneur de la maison forte de Loras, fit par son testament du 7 mars 1504, un legs à l'église de Saint-Marcel, où il fut enterré auprès de ses prédécesseurs, pour augmenter la fondation qui avait été faite par son père. Par ordonnance de M. du Gué, commissaire départi dans la province de Dauphiné, du 6 juillet 1668, cette famille a été maintenue dans sa noblesse. *De gueules, à une fasce lozangée d'or et d'azur.*

DE LORDAT, seigneurs de Castagnac, de Cazenove, de Bram, comtes de Lordat, barons des états du Languedoc, maison d'ancienne chevalerie du comté de Foix, qui florissait dès l'an 1154 que vivait Guillaume de Lordat, chevalier. Elle a constamment suivi le parti des armes, a donné des gentilshommes ordinaires de nos rois, trois généraux, des gouverneurs de places, et des officiers supérieurs décorés de l'ordre royal et militaire de Saint-Louis. *D'or, à la croix alésée de gueules.*

DE LORÉ, maison d'origine chevaleresque, qui a pris son nom d'une terre située à trois lieues du Mans, et où l'on comptait cent quarante-sept feux. Elle florissait dès le treizième siècle, et s'est éteinte peu après le seizième; après avoir contracté des alliances avec les plus anciennes familles de l'Anjou, du Poitou, du

Maine et de la Touraine. *D'hermine, à trois quinte-feuilles de gueules.*

DE LORÉ, noble et ancienne famille connue par titres depuis la fin du quatorzième siècle. *De sable, au lion d'argent, lampassé et armé d'or.*

DE LORGERIL, seigneurs de Lorgeril, du Chalonge, de Trébédan, etc. Cette famille est une des plus anciennes de Bretagne ; son premier auteur connu, Olivier de Lorgeril, seigneur de Lorgeril et du Boudon, vivait en 1311. Il eut pour fils Guillaume de Lorgeril, chevalier, seigneur de Lorgeril et du Boudon, mort en 1357. La descendance de cette maison remonte jusqu'à Guillaume de Lorgeril, écuyer, issu des anciens seigneurs et châtelains de ce nom, qui épousa demoiselle Jeanne de Boisadam, avant 1533. On trouve dans cette famille des officiers de terre et de mer, un capitaine de vaisseau et plusieurs chevaliers de l'ordre royal et militaire de Saint-Louis. *De gueules, au chevron d'argent, chargé de cinq mouchetures d'hermine de sable, et accompagné de trois molettes d'éperon d'or.*

DE LORGES. *Voyez* DURFORT.

DE LORICHON, en Dauphiné. Claude Lorichon fut conseiller en la cour des aides de Vienne, et Jean Baptiste Lorichon, son fils, fut aussi conseiller au parlement de Metz. *D'or, à trois branches de laurier de sinople.*

DE LORME, seigneurs de Périgères, de Mons et de Limons, de Pagnat, etc., en Bourbonnais. L'auteur de cette famille ancienne est Jean de Lorme, damoiseau, vivant avec Bagnette de Monlhieu, son épouse, avant l'an 1403, à Charmes, en Bourbonnais. L'an 1556, Gilbert de Lorme, écuyer, seigneur de la Motte de Lorme et de Pagnat, fut homme d'armes de la compagnie du comte de Villars ; et Jean-Louis-Gabriel de Lorme de Pagnat, écuyer, seigneur de Périgères, marié, le 20 novembre 1674, avec Isabelle de Belvézer de Jonchères, était alors premier capitaine dans le régiment de la marine. *D'argent, à trois merlettes de sable, accompagnées de neuf étoiles du même, rangées trois en chef, trois en fasce, et trois en pointe.*

DE LORMOY. *Voyez* LE GENDRE.

DE LOSTANGES, barons, puis marquis de Saint-Alvère, barons de Saverdun et du Vigan, en Périgord, comtes de Corn, marquis de Beduer, seigneurs de Jarniost, seigneurs et barons de Felzins et de Cujac, en Quercy et en Rouergue, barons de Paillé, seigneurs de Montausier et de Bussac, en Poitou, illustre et ancienne maison de chevalerie, originaire du Bas-Limosin, où elle possédait le château de Lostanges, dès avant le milieu du quatorzième siècle. Une ancienneté remontée à plus de six cents ans, des possessions nombreuses répandues dans le Périgord et dans les provinces voisines, des services militaires distingués, des emplois honorables à la cour de nos rois, et des alliances illustres lui assignent son rang entre les maisons les plus considérables de Guienne. La maison de Lostanges a porté successivement trois noms différents : le premier est celui de LA BRANDE, connu depuis le douzième siècle, et porté par une suite de sujets qualifiés chevaliers ou damoiseaux. La maison de la Brande ayant succédé, vers l'an 1350, en vertu d'une substitution à celle d'*Adhémar de Lostanges*, elle en porta le nom et les armes pendant un siècle ou environ, et ce ne fut qu'après l'alliance que Jean *Adhémar de Lostanges* contracta, l'an 1448, avec Antoinette de Veyrines, dame de Sainte-Alvère, que la branche établie en Périgord quitta ses premiers noms pour ne prendre désormais que celui de Lostanges, qu'elle a toujours conservé depuis. Cette maison a donné un évêque de Périgueux, nommé par le roi, en 1817 ; des chevaliers de l'ancien ordre du roi, avant l'institution de celui du Saint-Esprit ; des gentilshommes ordinaires de la chambre ; des capitaines de cent et de cinquante hommes d'armes, des sénéchaux et gouverneurs de Quercy ; trois maréchaux de camp, un lieutenant général et un brigadier des armées du roi, et nombre d'officiers supérieurs décorés des ordres royaux et militaires de Saint-Louis et de la Légion-d'honneur. *D'argent, au lion de gueules, lampassé, armé et couronné d'azur, accompagné de cinq étoiles du second émail en orle.* Cimier : un ange.

DE LOUAN, seigneurs de Persac et du Plaix, de

Youssac et d'Arfeuille, etc., en Bourbonnais. Cette famille remonte par filiation à Jean de Louan, écuyer, seigneur d'Arfeuille, vivant en 1538. *D'azur, à un chevron d'or, accompagné de trois croissants du même.*

DE LOUAN, seigneurs de Geneval, en Soissonnais. Cette famille a pour auteur Antoine de Louan, anobli par le roi Henri IV, pour services militaires, en 1587.

DE LOUAN, vicomtes de Larveuil, en Brie, seigneurs de Nogent-l'Artaut, maison issue d'ancienne chevalerie, originaire de Champagne, où est située la terre de son nom, et qui paraît s'être éteinte au dix-septième siècle. *D'azur, fretté d'argent.*

LOUBERT, seigneurs de Martainville, d'Ardée, du Breuil, de Nautilly, en Normandie. Cette famille a pour auteur Blaise Loubert, seigneur de Neuilly, de Martainville, etc., anobli par lettres du mois de juin 1544. Elle a donné plusieurs officiers supérieurs décorés de l'ordre royal et militaire de Saint-Louis. *D'azur, à cinq épis d'orge d'or, 3 et 2.*

LOUBERT, famille anoblie par un receveur-général des finances. *D'argent, au chevron de gueules, accompagné en chef d'une étoile d'azur, et en pointe d'un loup de sinople.*

DE LOULLE, en Dauphiné. Jacques, Pierre, Jean, Jean et Louis *de Loulle*, frères, furent anoblis, pour services militaires, par lettres du mois de juillet 1652, vérifiées en 1653. *D'or, à cinq lions léopardés de gueules ; au chef d'azur, chargé à dextre d'une épée, et à senestre d'une lance passées en sautoir d'or.* Ces cinq lions marquent ces cinq frères, qui en effet étaient gens de cœur.

DE LOUPIAC, anciennement DE LOPIAC, seigneurs de Loupiac, de la Guarrigue, au comté de Rouergue. Cette famille d'ancienne chevalerie, a pris son nom d'une terre située au diocèse de Rodez, à quatre lieues de Ville-Franche d'Aveiron. Cette terre est mentionnée dans le testament de Raymond I, comte de Rouergue et marquis de Gothie, de l'an 961. La famille de Loupiac n'établit sa filiation suivie que depuis Domenge de Lopiac. Jeanne de Lopiac, sa veuve, vivait le 20 avril 1549. *D'argent, à trois fasces d'azur; au chêne de sinople arraché, brochant sur le tout; au loup de sable passant au pied du chêne.*

DE LOUPIAC, seigneurs de la Prade, en Albigeois, maison d'origine chevaleresque, qui a pris son nom de la terre de Loupiac, en Languedoc, sur la rivière de Tarn, à six lieues d'Albi. Elle a été maintenue dans sa noblesse, le 20 décembre 1668, sur filiation remontée à Marc de Loupiac, marié, le 3 septembre 1533, avec Gabrielle de Cairac, héritière de la Prade. *D'azur, semé d'étoiles d'or; au lion léopardé du même, brochant sur le tout.*

DE LOUPIAT DE LA DEVÈZE, en Quercy. La terre de Loupiat, au diocèse de Cahors, sur la Dordogne, paraît avoir donné son nom à cette famille. Elle a fourni un maréchal de camp, chevalier de Saint-Louis, et lieutenant de roi en la province de Quercy; mort à Paris le 2 décembre 1742. *D'or, au loup de sable, gravissant une montagne de sinople, mouvante de l'angle dextre de l'écu.*

DE LOUPPY. *Voyez* JACQUOT.

LE LOUTEREL, seigneurs des Hauts-Chênes, de Saint-Aubin-sur-Rille et des Jardins, en Normandie. L'auteur de cette ancienne famille est Jean de Louterel, écuyer, seigneur des Jardins, vivant en 1463. Nicolas le Louterel, écuyer, seigneur de Saint-Aubin-sur-Rille et des Jardins, fut commandant de la compagnie des carabins du seigneur de Maubuisson, en 1631. *D'azur, à deux loups-cerviers d'or.*

LOUYS, en Bresse. *Voyez* LA GRIFFONNIÈRE.

DE LOYAC LA BACHELLERIE, famille originaire du Limosin, dont le plus ancien est noble Jean-Antoine de Loyac, qui vivait en 1569. Cette maison a donné un capitaine de cinquante hommes de guerre, des capitaines et des officiers d'artillerie. *D'azur, au chevron d'or, surmonté d'un croissant d'argent, accompagné en chef de deux étoiles d'or, et en pointe d'un cygne d'argent, becqué et membré de gueules.*

DU LUART. *Voyez* LE GRAS.

DU LUDE. *Voyez* LOIR.

LUILLIER DE LA CHAPELLE, en l'Ile de France. Jacques Luillier, sieur de la Chapelle, capitaine des guides du roi et de ses camps et armées, fut anobli, pour services militaires et blessures, par lettres de février 1655, registrées avec celles de confirmation du mois d'août 1682, le 20 août 1683, et à la cour des aides, le 22 juin 1684. *D'azur, à deux lions affrontés d'or, lampassés de gueules, et tenant une épée d'argent*

LUILLIER, sieurs des Quiers et de la Mazure, en Bourgogne. Cette famille a pour auteur Ambroise Luillier, sieur de la Mazure, de Brosseron et des Loges, de Quiers, lieutenant criminel et particulier au bailliage de Sens; Madelaine Ferrand, sa veuve, avait la garde noble de ses enfants, le 8 juin 1552. Elle a donné un lieutenant de la prévôté de Sens, nommé ensuite procureur du roi en 1558 et 1573; un conseiller au siége royal de Villeneuve-le-Roi, en 1640; et un lieutenant de cavalerie, chevalier des ordres de Notre-Dame de Mont-Carmel et de Saint-Lazare de Jérusalem, en 1727. *D'azur, à une fasce d'or, accompagnée en chef de trois croissants d'argent.*

LUMAGNE DE VILLIERS, à Paris. Jean-André Lumagne, Pierre Saintot, Claude Parfait et Nicolas le Camus, marchands, bourgeois de Paris, chargés par le roi de l'établissement des manufactures d'or, d'argent et de soie, pour confectionner les étoffes et draperies de soie à la façon de Venise et de Milan, furent anoblis, et déclarés domestiques et commensaux de sa majesté, par lettres données à Fontainebleau, le 7 août 1603, vérifiées le 19 octobre 1604. *D'azur, à trois limaçons d'argent, et une fleur de lys d'or en chef.*

DE LUSTRAC, barons de Lias, seigneurs de Canabazes, de Cazerac, de la Martinie, de Losse, etc., en Périgord. Cette famille prouve sa filiation depuis noble Jean de Lustrac, seigneur de Cazerac et de Canabazes, qui fut marié, le 22 janvier 1519, avec demoiselle

Antonie Delluc ou du Luc. Cette maison a produit plusieurs capitaines distingués. Bernard de Lustrac, évêque de Rieux, présida en cette qualité les états de Languedoc en 1483. *Écartelé, aux 1 et 4 de gueules, à trois fasces d'argent ; aux 2 et 3 d'azur ; à un lion couronné d'or, lampassé et armé de gueules.*

LUTHIER, seigneurs d'Abin et d'Armançay, du Chastelet, de Biardeau et du Plessis de Saint-Martin, etc., en Touraine. L'auteur de cette famille est Daniel Luthier, écuyer, seigneur de Biardeau et du Plessis, lieutenant en l'élection de Loches, maître des requêtes ordinaire de la reine, conseiller-notaire et secrétaire du roi, maison couronne de France, anobli par provisions du 9 novembre 1623, marié à Isabeau Lunois. Ils vivaient en 1615. *D'argent, à un lion de sable, ayant dans sa gueule un serpent de sinople, langue de gueules, posé de fasce.*

LUYTON, seigneurs de Rosières, en Lorraine. Cette famille a pour auteur Raimond Luyton, anobli par lettres de Charles III, duc de Lorraine, données à Nancy, le 8 janvier 1591. Elle a fourni un conseiller d'état du duc Henry, vivant en 1637. *D'azur, à la fasce d'argent, chargée de trois tourteaux de gueules, surmontée d'un lion naissant d'or, et accompagné en pointe d'une étoile du même.*

LYON, chanoines, comtes de Lyon, depuis l'an 1000 jusqu'en 1788. L'église de Lyon était regardée comme une des plus illustres de l'Europe, tant à cause de son ancienneté, qui remonte au second siècle du Christianisme, qu'à cause de la noblesse de son chapitre, dont les membres ont toujours été obligés de faire des preuves rigoureuses.

Ces preuves étaient de huit quartiers, quatre paternels, et quatre maternels ; la ligne paternelle remontée à l'an 1400 inclusivement, sans principe d'anoblissement connu, de quelqu'époque qu'il pût être. La ligne maternelle devait prouver huit générations ; et les six autres devaient être nobles de deux cents ans, à compter du jour de la présentation. Tous les actes qu'on produisait pour constater ces preuves, devaient être originaux, et porter les qualifications propres aux maisons nobles d'épée et d'ancienne extraction ; ils devaient encore être accompagnés d'un arbre généalogique, avec les armes blasonnées de chaque quartier.

Le roi était le premier chanoine de ce chapitre, qui était composé de trente-deux canonicats, y compris les dignités, et un personnat, qui était le maître du chœur.

Philippe le Bel avait érigé en comté les biens de cette église, en 1311. Les chanoines, en conséquence, ont eu le titre de *comtes* depuis cette époque.

La marque distinctive était une croix d'or, émaillée, à huit pointes terminées par quatre couronnes comtales anglée de quatre fleurs de lys, avec un médaillon représentant, d'un côté, Saint-Jean-Baptiste, patron de cette église, entouré de la devise : *Prima sedes Galliarum* ; et de l'autre, Saint-Étienne, également entouré de la devise : *Ecclesia comitum Lugduni.* Elle était suspendue à un ruban rouge moiré, liseré de bleu.

La prévôté était à la nomination du roi ; les dignités de grand sacristain et de grand custode, étaient à celle de l'archevêque. Le chapitre nommait aux dignités et aux prébendes.

NOMENCLATURE.

A.

1247. Acre, *Berard d'*

1362. Aglier *ou* Aiglier, *Berard d'*

1382. Albert, *Eléazar d'*

1392. Albert, *Jean d'*

1363. Albon, *Gillet d'*

1398. Albon, *Henri d'*

1399. Albon, *Renaud d'*

1442. Albon, *Guichard d'*

1465. Albon, *Philibert d'*

1476. Albon, *Jean d'*

1482. Albon, *Louis d'*

1483. Albon, *Guy d'*

1507. Albon, *Antoine d'*

1531. Albon, *Henri d'*

1540. Albon, *René d'*

1595. Albon, *François d'*

1609. Albon, *Guillaume d'*

1642. Albon, *Claude d'*

1645. Albon, *François d'*

1653. Albon, *Gilbert-Claude d'*

1679. Albon, *Claude-Joseph d'*

1693. Albon, *Charles d'*

1695. Albon de Saint-Marcel, *Claude d'*

1707. Albon, *Alexandre d'*

1464. Alinges, *Louis d'*

1320. Allant ou Arlent, Guillaume d'

1375. Allemand, Arthaud ou Archimbaud d'

1392. Allemand, Gallois d'

1406. Allemand, Louis d'

1411. Allemand, Claude d'

1426. Allemand, Boniface d'

1733. Allemand de Champier, Joseph-Abel d'

1739. Allemand de Champier, Pierre d'

1401. Amanzé, Jean d'

1414. Amanzé, Berard d'

1423. Amanzé, Pierre d'

1432. Amanzé, René d'

1438. Amanzé, Jean d'

1448. Amanzé, Jacques d'

1454. Amanzé, Antoine d'

1515. Amanzé, Claude d'

1526. Amanzé, Jean d'

1555. Amanzé, Antoine d'

1596. Amanzé, Jacques d'

1476. Amoncourt, Jacques d'

1787. Andlaw, Frédéric d'

1320. Anton, Aimar d'

1254. Aoust, Pierre d'

1284. Aoust, Boniface d'

1320. Aoust, Pierre d'

1544. Apchon, Antoine d'

1760. Apremont, Jean-Baptiste Oriot d'

1379. Arenthon, Jean d'

Arlent, voy. Allant.

1339. Arric, Geoffroi d'

1349. Ars, Humbert d'

1401. Ars, Antoine d'

1455. Ars, Antoine d'

1496. Ars, Antoine d'

1244. Arnulphe, Pierre d'

1420. Avaugour, Henri d'

1363. Aubespin, Simon de l'

1373. Aubespin, Jacques de l'

1383. Aubespin, Jean de l'

1383. Aubespin, Guillaume de l'

1574. Aubespin, Antoine de l'

1693. Aubespin de Sainte-Colombe, François-Ferdinand de l'

1450. Aulhac, Guillaume d'

Aycelin, voy. Montaigu.

B.

1096. Baffie, Guillaume de

1746. Bailleul, Charles-Casimir-Maximin de

1471. Balme - Vertrieux, Robert de la

1117. Balmey, Ponce de

1275. Baneins, Hugues de

1757. Barbier de Lescoët, François-de-Sales-Louis-Augustin

1525. Barge, Louis de la

1542. Barge, Gilbert de la

1545. Barge, Guillaume de la

1553. Barge, Etienne de la

1581. Barge, Louis de la

1307. Bastie, Guillaume de la

1462. Baternay, Jacques de

1275. Baume – Valufin , *Guichard de la*

1307. Baume – Fromente , *Geoffroi de là*

1319. Baume-Valufin, *E-tienne de la*

1336. Baume – Fromente , *Humbert de la*

1501. Baume – Montrevel, *Pierre de la*

1561. Baume – Montrevel , *Claude de la*

1712. Baume–Suze , *Antoine-Louis-François de la*

1574. Beaufort, *Gilbert de*

1094. Beaujeu, *Guigues de*

1127. Beaujeu, *Hugues de*

1300. Beaujeu, *Guillaume de*

1304. Beaujeu, *Thomas de*

1306. Beaujeu, *Humbert de*

1349. Beaujeu, *Guillaume de*

1349. Beaujeu, *Louis de*

1732. Beaumont, *Christophe de*

1761. Beaumont de Saint-Quentin , *Claude-Hyacinthe de*

1763. Beaumont, *Gabriel-Bertrand de*

1209. Beauvoir , *Dreux de*

1460. Beauvoir, *Guillaume de*

Bellegarde, *voyez* du Pac.

1767. Bernard de Rully , *Marie-Agathange-Ferdinan de*

1766. Bertrand de Riche-mont, *Gabriel de*

1771. Bertrand de Riche-mont, *Georges-Henri de*

1771. Bertrand de Poligny, *Georges-Henri de*

1615. Besserel, *Charles de*

1723. Blot de Chauvigny, *Pierre-François de*

1362. Bochaille, *Barthé-lemi de*

1395. Bochaille, *Barthé-lemi de*

1310. Boczozel, *Humbert de*

1399. Bois, *Tristan du*

1431. Bois, *Rodolphe du*

1779. Bois-Boissel , *Toussaint-Joseph-Pierre de*

1596. Bonnay – Vomas , *Philibert de*

1644. Bonnay – Vomas , *Bertrand de*

1193. Bonnet, *Guillaume de*

1424. Bornant , *Charles de*

1381. Bouillé, *Guillaume de*

1722. Bouillé-de – Saint-Geron, *Nicolas de*

1151. Bourbon, *Pierre de*

1443. Bourbon, *Charles de*

1323. Bourdin ou Burdin, *Humbert de*

1480. Bourgeois, *Guigues de*

1523. Bournel, *Pierre de*

1369. Brancas, *Nicolas de*

1261. Bressieu, *Hugues de*

1209. Brienne , *Ponce de*

1254. Briord, *Humbert de*

1307. Briord, *Humbert de*

1250. Bron, *Isouard*

1410. Bron, *Hugues*

1573. Bron, *Guillaume de*

1372. Brosse, *Pierre de*
1274. Brun , *Hugues de*
1473. Brye , *Charles de*
1209. Buenc, *Achard de*

1275. Buenc, *Guy de*
1284. Busseul , *Guigues de*
1593. Busseuil de Molins ,
Charles de

C.

1280. Cajétan, *Benoît*
1151. Capponay, *Ponce de*
1753. Castellas, *Jean-Antoine de*
1761. Castellas de la Roche, *Henri de*
1763. Castellas de Naussargues, *Guillaume de*
1767. Castellas, *Jean-Antoine de*
1760. Caumont, *Olivier-Eugène-François de*
1761. Chabannes, *Sylvain-Léonard de*
1750. Chabans, *Annet de*
1763. Chabans, *Arnaud de*
1106. Chal , *Girin de*
1193. Chal , *Girin de*
1335. Chalamont, *Thibaud de*
1454. Chalant, *Georges de*
1250. Chamartin, *Chatard de*
1302. Chamartin, *Girard de*
1319. Chambre , *N.... de*
1320. Chandée, *Jacques de*
1328. Chandée, *Pierre de*
1254. Chandieu, *Etienne de*
1356. Chandieu, *Pierre de*
1579. Chantelot, *Jean de*
1595. Chantelot, *Guichard de*
1706. Chantelot , *Gilbert-Michel de*

1361. Chapelle , *Pierre de la*
1436. Charles VII, roi de France.
1564. Charles IX , roi de France.
1244. Charnay, *Arthaud de*
1650. Charpin de Genetines, *Emmanuel de*
1683. Charpin de Genetines , *Louis de*
1690. Charpin de Genetines, *Antoine de*
1193. Charpinel, *Guillaume de*
1226. Charpinel , *Pierre-Bérard de*
1449. Chastel, *Gabriel de*
1451. Chatel, *Jean de*
1173. Chategnier de la Chataigneraye , *Germain*
1506. Châteaubriant, *François de*
1630. Châteauneuf de Rochebonne, *Charles de*
1669. Châteauneuf de Rochebonne , *J. Christophe de*
1691. Châteauneuf de Rochebonne, *Charles-François de*
1708. Châteauneuf de Rochebonne , *Louis-Joseph de*
1307. Châtelars, *Jean de*

1183. Chavannes, *Olivier* de

1361. Chavannes, *Guillaume* de

1527. Chaugy, *Georges de*

1723. Chaugy de Roussillon, *Claude-François de*

1411. Chavirey, *Guillaume* de

1447. Chavirey, *Philippe de*

1448. Chavirey, *Pierre de*

1320. Chevelut, *Guillaume* de

1701. Chevriers, *Joseph de*

1209. Chiel, *Aroud de*

1396. Chiel, *François de*

1450. Chiel, *Charles de*

1232. Clermont, *Raymond* de

1284. Clermont, *Geoffroy* de

1318. Clermont, *Guillaume* de

1335. Clermont, *Humbert* de

1565. Clermont-Chattes, *Charles de*

1570. Clermont-Chattes, *Jean de*

1632. Clermont-Montoison, *Jean-François de*

1751. Clugny, *François de*

1772. Clugny, *César de*

1761. Clugny de Thenissey, *Louis de*

1761. Clugny de Thenissey, *François de*

1115. Cocy ou Couy, *Foulques de*

1213. Coligny, *Guillaume* de

1336. Coligny-d'Andelot, *Jacques de*

1365. Coligny-d'Andelot, *Simon de*

1389. Coligny-d'Andelot, *Antoine de*

1438. Coligny-d'Andelot, *Jean de*

1571. Colombier, *Antoine* de

1193. Colomne, *N.... de*

1193. Colonge, *Guillaume* de

1240. Colonge, *Arnoud ou Arnulphe de*

1250. Colonge, *Arnulphe de*

1431. Comborn, *Jacques* de

1479. Comborn, *Louis de*

1276. Conflans, *Guillaume* de

1770. Cordon, *Henry de*

1276. Corent, *Jacques de*

1320. Corgenon, *Hugues de*

1369. Corgenon, *Guillaume de*

1374. Corgenon, *Edouard* de

1307. Cossenay, *Humbert* de

1375. Cossenay, *François* de

1220. Cozant ou Colizant, *Arnaud de*

1588. Cremeaux, *Hector de*

1604. Cremeaux, *Antoine* de

1621. Cremeaux, *Marc de*

1636. Cremeaux, *François* de

1349. Crozet, *Pierre de*

1363. Crozet, *Perrin de*

1310. Crussol, *Amédée Bastet de*

1465. Crussol, *Girard de*

I.

D.

1258. Damas , *Jean de*
1320. Damas, *N.... de*
1599. Damas, *Claude de.*
1614. Damas de Thiange , *Claude de*
1690. Damas-Roger , *Joseph de*
1684. Damas-du-Rousset, *Claude de*

1378. Digoine , *Hugues de*
1712. Digoine-du-Palais , *Claude-Marthe de*
1390. Dortans, *Louis de*
1712. Dortans, *Jean-François de*
1150. Dreux , ****
1284. Duin, *Pierre de*

E.

1378. Emoin , *Guillaume d'*
1550. Epinac , *Pierre d'*
1441. Escherenne , *Guillaume de l'*
1619. Escures , *François des*
1319. Espagne, *Alphonse d'*
1341. Espinasse , *Guillaume de l'*
1349. Espinasse, *Guichard de l'*
1446. Estaing, *Jean d'*
1489. Estaing, *François d'*

1495. Estaing , *Antoine d'*
1522. Estaing, *Charles d'*
1530. Estaing, *Jean d'*
1608. Estaing, *Joachim d'*
1616. Estaing , *Louis d'*
1678. Estaing , *Joachim-Joseph d'*
1645. Estampes , *Roger d'*
1433. Estouteville , *Guillaume d'*
1109. Eudes III , duc de Bourgogne.
1598. Eurre de la Touche, *Gaspard d'*

F.

1136. Falcon
1193. Faletz, *N.... de*
1272. Farnay, *Guichard de*
1284. Farnay, *Guichard de*
1307. Farnay, *Hugues de*
1372. Farnay, *Offroy de*
1596. Faulquier de Vitrée, *Aimé de*

1584. Fauverges, *François de*
1718. Fay de Maubourg , *Joseph de*
1389. Faye , *Bernard de la*
1447. Fayette , *Jean de la*
1603. Fayette , *Jacques de la*

G.

1779. Gourcy de Mainville, Paul-Joseph de
1390. Grancey, *Milon de.*
1349. Grandmont, *Geoffroy de*
1254. Gandson, *Girard de*
1564. Grilly, *Charles de*
1590. Groing de Villeneuve, *Jean le*
1318. Grolée, *Gui de*

1406. Grolée, *Aimar de*
1419. Grolée, *Pierre de*
1425. Grolée, *Jean de*
1446. Grolée, *Humbert de*
1450. Grolée, *Jean de*
1750. Gruel du Villars, *François de*
1569. Guiche, *Pierre-Calais de la*

H.

1786. Hamel-Bellenglise, *Jean-François-Jérôme de*
1548. Henri II.

1574. Henri III.
1600. Henri IV.

I.

1578. Jaillon, *Claude de*
1120. Jarest, *Gaudemar de*
1239. Jarest, *Gaudemar de*
1277. Jarest, *Guignes de*
1357. Jarroles, *Hugonin de*
1392. Jean, *duc de Berri.*
1318. Illins, *Louis d'.*
1410. Joinville, *Amblard de*

1738. Jouffroy d'Ozelles, *Louis de*
1729. Joumard, de Chabans, *Jean de*
1477. Jousseaume, *Réné de*
1254. Irrignins, *Gui d'*
1296. Juges, *Jean de*
1349. Juis, *Guillaume de*
1425. Juis, *Pierre de*

L.

1174. Lagnieu, *Guillaume de*
1521. Langeac, *Jean de*
1662. Langeron, *Jean de*
1676. Langeron, *Charles de*
1315. Langouste, *Arnould de*

1274. Lavieu, *Briand de*
1465. Lavieu, *Bertrand de*
1318. Laurent, *Louis de Saint*
1307. Laye, *Philippe de*
1539. Laye de Vessimieux, *Lambert de*
1349. Layre, *Guillaume de*

1362. Layre, *Etienne de*
1406. Layre, *Guichard de*
1784. Lentilhac, *Hubert de*
1446. Levis, *Antoine de*
1468. Levis, *Eustache de*
1513. Lèvis, *Eustache de*
1518. Levis, *Christophe de*
1525. Lèvis, *Antoine de*
1572. Levis-Cousan, *Jacques de*
1716. Levis – de – Lugny, *Hector de*
1723. Levis – de – Lugny, *Antoine-Réné de*
1 ... Lezay, *Claude-Gaspard de*
1728. Lezay de Marnezia, *Louis-Albert de*

1760. Lezay de Marnezia, *Claude-Gaspard de*
1284. Liattard, *Raimond de*
1401. Lignières, *André de*
1274. Lignon, *Guillaume de*
1349. Lobet, *Raimond de*
1287. Lorgue, *Girard de*
1319. Lorgue, *Jean de*
1339. Lorgue, *Guillaume de*
1408. Lornay, *Pierre de*
1499. Louis XII, roi de France.
1622. Louis XIII.
1658. Louis XIV.
1715. Louis XV.
1349. Lugny, *Robert de*
1360. Lugny, *Hugonin de*

M.

1773. Magdelaine de Ragny, *Anne-Erard-Paul-Antoine de la*
1728. Maître de la Gallaye, *François-Marie le*
1151. Malenus.
1752. Marbœuf, *Yves-Alexandre de*
1362. Marhos, *Philippe de*
1275. Marchand, *Louis de*
1402. Marchand, *Antoine de*
Marécreux. *Voyez de Poix*
1261. Mareschal, *Pierre de*
1284. Mareschal, *Hugues de*
1307. Mareschal, *Pierre de*
1484. Mareschal, *Jean de*

1763. Mareschal, *Jean-Antoine de*
1545. Mars de Luxembourg, *Jacques de*
1151. Marzé, *Guillaume de*
1209. Marzé, *Guillaume de*
1209. Marzé, *Guichard de*
1237. Marzé, *Simon de*
1254. Marzé, *Etienne de*
1287. Marzé, *Hugues de*
1320. Marzé, *Jean de*
1336. Marzé, *Jean de*
1339. Marzé, *Guillaume de*
1708. Maugiron, *Gui-Joseph de*
1749. Mauléon, *Marc-Antoine-Louis de*
1326. Mays, *Girard de*

1728. Mcalet de Fargues, Joseph de

1571. Mellet de la Bennerie, Jean de

1193. Mentels, *Pierre de*

1585. Meschatin, *Thomas de*

1655. Meschatin, *Guillaume de*

1677. Meschatin, *Joseph de*

1681. Meschatin, *Philippe-Louis de*

1786. Messey, *Gabriel-Melchior de*

1096. Milon, *Bérard de*

1151. Miolon, *Rotolo de*

1193. Miribel, *N.... de*

1214. Mitte de Monts, *Ponce*

1336. Mitte de Monts, *Ponce*

1509. Mitte de Chevrières, *Jean*

1548. Mitte de Chevrières, *Gaspard*

1642. Mitte de Saint-Chamont, *François*

1136. Montaigny, *Aroud de*

1209. Montaigny, *Guillaume de*

1307. Montaigny, *Geoffroy de*

1328. Montaigny, *Jean de*

1371. Montaigny, *Thibaud de*

1418. Montaigny, *Louis de*

1558. Montaigny, *Théodore de*

1361. Montaigu, *Gilles Aycelin de*

1209. Montargieux, *Aroud de*

1320. Montbel, *Amédée de*

1284. Montbellet, *Renaud de*

1139. Montbaissier, *Héracle de*

1471. Montboissier, *Guillaume de*

1483. Montboissier, *Gilbert de*

1518. Montboissier de Canillac, *Claude de*

1411. Montchenu, *Geoffroy de*

1460. Montchenu, *Amédée de*

1196. Mont-d'Or, *Abon de*

1514. Mont-d'Or, *Claude de*

1209. Montelier, *Pierre de*

1319. Montfaven, *Bertrand de*

1693. Montferrand, *Marc de*

1381. Montjeu, *Pierre de*

1480. Montjeu, *Claude de*

1715. Montjouvent, *Jacques-Alexandre de*

1738. Montjouvent, *Marie-Eugène de*

1284. Montluel, *Humbert de*

1450. Montmartin, *Jean de*

1455. Montmartin, *Quentin de*

1711. Montmorillon, *Antoine de*

1729. Montmorillon, *Laurent-François de*

1738. Montmorillon, *Antoine-Bernard de*

1756. Montmorillon, *Ga-*
briel de
1760. Montmorillon, *Si-*
mon de
1428. Montmorin, *Jean de*
1209. Morancé, *Jean de*
1244. Morel, *Dalmace de*

1481. Morel, *Etienne de*
1396. Mornay, *Jean de*
1307. Moschon, *Pierre de*
1787. Monstuéjouls, *Clau-*
de-Charles de
1261. Moyria, *Hugues de*
1318. Moyria, *Hugues de*

N.

1529. Nagu de Varennes,
Pierre de
1637. Nagu de Varennes,
Alexandre de
1497. Nanthon, *Étienne de*

1106. Noilly, *Bertrand de*
1390. Norry, *Jean de*
1763. Nussargues, *Guil-*
laume de Castellas de

O.

1209. Oing, *Dalmace d'*
1590. Oncieux de Matier-
nos, *Claude de*
Oriot, *voyez d'Apre-*
mont.

1398. Orly, *Louis d'*
1743. Osmond, *Claude-*
Antoine-Gabriel d'

P.

1758. Pac de Bellegarde,
Guillaume du
1761. Pac de Bellegarde,
Gabriel du
1706. Palais de la Marlée,
Jérôme de
1226. Palatin, *Ulric*
1274. Palatin, *Simon*
1209. Palud, *Guillaume de*
la
1243. Palud, *Gui de la*
1254. Palud, *Gui de la*
1284. Palud, *Jean de la*
1319. Palud, *Perceval de la*

1382. Palud, *Pierre de la*
1519. Palud, *Hugues de la*
1633. Palud-Boulignieux,
Claude de la
1307. Parent, *Girin de*
1544. Passac, *Marc de*
1425. Pélerin, *Thibaud de*
1296. Pesens, *Aimond de*
1380. Philippe le Hardi,
duc de Bourgogne.
1750. Pierre de Bernis,
François-Joachim de
1106. Piney, *Foulques de*
1275. Piney, *Robert de*

1742. Pingon de Prangin, Gaspard de

1170. Pizais, *Bérard du*

1274. Pizais, *Hugues du*

1380. Poitiers, *Philippe de*

1434. Poitiers, *Louis de*

1752. Poitiers de Chabans, Annet de

1765. Poix – Marécreux, *Louis-François de*

1452. Pompadour, *Geoffroi de*

1499. Pompadour, *Geoffroi de*

1643. Pons de la Grange, Charles de

1649. Pons de la Grange, Pierre de

1261. Porprières, *Huet de*

1304. Porprières, *Lancelot de*

1318. Porprières, *Louis de*

1349. Porprières, *Louis de*

1400. Porprières, *Hugues de*

1536. Poulchre, *Charles le*

1261. Poype, *Guillaume de la*

1307. Poype, *Barthelemi de la*

1636. Poype, *Jean de la*

1678. Poype, *Jean-Claude de la*

1209. Puy, *Durand du*

1244. Puy, *Geoffroi du*

Q.

1284. Quart, *Aimon du*

1473. Queille, *Guyot de la*

R.

Ragny, *voyez* de la Magdeleine.

1259. Rairieu, *Gui de*

1306. Raimond, *Guillaume de*

1598. Rebé, *Jacques de*

1601. Rebé, *Claude de*

1623. Rebé, *François de*

1319. Revois, *Hugues de*

1320. Revois, *Gaudemar de*

Richemont, *voyez* de Bertrand.

10. . Richo.

1501. Rière de Vitry, *Jacques de la*

1461. Rieux, *Thibaud de*

1282. Rigaud, *Antoine de*

1290. Rigaud, *Anselme de*

1209. Riverie, *Girard Asbraud de*

1420. Rivoire, *Aimard de*

1530. Rivoire, *Etienne de*

1543. Rivoire, *Jean de*

1254. Roanne, *Guillaume de*

1020. Roannois, *Durand de*

1115. Roannois, *Chatard de*

1115. Roannois, *Théodard de*

1304. Roche, *Jacques de la*

S.

François - Olivier - Hector de

1193. Saint - Germain, Hugues de

1433. Saint - Germain d'Apchon, N.... de

1463. Saint - Germain, Antoine de

1254. Saint - Germain, Hugues de

1470. Saint-Marcel, Claude de

1371. Sainte-Marie-Blanche, Jacques de

1701. Saint-Martin-d'Aglier, Bonaventure de

1402. Saint-Point, Gilles de

1193. Saint-Priest, Flore de

1481. Saint - Priest, Antoine de

1511. Saint-Priest, Jacques de

1244. Saint - Prix de Richard, Barthelemi de

1461. Saint-Prix, Jean de

1511. Saint-Prix, Laurens de

1512. Saint-Romain, Jean de

1193. Saint-Symphorien, Ponce de

1244. Saint-Symphorien, Dalmace de

1254. Saint-Symphorien, Girin de

1274. Saint-Symphorien, Guichard de

1275. Saint - Symphorien d'Ozon, Hugues de

1319. Saint-Symphorien, Pierre de

1331. Saint - Symphorien de Cham, Bertrand de

1151. Saint-Trivier, Dalmace de

1151. Saix, Guichard du

1310. Saix, Josserand du

1502. Saix, Hugues du

1561. Saix, François du

1383. Salèns, Etienne de

1318. Salgas, Raimond de

1575. Sallmard, Claude de

1598. Sallmard, Claude de

1320. Salornay, Pierre de

1584. Salornay, Claude de

1373. Saluces, Amédéc de

1402. Saluces, Pierre de

1424. Saluces, Georges de

1465. Saluces, Frédéric de

1469. Saluces, Charles de

1525. Saluces, Gabriel de

1545. Saluces, Henri de

1580. Saluces, Adrien de

1614. Saluces, Adrien de

1307. Sarraval, Aimond de

1320. Sarraval, Guillaume de

1509. Sarron, Jean de

1640. Sarron, François de

1689. Sarron, Jacques-Hugues de

1705. Sarron, François de

1776. Sartiges, Pierre-Antoine de

1778. Sartiges, Charles de

1072. Sassenage, Ismion de

1307. Sathonay, Guichard de

1296. Savoye, Pierre de

1307. Savoye, Aimon de

1318. Savoye, Thomas de

1339. Savoye, Amée ou Amédée de

1488. Savoye, Charles, duc de

1511. Savoye, *Charles, duc de*

1559. Savoye, *Emmanuel-Philibert de*

1360. Sémur, *Etienne de*

1458. Semur, *Jacques de*

1479. Semur, *Pierre de*

1483. Semur, *Rollin de*

1485. Semur, *Philippe de*

1492. Semur, *Charles de*

1507. Semur, *Rollin de*

1525. Semur, *Jean de*

1558. Semur, *Rollin de*

1585. Semur, *René de*

1307. Senecey, *Jean de*

1544. Senneterre, *Georges de*

1516. Serpens, *Jean des*

1751. Seytres de Caumont, *Louis-Auguste de*

1592. Simiane, *Laurent de*

1646. Simiane, *Antoine-François de*

1542. Sivriac, *Louis de*

1307. Sivrieux, *Jean de*

1520. Soleichaut, *Ponthus de*

1335. Soloignac, *Léotard de*

1640. Suran.

1193. Sure, *Odet de*

1307. Sure, *Beraud de*

1319. Sure, *Guillaume de*

T.

1151. Talaru, *Girin de*

1167. Talaru, *Gui de*

1349. Talaru, *Philippe de*

1354. Talaru, *Jean de*

1389. Talaru, *Amédée de*

1390. Talaru, *Hugues de*

1401. Talaru, *Mathieu de*

1405. Talaru, *Guillaume de*

1418. Talaru de Chalmazel, *Louis de*

1440. Talaru, *Amédée de*

1443. Talaru, *Philippe de*

1453. Talaru, *Mathieu de*

1460. Talaru, *Hugues de*

1496. Talaru, *Antoine de*

1506. Talaru de Chalmazel, *François de*

1509. Talaru, *Jean de*

1519. Talaru de Chalmazel, *Jean de*

1548. Talaru de Chalmazel, *Claude de*

1638. Talaru de Chalmazel, *François de*

1647. Talaru de Chalmazel, *Laurent de*

1687. Talaru de Chalmazel, *Charles-Laurent de*

1318. Thelis, *Guillaume de*

1370. Thelis, *Geoffroi de*

1393. Thelis, *Etienne de*

1640. Thenay de Saint-Christophe, *Alexis de*

1666. Thenay de Saint-Christophe, *Marc-Hilaire de*

Thenissey, *voyez* Clugny.

1261. Thiern, *Gui de*

1349. Thinieres, *Guillaume de*

1498. Tholigny, *Guichard de*

1336. Thurcy, *Guillaume de*

1349. Thurey, *Renaud de*
1369. Thurey, *Pierre de*
1371. Thurey, *Philippe de*
1362. Toulonjon, *Henri de*
1230. Tour, *Gui de la*
1243. Tour, *Hugues de la*
1244. Tour, *Humbert de la*
1349. Tour d'Auvergne, *Bernard de la*
1372. Tour d'Auvergne, *Jean de la*
1408. Tour d'Oliergues, *Guillaume de la*

1519. Tour, Saint-Vital; *Bertrand de la*
1553. Tour Saint-Vital; *Bertrand de la*
1553. Tour Saint-Vital, *Jean de la*
1261. Tournon, *Hugues de*
1501. Tournon, *Charles de*
1514. Tournon, *Jacques de*
1400. Trezette, *Antoine de*
1410. Trezette, *Pierre de*
1784. Turpin, *Jean-Joseph de*

U.

1607. Urfé, *Anne d'*
1193. Urgel, *Henri d'*

1244. Urgel, *Josserand d'*
1254. Urgel, *Urgel d'*

V.

1360. Varax, *Humbert de*
1151. Varennes, *Hugues de*
1284. Varennes, *Jean de*
1585. Varennes, *Philibert de*
1151. Vassalieu, *Pierre de*
1184. Vassalieu, *Thibaud de*
1307. Vassalieu, *Guillaume de*
1310. Vassalieu, *Etienne de*
1295. Vaudrey, *Hugues de*
1665. Vaurion, *François de*
1232. Vaux, *Hugues de*
1255. Vaux, *Milon de*
1319. Vaux, *Dreux de*

1514. Vecchio, *Thomas de*
1694. Veissiere de Cantoinet, *Antoine de la*
1472. Veres, *Guillaume de*
1672. Vergne de Tressan, *Alphonse de la*
1693. Vergne de Tressan, *Louis de la*
1209. Vert, *René de*
1243. Vert, *Aimon de*
1397. Vert, *Estorge de*
1320. Vesc, *Pierre de*
1533. Vichy, *Théodore de*
1620. Vichy Champron, *Antoine de*
1193. Viego ou Vego, *Simon de*
1399. Viego, *Guichard de*

FIN DU TOME PREMIER.

CORRECTIONS.

GIRAUDY, page 288, renvoi (1), au bas de la page, *du Chêne*, lisez : *de Chesne*; renvoi (2), *de Clusel*, lisez : *de Clausel*.

LE GROS D'ESPINANT, page 319, *lisez* : ESPINANT, partout où l'on a mis ÉPINANT, erreur occasionée par la prononciation de ce nom.

Casques.

| Rois et Empereurs. | Ducs et Princes. | Marquis. | Comte et Vicomte. | Baron. | Ancien Chevalier. | Noble de 3 races. | Anobli. | Bâtards. |

Couronnes.

| Ovale. | Navale. | Vallaire. | Murale. | Civique. | Triomphale. | Obsidionale. | Castrense. | La Tiare. |

| Impériale. | Royale. | Dauphin. | Enfans de France. | Prince du Sang. | Ducs. | Marquis. | Comtes. | Vicomtes. |

| Baron. | Vidame. | Banneret. | Mortier du Chancelier et du Garde des Sceaux. | Mortier des Présidents des Cours souveraines. | Proportions Géométriques de l'Écu. | | |

Proportions Géométriques de l'Écu.

en largeur, 7 parties. — en hauteur, 8 parties. — Abaissement, 9 parties.

Émaux représentés dans

| Or. | Argent. | Azur. | Gueules. | Sinople. |

leurs couleurs naturelles.

| Sable. | Pourpre. | Vair. | Vairé. | Hermine. |

Émaux figurés

| Or. | Argent. | Azur. | Gueules. | Sinople. |

par la gravure.

| Sable. | Pourpre. | Vair. | Vairé. | Hermine. |

Lambrequins. Cimier. Lambrequins.

Tenant. Tenant.

par Mr. de S.t Allais.
Rue de la Vrillière, No. 10.

TABLE DES MATIÈRES

CONTENUES DANS CE VOLUME,

INDÉPENDAMMENT DES ARTICLES ET NOTICES GÉNÉALOGIQUES.

~~~~~~~~~~~~~~~~~

A.

B.

C.

M.

T.

V.

FIN DE LA TABLE DES MATIÈRES.

MOREAU, IMPRIMEUR DE S. A. R. MADAME,
RUE COQUILLIÈRE, N°. 27.

www.ingramcontent.com/pod-product-compliance
Lightning Source LLC
Chambersburg PA
CBHW070622270326
41926CB00011B/1777